suhrkamp taschenbuch
wissenschaft 198

Hans-Joachim Koch ist Dozent für öffentliches Recht, Rechtsphilosophie und Rechtssoziologie an der Universität Frankfurt am Main.

In den letzten Jahren ist juristisches Entscheiden verstärkt kritisch durchleuchtet worden. Im Vordergrund standen dabei soziologische und psychologische Fragen nach den Faktoren, die juristisches Entscheiden beeinflussen könnten, wie etwa persönliche Überzeugungen der Entscheidenden, institutionelle Rahmenbedingungen juristischen Entscheidens oder fundamentale gesellschaftliche Strukturen (Stichwort: Klassenjustiz). So wichtig der Nachweis ist, daß nicht allein Verfassung und Gesetze juristisches Handeln bestimmen, so sollten doch empirische Untersuchungen des Status quo die Fragen nach der *Möglichkeit* und der *Erwünschtheit* von Verfassungs- und Gesetzesbindung nicht verdrängen. Der vorliegende Band dokumentiert, daß diese Fragen in der staatsrechtlichen Methodendiskussion immer eine wichtige Rolle gespielt haben. In der Einleitung unternimmt der Herausgeber den Versuch zu zeigen, daß die Diskussion um die *Möglichkeit* von Verfassungs- und Gesetzesbindung unter Berücksichtigung von Ergebnissen der analytischen Sprachphilosophie wesentlich präziser geführt werden könnte.

Seminar: Die juristische Methode im Staatsrecht

Über Grenzen von Verfassungs- und Gesetzesbindung

Herausgegeben
von Hans-Joachim Koch

Suhrkamp

CIP-Kurztitelaufnahme der Deutschen Bibliothek
Seminar »Die juristische Methode im Staatsrecht«:
über Grenzen von Verfassungs- u. Gesetzesbindung /
hrsg. von Hans-Joachim Koch. –
1. Aufl. – Frankfurt am Main: Suhrkamp, 1977.
(Suhrkamp-Taschenbücher Wissenschaft; 198)
ISBN 3-518-07798-8
NE: Koch, Hans-Joachim [Hrsg.]

suhrkamp taschenbuch wissenschaft 198
Erste Auflage 1977

Satz: IBV Lichtsatz KG, Berlin
Druck: Nomos, Baden-Baden
Printed in Germany.
Umschlag nach Entwürfen von
Willy Fleckhaus und Rolf Staudt.

Inhalt

Früher fragte die Philosophie nach dem Urgrund des Seienden, nach der Existenz Gottes, der Unsterblichkeit und Freiheit der Seele, nach dem Sinn der Welt und der Richtschnur des Handelns – wir aber fragen weiter gar nichts als: »Was meinst du eigentlich?« Jedem, wer es auch sein mag, stellen wir diese Frage: »Was ist der Sinn deiner Rede?« Die meisten werden dadurch gehörig aus dem Konzept gebracht. Aber das ist nicht unsere Schuld, wir fragen ganz aufrichtig und wollen niemandem Fallen stellen.

Moritz Schlick

Vorwort

Die Debatte der letzten Jahre um die Reform der juristischen Ausbildung wurde von drei Themen beherrscht, nämlich den Forderungen nach einer Integration von Theorie und Praxis, nach einer Einbeziehung von Sozialwissenschaften in die juristische Ausbildung und nach methodenbewußterem Arbeiten. Die Forderung nach vertiefter methodologischer Besinnung scheint mir dabei in dem Sinne fundamental zu sein, daß ohne Klarheit über die Methode juristischer Entscheidungsbegründung etwa den Sozialwissenschaften ihre Rolle im Rahmen juristischer Argumentationen gar nicht zugewiesen werden kann. Die gängige Sentenz von der erforderlichen Reflexion der gesellschaftlichen Bedingtheit des Rechts hilft da nicht weiter. Soll eine solche Forderung nicht völlig folgenlos bleiben, so muß *mindestens* aufgezeigt werden, welche Relevanz ein detailliertes Wissen um die gesellschaftliche Bedingtheit rechtlicher Regelungen im Rahmen juristischer Entscheidungsfindung und -begründung haben kann.

Erfreulicherweise hat der hessische Gesetzgeber die »Methodenlehre der Rechtswissenschaft« im neuen Juristenausbildungsgesetz zum Hauptfach erklärt. Um die so vom Gesetzgeber aufgenommene Forderung nach vertiefter Beschäftigung mit der Methode juristischen Arbeitens in der Universitätsausbildung realisieren zu können, bedarf es neben vielem anderen einer geeigneten Studienliteratur. Daher habe ich das Angebot gern angenommen, einen Reader zur Methodendiskussion in der Staatsrechtswissenschaft zusammenzustellen. Die hiermit vorgelegte Textauswahl bedarf wohl zumindest in zweierlei Hinsicht einer Rechtfertigung: Thematisch habe ich mich vor allem von der Frage leiten lassen, ob das Verhältnis der dogmatischen Rechtswissenschaft zu anderen Wissenschaften im Blick auf die Methode juristischen Begründens problematisiert wird. Die historische Dimension ist nicht nur deshalb einbezogen, weil sich manche der älteren Abhandlungen mit heutigen Erörterungen der juristischen Methode noch ohne weiteres messen können, sondern auch aus der Überzeugung heraus, wissenschaftliche Auffassungen sollten nicht dadurch »überwunden« werden, daß sie in Vergessenheit geraten. Es gilt stattdessen, den rationalen Kern der tradierten Auffassungen herauszuarbeiten und – sofern dies gelungen ist – in die heutigen Erörterungen mit einzubeziehen. Sollten sich dabei überkommene Ansichten als nicht mehr akzeptabel erweisen, so können sie *begründetermaßen* verworfen werden.

Erfahrungen aus mehreren Lehrveranstaltungen zur juristischen Methodenlehre und insbesondere zur juristischen Methode im Staatsrecht haben mich veranlaßt, eine ausführliche Einleitung zu schreiben. Es zeigte sich nämlich, daß auch weit überdurchschnittlich qualifizierte Studierende über Paraphrasierungen der Texte kaum hinausgelangten. Es fehlte ihnen am Bezugsrahmen für Rekonstruktion und Kritik. Die Einleitung versucht einen solchen Bezugsrahmen (für *eines* der in den Texten behandelten Themen) zu liefern (I., II.), der in der dann folgenden rationalen Rekonstruktion und Kritik der Texte (III.) erstens als Maßstab zur Diagnose von Unklarheiten, zweitens als Mittel zur präziseren Reformulierung der untersuchten Argumentationen und drittens und vor allem als Maßstab zur Beurteilung der heutigen Relevanz der rekonstruierten Auffassungen dient. Die theoretische Grundlegung ist im übrigen keineswegs nur zur Behandlung irgendwie spezifisch staatsrechtlicher Methodenfragen geeignet, sondern kann allgemein als *Teil* eines *Propädeutikums der juristischen Methodenlehre gelesen werden.* Die Rekonstruktionen besonders der leichter verständlichen Texte haben eher den Charakter von *Skizzen*, die die eigene *Lektüre* und Rekonstruktion nicht ersetzen, sondern erleichtern sollen.

Voraussetzung für einen solchen Sammelband sind nicht zuletzt die Abdruckgenehmigungen für die einzelnen Beiträge. Ich habe den Rechtsinhabern der hier zusammengestellten Texte für ihre umgehend gegebenen Zustimmungen sehr zu danken. Gleichzeitig muß ich um Nachsicht für unvermeidbare, nicht selten auch vom Herausgeber nur mit Bedauern vorgenommene Kürzungen bitten.

Herrn Prof. Dr. E. Denninger bin ich sehr verbunden für kritische Hinweise zur Einleitung und für seine kenntnisreiche Hilfe bei der angesichts der Fülle einschlägiger Arbeiten schwierigen Auswahl der Texte. Für argumentative und/oder technische Hilfe danke ich ferner meiner Frau Edith Koch und den Herren Prof. Dr. H. Rottleuthner, Doz. Dr. E. v. Savigny, sowie insbesondere den Herren Dr. R. Trapp und Dr. H. Zimmermann. Zu danken habe ich außerdem den Herausgebern des Archivs für Rechts- und Sozialphilosophie, die mir eine Verwendung meiner Abhandlung »Das Postulat der Gesetzesbindung im Lichte sprachphilosophischer Überlegungen« (ARSP 1975, S. 27ff.) gestatteten.

Die Einleitung wurde im Juni 1975 abgeschlossen. Einige wenige Ergänzungen und Korrekturen habe ich im August 1976 vorgenommen. Die Verzögerung der Veröffentlichung ist auf einen Verlagswechsel zurückzuführen.

Offenbach, im August 1976 H.-J. Koch

A.
Einleitung:
Über juristisch-dogmatisches Argumentieren im Staatsrecht

I. Präzisierung der Problemstellung

1. Über verschiedene Möglichkeiten, die staatsrechtliche Methodendiskussion zu untersuchen

Zunächst muß die hier beabsichtigte Betrachtung der dokumentierten Diskussion um die juristische Methode im Staatsrecht gegenüber alternativen Forschungsansätzen abgegrenzt werden. Anhand einiger Beispiele seien kurz vier Forschungsrichtungen erläutert, die in dieser Einleitung nicht eingeschlagen werden. Schließlich (e) wird der hier gewählte Ansatz näher beschrieben.

a) Man könnte *Dogmengeschichte* betreiben. Einen entsprechenden Versuch hat zum Beispiel W. Wilhelm für die Position Labands unternommen: »Die vorliegende Untersuchung beschränkt sich im wesentlichen auf die fachwissenschaftliche Tradition der Methodenlehre Paul Labands. Als ein Typus der sogenannten Begriffsjurisprudenz ist diese Lehre zwar Ausgangspunkt, nicht eigentlich aber Gegenstand dieser Untersuchung: Es ist nicht ein Beitrag zur Kritik der rein juristischen Methode in ihrer endgültigen Gestalt in Labands Lehre beabsichtigt; vielmehr soll der Versuch unternommen werden, der Entwicklung dieser Methodenlehre in der deutschen Rechtswissenschaft des 19. Jahrhunderts nachzugehen.«[1] Gerade in solche Kontroversen darüber, welches Individuum oder welche Schule Wegbereiter welcher Ideen gewesen sein soll, will ich mich nicht einmischen. Ich werde lediglich – soweit möglich – knappe Hinweise darauf geben, welche diesbezüglichen Behauptungen von wem aufgestellt worden sind. Im übrigen sei angemerkt, daß der wissenschaftliche Status solcher Dogmengeschichten durchaus unklar ist. Wenn ich recht sehe, wird zumeist eine zeitliche Abfolge von in gewissem Sinne (?) ähnlichen Dogmen beschrieben, an deren Ende schließlich das thematische, abzuleitende Dogma steht. Ob zugleich gewisse Wirkungszusammenhänge zwischen den einzelnen Entwicklungsstationen behauptet werden, d. h. sogenannte *genetische Erklärungen*[2] versucht werden, ist nicht immer klar. Leider finden sich bei den von mir herangezogenen Dogmengeschichtlern keine Überlegungen bezüglich des logischen Status ihrer Aussagen.

b) Man könnte versuchen, *kausale Erklärungen*[3] für die Wandlungen der Vorstellungen von der richtigen juristischen Methode im Staatsrecht zu geben. Es wird etwa auf bestimmte ökonomische Veränderungen hingewiesen, die Änderungen der Ansichten über die anzuwendende juristische Methode *bewirkt* haben sollen. Dementsprechende Hypothesen finden sich z. B. bei H. Mayer und F. Neumann,[4] aber auch bei Wilhelm. Letzterer behauptet unter anderem, daß Gerbers Glaube an die »Verselbständigung des Rechts« »Spiegelbild eines bestimmten ökonomischen Emanzipationsprozesses« gewesen sei, nämlich des Übergangs von der mittelalterlichen Naturalwirtschaft zur »freien Verkehrs- und Geldwirtschaft der bürgerlichen Gesellschaft«.[5] Fraglich ist natürlich, ob mit dem metaphorischen Ausdruck »Spiegelbild« wirklich gemeint ist »Folge« der ökonomischen Entwicklung. Auch die von Wilhelm in diesem Zusammenhang stark strapazierte Formulierung, daß bestimmte Vorstellungen über das Recht »Ausdruck« der realen Verhältnisse, der gesellschaftlichen Zustände waren, ist reichlich vage.

c) Bei Mayer finden sich auch Behauptungen anderen Charakters, die als sogenannte *funktionale Erklärungen* rekonstruierbar sein könnten: »Seit der letzte große Versuch, den monarchischen Gedanken weltanschaulich zu unterbauen, der Versuch Friedrich Julius Stahls, gescheitert war, konnte die Monarchie sich nur dann ihre Geltung erhalten, wenn sie auf eine weltanschauliche Legitimierung ihrer Herrschaft verzichtete, sich in weltanschauliche Erörterungen nicht einließ und die weltanschaulichen Hintergründe innerhalb einer Staatsanschauung völlig ignorierte, also sich der Labandschen Betrachtungsweise bediente. Weiter mußte die monarchisch-konservative Politik Bismarcks dahin gehen, dem Bürgertum die Brüchigkeit der politischen Scheinlösung im Aufbau des Reiches nicht zum Bewußtsein zu bringen. Das konnte aber nur geschehen mit Hilfe einer Staatsanschauung, die den politischen Bestand des vorhandenen Staates als unerschütterliche Selbstverständlichkeit jeder Diskussion und jeder Kritik entzog... Alle diese politischen Gesichtspunkte konnten mit Hilfe der Staatsbetrachtung Labands verwirklicht werden, denn der absolutistische Charakter, wie er in den geschilderten Erwägungen der Regierungspolitik zum Ausdruck kommt, war, wie schon Gierke bemerkt hat, auch dem Staatsrecht Labands eigen.«[6]

Diese Argumentation[7] folgt wohl folgender Logik: Da es für Bismarck *zweckmäßig* war, dem Bürgertum die Brüchigkeit der politischen Scheinlösung im Aufbau des Reiches nicht zum Bewußtsein zu bringen und da die Verbreitung der Labandschen Staatsanschauung hinreichende Bedingung dafür war, war es für Bismarck auch *zweckmäßig*, sich der Labandschen Staatsbetrachtung zu bedienen. Ob es sich bei solchen Argumentationen um eine eigenständige Form wissenschaftlicher Erklärung handelt, ist umstritten.[8]

d) Weiter finden sich Behauptungen über die *sozialen Folgen* des staatsrechtlichen Positivismus. v. Oertzen beispielsweise faßt die von ihm referierte Kritik an der juristischen Methode der Gerber-Laband-Schule folgendermaßen zusammen: »In Wirklichkeit dient die ›juristische Methode‹, dadurch daß sie sich auf die formale Bearbeitung des geltenden öffentlichen Rechts beschränkt und jede inhaltliche Kritik ausschließt, der Aufrechterhaltung der bestehenden Staats- und Gesellschaftsordnung.«[9]

Diese Hypothese unterscheidet sich, formal betrachtet, von der eben erörterten funktionalen Erklärung dadurch, daß nicht behauptet wird, daß die angeblich eintretende Folge von irgendwelchen handelnden Individuen als *zweckmäßig* angesehen wird. Ob diese Differenz ausreicht, um von zwei verschiedenen Typen wissenschaftlicher Erklärungen zu sprechen, wird hier – wie schon gesagt – offen gelassen.

e) Es gibt schließlich mindestens noch eine fünfte Möglichkeit der wissenschaftlichen Beschäftigung mit der dokumentierten Methodendiskussion: man kann versuchen, möglichst genau herauszubekommen, was die einzelnen Theoretiker als zu praktizierende »juristische Methode« gefordert haben und mit welcher Begründung sie das taten. Entsprechende Bemühungen setzten an sich auch die bisher dargestellten Forschungsansätze voraus; und ganz gewiß kann man so überaus gründlichen und sorgfältigen dogmengeschichtlichen Arbeiten, wie denen von Wilhelm und v. Oertzen, nicht vorhalten, sie bemühten sich nicht intensiv genug um ein Verständnis dessen, was die Alten wirklich meinten. Gerade diese Versuche aber, zu ermitteln, was Theoretiker aus vergangenen Zeiten *tatsächlich meinten*, erweisen sich häufig als reichlich problematisch: Problembeschreibungen und Problemlösungsvorschläge der Alten erweisen sich aus heutiger Sicht nicht selten als so unklar, daß man geneigt sein könnte, die alten Texte als für die heutige Diskussion völlig irrelevant anzusehen und sozusagen zu den Akten zu legen. Glücklicherweise gibt es zu dieser doch recht unbefriedigenden »Auseinandersetzung« mit überlieferten Auffassungen eine Alternative:

Stegmüller[10] unterscheidet zwei mögliche Weisen der Beschäftigung mit einem historisch überlieferten philosophischen System: die *»Methode der Direktinterpretation«* und *»die Methode der rationalen Rekonstruktion«*. Die erste Methode sei anzuwenden, wenn man eine Darstellung und Beschreibung dessen beabsichtige, was ein Philosoph *wirklich meinte*. Nur bei Anwendung dieser Methode könne man zu einer *wahren Interpretation* kommen. Allerdings dürfte der Versuch der Direktinterpretation von Philosophen der Vergangenheit meist rasch an eine Grenze stoßen, da der heutige Stand an Präzision und Klarheit ein höherer sei als es der vergangener Zeiten gewesen sei. Man wäre daher oft gezwungen zu sagen, daß die von dem untersuchten Philosophen verwendeten Begriffe vage und mehrdeutig seien und überhaupt keine klare Bedeutung hätten. Dies würde sich natürlich auf die Formulierung der Probleme übertragen, mit denen sich der Philosoph beschäftigte, sowie auf die Problemlösungen, die er vorschlug. Uns bliebe dann nur die Verwerfung dieser Philosophie wegen ihrer Dunkelheit und Unverständlichkeit.

Eine solche Verwerfung muß nach Stegmüller aber nicht das letzte Wort über einen Philosophen sein, da noch die Möglichkeit der rationalen Rekonstruktion verbleibe. Stegmüller formuliert drei Prinzipien, denen eine rationale Rekonstruktion zu genügen habe:[11]

»(1) Die Theorie muß in solcher Form dargeboten werden, daß die Darstellung mit den Grundideen des betreffenden Philosophen in Einklang bleibt.

(2) Soweit wie möglich soll die Theorie mittels präziser Begriffe dargestellt werden.

(3) Sie soll als konsistente Theorie entwickelt werden, falls dies möglich ist (d. h. falls sich nicht alle rationalen Deutungen, welche die Forderungen (1) und (2) erfüllen, als inkonsistent erweisen).«

Stegmüller weist noch darauf hin, daß die Vagheit von Prinzip (1) unvermeidbar sei, da sich (1) auf die zu rekonstruierende Philosophie beziehe, *bevor* der Versuch unternommen sei, diese zu rekonstruieren.

Die von Stegmüller skizzierten Methoden scheinen mir nun nicht nur hinsichtlich überlieferter philosophischer Systeme möglich, sondern auch in bezug auf andere (auch aus jüngster Vergangenheit!) tradierte wissenschaftliche Auffassungen wie etwa die staatsrechtliche Methodendiskussion. Eine Direktinterpretation dieser Debatte stößt nämlich rasch auf erhebliche Unklarheiten. Daher gilt es zu versuchen, *in Einklang mit den Grundideen* des jeweiligen Theoretikers seine Thesen unter Zugrundelegung des heutigen Kenntnisstandes *präzise und konsistent* zu *reformulieren*.[12] Soweit eine solche Rekonstruktion gelingt, kann man natürlich nicht behaupten, man gebe die von dem rekonstruierten Theoretiker *tatsächlich* vertretene Auffassung wieder. Man könnte vielleicht sagen, daß man den »rationalen Kern« der überkommenen Auffassung bewahrt und gegenwärtigen Präzisionsstandards gemäß dargestellt habe. Sodann läßt sich fragen, ob dieser »rationale Kern« noch als akzeptabler Beitrag zur heutigen Diskussion angesehen werden kann. Diese Beurteilung wiederum verlangt die Angabe des oder der Problemlösungsansätze, die heute als aussichtsreich angesehen werden können. Vom aktuellen Forschungsstand her läßt sich die Frage beantworten, ob die rekonstruierte Auffassung noch als interessanter Problemlösungsbeitrag angesehen werden kann oder zu verwerfen ist.

Die eben beschriebene Möglichkeit, die abgedruckten Texte zu erörtern, setzt also die Kenntnis des heutigen Forschungsstandes hinsichtlich der in den Texten behandelten Probleme voraus; und zwar erstens als Maßstab zur Diagnose von Unklarheiten, zweitens als Mittel zur präziseren Reformulierung der untersuchten Argumentationen und drittens als Maßstab zur Beurteilung der heutigen Relevanz der rekonstruierten Auffassungen. Nun werden in den abgedruckten Texten mehrere Themen angesprochen. Aus Raumgründen kann nicht hinsichtlich aller angeschnittenen Fragen der heutige Forschungsstand dargestellt werden. *Denn der für juristische Methodenfragen relevante Forschungsstand ist meines Erachtens der Stand anderer Disziplinen wie etwa der analytischen Sprachphilosophie und Wissenschaftstheorie*. Diese Disziplinen können aber auch nicht überblickhaft dargestellt werden. Ich muß mich darauf beschränken, den theoretischen Rahmen für die Rekonstruktion von *einem* der in den abgedruckten Texten erörterten Probleme zu entwerfen. Bevor diese Problematik näher skizziert wird, sei noch zwei möglichen Mißverständnissen vorgebeugt:

Erstens: Es werden nur die methodischen Ansichten, nicht aber die methodische Praxis der einzelnen Autoren untersucht. Von diesem Prinzip wird nur dann ausnahmsweise abgewichen, wenn die methodische Praxis zur Erläuterung der expliziten methodischen Ansichten eines Autors dienen kann oder sogar erforderlich ist. – Zweitens: Die an den Texten zu übende Kritik wird vom heutigen Stand der wissenschaftlichen Forschung (soweit der Verf. damit vertraut ist!) ausgehen. Wie die einzelnen Beiträge im Lichte des Forschungsstandes der jeweiligen historischen Epoche zu beurteilen sind, bleibt weitgehend dahingestellt. Es sei deshalb ausdrücklich betont, daß beispielsweise die Behauptung von Unklarheiten regelmäßig *nicht als Kritik an dem jeweiligen Autor* zu verstehen ist. Von diesem Grundsatz wird nur ausnahmsweise und dann ausdrücklich abgewichen. – Vermutlich werden Historiker ein solches Vorgehen als unhistorisch betrachten; sie werden kritisieren, daß den Autoren sozusagen die *historische Gerechtigkeit* vorenthalten werde. Demgegenüber sei nochmals der Zweck einer rationalen Rekonstruktion hervorgehoben: Es geht ihr nicht um die historischen Verdienste älterer Autoren, sondern ausschließlich um die Frage nach dem noch akzeptablen Kern überkommener wissenschaftlicher Auffassungen. Nur ein solches Vorgehen ermöglicht es, tradierte Auffassungen in die heutige wissenschaftliche Diskussion direkt mit einzubeziehen. Und dies sollte jedenfalls *auch* ein Ziel historischer Forschung sein.

Es gilt nun, *die* Probleme der staatsrechtlichen Methodendiskussion näher zu beschreiben, hinsichtlich derer eine rationale Rekonstruktion und Kritik der abgedruckten Beiträge erfolgen soll (unten 2.). Diese Probleme werden sodann (unten II.) im Lichte der analytischen Sprachphilosophie mit der in dieser Einleitung möglichen Ausführlichkeit behandelt.

2. Die Grundlagen der vorzuschlagenden Rekonstruktion

a) In der hier dokumentierten Diskussion über die juristische Methode im Staatsrecht geht es im wesentlichen um folgende Frage: Sind juristische Entscheidungen bloße Vollzüge von bereits in den Gesetzen und insbesondere in der Verfassung getroffenen Entscheidungen, wobei letztere gegebenenfalls mit Hilfe der seit Savigny kanonisierten Auslegungsmethoden zu ermitteln sind? Oder ist ein solcher Gesetzes- bzw. Verfassungspositivismus nicht haltbar und spielen außerjuristische Erwägungen etwa politischer, ökonomischer, philosophischer Herkunft eine Rolle bei der Begründung staatsrechtlicher Entscheidungen.[13] Zwei Argumentationslinien müssen bei der Erörterung dieses Problembereichs auseinandergehalten werden: Einerseits wird diskutiert, ob und warum es *wünschenswert* sei, staatsrechtliche Entscheidungen auch mit außerjuristischen Argumenten zu stützen; andererseits wird darum gestritten, ob eine Beschränkung auf sogenannte »rein juristische« Argumente überhaupt *möglich* sei, oder ob nicht vielmehr die Berücksichtigung außerjuristischer Erwägungen unerläßlich sei. Von den Autoren dieses Sammelbandes erörtern, häufig ohne diese Fragen ausreichend zu unterscheiden, Heller, Triepel, Schmitt, Hollerbach und Ehmke beide Fragen; Laun, v. Hippel und Müller konzentrieren sich auf die Frage nach der *Möglichkeit* einer Bindung; Jellinek, Smend und Heck diskutieren ausschließlich die *Erwünschtheit* eines Verfassungs- bzw. Gesetzespositivismus.

Die beiden Probleme (Erwünschtheit/Möglichkeit) sind insofern unabhängig voneinander, als etwa ein Ergebnis der zweiten Kontroverse dahin, daß eine »rein juristische« Begründung staatsrechtlicher Entscheidungen *möglich* sei, durchaus mit der Ansicht vereinbar ist, außerjuristische Entscheidungsgründe seien gleichwohl *wünschenswert.* Umgekehrt könnte man, auch wenn die Unvermeidlichkeit außerjuristischer Erwägungen dargetan wäre, solche »fachfremden« Erwägungen immer noch als unerwünscht ansehen. Nach der Maxime »Sollen impliziert Können«[14] könnte allerdings nicht mehr der Verzicht auf außerjuristische Argumente *gefordert* werden. Gerade dies verleiht einer Diskussion um die *Möglichkeit* »rein juristischer« Entscheidungen praktische Relevanz: wäre doch bei dem genannten Resultat der Gesetzes- bzw. Verfassungspositivismus als nicht realisierbar widerlegt. Demgegenüber wäre die Ansicht, »rein juristische« Begründungen seien *unerwünscht,* logisch gesehen offenbar weniger folgenreich: Es würde einfach einem bestimmten Leitbild juristischer Tätigkeit ein anderes entgegengestellt. Daher will ich die hier dokumentierten Argumentationen um die juristische Methode im Staatsrecht vor allem insoweit rekonstruieren, als es um die *Möglichkeit* von Gesetzes- bzw. Verfassungspositivismus geht. Natürlich wird auch auf andere, in den Texten erörterte Aspekte der Bindungsproblematik eingegangen werden; *für sie wird aber kein theoretischer Rahmen für Rekonstruktion und Kritik geliefert.*

Diese, zugegeben, noch reichlich vage Problemexposition wird umgehend (unten b, c) präzisiert werden. Vorerst mögen folgende Hinweise genügen. Die Frage nach der »Möglichkeit« verfassungsgebundenen Entscheidens zielt auf die Klärung der Schwierigkeiten, die überwunden werden müssen, wenn Entscheidungen in Bindung an die Verfassung getroffen werden sollen; und zwar geht es um *die* Schwierigkeiten, die sich schon daraus ergeben, daß eine Entscheidung in Bindung an die Verfassung ja die *Ermittlung des Gehalts* der Verfassung voraussetzt. Diese Problematik stellt sich natürlich nicht nur im Bereich des Verfassungsrechts, sondern in entsprechender Weise immer dann, wenn Entscheidungen in Bindung an das Gesetz erfolgen sollen. Demgemäß erhebt auch die sprachphilosophische Behandlung der gestellten Frage Anspruch darauf, *ein Beitrag zum Problem der juristischen Methode auch in anderen Rechtsgebieten* zu sein.

Eine Konzentration auf das skizzierte Thema scheint mir auch unter wissenschafts- und gesellschaftspolitischen Gesichtspunkten geboten. Zunächst der wissenschaftspolitische Aspekt: Wenn auch in Arbeiten über die juristische Methodenlehre heute kaum noch ein Gesetzes- bzw. Verfassungspositivismus vertreten wird (Ausnahme in diesem Bande: Forsthoff), so sind doch die Einwände gegen die Möglichkeit eines solchen nicht so zwingend wie sie es sein könnten. Damit will ich nicht bestreiten, daß bereits äußerst relevante Gesichtspunkte in die Diskussion eingeführt sind, auch und gerade in der hier abgedruckten Debatte. Allein, die Kritik ist nicht so tiefgehend und präzise, wie es bei Berücksichtigung insbesondere der analytischen Sprachphilosophie möglich wäre. Den Beweis für diese Behauptung hoffe ich zu erbringen.

Die Schwäche der Kritik am Gesetzes- bzw. Verfassungspositivismus dürfte *eine* Ursache dafür sein, daß denen, die in der gegenwärtigen Reformdiskussion eine Öffnung etwa zu den anderen Sozialwissenschaften hin fordern, immer wieder das Postulat der Gesetzes- bzw. Verfassungsbindung entgegengehalten wird.[15] Eine Präzisierung der Kritik am Gesetzes- bzw. Verfassungspositivismus dürfte daher eine argumentative Unterstützung derjenigen sein, die die gesellschaftspolitische Forderung nach einem sozialwissenschaftlich aufgeklärten Juristen durchzusetzen versuchen. Einen möglichen Nutzen für die Position der Reformer sehe ich erstens in der Widerlegung des bekämpften Leitbildes juristischen Entscheidens und zweitens in dem Gewinn größerer Klarheit über Gegebenheiten, die bei der Präzisierung des neuen Leitbildes (»sozialwissenschaftlich aufgeklärt«) zu beachten sind.

b) Die wohl schärfste Kritik, die bislang Staatsrechtslehrer am Postulat der Verfassungsbindung geübt haben, ist jüngst von Denninger vorgetragen worden.[16] Er bezeichnet Sätze wie »Die Würde des Menschen ist unantastbar« (Art. 1 GG) als »Leerformeln, die als solche nicht die normative Kraft besitzen (können), die in der Komplexität der Situationen, in der soziale Konflikte ... sich heute in einer hochindustriellen Gesellschaft normalerweise präsentieren, als Richtschnur zur Abgrenzung der konfligierenden Interessensphäre zu dienen«.[17] Die »logischbegriffliche Unschärfe« der Leerformeln (oder, wie Denninger auch sagt »Leerbegriffe«,[18] »Wert-Leerbegriffe«,[19] »Leerformelbegriffe«[20]) verschaffen »der das GG letztverbindlich auslegenden Instanz ein erhebliches Maß an Entscheidungsbeweglichkeit.«[21] Leider finden sich bei Denninger keine näheren Ausführungen dazu, wann Begriffe keine »normative Kraft besitzen« und wie man das feststellen könnte. Daher bleibt auch unklar, in welchem Maße »Leerformeln« zu »Entscheidungsbeweglichkeit« führen.

Nun finden sich aber im außerjuristischen Schrifttum, an das Denninger vermutlich anknüpfen möchte, nähere Erläuterungen über den Begriff der »Leerformel«. Nach Opp enthält das GG »eine einzigartige Sammlung von Leerformeln, unter die fast beliebige Sachverhalte subsumierbar sind.«[22] Unter »Leerformeln« versteht Opp

(1) »empirische Aussagen mit sehr geringem Informationsgehalt, d. h. empirische Sätze, die nur sehr wenig über die Realität informieren«;[23]

(2) »normative Sätze mit sehr geringem normativen Gehalt..., d. h. Sätze, die kaum darüber informieren, was denn nun der Fall sein soll«;[23]

(3) extrem unpräzise Begriffe.[24]

Obgleich uns im Hinblick auf das Problem der Gesetzesbindung nur die in (2) und (3) genannten Leerformeln interessieren, müssen wir uns dennoch zuerst mit den empirischen Aussagen (1) befassen, da der Begriff des »normativen Gehalts« (2) über den Begriff des »Informationsgehalts« eingeführt wird. Während Topitsch und Degenkolbe[24] sich nur ganz global auf Poppers Falsifikationsprinzip beziehen, finden sich bei Opp ausführliche Erläuterungen des Begriffs »Informationsgehalt«, die von Überlegungen Carnaps und Poppers ausgehen:[25]

Carnap[26] führt für beliebige komplexe Sätze, d. h. Sätze, die mindestens ein logisches Zeichen (das sind Wörter wie »nicht«, »und«, »oder«) enthalten, den Begriff des »Spielraums« folgendermaßen ein: Unter dem Spielraum eines komplexen Satzes S ist die Klasse der möglichen Bewertungen zu verstehen, für die S wahr ist. Unter einer Bewertung ist die Zuordnung von Wahrheitswerten zu den atomaren Sätzen zu verstehen, die den komplexen Satz S bilden. Besteht der komplexe Satz S etwa aus den beiden atomaren Sätzen A und B, so sind vier Zuordnungen von Wahrheitswerten (Bewertungen) möglich:

A	B
wahr	wahr
wahr	falsch
falsch	wahr
falsch	falsch

Die Wahrheit des komplexen Satzes S hängt nun von den darin vorkommenden logischen Zeichen ab. Zur Erläuterung seien zunächst die sogenannten Wahrheitswerttabellen für die Aussagen »A und B« ($A \wedge B$) sowie »A oder B« ($A \vee B$) gegeben (für »wahr« verwende ich zur Abkürzung »w«, für »falsch« »f«):[27]

A	B	$A \wedge B$	$A \vee B$
w	w	w	w
w	f	f	w
f	w	f	w
f	f	f	f

Der komplexe Satz »$A \wedge B$« ist also nur wahr, wenn beide Teilsätze wahr sind. Der Satz »$A \vee B$« ist dagegen für drei Bewertungen wahr. Entsprechend Carnaps Definition von Spielraum als Klasse der Bewertungen, für die ein komplexer Satz wahr ist, hat also der Satz »$A \vee B$« einen größeren Spielraum als der Satz »$A \wedge B$«.

Es ist nun leicht einzusehen, daß ein Satz um so mehr sagt, je kleiner sein Spielraum ist. Denn wenn uns mitgeteilt wird, »$A \wedge B$« sei der Fall, so wissen wir genau, welcher Zustand behauptet wird. Bezogen auf das obige Schema kann man sagen: die erste Bewertung wird behauptet. Wird uns dagegen der Satz »A ∨ B« mitgeteilt, so wissen wir nicht, welche der drei ersten Bewertungen vorliegt. Wir sind also über die Welt um so genauer informiert, je geringer der Spielraum eines behaupteten komplexen Satzes ist. Oder anders gesagt: Je geringer der Spielraum eines Satzes, desto größer der Informationsgehalt.[28]

Nach diesen Erläuterungen des Begriffs »Informationsgehalt« können wir nunmehr abschließend einen Satz erörtern, der nach Opp zweifellos als Leerformel zu bezeichnen wäre: »Morgen wird es regnen oder morgen wird es nicht regnen.« Schon intuitiv ist uns klar, daß wir durch diesen Satz nichts erfahren. Nach der oben gegebenen Wahrheitswerttabelle für eine Adjunktion (A ∨ B) ist diese nur falsch, wenn sowohl A als auch B falsch sind. Nun lautet aber unsere Adjunktion »A ∨ ¬ A« (das Zeichen »¬« steht für »nicht«). Da »A« nur die beiden Wahrheitswerte »wahr« oder »falsch« annehmen kann, ist für jede Wahrheitswertzuteilung entweder »A« oder »¬ A« wahr. Es ist also nicht möglich, daß sowohl A als auch ¬ A falsch sind. »A ∨ ¬ A« ist also für jede Bewertung wahr. Der Spielraum ist – wie Carnap sagt – »total«, entsprechend ist der Informationsgehalt gleich null.

Wir können uns nunmehr den normativen Sätzen und damit der Frage nach dem »normativen Gehalt« zuwenden. Opp macht dazu keine näheren Angaben. Er geht anscheinend davon aus, daß die eben angestellten Überlegungen völlig entsprechend für normative Sätze gelten. Topitsch und Degenkolbe erliegen allerdings bei diesem Übertragungsversuch einem Irrtum, obgleich sie von den Begriffen »Spielraum« und »Informationsgehalt« ausgehen. Beide formulieren fast übereinstimmend, daß normative Sätze nur dann einen echten normativen Gehalt hätten, wenn sie bestimmte möglichst genau gekennzeichnete Verhaltens- oder Denkweisen ausschlössen.[29] Als Beispiel führt Topitsch den Satz »suum cuique tribuere« an. Daß nun aber durch diesen Satz z. B. keinerlei sozialpolitische Verteilungsmaßnahme gefordert bzw. ausgeschlossen wird, liegt nicht an der logischen Struktur des Satzes – Topitsch behauptet dies auch nicht *ausdrücklich* –, sondern an der mangelnden Präzision der darin verwendeten Ausdrücke. Es ist eben unklar, was »das Seine« ist, das einem jeden zusteht. Topitsch und Degenkolbe haben damit die Differenz aufgegeben zwischen den Leerformeln, die mit dem logischen Spielraum komplexer Sätze zusammenhängen, und den Leerformeln, die durch extrem unpräzise Begriffe gekennzeichnet sind. Dieser Fehler war bereits in ihrer allgemeinen Charakterisierung normativer Leerformeln angelegt. Denn die Forderung nach möglichst genauer Beschreibung etwa verbotener Verhaltensweisen richtet sich natürlich sowohl gegen logische Spielräume wie gegen unpräzise Begriffe.

Wir wollen uns nun ganz kurz mit der Übertragung der Begriffe »logischer Spielraum« bzw. »Informationsgehalt« auf normative Sätze befassen. Wenn etwa nach dem Grundgesetz einem staatlichen Organ geboten wäre, »A ∧ B« zu tun, so würde damit genauer über die Verpflichtung informiert, als wenn lediglich »A ∨ B« geboten wäre. Während das erste Gebot nur eine Handlungsmöglichkeit läßt, nämlich die Erfüllung von sowohl A als auch B, bietet das zweite Gebot drei Alternativen: entweder A zu tun oder B zu tun oder beides zu tun; alle drei Handlungsweisen wären eine Erfüllung des Gebotes. Mit anderen Worten: das Gebot »A ∨ B« läßt einen größeren logischen Spielraum als das Gebot »A ∧ B«.

Logische Spielräume stehen der Forderung nach Gesetzesbindung *nicht* entgegen. Denn unabhängig davon, ob ein Gesetz mehr (»A ∨ B«) oder weniger (»A ∧ B«) Handlungsalternativen zuläßt, ist doch die Wahl jeder Alternative im Einklang mit dem Gesetz. Das Problem logischer Spielräume können wir daher im folgenden beiseite lassen.

Es bleibt die von Opp angegebene dritte Gruppe von Leerformeln zu erörtern: extrem unpräzise Begriffe. Nach Opp ist ein Begriff dann unpräzise, wenn es Situationen gibt, in denen nicht entscheidbar ist, ob ein bestimmter Begriff anzuwenden ist oder nicht. Je größer die Zahl von Situationen, Ereignissen, Verhaltensweisen, Gegenständen etc. ist, hinsichtlich derer die Anwendung eines Begriffs unentscheidbar ist, desto unpräziser ist ein Begriff.[30] Als Beispiel für einen extrem unpräzisen Begriff führt Opp den Begriff der »Menschenwürde« an. Wie wir uns erinnern, hatte auch Denninger Art. 1 GG als Leerformel bezeichnet.

Dieses Problem der mangelnden Präzision gesetzlicher Begriffe ist nun für die Diskussion um die Möglichkeit der Gesetzesbindung äußerst relevant. Denn wenn etwa unklar ist, ob eine Sitzdemonstration auf Straßenbahnschienen »Gewalt« i. S. des § 240 StGB ist,[31] ob Schallplatten »Verlagserzeugnisse« (§ 16 Abs. I Ziff. 2 GWB),[32] Bienen »Haustiere«[33] und nichtkampfbereite Arbeitnehmervereinigungen »Gewerkschaften«[34] sind, aber gleichwohl eine Entscheidung getroffen werden muß, so stellt sich die Frage, wie dies in Bindung an das Gesetz geschehen soll, angesichts dessen, daß das Gesetz unpräzise ist. Die Fragen, die sich in bezug auf die Präzision von Rechtsbegriffen stellen lassen, seien etwas näher erläutert.

c) Der Hinweis darauf, daß es nicht selten zweifelhaft ist, ob ein gesetzlicher Ausdruck einen vorliegenden Fall erfaßt oder nicht, ist keineswegs neu. Bereits Heck behauptete, daß die Rechtsbegriffe mit den Alltagsbegriffen die Eigenschaft teilten, nicht »fest umgrenzt« zu sein. Heck unterschied deshalb zwischen einem »Begriffskern« und einem »Begriffshof«.[35] Neben etlichen anderen hat sich Engisch dieser Auffassung angeschlossen und erläutert: »Soweit wir uns über Inhalt und Umfang dieser Begriffe im klaren sind, haben wir es mit dem Begriffskern zu tun. Wo die Zweifel sich einstellen, beginnt der Begriffshof.«[36] Leider erörtert Engisch nicht näher, auf wessen Klarheit über den Umfang eines Begriffs es denn ankommen soll. Er müßte zu der Frage Stellung nehmen, ob die gleiche Norm etwa verschiedene Bedeutungen hat, wenn verschiedene Richter verschiedene Vorstellungen über den »Begriffshof« haben. Es fehlen weiter Erklärungen dafür, warum es überhaupt zu Phänomenen wie »Begriffskern« und »Begriffshof« kommt und wie die Grenze zwischen beiden jeweils gefunden werden kann.

Solche Fragen werden auch nicht von H. L. A. Hart behandelt, der sich in jüngster Zeit wohl am ausführlichsten mit dem Problem unpräziser Begriffe in Rechtsnormen beschäftigt hat.[37] Nach Hart gibt es eine Grenze der Handlungsorientierung, die durch sprachliche Regeln wie z. B. Gesetze gegeben werden kann.[38] Diese Grenze liege in der Natur der Sprache: nämlich ihrer »offenen Struktur«. »Unbestimmtheit an der Grenze« sei der Preis, den man für die Verwendung allgemein klassifikatorischer Ausdrücke zahlen müsse. Hart unterscheidet – offenbar ganz ähnlich wie Heck und Engisch – zwischen einem »Kern fester Bedeutung« und »Problemen der Schattenzone«.[39] Diejenigen, die aus der offenen Struktur der Sprache Einwände gegen die Möglichkeit der (angelsächsischen) Präjudizienbindung bzw. (kontinentalen) Gesetzesbindung herleiten, nennt Hart »Regelskeptizisten«[40] und hält ihnen entgegen, daß »es viele und häufig vorkommende Fälle (gibt), wo allgemeine Ausdrücke klar und deutlich angewandt werden können«.[41]

Auch bei Hart fehlen nähere Begründungen für eine Abgrenzung von »Kernbereich« und »Schattenzone« und Erläuterungen dazu, wie die Grenze des »Kernbereichs« zu ermitteln ist. Die Versäumnisse der genannten drei Autoren, die als Beispiele für andere stehen, lassen sich m. E. darauf zurückführen, daß keiner von ihnen einen Exkurs in die Sprachphilosophie und insbesondere die Semantik, die Lehre von der Bedeutung sprachlicher Zeichen, unternommen hat. In der BRD orientieren sich die Methodentheoretiker überwiegend an der Hermeneutik und deren äußerst unklarem Sinnbegriff.[42] Die Semantik dagegen wird weitgehend ignoriert.[43] Dies ist für eine Diskussion, in der es um die Bedeutung sprachlicher Zeichen – nämlich Gesetzestexte – geht, einigermaßen erstaunlich und Indiz für die Isolation, in der sich die Rechtswissenschaften gegenüber anderen relevanten Wissenschaften befinden. Einen Anstoß – mehr ist auf den wenigen zur Verfügung stehenden Seiten nicht möglich – zur Überwindung dieser Isolation hoffe ich unten (II.) zu geben. Ich möchte zeigen, daß sich aus der Sicht der Semantik eine Erklärung für das vorstehend erörterte, für die Frage nach der Möglichkeit von Verfassungs- und Gesetzesbindung relevante Phänomen unpräziser gesetzlicher Begriffe und eine Klassifikation zu unterscheidender Fälle unklarer Bedeutung geben lassen (II.1.). Anschließend wird versucht, Leistungsfähigkeit *und* Grenzen einer semantischen Analyse näher zu bestimmen (II.2.). Dem schließt sich eine Rekonstruktion und Kritik der dokumentierten staatsrechtlichen Methodendiskussion an (III.).

II. Juristisch-dogmatisches Argumentieren im Lichte analytischer Sprachphilosophie

1. Semantische Spielräume gesetzlicher Begriffe

a)Die Bedeutung von »Bedeutung«

Es ist hier natürlich nicht möglich, einen auch nur annähernd vollständigen Überblick über die in der Geschichte der Semantik vertretenen Bedeutungstheorien zu geben.[44] Ich möchte nur einige für das Problem der Gesetzesbindung m. E. besonders relevante Ergebnisse der Diskussion um den Begriff der Bedeutung referieren, ohne mehr als für die Erörterung des Postulates der Gesetzesbindung erforderlich in (etwa logisch-technische) Details zu gehen.[45]

aa) Eine in der Semantik heute nicht mehr vertretene Auffassung, die gleichwohl unter Nicht-Sprachwissenschaftlern noch erheblich verbreitet zu sein scheint, geht dahin, daß es eine *natürliche* Beziehung zwischen den Wörtern und ihren Bedeutungen gibt. Die Verbreitung einer solchen – wie Carnap sagt – »magischen Auffassung der Sprache«[46] ist nicht verwunderlich. Zunächst erscheint es Kindern im Prozeß der Erlernung ihrer Muttersprache ganz selbstverständlich, daß man z. B. einen Fußball eben »Fußball« nennt, und daß andere Wörter nicht zur Bezeichnung von Fußbällen verwendet werden können, d. h.: eben falsch sind. Ein Schüleraustausch mag dann insoweit zur Toleranz zwingen, als nicht länger zu leugnen ist, daß es merkwürdige Leute gibt, die zu einem Fußball »football« sagen, obwohl es sich ja in Wirklichkeit um einen Fußball handelt. Ein solches Hinnehmen fremder Sprachgewohnheiten wird aber ohne ausdrückliche Problematisierung etwa in der Schule den Glauben an einen natürlichen Zusammenhang zwischen den Wörtern der Muttersprache und ihrer Bedeutung nicht beeinträchtigen. Auch bei bewußterer Einstellung zur Sprache gibt es anscheinend Indizien, die für einen natürlichen, nichtkonventionellen Zusammenhang von Sprache und Welt sprechen. Es sei an die Lautgestalt von Worten wie »knarren«, »knirschen«, »quietschen« erinnert, die sich doch geradezu als natürliche Wiedergabe der entsprechenden Geräusche aufdrängen.

Die eben geschilderte Position eines *Naturalismus* in der Semantik ist z. B. von Platon mit u. a. folgender Begründung vertreten worden.[47] Der Satz »Katzen miauen« ist wahr, der Satz »Hunde miauen« dagegen ist falsch. Wäre nun die Bedeutung sprachlicher Zeichen bloß konventionell festgelegt, so müßte man ja ohne weiteres Katzen »Hunde« nennen können. Das geht aber offenbar nicht, sonst müßte der Satz »Katzen miauen« auch nach der Ersetzung von »Katzen« durch »Hunde« noch wahr sein. Wie schon gesagt, ist aber »Hunde miauen« falsch. Also gibt es offenbar einen nicht durch Konventionen festlegbaren, natürlichen, notwendigen, objektiven Zusammenhang zwischen den sprachlichen Zeichen und den Dingen in der Welt.

Dieses Argument ist aber nicht haltbar. Die Wahrheit eines Satzes läßt sich nicht aufgrund der Lautgestalt des Satzes oder der Zeichenreihe, die den Satz bildet, bestimmen. Ein Satz ist nicht als Zeichenreihe wahr oder falsch, sondern nur als *interpretierte* Zeichenreihe. Interpretiert man aber das Wort »Hund« so, wie sonst das Wort »Katze«, so ist der Satz »Hunde miauen« wahr. Damit entfallen aber auch die Einwände gegen einen semantischen *Konventionalismus.* Konventionalismus meint dabei nicht etwa, daß explizite und förmliche Vereinbarungen zwischen den Mitgliedern einer Sprachgemeinschaft getroffen worden sind. Das ist nur selten, wie z. B. hinsichtlich einiger Teile von Wissenschaftssprachen der Fall. Konventionalismus meint vielmehr, daß es sich bei der Herausbildung der Bedeutung sprachlicher Zeichen um eine kulturelle Entwicklung einer Sprachgemeinschaft handelt, die auch anders hätte verlaufen können. In diesem Sinn besteht keine natürliche, von dem sich historisch entwickelnden Sprachgebrauch einer Sprachgemeinschaft unabhängige Beziehung zwischen sprachlichen Zeichen und ihrer Bedeutung.

bb) Eine weitere inzwischen überwundene Position ist die Auffassung, daß die Bedeutung eines sprachlichen Ausdrucks der *Gegenstand* sei, der durch den Ausdruck bezeichnet werde. Auch diese Auffassung hat allerdings eine gewisse vorwissenschaftliche Evidenz für sich. Wenn jemand um die Erläuterung einer Äußerung bittet (»Was meinst Du damit?«), so kann man nicht selten durch Hinweis auf einen Gegenstand antworten.

Soweit ich sehe, hat zuerst Frege Kritik an der Identifikation von Bedeutung und bezeichnetem Gegenstand geübt. Frege geht von der intuitiven Vorstellung aus, daß die zwei Sätze »a = a« und »a = b« offenbar verschiedenen Erkenntniswert haben.[48] »a = a« sei als analytisch im Sinne Kants zu bezeichnen, während Sätze von der Form »a = b« häufig sehr wertvolle Erkenntnisse enthielten. Würde man nun – so läßt sich Freges Gedankengang etwas verkürzt wiedergeben – unter der Bedeutung[49] eines sprachlichen Zeichens ausschließlich das Bezeichnete verstehen, so würde – entgegen der intuitiven Vorstellung – der Erkenntniswert von »a = a« und »a = b« für den Fall gleich sein, daß »a = b« wahr ist. Dies läßt sich an einem von Frege erwähnten – wenn auch nicht ausgeführten – Beispiel verdeutlichen. Die Sätze sind »Der Abendstern ist mit dem Abendstern identisch« und »Der Abendstern ist mit dem Morgenstern identisch«. Inzwischen wissen wir, daß beide Ausdrücke – »Abendstern« und »Morgenstern« – die Venus bezeichnen. Identifiziert man nun Bedeutung mit dem bezeichneten Gegenstand, so geben uns beide Sätze ausschließlich die Information, daß die Venus mit der Venus identisch ist. Der Erkenntniswert beider Sätze wäre bei diesem Verständnis von »Bedeutung« offenbar gleich. Daß dieses Ergebnis kontraintuitiv ist, drängt sich bei vorstehendem Beispiel besonders auf. Denn während der Satz »Der Abendstern ist mit dem Abendstern identisch« zweifellos noch nie Aufsehen erregen konnte, so war die Entdeckung der Identität von Abendstern und Morgenstern überraschend und hochinteressant. Diese intuitive Auffassung, Sätze von verschiedenem Erkenntniswert vor sich zu haben, läßt sich durch die von Frege eingeführte Trennung zwischen *Sinn*$_F$[50] und *Bedeutung*$_F$ eines sprachlichen Zeichens rational rekonstruieren. Unter Bedeutung$_F$ ist der bezeichnete Gegenstand zu verstehen, also die Venus. Unter Sinn$_F$ dagegen »die Art des Gegebenseins« des Bezeichneten.[51] Mit dem Ausdruck »Abendstern« ist uns die Venus als der hellste Stern am *Abendhimmel*, der »Morgenstern« als hellster Stern am *Morgenhimmel* gegeben. Demgemäß sagt uns der Satz »a = a«, daß zwei *identische* Beschreibungen (»der hellste Stern am Abendhimmel«) auf denselben Gegenstand zutreffen – was gewiß nicht überrascht; »a = b« sagt uns dagegen, daß zwei *verschiedene* Beschreibungen (»der hellste Stern am Abendhimmel« und »der hellste Stern am Morgenhimmel«) auf ein und denselben Gegenstand zutreffen. Der verschiedene Sinn$_F$ von »Abendstern« und »Morgenstern« zeigt sich eben darin, daß man verschiedene Operationen vornehmen muß, um die Bedeutung$_F$ der genannten Ausdrücke zu ermitteln: einerseits muß man den Morgenhimmel beobachten, andererseits den Abendhimmel.

Die Differenz wird vielleicht noch deutlicher an einem anderen, von Frege erläuterten Beispiel. »Es seien a, b, c die Geraden, welche die Ecken eines Dreiecks mit den Mitten der Gegenseiten verbinden. Der Schnittpunkt von a und b ist dann derselbe wie der Schnittpunkt von b und c. Wir haben also verschiedene Bezeichnungen für denselben Punkt, und diese Namen (»Schnittpunkt von a und b«, »Schnittpunkt von b und c«) deuten zugleich auf die Art des Gegebenseins, und daher ist in dem Satz eine wirkliche Erkenntnis enthalten.«[51] Um an meine Erläuterung des ersten Beispiels anzuknüpfen: ein und derselbe Punkt wird durch die *verschiedenen* Beschreibungen »Schnittpunkt a/b« und »Schnittpunkt b/c« bezeichnet. Es sind *verschiedene* Konstruktionen bzw. Berechnungen erforderlich, um zu ermitteln, welchen Punkt die Ausdrücke »Schnittpunkt a/b« und »Schnittpunkt b/c« bezeichnen. Darin zeigt sich der verschiedene $Sinn_F$ dieser Ausdrücke.

Unserer intuitiven Vorstellung vom verschiedenen Erkenntniswert der Sätze »a = a« und »a = b« können wir also dadurch gerecht werden, daß wir zwischen dem $Sinn_F$ und der $Bedeutung_F$ sprachlicher Zeichen unterscheiden. Der $Sinn_F$ ist uns mit der Kenntnis einer Sprache gegeben, die Ermittlung der $Bedeutung_F$ bedarf darüberhinausgehender empirischer Untersuchungen. Da unsere noch vage Vorstellung von »Bedeutung« sicherlich dahingeht, daß »Bedeutung« etwas Sprachimmanentes in dem Sinne meint, daß wir über Bedeutungsgleichheit allein aufgrund unserer Sprachkenntnisse entscheiden zu können glauben, dürfte der $Sinn_F$ eines Zeichens das sein, was wir mit »Bedeutung« meinen. Dafür sprechen auch noch folgende Argumente.

Würde man die *Bedeutung* eines Namens mit dem *Träger* des Namens identifizieren, so würden Namen nach dem Tode des Trägers bedeutungslos. »Carnap« etwa wäre heute ein bedeutungsloser Name. Wir müßten sagen, mit Carnap sei die Bedeutung des Namens »Carnap« gestorben. Eine solche Redeweise entspräche offenbar nicht dem, was wir unter »Bedeutung« verstehen. Unter der Bedeutung eines Ausdrucks verstehen wir eben nicht das Bezeichnete.[52]

Schließlich spricht gegen die Identifikation von Bedeutung und Bezeichnetem die Existenz einer großen Zahl von Wörtern, die offenbar nichts bezeichnen. Vergeblich sucht man nach einem gegenständlichen Korrelat von Wörtern wie »und«, »nicht«, »oder«, »wenn... dann...«. Obwohl es nichts in der Welt gibt, was diese Wörter bezeichnen, sind sie doch offenbar in einer Sprache unverzichtbar, in der Argumentieren möglich sein soll. Ihre Bedeutung besteht nämlich u. a. darin, anzugeben, wie der Wahrheitswert (»wahr«, »falsch«) eines mit ihrer Hilfe gebildeten komplexen Satzes abhängt von den Wahrheitswerten der darin vorkommenden atomaren Sätze. Die Bedeutung dieser Zeichen läßt sich in den – oben I.2.b kurz eingeführten – sogenannten Wahrheitstabellen festlegen.

Damit schließen wir die Kritik an der Identifikation von Bedeutung und bezeichnetem Gegenstand ab[53] und wenden uns einer näheren Diskussion der von Frege eingeführten Trennung von Sinn_F und Bedeutung_F zu.

cc) Die von Frege eingeführte Unterscheidung von Sinn_F und Bedeutung_F hat sich in der Semantik fast hundertprozentig durchgesetzt.[54] Wesentlich bestimmt haben diese Entwicklung Arbeiten von Carnap. Carnap führt seine Unterscheidung von »Extension« und »Intension« eines sprachlichen Ausdrucks zunächst für Prädikate ein und nicht wie Frege für Namen.[55] Unter der »Extension« eines Prädikats versteht Carnap die Klasse der Gegenstände, auf die ein Prädikat zutrifft, unter der »Intension« die Eigenschaft, die ein Prädikat ausdrückt.[56] Zwei Prädikate sind extensionsgleich, wenn eine empirische Untersuchung ergibt, daß sie genau auf dieselben Gegenstände zutreffen; sie sind intensionsgleich, wenn allein mit logischen Mitteln, also ohne Bezug auf Tatsachen, gezeigt werden kann, daß sie dieselbe Eigenschaft ausdrücken. Das »allein mit logischen Mitteln« erläutert Carnap näher dahin, daß Intensionsgleichheit Übereinstimmung der *semantischen Regeln* zweier Prädikate erfordert.[57]

Vor einer näheren Erläuterung an Hand eines Beispiels läßt sich schon folgendes feststellen. Wie Frege unter Sinn_F etwas Sprachabhängiges versteht, so ist für Carnap die Intension eines Prädikats etwas, das allein durch Kenntnis einer Sprache, ohne *weitere* Tatsachenkenntnisse bekannt ist. Ebenfalls einander entsprechen die Erläuterungen der Ausdrücke »Bedeutung_F« und »Extension«. Während aber diese Erläuterungen keine besonderen Probleme zu bereiten scheinen, müssen wir uns noch näher mit den Charakterisierungen von Sinn_F als »Art des Gegebenseins« eines Gegenstandes und Intension als »durch ein Prädikat ausgedrückte Eigenschaft« befassen. Zunächst aber das angekündigte Beispiel.

In der Literatur werden zur Erläuterung von Intension und Extension häufig die Ausdrücke »Lebewesen mit Herz« und »Lebewesen mit Nieren« verwendet. Dabei geht man allgemein von der empirischen Annahme aus, daß alle und nur die Lebewesen mit Herz auch Lebewesen mit Nieren sind. Unter dieser empirischen Hypothese treffen die beiden in Frage stehenden Prädikate auf dieselben Gegenstände zu, sie sind *extensionsgleich*. Die beiden Prädikate drücken aber verschiedene Eigenschaften aus, sie sind *intensionsverschieden*. Letzteres können wir uns vorläufig so verdeutlichen, daß ja die Ermittlung, ob ein Lebewesen ein Herz hat, ganz andere Operationen voraussetzt als die Prüfung, ob es Nieren hat. Ganz entsprechend hatten wir uns klargemacht, was Frege unter »der Art des Gegebenseins« eines Gegenstandes versteht.

An dem genannten Beispiel läßt sich auch der *Zusammenhang* von Intension und Extension eines Prädikats darlegen. Erstens wird durch die Intension eines Prädikats auch die Extension festgelegt. Das heißt nicht, daß die Extension *feststeht*. Die *Feststellung* der Extension bedarf empirischer Untersuchungen. Mit der Intension ist aber festgelegt, worauf es bei dieser Untersuchung ankommt. Zweitens läßt sich aus einer Kenntnis der Extension eines Ausdrucks nicht ohne weiteres auf die Intension schließen. Ein solcher Schluß ist immer dann nicht möglich, wenn alle als Extension eines Ausdrucks gegebenen Gegenstände in mindestens zwei Eigenschaften übereinstimmen.[58] So verhält es sich im vorliegenden Beispiel.

Das Verhältnis von Extension und Intension läßt sich gut an einer Entscheidung des Bundesgerichtshofs erläutern. Für diese Entscheidung des Bundesgerichtshofs kam es maßgeblich darauf an, ob Öffnungen in Häuserwänden, die mit Glasbausteinen ausgefüllt sind, als »Fenster« bezeichnet werden können. Der BGH führt aus: »Nach üblichem deutschen Sprachgebrauch versteht man unter »Fenstern« Lichtöffnungen in Gebäuden... Die Lichtdurchlässigkeit ist das Entscheidende..., während die zumeist hinzukommende Möglichkeit der Luftzufuhr... eine minder wichtige Rolle spielt; denn erfahrungsgemäß gibt es viele Fenster, die sich überhaupt nicht öffnen lassen und daher zum Entlüften ungeeignet sind. Auch die Ausblicksmöglichkeit nach draußen... ist keineswegs in dem Maße begriffswesentlich, daß bei ihrem Fehlen nicht mehr von einem Fenster gesprochen werden könnte; bekanntlich werden sehr viele Fenster, etwa unter Verwendung besonderen Glases, als undurchsichtige angelegt. Daß schließlich der Geräuschdurchlässigkeit, auf welche das Berufungsgericht noch abgestellt hat, keine ausschlaggebende Bedeutung zukommt, versteht sich angesichts der Häufigkeit von Doppelfenstern und sonstigen schalldämpfenden Einrichtungen von selbst.«[58a]

Der Bundesgerichtshof sucht nach der Eigenschaft, der Intension, die das Prädikat »Fenster« ausdrückt. Dabei zieht er vier Eigenschaften in Betracht, von denen er drei als nicht durch »Fenster« ausgedrückt verwirft. Maßgebliches Argument ist dabei jeweils ein Rekurs auf die *Extension* von Fenster. Wenn er etwa die Ausblicksmöglichkeit als nicht »begriffswesentlich« ansieht, da viele Fenster mit Hilfe besonderen Glases gerade undurchsichtig angelegt würden, so läßt sich dieses zunächst zirkulär wirkende Argument ausführlich folgendermaßen wiedergeben: Es gibt Gegenstände in der Welt, die undurchsichtig sind und doch »Fenster« genannt werden, unter den Ausdruck »Fenster« fallen, also zur Extension von »Fenster« gehören. Würde man nun die Durchsichtigkeit als »Intension« von Fenster ansehen, so könnte der Ausdruck Fenster danach nicht mehr auf einige der sonst »Fenster« genannten Gegenstände angewendet werden. Dieses Argument zeigt, daß man von der Extension eines Prädikats darauf schließen kann, was *nicht* Intension dieses Prädikats sein kann: nämlich Eigenschaften, die die zur Extension des Prädikats gehörenden Gegenstände *nicht* haben. Voraussetzung dieses Schlusses ist die Kenntnis der Extension; hier läge ein Ansatzpunkt für Kritik an der zitierten Entscheidung.

Bevor wir uns – wie angekündigt – näher mit dem noch vagen Begriff der »Intension« eines Prädikats beschäftigen, sei, um Verwirrung vorzubeugen, eine Liste derjenigen Ausdrücke gegeben, die in der Literatur bisweilen an Stelle der Ausdrücke »Intension« und »Extension« verwendet werden:[59]

Intension	Extension
Sinn_F	Bedeutung_F
Bedeutung	Bezug
meaning	reference
Connotation	Denotation
Begriff(sbezug)	Sachbezug
sense	Bezeichnung

Wir werden im folgenden der Redeweise Carnaps folgen. Soweit Autoren referiert werden, wird deren Ausdrucksweise beibehalten (vgl. dann zur Orientierung obige Tabelle).

dd) Im folgenden wollen wir einige Ansichten über die Natur von Intensionen prüfen. Dabei geht es nicht etwa darum, nach irgendeiner Wesenheit, der »wahren« Natur von Intensionen zu forschen; sondern es gilt zu klären, welche Präzisierung der bislang vagen Verwendung des fraglichen Ausdrucks am ehesten geeignet erscheint, eine Erklärung der ja mittels der Sprache faktisch möglichen Verständigung über die Welt zu ermöglichen.

a_1) Noch heute liest man nicht selten, daß die Bedeutung eines Wortes »Vorstellungen« oder »Vorstellungsinhalte« seien, die Sprecher mit den Worten verbinden.[60] Aber sowohl Frege wie Carnap haben den Sinn_F bzw. die Intension eines Ausdrucks entschieden von mit diesem Ausdruck verbundenen individuellen Vorstellungen abgegrenzt. Ich zitiere Freges wichtigste Ausführungen wörtlich, da mir kaum eine annähernd klare und anschauliche Paraphrasierung gelingen dürfte:

»Von der Bedeutung und dem Sinne eines Zeichens ist die mit ihm verknüpfte Vorstellung zu unterscheiden. Wenn die Bedeutung eines Zeichens ein sinnlich wahrnehmbarer Gegenstand ist, so ist meine Vorstellung davon ein aus Erinnerungen von Sinneseindrücken, die ich gehabt habe, und von Tätigkeiten, inneren sowohl wie äußeren, die ich ausgeübt habe, entstandenes inneres Bild. Dieses ist oft mit Gefühlen getränkt; die Deutlichkeit seiner einzelnen Teile ist verschieden und schwankend. Nicht immer ist, auch bei demselben Menschen, dieselbe Vorstellung mit demselben Sinne verbunden. Die Vorstellung ist subjektiv: die Vorstellung des einen ist nicht die des anderen... Ein Maler, ein Reiter, ein Zoologe werden wahrscheinlich sehr verschiedene Vorstellungen mit dem Namen ›Bucephalus‹ verbinden. Die Vorstellung unterscheidet sich dadurch wesentlich von dem Sinne eines Zeichens, welcher gemeinsames Eigentum von vielen sein kann und also nicht Teil oder Modus der Einzelseele ist; denn man wird wohl nicht leugnen können, daß die Menschheit einen gemeinsamen Schatz von Gedanken hat, den sie von einem Geschlechte auf das andere überträgt.«[61] Nochmals kurz zusammengefaßt: »Die Bedeutung eines Eigennamens ist der Gegenstand selbst, den wir damit bezeichnen; die Vorstellung, welche wir dabei haben, ist ganz subjektiv; dazwischen liegt der Sinn, der zwar nicht mehr subjektiv wie die Vorstellung, aber doch auch nicht der Gegenstand selbst ist.«[62]

Die Ausführungen Freges machen, glaube ich, ganz deutlich,

warum man unter der Intension eines Ausdrucks nicht die Vorstellung verstehen kann, die jemand mit diesem Ausdruck verbindet. Nicht so klar wird, wie die gegenüber Vorstellungen größere Intersubjektivität von Intensionen sichergestellt ist. Wir werden darauf zurückkommen, uns aber zunächst Carnaps Kritik an der Identifikation von Vorstellungen und Intensionen zuwenden.

Carnap führt über den Ausdruck »Begriff«, den er synonym mit »Intension« verwendet, folgendes aus: »Für diesen Ausdruck ist es besonders wichtig, die Tatsache zu betonen, daß er nicht in einem geistigen Sinne zu verstehen ist, d. h. als sich auf einen Prozeß des Vorstellens, Denkens, Erfassens oder ähnliches beziehend, sondern vielmehr auf etwas Objektives, das sich in der Natur findet und das in der Sprache durch einen Designator von Nicht-Satz-Form (d. h. durch einen Namen oder ein Prädikat; HJK.) ausgedrückt wird. (Das schließt natürlich nicht die Möglichkeit aus, daß ein Begriff – z. B. eine Eigenschaft, die ein gegebenes Ding objektiv besitzt – subjektiv wahrgenommen, verglichen, bedacht usw. werden kann.)«[63]

Diese Formulierungen haben Carnap den Vorwurf eingetragen, daß er in dem Versuch, Intensionen deutlich von subjektiven Vorstellungen abzugrenzen, sozusagen über das Ziel hinausgeschossen ist, indem er Intensionen mit *physischen Eigenschaften* identifiziere. Um die *Objektivität von Intensionen* herauszustellen, sei es nicht der richtige Weg, diese in die *außersprachliche Natur* zurückzuverlagern.[64]

Nach meiner Ansicht ist zwar einzuräumen, daß Carnap eine widersprüchliche Erläuterung der Objektivität von Intensionen gibt; aber Carnaps Position scheint mir ohne weiteres in einer Weise reformulierbar, die Wunderlichs Kritik Rechnung trägt. Zunächst ist zu beachten, daß Carnap in dem gegebenen Zitat davon spricht, daß sich Begriffe auf etwas Objektives in der Natur *beziehen.* »Sich auf etwas beziehen« bedeutet aber nicht, mit dem identisch zu sein, worauf Bezug genommen wird. Im Widerspruch zu dieser Deutung steht allerdings die von Carnap wenige Zeilen später gewählte Formulierung, daß ein Ding einen Begriff objektiv besitze. Dies scheint mir mit Wunderlich verfehlt. Die erste Redeweise dagegen (ein Begriff beziehe sich auf etwas Objektives) setzt sich m. E. nicht dem Einwand Wunderlichs aus. Sie läßt sich durch andere Ausführungen Carnaps präzisieren: »... die Intension eines Prädikats ›Q‹ für einen Sprecher X ist die allgemeine Bedingung, die ein Gegenstand y erfüllen muß, damit X willens ist, das Prädikat ›Q‹ y zuzuschreiben.«[65] Diese »allgemeinen Bedingungen, die ein Gegenstand y erfüllen muß«, lassen sich durch Sätze ausdrücken, die Carnap »semantische Regeln« nennt. Diese Regeln sind in dem Sinne objektiv, daß sie sich nicht auf Vorstellungen über Gegenstände beziehen, sondern auf z. B. Eigenschaften, die Gegenständen tatsächlich zukommen können. Daß man von diesen Eigenschaften auch Vorstellungen – verschiedenster Art (vgl. Frege) – haben kann, ist damit nicht ausgeschlossen. Versteht man nun unter *»Intension«* das, was durch die *semantischen Regeln*, nach denen ein Sprecher einen Ausdruck verwendet, ausgedrückt wird, so sind Intensionen nicht mit z. B. Eigenschaften von Gegenständen identisch (Wunderlichs Forderung ist erfüllt), gleichwohl sind sie in zwei Hinsichten objektiv: Sie *beziehen* sich auf z. B. Eigenschaften, sie drücken *potentielle* Eigenschaften von Gegenständen aus, und nicht Vorstellungen, die Leute von Gegenständen haben. Zweitens lassen sie sich aus dem faktischen *Sprachgebrauch* ermitteln[66]; irgendwelcher Introspektion, um höchst individuelle Vorstellungen zu ermitteln, bedarf es nicht.

Mit unseren letzten Bemerkungen sind wir bereits sehr nahe an die besonders mit dem Namen Wittgensteins verbundene »Gebrauchstheorie der Bedeutung« herangekommen. Bevor wir durch Beschäftigung mit dieser Theorie weiter klären, worum es sich bei Intensionen handelt, sind noch einige wenige Erläuterungen dazu erforderlich, worum es sich bei Intensionen *nicht* handelt.

a_2) Eine besonders stark von Wittgenstein kritisierte Auffassung geht dahin, daß sprachliche Zeichen dadurch ihre Bedeutung erhielten, daß die Sprecher mit den Ausdrücken etwas *meinen*. Danach wäre unter der Intension eines Ausdrucks das mit diesem Ausdruck beim Äußeren *Gemeinte* zu verstehen. Diese Position könnte besonders nach obiger Kritik an einem Naturalismus in der Semantik plausibel erscheinen. Wenn doch keine natürliche, ursprüngliche, notwendige Beziehung zwischen Zeichen und Bezeichnetem besteht, scheint der Weg dafür frei, Beliebiges mit sprachlichen Zeichen zu meinen.

Man kann sich leicht klarmachen, daß dies natürlich nicht der Standpunkt der konventionalistischen Semantik ist. Wittgenstein schildert als Beispiel den Versuch, in dem Satz »Das Wetter ist schön« die sprachlichen Zeichen durch andere zu ersetzen. Man denke sich, daß man den Satz »abcd« sage und damit *meine* »Das

Wetter ist schön«. Angenommen, man hätte »beim Aussprechen dieser Zeichen das Erlebnis, welches normalerweise nur der hätte, der jahraus jahrein ›a‹ in der Bedeutung von ›das‹, ›b‹ in der Bedeutung von ›Wetter‹, usw., gebraucht hat. – Sagt dann ›abcd‹: das Wetter ist schön?«[67] Natürlich nicht. Was ein Satz *sagt*, d. h. dem Anderen zu verstehen gibt, hängt davon ab, wie er üblicherweise verwendet wird. Durch einen geistigen Akt des Meinens kann man weder die übliche Bedeutung sprachlicher Zeichen ändern, noch einer sinnlosen Zeichenreihe (»abcd«) Bedeutung verleihen.[68]

a_3) In den letzten Bemerkungen ist erneut die Theorie angeklungen, die als Wittgensteins große Entdeckung gilt und alle konkurrierenden Theorien im wesentlichen aus dem Felde geschlagen hat: die Gebrauchstheorie der Bedeutung:[69] »Man kann für eine *große* Klasse von Fällen der Benützung des Wortes ›Bedeutung‹ – wenn auch nicht für *alle* Fälle seiner Benützung – dieses Wort so erklären: Die Bedeutung eines Wortes ist sein Gebrauch in der Sprache.«[70]

Diese Hypothese Wittgensteins gewinnt ihre Plausibilität vor allem aus der Kritik anderer Ansichten, wie etwa der Identifikation von Bedeutung und Bezeichnetem, Bedeutung und Vorstellungen, Bedeutung und Gemeintem. Daneben stützt Wittgenstein seine Auffassung auch auf eine Analogie zu nichtsprachlichen Zeichen.[71] Für solche ist leichter als für sprachliche Zeichen zu erkennen, daß sie ihre Funktion, eine Information zu übermitteln, erfüllen, ohne daß man auf einen geistigen Inhalt (Gemeintes, Vorstellungen) zurückgreifen müßte, um die Informationsübermittlung zu erklären. Um etwa die Bedeutung eines Pfeiles auf einem Hinweisschild an der Autobahn zu verstehen, bedarf es keiner Ermittlung psychischer Vorstellungen von Bediensteten der Straßenverkehrsbehörde. Die Bedeutung eines Zeichens kennen wir einfach daher, daß wir gelernt haben, daß die Spitze eines Pfeiles die empfohlene Fahrtrichtung angibt. Ein solcher Umgang mit Pfeilen auf Verkehrsschildern hat sich konventionell durchgesetzt. Man kennt die Bedeutung solcher Pfeile, wenn man die Regeln der Verwendung, des Gebrauchs der Pfeile kennt. Deshalb kann man sagen: Die Bedeutung des Pfeiles besteht in seinem Gebrauch.[72]

Ganz entsprechend kennt man die Bedeutung (i. S. von Intension) eines Wortes, wenn man die Regeln seiner Verwendung, seines Gebrauchs kennt. Dabei sind diese Regeln – sofern keine expliziten Bedeutungsfestlegungen etwa in einer Wissenschaftssprache vorliegen – nicht etwa irgendwelche neben dem tatsächlichen Gebrauch irgendwie existierenden Wesenheiten. Man gewinnt sie allein durch Beschreibung des faktischen Gebrauchs: »Ein Ausdruck ist bedeutungsvoll nicht dann, wenn es eine Regel gibt, die er bedeutet, sondern wenn es eine feste Verwendungsweise für ihn gibt... Die Gebrauchsregel ist nicht ein hypostasiertes Etwas neben dem regelmäßigen Gebrauch, sondern sie besteht darin, daß wir den Ausdruck allgemein so und so verwenden.«[73]

Beschreibt man nun in dem genannten Sinne den Gebrauch eines Ausdrucks, so wird man feststellen, daß – sofern es sich um *deskriptive* Wörter handelt und nicht um Ausdrücke wie »Amen«, »Au«, »Entschuldigung« etc. – diese Regeln Bezug nehmen auf Bedingungen, die Gegenstände erfüllen müssen, damit der fragliche Ausdruck auf sie angewendet werden kann. Die Gebrauchs- bzw. Verwendungsregeln im Wittgensteinschen Sinne sind genau die Regeln, die nach unserer Carnap-Interpretation die Intensionen sprachlicher Zeichen ausdrücken.[74] Für Wittgenstein wie Carnap sind Intensionen in einem doppelten Sinne objektiv: Sie sind erstens (bei natürlichen Sprachen) zu *ermitteln* durch Beschreibungen des faktischen Sprachgebrauchs und nicht durch Introspektion oder andere suspekte Ermittlungsweisen mentaler Zustände von Sprechern. Zweitens beziehen sie sich inhaltlich auf z. B. Eigenschaften von Gegenständen oder Situationen.[75] Schon Frege war von dieser Position nicht weit entfernt. Es ist ihm gelungen, den Sinn_F (gleich Intension) von subjektiven Vorstellungen abzugrenzen. Nicht ganz geglückt ist ihm die positive Charakterisierung dessen, was die postulierte »Objektivität« des Sinnes_F sprachlicher Zeichen ausmacht. Daß sich die Ausdrücke »Abendstern« und »Morgenstern« in der Art, wie sie uns die Venus »geben«, unterscheiden sollen, ist doch etwas präzisierungsbedürftig. Nunmehr können wir wohl ausreichend klar formulieren, daß die intersubjektiv geltenden Verwendungsregeln für die genannten Ausdrücke verschieden sind. Zu den Verwendungsregeln von »Abendstern« gehört es, daß der Ausdruck nur auf einen am Abendhimmel stehenden Stern angewendet werden kann, zu den Gebrauchsregeln von »Morgenstern«, daß der Ausdruck nur auf einen Stern am Morgenhimmel angewendet werden kann.

Abschließend können wir festhalten, daß unter der »Intension« eines sprachlichen Zeichens das zu verstehen ist, was die den Gebrauch dieses Zeichens bestimmenden Regeln ausdrücken.[75a]

b) Einige Arten von semantischen Spielräumen

Wir können uns nun wieder – besser gerüstet – dem Problem zuwenden, daß häufig über die Anwendbarkeit eines Gesetzes auf einen vorliegenden Fall deshalb Zweifel bestehen, weil die Bedeutung eines im Gesetz vorkommenden Ausdrucks unklar ist. Nach unserer Präzisierung des Bedeutungsbegriffs läßt sich die Suche nach den Ursachen einer solchen Unsicherheit eingrenzen: die *Verwendungsregeln* des je in Frage stehenden gesetzlichen Ausdrucks müssen aus irgendeinem Grunde die Entscheidung über die Anwendbarkeit des Ausdrucks nicht zulassen. Die *Verwendungsregeln,* die ja nach unseren Erläuterungen gerade die Bedingungen ausdrücken sollen, bei deren Vorliegen ein Ausdruck anwendbar, bei deren Nichtvorliegen unanwendbar sein soll, müssen in irgendeinem zu präzisierenden Sinne unklar sein. Ich bin auf fünf Klassen von Fällen gestoßen, in denen eine Unklarheit hinsichtlich der Verwendungsregeln bzw. – wie man auch sagen kann – semantischen Regeln eines Ausdrucks vorliegt:

aa) Ein allgemein bekanntes Problem natürlicher Sprachen sind *Mehrdeutigkeit* und *Mehrwertigkeit* zahlreicher Ausdrücke. Mehrdeutigkeit liegt dann vor, wenn ein Ausdruck in verschiedenen Kontexten nach gänzlich verschiedenen semantischen Regeln verwendet zu werden pflegt. Sind die verschiedenen Verwendungsweisen durch *einige gemeinsame semantische Regeln* bestimmt, so spricht man von Mehrwertigkeit.[76]

Nun macht die Mehrdeutigkeit sprachlicher Ausdrücke häufig deshalb keine Schwierigkeiten, weil der Kontext klar ergibt, welche Verwendungsweise des Ausdrucks anzunehmen ist. Wenn etwa in einem Naturschutzgesetz die Rede von gewissen Maßnahmen gegen den *Star* wäre, so wüßte jeder, daß es weder um die Augenkrankheit noch um einen Filmstar geht. Würde in einer Fachzeitschrift der Augenheilkunde von der Notwendigkeit der Früherkennung des grünen *Stars* gesprochen, so wäre wiederum klar, welche Verwendungsweise des Ausdrucks vorliegt.

Dennoch sind Mehrdeutigkeit bzw. Mehrwertigkeit sprachlicher Ausdrücke keineswegs so unproblematisch, wie die vorstehenden Bemerkungen vielleicht nahelegen. Der Kontext ergibt nämlich keineswegs immer, welche Gebrauchsweise eines Ausdrucks vorliegt. Um dies zu zeigen, möchte ich ein von Podlech gebrachtes Beispiel variieren:[77]

In einer ärztlichen Bestallungsordnung ist vorgeschrieben, daß Wiederholungsprüfungen für Durchgefallene »in Anwesenheit des Vorsitzenden des Prüfungsausschusses« zu erfolgen haben. In der Praxis wurden diese Prüfungen so durchgeführt, daß in einem großen Raum mehrere Gruppen von Kandidaten gleichzeitig geprüft wurden. Der Vorsitzende des Prüfungsausschusses wandte seine Aufmerksamkeit abwechselnd den einzelnen Gruppen zu. Frage: war der Vorsitzende damit »anwesend« i. S. der Bestallungsordnung?

Wir wollen unterstellen – was ich auch als empirische Hypothese wagen würde –, daß es die drei folgenden Verwendungsweisen des Ausdrucks »Anwesenheit« gibt. (1) Im Zivilrecht spricht man bereits dann von einer »Willenserklärung unter *Anwesenden*«, wenn ein fernmündlicher Kontakt der Erklärungspartner vorliegt. (2) Mit »Anwesenheit« kann aber auch persönlich-körperliches Auftreten gefordert sein. So ist etwa im Staatsrecht die Anwesenheit von Bundestagsabgeordneten im Bundestag zu verstehen. (3) Mit »Anwesenheit« könnte man schließlich ausdrücken, daß jemand auch geistig gegenwärtig ist. (Dies ist hinsichtlich der Bundestagsabgeordneten bekanntlich weder regelmäßig der Fall noch im Grundgesetz gefordert!?) Es fragt sich nun, welchen Gebrauch die erwähnte ärztliche Bestallungsordnung von dem in Frage stehenden Ausdruck gemacht hat. Vom Kontext »Prüfung« her sind sicher nur die Verwendungsweisen (2) und (3) in Betracht zu ziehen. Eine Auswahl zwischen diesen beiden läßt der Kontext aber m. E. nicht zu.[77a] Beide Regelungen müßten ohne weiteres als sinnvoll betrachtet werden. Im Falle der zweiten Gebrauchsweise, der die herrschende Praxis entspricht, ist gewährleistet, daß sich jeder Prüfling jederzeit an den Vorsitzenden wenden kann. Dies ist ein im Kontext durchaus nicht abwegiges Verständnis von »Anwesenheit«. Entsprechendes gilt für die dritte Gebrauchsweise, bei der jedem Prüfling die volle ständige Aufmerksamkeit des Vorsitzenden immerhin gehören könnte.

Zusammenfassend läßt sich sagen: die Mehrwertigkeit ist in dem erörterten Fall nicht durch den Kontext reduziert. (Damit ist natürlich nichts über die Wünschbarkeit der Alternativen gesagt.) Mehrwertigkeit und Mehrdeutigkeit können also durchaus zur Unklarheit über die Anwendung einer Rechtsnorm führen.[78]

bb) Unklarheit über die Anwendbarkeit eines Gesetzes dürfte sich häufig aus der *Vagheit* zahlreicher gesetzlicher Begriffe ergeben. Vagheit liegt dann vor, wenn die für die Verwendung eines Ausdrucks maßgeblichen semantischen Regeln nicht ausreichen, um über die Anwendbarkeit oder Unanwendbarkeit des Ausdrucks in jedem Falle entscheiden zu können. Im Gegensatz zur (nicht durch den Kontext disambiguierten) Mehrdeutigkeit resultiert die Unentscheidbarkeit wegen Vagheit nicht aus einer Unklarheit darüber, welche der alternativen Verwendungsregeln *maßgeblich* sind. Vagheit kann vielmehr trotz Klarheit über die *maßgeblichen* semantischen Regeln vorliegen.

Die Anwendung vager Ausdrücke führt zu folgender Situation: Hinsichtlich einiger Gegenstände kann klar entschieden werden, daß der fragliche Ausdruck auf sie anwendbar ist (positive Kandidaten); auf einige andere kann der Ausdruck ebenso unzweifelhaft nicht angewendet werden (negative Kandidaten); schließlich verbleibt eine Klasse von Gegenständen, hinsichtlich derer über Anwendung bzw. Nichtanwendung nicht entschieden werden kann (neutrale Kandidaten).[79] Vage Ausdrücke sind also Ausdrücke, für die es neutrale Kandidaten gibt. Diese Charakterisierung der Vagheit wird sinngemäß von etlichen Autoren gegeben.[80] Seltener aber sind Ausführungen darüber, wie denn die *semantischen Regeln* eines Ausdrucks beschaffen sein müssen, damit er neutrale Kandidaten hat. Soweit ich sehe, hat zuerst Carnap dazu nähere Bemerkungen gemacht. Er führt aus: »Um diese (die Unbestimmtheit von Prädikaten; HJK) in Betracht zu ziehen, muß ein Paar von Intensionen F_1 und F_2 festgelegt werden: X hat die Disposition, das Prädikat ›Q‹ dem Gegenstand y behauptend zuzuschreiben genau dann, wenn y F_1 besitzt, und die Disposition, ›Q‹ von y zu verneinen genau dann, wenn y F_2 besitzt. Wenn y aber weder F_1 noch F_2 besitzt, gibt X weder eine behauptende noch eine verneinende Antwort. Die Eigenschaft, weder F_1 noch F_2 zu besitzen, macht den Bereich der Unbestimmbarkeit aus, der möglicherweise leer ist.«[81]

Carnaps Ausführungen lassen sich an einem von Engisch gegebenen Beispiel eines unbestimmten Begriffs im Recht erläutern. Sicher sei – so führt Engisch aus[82] –, daß mit der glücklichen Vollendung der Geburt eines Kindes menschlicher Eltern ein »Mensch« im Rechtssinne vorhanden sei; ob und wann dagegen schon während des Geburtsvorganges ein »Mensch« und nicht mehr »nur« eine »Leibesfrucht« vorhanden sei, sei nicht so sicher. Für das Strafrecht sei ein »Mensch«, der Gegenstand eines Mordes, eines

Totschlages oder einer fahrlässigen Tötung sein könne, schon während des Geburtsvorgangs da. Auf Carnaps Ausführungen läßt sich Engischs Beispiel folgendermaßen beziehen:

Als erstmals ein ärztlicher Kunstfehler bei der Geburtshilfe nach dem StGB zu beurteilen war, stellte sich für den Richter die Frage, ob es sich bei dem – wie wir annehmen – verstorbenen Lebewesen um einen Menschen gehandelt habe. Für die Anwendung des Ausdrucks »Mensch« dürften unzweifelhaft die folgenden semantischen Regeln üblich gewesen sein:

F_1: Ein Mensch ist ein Lebewesen, das den Leib einer menschlichen Mutter vollständig verlassen hat.

F_2: Nicht als Mensch zu bezeichnen ist die Leibesfrucht einer menschlichen Mutter vor Einsetzen der ersten Wehen.

In allen Fällen, in denen entweder die in F_1 oder die in F_2 ausgedrückte Bedingung vorlag, war eine Entscheidung über die Anwendbarkeit des Prädikats »Mensch« eindeutig möglich. Während des Geburtsvorgangs dagegen – und um diesen Zeitraum geht es in unserem Fall – sind beide Bedingungen (F_1 und F_2) nicht realisiert. Die semantischen Regeln lassen also keine Entscheidung über die Anwendbarkeit des Prädikats »Mensch« während des Geburtsvorganges zu. Die menschlichen Nachkömmlinge sind nach dem von uns hier unterstellten Sprachgebrauch während des Geburtsvorganges neutrale Kandidaten des Ausdrucks »Mensch«. Inzwischen dürfte die Rechtsprechung weitere Bedingungen F_i festgesetzt haben, durch die der semantische Spielraum von »Mensch« reduziert worden ist.

Hervorzuheben ist, daß entgegen Carnaps Ausführungen F_1 und F_2 nur *hinreichende* Bedingungen für das Zusprechen bzw. Absprechen eines Prädikats sein dürfen. Wäre etwa F_1 zugleich hinreichende *und* notwendige Bedingung für das Zusprechen des Prädikats, so wäre bei Nichtvorliegen von F_1 das Prädikat M abzusprechen. Neutrale Kandidaten gäbe es insofern nicht.[83]

Nunmehr können wir auch die oben (I.2.c) erwähnten Begriffe »Begriffskern«, »Kern fester Bedeutung« und »Begriffshof«, »Schattenzone der Bedeutung« präzisieren. Der »Begriffskern« ist durch die Verwendungsregeln F_1 und F_2 gegeben, denn soweit die in F_1 und F_2 genannten Bedingungen vorliegen, besteht kein Zweifel über die Anwendbarkeit des fraglichen Begriffs.[83a] Den »Bedeutungshof« bilden die neutralen Kandidaten. Trotz dieser Präzisierung wollen wir im folgenden auf die metaphorische Redeweise von »Hof« und »Kern« verzichten.

cc) Als erster hat Waismann auf die von der Vagheit zu unterscheidende *Porosität* aller empirischen Begriffe hingewiesen.[84] Mit Porosität ist eine Unabgeschlossenheit unserer Erfahrungsbegriffe dergestalt gemeint, daß wir über die Anwendbarkeit eines Ausdrucks, den wir an sich nach präzise angebbaren Regeln verwenden, deshalb nicht entscheiden können, weil wir *unvorhergesehene Erfahrungen oder Entdeckungen* machen, hinsichtlich derer sich ein Gebrauch des fraglichen Ausdrucks ja nicht herausgebildet haben konnte. (So verhielt es sich – um ein häufig genanntes Beispiel zu bemühen – mit dem Begriff »Sache« in § 242 StGB und der Entdeckung der Elektrizität.) Demgegenüber besteht die Vagheit von Begriffen darin, daß die semantischen Regeln schon hinsichtlich *bekannter Phänomene* nicht ausreichen, um in jedem Falle über Anwendbarkeit/Unanwendbarkeit des fraglichen Ausdrucks zu entscheiden. Z. B. ist ja der eben angesprochene Vorgang der Geburt menschlichen Nachwuchses zweifellos seit längerem bekannt. Dennoch wurde der Ausdruck Mensch in der Umgangssprache und der daran anknüpfenden Gesetzessprache nicht hinreichend präzise verwendet. Es gab neutrale Kandidaten, die durch Festsetzung neuer semantischer Regeln beseitigt werden mußten. *Vagheiten* lassen sich *stets* so beseitigen, daß wir die Regeln für den Gebrauch sprachlicher Ausdrücke ergänzen. Gegen die Porosität hingegen gibt es keine Maßnahmen. Denn es ist unmöglich, im voraus semantische Regeln im Hinblick auf potentielle *unbekannte* Erfahrungen und Entdeckungen festzulegen. Auch ein präziser Begriff, für den es aktuell keinerlei neutrale Kandidaten gibt, »schützt« uns nicht vor neuen Entdeckungen. Neue Entdekkungen machen einen vorher nicht vagen Begriff vage. Man könnte deshalb die Porosität *potentielle Vagheit* nennen.[85] Dies läßt sich an der oben referierten präzisen Fassung des Vagheitsproblems durch Carnap vedeutlichen.

Ob zwei (Klassen) semantische(r) Regeln (F_1 und F_2) ausreichen, um hinsichtlich der bekannten Phänomene neutrale Kandidaten zu vermeiden, ist offenkundig eine empirische Frage. Man muß prüfen, ob alle Gegenstände entweder die durch F_1 ausgedrückte(n) oder die durch F_2 ausgedrückte(n) Eigenschaft(en) haben. Stellt man fest, daß es neutrale Kandidaten gibt, also Gegenstände, auf die weder F_1 noch F_2 zutreffen, dann lassen sich F_1 und F_2 so modifizieren, daß die neutralen Kandidaten beseitigt werden. Der Bereich der – wie Carnap sagt – Unbestimmbarkeit ist dann leer. Er kann aber durch Entstehung neuer Phänomene jederzeit wieder Kandidaten erhalten.

Neben der eben gegebenen Charakterisierung von Porosität gibt es m. E. noch eine zweite Variante, die in der Literatur allerdings nicht als eigenständige Form der Porosität behandelt wird.[86] Es ist nämlich durchaus denkbar, daß wir einen empirischen Begriff nicht nur – wie bisher unterstellt – durch Angabe *hinreichender* Bedingungen für die Anwendbarkeit einerseits und *hinreichender* Bedingungen für die Unanwendbarkeit andererseits definieren, sondern daß wir Bedingungen der Anwendbarkeit formulieren, die zugleich *hinreichend und notwendig* sind. Ein so definierter Ausdruck kann niemals vage werden, auch nicht durch noch so überraschende Entdeckungen. Denn hinsichtlich der neuen Phänomene ist einfach zu fragen: erfüllen sie die genannten Bedingungen oder nicht. Eine dritte Möglichkeit gibt es bei solchen Definitionen nicht. Die dritte Möglichkeit, nämlich die Möglichkeit der Vagheit, ergibt sich bei den früheren Definitionen dadurch, daß zwar die Negation der für die Unanwendbarkeit eines Ausdrucks hinreichenden Bedingung (also non-F_2) eine notwendige Bedingung für die Anwendbarkeit des Ausdrucks darstellt, daß aber non-F_2 eben nicht mit der für die Anwendung hinreichenden Bedingung F_1 identisch ist. Das sei am oben erörterten Beispiel verdeutlicht:

Zwar ist das Nichtvorliegen von F_2 – und das bedeutet: das Einsetzen des Geburtsvorgangs durch Wehen – notwendige Bedingung für die Anwendbarkeit des Ausdrucks »Mensch«, da das vollständige Verlassen des Mutterleibes (F_1) logisch den Beginn des Verlassens einschließt. Aber non-F_2 ist eben nicht identisch mit F_1 (ein »Mensch« ist ein Lebewesen, das den Mutterleib vollständig verlassen hat). Dadurch entsteht – metaphorisch gesprochen – eine Anwendbarkeitslücke.

Zurück zu der behaupteten zweiten Variante von Porosität. Da wir Porosität als potentielle Vagheit bestimmt haben und da bei abschließenden Definitionen Vagheit nicht auftreten kann, kommt für solche Definitionen jedenfalls nicht Porosität i. S. von potentieller Vagheit in Betracht. Statt dessen stellt sich aber für abschließende Definitionen angesichts neuer Erfahrungen die Frage der *Adäquatheit* der Definitionen. Da die Definitionen ja nicht unter Berücksichtigung zukünftiger Erfahrungen vorgenommen werden konnten, könnten sie sich als unbefriedigend erweisen. Dies gilt sowohl für empirische Wissenschaften, deren Gesetzesaussagen sich angesichts neuer Erfahrungen ohne eine Änderung früherer Definitionen erheblich komplizieren könnten, als auch für Wissenschaften wie die Rechtswissenschaft, die sich mit der Festlegung von Verhaltensnormen beschäftigen. Für die juristische Entscheidungstätigkeit kann sich etwa ergeben, daß eine Norm, deren Ausdrücke abschließend definiert waren, auf neuartige Erscheinungen ausgedehnt werden sollte, da diese Erscheinungen in bestimmten relevanten Hinsichten den bisher unter die Norm fallenden Erscheinungen ähnlich sind. Allerdings habe ich die Vermutung, daß in juristischen Argumentationen Begriffe so gut wie nie abschließend definiert werden.

Abschließend werfen wir einen kurzen Blick auf die Behandlung der Porosität in der juristischen Methodendiskussion. Einerseits sehen Juristen das Problem der Porosität sehr deutlich; der Hinweis auf die schwierige Aufgabe der Rechts*fortbildung* angesichts ständiger technischer und sozialer Wandlungen fehlt in kaum einer Arbeit zu Methodenfragen.[87] Andererseits macht aber in rechtstheoretischen Arbeiten der Satz die Runde, daß in (Rechts-)Normen selbst deskriptive Begriffe eine *normative Bedeutung* hätten.[88] Danach könnte man meinen, daß die Porosität, die ja als Unabgeschlossenheit der *empirischen* Begriffe bezeichnet wurde, für Ausdrücke, die in Normen vorkommen, gar keine Rolle spielen, da Normen eben nur normative, aber keine empirischen Begriffe enthalten.

Eine solche Ansicht wäre aber verfehlt. Nicht nur empirische, sondern auch normative Sätze müssen einen *deskriptiven Gehalt* haben, sollen sie ihre Funktion in einer Kommunikation erfüllen.[89] Normative Sätze, die nicht die Verhaltensweisen beschrieben, die zu tun oder zu unterlassen seien, und die nicht die Situationen beschrieben, in denen die genannten Verhaltensweisen geboten oder untersagt seien, könnten eine verhaltensorientierende Wirkung gar nicht haben. Den erforderlichen deskriptiven Gehalt haben normative wie empirische Sätze nur dann, wenn sie *deskriptive sprachliche Ausdrücke* enthalten, d. h. Ausdrücke, deren semantische Regeln Eigenschaften von Handlungen bzw. Situationen ausdrükken. Insofern ist ein Unterschied hinsichtlich der Bedeutung deskriptiver Zeichen bei einer Verwendung in normativen Sätzen gegenüber einer Verwendung in empirischen Sätzen nicht festzustellen.

Von einer *normativen Bedeutung* auch deskriptiver Begriffe in (Rechts-)Normen zu sprechen, ist daher verfehlt. Allerdings scheint z. B. Esser die von uns erörterte Behauptung, die er ja tatsächlich aufgestellt hat, gar nicht aufstellen zu wollen. Es finden sich bei ihm zugleich Bemerkungen, die darauf schließen lassen, daß es ihm vielmehr um das Problem der *Kontextabhängigkeit* der Bedeutung geht. Wenn er etwa ausführt, daß »die semantische Betrachtung eines Rechtsbegriffs« stets final sei, »nämlich in bezug auf den hier für die begriffliche Verwendung maßgebenden Ordnungszusammenhang«[90], so ist offenbar daran gedacht, daß sprachliche Ausdrücke in verschiedenen Kontexten Verschiedenes bedeuten können und daher der jeweilige Kontext (»Ordnungszusammenhang«) zu beachten sei. Das ist natürlich zutreffend. Wir haben diese Probleme unter dem Stichwort »Mehrdeutigkeit« bereits erörtert.[91]

dd) Eine eigenständige Rolle spielen in der juristischen Methodendiskussion die sogenannten »wertausfüllungsbedürftigen« Begriffe wie z. B. »sittenwidrig«, »verwerflich« oder »Unzucht«.[92] Sie gelten schon lange als *besondere* Einbruchsstellen eigenständiger richterlicher Wertungen.[93] Demgemäß versuchen auch diejenigen, die eher an einer dogmatischen Verteidigung des Gesetzesbindungspostulats als an einer Klärung von Möglichkeit und Grenzen der Gesetzesbindung interessiert sind, den Einfluß der Richter bei der »Auslegung« solcher Begriffe herunterzuspielen. Teilweise geschieht dies durch den Hinweis darauf, daß der Richter in solchen Fällen keine höchstpersönliche Wertung vornehmen solle, sondern sich an die Auffassungen der »maßgeblichen« Bevölkerungskreise zu halten habe.[94] Wir können uns hier nicht näher mit diesem höchst problematischen Vorschlag zur Bewältigung semantischer Spielräume befassen. Es gilt aber zu klären, ob, warum und in welchem Maße »wertausfüllungsbedürftige« Begriffe eine »unklare« Bedeutung haben und daher zu richterlichen Entscheidungsspielräumen führen. Dafür wenden wir uns der Untersuchung der semantischen Regeln solcher Ausdrücke zu.

Es liegt die Vermutung nahe, daß es sich bei den »wertausfüllungsbedürftigen« Begriffen um sogenannte »Wertbegriffe« handelt, über deren semantischen Gehalt in der analytischen Philosophie eine ausführliche Diskussion geführt wurde und wird. Als Wertwörter werden Ausdrücke angesehen wie »gut«, »lobenswert«, »unrecht«, »verwerflich«, »ordentlich«, »fleißig«.[95] Die

Annahme scheint berechtigt, daß Ausdrücke wie »sittenwidrig« und »unzüchtig« zur Klasse dieser Wertwörter zu zählen sind. Es sei daher in hoffentlich gerade noch vertretbarer Kürze die Diskussion um den semantischen Gehalt der Wertbegriffe referiert.

Stellvertretend für die Wertwörter ist sehr häufig der Ausdruck »gut« untersucht worden. Die sicherlich radikalste Auffassung hat Carnap in seiner frühen Metaphysikkritik vertreten: »Entweder man gibt für ›gut‹ und ›schön‹ und die übrigen in den Normwissenschaften verwendeten Prädikate empirische Kennzeichen an oder man tut das nicht. Ein Satz mit einem derartigen Prädikat wird im ersten Fall ein empirisches Tatsachenurteil, aber kein Werturteil; im zweiten Fall wird er ein Scheinsatz; einen Satz, der ein Werturteil ausspräche, kann man überhaupt nicht bilden.«[96] Die Auffassung Carnaps sei an einem Beispiel verdeutlicht.

Wenn jemand z. B. äußert: »Dieses Auto ist gut«, so muß er die Kriterien angeben, die nach seiner Ansicht ein Auto erfüllen muß, um »gut« genannt werden zu können. Gibt der Sprecher solche Kriterien nicht an, so hat er nur sinnlose Geräusche gemacht, einen Scheinsatz geäußert.[97] Nennt der Sprecher dagegen Merkmale wie etwa PS-Zahl, Sicherheitseinrichtungen usw., die ein Auto haben muß, um »gut« zu sein, so hat er einfach eine empirische Behauptung dahin aufgestellt, daß ein bestimmtes Auto diese Bedingungen erfüllt. Der Sprecher hat sich dann zunächst einer abkürzenden Redeweise (»gut«) bedient im Vertrauen darauf, daß sein Gesprächspartner dieselben Anforderungen an »gute« Autos stellt. Er hätte aber von vornherein auf die Verwendung des Wertprädikats (»gut«) verzichten können. Wertwörter haben also entweder gar keine Bedeutung, sind sinnlos, oder aber sie spielen die gleiche Rolle wie deskriptive sprachliche Ausdrücke.[98]

Diese frühe Position Carnaps[99] ist eine Variante unter den sogenannten *naturalistischen* Deutungen des semantischen Gehalts von Wertprädikaten.[100] Eine andere Variante stellt die »autobiographische« Deutung wertender Äußerungen dar. Nach dieser Auffassung macht jemand mit der Äußerung des Satzes »Stehlen ist verwerflich« eine *Behauptung* über eigene Empfindungen. Diese Ansicht ist Carnaps Position insofern ähnlich, als eine ein Wertprädikat enthaltende Äußerung als empirische Behauptung, die wahr oder falsch sein kann, gedeutet wird.

Die erwähnten beiden naturalistischen Bestimmungen des semantischen Gehalts von Wertprädikaten sind sachlich durch die in den dreißiger Jahren von den Mitgliedern des Wiener Kreises vertretene sogenannte »Verifikationstheorie der Bedeutung« bedingt.[101] M. Schlick, ein Vertreter dieser Theorie, formulierte schlagwortartig: »The meaning of a proposition is the method of its verification.«[102] Danach hat ein Satz also nur dann Bedeutung, wenn prinzipiell festgestellt (verifiziert) werden kann, ob sich die Dinge so verhalten, wie der Satz behauptet. Wenn Sätze nichts Feststellbares über die Welt behaupten, sind sie also sinnlos. Nun kann man mit Sätzen nur dann etwas über die Welt behaupten, wenn hinsichtlich der in dem Satz verwendeten Wörter bekannt ist, auf Gegenstände welcher Art sie zutreffen. Soweit in einem Satz Wörter vorkommen, für die das nicht bekannt ist, wird durch die Äußerung dieses Satzes nichts behauptet, er ist sinnlos. Wertprädikate könnten solche zur Sinnlosigkeit von Sätzen führenden Wörter sein. Carnap und Ayer liefern Deutungen von Wertprädikaten, die diese Konsequenz vermeiden. Bezeichnet man mit »gut« ganz bestimmte Eigenschaften eines Autos, so drückt die Äußerung des Satzes »Dieses Auto ist gut« eine verifizierbare Behauptung aus.

Die hier als Stütze einer naturalistischen Deutung des semantischen Gehalts von Wertprädikaten erwähnte »Verifikationstheorie der Bedeutung« ist längst so stark modifiziert, daß man auch sagen könnte, sie sei widerlegt.[103] Ein in unserem Zusammenhang zentraler Einwand geht dahin, daß diese Bedeutungstheorie allenfalls der deskriptiven Funktion der Sprache gerecht wird. Andere als behauptende Verwendungen sprachlicher Ausdrücke müssen nach dieser Auffassung zu sinnlosen Zeichenreihen führen. Das gilt z. B. für so wichtige sprachliche Aktivitäten wie das Fragen; denn Fragen können nicht wahr oder falsch sein, man kann sie grundsätzlich nicht verifizieren.[104] Macht man sich von dem der »Verifikationstheorie der Bedeutung« zugrundeliegenden »deskriptiven Mißverständnis der Sprache«[105] frei, so treten auch andere Möglichkeiten, den semantischen Gehalt von Wertprädikaten zu bestimmen, ins Blickfeld.

Einen wesentlichen Schritt in die richtige Richtung tat Stevenson, als er die Unterscheidung von *emotiver* und *deskriptiver* Bedeutung sprachlicher Zeichen vorschlug.[106] Stevenson geht von der Einsicht aus, daß Differenzen in ethischen, aber auch in anderen Diskussionen auf *zwei* Ursachen zurückgeführt werden können. Zum einen können Diskussionsteilnehmer unterschiedlicher Auffassung darüber sein, welche Sachverhalte realisiert sind. Eine solche Uneinigkeit darüber, welche Tatsachen als vorliegend anzusehen sind, nennt Stevenson »disagreement in belief«.[107] Zum anderen können unterschiedliche Haltungen, Einstellungen gegenüber den Tatsachen vorliegen (»disagreement in attitude«).[108] Dabei ist zu beachten, daß trotz Einigkeit über die Tatsachen (»agreement in belief«) wegen unterschiedlicher Einstellungen (»disagreement in attitude«) Differenzen in ethischen und anderen Wertdiskussionen auftreten können. Es kann etwa trotz *Einigkeit über die zu erwartenden Folgen* konjunktureller Förderungsmaßnahmen seitens der Bundesregierung Uneinigkeit über die Erwünschtheit solcher Maßnahmen bestehen: nämlich dann, wenn die zu erwartenden *Folgen unterschiedlich bewertet* werden, d. h. die Einstellungen gegenüber solchen tatsächlichen Entwicklungen verschieden sind.

Aus der eben beschriebenen Unterscheidung zwischen »disagreement in belief« und »disagreement in attitude« folgert Stevenson, daß die Analyse ethischer und sonstiger wertender Ausdrücke einer Sprache *mindestens zwei Bedeutungskomponenten* auffinden muß: eine Komponente, die geeignet ist, die tatsächlichen Annahmen eines Sprechers zu übermitteln, und eine Komponente, die geeignet ist, die Haltungen eines Sprechers zu übermitteln.[109] Dementsprechend unterscheidet Stevenson zwischen »descriptive meaning«[110] und »emotive meaning«[111] sprachlicher Ausdrücke. Unter deskriptiver Bedeutung wird die *Geeignetheit* (»disposition«) sprachlicher Zeichen verstanden, beim Hörer das Auftreten sachlicher Annahmen zu bewirken, unter emotiver Bedeutung die *Geeignetheit*, emotionale Reaktionen wie z. B. Einstellungen zu erzeugen.

So überzeugend Stevensons Zweikomponenten-Theorie der Bedeutung von Wertprädikaten ist, so sind dennoch Bedenken hinsichtlich der zugrundeliegenden allgemeinen Bedeutungstheorie anzumelden. Stevenson versteht unter »Bedeutung« die Disposition, die Geeignetheit sprachlicher Zeichen, beim Hörer bestimmte Einstellungen hervorzurufen.[112] Eine solche »kausale« Bedeutungstheorie (M. Black) ist zahlreichen Einwänden ausgesetzt, die hier nicht ausgebreitet werden können.[113] Ich beschränke mich auf einen in unserem Zusammenhang besonders wichtigen Einwand: Die Bedeutungstheorie von Stevenson erlaubt es nicht, einen Unterschied zwischen dem *Einfluß* von Wörtern und ihren *Bedeutungen* zu machen. Man kann sich aber leicht klarmachen, daß es sich dabei um einen beachtenswerten Unterschied handelt: Wenn jemand etwa das emotiv »aufgeladene« Wort »Nigger« verwendet, so wird dies bei einem Mitglied des Ku-Klux-Klan sicherlich ablehnende Gefühle gegenüber dem durch das Wort erwähnten Menschen hervorrufen. Ein einigermaßen aufgeklärter Europäer dagegen wird zwar den *emotiven Gehalt verstehen,*[114] sich aber davon *nicht beherrschen lassen.*[115] Oder anders gesagt: Man braucht die mit der Verwendung eines Wortes ausgedrückte Einstellung nicht zu teilen, um sie zu verstehen. Ein solcher Ausdruck hat also emotive Bedeutung, auch wenn er nicht die dementsprechenden Einstellungen hervorruft. Nach unseren oben (a) angestellten Überlegungen zum Bedeutungsbegriff liegt die Antwort nahe, daß wir die emotive Bedeutung eines Ausdrucks kennen, wenn wir den *Gebrauch* dieses Ausdrucks kennen. Eine an diesem Bedeutungsbegriff orientierte Zweikomponenten-Theorie des semantischen Gehalts von Wertprädikaten haben V. Kraft und besonders R. M. Hare entwickelt:

Nach Kraft haben auch die meisten Wertbegriffe einen *»deskriptiven Gehalt«.*[116] Die Verschiedenheit dieses sachlichen Gehaltes sei es, die Wertbegriffe wie Gewissenhaftigkeit, Ehrenhaftigkeit, Tüchtigkeit voneinander scheide. Daneben hätten aber alle Wertbegriffe auch eine zweite, gemeinsame Komponente. Diese liege in der *»Auszeichnung in positiver oder negativer Hinsicht«,* welche alle Wertbegriffe aussprächen.[117] Die Analyse der Bedeutung von Wertbegriffen ergebe demnach »zwei Komponenten: eine rein sachliche, neutrale Komponente und die auszeichnende, die den eigentlichen Wertcharakter ausmacht«.[117] Schließlich weist Kraft daraufhin, daß Wertwörter ihren »Sinngehalt« ebenso wie andere Wörter durch »Konvention« erhielten.[118]

Deutlicher noch geht Hare von der Gebrauchstheorie der Bedeutung aus. Hare untersucht u. a. den Gebrauch des Wertprädikates »gut«. Er kommt zu dem Ergebnis, daß »gut« sowohl zum *Empfehlen* wie zum *Beschreiben* verwendet wird.[119] Dementsprechend unterscheidet er zwischen der *»wertenden Bedeutung«* und der *»beschreibenden Bedeutung«* von »gut«.[120] Die »beschreibende Bedeutung« von »gut« kennt man nach Hare dann, wenn man die sogenannten *»Kriterien der Anwendung«* von »gut« kennt.[121] Dabei ist es für den Gebrauch von »gut« charakteristisch, daß hinsichtlich verschiedener Klassen von Gegenständen je verschiedene »Kriterien der Anwendung« maßgeblich sind. Z. B. müssen Tennisschläger, Chronometer, Feuerlöscher, Sonnenuntergänge und Menschen ganz verschiedene Bedingungen erfüllen, damit sie »gut« genannt werden können.[122] Im Gegensatz zur wechselnden »beschreibenden Bedeutung« von »gut« bleibt die »wertende Bedeutung« konstant: immer wenn wir einen Gegenstand »gut« nennen, so empfehlen wir ihn. Diese empfehlende Funktion von Wertwörtern wie z. B. »gut« macht es auch unmöglich, solche Wörter den Forderungen des frühen Carnap und anderer Naturalisten gemäß durch Wörter zu definieren, die nicht Wertwörter sind. Würde sich etwa der Gebrauch von »gut« *ausschließlich* nach den je einschlägigen »Kriterien der Anwendung« richten, so wäre es unmöglich, mit Hilfe von »gut« etwas zu empfehlen. Die Durchführung des naturalistischen Programms würde uns daher der sprachlichen Mittel berauben, mit denen wir Empfehlungen geben können.[123]

Unter den vergleichenden Erwägungen, die Hare über einerseits Wertwörter und andererseits deskriptive Wörter anstellt, scheint mir eine besonders bemerkenswert: Vagheit ist kein Kriterium, um zwischen Wertwörtern und deskriptiven Wörtern zu unterscheiden. Die »beschreibende Bedeutung« eines Wertwortes kann ebenso präzise sein wie die eines deskriptiven Wortes.[124]

Für unsere weiteren Erörterungen läßt sich Hares Standpunkt folgendermaßen zusammenfassen. Für Wertprädikate gibt es zweierlei Verwendungsregeln: erstens werden Wertprädikate genau wie deskriptive Prädikate nach Regeln gebraucht, die z. B. Eigenschaften von Gegenständen (Tennisschlägern, Menschen etc.) ausdrücken;[125] zweitens werden Wertprädikate gebraucht, um eine Empfehlung, eine Stellungnahme auszudrücken. Im Hinblick auf die zuletzt genannte Bedeutungskomponente von Wertprädikaten müssen wir den oben[125] ausschließlich im Blick auf deskriptive Ausdrücke eingeführten Begriff der »Intension« eines sprachlichen Zeichens dahingehend ändern, daß die semantischen Regeln eines Ausdrucks nicht notwendig Bedingungen ausdrücken müssen, die ein Gegenstand erfüllen muß, damit der Ausdruck auf ihn angewendet werden kann.

Versuchen wir nun nach diesem knappen Referat der Diskussion um den semantischen Gehalt von Wertprädikaten die Frage zu klären, welche Bedeutung die in Gesetzen vorkommenden »wertausfüllungsbedürftigen« Begriffe haben. Falls der Gesetzgeber solche Ausdrücke in der Weise verwendet, wie die eben erörterten Wertprädikate gebraucht werden, müßten sich jeweils eine deskriptive und eine wertende Bedeutungskomponente unterscheiden lassen. Dementsprechend könnte man z. B. über die Bedeutung des im Strafgesetzbuch vorkommenden Ausdrucks »Unzucht« folgende Hypothesen aufstellen. Erstens: Der Ausdruck Unzucht ist jedenfalls nur auf sexuelle Handlungen anzuwenden. Zweitens: Wir, die Gesetzgeber, »empfehlen«, diese sexuellen Handlungen zu unterlassen. Damit hätte »Unzucht« sowohl eine wenn auch *vage* deskriptive Bedeutung, wie auch eine wertende Bedeutung. Diese Hypothese über den semantischen Gehalt von »Unzucht« erscheint noch vor einer – prinzipiell erforderlichen – empirischen Überprüfung als wahrscheinlich falsch. Denn welches Interesse sollten die Gesetzgeber, die durch die in den jeweiligen Paragraphen des Strafgesetzbuches angedrohten Sanktionen ihre »Empfehlungen« deutlich genug machen, daran haben, diese »Empfehlungen« durch die Verwendung von Wertprädikaten nochmals deutlich zu machen? Möglicherweise entspricht daher die gesetzgeberische Verwendung von sogenannten »wertausfüllungsbedürftigen« Begriffen gar nicht der umgangssprachlichen Verwendung von Wertprädikaten. Andererseits ist natürlich denkbar, daß die Gesetzgeber durch die Ausdrücke eine zusätzliche abschreckende Wirkung erzielen wollen.

Wir können diese nur empirisch zu klärende Frage hier dahingestellt sein lassen, da für die Frage der Gesetzesanwendung die mögliche wertende Bedeutungskomponente ohne jede Relevanz ist. Für die Frage, welche Verhaltensweisen als »Unzucht« anzusehen sind, ist es völlig gleichgültig, ob mit dem Gebrauch dieses Ausdrucks eine ablehnende Stellungnahme verbunden ist. Eine wertende Bedeutungskomponente würde in keiner Weise den deskriptiven Gehalt, der für die Gesetzesanwendung maßgeblich ist, beeinflussen.

Zusammenfassend können wir festhalten: Man kann die sogenannten »wertausfüllungsbedürftigen« Begriffe entweder als bloß deskriptive oder als Wertbegriffe ansehen. Selbst wenn sie als Wertbegriffe anzusehen sind, ist für die Frage der Gesetzesanwendung nur die deskriptive Bedeutungskomponente von Belang. Die Anwendung von sogenannten »wertausfüllungsbedürftigen« Begriffen wird daher genau wie die Anwendung deskriptiver Begriffe durch Mehrdeutigkeit, Vagheit und Porosität behindert; grundsätzlich bringt sie gegenüber der Anwendung deskriptiver Begriffe weder besondere Vorteile noch besondere Schwierigkeiten mit sich. Ob diese Begriffe in der Regel vager sind als deskriptive Begriffe, ist eine empirische Frage.[126]

ee) Wenigstens kurz erwähnen möchte ich schließlich die sogenannten *Dispositionsbegriffe*. Eine ausführliche Diskussion dieser Begriffe würde dazu führen, daß ich den zur Verfügung stehenden Raum noch mehr überschritte, als ich es ohnehin tue. Außerdem sind für eine einigermaßen genaue Diskussion gewisse Logikkenntnisse erforderlich, die ich weder voraussetzen noch kurzerhand einführen kann. Ich beschränke mich daher auf wenige Hinweise.[127]

Unter »Dispositionen« versteht man in der Psychologie Neigungen, die Menschen haben können. Nun kann man Neigungen nicht *direkt* beobachten. Man ist stattdessen gezwungen – und auch im außerwissenschaftlichen Alltag tun wir dies häufig – aus bestimmten Verhaltensweisen, die ein Mensch unter bestimmten Umständen zeigt, auf seine Neigungen zu schließen. Auch in der Gerichtspraxis scheinen solche Begriffe, mit denen wir scheinbar etwas über »innere Zustände« aussagen, eine erhebliche Rolle zu spielen: Es gilt etwa zu entscheiden, ob jemand *vorsätzlich* gehandelt hat, die *Zueignungsabsicht* hatte, *glaubwürdig* ist.

Diese Begriffe bereiten nun gewisse Schwierigkeiten. Ein Zeuge gilt etwa als glaubwürdig, wenn er bei der Sache bleibt, sich gewählt ausdrückt, seriös wirkt, eine konsistente Aussage macht; wirkt er *zu* musterhaft, so erweckt dies allerdings Zweifel an seiner Glaubwürdigkeit.[128] Ich will mich nun keineswegs über diese richterlichen »Alltagstheorien« (Opp) mokieren, sondern eine grundsätzlichere Frage ansprechen: Es erscheint prinzipiell nicht möglich, einen abschließenden Katalog notwendiger und hinreichender Bedingungen für das Vorliegen von »Glaubwürdigkeit« zu formulieren. Möglicherweise würden uns Verhaltensweisen, die eine als »glaubwürdig« beurteilte Person in einer von uns nicht vorhergesehenen Situation zeigt, veranlassen, unser Urteil zu revidieren. Ob damit lediglich das allgemeine Problem der *Porosität* angesprochen ist oder ob Dispositionsbegriffe eine besondere Art der »Zukunftsoffenheit« aufweisen, muß in einer präziseren Diskussion der logischen Struktur von Dispositionsbegriffen geklärt werden.

2. Über die Nützlichkeit der semantischen Analyse

Um Mißverständnissen vorzubeugen, scheinen mir einige Bemerkungen darüber geboten, welche Probleme auf der Grundlage der Ausführungen über semantische Spielräume gesetzlicher Begriffe einer Lösung näher gebracht werden können und welche nicht.

Durch die Analyse einiger Eigentümlichkeiten der Sprache wie Mehrdeutigkeit, Vagheit etc. sollte geklärt sein, daß und warum Zweifel über die Anwendbarkeit eines sprachlichen Ausdrucks auftreten können. Nicht gezeigt wurde, in welchem Maße tatsächlich bei der Rechtsanwendung solche Zweifel auftreten (müßten). Dafür wäre eine empirische Untersuchung des tatsächlichen Sprachgebrauchs (welcher Sprechergruppe auch immer; das mag hier dahinstehen) erforderlich.[129] Immerhin läßt sich, ausgehend von dem gesicherten Wissen um die Häufigkeit der in Frage stehenden Phänomene in der Umgangssprache, mit einigem Recht vermuten, daß die Rechtssprache, die in nicht unerheblichem Umfange die Umgangssprache verwendet, ebenfalls in beachtlichem Maße semantische Spielräume läßt. Speziell für das Problem der Porosität ist folgendes zu beachten: wie präzise auch immer eine Rechtssprache wäre, die Frage nach der *Adäquatheit* der Normen stellte sich angesichts sozialen und technischen Wandels dennoch.

Wichtig scheint mir der Hinweis darauf, daß man das Vorliegen semantischer Spielräume keinesfalls aus voneinander abweichenden richterlichen Entscheidungen erschließen kann.[130] Auch wenn Richter in gleichen Fällen verschieden entscheiden, läßt dies nicht den Schluß zu, die einschlägige Norm müsse einen semantischen Spielraum haben. Denn es ist ja möglich, daß der eine Richter bzw. die eine Kammer contra legem entschieden haben. In einem solchen Falle könnten trotz klaren Gesetzes verschiedene Entscheidungen ergehen. Es sei also nochmals betont, daß die Frage nach der Klarheit/Unklarheit einer Norm nur durch eine semantische Analyse beantwortet werden kann.

Andererseits darf der begrenzte Anspruch einer semantischen Analyse nicht verkannt werden. Die Feststellung des Bedeutungsgehalts eines Gesetzes läßt grundsätzlich keine Prognose über zukünftiges richterliches Entscheiden zu. Dies gilt nicht nur im Bereich semantischer Spielräume, deren Nachweis ja gerade die Behauptung einer partiellen semantischen Indeterminiertheit richterlicher Entscheidungen einschließt. Vielmehr läßt sich gerade auch für den semantisch eindeutigen Anwendungsbereich einer Norm nur unter Berücksichtigung psychologischer und soziologischer Erklärungen richterlichen Entscheidungsverhaltens eine Prognose über zukünftige Entscheidungen abgeben.[131] Nur solche Untersuchungen können nämlich ein Wissen über die Umstände liefern, unter denen Richter sich normkonform verhalten.

Aussagen über semantische Spielräume dürfen auch nicht verwechselt werden mit Aussagen über *soziale Spielräume* richterlichen Entscheidens. Der soziale Spielraum ist – so hat Topitsch diesen Ausdruck eingeführt – »durch die in der jeweiligen Sozialstruktur und in den handelnden Individuen verankerten moralisch-politischen Wertideen sowie durch die entsprechenden gesellschaftlichen Sanktionsmechanismen bestimmt«.[132] Die Frage nach dem tatsächlichen richterlichen Entscheidungsspielraum (»sozialer Spielraum«) ist also nicht durch Hinweis auf einen semantischen Spielraum zu beantworten, sondern durch Untersuchung der politischen, sozialen und institutionellen Umstände richterlichen Entscheidens. Damit wird etwa der Möglichkeit Rechnung getragen, daß der Druck der öffentlichen Meinung oder von Interessengruppen so stark sein kann, daß nicht jede der angesichts semantischer Spielräume möglichen Entscheidungsalternativen auch tatsächlich vom Richter gewählt werden kann, ja, daß der Richter sich sogar zu einer eindeutig im Widerspruch zum semantischen Gehalt einer Norm stehenden Entscheidung gezwungen oder auch ermuntert sehen könnte.[133] Auch über solche Zwänge bzw. »Chancen« gibt eine semantische Analyse keine Auskunft.

Die vorstehenden Bemerkungen lassen sich dahin zusammenfassen, daß in der Diskussion um die Bindung juristischen Entscheidens an Gesetz und Verfassung zwei fundamental verschiedene Fragen unterschieden werden müssen, nämlich einerseits die soziologisch und psychologisch zu klärende Frage nach den Determinanten tatsächlichen juristischen Entscheidens, und andererseits die Frage danach, welche Entscheidungsspielräume bereits mit der Sprachlichkeit von Gesetz und Verfassung zusammenhängen.[133a] Ein Zusammenhang zwischen diesen Fragen besteht insofern, als im Bereich semantischer Spielräume juristisches Entscheiden nicht durch das Gesetz determiniert werden kann.

Auf dem Hintergrund dieser Hinweise auf den in der juristischen Methodendiskussion meist übersehenen Unterschied zwischen einerseits einer semantischen und logischen Analyse der richterlichen Entscheidungssituation und andererseits einer soziologischen und psychologischen Untersuchung der richterlichen Entscheidungssituation und Entscheidungstätigkeit läßt sich eine Präzisierung der eingangs formulierten, leitenden Frage nach der *Möglichkeit der Gesetzesbindung* vornehmen. Es lassen sich unterscheiden die Fragen (1) ob eine Entscheidung *gesetzeskonform* ist, (2) ob eine Entscheidung *aus dem Gesetz folgt* und (3) ob eine Entscheidung *gesetzesgesteuert* ist. Demgemäß lassen sich drei Gesetzesbindungspostulate formulieren:

(1') *Eine Entscheidung soll im Einklang mit dem semantischen Gehalt des Gesetzes sein.* Damit wird dem Richter keine Vorschrift hinsichtlich z. B. der Behandlung neutraler Kandidaten vager Ausdrücke gemacht; denn insoweit ist das Gesetz semantisch gehaltlos, der Richter kann sich demgemäß nicht in Widerspruch zum semantischen Gehalt des Gesetzes setzen, gleichgültig ob er durch die Präzisierung des Gesetzes die neutralen Kandidaten zu positiven oder zu negativen Kandidaten macht.

(2') *Eine Entscheidung soll aus dem Gesetz folgen.* Damit wird, genauer gesagt, gefordert, daß jede Entscheidung aus dem Gesetz in Verbindung mit den für die gesetzlichen Ausdrücke geltenden semantischen Regeln und den die Tatsachen ausdrückenden singulären Sätzen *logisch* folgen soll. Da sich aber hinsichtlich z. B. neutraler Kandidaten eines gesetzlichen Ausdrucks aus dem Gesetz gerade keine Entscheidung herleiten läßt, wäre möglicherweise eine Lösung dahin geboten, daß jeweils zuungunsten desjenigen, der sich eines Rechts berühmt, die neutralen Kandidaten zu den negativen Kandidaten zu rechnen wären. Ob eine solche »restriktive Gesetzesauslegung« wünschbar wäre, ist eine zweite Frage. Hier soll nur darauf hingewiesen werden, daß die Durchsetzung von Postulat (2') diese Folge hätte.

(3') *Eine Entscheidung soll gesetzesgesteuert sein.* Diese Forderung ginge über (1') und (2') hinaus. Es ist ja durchaus möglich, daß ein Richter zu einer die Forderungen (1') oder (2') erfüllenden Entscheidung aufgrund von Überlegungen kommt, die mit dem Gesetz gar nichts zu tun haben. (3') fordert aber, daß das richterliche Denken vom Gesetz bestimmt wird. Wie dies überprüft werden könnte, mag hier dahinstehen. Klar ist jedenfalls, daß die Realisierung von (1') und (2') allein durch semantische und logische Untersuchungen geprüft werden kann, während (3') darüber hinaus psychologische Untersuchungen erfordert.

Fragt man sich nun, welches der verschiedenen Gesetzesbindungspostulate im Rahmen der juristischen Methodenlehre oder der verfassungsrechtlichen Rechtsstaatsdiskussion verfochten wird, so findet man keine auch nur annähernd klare Antwort. Die Diskussion um die Gesetzesbindung ist zwar – zu Recht – in den Sog der Debatte um die Juristenausbildungsreform geraten, hat dadurch aber nicht an Klarheit gewonnen.

Von etlichen Rechts-»theoretikern« scheint Postulat (3') vertreten zu werden. Z. B. glaubt ja Rupp den Rechtsstaat gegen seine Feinde durch die Behauptung verteidigen zu sollen, »daß das Gesetz im subjektiven Motivationshaushalt des Rechtsanwenders eine zentrale Rolle spielt«.[134] Rupp spricht auch von der »entscheidungssteuernde(n) Kraft« des Gesetzes, die sich im Richter entfalte.[134] Wie Rupp zu den Einsichten über die entscheidungssteuernde Kraft des Gesetzes gekommen ist, erläutert er nicht. Er stützt sich auch nicht auf irgendwelche empirischen Untersuchungen. Weiter präzisiert er auch nicht, inwiefern man von entscheidungssteuernder Kraft der Gesetze sprechen kann, wenn man gleichzeitig von »individuellen Divergenzspannen« bei der Anwendung des Gesetzes auf den Einzelfall ausgeht.[134] Schließlich schenkt sich Rupp so grundsätzliche Fragen wie die, warum es überhaupt auf den richterlichen »Motivationshaushalt« ankommen soll.

Unter den Kritikern der juristischen Methodenlehre scheinen mir diejenigen, die auf die Wirksamkeit von »volitiven Elementen«, »irrationalen Faktoren«, »Vorverständnissen« hinweisen, in erster Linie Postulat (3') angreifen zu wollen. Denn – wie schon gesagt – kommt es ja für die Frage, ob die Postulate (1') oder (2') erfüllt sind, auf die Frage, welche Faktoren den Richter tatsächlich zu einer (1') oder (2') genügenden Entscheidung geführt haben, nicht an. Es könnte mit dem Hinweis auf die Wirksamkeit von Vorverständnissen aber auch bestritten werden, daß die von (1') und (2') vorausgesetzte Möglichkeit einer objektiven, intersubjektiven Ermittlung des semantischen Gehalts von Normen möglich sei.[135] Mit dem Hinweis auf richterliche Vorverständnisse könnte schließlich auch bestritten werden, daß die auf den Grundlagen von Postulat (1') erforderliche »Ausfüllung« semantischer Spielräume in rationaler Weise möglich sei.

Angesichts der unklaren, undifferenzierten juristischen Diskussion um den Gehalt des Gesetzesbindungspostulats ist es nicht überraschend, daß auch die Erörterung der Frage, in welcher Weise denn tatsächlich *(irgend)eine* Gesetzesbindung realisiert ist, durch eine entsprechende Undifferenziertheit gekennzeichnet ist. Juristische Methodentheoretiker pflegen nicht selten im Rahmen ihrer normativen Ausführungen darüber, wie bei der Rechtsfindung vorgegangen werden *sollte*, unvermittelt zu behaupten, daß diese Standards auch tatsächlich eingehalten würden. Ohne hier in Einzelheiten gehen zu können oder etwa gar empirische Untersuchungen referieren zu können, läßt sich aufgrund unserer semantischen Analyse begründet vermuten, daß (2') und (3') offenkundig nicht realisiert werden, da Richter im Bereich semantischer Spielräume faktisch entscheiden und insoweit weder gesetzesgesteuert (3') sein, noch ihre Entscheidungen aus Gesetzen ableiten (2') können. Postulat (1') könnte durchaus realisierbar und realisiert sein. Allerdings bedürfte die Frage, wie eigentlich der semantische Gehalt gesetzlicher Vorschriften *ermittelt* werden kann, ebenfalls der Klärung im Lichte einschlägiger semantischer Forschung. Daran wäre dann die juristische Praxis zu messen.

Abschließend sei betont, daß die vorgelegte Analyse von Verfassungs- und Gesetzesbindungsmöglichkeit insofern unvollständig ist, als die Leistungsfähigkeit der sogenannten historischen Auslegungsmethode und der sogenannten objektiv-teleologischen Auslegungsmethode nicht geprüft ist. Der Verfasser wird an anderer Stelle den Nachweis versuchen, daß die historische Auslegungsmethode nur in sehr begrenztem Umfang Bindung wenn auch nicht an das Gesetz, so doch an den Gesetzgeber sichern kann; die objektiv-teleologische Methode ist schon mehrfach als Verschleierung der Zwecksetzung durch den jeweiligen Verfassungs- oder Gesetzes»anwender« bezeichnet worden; auch dem wird nachzugehen sein. Danach erst wäre der Nachweis vollständig geführt, daß in den Begründungen juristischer Entscheidungen auch auf außerjuristische Erwägungen zurückgegriffen werden muß.

III. Rationale Rekonstruktion und Kritik der dokumentierten Methodendiskussion im Staatsrecht

1. Vorbemerkung: Zum staatsrechtlichen Positivismus der Gerber-Laband-Schule

Ursprünglich war beabsichtigt, auch Texte abzudrucken, die für den sog. juristischen Positivismus des 19. Jahrhunderts repräsentativ sind. Diese Texte sind ökonomisch begründeten Kürzungswünschen seitens des Verlages zum Opfer gefallen. Diese Kürzung ist aber auch sachlich vertretbar; das sei mit wenigen, den Abdruck natürlich nicht ersetzenden Bemerkungen dargelegt.

In heutigen Schriften zur juristischen Methodenlehre stößt man nicht selten auf eine ausdrückliche Ablehnung des sogenannten staatsrechtlichen Positivismus der Gerber-Laband-Schule. Versucht man sich selbst durch Rückgang auf die Quellen ein Bild von den methodischen Vorstellungen dieser Richtung zu machen, so findet man sich auf recht dürftige Texte verwiesen. Die längste methodische Abhandlung, die zum juristischen Positivismus des 19. Jahrhunderts zu rechnen ist, verdanken wir sogar einem Privatrechtler, nämlich dem frühen Ihering.[136] Auch Gerber hat seine methodischen Vorstellungen zunächst für das Zivilrecht (in der Einleitung zu seinem »System des deutschen Privatrechts«) entwickelt,[137] und sich erst später dem Staatsrecht zugewendet; dabei hat er sich in den staatsrechtlichen Arbeiten auf wenige methodische Bemerkungen beschränkt. Laband schließlich, der als *der* Vertreter des staatsrechtlichen Positivismus gilt (man hat ihn einmal den »geistigen Testamentsvollstrecker Gerbers für das Staatsrecht des deutschen Reiches« genannt[138]), hat seine vielzitierten Äußerungen zur »rein juristischen Methode« in Vorworten zu seinem »Das Staatsrecht des Deutschen Reiches« gemacht.[139]

Sieht man sich diese Arbeiten durch, so muß man feststellen, daß keine *»rein juristische Methode«* entwickelt wurde, sondern lediglich *Postulate* aufgestellt wurden, *denen eine juristische Methode genügen soll:* sie soll die Begründung juristischer Entscheidungen *ohne* Rückgriff auf *historische*, *philosophische* oder *politische* Argumente ermöglichen.[140] Juristische »Dogmatik«[141] soll zur »objektiven rechtlichen Substanz«[142] der Rechtssätze gelangen, unter »Ausscheidung alles Fremdartigen«.[143] Neben diesem reichlich unklaren Versuch des juristischen Positivismus, eine gegenüber anderen Wissenschaften *selbständige* juristische Dogmatik zu begründen, ist es jedenfalls für Ihering und Gerber bezeichnend, daß sie eine Bindung des dogmatischen Argumentierens an das positive Recht nur begrenzt für erforderlich hielten. Ihering etwa formuliert: die »juristische Methode« erlaube ohne jeden »gesetzlichen Anhaltspunkt« »die Erschließung der inneren Nothwendigkeit, die Erforschung der Natur der Sache«.[144, 145]

Den Versuch der Verselbständigung juristischen Argumentierens hat O. v. Gierke in einer ausführlichen Rezension von Labands »Das Staatsrecht des Deutschen Reiches« teilweise kritisiert.[146] Zwar hebt Gierke zustimmend hervor, daß Laband wie kein anderer vor ihm den Gedanken durchgeführt habe, »daß das Staatsrecht *Recht* und *nichts* als Recht ist«;[147] auch er, v. Gierke, betrachtet es als Grundbedingung »aller juristischen Behandlungsweise«, »das Staatsrecht als die rechtliche Seite des Staatslebens von dessen übrigem Gehalt begrifflich abzulösen« und damit »das Recht in seiner *Selbständigkeit* aufzuzeigen«.[148] Er sieht in der »saubere(n) Trennung des Rechtes von der Politik eine der vornehmsten Aufgaben der echten Staatsrechtslehre«[149] und kritisiert deshalb die Zeitgenossen, die es als »ein wohlerworbenes Privileg in Anspruch (nehmen), sich in jener nebeligen Atmosphäre zu halten, in welcher die Grenzen zwischen juristischer Erörterung und politischen, ethischen oder wirtschaftlichen Erwägungen unklar verschwimmen«.[150] v. Gierke fordert aber nicht nur eine Abgrenzung von einerseits juristischen und andererseits politischen, ethischen und wirtschaftlichen Erörterungen des Staatslebens, sondern er verlangt zugleich, daß die speziell juristischen Argumente durch die genannten metajuristischen Erwägungen *ergänzt* werden müßten, »um die Angemessenheit der Begriffsbildung und Begriffsentwicklung zu kontrollieren.«[151]

Damit sei die Erörterung der *nicht* abgedruckten Texte abgeschlossen. Natürlich werden diese wenigen Bemerkungen den angeführten Autoren nicht gerecht. Gleichwohl glaube ich behaupten zu können, daß auch die Einbeziehung anderer Schriften zu keinem anderen Ergebnis führen wird: Was genau die *spezifisch juristische* Aufgabe ist und warum die Bewältigung dieser Aufgabe die Ergänzung durch metajuristische Erörterungen erfordert oder nicht erfordert, bleibt sehr unklar. Deutlicher beschreibt da schon G. Jellinek die spezifisch juristische Aufgabe einer Staats*rechts*lehre; aber sein Versuch, die Relevanz einer *Soziallehre* des Staates für die Staats*rechts*lehre zu erweisen, ist nicht differenzierter:

2. Die staatsrechtliche Methode im Streit um die Zwei-Seiten-Theorie des Staates (Jellinek, Kelsen, Heller)

a) Jellineks Zwei-Seiten-Theorie des Staates

Nach Jellinek zerfallen die Wissenschaften »in beschreibende oder erzählende (deskriptive), erklärende (theoretische) und angewandte (praktische). Die ersten wollen die Erscheinungen feststellen und ordnen, die zweiten Regeln ihres Zusammenhangs aufweisen, die dritten ihre Verwendbarkeit für praktische Zwecke lehren.«(6)[152] Auf dem Hintergrund dieser Unterscheidung bezeichnet Jellinek die *erklärende* Wissenschaft vom Staate als »Staatslehre«. (9) Die Staatslehre wiederum zerfällt in »zwei Hauptgebiete, entsprechend den zwei Gesichtspunkten, unter denen der Staat betrachtet werden kann. Der Staat ist einmal gesellschaftliches Gebilde, sodann rechtliche Institution. Dementsprechend zerfällt die Staatslehre in die *soziale Staatslehre* und in die *Staatsrechtslehre.«*(11) »Die erstere hat das gegenständliche, historische..., das natürliche Sein des Staates, die letztere hingegen die in jenem realen Sein zum Ausdruck kommen sollenden Rechtsnormen zum Inhalt.« (20) Diese These Jellineks von einer »Doppelnatur des Staates« (50) wird ganz besonders Kelsens Kritik herausfordern.

Die Trennung zwischen sozialer Staatslehre und Staatsrechtslehre sieht Jellinek in dem Unterschied der Methoden begründet, die in beiden Gebieten herrschten. (11, 20) Trotz dieser erforderlichen Trennung ist nach Jellinek für »die ersprießliche Untersuchung der staatsrechtlichen Probleme... die Erkenntnis des Zusammenhangs von sozialer Staatslehre und Staatsrechtslehre von der höchsten Bedeutung.« (12) Alle schiefen und einseitigen Resultate der Staatsrechtslehre beruhten auf einer mangelnden Berücksichtigung von Ergebnissen der sozialen Staatslehre. (12)

Die angewandte oder praktische Wissenschaft vom Staate bezeichnet Jellinek als *»Politik«*. Die Politik betrachte staatliche Erscheinungen unter teleologischen Gesichtspunkten, die zugleich den kritischen Maßstab für die Beurteilung der staatlichen Zustände und Verhältnisse lieferten. Die Politik habe »Werturteile« zum Inhalt und nicht »Erkenntnisurteile« wie die soziale Staatslehre. (13) Sie erkenne wie das Recht nicht ein Sein, sondern ein Seinsollendes. Doch sieht Jellinek zwischen den Normen des Rechts und denen der Politik insofern einen tiefgreifenden Unterschied, als die Rechtsnormen *geltende* Normen seien, denen Garantien ihrer Erfüllung zur Seite stünden. Diese Geltung erhebe die rechtlichen Normen zu einem Teile des Seienden, so daß sie eine Doppelstellung einnähmen. (20)

Sei nun auch die Politik von sozialer Staats- und Staatsrechtslehre zu trennen, so sei andererseits die praktische Disziplin von hoher Bedeutung für eine gedeihliche Behandlung der theoretischen. (15) »Namentlich aber empfangen staatsrechtliche Untersuchungen durch den Hinblick auf das politisch Mögliche Inhalt und Ziel.« (16) So wenig Recht und Politik miteinander vermischt werden sollten, so wenig seien ersprießliche staatsrechtliche Untersuchungen ohne Kenntnis des politisch Möglichen denkbar. Ohne Beachtung des politisch Möglichen geriete das Staatsrecht auf Abwege und liefe Gefahr, sich in eine dem Leben abgewandte rein scholastische Disziplin zu verwandeln. Entgegen Laband sei eine Feststellung des Inhalts aller Rechtssätze mit der reinen Logik nicht möglich. Gerade die Grundbegriffe des Staatsrechts spotteten der rein logischen Behandlung. (16) So ergebe denn »oft schon eine oberflächliche Betrachtung der Stellung, welche Vertreter der rein juristischen Methode im Staatsrecht zu den grundlegenden Problemen einnehmen, ganz deutlich ein Bild fester politischer Anschauungen, die sie ihren Untersuchungen zugrunde gelegt haben.« (17)

Jellinek formuliert zwei Grundsätze für den Zusammenhang von Staatsrechtslehre und Politik. Erstens soll das »politisch Unmögliche« nicht Gegenstand ernsthafter juristischer Untersuchung sein. (17) Zweitens spricht – so Jellinek – »die Vermutung für die Rechtmäßigkeit der Handlungen der obersten Staatsorgane«. (18) »Solange niemand zur Einsprache Berechtigter gegen einen Akt dieser Organe rechtliche Einwendungen erhebt oder ihn für unwirksam erklärt, müssen sie als rechtmäßig angesehen werden, selbst wenn eine buchstäbliche Interpretation einer Verfassungsbestimmung zu einem anderen Resultat führen würde.« (18)

Schließlich hält es Jellinek für eine politische Aufgabe der Staatsrechtslehre, die gegebenen Institute des öffentlichen Rechts mit Blick auf die zukünftige Gesetzgebung zu kritisieren. (19)

Während sich bei Jellinek in hier nicht abgedruckten Passagen sehr ausführliche Ausführungen über die in der sozialen Staatslehre anzuwendende Methode finden (Jellinek stützt sich auf Max Weber), sind seine Bemerkungen über die für die Staatsrechtslehre maßgebliche Methode eher dürftig. Jellinek wiederholt nochmals, daß die Staatsrechtslehre eine *Normwissenschaft* sei. Die »juristische Methode« diene der »Feststellung der Sätze der Staatsrechtslehre« und der »Entwicklung des Inhalts dieser Rechtssätze«. (50) Der dogmatische Gehalt der Rechtsnormen könne nur durch die ausschließlich von Juristen geübte »Kunst der Abstraktion aus den rechtlichen Erscheinungen und der Deduktion aus den also gefundenen Normen« ermittelt werden. (51)

Vergleicht man die vorstehend referierte Position Jellineks mit derjenigen Gierkes, so ist Übereinstimmung insofern festzustellen, als beide eine antipositivistische Konzeption staatsrechtlichen Argumentierens in dem Sinne verfechten, daß sie typische nichtjuristische Argumente (politische, soziologische) zulassen. Auch scheint Jellinek konsequent die Forderungen Gierkes zu erfüllen, einerseits »die rechtliche Seite des Staatslebens von dessen übrigem Gehalt begrifflich abzulösen«, andererseits aber die juristische Behandlung des Staatsrechts durch außerjuristische Erörterungen zu ergänzen. Sehen wir uns Jellineks Dreiteilung der Staatswissenschaften und ihr Ergänzungsverhältnis näher an.

Die *Staatsrechtslehre* hat sich mit dem Staat zu beschäftigen, soweit er »rechtliche Institution« ist; sie hat die »rechtliche Natur« (11) des Staates zu »erkennen«, die »rechtliche Seite des Staates« (12) zu isolieren. Sie ist auf Erkenntnis nicht eines Seins, sondern eines Seinsollenden gerichtet. Sie ist »Normwissenschaft«, die die »im realen Sein« des Staates »zum Ausdruck kommen sollenden Normen« zum Gegenstand hat. Sie hat den »Inhalt« der Rechtssätze zu »entwickeln«, den »dogmatischen Gehalt« der Rechtsnormen zu ermitteln. – Es dürfte wohl angemessen sein, Redeweisen wie die von der »Erkenntnis der rechtlichen Natur« des Staates als metaphorische Beschreibung dessen aufzufassen, was mit »Ermittlung des dogmatischen Gehalts der Rechtsnormen« wesentlich klarer gesagt wird. Wie die »juristische Methode« den Inhalt der Sätze der Staatsrechtslehre »entwickeln« soll, wird nicht näher ausgeführt.

Die Unklarheit über die »juristische Methode« dürfte mit dafür verantwortlich sein, daß der *logische Status* der Staats*rechts*lehre fraglich bleibt. Die Charakterisierung der Staatsrechtslehre als »Normativwissenschaft« (20) könnte einerseits schlicht dahin verstanden werden, daß Untersuchungsgegenstand eben *Normen* sind; eine normative Wissenschaft im heutigen Sinne wäre die Staatsrechtslehre damit noch keineswegs, denn es könnte ja die *empirische Ermittlung* des semantischen Gehalts der Normen ihre Aufgabe sein. Es könnte aber auch gesagt sein, daß die Staatsrechtslehre selbst *normative Sätze* hervorbringt. Im letzteren Falle wäre sie – im heutigen Sinne – eine *normative* Wissenschaft. Für diese Deutung spricht immerhin, daß Jellinek von einer »normativen« im Gegensatz zu einer »kausalen Erkenntnisart« spricht. (19) Aber Jellinek legt sich in dieser Hinsicht wohl nicht eindeutig fest. Er sagt zwar, daß die *soziale Staatslehre* »wesentlich Erkenntnisurteile«, »die Politik Werturteile« zum Inhalt haben, äußert sich aber nicht entsprechend deutlich zur Staatsrechtslehre. – Erkennt man erst einmal unter Rückgriff auf die Semantik, daß es bei der »Entwicklung des Inhalts der Sätze der Staatsrechtslehre« entweder um Bedeutungsermittlung oder Bedeutungsfestsetzung gehen kann, so fällt auch die Bestimmung des logischen Status der Staatsrechtslehre leicht.

Die *Soziallehre* des Staates hat sich mit dem Staat zu beschäftigen, soweit er »gesellschaftliches Gebilde« ist; sie hat das »gegenständliche«, »historische«, »natürliche Sein« des Staates zum Inhalt. Zu diesen Aufgaben gehört auch die Betrachtung des Rechts »in seiner Eigenschaft als soziale Funktion« (51), »als einen tatsächlichen Faktor des Volkslebens«. (21) Da das Recht insoweit Gegenstand der empirischen Soziallehre ist, andererseits aber auch Gegenstand der Staatsrechtslehre, spricht Jellinek von einer »Doppelstellung« der Rechtsnormen. Auch wenn man beachtet, daß die Differenz der beiden Untersuchungsrichtungen jedenfalls dann nichts mit der Dichotomie von Sein und Sollen zu tun hat, wenn die Staatsrechtslehre auf *Ermittlung* des semantischen Gehalts von Normen festgelegt wird, so läßt sich die Redeweise von einer »Doppelstellung« doch insofern aufrecht erhalten, als es ja doch zweierlei ist, ob man den semantischen Gehalt von Normen ermittelt, oder deren soziale Auswirkungen. – Im übrigen ist über das Ergänzungsverhältnis von Staatsrechtslehre und empirischer Soziallehre zu sagen, daß die Redeweise von der »Doppelnatur« des Staates als wenig hilfreich und eher metaphorisch anzusehen ist. Man wird schlicht übersetzen dürfen, daß unter »Staat« ein sehr komplexes soziales Gebilde zu verstehen ist, zu dem unter anderem auch Rechtsnormen zu rechnen sind. Staatsrechtslehre und Soziallehre des Staates untersuchen sozusagen *verschiedene Aspekte eines Staates.* Warum die empirischen Untersuchungen der Soziallehre für die Staatsrechtslehre erforderlich sind und welchen Nutzen sie bringen können, führt Jellinek nicht näher aus.

Schließlich legt Jellinek Wert darauf, die Bewertung staatlicher Zustände und Verhältnisse, die Politik, von Soziallehre des Staates und Staatsrechtslehre zu unterscheiden. Wenn »staatsrechtliche Untersuchungen durch Hinblick auf das politisch Mögliche Inhalt und Ziel« empfangen sollen, so fragt man sich allerdings, wieso die Politik »Werturteile zum Inhalt« haben solle. Die Feststellung des »Möglichen« dürfte doch eine Aufgabe *empirischer* Forschung sein. Dann könnte die Politik »Werturteile zum Inhalt« nur insofern haben, als sie in der Gesellschaft tatsächlich vorkommende Wertungen *beschriebe.* Damit würde sich die Politik wohl nicht von der Soziallehre des Staates unterscheiden. Der von Jellinek behauptete Unterschied würde nur dann bestehen, wenn man unter dem »politisch Möglichen« das »politisch Wünschenswerte« verstehen dürfte.

Trotz der Unklarheiten im einzelnen wird man insgesamt doch feststellen dürfen, daß Jellinek eine recht deutliche Aufgabenverteilung vornimmt: Die juristische Aufgabe ist die Feststellung des Inhalts der Rechtssätze. Daneben gibt es eine empirisch-soziologische Staatslehre und eine wertende Politikwissenschaft. Offen bleibt, warum Soziallehre und Politik zur Lösung der juristischen Aufgabe erforderlich oder erwünscht sind. Dies liegt u. a. daran, daß die Art und Weise, in der die Feststellung des Inhalts der Rechtssätze vor sich gehen soll, nicht näher beschrieben wird. Alles in allem relativiert Jellinek jedenfalls die Bindung der Juristen an Gesetz und Verfassung durch die Einbeziehung von Soziallehre und Politik in das juristische Argumentationsarsenal.

b) Kelsens Kritik an der Zwei-Seiten-Theorie: Die Identifikation von Rechtsordnung und Staat

Einer der am meisten – man muß schon sagen – angefeindeten Staatsrechtslehrer der Weimarer Zeit war Hans Kelsen. Zentraler

Angriffspunkt war dabei Kelsens Kritik an Jellineks Zwei-Seiten-Theorie des Staates. Kelsen kommt – das sei vorweggenommen – zu dem Ergebnis, daß eine Soziallehre des Staates gar nicht möglich sei, da unter »Staat« »Rechtsordnung« zu verstehen sei. Folglich sei nur eine Staats*rechts*lehre möglich, keine Soziallehre des Staates. Kelsens Kritiker verstanden dies dahin, daß für Kelsen sozialwissenschaftliche Untersuchungen überhaupt keine Relevanz für die Staatsrechtslehre haben konnten und sollten. Kelsen schien ihnen als ein neuer Verfechter einer *rein juristischen Methode* im Staatsrecht.

Kelsen möchte in seiner Auseinandersetzung mit Jellinek die Identität von Staat und Recht(sordnung) beweisen. (114) Dies möchte er allerdings nicht durch den Trick einer neuen Definition des Begriffes »Staat« erreichen, sondern es soll der Begriff, mit dem Jellinek arbeitet, analysiert »und in dieser Analyse der nur terminologisch verborgene Begriff des Rechts bloßgelegt werden«. (114) Kelsen möchte und muß also zeigen, daß der Begriff »Staat« in der Verwendung durch Jellinek synonym ist mit dem Begriff »Rechtsordnung«.[153]

Leider führt Kelsen dieses Programm nicht mit der wünschenswerten Klarheit durch. Er beginnt seine Jellinek-Kritik mit einem – wie er meint – erkenntnistheoretischen Einwand gegen die Zwei-Seiten-Theorie. Jellinek gehe von der Vorstellung aus, »daß der Staat *als ein und dasselbe Objekt* das eine Mal als Gegenstand der Soziallehre oder Soziologie, das andere Mal als Objekt der Rechtswissenschaft, die als solche Staatsrechtslehre ist, fungiert.« (115) In dieser Vorstellung liege aber ein fundamentaler Irrtum beschlossen: »Die Identität des Erkenntnis-Objektes ist bedingt durch die Identität der Erkenntnis-Methode! Eine prinzipiell andere *Betrachtungsweise* hat einen prinzipiell anderen *Gegenstand* zur Folge.« (116; 106, 110) Zusammen mit der Annahme Kelsens, daß Jellinek von dem »*prinzipiellen* Dualismus soziologischer und juristischer, explikativer Seins- und normativer Sollensbetrachtung« ausgehe (116), folgt daraus: »...dann kann es nicht derselbe identische Staat – der Staat als Ding an sich – sein, der zugleich durch kausale und normative Betrachtung erfaßt wird.« (106)

Dieser Einwand Kelsens gegen Jellinek dürfte aus zwei Gründen unhaltbar sein.[154] Zunächst scheint es verfehlt, Jellineks Redeweise von der »Doppelnatur des Staates« dahin auszulegen, daß sich Soziallehre des Staates und Staatsrechtslehre exakt mit demselben

Gegenstand zu beschäftigen hätten. Wie oben (a) bereits dargelegt, lassen sich Jellineks Ausführungen auch dahin verstehen, daß die genannten beiden Wissenschaften *verschiedene Aspekte* des Staates zu behandeln haben. Dann behandeln die beiden Wissenschaften verschiedene Probleme, handeln von verschiedenen Gegenständen.[155] In Kelsens Terminologie: Die verschiedenen Betrachtungsweisen beschäftigen sich mit verschiedenen Gegenständen. Kelsens »erkenntnistheoretischem« Postulat ist so genüge getan, obwohl sich beide Wissenschaften mit demselben Staate als identischem Träger dieser Aspekte beschäftigen können, z. B. der Bundesrepublik Deutschland.

Obwohl also Kelsens »erkenntnistheoretisches« Prinzip keine Kritik an Jellinek ermöglicht, sei ganz kurz – sozusagen hilfsweise – dieses Prinzip selbst kritisiert. Dabei glaube ich, auf einen Einstieg in die Diskussion um den Neukantianismus verzichten und mich auf die Erläuterung eines Beispiels beschränken zu können. Die Diskussion um die Zwei-Seiten-Theorie hat nämlich – entgegen Kelsens Ansicht – mit dem Neukantianismus nicht das Geringste zu tun: Wenn die Staatsrechtslehre nach dem semantischen Gehalt eines Verfassungsartikels fragt und z. B. die Rechtssoziologie nach den *Ursachen* dafür sucht, daß *diese* Norm in das Grundgesetz aufgenommen wurde, so ist der Gegenstand, auf den sich das Forschungsinteresse dieser ganz verschiedenen wissenschaftlichen Ansätze richtet, insofern derselbe, als ein ganz bestimmter identischer Artikel des Grundgesetzes in Frage steht. Der Gegenstand beider Wissenschaften ist aber andererseits insofern verschieden, als die beiden Wissenschaften völlig unterschiedliche Fragen hinsichtlich des identischen Objekts klären wollen. Diese Mehrdeutigkeit des Ausdrucks »Gegenstand einer Wissenschaft« scheint Kelsen übersehen zu haben. Bei Zugrundelegung des erstgenannten Sinnes von »Gegenstand« ist Kelsens Ansicht offenkundig falsch, bei Berücksichtigung des letztgenannten Sinnes trivial wahr (und ohne Relevanz für Jellineks Lehre).

Der nächste Einwand Kelsens geht dahin, daß Jellinek Unmögliches versuche, nämlich »dasselbe Objekt: den Staat, zum Inhalt zweier verschiedener Begriffe, eines sozialen und eines Rechtsbegriffs zu machen...«. (117) Dagegen ist zunächst grundsätzlich zu bemerken, daß intensionsverschiedene Begriffe die gleiche Extension haben *können.*[156] Natürlich ist es aber möglich, daß jemand *fälschlich* die Extensionsgleichheit intensionsverschiedener Begriffe behauptet. Gerade dies scheint Kelsen Jellinek vorzuhalten, ohne allerdings die zwei verschiedenen Intensionen näher zu erläutern. Er behauptet, daß sich bei Jellinek ein »Rechtsbegriff« des Staates und ein soziologischer Staatsbegriff fänden, die prinzipiell keine gemeinsame Extension haben könnten. (117, 118) Er knüpft an folgende Erläuterung Jellineks an: »Sie (die Rechtsbegriffe) sind vielmehr Abstraktionen, die aus gegebenen *Rechtsregeln* gewonnen werden und den Zweck haben, die Vielheit der Regeln unter einheitliche Gesichtspunkte zu ordnen.«[157] Danach – so Kelsen – können also die »Substrate« der Rechtsbegriffe nicht »reale Tatbestände«, sondern nur Rechtsnormen sein. »Der Staat als Substrat eines Rechtsbegriffs könnte somit nur ein Inbegriff von Rechtsnormen sein. Er wäre *die* Rechtsordnung oder *eine* Rechtsordnung...« (118) Diese Ansicht Kelsens können wir so übersetzen: Wenn der Staat die Extension eines Rechtsbegriffs sein soll, dann muß er – Jellineks Definition von »Rechtsbegriff« zugrundegelegt – mit einer Klasse von Rechtsnormen identisch sein. Da nun – so fährt Kelsen fort – Rechtsnormen auch nach Jellinek eine »spezifische« vom »sozialen Sein« verschiedene »Geltungsexistenz« hätten (117), könne der Staat, der die Extension eines Rechtsbegriffs ist, »mit irgendeiner realen Existenz, die man auch als Staat bezeichnen mag, nichts zu tun haben«. (118) Allerdings zweifelt Kelsen ernstlich daran, ob Jellinek wirklich die Normen dem Natursein der Wirklichkeit entgegenstellt, den Normen wirklich eine »spezifische Geltungsexistenz« zugesteht. Es sei nämlich eine völlige Aufhebung des Dualismus von Sein und Sollen, wenn Jellinek ausführe: »Die Rechtsnormen sind geltende, nämlich in Kraft stehende Normen... diese Geltung erhebt sie zu einem Teil des Seienden... das positive Recht unterscheidet sich von irgendwelchen anderen Willensnormen dadurch, daß es als reale Macht bestimmte berechenbare Wirkungen ausübt.« (119)[158] Unverständlich sei es, wenn Jellinek dem Recht eine »Doppelstellung« zuspreche und es einer Seite nach zum Gegenstand der Wissenschaft vom Seienden erkläre. Jellineks Ausführungen machten deutlich, daß er das positive Recht als »reale Ursache realer Wirkungen« ansehe, also eine psychologistische Grundanschauung vom Wesen der Rechtsnormen vertrete. (119) Daraus folgert Kelsen, ohne dies in der gebotenen Deutlichkeit auszusprechen, daß damit der Extension von Rechtsbegriffen – nämlich den Rechtsnormen »als sozialpsychischen Realitäten« – keine spezifische vom sozialen Sein verschiedene »Existenzweise« mehr zukommt, so daß der Staat, auch soweit er Extension eines »Rechtsbegriffes« sein soll, eine »reale Existenz« darstelle. (120 mit 118) Ob diese »reale Existenz« mit der »realen Existenz«, die Extension von Jellineks soziologischem Staatsbegriff sein soll, identisch ist, die beiden Staatsbegriffe somit extensionsgleich sind, sagt Kelsen nicht.

Ich fasse den skizzierten zweiten Einwand Kelsens gegen Jellinek zusammen. Kelsen behauptet einerseits – wie in dem ersten erörterten Einwand –, daß Jellineks Staatsrechtslehre und Soziallehre des Staates nicht von ein und demselben Staate handeln können. Der Rechtsbegriff »Staat« und der soziologische Staatsbegriff können nämlich prinzipiell nicht auf denselben Gegenstand zutreffen, da ihre potentiellen Extensionen unterschiedliche »Existenzweisen« haben. Andererseits meint Kelsen, daß Jellinek den Dualismus von Sein und Sollen anscheinend doch nicht richtig erkannt habe, wenn er das Recht – jedenfalls einer Seite nach – zum Gegenstand der Wissenschaft vom Seienden erklärt. Danach ist für Jellinek der Staat nur »soziales Faktum«, es ist nur eine Soziallehre des Staates möglich, aber eben keine normative Staatsrechtslehre.

Auf die erste Hälfte von Kelsens Argumentation ist zur Verteidigung Jellineks folgendes zu erwidern: Die beiden Staatsbegriffe Jellineks scheinen in der Tat extensionsverschieden zu sein. Aber Jellinek behauptet – soweit ich sehe – auch nirgends das Gegenteil. Er geht ja sogar davon aus, daß sich die beiden Wissenschaften vom Staate auf verschiedene Aspekte des Staates beziehen. Man muß allerdings – wie oben schon geschehen – einräumen, daß Jellineks Redeweise von den zwei Staatsbegriffen mißverständlich ist. Im übrigen ist zu betonen, daß Kelsen die Relevanz seiner Behauptung, Soziallehre des Staates und Staatsrechtslehre könnten sich nicht auf »ein und denselben Staat« beziehen, offenbar enorm überschätzt. Die Unmöglichkeit der Soziallehre des Staates ist damit jedenfalls nicht gezeigt.

Der zweiten Hälfte von Kelsens Argumentation mangelt es nicht an der Relevanz; sie ist schlicht falsch. Denn selbstverständlich kann man die Wirkungen von Rechtsnormen untersuchen, ohne doch den normativen Charakter gesetzlicher Bestimmungen leugnen zu müssen. Auch kann man durchaus mit Jellinek von einer »Doppelstellung« des Rechts insofern sprechen, als Rechtsnormen Gegenstand mindestens zweier verschiedener Untersuchungsrichtungen sein können: Man kann sowohl die tatsächlichen sozialen

Auswirkungen von Rechtsnormen wie ihren semantischen Gehalt ermitteln. Letzteres nennt Jellinek – wie oben dargelegt – normative Staatsrechtslehre; und eine solche Staatsrechtslehre wird nicht dadurch unmöglich, daß man die Untersuchung der tatsächlichen sozialen Auswirkungen von Rechtsnormen zugesteht, ja für erforderlich hält. Daß es für Jellinek nur eine Soziallehre des Staates geben könne, hat Kelsen also ebenfalls nicht gezeigt.

Der dritte Einwand Kelsens gegen Jellinek knüpft nun endlich an das eingangs wiedergegebene Ziel Kelsens an: Es wird versucht nachzuweisen, daß beide Staatsbegriffe Jellineks, der juristische und der soziologische, mit dem Begriff »Rechtsordnung« synonym sind. Kelsen beginnt seine Argumentation mit der Behauptung, daß der Staat nur dann Objekt einer »von aller juristisch normativen Betrachtung unabhängigen« soziologischen Betrachtung sein könne, »wenn es gelingt, einen Begriff des Staates unter Abstraktion von allen Rechtsnormen im Wege einer auf das Natur- oder (diesem gleichgestellten) gesellschaftliche Sein gerichteten Forschung zu gewinnen.« (121) Einen solchen Begriff des »Staates« hat Jellinek aber nach Kelsens Ansicht nicht angegeben. Zwar bestimme Jellinek zunächst als objektive Bestandteile des Staates »Willensverhältnisse Herrschender und Beherrschter« und konstatiere die »ausschließlich *psychische* Art« dieser Verhältnisse. (121)[159] Sodann stelle er aber fest, daß der Staat »eine irgendwie geartete Einheit solcher Willensverhältnisse« sei, eine Einheit, die durch eine *»Ordnung«* konstituiert werde. »Und er stellt weiter fest, daß diese Ordnungseinheit keine *kausale*, sondern eine teleologische ist.« (122)[160] Wenn aber der Staatsbegriff durch eine teleologische, akausale Betrachtung gewonnen werde, dann könne dieser »Begriff nicht als ein ›sozialer‹ der kausalwissenschaftlichen Gesellschaftslehre angehören«. (122) Darüber hinaus unterliege es nicht dem geringsten Zweifel, »daß die *Ordnung*, unter der die Vielfalt von ›Herrschaftsverhältnissen‹ als *Einheit des Staates* erscheint, keine andere ist als die *Rechts*ordnung, und daß dies eben der Sinn der bei Jellinek immer wiederkehrenden Versicherung ist, dem Staat sei das Recht wesentlich.« (122) Insbesondere kommen die individuellen Zwecke der Menschen entgegen manchen Äußerungen Jellineks nicht als einigendes Moment in Betracht, meint Kelsen. (123ff.) Eine Übereinstimmung der individuellen menschlichen Zwecke kommt nämlich nach Kelsen nur gelegentlich, etwa anläßlich eines Krieges vor. Abgesehen aber von der »nur auf Augenblicke beschränkten Existenz« solcher »massenpsychologischen Erscheinungen« würden diese auch »meist über die staatlichen Grenzen hinausgreifen«.[161] Das gilt nach Kelsen z. B. für »Übereinstimmungen im Seelenleben einer Vielheit von Menschen« angesichts des Bekanntwerdens wichtiger technischer Erfindungen, furchtbarer Katastrophen oder drohender Seuchen. (112) Im übrigen sei die Erfassung solcher Übereinstimmungen zwischen den Menschen eine Aufgabe der »explikativen Sozialpsychologie« und bedürfte gerade keiner »teleologischen Begriffsbildung«. (124)

Etwas unvermittelt zieht Kelsen das Fazit: »Der Staat ist eine Einheit von Normen, die menschliches Verhalten zum Inhalt haben.« (126) Dies ist – so Kelsen – auch der Staatsbegriff von Jellinek. Dies wird lediglich durch die von Jellinek vorgenommene »hypostasierende Personifikation der Rechtsordnung« zu einem angeblich von der Rechtsordnung zu unterscheidenden sozialen Staat verdeckt. (126ff., bes. 129)[162]

Aber nicht nur der soziale Staatsbegriff Jellineks sei mit dem Begriff »Rechtsordnung« identisch, sondern auch der juristische. (130) Jellinek bestimme nämlich die juristische Seite des Staates dahingehend, daß der Staat Rechtssubjekt insofern sei, als es die Möglichkeit rechtlicher Selbstbeschränkung des Staates gebe. (129) Hieran knüpft Kelsen die Behauptung, »daß, wenn man den Staat als Rechtsbegriff nur auf der Idee einer rechtlichen Selbstverpflichtung des Staates gründen zu können glaubt, der Staat, und zwar *der* Staat, den man der Vorstellung einer Staats*person*, eines Rechtssubjektes ›Staat‹ voraussetzt, mit der Rechtsordnung, nicht aber mit irgendeinem sozialen Faktum als identisch gedacht werden muß.« (129/130) Denn rechtlich verpflichten könne nur die Rechtsordnung; ein sozialer Staat als bloß tatsächliche Herrschermacht könne möglicherweise faktisch zwingen, aber nicht rechtlich verpflichten. (130)

Auch diese dritte Argumentation gegen Jellinek vermag nicht zu überzeugen. Zunächst ist die Behauptung falsch, der Staat könne nur dann Gegenstand soziologischer Betrachtung sein, wenn es gelinge, einen Begriff des Staates unter Abstraktion von allen Rechtsnormen zu formulieren. Selbst wenn man – wie Kelsen – unter »Staat« »Rechtsordnung« versteht, so wäre doch eine Soziallehre des Staates möglich, nämlich eine empirische Untersuchung der Entstehung und der Wirkung der Rechtsordnung.

Ebenfalls verfehlt ist es, daraus, daß Jellinek die Rechtsordnung als das die staatliche Einheit stiftende Moment ansehe, schließen zu wollen, daß Jellinek unter »Staat« demnach Rechtsordnung verstehe oder verstehen müsse. Selbst wenn man Kelsen zugestehen würde, was er als *den fundamentalen Einwand* gegen einen »sozialen Staatsbegriff« betrachtet, daß die Ausgrenzung überhaupt einer *staatlichen Einheit* (bzw. *der* Erscheinungen, die von allen als Staaten angesehen würden) nur durch eine Bezugnahme auf eine Rechtsordnung möglich ist[163], so würde daraus ja keineswegs folgen, daß unter »Staat« nur und gerade die Rechtsordnung zu verstehen ist. Es wäre vielmehr so, daß die Bezugnahme auf die Rechtsordnung durch eine der semantischen Regeln für den Gebrauch des Ausdrucks »Staat« auszudrücken wäre. Daneben gäbe es weitere semantische Regeln, die – hält man sich an Jellinek – z. B. das Vorliegen von »Herrschaftsverhältnissen« zum Begriffsmerkmal von »Staat« machen würden. Insgesamt würde man also unter »Staat« ein soziales Gebilde verstehen, das *unter anderem* aus Rechtsnormen bestünde. Damit hätte man wohl auch die von Kelsen zitierte Ansicht Jellineks angemessen gedeutet, daß dem Staat das Recht wesentlich sei.

Schließlich ist auch nicht einzusehen, warum aus der von Jellinek für möglich gehaltenen rechtlichen Selbstverpflichtung des Staates folge, daß mit »Staat« die Rechtsordnung gemeint sein müsse. Eine soziale oder politische Macht kann sich genau dann rechtlich verpflichten, wenn sie dazu berechtigt ist. Wann letzteres anzunehmen ist, bedarf hier nicht der Erörterung. Jedenfalls kann diese Berechtigung einer sozialen oder politischen Macht zukommen.

Überblickt man Kelsens Jellinek-Kritik noch einmal insgesamt, so scheinen – von den zahlreichen kleineren Unstimmigkeiten abgesehen – folgende Punkte des Hervorhebens wert:

(1) Selbst wenn sich staatliche Einheiten nur durch Bezugnahme auf Rechtsordnungen voneinander *abgrenzen* ließen, so wären doch Staaten nicht mit Rechtsordnungen *identisch*.

(2) Rekonstruiert man Jellineks bildhafte Redeweise von der »Doppelnatur des Staates« dahingehend, daß an *einem* komplexen Phänomen *zwei Aspekte* zu unterscheiden seien, so erledigen sich mehrere Einwände Kelsens.

(3) Weder versteht Jellinek unter »Staat« eine Rechtsordnung, noch führt Kelsen vernünftige Gründe dafür an, warum man das tun sollte.

(4) Selbst wenn man unter »Staat« »Rechtsordnung« verstehen würde, wäre doch eine Soziallehre des Staates nicht unmöglich.

(a) Eine Soziallehre in Jellineks Sinne wäre lediglich *terminologisch* unmöglich. Man könnte solche soziologischen Untersuchungen nicht *Staats*soziologie *nennen*.

(b) Es könnte aber sogar auch terminologisch eine Staatssoziologie geben: nämlich empirische Untersuchungen der Entstehung und Wirkung von Rechtsnormen.

(5) Insgesamt ist Kelsens Versuch gescheitert, die Unmöglichkeit einer Soziallehre im Sinne Jellineks zu beweisen.

Abschließend sind noch einige Bemerkungen dazu erforderlich, was aus vorstehendem Befund für die Methode der Staatsrechtslehre folgt. Kelsen hat sich an anderer Stelle dahin geäußert, daß eine empirische Soziallehre des Staates – falls sie möglich wäre – für die Staatsrechtslehre völlig belanglos wäre.[164] Diese Ansicht Kelsens ist auf folgende restriktive Bestimmung der Aufgabe einer jeden Rechtswissenschaft zurückzuführen:[165] Die Rechtswissenschaft hat nur die geltenden Rechtsnormen zu *»beschreiben«*. Die Sätze, mit denen die Rechtswissenschaft die Rechtsnormen beschreibt, nennt Kelsen »Rechtssätze«. Kelsen hebt besonders hervor, daß die Rechtsnormen nur gültig oder ungültig sein können; die die Rechtsnormen beschreibenden »Rechtssätze« dagegen wahr oder unwahr. Die Rechtsnormen werden von der Rechtswissenschaft in wertfreien, objektiven »Rechtssätzen« beschrieben.[166] Dabei muß die Rechtswissenschaft nach Kelsen »auf das sorgfältigste die Fiktion vermeiden, daß eine Rechtsnorm stets nur eine, die »richtige« Deutung zuläßt.«[167] »Angesichts der Vieldeutigkeit der meisten Rechtsnormen« kann die Rechtswissenschaft nichts anderes »als die möglichen Bedeutungen einer Rechtsnorm herausstellen«.[167] Die traditionellen juristischen Interpretationsmethoden hält Kelsen nicht für geeignet, nur *eine* Bedeutung einer Norm als die richtige auszuzeichnen.[168] Die *rechtspolitische* Wahl zwischen den von der Rechtswissenschaft aufgezeigten Alternativen muß dem zur Rechtsanwendung zuständigen Organ überlassen bleiben.[167]

Man kann zusammenfassen: Kelsen möchte die Rechtswissenschaft auf die empirische Ermittlung des semantischen Gehalts der Rechtsnormen festlegen. Er sieht ansatzweise das Problem der semantischen Spielräume, hält die überkommenen Methoden für ungeeignet, dieses Problem zu lösen, und möchte daher die Wahl zwischen Entscheidungsalternativen den zuständigen Rechtsanwendungsorganen überlassen. Darüber, wie der semantische Gehalt der Normen ermittelt werden kann, findet sich bei Kelsen – soweit ich sehe – nichts; das gilt auch für die Frage, nach welchen Kriterien die Rechtsanwender ihre rechtspolitischen Entscheidungen zu treffen haben.

Dieser kurze Blick in die reine Rechtslehre dürfte genügen, um gewisse, in der Kelsen-Kritik übliche Stereotypen als unsinnig zu entlarven: Kelsen reduziert keineswegs die soziale Realität auf die Norm und er reduziert keineswegs Politik auf Logik. Sein Versuch aber, die Einbeziehung etwa staatssoziologischer Argumente in die Staats*rechts*lehre dadurch als unmöglich nachzuweisen, daß er die Möglichkeit einer Staatssoziologie bestreitet, muß als gescheitert angesehen werden.

c) Hellers Kritik an Kelsens »Staatslehre ohne Staat«

Unter den zahlreichen Kritikern Kelsens, die aus den unterschiedlichsten politischen Lagern kamen,[169] war einer der wortgewaltigsten sicher Hermann Heller. Er hat einige der griffigsten polemischen Formeln gegen Kelsen geprägt, u. a. die Vorwürfe, daß Kelsen eine »Staatslehre ohne Staat« (11, 18) vorgelegt habe und sich mit den »ausgeblasenen Eiern reiner Rechtsformen« (16) beschäftige. Leider erreichen die sachlichen Einwände gegen Kelsen nicht das Niveau, das man dem polemischen Stil Hellers neidlos zugestehen muß.

Es empfiehlt sich, zwei von Heller in dem abgedruckten Aufsatz angeschnittene Fragen zu unterscheiden: Einerseits geht es Heller darum zu skizzieren, was unter »Staatslehre« verstanden werden sollte und wie diese betrieben werden sollte. Andererseits formuliert und begründet er Bedingungen, die eine jede Staats*rechts*lehre erfüllen müsse und kritisiert auf diesem Hintergrund den »juristischen Positivismus«. Wir wenden uns der letzteren Problematik ausschließlich zu.

Wer Staats*rechts*lehre treiben will, kann nach Heller keinesfalls die Probleme ignorieren, »die seit jeher dem Staatsdenken als die wichtigsten erschienen sind, so die Fragen nach dem Wesen, der Realität und Einheit des Staates, das staatliche Zweck- und Rechtfertigungsproblem, die Untersuchung des Verhältnisses von Recht und Macht«. Wer glaubt, auf die Behandlung dieser Fragen einer

Staatslehre im Rahmen staats*rechtlicher* Erwägungen verzichten zu können, ist – so Heller – »über die wahre Hierarchie von Sein, Sinn und Sollen in einem schweren Irrtum befangen. Denn die juristische Norm kann sich vom historischsoziologischen Sein und von Wertgesichtspunkten nicht vollständig lösen ohne sinn- und gehaltlos zu werden. Auch bloße Staatsrechtsjurisprudenz, die zu methodischen Zwecken den Sinn von gesollten Imperativen isolieren wollte, wäre ohne ständigen Ausblick auf die soziologische und teleologische Problematik unmöglich.« (10) Eine Begründung dieser Behauptungen gibt Heller leider nicht. Er scheint sich ausschließlich auf Emil Lask[170] zu stützen, der »die teleologische Färbung aller Rechtsbegriffe, die notwendige Beziehung von Ethik und Jurisprudenz, wie überhaupt die unentbehrliche Bezugnahme der Rechtswissenschaft auf das ›Vorjuristische‹« scharf herausgearbeitet habe. (19) Nach Lask habe die Jurisprudenz zwar kein Sein, sondern ein Seinsollendes zum Objekt. Aber dieser Sollenscharakter entstamme nicht einer »absoluten Werthaftigkeit«, sondern habe »seinen formellen Grund in positiver Anordnung durch Gemeinschaftswillen«.[171] Daher liege nach Lask »die Problematik der Rechtswissenschaft in der eigentümlichen Durchdringung von Empirie und ideeller Bedeutungsforschung«. (19)

Ziemlich klar ist noch, daß Heller mit der »eigentümlichen Durchdringung von Empirie und ideeller Bedeutungsforschung« ein bestimmtes Verhältnis von empirischer Soziallehre des Staates und juristisch-dogmatischer Staatsrechtslehre meint.[172] Unklar dagegen ist, welches Verhältnis genau Heller vor Augen hat. Er wendet sich zwar entschieden gegen die »unerträglich(e)« »*Unverbundenheit* einer Soziallehre mit einer dogmatischen Staatsrechtslehre bei Jellinek« (25; 12) und kritisiert den Kampf der Freirechtsschule gegen den »Rechtslogismus«, der »nicht zu einer *inneren Verbindung* von Jurisprudenz und Soziologie, sondern zu einer Verfälschung der einen durch die andere« und zur völligen Methodenverwirrung in der Staatslehre geführt habe. (14)[173] Aber Hellers eigene Vorschläge führen m. E. nicht wesentlich über Jellinek hinaus. Die soziologische Staatslehre hat nach Heller »auf weiten Gebieten erst die Voraussetzungen der normativen Rechtswissenschaft zu klären«. (25) Sie habe die »normwissenschaftliche Methode« der Staats*rechts*wissenschaft hinsichtlich »ihrer gesellschaftsimmanenten Notwendigkeit und Zweckmäßigkeit zu durchleuchten«. (28) »Allgemeine Staatslehre und Staatsrechtslehre haben also einen durchaus verschiedenen Erkenntnisgegenstand.« (28) – Nimmt man hinzu, daß nach Heller Objekte einer empirischen Soziallehre des Staates natürlich nicht nur die »Durchleuchtung« der »normwissenschaftlichen Methode«, sondern auch »Staatsprobleme« wie »Wirtschaft, soziale Klasse, Presse, öffentliche Meinung, Religion« sind (28; 10), so scheinen mir die methodischen Unterschiede gegenüber Jellinek gering. Auch dieser ging ja von verschiedenen Gegenstandsbereichen der Staatsrechtslehre einerseits und der Soziallehre des Staates andererseits aus. Auch er stellte der Soziallehre die Aufgabe, das Staatsleben soziologisch zu untersuchen. Allerdings hat Jellinek der Soziallehre nicht die Aufgabe gestellt, die »normwissenschaftliche Methode« zu durchleuchten. Diese schien ihm im Gegensatz zu Heller offenbar noch unproblematisch.

Insgesamt wird man kaum sagen können, daß bei Jellinek ein »unverbundener« Wissenschaftsdualismus offeriert werde, während demgegenüber Heller *das* innere Band zwischen Soziallehre des Staates und Staatsrechtslehre gefunden habe. Heller hat ebensowenig wie Jellinek (überzeugend) begründet, warum die Staats*rechts*lehre auf eine Soziallehre des Staates *angewiesen* sein soll. Die Beschwörung einer »wahre(n) Hierarchie von Sein, Sinn und Sollen« reicht nicht aus; das gilt auch für die eindeutig falsche Behauptung, die juristische Norm würde sinn- und gehaltlos ohne Berücksichtigung der Soziallehre. Die Berufung auf Lask ist ebenfalls nicht ergiebig: sicher trifft der Hinweis auf den »formellen Grund« rechtlichen Sollens zu (er findet sich auch bei Jellinek!); die Folgerung aber, daß demgemäß die Rechtswissenschaft mit einer »eigentümlichen Durchdringung von Empirie und ideeller Bedeutungsforschung« zu kämpfen habe, übertrifft an Unklarheit auch klassische Orakel. Schließlich bleibt Hellers zweifellos verdienstvoller Hinweis auf die Notwendigkeit einer Durchleuchtung der »normwissenschaftlichen Methode« ohne jegliche auch nur ansatzweise Präzisierung.

Wenden wir uns nun Hellers Kritik des Positivismus und insbesondere Kelsens zu.

Einer positivistischen, d. h. von »Soziologie, Metaphysik und Ethik« absehenden Staatsrechtslehre hält Heller vor, daß sie »nur die Bedeutung von Rechtsimperativen einer gegebenen Gemeinschaftsautorität klären und durch Herausfaserung des logischen Gehalts dieser Herrschaftsordnung deren Befehle systematisieren«

könne. (9) Das einseitige Streben des Positivismus »nach einem angeblich wert- und tatsachenfreien Formalismus« verurteile ihn »zur völligen Hilflosigkeit gegenüber allen echten Problemen der allgemeinen Staatslehre«. (9)[174] Tatsächlich würden allerdings von der positivistischen Staatsrechtslehre »unter dem Mantel juristisch-formaler Objektivität ... allenthalben soziologische und teleologische Gehalte eingeschmuggelt«. (10) Der »positivistische Formalismus« habe den »Wahn einer Objektivität« genährt, aber »in Wahrheit für jede beliebige Entscheidung eine ›objektive‹ juristische Begründung parat« gehalten. (13) Heller bezweifelt anscheinend die Realisierbarkeit von Gesetzes- und Verfassungsbindung, indem er die »Geschlossenheit der Rechtsordnung« und die Möglichkeit bestreitet, jede juristische Entscheidung »einzig und allein der positiven Norm« zu entnehmen. (13)

Kelsens »reiner Rechtslehre«, dem »zu spät geborene(n) Erbe(n) des logistischen Rechtspositivismus« (15) hält Heller vor, daß sie die Rechtswissenschaft zur »reinen Normwissenschaft« mache. Der »Normlogiker« Kelsen ziehe sich in »das Reich des ideellen, notwendig inhaltlosen Sollens« zurück. (16) Die »reinen Formen« dieses Reiches würden »voraussetzungsgemäß als inhaltsentleerte Formen konstruiert werden«. (16) Kelsens »rechtslogische Konstruktion« erzeuge ihr »Reich freischwebender reiner Rechtsformen als Begriffslegespiel des souveränen Normlogikers«. (20) Eine »Vermittlung von Sein und Sollen« gebe es nicht, »also der ›Reinheit der Methode‹ wegen auch keine geisteswissenschaftliche Psychologie und Soziologie.« (16) Speziell Kelsens Staatslehre hält Heller vor, daß sie, unter Ausklammerung der soziologischen und politisch-ethischen Probleme des Staates, Staatslehre auf Staats*rechts*lehre reduziere. Darüber hinaus liefert Kelsen aber nach Hellers Ansicht noch nicht einmal eine Staatsrechtslehre. (17) Auf der Grundlage der »merkwürdigen Behauptung der ›Einheit von Staat und Recht‹« liefere Kelsen ausschließlich eine Lehre vom *»objektiven«* Recht. Eine Lehre von »irgendwelchem *subjektiven* Recht« gebe es für Kelsen nicht, und daher auch nicht den »Staat als Rechtssubjekt«. Damit liege das »peinliche Ergebnis einer Staatslehre ohne Staat« vor. (18) Kelsens Staatslehre ist aber nach Heller nicht nur keine *Staats*rechtslehre, sondern auch keine Staats*rechts*lehre: »Denn einen von aller Soziologie und Ethik losgelösten Rechtsbegriff gibt es nicht. Kelsens reine Normwissenschaft ist Logik, aber nicht Rechtswissenschaft, ...« (22) Schließlich bemängelt Heller, daß Kelsen seinen eigenen Ansatz nicht konsequent durchhalte, insofern er entgegen seiner Identifikation von Staat und Rechtsordnung nach Bedarf mit einem Staatsbegriff operiere, der »mehr ins Soziologische schielt«. (21) Insgesamt macht Heller für Kelsens Zersetzung vom Staat und Recht dessen Rezeption der Marburger Schule des Neukantianismus (Cohen) verantwortlich: »Wer auch in den Kulturwissenschaften grundsätzlich den Gegenstand der Erkenntnis zum restlosen ›Produkt der Methode‹ macht, muß auch in der Staatsrechtslehre an dem Primat der rechtslogischen Methode gegenüber den historisch-empirischen Gegebenheiten des Staates festhalten und diesen in Denkrelationen auflösen.« (18)

Hellers Kelsen-Kritik scheint mir insgesamt wenig überzeugend. Er kreidet Kelsen Fehler an, die dieser nicht gemacht hat; andererseits gelingt es ihm nicht, die wirklichen Schwächen klar zu diagnostizieren: Während Heller in seiner allgemeinen Positivismus-Kritik noch zutreffend ausführt, daß eine positivistische Staatsrechtslehre »nur die Bedeutung von Rechtsimperativen einer gegebenen Gemeinschaftsautorität klären« könnte, hält er Kelsen, der – wie wir gesehen haben – genau ein solches Programm verficht, unverständlicherweise vor, daß dessen »Begriffsspiele« »inhaltloses Sollen«, »inhaltsentleerte Formen« erzeuge. Wieso führt denn die Ermittlung des semantischen Gehalts von Rechtsnormen zu »inhaltsentleerten Formen«? Diese Behauptung ist ebenso völlig abwegig wie all die anderen gehaltlosen Metaphern gegen den angeblichen Kelsenschen Formalismus. Ich kann die wissenschaftssoziologische Hypothese nicht unterdrücken, daß sich Heller und viele andere Kelsen-Kritiker insbesondere auf die Logik deshalb einschossen, weil sie die Angriffspunkte, die Kelsen tatsächlich bot, nicht fanden. Mit sachlich zwar gehaltlosen, aber desto intensiver die negative Stellungnahme ausdrückenden Äußerungen gegen Logik, Mathematik und allgemein formal korrektes Argumentieren konnte man angesichts des vorherrschenden »Zeitgeistes« auf Zustimmung hoffen.

Daß Kelsen unter »Staatslehre« nur Staats*rechts*lehre verstanden wissen wollte, ist zutreffend. Kelsen glaubte – wie oben gezeigt: irrig – daß unter »Staat« sinnvollerweise nur die Rechtsordnung verstanden werden könnte. Auch das referiert Heller zutreffend. Die drei Einwände, die er dagegen vorbringt, sind aber allesamt nicht haltbar. Erstens bestreitet Kelsen nicht, daß eine geisteswissenschaftliche Psychologie und Soziologie möglich ist. Er schließt lediglich terminologisch aus, daß von einer *Staats*soziologie geredet werden könne. Zweitens bietet Kelsen keineswegs eine »Staatslehre ohne Staat«. Mit dieser Sentenz spielt Heller lediglich zwei Sprachgebräuche gegeneinander aus: in Kelsens Terminologie gibt es ja durchaus einen Staat, nämlich die Rechtsordnung. Schließlich entzieht sich die Behauptung, Kelsen biete eine Rechtslehre ohne Recht, wegen ihrer Unklarheit jeder Kritik.

Hellers Hinweis auf die angebliche Wurzel allen Übels, den Marburger Neukantianismus, wird sachlich nicht vertieft, so daß ich mich auch hier nicht zu einem entsprechenden Exkurs veranlaßt sehe.

Abschließend sei kurz auf Hellers generelle Positivismuskritik eingegangen. Er hält einer sich auf die Ermittlung des semantischen Gehalts der Rechtsordnung beschränkenden Staatsrechtslehre vor, daß sie gegenüber allen echten Problemen der Staatslehre hilflos sei. Diese Behauptung ist sicherlich zutreffend. Nur ist nicht zu sehen, warum dies ein Einwand gegen die skizzierte Staatsrechtslehre sein soll. Man kann darin lediglich die Grundlage für die Forderung nach einer weiteren, sich mit diesen Problemen beschäftigenden Wissenschaft sehen. Ein Einwand gegen die positivistische Staatsrechtslehre läge erst dann vor, wenn nachgewiesen würde, daß die Staatsrechtslehre die Probleme, denen gegenüber sie hilflos ist, zur Lösung der ihr gestellten Aufgabe (Ermittlung des semantischen Gehalts der Normen) ebenfalls klären müßte. Dieser Nachweis aber ist Heller nicht gelungen. Wie bereits oben erörtert, reicht dafür nämlich die Berufung auf die »wahre Hierarchie von Sein, Sinn und Sollen« nicht aus.

3. Die Weimarer Debatte: Die staatsrechtliche Methode zwischen Recht und Politik

Die im folgenden zu besprechenden Arbeiten unterscheiden sich von den oben (2.) erörterten wesentlich dadurch, daß nicht das Verhältnis der dogmatischen Staatsrechtslehre zu einer wie immer zu betreibenden empirischen Soziallehre des Staates im Mittelpunkt der Überlegungen steht, sondern das Verhältnis der Staatsrechtslehre zu *normativen* Beurteilungen des Staatslebens, d. h. zur *Politik.* Diese Differenz dürfte die hier vorgenommene Aufteilung der Arbeiten rechtfertigen, obgleich natürlich auch die Beiträge von Kelsen und Heller zur Weimarer Debatte zu rechnen sind. Für die insofern vielleicht merkwürdig erscheinende Wahl der Überschriften spricht immerhin, daß m. E. die Kontroverse um das Verhältnis von Recht und Politik rein quantitativ betrachtet die Weimarer Diskussion beherrscht hat.

Die Arbeiten von Laun, Triepel und v. Hippel haben eine weitere Gemeinsamkeit: Gegenüber allen bisher erörterten Arbeiten schenken sie der Frage größere Aufmerksamkeit, warum denn für die dogmatische Staatsrechtslehre ein Rückgriff auf außerjuristische Argumente *notwendig* ist. Die bisher behandelten Positivismus-Kritiker (Gierke, Jellinek, Heller) haben sich im wesentlichen darauf beschränkt zu betonen, daß eine umfassende, nicht nur »reinjuristische« Beleuchtung der Probleme des Staatslebens *wünschenswert* sei. Darüber hinaus gab es den einen oder anderen Hinweis darauf, daß eine rein juristische Staatsrechtslehre gar nicht möglich sei (es sei an Hellers »wahre Hierarchie von Sein, Sinn und Sollen« erinnert). Aber viel haben wir über diese wichtige Frage nach der Möglichkeit einer rein juristischen Staatsrechtslehre noch nicht erfahren.

a) Rudolf Laun

In Diskussionen um das Verhältnis von Staatsrecht und Politik wird häufig auf die – hier ebenfalls abgedruckte – »klassische« Rede Triepels verwiesen. Der Aufsatz Rudolf Launs scheint vergessen zu sein, obgleich m. E. Launs Ausführungen mindestens das Niveau von Triepels Argumentationen erreichen.

Launs Arbeit zeichnet sich durch eine klare, alle wichtigen Fragen erfassende, im großen und ganzen noch heute akzeptable Problem*differenzierung* aus. Das Verhältnis von Staatsrecht und Politik scheint ihm in zweierlei Hinsicht klärungsbedürftig. Einerseits ist nach Laun zu fragen, wieweit staatswissenschaftliche Theorien von Werturteilen beeinflußt sind; andererseits sei zu prüfen, inwieweit der Staatsrechtslehrer durch Beeinflussung fremder Werturteile in die praktische Politik eingreifen dürfe. (146f.; 178f.) Als »politisch« bezeichnet er dabei alle Werturteile über »irgendwelche gesellschaftlichen Vorgänge«. (146) Um die erste Frage nach dem Einfluß politischer Werturteile auf staatswissenschaftliche Theorien beantworten zu können, unterscheidet Laun vier Gruppen von Rechts- und Staatswissenschaften, nämlich

(1) die »historischen und beschreibenden Disziplinen« (wie z. B. die Rechtsgeschichte und die »ausschließlich beschreibenden Teile« einer Soziallehre des Staates),

(2) die dogmatische Rechtswissenschaft (»die Wissenschaft vom Inhalt des rechtlichen Sollens«),

(3) die erklärenden, Gesetze des gesellschaftlichen Geschehens formulierenden Wissenschaften (wie z. B. Soziallehre des Staates, theoretische Nationalökonomie) und

(4) die Disziplinen, die »die kritische Würdigung der Gegebenheiten und die Aufstellung praktischer Forderungen zur Aufgabe« haben (wie z. B. die »Lehre vom besten Staat«). (149, 150)

Hinsichtlich der unter (1) und (3) genannten empirischen Wissenschaften vertritt Laun unter Hinweis auf Rickert und Max Weber die Ansicht, daß die qua Begriffsbildung erfolgende »Auswahl des Wesentlichen« »aus dem ungeheuren Ganzen des Stoffs« durch politische Werturteile bedingt sei. (150f.; 167ff.) Auf diese These und die weiteren differenzierenden Bemerkungen von Laun möchte ich hier nicht eingehen. Ich möchte lediglich darauf hinweisen, daß sich aus der durchaus wichtigen und richtigen Einsicht in die *Selektivität* wissenschaftlicher Theorien keinerlei Argumente hinsichtlich der *Geltung* (Wahrheit/Falschheit) dieser Theorien gewinnen lassen.[175] Auch Laun scheint dies ansatzweise gesehen zu haben. (151)

Das Fundament der unter (4) genannten Wissenschaften sieht Laun »in letzter Linie« in »unüberprüfbare(n) Gefühlselemente(n)«, »metaphysische(n) Glaubenssätze(n)«, »Weltanschauungen«. (171)

Unser Interesse gilt aber in erster Linie der unter (2) genannten Wissenschaft, der dogmatischen Rechtswissenschaft. Dazu vertritt Laun die Auffassung, daß »die Ergebnisse der rechtsdogmatischen Deduktion... in weitem Umfang von subjektiven Werturteilen des Deduzierenden mit beeinflußt« werden. (147) Er begründet dies im einzelnen wie folgt.

Der juristische Positivismus glaube die »wissenschaftliche Objektivität« der dogmatischen Rechtswissenschaft dadurch zu erreichen, daß er nur das »positive« Gesetz und die Logik gelten lasse. (152)[176] Dieser Objektivitätsanspruch werde damit von zwei Voraussetzungen getragen: »Erstens, daß die Wissenschaft vom Inhalt des rechtlichen Sollens im wesentlichen deduktiv arbeite, zweitens, daß sie aus allgemein gültigen Prämissen, nämlich dem für alle Menschen gleichen gegebenen Gesetzestext deduziere.« (155) Gegenüber der zweiten Prämisse meldet Laun unter Hinweis auf die bekannten Auslegungsdifferenzen unter Juristen Bedenken an. (152, 153) Die zur Erklärung dieses Sachverhalts von Juristen häufig vorgebrachte Ansicht, nur eine der jeweils vorgetragenen Meinungen sei jeweils richtig, die anderen seien falsch, läßt Laun nicht gelten. (153) Er stellt stattdessen *sprachtheoretische* Erwägungen an: Der Text der positiven Gesetze habe nur »für denjenigen einen Sinn, der die Sprache versteht. Die Sprachkenntnis aber kann anders als auf Grund von Induktionsschlüssen nicht verwertet werden. Die Wörter der Sprache haben eine individuell verschiedene und vielfach in Umbildung begriffene Bedeutung.« (157) Die große Mehrzahl der sprachlichen Ausdrucksmittel sei in ihrer Bedeutung »unscharf und schwankend«. (157, 158) »Jeder Mensch hat seinen eigenen Sprachgebrauch und arbeitet stetig, bewußt oder unbewußt, an dessen Weiterbildung und damit an der Weiterbildung der Sprache im ganzen.« (158)

Diese Bemerkungen kann man zweifellos als »ahnungsvoll« bezeichnen; sie sind gleichwohl klärungsbedürftig. Laun macht offenbar stillschweigend die Voraussetzung, daß die Bedeutung sprachlicher Zeichen im Gebrauch zum Ausdruck komme, ohne daraus aber Folgerungen für die Aufgabe des Juristen zu ziehen, etwa dahin, daß der Sprachgebrauch des Gesetzgebers zu ermitteln sei. Auch über die Relevanz der behaupteten *Inkonsistenz* des Srachgebrauchs (»Jeder Mensch hat seinen eigenen Sprachgebrauch ...«) wird nichts gesagt. Der Hinweis auf die Unschärfe sprachlicher Ausdrucksmittel kann als Andeutung des Problems der Vagheit von Begriffen gesehen werden.[177] – Die Erforderlichkeit einer semantischen Theorie drängt sich auf.

Dies bestätigen Launs Ausführungen über den besonders großen Einfluß von Wertungen im »Bereich allgemeiner Ausdrücke wie ›Treu und Glauben‹, ›Billigkeit‹« (164) wie auch seine Feststellung, »daß sich nicht alles Geschehen im vorhinein durch logische Begriffskonstruktionen meistern« lasse (154). Ohne semantische Theorie läßt sich weder das Problem der Wertprädikate noch das Problem der Porosität angemessen beschreiben und erklären. Allerdings muß man feststellen, daß Laun die für die Frage nach der *Möglichkeit* rein juristischen Argumentierens zentrale Problematik angesprochen hat.

Laun kommt zu dem Ergebnis, daß die vom juristischen Positivismus angestrebte Objektivität nicht möglich sei, sondern die Auslegung und Anwendung des Rechts notwendig von den subjektiven politischen Werturteilen des Individuums, das es auslegt und anwendet, abhängig sei. (162; 165) Angesichts dieses Sachverhalts fordert Laun vom Wissenschaftler eine klare Trennung »zwischen Objektivem und subjektiv Bedingtem«. (175)

Nur hingewiesen sei abschließend auf Launs interessante Bemerkungen zur Frage, ob im akademischen Unterricht Wertungen vorgetragen werden sollten (178f.) und ob sich der Staatsrechtslehrer allgemein politisch betätigen sollte (185f.; nicht mehr abgedruckt).

b) Heinrich Triepel

Einer der bekanntesten Weimarer Beiträge zum Verhältnis von Staatsrecht und Politik ist Triepels gleichnamige Rektoratsrede.

Auch Triepel differenziert. Er erörtert zunächst die Frage, ob die Staatsrechtslehre rechtliche Stellungnahmen zur Politik abgeben soll (12f.), erwähnt dann das Problem der Beteiligung von Staatsrechtslehrern am politischen Leben (14f.) und stellt schließlich in den Mittelpunkt seiner Überlegungen die Forderung der »konstruktiven Schule« (Gerber, Laband, Kelsen; 17), das Staatsrecht nicht mehr politisch zu behandeln. (16ff.) Triepel möchte die Frage prüfen, »ob es methodisch richtig ist, wenn sich die Wissenschaft des Staatsrechts überhaupt in Beziehung zu anderen Wissenschaften setzt, die es mit dem Staate zu tun haben.« (17)

Kelsen – so referiert Triepel – wollte auf der Grundlage »der erkenntnistheoretisch unanfechtbaren Gegenüberstellung des Seins und des Sollens« aus dem Staatsrecht als »*normative* Wissenschaft« alle »*kausalen* Erwägungen« ausschließen. (17, 18) Ebenso würden von Kelsen »*politische* Erörterungen, da sie Zweckerörterungen seien, als rechtsfremd abgewiesen.« (18) Auf diese Weise werde »natürlich das Recht als bloße Form jedes Inhalts entleert.« (18) Triepel gesteht zu, »daß man Staatsrecht in solcher methodischer Exklusivität betreiben kann«. (18) Würde man aber – so meint er – »Staatsrecht ohne Rücksicht auf das Politische betreiben«, so könnte dies doch nur um den Preis einer »Verarmung« und »Verdorrung« der Staats- und Rechtslehre geschehen. (19) Jedenfalls sei die Rechtswissenschaft nicht »um ihres Gegenstandes willen genötigt«, »sich auf logisch-formale Konstruktionen zu beschränken. Die normlogische Schule hat sich auf einen zwar nicht falschen, aber willkürlich verengten Rechtsbegriff zurückgezogen.« (20)

Daß der Gegenstand der Rechtswissenschaft nicht zu der von Kelsen geforderten Beschränkung zwinge, begründet Triepel mit zwei Argumenten. Erstens: Man könne die Rechtsordnung »gar nicht ohne Rücksicht auf die sozialen Beziehungen, die das Recht normiert«, begreifen. Zweitens: Die Rechtsregeln bezögen sich »ihrem Sinne nach auf Objekte, die als Mittel zur Verwirklichung bestimmter Zwecke gedacht sind. Man kann daher zum Verständnis der Rechtssätze gar nicht gelangen, ohne sich ein Bild von den Zweckbeziehungen zu machen, um die es sich beim Rechtlichen handelt, von den *Interessen*, deren Anerkennung, Mißbilligung, deren Ausgleich die erste Aufgabe oder, wenn man will, die Voraussetzung der Rechtsordnung bildet.« (20) Nenne man nun »politisch« alles, »was sich auf die Staatszwecke oder auf deren Abgrenzung gegenüber individuellen Zwecken bezieht, so ist es klar, daß eine allseitige Erfassung der Normen des Staatsrechts ohne Einbeziehung des Politischen gar nicht möglich ist.« (20; ähnlich 37)

Nach diesem Versuch, den Nachweis der Nützlichkeit (oder sogar Notwendigkeit?) von kausalen sowie politischen, d. h. Zweckerwägungen für staatsrechtliche Erörterungen zu erbringen, bemüht sich Triepel, die schärfere Behauptung zu beweisen, daß es nur eine »Selbsttäuschung« sei, »wenn die konstruierende Jurisprudenz der Meinung lebt, sie vermöge den gesamten Stoff der Rechtsordnung ohne Urteile wertenden Charakters zu beherrschen.« (21)

Eine rechtliche »Konstruktion« beschreibt Triepel unter Berufung auf Max Rümelin als »die Einordnung einer Einzelerscheinung in das System unter Analysierung und Synthese ihrer Begriffselemente«. (21) Triepel möchte sich »diese Definition aneignen« wie auch zugleich *abweichend* von Rümelin »als Konstruktion nicht die Verknüpfung eines Tatbestandes mit einer Rechtsfolge, sondern die zum Zwecke dieser Verknüpfung vorgenommene Einordnung eines Tatbestandes oder einer Rechtsfolge in das System ansehen.« (21)

Triepel unterscheidet die »verstehende« und die »lückenfüllende Konstruktion«. Die verstehende Konstruktion soll »das Ganze in seinem inneren Zusammenhange und Zusammenhalte aufzeigen«.

(22) Die lückenfüllende Konstruktion versuche dann aus den durch die verstehende Konstruktion gewonnenen Prinzipien »neue Rechtssätze herzuleiten, also eine Ausfüllung der Lücken des bekannten Rechtsstoffs vorzunehmen«. (23)

»Die Konstruktion bezieht sich immer auf rechtliche Erscheinungen oder Vorgänge, die nicht ohne weiteres durch Subsumtion unter einen feststehenden Begriff gebracht werden können.« (21) Aus Begriffen ließen sich die *widersprechendsten* Folgerungen ziehen, »weil man Begriffe ohne logisch falsch zu verfahren, weiter oder enger fassen kann, und weil ihre sogenannte ›Richtigkeit‹ meist nur von der Breite des Induktionsbodens abhängt, aus dem sie entsprossen sind.« (35) Da es – so meint Triepel – kein »logisches Fehlurteil« wäre, »wenn man den Vertrag, durch den sich jemand die Benutzung einer Theaterloge sichert, als einen Mietvertrag konstruieren wollte«, müsse die »rein logische Analyse und Synthese der Begriffe« durch Werturteile unterstützt werden. Durch Werturteile würde zwischen dem jeweils Wesentlichen und Unwesentlichen unterschieden. (32; 33)

Im übrigen geht Triepel davon aus, daß es auch Fälle gibt, die ohne weiteres, d. h. ohne Konstruktion, eine Subsumtion zulassen: »Wenn man einen Stockschlag unter den Begriff der Körperverletzung bringt, so ist das bloße Subsumtion, keine Konstruktion.« (21, 22) Daraus darf man aber nach Triepel anscheinend nicht folgern, daß für eine einfache Subsumtion keine Werturteile erforderlich sind. Denn er betont, wenn auch an anderer Stelle: »Selbst bei ganz einfachen Subsumtionen kommen wir häufig ohne Zweckerwägungen und Werturteile nicht aus.« (32)

Insgesamt kommt Triepel zu dem Ergebnis, daß die angebliche Gewißheit der konstruktiven Methode nur »trügerischer Schein« sei (32), daß der Konstruierende dazu verführt werde, »in einen Begriff von Anfang an hineinzulegen, was er nachher aus ihm herausziehen möchte« (33), und daß »die Mehrzahl der für das Staatsrecht maßgebend gewordenen Staatstheorien, die ja größtenteils juristische Konstruktionen gewesen sind, im Hinblick auf politische Ziele aufgestellt ... worden ist«. (34) Triepel fordert die offene »Verbindung der *politischen* Erwägung mit der logisch-formalen Begriffsarbeit«. (37) Dabei habe sich der Jurist zunächst an die im Gesetz ausgedrückten Wertungen zu halten, hilfsweise auf die im »Rechtsbewußtsein der rechtlich verbundenen Gemeinschaft« zu findenden Maßstäbe zurückzugreifen. (39) Selbst wenn der Jurist letzten Endes »in die eigene Brust greifen« müßte, so handelte er doch nicht nach Willkür; denn: »Unser Bewußtsein ist ja doch nur ein Teil eines überindividuellen Geistes.« (39, 40)

Eine kritische Durchsicht von Triepels Argumentation stößt auf zahlreiche Unklarheiten. Die Darstellung der kritisierten Position (konstruktive Jurisprudenz; Kelsen) ist sehr knapp und außerordentlich unzulänglich. Kelsen schließt, wie wir wissen, kausale Staatsbetrachtungen nicht wegen der Trennung von Sein und Sollen aus. Daß Kelsen politische Erörterungen aus der Rechtswissenschaft ausschließen möchte, ist zutreffend. Triepel macht aber nicht klar, warum Kelsen einerseits die Staatsrechtslehre als normative Wissenschaft betrachten kann und andererseits politische Erörterungen, Zweckerörterungen in dieser Wissenschaft nicht zulassen möchte. Es erscheint doch ungereimt, in einer normativen Wissenschaft wertende, d. h. normative Argumente nicht zuzulassen. Diese Ungereimtheit bedürfte der Erläuterung.[178] Weiterhin ist zu kritisieren, daß sich auch Triepel ohne weitere Begründung der Stereotype bedient, Kelsen entleere das Recht jeden Inhalts. Schließlich ist Triepels globale Stellungnahme zur konstruktiven Jurisprudenz widersprüchlich. Während er einerseits eine solche Staatsrechtswissenschaft immerhin für möglich hält, allerdings unter Hinweis auf eine zu befürchtende »Verarmung« und »Verdorrung« der Wissenschaft vom Staatsrecht, so behauptet er doch andererseits ganz strikt, daß die Staatsrechtswissenschaft ohne Wertungen nicht möglich sei.

Die Begründung für seine eigene Position der Notwendigkeit von »kausalen Erwägungen« und Wertungen beginnt Triepel mit der nicht näher erläuterten Behauptung, das Begreifen der Rechtsordnung sei nicht ohne Rücksicht auf die sozialen Beziehungen, die das Recht normiere, möglich. Dies ist zunächst reichlich unklar: was ist gemeint mit »Begreifen der Rechtsordnung«, was mit »nicht ohne Rücksicht auf«? Falsch wäre jedenfalls die Behauptung, der semantische Gehalt von Rechtsnormen sei nur zu *ermitteln* bei Kenntnis der tatsächlichen sozialen Verhältnisse, in die regulierend eingegriffen werden soll. Ebenfalls bedenklich ist das (zweite) Argument der Erforderlichkeit einer Interessenforschung und damit der Einbeziehung des Politischen. Der semantische Gehalt von Normen läßt sich prinzipiell ermitteln ohne Kenntnis der Interessen, die der Gesetzgeber fördern oder mißbilligen wollte. Allerdings ist einzuräumen, daß die Kenntnis der genannten Absichten des Gesetzgebers sicherlich die Aufstellung fruchtbarer Hypothesen über den gesetzgeberischen Sprachgebrauch ermöglichen würde. Eine solche Interessenforschung aber – und das ist der entscheidende Einwand gegen Triepel – *beschreibt* lediglich Wertungen (nämlich des Gesetzgebers), fällt aber nicht selbst Werturteile. Diese Interessenforschung führt deshalb nicht zu einer »Einbeziehung des Politischen«, jedenfalls wenn man unter »Politik« »Werten« versteht, wie das Triepel auch zu tun scheint(!). Im übrigen sind diese Bemerkungen über Interessenforschung, die offenbar die Übernahme der vor allem von Heck für das Zivilrecht entwickelten Interessenjurisprudenz ins Staatsrecht befürworten, insofern recht unbefriedigend, als Hecks Position nicht präzise genug dargestellt wird und bereits damals bekannte Einwände nicht erwähnt werden. Triepel trennt etwa nicht zwischen »Motivbild« und »objektivem Interessenbild«. (Vgl. dazu unten 5.b) Er geht auch nicht darauf ein, an Hand welches Maßstabes eine Abwägung der kausal wirksamen oder der vom Gesetzgeber ausdrücklich berücksichtigten Interessen erfolgen soll.

Seinen eigenen Standpunkt scheint Triepel weiter durch Kritik der Behauptung stärken zu wollen, »juristische Konstruktionen« seien ohne Wertung nicht möglich. Da er aber zugleich betont, daß Wertungen häufig auch bei einfachen, nicht konstruierenden Subsumtionen erforderlich seien, kann die Notwendigkeit von Wertungen wohl nicht durch Hinweis auf das spezielle (?) Problem juristischer Konstruktionen begründet werden. Da Triepel auch nicht dartut, daß sich das Wertungsproblem für verstehende Konstruktion, lückenfüllende Konstruktion und einfache Subsumtion irgendwie unterschiedlich stellt, können wir von der reichlich unklaren Charakterisierung des Begriffs der »juristischen Konstruktion« ganz absehen.

Als entscheidend für die Notwendigkeit von Wertungen müssen Triepels Bemerkungen über Begriffe in Rechtsnormen angesehen werden. Einigermaßen hilflos stellt er fest, daß man aus Begriffen die widersprechendsten Folgerungen ziehen könne; man könne Begriffe eben weiter oder enger fassen. Andererseits komme es aber auch vor, daß man glatt subsumieren könne, z. B. einen Stockschlag unter den Begriff »Körperverletzung«. Die Logik hilft in den unklaren Fällen nicht weiter, stellt Triepel sehr zutreffend fest. Also muß über die Anwendbarkeit eines Begriffs durch Wertung entschieden werden. – Man kann Triepels Ausführungen als erste, intuitive Charakterisierung von Vagheit ansehen. Hinter der Empfindung, daß es so etwas wie glatte Subsumtionen gibt, verbirgt sich das Phänomen, daß es eindeutig positive bzw. negative Kandidaten für sprachliche Ausdrücke geben kann. Der Eindruck, daß man Begriffe enger oder weiter fassen könne, findet seine Erklärung im Vorkommen neutraler Kandidaten, die ja ohne Verletzung des Sprachgebrauchs beliebig den positiven oder negativen Kandidaten zugeschlagen werden können. – Fazit: Semantik tut not.

c) Ernst v. Hippel

Die positivistische Auffassung von »Objektivität im Bereich des Rechtlichen« (393) findet nach v. Hippel ihre sachliche Grundlage in bestimmten Ansichten über den *Rechtsstaat*. (394 ff.) Montesquieus Gewaltenteilungslehre verbunden mit der Forderung nach der Herrschaft des Gesetzes entspreche es, wenn »das Objektivitätsproblem in der normtreuen Tätigkeit von Justiz und Verwaltung« gesucht werde. (397; 394 ff.) Entsprechend verstehe der Rechtspositivismus unter Objektivität im Bereich des öffentlichen Rechts »normgemäßes Verhalten staatlicher Organe«. (397) Die darüber hinausgehende Frage nach der Gerechtigkeit der Gesetze weise der Rechtspositivismus als ein Problem ab, das den »Juristen ›als solchen‹« nicht berühre. (398) Für den Juristen stellt sich danach, wie v. Hippel sagt, das »politische Objektivitätsproblem« (Wie kann objektiv über die Gerechtigkeit von Gesetzen entschieden werden?) nicht. (399)

Nunmehr versucht v. Hippel zu zeigen, daß die rechtspositivistische Auffassung von Objektivität deshalb nicht haltbar ist, weil Rechtsauslegung als Voraussetzung der Überprüfung der Normgemäßheit staatlichen Handelns ohne politische Erwägungen *nicht möglich* ist. (404 ff.) Zur Begründung führt er aus, daß »unter dem Einfluß einer naturwissenschaftlichen Logik« »die Rechtsbegriffe Gattungsbegriffen gleichgesetzt worden« seien und »damit Schubladen, deren Inhalt... eindeutig bestimmt erscheint«. (404) »In Wahrheit aber weisen fast alle Rechtsbegriffe auf Ziele hin, wie auch jedes Gesetz und das Recht seiner Idee nach zweckhaft ist... Jeder einzelne Begriff enthält so etwas Aufgabenhaftes, ist nicht ein leerer Kasten, sondern eine rechtliche Forderung...« (404) Der »aufgabenhafte Charakter der Rechtsbegriffe«, der sich aus ihrem

»Forderungssinn« ergebe, mache als Methode der Rechtsauslegung die »Sinndeutung« erforderlich, »die es als gleichgültig etwa erscheinen läßt, was psychologisch sich als Willenserklärung darstellt, als wesentlich dagegen, was der Rechtsbegriff Willenserklärung meint.« (404, 405) Damit werde »die Teleologie, die Sinndeutung und Sinngebung, zur Methode der Rechtsauslegung«. Dementsprechend aber erstrecke die politische Welt ihren Bereich bis tief in das Rechtsgebiet hinein, womit rechtliche Objektivität problematisch werde. »Bedürfen nämlich die Rechtsbegriffe der Sinndeutung, so kann diese verschieden ausfallen, falls philologisch-historisches Verstehen versagt.« (405) Tatsächlich versage auch das philologisch-historische Verstehen aus drei Gründen. Zunächst sei es in der Demokratie für die Rechtsauslegung eine Sache des Ermessens, »auf welche Seite man sich bei widersprechenden Ansichten parlamentarischer Verhandlungen stellt«. Zweitens fordere der »Gegenwarts- und Aufgabencharakter des Rechts«, beispielsweise die Polizeiformel des Preußischen Landrechts nicht im Sinne des aufgeklärten Absolutismus zu »verstehen«, was aber nach der philologisch-historischen Methode geboten und möglich wäre, sondern bei der Auslegung die »Wertkategorien des Rechtsstaates und der deutschen Demokratie« zugrunde zu legen. (405) Der Gedanke der Demokratie aber sei nicht ein Gegenstand, der wie ein Würfel mathematisch berechnet werden könne. (406) Schließlich lägen »einer Norm als sinngebende Gestaltungsprinzipien regelmäßig eine *Anzahl* Ideen zugrunde«. (406) Alles in allem liege eine Verbindung von Recht und Politik begründet »in der Tätigkeit der Rechtsauslegung, die über Sinndeutung zur Sinngebung führt und insoweit freie, normentbundene Gestaltung der politischen Welt ist, wenn auch nur innerhalb der Grenzen eindeutigen Rechtssinnes.« (407)

Damit stelle sich, folgert v. Hippel, auch für den Juristen die Frage nach der Möglichkeit politischer Objektivität. Auf dem Felde der Politik aber habe der »kampflose Verzicht auf politische Objektivität durch den philosophischen Positivismus« dazu geführt, daß »die dümmste Meinung mit dem Anspruch auftritt und auftreten kann, ernstgenommen und beachtet zu werden.« (407)

In seiner Kritik am »rechtspolitischen Relativismus« geht v. Hippel zunächst von einer Unterscheidung der Aufgaben aus, die sich »wissenschaftlicher Politik überhaupt sinnvoll stellen lassen«. Die wissenschaftliche Betrachtung könne sich »einmal auf die *Mittel* erstrecken, die geeignet erscheinen, politische Strukturveränderungen herbeizuführen, zum anderen auf die *Ziele*, zu deren Erreichung politische Mittel eingesetzt werden können und sollen.« (409) Die erste Aufgabe löse die Soziologie; sie erforscht »die Ursachen politischer Veränderungen«. Ein politisches Urteil, das die Ergebnisse der Soziologie, »so dürftig sie gegenwärtig immer noch sein mögen«, ignoriere, sei als »Laienurteil« dem Urteil des politisch-soziologischen Sachverständigen keineswegs gleichberechtigt. (409, 410)

Aber, so fährt v. Hippel fort, »der rechtspolitische Relativismus erstreckt sich im Grunde auch gar nicht auf diese Seite der Politik, die als beweisbar noch im Schatten seines Wissenschaftsbegriffes liegt.« Entscheidendes Kennzeichen des rechtspolitischen Relativismus sei ein Wertrelativismus, der die »grundsätzliche Gleichwertigkeit der politischen Zielsetzungen« behaupte. (410) Die Forderung des Wertrelativismus laute: »Die rechtspolitische Ansicht des wissenschaftlichen Gegners ist gerade so berechtigt wie deine eigene.« (411) Die Wertrelativisten orientieren sich am »naturwissenschaftlichen Beweisverfahren«. (409, 410, 412) Im Bereich der Ethik aber, »wo es sich nicht um ›richtig‹ oder ›falsch‹, sondern um die Frage nach ›Wert‹ oder ›Unwert‹ dreht, kann zwar nicht mehr im engeren Sinne *bewiesen*, wohl aber kann hier der Sinn oder Nicht-Sinn einer Zielsetzung *eingesehen* werden.« (410) Gegen den Wertrelativismus führt v. Hippel zwei Argumente an. Einmal zeige die »geistige Kurve jedes Einzelmenschen«, wie »der heranwachsende Mensch seinen Horizont erweitert«, wie er »frühere politische Zielsetzungen« überwindet, »wobei das mit sich selbst identische Subjekt weiter zu kommen und nicht nur eine Vertauschung gleichberechtigter Standpunkte vorzunehmen sich bewußt ist.« Zum anderen vollziehe sich die politische Wirklichkeit unter »der Idee des Fortschritts«, »sie glaubt an die Möglichkeit, das Bessere zu finden«. (411)

v. Hippel verlangt vom Positivismus, daß er seine »Ziele in Zukunft nicht mehr mit verbundenen Augen gewissermaßen erwürfelt, sondern in eigener Verantwortung frei sich wählt.« (413) Gefordert sei »sachliche Begründung rechtspolitischer Standpunkte«. (414)

Betrachten wir nun zunächst v. Hippels Begründung dafür, daß Rechtsanwendung nicht ohne rechtspolitische Wertung möglich sei. Als entscheidend für die Frage nach der richtigen Methode der

Rechtsauslegung betrachtet er die richtige Erfassung des *Charakters der Rechtsbegriffe*. Seine diesbezüglichen Ausführungen sind allerdings reichlich unklar. Einmal scheint er zu behaupten, daß Rechtsbegriffe unbestimmt, vage sind. Er führt dies allerdings nicht weiter aus und stützt sich auch in der weiteren Argumentation nicht darauf. Die Behauptung – zweitens – von der Zielgerichtetheit, vom »aufgabenhaften Charakter der Rechtsbegriffe« wird man rekonstruierend dahin deuten dürfen, daß der Gesetzgeber bestimmte gesetzliche Formulierungen wählt, um bestimmte Ziele zu erreichen. Diese Formulierungen müssen demgemäß semantisch so interpretiert werden, daß diese Ziele auch erreicht werden. Nicht maßgeblich für die semantische Interpretation des Gesetzes kann dagegen die Bedeutung sein, die gesetzliche Ausdrücke in anderen Wissenschaften (Beispiel: »Willenserklärung« in der Psychologie) haben. Damit verficht v. Hippel die subjektiv-teleologische Auslegungsmethode: es gilt die gesetzgeberischen Ziele zu ermitteln und – unter Berücksichtigung der relevanten empirischen Gesetzmäßigkeiten – das Gesetz semantisch so zu interpretieren, daß der gesetzgeberische Zweck erreicht wird. Nun sieht v. Hippel selbst, daß die subjektiv-teleologische Methode häufig nicht zu eindeutigen Ergebnissen führt:

Aus dem »aufgabenhaften Charakter der Rechtsbegriffe« schließt er auf die Notwendigkeit der »Sinndeutung«; deren häufiges, näher begründetes, Versagen wiederum zwingt zu »Sinngebung«, d. h. offenbar rechtspolitischer Entscheidung. An diesem Gedankengang überrascht zunächst die Begründung für die Erforderlichkeit der »Sinndeutung«; denn es gilt doch für *jeden* Text, mag der Verfasser mit ihm über ein Sich-Mitteilen hinaus weitere Zwecke verfolgen oder *nicht*, daß ein Verständnis eine »Sinndeutung« voraussetzt. Die Begründung für die Erforderlichkeit einer »Sinndeutung« ist weniger überraschend, wenn man unter »Sinndeutung« die Ermittlung von den mit einem Text verfolgten Zwecken versteht. Auch daher bietet sich für eine Rekonstruktion die Unterstellung an, v. Hippel verfechte zunächst die subjektiv-teleologische Methode, um sodann ihre Grenzen aufzuzeigen. Allerdings muß darauf hingewiesen werden, daß v. Hippels Begründung unvollständig ist, da daraus, daß der Gesetzgeber mit den Gesetzen über das Sich-Mitteilen hinausgehende Zwecke verfolgt, noch keineswegs logisch folgt, daß diese Zwecke für die semantiche Interpretation auch maßgeblich sein *sollen*.

Von den drei Einwänden, die v. Hippel gegen die Möglichkeit der »Sinndeutung« vorbringt, setzt einer – der dritte – voraus, daß man unter »Sinndeutung« »Zweckermittlung« versteht. Die beiden ersten Einwände ließen sich – von ihrer Wahrheit bzw. Falschheit abgesehen – auch vorbringen, wenn man unter »Sinndeutung« »Ermittlung des semantischen Gehalts« verstünde: Den Hinweis auf sich widersprechende Ansichten von Parlamentariern kann man sowohl auf differierende Sprachgebräuche wie auf differierende Zweckvorstellungen beziehen. Haltbar ist dieser Einwand wohl in beiden Deutungen nicht: weshalb v. Hippel die Ansichten einer überstimmten Opposition in Betracht zieht, begründet er leider nicht. – Auch das zweite Argument, daß ein Verfassungswandel bei der Auslegung von Gesetzen zu beachten sei, kann sowohl zur Modifikation des überkommenen Sprachgebrauchs auffordern, wie auch zu einer Revision der Zwecke und damit mittelbar zu einer Änderung des Sprachgebrauchs. Allerdings fehlt die Begründung, warum die Revision des Rechts dem Rechtsanwender zu überlassen ist. Auch wenn man dies fordern würde, so wäre doch die Notwendigkeit rechtspolitischer Argumentation nur für eine relativ geringe Zahl von Fällen dargetan. – Wenn v. Hippel schließlich gegen die Möglichkeit einer »Sinndeutung« einwendet, daß einer Norm regelmäßig eine *Anzahl* von Ideen zugrunde liegt, so macht dieser sicherlich zutreffende Sachverhalt nur der subjektiv-teleologischen Methode Schwierigkeiten, die möglicherweise vor Zielkonflikten steht. Eine empirische *Bedeutungsermittlung* dagegen muß bei solchen Normen keineswegs grundsätzlich auf mehr neutrale Kandidaten stoßen als bei Normen, denen nur ein Ziel zugrunde liegt.

Die nicht sehr überzeugende Begründung der Erforderlichkeit von »Sinngebung« (Bedeutungsfestsetzung) bei der Rechtsanwendung wird schließlich recht überraschend und recht unklar dahin eingeschränkt, daß die Grenzen des »eindeutigen Rechtssinnes« zu wahren seien. Dies könnte eventuell dahingehend rekonstruiert werden, daß eine rechtspolitische Entscheidung (»Sinngebung«; Bedeutungsfestsetzung) nur hinsichtlich neutraler Kandidaten zulässig sei.

Über die Probleme rechtspolitischer Entscheidungen im Rahmen von Rechtsanwendung äußert sich v. Hippel ausführlicher als alle bisher erörterten Autoren. Er führt die Differenzierung von Zweck- und Mitteldiskussion explizit in die staatsrechtliche Methodendiskussion ein. Auf die Einsicht, daß empirische Behauptungen im Rahmen rechtspolitischer Erörterungen eine Rolle spielen, gründet sich auch das heutzutage diskutierte Konzept der »Folgendiskussion«. v. Hippels Kritik am Wertrelativismus ist allerdings wenig überzeugend. Daß in der Ethik der Sinn von Zielsetzungen »eingesehen« werden könne, bedürfte gründlicher Erläuterung. Die *Tatsache*, daß Individuen wie Gesellschaften nach einer Änderung ihrer Wertvorstellungen ihre neuen Präferenzen für vernünftiger halten als die »überwundenen«, ist keine Rechtfertigung dafür, daß es sich auch tatsächlich so verhält.

Insgesamt zeigen v. Hippels Ausführungen eine starke Konzentration auf die wesentlichen Fragen: Sind rechtspolitische Wertungen im Rahmen staatsrechtlicher Argumentationen *erforderlich*? Warum? Wie können diese Wertungen begründet werden? Aber auch v. Hippels Diskussion des Rechtsanwendungsproblems macht nachdrücklich deutlich, daß ohne Rückgriff auf eine Bedeutungstheorie wenig Klarheit über dieses Problem zu gewinnen ist. Unter dem Fehlen einer Bedeutungstheorie leiden insbesondere die Ausführungen über den Charakter von Rechtsbegriffen und über das Verfahren der »Sinndeutung«.

4. Die geisteswissenschaftliche Methode Rudolf Smends

Besondere Beachtung fand in der staatsrechtlichen Methodendiskussion Smends »Verfassung und Verfassungsrecht«. Nicht nur der heraufziehende Faschismus hielt dieses Werk für besonders zitierfähig, sondern auch noch in der bundesrepublikanischen Methodendiskussion spielte Smend – wie wir noch sehen werden – eine nicht unerhebliche Rolle.

Smend möchte die These begründen, »daß es keine befriedigende und wahrhaft fruchtbare Staatsrechtslehre geben kann ohne bewußte und methodisch klare Begründung in einer allgemeinen Staats- und Verfassungslehre, und keine befriedigende und fruchtbare Staats- und Verfassungslehre ohne eine eigene, nicht juristische, sondern geisteswissenschaftliche Methode, die ebenso streng und erkenntnistheoretisch ebenso sorgfältig begründet sein muß, wie die Methode irgendeiner Geisteswissenschaft.« (119)

Von der »geisteswissenschaftlichen Methode« verlangt Smend, daß sie nicht wie die bisherigen Staatstheorien gegenüber bestimmten Antinomien wie der von »Individuum und Gemeinschaft« versage. Das Verhältnis von Individuum und Gemeinschaft dürfe nicht als eine Frage der »Wertrangordnung« verstanden werden, sondern müsse als »Strukturproblem« erkannt werden. Dieses Strukturproblem sei solange nicht lösbar, wie »Ich und soziale Welt« mechanistisch in »harter Substantialität« gegenübergestellt würden. Daher dürfe eine solche »Gegenüberstellung und objektivierende Isolierung beider Sphären« auf geisteswissenschaftlichem Gebiet nicht durchgeführt werden. (125) Wie statt dessen richtigerweise das Verhältnis von »Ich und sozialer Welt« gesehen werden muß, beschreibt Smend unter Bezugnahme auf Th. Litt[179] wie folgt: »Die phänomenologische Struktur des Ich der Geisteswissenschaften ist nicht die eines objektivierbaren Elements des geistigen Lebens, das zu diesem Leben in kausalen Beziehungen stände. Es ist nicht an und für sich, vorher, und alsdann als kausal für dieses Leben denkbar, sondern nur, sofern es geistig lebt, sich äußert, versteht, an der geistigen Welt Anteil hat, d. h. auch in irgendwelchem allgemeinsten Sinne Gemeinschaftsglied, intentional auf andere bezogen ist. Seine Wesenserfüllung und Wesensgestaltung vollziehen sich nur in geistigem Leben, das seiner Struktur nach sozial ist.« (125) »Noch weniger«, so fährt Smend fort, »gibt es ein in sich beruhendes kollektives Ich. Die Kollektivitäten sind nur das Einheitsgefüge der Sinnerlebnisse der Individuen; allerdings nicht deren Produkt, sondern deren notwendiges Wesen...« (126) Daraus folgert Smend als das »Apriori« einer jeden Wissenschaft vom geistigen Leben: der einzelne, die Gemeinschaft, der objektive Sinnzusammenhang dürften nicht als isolierte Elemente aufgefaßt werden, deren Beziehungen zueinander zu untersuchen wären, »sondern nur als Momente einer dialektischen Zusammenordnung, deren Glieder allenfalls... einander polar zugeordnet sind.« (126) Das »Ganze der geistigen Welt« dürfe keinesfalls, so betont Smend nochmals, »in ›Beziehungen‹ oder ›Wechselwirkungen‹ zwischen festen Punkten« aufgelöst werden, wie dies die herrschende Soziologie versuche. (127) Im Widerspruch dazu scheint es allerdings zu stehen, wenn Smend an späterer Stelle bemerkt, daß der Struktur der »geistig-gesellschaftlichen Wirklichkeit« eine Darstellungsweise am nächsten komme, die sie als ein »System von Wechselwirkungen« zu erfassen suche. (130) Ich bin leider sicher, daß es nicht selbstkritisch gemeint ist, wenn Smend hinzufügt: »Für das dialektische Verhältnis, in dem die Momente der geistigen Wirklichkeit zueinander stehen, gibt es nur diese irreführende und keine angemessene Darlegungsform.« (130)

Schauen wir uns zunächst kritisch diese Grundlegung an, bevor wir Smends Folgerungen für die Staatstheorie erörtern. Die referierten Passagen über das Verhältnis von »Ich und sozialer Welt« scheinen überwiegend definitorische Beziehungen auszudrücken. Sollte man sie aber als empirische Behauptungen verstehen wollen, so sind sie offenkundig falsch:

Als »Ich« soll dasjenige bezeichnet werden, was an der »geistigen Welt« Anteil hat. Damit ist man allerdings nicht viel klüger als zuvor; man müßte nun noch wissen, was »geistige Welt« heißt und was unter »Anteil haben« zu verstehen ist. – Vielleicht ist aber auch die empirische Behauptung gemeint, die Menschen (das »Ich«) hätten alle Anteil am geistigen Leben. Das ist in einem gewissen Sinne sicherlich unstreitig. Allein die Zugehörigkeit zu einer Sprachgemeinschaft könnte ja im üblichen Sinne des Wortes als Zugehörigkeit zum »geistigen Leben« betrachtet werden. Diese Zugehörigkeit würde nun aber keinesfalls einen kausalen Einfluß des »Ich« auf die »geistige Welt« ausschließen. Denn es ist zweifellos wahr, daß – um bei dem gewählten Beispiel zu bleiben – Individuen bei Vorliegen entsprechender Randbedingungen eine Veränderung des allgemeinen Sprachgebrauchs verursachen können.

Unter »Kollektivitäten« sollen »Einheitsgefüge von Sinnerlebnissen von Individuen« verstanden werden. Der definitorische Charakter dieser Beziehung wird durch die Formulierung angedeutet, Kollektivitäten seien nicht das »Produkt« der Einheitsgefüge, sondern deren »notwendiges Wesen«. Auch diese »Definition« ist recht problematisch, da das Definiens weder seinerseits definiert ist, noch als hinreichend klar erläuterter Grundbegriff angesehen werden kann. Ich weiß jedenfalls nicht, welchen Sachverhalt ich ein »Einheitsgefüge von Sinnerlebnissen« nennen sollte. – Nun könnte man allerdings auch eine empirische Behauptung Smends dahingehend annehmen, daß alle »Kollektivitäten« »Einheitsgefüge von Sinnerlebnissen« seien. Man muß dafür beide Ausdrücke als unabhängig voneinander definiert ansehen. Wenn man nun beispielsweise einen Fußballverein als »Kollektivität« ansehen würde (natürlich handelt es sich um einen Verein des »Ostblocks«!), so ist es offensichtlich falsch, daß dieser Verein nichts sein soll als eine wie auch immer beschaffene Summe (»Einheitsgefüge«) von Sinnerlebnissen.

Ebenso unklar ist Smends »Apriori« aller Geisteswissenschaften; denn er erläutert in keiner Weise, was ein »dialektischer Zusammenhang« ist. Wenn Smend meint, daß dieser Zusammenhang sich grundsätzlich nur irreführend beschreiben lasse, so halte ich es nicht für sinnvoll, sich *insoweit* weiter um ein Verständnis von Smends Ausführungen zu bemühen. Das »Apriori« ist darüber hinaus deshalb unverständlich, weil – wie vorher dargelegt – nicht klar ist, zwischen welchen Größen (»Ich« und »soziale Welt«) eigentlich der dunkle Zusammenhang bestehen soll.

Alles in allem ist völlig unklar, was und wie die sogenannte »geisteswissenschaftliche Methode« »verstehend beschreiben«[180] (130, 127) soll. Auch die Lektüre von Smends Gewährsmann Litt hilft nicht weiter. Diese Art Philosophie entzieht sich weitgehend der rationalen Diskussion.

Glücklicherweise können wir aber auch in Unkenntnis der sogenannten »geisteswissenschaftlichen Methode«, die Smend »als das Gebot der Stunde für Staatstheorie und Staatsrechtslehre« ansah (126), dem weiteren Gedankengang Smends folgen. Wie wir sehen werden, lassen sich sowohl das zentrale staatstheoretische Problem wie auch die Folgerungen für Verfassungstheorie und Staatsrechtslehre, die sich beide an der Lösung dieses Problems orientieren sollen, ohne Benutzung der geisteswissenschaftlich-dialektischen Metaphern beschreiben. Verfolgen wir zunächst weiter Smends Argumentation.

Die Wirklichkeit des Staates, so fährt Smend fort, könne nur die »eines Teilgebietes der geistigen Wirklichkeit im dargelegten Sinne« sein. Diese Wirklichkeit bedürfe der Verteidigung gegenüber geltend gemachten Zweifeln. Wenn Kelsen dem Staat die »soziale Realität« bestreite, so habe er gegenüber einem »mechanistisch-verräumlichende(n)« Denken recht. Soweit er aber jede Erkenntnismöglichkeit einer »geistigen Wirklichkeit« bestreite, so gehöre dieser Nihilismus in ein abgeschlossenes Kapitel der Wissenschaftsgeschichte. (131) Kelsens Zweifel daran, daß beim Staat überhaupt von einer einigermaßen dauernden und festen Gruppe die Rede sein kann, begegnet Smend mit dem Hinweis darauf, daß ein Zusammenhang des einzelnen mit den übrigen Mitgliedern der politischen Gemeinschaft schon darin bestünde, daß eine »Verstehensmöglichkeit gegenüber der staatlichen Umwelt« gegeben sei.

(132, 133) Kelsens Behauptung, daß ein soziologischer Staatsbegriff insofern nicht möglich sei, als »die Summe der von Rechts wegen zum Staat gehörenden – ›darunter Kinder, Wahnsinnige, Schlafende, und solche, denen das Bewußtsein solcher Zugehörigkeit gänzlich fehlt‹ – sich nicht mit dem Kreise derer decke, die tatsächlich in der für den realen staatlichen Verband in Anspruch genommenen seelischen Wechselwirkung stehen«[181], bestreitet Smend unter Erinnerung an die »Literatur zur Phänomenologie und Metaphysik der Zeit«, in der dargetan sei, »daß der aktuelle Erlebnisgehalt in sich auch das Vergangene noch als Moment enthält, ebenso wie die schon angebahnte Zukunft.« (131-133) Da »der Mensch nicht das punktuelle Ich seines Augenblicksbewußtseins, sondern die monadische Einheit seines Wesens- und Erlebnisganzen« sei, bleibe die Zugehörigkeit zum staatlichen Lebenszusammenhang auch dann bestehen, wenn der Mensch schlafe oder nicht daran denke. (134)[182]

Obwohl also, meint Smend, an der Tatsächlichkeit des Staates nicht zu zweifeln sei, sei diese Tatsächlichkeit doch in höherem Maße ein Problem, als die herrschende Staatsauffassung annehme. Sie sei nämlich nicht eine natürliche Tatsache, die einfach hinzunehmen sei, »sondern eine Kulturerrungenschaft, die wie alle Realitäten des geistigen Lebens, also steter Erneuerung und Weiterführung bedürftig, eben deshalb aber auch stets in Frage gestellt ist.« (134, 135) Daher, so folgert Smend, bestehe, wie in jeder Gruppe, so auch im Staat »ein erheblicher, ja der grundlegende Teil seiner Lebensvorgänge in dieser stetigen Selbsterneuerung, dem fortwährenden Neuerfassen und Zusammenfassen seiner Angehörigen.« (135) Eine Staatstheorie, die die Zusammengehörigkeit der durch dauernde Norm Zusammengeordneten als gegeben voraussetze, übersehe »ihren ersten Gegenstand«. (135)

Der Staat sei kein ruhendes Ganzes, sondern er sei nur vorhanden in einzelnen Lebensäußerungen wie Gesetzen, diplomatischen Akten, Urteilen, Verwaltungshandlungen. Er lebe nur in diesem »Prozeß beständiger Erneuerung, dauernden Neuerlebtwerdens«; er lebe »von einem Plebiszit, das sich jeden Tag wiederholt. Es ist dieser Kernvorgang des staatlichen Lebens, wenn man so will, seine Kernsubstanz, für die ich schon an anderer Stelle die Bezeichnung als Integration vorgeschlagen habe.« (136) »Der Staat ist nur, weil und sofern er sich dauernd integriert, in und aus den einzelnen aufbaut – dieser dauernde Vorgang ist sein Wesen als geistig soziale Wirklichkeit.« (138) Es sei Sache empirischer Beobachtung, die Faktoren der Integration aufzuzeigen. (139) Eine »Fundgrube für Untersuchungen in dieser Richtung« biete die Literatur des Faschismus. (141)

Mit dem Stichwort *Integration*, das wohl am engsten mit Smends Namen verbunden ist, sind wir bei dem nach Smend zentralen Problem der Staatstheorie angelangt: durch welche Leistungen sichert das soziale System Staat seinen Bestand? Diese Formulierung in der Sprache der soziologischen Systemtheorie scheint mir Smends Problemstellung angemessen und ein wenig präziser wiederzugeben. Damit können wir uns der Erörterung der Konsequenzen zuwenden, die nach Smend von Verfassungstheorie und Staatsrechtslehre angesichts des Problems der Bestandssicherung des Staates gezogen werden sollten. Zuvor sei aber noch kurz ein Blick auf Smends Kelsen-Kritik geworfen.

Wenn auch Smends Kelsen-Kritik darunter leidet, daß er auf der Grundlage eines »geisteswissenschaftlichen« Ansatzes der »sozialen Realität« Staat als »Teilgebiet der geistigen Wirklichkeit« einen recht unklaren Status zuweist, so hat er doch im Gegensatz zu Heller die zentrale Fragestellung Kelsens erkannt: sind die sozialen Verbände, die wir Staaten nennen, ohne Bezugnahme auf Rechtsordnungen voneinander abgrenzbar? Smends Antwort, die zusammengefaßt wohl dahin zu verstehen ist, daß allein psychologische Betrachtungen die Abgrenzung der staatlichen Gemeinschaften gestatten, halte ich für wenig überzeugend; dies mag aber hier dahingestellt bleiben.

Aus den »angedeuteten Grundzügen einer Staatstheorie« glaubt Smend eine bestimmte Verfassungstheorie folgern zu können (187): »Die Verfassung ist die Rechtsordnung des Staates, genauer des Lebens, in dem der Staat seine Lebenswirklichkeit hat..., nämlich seines Integrationsprozesses. Der Sinn dieses Prozesses ist die immer neue Herstellung der Lebenstotalität des Staates, und die Verfassung ist die gesetzliche Normierung einzelner Seiten dieses Prozesses.« (189) Natürlich lebe der Staat nicht allein von den in seiner Verfassung geregelten Lebensmomenten. Ja selbst die von ihr geregelten Lebensfunktionen könne die Verfassung nicht vollständig erfassen, sondern nur andeuten. (189, 190) Wie aus den Verfassungsartikeln »der aufgegebene Erfolg befriedigender Integration« hervorgehe, hänge »von der Auswirkung aller politischen Lebenskräfte des Volksganzen überhaupt ab. Dieser aufgegebene

Erfolg mag dabei vom politischen Lebensstrom vielfach in nicht genau verfassungsmäßigen Bahnen erreicht werden: dann wird die durch die Wertgesetzlichkeit des Geistes wie durch die Artikel der Verfassung aufgegebene Erfüllung der Integrationsaufgabe trotz dieser einzelnen Abweichungen dem Sinn auch der Verfassung eher entsprechen als ein paragraphentreueres, aber im Erfolg mangelhaftes Verfassungsleben.« (190) Der Sinn der Verfassung selbst, »ihre Intention... auf die Totalität des Staates und die Totalität seines Integrationsprozesses« fordere geradezu eine »elastische, ergänzende, von aller sonstigen Rechtsauslegung weit abweichende Verfassungsauslegung«. (190) Zweck der Verfassung ist es, die Integration des Staates zu leisten. (193) Vielleicht noch eindeutiger: »...ist ja doch *das formale Dasein und Leben des Staates* und die Gewährleistung dieses Daseins und Lebens zunächst Selbstzweck und damit *einzige wesentliche Aufgabe der Verfassung.*«[183] (197)

Aus dieser Einordnung der Verfassung als Mittel der staatlichen Bestandssicherung zieht Smend Folgerungen für die Staatsrechtslehre. Angesichts des Doppelcharakters des staatlichen Lebens »als Erfüllung einer sowohl durch die Wertgesetzlichkeit des Geistes wie durch das positive Recht des Staates gestellten Aufgabe« sei das Staatsrecht nur »eine Positivierung jener geistesgesetzlichen Möglichkeiten und Aufgaben und daher nur aus diesen zu verstehen«. Dem Sinne der staatsrechtlichen Ordnung könne man daher nur auf der Grundlage staatstheoretischer Betrachtungen gerecht werden. (139) Damit, so meint Smend, wird es möglich, den Inhalt der »allgemeine(n) Sinnorientierung«, ohne die auch der Rechtspositivismus nie ausgekommen sei, gerade im Unterschied zum Rechtspositivismus »planmäßig zu erarbeiten«. (235)

Smend schneidet schließlich Fragen des positiven Verfassungsrechts an, von denen er behauptet, daß sie nur von seinem verfassungstheoretischen Ausgangspunkt her angemessen behandelt werden können. Zwei dieser Fragen seien hier erwähnt:

Es müsse möglich sein, »unabhängig von dem zufälligen Inhalt geschriebener Verfassungsparagraphen ein System derjenigen Normen aufzustellen, die wesentliche Bestandteile des positivrechtlichen Lösunsversuchs der einem Staatsvolk gestellten Aufgabe seiner Integrationsordnung sind.« (237) Diese Lösung könne jedenfalls nicht in »schwankenden Aufzählungen« liegen. (237, 238)[184] Offenbar denkt Smend, ohne das hier näher zu sagen, an eine Unterscheidung der Verfassungsartikel nach ihrer Wichtigkeit für die Bestandssicherung des Staates.

Die Antwort auf die Frage nach der Veränderlichkeit der Verfassung läßt sich von Smends Verfassungstheorie her relativ leicht geben. Da das Verfassungsrecht als »Integrationssystem die Erfüllung einer sich immerfort wandelnden Aufgabe sicherzustellen« hat, muß das Verfassungsrecht entsprechend verändert werden, um seine Integrationsaufgabe zu erfüllen; Smend nennt dies »fließende Geltungsfortbildung des gesetzten Verfassungsrechts«. (241, 242)

Wir können zusammenfassen. Smend fordert von der Staatsrechtslehre, daß sie die Verfassungsauslegung nahezu einschränkungslos[185] an der Bestandssicherung des Staates orientiere. Dies gibt er allerdings nicht als Forderung, als eigene Wertung aus, sondern verbirgt es hinter dem *objektiven Sinn des Integrationsprozesses,* der durch die »Wertgesetzlichkeit des Geistes« aufgegebenen Integrationsaufgabe. Er glaubt, aus den Ansätzen seiner Staatstheorie seine Verfassungstheorie »folgern« zu können. Aber natürlich folgt aus der *Tatsache,* daß die Bestandssicherung eines jeden Staates ein Problem ist, keineswegs, daß dieses Problem auch jeweils gelöst werden *sollte.* Der eine oder andere Staat ist möglicherweise einer Erhaltung nicht würdig. Oder deutlicher gesagt: es ist eine Wertung dahingehend erforderlich, daß der Bestand eines bestimmten Staates gesichert werden soll.

Es ist sicher nicht zu bestreiten, daß Verfassungen u. a. auch ein Faktor der Bestandssicherung eines Staates sind. Regelmäßig werden auch Verfassungen gemacht, um den Bestand eines bestimmten Staates zu sichern. Aber der Bestand soll nach der jedenfalls erklärten Ansicht wohl der meisten Verfassungsgeber ein *verfassungsgemäßer* sein. Smend dagegen fordert eindeutig zu Verfassungsverletzungen auf, wenn diese der Bestandssicherung dienen. Damit erteilt er im Grunde der Bindung staatlichen Handelns an die Verfassung eine radikale Absage. Nicht *Ermittlung des semantischen Gehalts* der Verfassung ist Smends Programm, sondern *Festsetzung der Bedeutung* der Verfassungsartikel dergestalt, daß der Bestand des Staates gesichert ist. Diese Orientierung allein am »formalen Dasein und Leben des Staates« machte Smends Ansicht in den Wirren der Weimarer Republik interessant; sie ist durchaus *geeignet,* zur Rechtfertigung des »totalen Staats« eingesetzt zu werden.

Aber Smend ist nicht nur vorzuhalten, daß er seine Wertung (Bestandssicherung über alles!) verschleiert und daß er ausschließlich das Ziel der Bestandssicherung in den Mittelpunkt seiner Erörterungen stellt, sondern auch die Tatsache, daß das Ziel »Bestandssicherung« als Orientierung für empirische Untersuchungen viel zu unpräzise ist. Einmal ist es völlig unklar, was es heißt, daß der Staat als »Teilgebiet der geistigen Wirklichkeit« besteht. Unabhängig aber von dieser Smendschen Spezialität muß grundsätzlich gefordert werden, daß der Sollzustand eines sozialen Systems genau beschrieben wird. Nur dann ist eine empirische Untersuchung darüber möglich, wie diese Sollzustände (der Bestand des Systems) erhalten werden können. Nur dann könnten auch staatsrechtliche Bedeutungsfestsetzungen kontrollierbar im Hinblick auf erwünschte Folgen (Sollzustände des Systems) vorgenommen werden.[186]

Abschließend wird man feststellen können, daß sich Smend bereits im Ansatz von den anderen Weimarer Staatsrechtslehrern fundamental dadurch unterscheidet, daß ihn die Frage, ob Verfassungsauslegung ohne Einbeziehung anderer Wissenschaften überhaupt *möglich* ist, nicht ernsthaft interessiert. Er wählt seinen Ausgangspunkt außerhalb der staatsrechtlichen Methodendiskussion: Wie ist der Erhalt des Staates zu sichern? Die Verfassungs»auslegung« wird als ein Mittel zu diesem Zweck empfohlen.

5. Die staatsrechtliche Methode im Faschismus

Der Leser wird sich vermutlich fragen, warum die Zahl der aus der Zeit des Faschismus abgedruckten Arbeiten so niedrig ist. Zur Beantwortung dieser Frage möchte ich die Tatsache betonen, daß die *staatsrechtliche* Methodendiskussion im Faschismus schon rein quantitativ betrachtet einen minimalen Umfang hat. Die sich für den Faschismus einsetzenden Staatsrechtslehrer wie etwa E. Forsthoff, E. R. Huber und C. Schmitt waren, was ihre literarischen Aktivitäten betrifft, fast ausschließlich damit beschäftigt, inhaltliche faschistische Positionen zu staats- und verwaltungsrechtlichen Fragen zu verbreiten. Das methodische Defizit mag damit zusammenhängen, daß die Abnahme der inhaltlichen Positionen durch Verwaltung, Justiz und Bevölkerung durch andere Mechanismen sichergestellt wurde als den Nachweis methodisch korrekten Arbeitens. Immerhin gab es auch – teilweise staatlich angeregte – Versuche, die faschistischen Rechtsansichten methodisch abzusichern. Ich denke dabei besonders an die Kieler Schule, die bekannt geworden ist vor allem durch K. Larenz' Lehre vom »konkret-allgemeinen Begriff«. Die Diskussionen darüber spielten sich aber sachlich wie personell überwiegend im Bereich des Zivilrechts ab. Von den wenigen methodischen Arbeiten von Staatsrechtslehrern ist die – soweit ich sehe – einzige ernst zu nehmende und literarisch am meisten beachtete die hier abgedruckte Erörterung des juristischen Denkens durch C. Schmitt.[187] – Da mir eine so ausführliche Erwiderung wie diejenige des vordem führenden Interessenjuristen Heck von seiten eines Staatsrechtslehrers nicht bekannt ist, halte ich den Abdruck von Hecks Arbeit für gerechtfertigt.

a) C. Schmitts »konkretes Ordnungsdenken«

Einer der führenden Staatsrechtslehrer im Nationalsozialismus war zweifellos C. Schmitt. Hier ist nicht der Ort, Schmitts problematische politische Rolle etwa auch in der »Judenfrage«[188] zu erörtern. Ein Zusammenhang nämlich zwischen Schmitts politischen Ansichten und seinen hier zu behandelnden rechtsmethodischen Auffassungen besteht in dem Sinne nicht, daß die methodische Konzeption den *verschiedensten* politischen Zielvorstellungen zu dienen geeignet ist, nicht nur den spezifisch nationalsozialistischen. Schmitts Konzeption läuft, wie zu zeigen sein wird, schlicht darauf hinaus, daß Parlament und Justiz gewisse vorjuristische Normen berücksichtigen sollten; eine Forderung, die gewiß nicht nur von Nationalsozialisten erhoben wurde und wird.

Schmitt möchte drei selbständige Arten des juristischen Denkens unterscheiden und eine unselbständige. Als selbständige nennt er das »Regeln- und (oder) Gesetzesdenken« (8, 11) auch »Normativismus« genannt (11), das »Entscheidungsdenken« (Dezisionismus) und das »konkrete Ordnungs- und Gestaltungsdenken« (8); als unselbständige »Denkart« nennt er den »Positivismus«, den er als eine »eigentümliche Kombination von Dezisionismus und Normativismus« kennzeichnet (35). Eine das Verständnis von Schmitts Ausführungen stark erschwerende Unterlassung liegt darin, daß Schmitt nirgends *explizit* die Probleme anführt, die die verschiedenen »Denkarten« behandeln und einer Lösung zuführen wollen. Im wesentlichen prüft er, ohne das recht deutlich zu machen, die Antworten der »Denkarten« auf die folgenden Fragen:

1. Ist die Gesetzesbindung möglich und wünschenswert? 2. Sind neben dem Gesetz noch andere Rechtsquellen anzuerkennen? 3. Wie läßt sich die Geltung positiver Gesetzesnormen begründen? 4. Was muß der Gesetzgeber beachten, wenn er wirksame Gesetze schaffen will? Leider geht Schmitt nicht für jede der »Denkarten« konsequent die vier Fragen durch, um die Antworten der »Denkarten« auf diese Fragen darzustellen. Er charakterisiert die vier »Denkarten« vielmehr durch deren Antworten auf einen – für jede »Denkart« verschieden – *Teil* der Fragen. Dies ist natürlich insofern wenig interessant, als Antworten auf *verschiedene* Fragen ja gar nicht miteinander konkurrieren können, Schmitt aber die »Denkarten« als miteinander rivalisierende und schließlich das konkrete Ordnungs- und Gestaltungsdenken (kOG) als die zu präferierende »Denkart« darstellen möchte.

Nach diesen der vorläufigen Orientierung dienenden Bemerkungen wollen wir nun Darstellung und Kritik der einzelnen »Denkarten« verfolgen. Dabei werde ich bei meinem Referat über »Normativismus« und »Dezisionismus« auch berücksichtigen, was Schmitt über diese »Denktypen« als Komponenten des »Positivismus« ausführt.

Die drei selbständigen »Denkarten« bestimmen sich nach Schmitt danach, was sie jeweils unter Recht verstehen. Der »Normativismus« fasse das Recht auf als Norm i. S. von Regel und Gesetz, der »Dezisionismus« als Entscheidung, das kOG als konkrete Ordnung. (7, 11) Der Normativismus verstehe unter »Rechtsordnung« einen Inbegriff von Regeln und Gesetzen. Von der normativistischen Rechtsvorstellung her verwandle sich überhaupt alle Ordnung in eine bloße Summe von Regeln und Gesetzen; jede »konkrete Ordnung« werde auf Gesetzesregeln reduziert. (12) Jede Erscheinung des Rechtslebens werde zur Norm, jede konkrete Ordnung löse sich auf in eine Reihe geltender Normen. Ordnung bestehe für den Normativisten darin, daß eine konkrete Lage allgemeinen Normen entspreche. (17) »Alle geltenden Normen sind, solange sie gelten, natürlich immer ›in Ordnung‹; die ›Unordnung‹ der konkreten Lage dagegen interessiert den nur an der Norm interessierten Normativisten nicht.« (17, 18) Ein Verbrechen sei für den Normativisten nicht Unordnung, sondern bloßer Tatbestand. »Das den Strafanspruch des Staates begründende Verbrechen, normativistisch auf die tatbestandsmäßigen Voraussetzungen einer Normanwendung reduziert, ist nicht mehr Ordnung oder Unordnung als die einen Ausstattungsanspruch begründende Verlobung einer Tochter.« (18) Alle Unterscheidungen in der konkreten Wirklichkeit von Recht und Unrecht, Ordnung und Unordnung verwandelten sich normativistisch in sachliche Voraussetzungen der Normanwendung. »Die Sachlichkeit und Objektivität des reinen Normativismus wird hier zu einer ordnungszerstörenden und -auflösenden juristischen Absurdität.« (19)

Halten wir kurz in der Darstellung inne und fragen wir uns, was Schmitt bislang den »Normativisten« vorhält. Wenn Schmitt als »Normativisten« denjenigen bezeichnet, der unter »Recht« nur »Regeln und Gesetze« versteht, so ist fraglich, an welche »Regeln« Schmitt denkt. Da Schmitt auch vom »Regeln- *oder* Gesetzesdenken«[189] spricht, wollen wir davon ausgehen, daß mit »Regeln« ebenfalls die Gesetze gemeint sind. Diesem Rechtsverständnis hält Schmitt nun entgegen, daß es zu einem falschen Begriff von Ordnung führt, oder genauer: zu drei falschen Begriffen von Ordnung. Der »Normativist« versteht nach Schmitt unter »Ordnung« irrigerweise die Gesetzesregeln, die geltenden Gesetzesregeln und die Übereinstimmung einer »konkreten Lage« mit den Gesetzen. Mit diesen Begriffen kann man – so will Schmitt anscheinend sagen – nicht zwischen einem Verbrechen als Unordnung und einer Verlobung als Ordnung unterscheiden. Der Normativist betrachtet beide Ereignisse sozusagen als gleichwertige Voraussetzungen einer Gesetzesanwendung. – Diese Argumentation ist aber völlig unsinnig. Zunächst ist nicht zu sehen, warum ein Normativist die genannten Begriffe von Ordnung haben muß. Zweitens ist es sinnlos, von wahren oder falschen Begriffen zu sprechen, was Schmitt zwar nicht explizit tut, aber in der Sache doch als sinnvoll zugrunde legt. Ob man die Sachverhalte, die der Normativist angeblich »Ordnung« nennt, gerade so oder mit einem anderen Ausdruck bezeichnet, ist ja doch völlig irrelevant. Jedenfalls hindert ein solcher Sprachgebrauch in keiner Weise daran, ein Verbrechen als unerfreulich, eine Verlobung dagegen als erfreulich anzusehen. Das aber will Schmitt doch offenbar bestreiten; er will dem »Normativisten« doch unterstellen, daß für ihn solche Ereignisse *gleichwertig* seien. Dagegen läßt sich natürlich leicht das gesunde Volksempfinden mobilisieren. Daß unter dem Gesichtspunkt der Gesetzesanwendung beide Ereignisse einen gesetzlichen Tatbestand erfüllen, zwingt aber in gar keiner Weise dazu, diese Ereignisse als moralisch *gleichwertig* anzusehen. Im übrigen hindert auch die Redeweise von der »Erfüllung der Tatbestände« nicht daran, das Verbrechen als *Verletzung* eines *Verbotes* zu bezeichnen, während eine Verlobung *nicht* als *Verletzung* des entsprechenden BGB-Paragraphen bezeichnet wird. Und es scheint mir auch empirisch sehr zweifelhaft, ob die Verletzung strafrechtlicher Verbotsnormen von »Normativisten« als »Ordnung« bezeichnet wird. Einschlägige Zitate führt Schmitt durchgängig nicht an. – Völlig unerfindlich bleibt schließlich, warum die angebliche Verwendung des Ausdrucks »Ordnung« durch die »Normativisten« zu einer Zerstörung von Ordnungen, wie z. B. der Ehe, des Beamtentums etc.[190], führen soll. Aber verfolgen wir zunächst weiter Schmitts Gedankengang.

Für das konkrete Ordnungsdenken sei »Ordnung« auch juristisch nicht in erster Linie Regel oder eine Summe von Regeln, sondern, umgekehrt, die Regel nur ein Bestandteil und ein Mittel der Ordnung. Die Norm oder Regel schaffe nicht die Ordnung; »sie hat vielmehr nur auf dem Boden und im Rahmen einer gegebenen Ordnung eine gewisse regulierende Funktion mit einem relativ kleinen Maß in sich selbständigen, von der Lage der Sache unabhängigen Geltens.« Der Normativismus dagegen isoliere und verabsolutiere die Norm. (13)

Es sei allerdings möglich, »sich das berechenbare Funktionieren menschlicher Verkehrsbeziehungen als eine bloße Funktion vorherbestimmter, berechenbarer, genereller Regeln vorzustellen. Der reibungslose, normen- und regelgemäße Ablauf eines solchen Verkehrs erscheint dann als ›Ordnung‹«. »Ein Lebensbereich, dessen Interesse allein auf die Berechenbarkeit einer sicheren Regelung gerichtet ist, wie die Ordnung einer individualistisch-bürgerlichen Verkehrsgesellschaft, könnte vielleicht noch mit einem solchen Ordnungsbegriff in Zusammenhang gebracht werden.« (19) Demgegenüber gebe es aber andere Lebensbereiche, die nicht »verkehrsmäßig-technisch«, sondern »institutionell« gestaltet seien. Diese hätten ihren Begriff von Normalität in sich selbst. Für sie erschöpfe sich Normalität nicht darin, »berechenbare Funktion einer normierenden Regelung zu sein«. Sie hätten eine eigene »rechtliche Substanz«, die zwar auch generelle Regeln und Regelmäßigkeiten kenne, aber nur als »Ausfluß dieser Substanz«. Das Zusammenleben der Ehegatten in der Ehe, der Beamten eines Staates, der Kameraden eines Arbeitslagers, der Soldaten eines Heeres könne nicht in den Funktionalismus vorherbestimmter Gesetze aufgelöst werden. Die »konkrete innere Ordnung, Disziplin und Ehre« jeder dieser Institutionen widerstehe jedem Versuch restloser Normierung; sie stelle »jeden Gesetzgeber und jeden, der das Gesetz anwendet, vor das Dilemma, entweder die mit der Institution gegebenen, konkreten Rechtsbegriffe zu übernehmen und zu verwenden, oder aber die Institution zu zerstören.« (20) Als solche *konkreten Rechtsbegriffe* sieht Schmitt beispielsweise die Begriffe »bonus pater familias«, »tapferer Soldat«, »pflichtbewußter Beamter« und »anständiger Kamerad« an. (21)

Eine gesetzliche Regelung setze solche »Normalbegriffe« voraus, »die so wenig aus der gesetzlichen Regelung entstehen, daß vielmehr gerade die Normierung ohne sie ganz unverständlich wird und man nicht einmal mehr von einer ›Norm‹ sprechen kann.« Eine generelle Regel solle zwar von der konkreten Einzellage unabhängig sein, dürfe sich aber dennoch nur bis zu einer »bescheidenen Höhe über die konkrete Lage« erheben; andernfalls würde sie »sinn- und beziehungslos«, würde nicht mehr den Fall betreffen, den sie regeln soll. Eine Norm beherrsche die Lage nur soweit, als der als normal vorausgesetzte konkrete Typus nicht verschwunden sei: »Die Normalität der konkreten von der Norm geregelten Lage und des von ihr vorausgesetzten konkreten Typus ist also nicht nur eine äußerliche, rechtswissenschaftlich außer acht zu lassende Voraussetzung der Norm, sondern ein inneres juristisches Wesensmerkmal der Normengeltung und eine normative Bestimmung der Norm selbst. Eine reine, situationslose und typenlose Norm wäre ein juristisches Unding.« (23) In einer stabilen Situation, einem stabilen Staatswesen könnte man entsprechend der rein juristischen Methode des Positivismus von der vorausgesetzten Normal-Situation oder den Normal-Typen absehen. (31-33) »Entfällt die in der positiven Norm vorausgesetzte, aber positiv juristisch unbeachtliche Normalität der konkreten Lage, so entfällt jede feste, berechenbare und unverbrüchliche Normanwendung. ... Ohne das Koordinatensystem einer konkreten Ordnung vermag der juristische Positivismus weder Recht und Unrecht, noch Objektivität und subjektive Willkür zu unterscheiden.« (40)

Die vorstehend referierten Ausführungen Schmitts behandeln zwei sehr verschiedene Problembereiche. Zum einen geht es darum, welche Rolle gesetzliche Regeln überhaupt bei der Gestaltung sozialer Verhältnisse spielen können und/oder sollen. Zum anderen geht es um die Schwierigkeiten, die für die Gesetzesanwendung aus Veränderungen der tatsächlichen Verhältnisse entstehen.

Nachdem Schmitt zunächst die Effektivität von Gesetzen hinsichtlich der Gestaltung der Wirklichkeit grundsätzlich als sehr gering veranschlagt, unterscheidet er dann zwei Lebensbereiche, nämlich einen »verkehrsmäßig-technischen« und einen »institutionellen«. Im erstgenannten Bereich, in dem es nur auf Rechtssicherheit ankommt, kann er sich die »menschlichen Verkehrsbeziehungen« als »bloße Funktion« gesetzlicher Regeln vorstellen. Im institutionellen Bereich dagegen müßten Gesetzgeber *und* Rechtsanwender die »konkrete innere Ordnung«, d. h. die »eigene rechtliche Substanz« der Institutionen, die durch »konkrete Rechtsbegriffe« wie z. B. »tapferer Soldat« ausgedrückt wird, übernehmen; andernfalls würden die Institutionen zerstört werden.

Diese Argumentation ist wiederum sehr unklar. Wenn der Gesetzgeber die Möglichkeit hat, Institutionen zu zerstören, kann man nicht gleichzeitig behaupten, daß die Effektivität von Gesetzen gering ist. Konsistenter wird Schmitts Argumentation, wenn man seine Bemerkung über die Effektivität gesetzlicher Regeln nicht als empirische Behauptung auffaßt, sondern als Postulat: Gesetzgebung und Rechtsanwendung *sollen* allenfalls geringfügig in »konkrete Ordnungen« eingreifen. Gesetzgebung und Rechtsprechung sollen bei ihren Entscheidungen die Anforderungen übernehmen, die quasi die Institutionen selbst, ausgedrückt durch die konkreten Rechtsbegriffe, an ihre Mitglieder stellen. Zu der besonders wichtigen Frage, was denn die »rechtliche Substanz« von »konkreten Ordnungen« ist und wie diese festgestellt werden kann, äußert sich Schmitt nicht. Man könnte etwa annehmen, daß mit »rechtlicher Substanz« diejenigen sozialen Normen gemeint sind, die in einer gesellschaftlichen (Ehe) oder staatlichen Institution (Heer) de facto anerkannt sind. Damit wäre ein – von allen anderen Bedenken einmal abgesehen – wenigstens intersubjektiv überprüfbarer Weg gewiesen. Daß Schmitt an diesen Weg denkt, kann man aber wohl mit Sicherheit ausschließen. In einer anderen Arbeit führt er nämlich aus: »Überall schafft der Nationalsozialismus eine andere Art Ordnung, von der NSDAP angefangen bis zu den zahlreichen neuen Ordnungen, die wir vor uns wachsen sehen: ... Alle diese Ordnungen bringen ihr inneres Recht mit sich ...«[191] Institutionen bringen also irgendwie ihre »rechtliche Substanz«, ihr »inneres Recht« mit sich; die »rechtliche Substanz« bildet sich eben *nicht* in einer sozialen Praxis heraus. Die naturrechtlichen Klänge dienen hier wie immer der Verschleierung der eigenen Wertungen.

Im »verkehrsmäßig-technischen« Bereich dagegen dürfen die Eingriffe von Gesetzgebung und Rechtsprechung anscheinend beliebig weit gehen. Dieses Postulat wurde allerdings ebenso wenig begründet wie das zuvor erörterte: Daß es im »verkehrsmäßig-technischen« Bereich nur um Rechtssicherheit ginge, andere Interessen sozusagen nicht im Spiel sind und daher vom Gesetzgeber bzw. Rechtsanwender auch nicht beachtet werden können, ist mehr als zweifelhaft. Eine nähere Kritik ist aber nicht möglich, da der Umfang des »verkehrsmäßig-technischen« Bereichs völlig unklar ist.

Besonders kritikwürdig scheint mir an dem erörterten Gedankengang insgesamt folgendes: Es wird eine Abdankung von Parlament und Justiz gefordert. Es wird nicht deutlich gemacht, daß es sich um eine *Forderung* handelt. Es wird nicht gesagt, wie der Gehalt der »konkreten Rechtsbegriffe« zu ermitteln ist. Die »konkreten Rechtsbegriffe« sind so überaus vage, daß über den Handlungsspielraum von Gesetzgebung und Justiz nichts ausgesagt werden kann.

Reichlich unklar erörtert Schmitt auch die Schwierigkeiten, die für die Rechtsanwendung aus der Veränderung der tatsächlichen Verhältnisse folgen. Er stellt zunächst die zweifelhafte Behauptung auf, daß eine gesetzliche Regelung ohne die »Normalbegriffe«, die anscheinend mit den »konkreten Rechtsbegriffen« identisch sind, unverständlich werde. Deutet man diesen Satz als semantische Behauptung, so ist er zweifellos falsch. Er könnte allerdings auch die Trivialität ausdrücken, daß eine gesetzliche Regel völlig nutzlos (»unverständlich«) sei, wenn die Institution, auf die sich bestimmte »Normalbegriffe« und die gesetzliche Regelung bezögen, nicht mehr existierte.

Wenn Schmitt weiter behauptet, daß jede Gesetzesnorm eine normale, stabile Lage voraussetze und die Normanwendung bei Entfallen der Normallage unberechenbar würde, so spricht er offenbar das Problem der *Porosität* gesetzlicher Begriffe an. Die Beschreibung des Problems ist wenig erhellend; und wieso das »Koordinatensystem der konkreten Ordnung« zur Lösung des Problems beitragen kann, wird auch nicht gesagt. Möglicherweise ist gemeint, daß die jeweils »herrschenden konkreten Ordnungen«

von der Rechtsanwendung respektiert werden müßten. Wenn Schmitt den »konkreten Ordnungen« im »institutionellen Bereich« mindestens teilweise Rechtscharakter zuspricht, so ist dies bloß ein terminologischer Trick, um den Institutionen gegenüber Gesetzgebung und Rechtsanwendung eine gewisse Dignität zu verleihen. (Wir verstehen jetzt auch besser Schmitts eingangs referierte Bemerkung, das kOG setze Recht mit »konkreten Ordnungen« gleich.)

Schmitt – so können wir bisher zusammenfassen – hält den »Normativisten« vor, daß sie nicht bereit seien, Gesetzgebung und Rechtsprechung an die »konkreten Ordnungsbegriffe« zu binden. Er macht außerdem auf das Problem der Porosität aufmerksam. Verfolgen wir die weitere Kritik Schmitts.

Die gesetzliche Norm, die ja viele Fälle regele, erhebe sich über den Einzelfall und die konkrete Situation und erlange dadurch als Norm eine gewisse Erhabenheit über die bloße Wirklichkeit des konkreten Einzelfalles. Auf diese Erhabenheit gründe sich das Argument, das dem Normativisten seine Überlegenheit verleihe. Das normativistische Denken könne sich nämlich darauf berufen, *»unpersönlich* und objektiv zu sein, während die Entscheidung immer *persönlich* ist und die konkreten Ordnungen *überpersönlich* sind.« (13) Das Wort Pindars vom *»nomos basileus«* habe der Normativist dahin ausgelegt, daß nur Gesetze herrschen dürfen und nicht die jeweilige Situation oder gar die Willkür von Menschen. (14) Für den reinen Normativisten würden König, Richter, Führer zu reinen Normenfunktionen. Die Norm werde politisch-polemisch gegen den Führer ausgespielt. (15) Aber auch wenn man den nur dem Gesetz unterworfenen Richter fordere, um auf diese Weise die Norm herrschen zu lassen, so begebe man sich in Ordnungen und hierarchische Instanzenfolgen, unterwerfe sich einer konkreten Ordnung. Denn das Gesetz könne sich nicht selbst anwenden, interpretieren, definieren, sanktionieren; »es kann auch nicht – ohne aufzuhören eine Norm zu sein – selber die konkreten Menschen benennen oder ernennen, die es interpretieren oder handhaben sollen.« (16) Der nur dem Gesetz unterworfene Richter sei kein normativistischer, sondern ein Ordnungsbegriff, eine zuständige Instanz. »Daß gerade diese konkrete Person der *zuständige* Richter ist, ergibt sich nicht aus Regeln und Normen, sondern aus einer konkreten Gerichtsorganisation und konkreten persönlichen Ernennungen und Berufungen.« (16, 17) In diesen Zusammenhang gehört wohl auch Schmitts Behauptung, daß schon die »einfachsten Probleme der Auslegung und Beweiswürdigung« einen darüber belehren müßten, »daß die Festigkeit und Sicherheit auch der ganz sorgfältig und umständlich geschriebenen Gesetzestexte in sich selbst überaus fraglich« bliebe. »Wortlaut und Wortsinn, Entstehungsgeschichte, Rechtsgefühl und Verkehrsbedürfnisse wirken bei der Feststellung des ›zweifellosen‹ Inhalts des Gesetzestextes, Fragen der Beweiswürdigung und der Qualifikation der ›Tatsachen‹ bei der ›rein juristischen‹ Feststellung des Tatbestandes in der verschiedenartigsten Weise durcheinander.« (34)

Schmitt schließt seine Ausführungen ab mit Bemerkungen über die – für ihn erfreuliche – Durchsetzung des kOG. Auf allen Gebieten des Rechtslebens seien sogenannte »Generalklauseln«, unbestimmte Begriffe aller Art, Verweisungen an außergesetzliche Maßstäbe und Vorstellungen wie gute Sitten, Treu und Glauben in einem Umfange im Vordringen begriffen, daß jede »positivistische ›Sicherheit‹« aufgehoben würde. (58) In diesen Generalklauseln könnte sich eine neue juristische Denkweise durchsetzen: »Sobald Begriffe wie ›Treu und Glauben‹, ›gute Sitten‹ usw. nicht auf die individualistische bürgerliche Verkehrsgesellschaft, sondern auf das Interesse des Volksganzen bezogen werden, ändert sich in der Tat das ganze Recht, ohne daß ein einziges ›positives‹ Gesetz geändert zu werden brauchte.« (59)

Die vorstehenden Ausführungen enthalten eine oberflächliche Kritik am Gesetzesbindungspostulat und einen Lobgesang auf die sogenannten Generalklauseln. Die Möglichkeit der Gesetzesbindung zieht Schmitt einmal mit dem Hinweis auf die zur Rechtsanwendung erforderliche Institution der Justiz in Frage. Was er allerdings mit diesem Hinweis genau sagen möchte, bleibt offen. Daß man sich mit der Akzeptierung der Justiz einer »konkreten Ordnung« unterwerfe, sagt noch nicht viel. Allenfalls entsteht durch die ständige Verwendung dieses Ausdrucks der diffuse Eindruck einer Allgegenwart dieser Ordnungen und daher vielleicht gefühlsmäßig der Eindruck der Wichtigkeit von Schmitts Anliegen. Kommen wir aber zum sachlichen Gehalt: Die Notwendigkeit von Richtern für die Gesetzesanwendung beinhaltet die Möglichkeit von contra-legem-Entscheidungen; denn Richter können sich entscheiden, ob sie sich gesetzeskonform verhalten wollen oder nicht. Daran mag Schmitt erinnern wollen. – Schmitts zweites Argument vom Durcheinanderwirbeln der juristischen »Auslegungsmethoden« ist zutreffend, aber völlig undifferenziert und bleibt ohne nähere Begründung.

Schmitts Begrüßung der Zunahme von Generalklauseln schließlich bestätigt unsere oben gegebene Rekonstruktion. Er begrüßt es offenbar, daß der Gesetzgeber die »konkreten Ordnungen« respektiert und dem Richter den Spielraum eröffnet, das gleiche zu tun.

Nachdem wir nun den »Normativismus« und, in ständiger Abhebung davon, das kOG kennengelernt haben, gilt es noch den »Dezisionismus« und die Kombination aus »Dezisionismus« und »Normativismus«, den »Positivismus«, zu erörtern.

Der Dezisionist, so führt Schmitt aus, findet den »letzten Rechtsgrund aller rechtlichen Geltungen« in »einem Willensvorgang, in einer Entscheidung«, die allererst Recht schafft und »deren ›Rechtskraft‹ nicht aus der Rechtskraft von Entscheidungs-Regeln abgeleitet werden kann. Denn auch eine der Regel nicht entsprechende Entscheidung schafft Recht.« Für den Juristen dezisionistischen Typs sei Quelle des Rechts die »Autorität oder Souveränität einer letzten *Entscheidung*«. (25) Und souverän sei, wie bei Hobbes, nicht der legitime Monarch, nicht die zuständige Instanz, sondern derjenige, der »Recht, Sicherheit und Ordnung« herstelle. (27, 28) Als »echte und reine Entscheidung« könne diese Herstellung der Ordnung weder aus dem Inhalt einer vorhergehenden Norm noch aus einer bereits bestehenden Ordnung hergeleitet werden; sie entspringe aus dem »normativen Nichts und einer konkreten Unordnung«. (28) Ein reiner Normativismus müßte demgegenüber die positive Norm aus einer Überposition ableiten; »das konkrete Ordnungsdenken würde ebenfalls zu einer überpositiven, umfassenden, totalen Ordnungseinheit führen.« (37, 38)

Der »dezisionistische Typus« sei unter den Juristen deshalb besonders weit verbreitet, weil Rechtsunterricht und Rechtswissenschaft Rechtsfragen nur unter dem Gesichtspunkt des Konfliktfalles sähen und sich daher nur als Vorbereiter einer richterlichen Konfliktsentscheidung betätigten. Das juristische Denken orientiere sich so ausschließlich am Kollisions- und Konfliktsfall und werde von der Vorstellung beherrscht, daß eine konkrete *Unordnung* erst durch eine *Entscheidung* überwunden und in Ordnung gebracht werde. (29) Die Neigung zu dieser Art von Rechtswissenschaft trete namentlich dann auf, wenn abgeschlossene Kodifikationen vorlägen. (30)

An dieser Stelle fährt Schmitt mit der Behauptung fort, daß »dieser Positivismus« die gesetzliche Normierung mit dem Recht identifiziere. Damit geht er – wie auch die weiteren Ausführungen zeigen – stillschweigend auf die Behandlung des »Normativismus« über, und zwar – wie der Überschrift auf S. 29 zu entnehmen ist – als Komponente des »Positivismus«. Wir haben die entsprechenden Ausführungen Schmitts bereits bei der Erörterung des »Normativismus« herangezogen. Es bleibt daher lediglich die Aufgabe, darzustellen, welche spezifische Kombination aus »Normativismus« und »Dezisionismus« der »Positivismus« darstellen soll. Zunächst seien aber die Ausführungen über den »Dezisionismus« kritisch beleuchtet.

Unter »Dezisionismus« versteht Schmitt offenbar eine bestimmte Beantwortung der Frage, wie die Geltung von Gesetzen begründet werden kann. Schwer zu vereinbaren sind allerdings mit dieser Interpretation von »Dezisionismus« Schmitts Bemerkungen über eine angeblich dezisionistische, an der richterlichen Konfliktsentscheidung, am Konfliktsfall orientierte Rechtswissenschaft. Diese Ausführungen könnten die Annahme nahelegen, Schmitt verstehe unter Dezisionismus auch eine bestimmte Auffassung von der Begründbarkeit konkreter richterlicher Entscheidungen. Dem steht allerdings entgegen, daß Schmitt diese Rechtswissenschaft in der Zeit der »abgeschlossenen Kodifikation« ansiedelt. Denn mit dem Vorliegen abgeschlossener Kodifikationen war ja immer auch in hohem Maße die Forderung nach richterlicher Gesetzesbindung verbunden, ein dezisionistischer Standpunkt hinsichtlich der Begründung richterlicher Entscheidungen dagegen grundsätzlich verpönt.

Ist der »Dezisionismus« aber eine Ansicht über die Begründbarkeit der Geltung von Gesetzen, so steht er doch anscheinend in keiner Konkurrenz zum »Normativismus« und zum kOG. Die letzteren beiden »Denkarten« wurden doch gekennzeichnet vor allem durch bestimmte Ansichten zum Problem der Rechtsanwendung und – das kOG – durch bestimmte Forderungen an den Gesetzgeber. Das Problem der Geltung von Gesetzen stand bisher nicht zur Debatte. – Durch einen lapidaren Satz erzielt Schmitt aber doch noch eine partielle Konkurrenz zwischen den drei »Denktypen«, nämlich durch die Behauptungen, daß ein konsequenter »Normativismus« die positiven Normen aus überpositiven ableiten müßte, das kOG seine »konkreten Ordnungen« auf eine »totale Ordnung« zurückführen müßte. Wir wollen diese nicht näher erläuterten und höchst unklaren Bemerkungen auf sich beruhen lassen. Jedenfalls rivalisieren in dem extensiv behandelten Bereich der Rechtsanwendung nur »Normativismus« und kOG.

In Bergbohms »Jurisprudenz und Rechtsphilosophie« trete die Verbindung von »Normativismus« und »Dezisionismus« als Kennzeichen des positivistischen Denktypus am klarsten hervor. Recht sei für Bergbohm einerseits etwas Normatives, eine abstrakte Regel, die befolgt sein will, andererseits nichts als menschliche Satzung. (32) Der Positivist unterwerfe sich einerseits – dezisionistisch – der *Entscheidung* des jeweils an der Macht befindlichen Gesetzgebers, verlange aber andererseits, daß diese Entscheidung als *Norm* unverbrüchlich weitergelte, auch der Gesetzgeber selbst sich dem von ihm aufgestellten Gesetz unterwerfe. Durch diesen »Normativismus der Legalität« erhebe er sich wieder über die staatliche »Macht-Entscheidung«. (35; 38)

An dieser Beschreibung des »Positivismus« überrascht die Andeutung der »normativistischen« Komponente. Die Forderung, daß sich der *Gesetzgeber* an die von ihm aufgestellten Gesetze zu halten habe, ist weder von Schmitt bisher als Element des »Normativismus« erwähnt worden, noch ist diese Ansicht überhaupt ernsthaft von Staatsrechtlern oder Methodologen verfochten worden. Daß der Gesetzgeber seine Gesetze mit den erforderlichen Mehrheiten ändern kann, wurde noch nie ernsthaft in Zweifel gezogen. Man muß sich fragen, auf welche »Normativisten« Schmitt eigentlich Bezug nehmen möchte. – Im übrigen ist zuzugeben, daß ein Positivismus, der *ungefähr* eine Kombination von Schmitts »Normativismus« und »Dezisionismus« darstellt, nachhaltig vertreten worden ist, nämlich die Forderung der Gesetzesbindung verknüpft mit der Ansicht, daß nur die positiven Gesetze »Recht« seien. Eine solche Kombination ist gerade deshalb möglich, weil »Normativismus« und »Dezisionismus«, beide in Schmitts Beschreibung, keine rivalisierenden »Denktypen« sind; sie geben Antworten auf verschiedene Fragen und können sich gerade deshalb gegenseitig ergänzen.

Zum Abschluß möchte ich nicht die bereits vorgetragenen Einwände gegen Schmitt wiederholen, sondern lediglich die Forderung des sogenannten »konkreten Ordnungs- und Gestaltungsdenkens« in aller Deutlichkeit herausstellen: Gesetzgeber und Justiz sollen diejenigen sozialen Normen respektieren, die, ausgedrückt in den sogenannten »konkreten Rechtsbegriffen« »Ausfluß der Substanz« der gesellschaftlichen und staatlichen Institutionen sind. Wie diese Substanz zu ermitteln ist, wird nicht gesagt. Da die tatsächliche soziale Praxis nicht maßgeblich sein soll, kann es sich, methodisch betrachtet, nur um Projektionen des »Ermittlers« handeln.

b) Die Antwort der Interessenjurisprudenz (Heck)

Nach der Darstellung von Schmitts Position und eingedenk der landläufigen Vorstellungen über die Interessenjurisprudenz dürfte den Leser der Tenor von Hecks Erwiderung einigermaßen überraschen: Heck glaubt zeigen zu können, daß die Grundsätze seiner Methode auch für »die große Rechtserneuerung, die uns der Nationalsozialismus gebracht hat und bringen wird«, verwendbar und notwendig seien. (5-7) Schmitts neuer Denktyp sei keineswegs neu, sondern sei genau das Zweckdenken, das er, Heck, fordere. Schmitt habe die Interessenjurisprudenz nur mit einer neuen Bezeichnung versehen. (8)

Heck formuliert nochmals »Grundlagen« und »Leitsätze« der Interessenjurisprudenz. Seine Ausführungen lassen sich wie folgt zusammenfassen.

Der Richter ist Diener der Gemeinschaft. Er soll ihre Ziele verwirklichen. (9) Daher wird von der Interessenjurisprudenz die Bindung des Richters an das Gesetz gefordert. (16) Auch die Ergänzung von Gesetzeslücken durch richterliche Normschöpfung hat im Dienste der Gemeinschaft zu erfolgen und d. h. nach Maßgabe der gesetzlichen Werturteile. (18) Eine Grenze für die Gesetzesbindung ergibt sich aber daraus, daß sich die Ideale einer Gemeinschaft ändern können. In diesem Falle muß der Richter von dem Gesetzesinhalt abweichen. Entsprechend ist die Stellung des Richters zu Gesetzen des NS-Staates und zu den aus früherer Zeit stammenden verschieden. Die NS-Gesetze sind strikt durchzuführen. Auch die alten Gesetze gelten zwar fort, kommen für den Richter aber nur als »ein Element seiner Normengewinnung in Betracht«. (16) Der Richter hat von den alten Gesetzen abzuweichen, wenn sie im Widerspruch zu anerkannten Gemeinschaftszielen stehen. (17, 14)

Soweit die Richter sich an Gesetze halten sollen, gelten die bekannten methodischen Forderungen der Heckschen Interessenjurisprudenz in zeitgemäßer Abwandlung. Durch eine »historische Interessenforschung« hat der Richter die gesetzgeberischen Ziele zu ermitteln, wie sie in »Erklärungen des Führers, der Partei, und auch in gesetzlichen Erklärungen« zum Ausdruck kommen. (17-19) Dabei hat eine »Konfliktschau« die Gesamtheit der an einem gesetzgeberisch geregelten Konflikt beteiligten Interessen zu beachten, nicht nur die in der gesetzlichen Regel obsiegenden, sondern auch die unterlegenen, da auch diese zurückgestellten Interessen etwa in Begrenzungen eines Gebots, in Ausnahmen und Beschränkungen wirksam zu werden pflegen. (19, 20)

Zur Lückenfüllung, die ja an den gesetzlichen Wertungen orientiert sein soll, führt Heck näher aus, daß der Richter bei der Feststellung der »Gemeinschaftsziele« nicht auf das Gesetz beschränkt sei. Vielmehr seien auch Führerworte und Parteierklärungen heranzuziehen, kurz, die Lücken seien nach Maßgabe der »nationalsozialistischen Gedankenwelt« auszufüllen. (19; 13) Aber auch dieser Rückgriff auf die »gemeinsamen Rechtsüberzeugungen« dürfte nicht immer eine Entscheidung ermöglichen, so daß sich auch im Nationalsozialismus das Problem der richterlichen Rechtsgewinnung stelle. (14) In dieser Lage hat der Richter anscheinend die Aufgabe, »die Gemeinschaftsgebote zu ergänzen auf Grund seiner eigenen Lebenskenntnis und Lebensbewertung«. (12)

Wenn Heck nun meinte, daß diese Konzeption einer »gesetzestreue(n) Zweck- und Interessenjurisprudenz« doch ganz den Vorstellungen des nationalsozialistischen Gesetzgebers entspreche, so dürfte er sicher recht gehabt haben. Mehr als die Bindung des Richters an Führerworte und Parteierklärungen hat wohl kein faschistischer Politiker gefordert. Die Interessenjurisprudenz ließ sich aber nur deshalb für »die große Rechtserneuerung des Nationalsozialismus« anbieten, weil Heck dem berühmten Zeitgeist erhebliche Konzessionen gemacht hat. Gegenüber früheren Ausführungen hat Heck in drei Punkten eine Revision vorgenommen:

(1) Während er früher erkennbaren Änderungen des Gemeinschaftsinteresses nur in Ausnahmefällen einen Einfluß auf die richterliche Entscheidung zugestehen wollte,[192] empfiehlt er jetzt, alle vor der Machtübernahme zustande gekommenen Gesetze an den neuen Gemeinschaftsidealen zu messen. Methodisch wurde dieser Wandel zweifellos dadurch erleichtert, daß schon die frühere Bestimmung der Relevanz gewandelter Vorstellungen des Gesetzge-

bers reichlich unklar war.

(2) Neu ist an der »historischen Interessenforschung«, daß nicht mehr die Ziele eines rechtsstaatlichen Parlaments, sondern diejenigen von NSDAP und »Führer« ermittelt werden sollen.

(3) Neu an der »historischen Interessenforschung« ist aber auch, daß einerseits die Relevanz der Absichten des Gesetzgebers für Auslegung sowie Lückenfüllung sehr betont, andererseits aber die »Konfliktschau« in ihrer Funktion wenig deutlich gemacht wird. In früheren Arbeiten wurde dagegen als die entscheidende Forderung der Interessenjurisprudenz die Darstellung der für die gesetzgeberischen Zwecke *kausalen* Interessen[193] (»Konfliktschau«) herausgestellt. Heck unterschied – dies sei in aller Kürze referiert – zwischen »Gebotsbild«, »Motivbild« und »objektivem Interessenbild«.[194] Unter »Gebotsbild« versteht Heck, in der Terminologie dieser Einleitung, eine Darstellung des semantischen Gehalts der Normen unter Zugrundelegung des historischen Sprachgebrauchs,[195] unter »Motivbild« eine Darstellung der »legislativen Vorstellungen über Gesetzeszweck, Interessenlage und Werturteil«, schließlich unter »objektivem Interessenbild« eine Darstellung der die eben genannten legislativen Vorstellungen verursachenden Interessen. Dabei sollte dem »objektiven Interessenbild« und nicht dem »Motivbild« die entscheidende Bedeutung zukommen.[196] Heck verfocht also zunächst keine in unserem Sinne subjektiv-teleologische Auslegung, scheint aber genau diese im Nationalsozialismus zu empfehlen. Heck hatte möglicherweise den Eindruck, daß dies den Machthabern genehmer wäre als die in ihrer Relevanz ohnehin dubiose *Hinterfragung* der gesetzgeberischen Ziele in einer sogenannten kausalen Interessenforschung.

Aber auch diese stark modifizierte Interessenjurisprudenz bringt Heck m. E. noch nicht in die Nähe von C. Schmitt. Doch prüfen wir Hecks Argumente für die angebliche Identität von kOG und Interessenjurisprudenz. Er stützt sich in erster Linie auf den hier abgedruckten Aufsatz Schmitts.

Heck stellt zunächst fest, daß Schmitt an der Gesetzesbindung festhalte.[197] (27, 28) Er schränkt sodann sein Thema ein: Schmitt stelle zwar die Lehre von den drei Denktypen sowohl für »Gebotsbildung« wie für »Gebotsanwendung« auf. Er, Heck, wolle sich aber nur auf das Problem der richterlichen Fallentscheidung beschränken, das ja auch bei Schmitt im Mittelpunkt des Interesses stehe. (28)

Schon damit versperrt sich m. E. Heck den Zugang zu Schmitts Gedankengang. Würde er nämlich Schmitts Überlegungen bezüglich der Gesetzgebung mit einbeziehen, so würde deutlich, daß es Schmitt im Gegensatz zu Heck nicht um das Verhältnis Gesetzgebung – Rechtsanwendung geht, sondern um eine Einschränkung *beider* Instanzen im Namen der »konkreten Ordnungen«.

Nachdem Heck zu Recht moniert, daß der »Denktyp« Dezisionismus hinsichtlich der richterlichen Rechtsanwendung nicht oder nur völlig unzutreffend erläutert sei, behauptet er, daß das konkrete Ordnungsdenken genau dem Zweckdenken entspreche. (28) Dafür finden sich nach langatmigen und überflüssigen Überlegungen darüber, ob Schmitt zu den konkreten Ordnungen nur »engere Gemeinschaften« oder auch die »allgemeine Volksgemeinschaft« rechne, drei sehr dürftige Argumente. Zunächst verweist Heck darauf, daß auch er bei der Beschreibung seiner Methode ähnliche Ausdrücke verwendet habe wie Schmitt (»das *konkrete* Leben«). (31, 32) Zweitens fordere er, Heck, dasselbe Zweckdenken wie die Verteidiger der Generalklauseln, die von Schmitt begrüßt werden. (32) Drittens betont Heck, daß nach seiner Methode das Leben ebenso im Mittelpunkt stünde wie nach Schmitts Auffassung. (33)

Ich denke, Hecks Begründung für die Identität von Interessenjurisprudenz und kOG bedarf keiner ausdrücklichen Widerlegung. Statt dessen seien unabhängig von Heck einige Überlegungen zum Verhältnis von kOG und Interessenjurisprudenz angestellt.

Etwas schwierig gestaltet sich ein Vergleich deshalb, weil, wie gezeigt, die Forderung des kOG nicht klar ist. Man weiß nicht recht, wer oder was die »rechtliche Substanz« der »konkreten Ordnungen« ist und wie sie zu ermitteln ist. Aber auch diese Feststellung erlaubt eine Abgrenzung gegenüber der Interessenjurisprudenz. In ihrer vorfaschistischen Version forderte sie die empirische Ermittlung von Interessen, welche die Gesetzgebung beeinflußt haben. Das ist eine klare Forderung, die sich das kOG jedenfalls nicht zu eigen gemacht hat. In der faschistischen Version fordert die Interessenjurisprudenz durch Heck die Ermittlung der Zielvorstellungen von Führer und NSDAP. Auch das fordert Schmitt nicht – jedenfalls nicht explizit. Wenn man allerdings bedenkt, daß, methodisch gesehen, es sich bei der »Ermittlung« nur um Projektionen des »Ermittlers« handeln kann und Schmitt in zahlreichen anderen Aufsätzen den Juristen die nationalsozialistischen Zielvorstellungen empfohlen hat, kann man wohl annehmen, daß

Schmitt gerade das anstrebte, was Heck, in dem Wunsche akzeptiert zu werden[197a], in aller Offenheit verlangte: die Bindung der Justiz an den Führer und die NSDAP. Diese letzten Bemerkungen aber waren, wenn auch gute Gründe für sie sprechen, Spekulation über Schmitts Absichten und keine rekonstruktiven Bemerkungen über die zu vergleichenden Methoden.

6. Die staatsrechtliche Methode seit Geltung des Grundgesetzes: Prinzipien der Verfassungsauslegung

a) Ernst Forsthoff

Ausgerechnet Forsthoff blieb es vorbehalten, nach umfänglicher Beteiligung an der nationalsozialistischen Rechtserneuerungsdebatte[198] der bundesrepublikanischen Verfassungsrechtslehre und insbesondere der Verfassungsrechtsprechung[199] eine Auflösung des Verfassungsgesetzes mit Hilfe der »geisteswissenschaftlich-werthierarchischen« Methode Smends vorzuwerfen.

Forsthoff nimmt besonders an zweierlei Entwicklungen im Verfassungsrecht Anstoß; einmal daran, daß man als wissenschaftlicher Verfassungsinterpret nicht mehr voraussehen könne, was die zuständigen Gerichte als geltendes Verfassungsrecht ansehen werden (55; 47); zum anderen daran, daß bestimmte Entwicklungen im materiellen Verfassungsrecht den Rechtsstaat als »ein System rechtstechnischer Kunstgriffe zur Gewährleistung gesetzlicher Freiheit« auflösten. (61) Für beide Entwicklungen macht er Smends »geisteswissenschaftlich-werthierarchische Methode« (49, 51, 55, 59, 60) verantwortlich. Sehen wir zu, wie Forsthoff diese Methode beschreibt.

Mit Smends Forderung einer »Einordnung der einzelnen staatsrechtlichen Normen in das Sinnsystem des staatsrechtlichen Integrationszusammenhangs«[200] liege der »zentrale Orientierungsgesichtspunkt für die Auslegung der Verfassungsnormen außerhalb der Normen« und damit außerhalb der Reichweite der Mittel »exakter Gesetzesinterpretation«. (37, 38) Die Intention der geisteswissenschaftlich-werthierarchischen Methode sei gerichtet auf »die Sinnerfassung durch Einordnung in weitere geistige Zusammenhänge«. (44) Sie praktiziere eine »fließende Geltungsfortbildung des gesetzten Verfassungsrechts«.[201] (50, 60) Sie mache die

Grundrechte zu Werten und verwandle damit den Vorgang der »Erfassung des Normgehalts« in die anachronistischen »Prozeduren der Wertverwirklichung durch Wertanalyse und Wertabwägung«. (41) Sie sei geeignet nicht zur Auslegung, sondern zur Legitimierung politischer Bestrebungen an der Verfassung. (48) Sie führe zwangsläufig zu einer kriterienlosen Kasuistik in der Rechtsprechung. (55, 60; 56) Insgesamt: durch diese Methode wird »die Verfassung als Gesetz« aufgelöst (42); die Verfassung verliert »Formalität«, »Rationalität«, »Evidenz«, »Stabilität« (36, 44, 51, 60).

Materiell-rechtlich hält Forsthoff der geisteswissenschaftlich-werthierarchischen Methode vor, daß nur mit ihrer Hilfe die Umbildungen des im Grundgesetz verankerten formalen Rechtsstaats begründet werden könnten: nämlich die These von der Drittwirkung der Grundrechte (45 f.), die sozialstaatliche Interpretation des Grundgesetzes (48 f.) und Ridders Ausdehnung des innerparteilichen Demokratiegebots auf die Presse (49 f.). Mit den Methoden »exakter Verfassungsinterpretation« wären diese Ergebnisse nicht zu erzielen. (45, 49)

Forsthoffs Kritik an der »geisteswissenschaftlich-werthierarchischen« Methode ist wenig überzeugend. Zwar sieht er zutreffend, daß Smend keine Ermittlung des semantischen Gehalts der verfassungsrechtlichen Normen vorschlägt, sondern die »Auslegung« an einem Punkt außerhalb der Verfassungsnormen orientieren will. Wie wir bei der Smend-*Rekonstruktion* feststellten, empfiehlt Smend ja Bedeutungs*festsetzungen* im Hinblick auf die Bestandserhaltung des Staates. Unbefriedigend ist Forsthoffs Kritik aber zunächst insofern, als er bei einer bloßen Paraphrasierung der von Smend unklar formulierten *geisteswissenschaftlichen* Ansprüche bleibt (»Sinnerfassung durch Einordnung in weitere geistige Zusammenhänge«); Forsthoff gelangt nicht zu einer *rationalen Rekonstruktion* von Smends Position. Unbefriedigend ist ferner, daß Forsthoff nicht begründet, warum Smends Methode bestimmte Folgen wie die »fließende Geltungsfortbildung« und die kriterienlose Kasuistik notwendig nach sich ziehe. Nach unserer Smend-Rekonstruktion sind diese Behauptungen allerdings zutreffend. Erstens müßte natürlich eine laufende Anpassung der Verfassungs-»auslegung« an die tatsächliche Lage erfolgen, wenn nicht der Bestand des Staates gefährdet werden soll. Zweitens ist das Ziel *Bestandssicherung* so vage, daß in der Tat mit einer kriterienlosen

Kasuistik zu rechnen wäre.

Unbewiesen bleibt schließlich Forsthoffs Behauptung über einerseits die Unbegründbarkeit der genannten materiell-rechtlichen Verfassungs-»auslegungen« mit Hilfe der Methoden »exakter Verfassungsinterpretation« und andererseits die Begründbarkeit gerade dieser »Auslegungen« mit Hilfe der »geisteswissenschaftlich-werthierarchischen« Methode. Forsthoff *behauptet* lediglich die Unmöglichkeit dieser »Auslegungen« mit den »Mitteln der herkömmlichen Interpretation«. (45) Aber sehen wir uns doch die Methoden »exakter Verfassungsinterpretation« näher an.

Forsthoff fordert, daß die Verfassung als Gesetz den für Gesetze geltenden Regeln der Auslegung unterstellt werden müßte. Damit würde die Verfassung »in ihrem Sinne erweisbar und in ihrem Vollzug kontrollierbar«. Er verweist auf die hermeneutischen Regeln, die v. Savigny im ersten Bande des heutigen römischen Rechts klassisch dargestellt habe. (36) Ein »unkritische(r), positivistische(r) Normativismus« allerdings, der das Verfassungsgesetz wie jedes andere Gesetz interpretieren wollte, würde dem Verfassungsgesetz sowohl verfassungspolitisch wie juristisch Wesentliches schuldig bleiben. Diese Einsicht der Staatsrechtslehre der zwanziger Jahre habe aber daran nichts geändert, daß die Grenzen einer Gesetzesinterpretation nicht überschritten werden dürften. (37) Von den »Mitteln der Sinnerfassung von Normen« müßte derart Gebrauch gemacht werden, daß die »Hypostasierungen« im »Wortlaut der zu interpretierenden Norm eine Rechtfertigung finden«. (39) Die Gesetzesauslegung müsse sein die »Subsumtion im Sinne des syllogistischen Schlusses«. (41) Als zwei Regeln der Auslegung führt Forsthoff schließlich zwei der bekannten Sentenzen an: »Lex specialis derogat legi generali.« (43; 38 Fußn. 5) »Lex posterior derogat legi priori.« (38 Fußn. 5)

Dies ist eine allzu dürftige Erläuterung dessen, was exakte Verfassungsinterpretation sein soll. Darüber hinaus ist festzustellen, daß Forsthoffs Position aus zwei Gründen besonders unklar ist. Einmal fordert er völlig unspezifizierte Abweichungen von strikt positivistischen Rechtsanwendungsvorstellungen. Zum zweiten bleibt offen, wie weit sich »Auslegungen« vom Wortlaut entfernen dürfen, angesichts dessen, daß sie bloß vom Wortlaut gerechtfertigt werden – d. h. anscheinend – nicht mit ihm identisch sein müssen. Auf Grund der völligen Unklarheit von Forsthoffs Konzept der Rechtsanwendung kann die Frage, was mit diesen Auslegungsmitteln aus dem Grundgesetz abgeleitet werden kann, nicht beantwortet werden.

b) Alexander Hollerbach

Hollerbach setzt sich zunächst intensiv mit Forsthoffs Behauptung auseinander, das Grundgesetz schreibe der Bundesrepublik einen formalen Rechtsstaat vor. (243-250, 265-267) Forsthoffs Verständnis des Grundgesetzes erklärt er zur »petitio principii«. (248) Gegenüber Forsthoffs »technisch-formalem« Verfassungsverständnis vertritt Hollerbach die Ansicht, daß eine Verfassung jedenfalls auch »den Auftrag zu einer sinnvollen, daseinsgestaltenden Verwirklichung einer gerechten Sozialordnung zum Inhalt« habe. (250) Die von Forsthoff als »Umbildung« des Verfassungsgesetzes bezeichnete sozialstaatliche Interpretation des Grundgesetzes sieht Hollerbach als vom Grundgesetz geboten. Zugleich weist er die Ansicht zurück, daß Smends geisteswissenschaftliche Methode für diese Interpretation verantwortlich sei; denn bereits von einem »vordergründigen historischen Sinnverständnis her« könne es als sicher gelten, »daß dem Grundgesetz nichts ferner lag, als ein formal-technisches Verständnis eines reinen, ausschließlich als institutionelles Gefüge gesehenen Rechtsstaats«. (267; hier nicht abgedruckt)

Hollerbach beruft sich allerdings zur Kritik an Forsthoff nicht nur auf ein »vordergründiges historisches Sinnverständnis«, sondern er verweist auch auf *negative Folgen*, die Forsthoffs »technisch-formalistisches Verfassungsverständnis« bewirken würde. Zum einen vermutet er, daß die »Tendenz des Politischen zur völligen Emanzipation von der Normativität und zur Instrumentalisierung normativer Ordnungen für bestimmte Zwecke« verstärkt würde. (249) Er befürchtet weiter, daß den politischen Kräften ein Spielraum gelassen würde, dergestalt, »daß es ihnen ein leichtes wäre, im Falle des Nichtfunktionierens das formalistisch erstarrte Gefüge zu sprengen und außer Kraft zu setzen.« (250) Ferner würde die Verfassung »gegenüber der hochdifferenzierten, teleologisch-material erfüllten Verwaltungsrechtsordnung schließlich jeglichen substantiellen Eigenwert« verlieren und dadurch »der Gefahr der Instrumentalisierung ›von unten‹ aus der Sphäre der mächtigen, eigengesetzlichen Verwaltung« unterliegen. (249) Schließlich böte ein »technisch-formalistisches Verfassungsverständnis« keinen Ansatz zu einer *»Verfassungsethik«* und sei möglicherweise mit Ursache für das Fehlen eines »Staatsbewußtseins«. (250, 251)

Neben Bemerkungen dazu, daß Forsthoff Smends Begriff »Wert« falsch verstehe (253ff.) und dem Versuch, Max Weber als den »philosophisch-wissenschaftstheoretischen Wurzelgrund« Forsthoffs zu erweisen (268ff.; hier nicht abgedruckt), ist Hollerbachs Bemühen, die »geisteswissenschaftliche« Methode zu verteidigen, besonders wichtig:

Hollerbach erwidert auf drei Ebenen. Zunächst hält er Forsthoff Widersprüchlichkeit insofern vor, als dieser zwar in seinem Lehrbuch des Verwaltungsrechts ein »institutionelles Rechtsdenken« verfechte und damit eine auf »Sinnverstehen hin angelegte geisteswissenschaftliche Interpretationsmethode« anerkenne, neuerdings aber die geisteswissenschaftliche Methode ablehne. (256, 257) Zweitens verweist er gegenüber Forsthoffs neueren Vorstellungen von Gesetzesauslegung einmal auf den »›verwirrenden Prinzipienantagonismus‹ in der Interpretationslehre« und zum anderen auf das schöpferische Moment in jeder Rechtsanwendung, das von Larenz und Engisch aufgedeckt worden sei. (258, 259) Schließlich – drittens – verteidigt Hollerbach engagiert den »geisteswissenschaftlichen« Charakter der Rechtswissenschaft. Rechtswissenschaft sei eine geisteswissenschaftliche Disziplin, »weil sie es mit den Menschen und einer bestimmten Objektivation menschlichen Geistes, mit ›Menschenwerk‹ in der besonderen Form des ›Sprachwerks‹ zu tun« habe. Als angewandte Geisteswissenschaft sei die Rechtswissenschaft auf »verstehende Interpretation angelegt und angewiesen«. (261)

Auch wenn man Hollerbachs »Auslegung« des Grundgesetzes der Forsthoffschen vorzieht, so kann man Hollerbach kaum gegenüber Forsthoff ein höheres Maß methodischer Klarheit bescheinigen. Schon die Begründung für die Kritik an Forsthoffs »formal-technischem Verfassungsverständnis« ist methodisch unzulänglich. Weder wird erläutert, was ein »vordergründiges historisches Sinnverständnis« ist, noch sieht Hollerbach, daß seine anderen Argumente sich *gerade nicht* auf das Grundgesetz stützen, sondern vielmehr *Bedeutungsfestsetzungen* bestimmter Verfassungsartikel als notwendig für die Vermeidung vage beschriebener, negativ bewerteter *Folgen* behaupten. Weiter gibt Hollerbach keine Rechtfertigung für den von ihm gewählten Weg der Folgendiskussion. Auch weist diese Folgendiskussion erhebliche Mängel auf: die zu vermeidenden Folgen sind außerordentlich vage beschrieben, und es fehlen nahezu jegliche Begründungen dafür, daß die empirischen Behauptungen über Zusammenhänge zwischen dem »formal-technischen Verfassungsverständnis« und den negativ bewerteten Folgen als ausreichend bestätigt angesehen werden können.

Die Kritik an Forsthoffs Forderung nach Gesetzesbindung bei der Verfassungsauslegung fällt mit dem Hinweis auf das »schöpferische Moment« aller Rechtsanwendung reichlich knapp aus. Den Verweisen auf Larenz und Engisch kann nicht nachgegangen werden. Im übrigen gestatten die Ausführungen beider keine so differenzierte Kritik an Forsthoffs »Verfassungsbindungspostulat«, wie sie auf der Grundlage der Semantik möglich ist.

Besonders vermißt man eine nähere Erläuterung der geisteswissenschaftlichen Methode, die auch als »verstehende Interpretation« beschrieben wird. Man könnte denken, gemeint sei einfach eine empirische Ermittlung des semantischen Gehalts des »Sprachwerkes«, der Gesetze. Dagegen spricht aber einmal, daß etwa die von Hollerbach zitierten Gadamer und Rothacker eine solche profane Deutung ihrer Intentionen zweifellos entschieden zurückweisen würden, ohne daß allerdings sonderlich klar wäre, was diese Denker selbst unter »verstehender Interpretation« verstanden wissen wollen.[202] Zum anderen ist zu bedenken, daß Hollerbach selbst eine Folgendiskussion praktiziert und die Annahme sicher nicht ganz abwegig ist, daß er die Methode empfiehlt, die er selbst praktiziert.

c) Horst Ehmke

Ehmke bemüht sich in seinen auf der Staatsrechtslehrertagung im Jahre 1961 gehaltenen Vortrag darum, die staatsrechtliche Methodendiskussion an die Methodendiskussion der Zivilrechtler heranzuführen. Unter Berufung auf Esser und Viehweg charakterisiert Ehmke Rechtswissenschaft als »praktische Disziplin« (54), als Problemdenken. Der Jurisprudenz sei nicht ein einfach auf Fälle anzuwendendes System vorgegeben, sondern es seien ihr umgekehrt die Probleme vorgegeben, die »unter Abwägung aller für den konkreten Fall relevanten Gesichtspunkte« gelöst werden müßten. (55) Dabei hätten die am Gesetzestext ausgerichteten Methoden lediglich ein »relatives Recht« darin, »daß sie bestimmte – allgemeine, nicht dem jeweiligen konkreten Problembereich eigene – Gesichtspunkte für juristische Problemlösungen« herausstellten. (59) Wenn der Wortlaut eines Gesetzes keinen Ansatzpunkt für eine sinnvolle Problemlösung böte, könne man über ihn hinweggehen. Ein »relatives *Un*recht« der herkömmlichen Auslegungsmethoden läge darin, daß sie für juristische Problemlösungen relevante partielle Gesichtspunkte verabsolutierten. (60) Eine »erkenntnistheoretische Grundlage« für die skizzierte topische Interpretationslehre sieht Ehmke in der »geisteswissenschaftlichen Methode«. Indem diese »das ›produzierende‹ Moment menschlicher Sprache und damit menschlichen Verständnisses« aufzeige, entziehe sie allen »rein logisch-deduktiven Vorstellungen« in der juristischen Interpretationslehre den Boden. (61)[203]

Auch verfassungsrechtliches Denken sei Problemdenken. »Angesichts der Knappheit und relativen Konstanz des Textes der Verfassung einerseits, der inhaltlichen Weite und Unbestimmtheit ihrer Grundzüge andererseits, liegt im Verfassungsrecht die Notwendigkeit kontinuierlicher Rechtsfortbildung klar zutage.« (62) Ferner: »Ob man sich nun dessen bewußt ist oder nicht, in allen Interpretationsfragen von einigem Schwierigkeitsgrad wird das Problem durch das bewußte oder unbewußte Vorverständnis, mit dem man an es herantritt, vorentschieden.« Beispielsweise sei es im Konkordats- und im Fernsehprozeß um »das Vorverständnis des Bundesstaates« gegangen. (70)

Gerade in dem für die Problemerfassung maßgeblichen »Vorverständnis« sieht Ehmke die Gewähr dafür, daß sich die Jurisprudenz trotz Problemdenkens nicht in »Kasuistik« auflöse: »Die Begründung dieses Vorverständnisses, das Zusammentragen der für ein Problem maßgeblichen Gesichtspunkte, die vorläufige Einordnung des Problems und seiner Lösung in einen sinnvollen Zusammenhang mit anderen Problemkreisen, sind Aufgaben der Theorie oder der – recht verstandenen – Systematik, also Aufgaben der Lehre.« (56) Entsprechend fordert Ehmke als »eigentliche verfassungsrechtliche Hermeneutik... eine sachbezogene, die Problemhorizonte erschließende, die ›Vor-Urteile‹ begründende und die Fall-Praxis ›verarbeitende‹ Verfassungstheorie«. (64)

Als »Gretchen-Frage« seiner Ansicht, »daß die materielle Verfassungstheorie die eigentliche verfassungsrechtliche Hermeneutik sei«, bezeichnet Ehmke die Frage danach, welches »verfassungstheoretische Vorverständnis« denn maßgebend sein soll. Als Auswahlkriterium zwischen konkurrierenden verfassungstheoretischen Vorverständnissen empfiehlt Ehmke die »Überzeugungskraft einer verfassungstheoretischen Argumentation«. Ob eine verfassungstheoretisch überzeugungskräftige Argumentation vorliege, bestimme der »Konsens aller ›Vernünftig- und Gerechtdenkenden‹«. (71) Zu diesen gehörten die Rechtslehrer, die Richter und »das ganze Gemeinwesen«. (71, 72) Wenn sich die Vernünftig- und Gerecht-Denkenden irrten, dann liefe die Sache schief. (72)

Als »Hilfsmittel« der materialen Verfassungstheorie sieht Ehmke »*Prinzipien* der Verfassungsinterpretation«. Diese stellten im Gegensatz zu den gegenüber der Sache verselbständigten Auslegungsmethoden »am Problem entwickelte sachliche Regeln für Problemlösungen« dar. (72) Dabei unterscheidet Ehmke *materiell-rechtliche* Entscheidungsregeln wie den Satz »in dubio pro libertate« und *funktionell-rechtliche* Interpretationsprinzipien, die sich »auf die Funktion des Verfassungsgerichts im Prozeß der Rechtsfortbildung« beziehen wie z. B. die Forderung verfassungskonformer Gesetzesauslegung. (73, 102)

Ehmke diskutiert schließlich die Handhabung solcher »Prinzipien der Verfassungsinterpretation« durch das Bundesverfassungsgericht. Seine Ausführungen leiden teilweise unter der mangelnden Präzisierung der Prinzipien (z. B. des Prinzips, die Verfassung als Einheit zu betrachten); teilweise fehlen Begründungen für Annahme bzw. Ablehnung solcher Prinzipien. (74ff.)

Man wird Ehmkes Position schlagwortartig dahin charakterisieren können, daß für die Begründung verfassungsrechtlicher Entscheidungen die Verfassung nur ein Topos unter vielen ist. Oder vielleicht deutlicher: der semantische Gehalt der Verfassung soll nur eine untergeordnete Rolle spielen; er wird nur dann berücksichtigt, wenn er eine »sinnvolle« Lösung bietet. Diese Bemerkungen zeigen deutlich, daß Ehmke zwar eine Verfassungsbindung i. S. der Ermittlung des semantischen Gehalts von Verfassungsbestimmungen für *möglich* hält, aber *nicht* für *wünschenswert*. »Sinnvolle« Lösungen zieht er der Verfassungsbindung vor.

Andererseits sind wir aber auch auf Bemerkungen gestoßen, mit denen offenbar die Möglichkeit einer Verfassungsbindung in Frage gestellt wird. Zu denken ist einmal an die Behauptung, die »geisteswissenschaftliche Methode« habe »rein logisch-deduktiven Vorstellungen« den Boden entzogen; zweitens an die These von der *unausweichlichen* Wirksamkeit eines »Vorverständnisses« und drittens an den Hinweis auf Knappheit, Konstanz, inhaltliche Weite und Unbestimmtheit der geschriebenen Verfassung.

Alle drei Argumente werden von Ehmke nicht näher begründet. Zum ersten möchte ich behaupten, daß völlig unklar ist, was die »geisteswissenschaftliche Methode« ist, geschweige denn, was sie leistet. Klar ist dagegen, daß mit Hilfe der Semantik die Grenzen der Forderung deduktiver Rechtsanwendung gezeigt werden konnten. – Die These von der unausweichlichen Wirksamkeit eines Vorverständnisses steht zunächst im Widerspruch zu der von Ehmke an anderer Stelle seiner Rede ausgedrückten Ansicht, daß die Ermittlung des semantischen Gehalts einer Verfassungsbestimmung schon möglich, wenn auch für die Entscheidungsbegründung letztlich von untergeordneter Bedeutung sei. Darüber hinaus ist diese Annahme sicher falsch. Zweifellos besteht prinzipiell – ob praktikabel oder nicht, sei hier dahingestellt – die Möglichkeit intersubjektiv nachprüfbarer, nicht durch individuelle Vorverständnisse beeinträchtigter Bedeutungsermittlungen. – Mit den Hinweisen schließlich auf Konstanz der geschriebenen Verfassung einerseits, inhaltliche Weite und Unbestimmtheit andererseits, werden die Probleme von Porosität und Vagheit angesprochen.

Die Forderung nach einer materialen Verfassungstheorie ist insofern nicht sehr informativ, als sowohl die Aufgaben einer solchen Theorie sehr vage beschrieben werden wie auch die Kriterien für Annahme bzw. Verwerfung einer solchen Theorie. Die materiale Verfassungstheorie soll u. a. Vorverständnisse begründen, wie z. B. ein »Vorverständnis des Bundesstaates«. Diese Forderung läßt sich vielleicht so rekonstruieren, daß bestimmte, vom Verfassungsanwender erstrebte Ziele (hier: irgendeine bundesstaatliche Ordnung) gerechtfertigt werden sollen. Diese Ziele oder, wie man auch sagen könnte, erwünschten Folgen, oder, wie Ehmke sagt, Vorverständnisse, sollen einen erheblichen Einfluß auf die Verfassungs-»auslegung« haben. Dies läßt sich dahingehend deuten, daß die Bedeutungsfestsetzungen für Verfassungsartikel im Hinblick auf die erwünschten Folgen vorgenommen werden sollen. – Ehmkes Auswahlkriterium für verfassungstheoretische Vorverständnisse, nämlich die Überzeugungskraft einer verfassungstheoretischen Argumentation (gemessen am »Konsens aller …«) ist aus zwei Gründen höchst bedenklich. Zunächst ist nach der skizzierten Rekonstruktion klar, was durch die verfassungstheoretischen Argumentationen begründet werden soll: *Wertungen.* Die »verfassungstheoretischen Vorverständnisse« zeichnen je verschiedene Folgen als erwünscht aus. Anstatt gleich auf die »Vernünftig- und Gerecht-Denkenden« zu rekurrieren, wären deshalb Chancen und Schwierigkeiten von Folgendiskussionen näher zu untersuchen.[204] Aber der Rekurs auf die »Vernünftig- und Gerecht-Denkenden« schneidet nicht nur Erörterungen über Chancen rationalen Begründens ab, sondern ist auch andererseits geeignet, die Tatsache zu verschleiern, daß an irgendeiner Stelle der Begründungsregreß *dogmatisch* abgebrochen werden *muß.* Diesen leider nicht vermeidlichen Dogmatismus sollte man nicht mit einem fiktiven Konsens bemänteln.

d) Friedrich Müller

Einer der führenden Methodentheoretiker des verfassungsrechtlichen Argumentierens ist zweifellos Friedrich Müller. Gegenüber dem in Methodenfragen unmethodischen Pragmatismus von Rechtsprechung und Verfassungsrechtslehre hat sich Müller in einer Reihe von Arbeiten bemüht, eine Methodik verfassungsrechtlichen Arbeitens *systematisch* zu entwerfen.[205]

Grundlegend für Müllers Methodenlehre ist die von ihm entwickelte, den – wie er sagt – Gesetzespositivismus hinter sich lassende »hermeneutische *Rechtsnormtheorie*«. (142, 150)[206] Nach dieser Normtheorie ist zunächst von einer »Nichtidentität von Normtext und Norm« auszugehen. Der Wortlaut einer positiven Rechtsvorschrift sei nur die »Spitze des Eisbergs«. (144) Zum einen diene der Wortlaut in der Regel nur der Formulierung des *Normprogramms,* während der die Norm mitkonstituierende *Normbereich* nur angedeutet werde. (144, 145) Auch die der Norm zugehörige *Normativität* gehe aus dem Normtext nicht hervor; sie folge aus »außersprachlichen Gegebenheiten staatlich-gesellschaftlicher Art«, wie etwa dem tatsächlichen Funktionieren, dem tatsächlichen Anerkanntsein einer Verfassungsordnung. Schließlich sei auch »der ›*Inhalt*‹ einer Rechtsvorschrift, d. h. die von ihr ausgehenden... *Ordnungs-, Regelungs- und Maßstabimpulse*«, in »ihrem Wortlaut nicht substantiell ›anwesend‹.« (145) Über die genannten Elemente der Norm, Normprogramm und Normbereich, führt Müller näher aus: Der Wortlaut einer Norm drücke das Normprogramm aus,

»den herkömmlich so verstandenen ›Rechtsbefehl‹«. Gleichrangig gehöre zur Norm der Normbereich, »d. h. der Ausschnitt sozialer Wirklichkeit in seiner Grundstruktur, den sich das Normprogramm als seinen Regelungsbereich ›ausgesucht‹ oder z. T. erst geschaffen hat«. (147) »Aus der Gesamtheit der von einer Vorschrift betroffenen Gegebenheiten, dem ›Sachbereich‹, hebt das Normprogramm den Normbereich als Bestandteil des Normativtatbestandes hervor.« (148)

Angesichts der behaupteten »Nichtidentität von Normtext und Norm« erscheint es folgerichtig, wenn Müller ausführt, daß Normkonkretisierung mehr sei als Normtextauslegung. »Die Interpretation des Normwortlauts ist eines der wichtigsten Elemente im Vorgang der Konkretisierung, aber nur ein Element.« (150) Müller unterscheidet zwei Gruppen von »Konkretisierungselementen«: einerseits »Mittel der Normbehandlung im herkömmlichen Sinne«, also Mittel der *Normtextbehandlung;* andererseits »Konkretisierungsschritte, durch die sachhaltige Gesichtspunkte aus der *Untersuchung des Normbereichs* der umzusetzenden Vorschrift... verwertet werden.« (157) Die Untersuchung »verfassungsrechtlicher Normbereiche« weist Müller einer »Verfassungstheorie« zu. (169f.)

Die zwei Gruppen von »Konkretisierungselementen« stehen nicht gleichrangig nebeneinander. Der »mögliche Wortsinn« umschreibt nach Müller »aus rechtsstaatlichen Gründen den Spielraum einer normorientierten Konkretisierung«. Der Wortlaut stecke die »äußerste Grenze« verfassungsrechtlich zulässiger »Sinnvarianten« ab. (160) »Er dirigiert und begrenzt die legitimen und legalen Möglichkeiten sachbestimmter Rechtskonkretisierung innerhalb seines Rahmens.« (146) Damit liege im Zweifel das Schwergewicht bei den Interpretationselementen, die sich auf Normtexte beziehen. (177; hier nicht abgedruckt)

Über die Schwierigkeiten von Normkonkretisierungen führt Müller aus, daß eine »juristische Konkretisierung« kein »rein kognitives Verfahren«, kein bloßer »›Nachvollzug‹ legislatorischer Wertungen« sein könne. (150, 154) Er begründet dies wie folgt. Juristische Begriffe in Normtexten gäben in aller Regel keine »dingliche(n) Beschreibung(en) des Gemeinten«; sie evozierten nur als »Signal- oder Anknüpfungsbegriffe das, woran als Entsprechung in der sozialen Realität gedacht ist.« (146) Der Wortlaut einer Norm sei interpretationsbedürftig nicht nur deshalb, weil er nicht

»eindeutig«, nicht »evident«, »unklar« ist, sondern vor allem deshalb, weil er auf einen Fall angewandt werden müsse.[207] Der Wortlaut einer Norm möge auf dem Papier klar oder gar »eindeutig« aussehen; schon der nächste praktische Fall könne ihn höchst »unklar« erscheinen lassen. (150)[207] Wegen »der Zukünftigkeit der zu regelnden Fälle und damit der einer bestimmten Norm zuzurechnenden einzelnen Entscheidungen können weder ›der‹ Wille noch ›die‹ Entscheidung einer Vorschrift an sich ermittelt werden.« (151) »Weder können noch sollen diese Rechtsfälle vom Gesetzgeber qualitativ und quantitativ vor-›vollzogen‹ werden.« (154) »Juristischen Begriffen in Normtexten eignet nicht ›Bedeutung‹, Sätzen nicht ›Sinn‹ nach der Konzeption eines abgeschlossenen Vorgegebenen.« (146) Die Rechtsnorm ist, so läßt sich zusammenfassen, ein »sachlich umschreibbarer... Kern normativer Anordnung«, der »im Einzelfall zur Entscheidungsnorm konkretisiert und damit meist auch verdeutlicht, differenziert, sachlich angereichert und in den Grenzen des rechtsstaatlich Zulässigen... fortentwickelt« wird. (151)

Unter anderem die vorstehenden Ausführungen sollten nach Müller deutlich gemacht haben, »welche Rolle das ›Vorverständnis‹ der zu konkretisierenden Norm und das des Falls in juristischer Arbeit spielt«. (152) Dieses »juristische Vorverständnis und seine rationale Rechtfertigung, die in verfassungsrechtlicher Praxis weitgehend mit dem Einarbeiten von Inhalten der Staats- und Verfassungstheorie zusammenfällt, ist damit der Ort einer aus der Praxis erwachsenden, einer nicht um ihrer selbst, sondern um der Rationalität und Richtigkeit der zu findenden Entscheidung willen anzustellenden *Ideologiekritik*«. (153)

Beginnen wir unsere rekonstruktiven und kritischen Betrachtungen mit Müllers Eisberg-Theorie der Rechtsnormen. Schon in »Normstruktur und Normativität« wurde nicht deutlich, was genau unter »Normbereich« zu verstehen ist. Auch der hier abgedruckte Text läßt insoweit vieles offen. Es ist einmal zu fragen, was unter dem »Regelungsbereich« eines Normprogramms zu verstehen ist; weiter, was unter der »Grundstruktur« eines Regelungsbereichs zu verstehen ist; und schließlich, was es heißen soll, daß das Normprogramm den Normbereich als »Bestandteil des Normativtatbestandes« »hervorhebe«. Wenn man berücksichtigt, daß die Untersuchung des Normbereichs »sachhaltige Gesichtspunkte« für die Normkonkretisierung liefern soll, so könnte die Forderung nach der Berücksichtigung des Normbereichs ganz allgemein dahin gehen, daß in der Welt herrschende *Gesetzmäßigkeiten* bei der »Normkonkretisierung« beachtet werden sollten. Damit könnte eventuell eine *Folgendiskussion* als Grundlage für »Normkonkretisierungen« vorgeschlagen sein. Unklar bleibt allerdings bei diesem Rekonstruktionsvorschlag, inwiefern die zu berücksichtigenden Gesetzmäßigkeiten (Normbereich) Bestandteile der Rechtsnorm sein sollen. Dem überkommenen Sprachgebrauch gemäß sind sie das zweifellos nicht. Wenn Müller einen neuen Sprachgebrauch vorschlagen will, so sehe ich darin keinen Nutzen.

Offen ist auch, welche Rolle genau Untersuchungen des »Normbereichs« für die Normkonkretisierung spielen sollen. Auch hier bietet sich die Möglichkeit an, auf die *Folgendiskussion* als *ein* Modell der Berücksichtigung »sachhaltige(r) Gesichtspunkte« zu verweisen.

Müllers rechtsstaatliche Forderung, den »Wortlaut« als »äußerste Grenze« von »Normkonkretisierungen« anzusehen, läßt sich als Forderung rekonstruieren, daß bei der Rechtsanwendung in jedem Falle der semantische Gehalt der Normen zu *ermitteln* und zu respektieren sei. Seine Ausführungen dazu, wie der Wortlaut zu ermitteln ist, sind allerdings äußerst unbefriedigend.

Müllers Beschreibung der Schwierigkeiten von »Norm*text*konkretisierungen« leidet ganz erheblich unter dem Mangel einer semantischen Fundierung. Der Ansicht, gesetzliche Begriffe gäben keine »dingliche(n) Beschreibung(en)«, ist zunächst entgegenzuhalten, daß Begriffe niemals »Beschreibungen geben«, sondern nur in Beschreibungen verwendet werden können. Abgesehen davon aber, läßt sich die These von den »Signalbegriffen« vielleicht dahin rekonstruieren, daß gesetzliche Begriffe *äußerst vage* seien und daher juristisches Entscheiden nur wenig anleiten könnten. Wenn Müller weiter ausführt, daß ein auf dem Papier klar aussehender Wortlaut schon angesichts des nächsten Falles höchst unklar erscheinen könne, so lassen sich dafür zwei Erklärungen geben. Es kann einmal sein, daß vor Eintritt eines bestimmten Falles an einen an sich bekannten neutralen Kandidaten eines gesetzlichen Ausdrucks schlicht nicht gedacht wurde; es kann zum anderen sein, daß ein intensional vager Ausdruck aktuell keine neutralen Kandidaten hat (er ist in diesem Sinne – nämlich: extensional – klar), daß aber in Gestalt eines neuen Falles, in dem es um neue technische oder soziale Entwicklungen geht, ein neutraler Kandidat auftauchen wird (der Begriff erscheint angesichts eines neuen Falles unklar). Ebenfalls vermutlich das Problem der Porosität wird von Müller mit den Bemerkungen über die »Zukünftigkeit« der zu regelnden Rechtsfälle angesprochen. Wenn er schließlich behauptet, juristischen Begriffen eigneten nicht Bedeutungen »nach der Konzeption eines abgeschlossenen Vorgegebenen«, so könnte dies zunächst dahin verstanden werden, daß unter der Bedeutung sprachlicher Ausdrücke nicht irgendwelche selbständigen Wesenheiten zu verstehen seien; es könnte aber auch gesagt sein, alle Begriffe seien offen i. S. von »potentiell vage«; es könnte schließlich, wie der Kontext möglicherweise nahelegt, die *Forderung* ausgedrückt sein, Juristen *sollten* Bedeutungsänderungen gesetzlicher Begriffe vornehmen.

Alles in allem scheint mir für Müllers Arbeit zu gelten, was schon für andere Aufsätze behauptet wurde: es werden sehr kritische und anregende Hinweise geliefert, eine präzise Problembeschreibung verfassungsgebundenen Entscheidens liefert Müllers *hermeneutische Rechtsnormtheorie* nicht. Eine *semantische Rechtsnormtheorie* scheint mir da leistungsfähiger.

Anmerkungen

1 W. Wilhelm, Zur juristischen Methodenlehre im 19. Jahrhundert (Die Herkunft der Methode Paul Labands aus der Privatrechtswissenschaft), 1958, S. 13

2 Vgl. zu den sog. genetischen Erklärungen W. Stegmüller, Probleme und Resultate der Wissenschaftstheorie und analytischen Philosophie, Bd. I (Wissenschaftliche Erklärung und Begründung), 1969, S. 117ff., 352ff.

3 Zum Begriff der kausalen Erklärung, W. Stegmüller, Probleme und Resultate..., Bd. I, S. 428ff.

4 H. Mayer, Die Krisis der deutschen Staatslehre und die Staatsauffassung Rudolf Smends, Diss. Köln 1931. – F. Neumann, Der Funktionswandel des Gesetzes im Recht der bürgerlichen Gesellschaft, in: ders., Demokratischer und autoritärer Staat, 1967, S. 31ff.

5 W. Wilhelm, Zur juristischen Methodenlehre..., S. 97, 99

6 Mayer, Die Krisis..., S. 11

7 In der logischen Struktur ähnliche Argumentationen finden sich bei F. Neumann, Der Funktionswandel...

8 Bejahend F. v. Kutschera, Wissenschaftstheorie II, 1972, S. 374ff.; ablehnend W. Stegmüller, Probleme und Resultate..., Bd. I, S. 518ff., bes. S. 555ff.; da das im Text gegebene Beispiel stark in die Nähe sogenannter *rationaler Erklärungen* zu kommen scheint, sei auch verwiesen auf W. Stegmüller, Probleme und Resultate..., Bd. I, S. 379ff.

9 P. v. Oertzen, Die soziale Funktion des staatsrechtlichen Positivismus, Diss. Göttingen 1953, 1974 (Edition Suhrkamp Bd. 600), S. 321

10 W. Stegmüller, Gedanken über eine mögliche rationale Rekonstruktion von Kants Metaphysik der Erfahrung (1968), wieder abgedruckt in: ders., Aufsätze zu Kant und Wittgenstein, 1970, S. 1ff.

11 W. Stegmüller, Gedanken..., S. 2

12 Eine sorgfältige *Direktinterpretation* bleibt natürlich – wie auch W. Stegmüller betont – *unverzichtbare* Voraussetzung einer solchen *Rekonstruktion.*

13 Mit »staatsrechtlichen Entscheidungen« meine ich im folgenden sowohl Entscheidungen von Verwaltung und Rechtsprechung wie auch Entscheidungsvorschläge der Rechtswissenschaft auf staatsrechtlichem Gebiet.

14 G. H. v. Wright, Norm and Action, 1963, S. 108ff.; H. Albert, Traktat über Kritische Vernunft, 1968, S. 76f.
Bemerkenswerterweise wurde diese Maxime im Zusammenhang der Diskussion um Gesetzesbindung erst jüngst wieder abgelehnt. Vgl. D. Merten, Die Bindung des Richters an Gesetz und Verfassung, in: DVBl. 1975, S. 677 (684 r. Sp.)

15 Vgl. z. B. H. H. Rupp, Die Bindung des Richters an das Gesetz, NJW 1973, S. 1769ff. Eine Antwort von Rottleuthner und mir (Gesetzesbindung, vervielf. Man., Ffm. 1973) wurde – obgleich wir beide von Rupp des Angriffs auf den Rechtsstaat beschuldigt werden – von der NJW abgelehnt. Die Ablehnung wurde neben dem Hinweis auf Überlänge (ca. 6 NJW-Seiten) darauf gestützt, daß unser Aufsatz nicht in einer »Diktion« gehalten sei, die »klar gestaltet« sei und daß wir den »unter zeitgenössischen Juristen gebräuchlichen Verkehrston« verfehlten. Zwar seien keinesfalls »neue Redeformen, Denkgewohnheiten und Ideen für alle Zeiten von der Rezeption ausgeschlossen«. Aber es dürfe »die Grenze des Zumutbaren für einen als wohlwollend vorgestellten Leser nicht überschritten« werden. – Vgl. auch die Kontroverse zwischen Coing, JuS 1973, S. 797ff. und Lüderssen, JuS 1974, S. 131ff.

16 E. Denninger, Staatsrecht 1, 1973

17 E. Denninger, Staatsrecht, S. 25

18 E. Denninger, Staatsrecht, S. 22, 26, 27, 88

19 E. Denninger, Staatsrecht, S. 26

20 E. Denninger, Staatsrecht, S. 117

21 E. Denninger, Staatsrecht, S. 27

22 K.-D. Opp, Soziologie im Recht, 1973, S. 124 (ähnlich S. 232); ebenso schon ders., Methodologie der Sozialwissenschaften, 1970, S. 136, Fußn. 36

23 Opp, Soziologie im Recht, S. 232

24 Opp, Soziologie im Recht, S. 124, 232 und ders., Methodologie der Sozialwissenschaften, S. 136, Fußn. 36. In »Methodologie...« beruft sich Opp für seine dort erläuterte Verwendung des Ausdrucks »Leerformel« zu Unrecht auf Degenkolbe und Topitsch. Beide erklären den Ausdruck »Leerformel« nur für Sätze, nicht aber für unpräzise Begriffe. Allerdings behandeln sie entgegen ihrer ausdrücklichen Ankündigung unpräzise Begriffe. Vgl. G. Degenkolbe, Über logische Struktur und gesellschaftliche Funktionen von Leerformeln, KZfSS 1965, S. 327ff.; E. Topitsch, Über Leerformeln, in: ders., Festschrift für V. Kraft, 1961, S. 233ff.; ders., Sozialphilosophie zwischen Ideologie und Wissenschaft, 1961, S. 83f. – In seiner im übrigen interessanten Arbeit »Zur Anwendbarkeit der Soziologie im Recht« (JZ 1974, S. 665) bezeichnet H.-B. Grüber leider sowohl Sätze wie einzelne Prädikate als Leerformeln und kommt daher nicht zu einer angemessenen Beschreibung des Problems der unbestimmten Rechtsbegriffe.

25 Opp, Methodologie..., S. 166ff. Ich gebe im folgenden eine sehr gekürzte Darstellung.

26 R. Carnap, Einführung in die symbolische Logik, 3. Aufl., 1968, S. 15f.

27 Ich hoffe trotz der gebotenen Kürze eine Erläuterung zu geben, die

Logikkenntnisse nicht voraussetzt. Vgl. zur Einführung in die Logik: W. v. O. Quine, Grundzüge der Logik (1964), 1969; W. Stegmüller, Probleme und Resultate..., Bd. I, S. 1 ff.

28 Opp, Methodologie..., S. 170; Vgl. auch Popper, der vom »empirischen Gehalt« spricht: Logik der Forschung (1935), 3. Aufl., 1969, S. 83 ff.

29 G. Degenkolbe, Über logische Struktur..., S. 330; E. Topitsch, Sozialphilosophie..., S. 83

30 Opp, Methodologie..., S. 135 ff.

31 BGH NJW 1969, S. 1770

32 BGHZ 46, S. 74

33 RGZ 141, S. 406 ff.

34 BVerfG NJW 1964, S. 1267

35 Heck, Gesetzesauslegung und Interessenjurisprudenz (1914), 1968 von R. Dubischar neu herausgegeben, S. 66; ders., Begriffsbildung und Interessenjurisprudenz (1932), ebenda S. 156, 161

36 K. Engisch, Einführung in das juristische Denken, 5. Aufl., 1971, S. 108

37 H. L. A. Hart, Der Positivismus und die Trennung von Recht und Moral (1958), in: ders., Recht und Moral, 1971, herausgegeben von N. Hoerster; ders., Der Begriff des Rechts (1961), 1974, Kap. VII

38 Hart, Der Begriff..., S. 176 ff.

39 Hart, Recht und Moral, S. 30, 31

40 Vgl. näher zum Begriff des Regelskeptizismus A. Kemmerling, Regel und Geltung im Lichte der Analyse Wittgensteins, in: Rechtstheorie 1975, Heft 1, S. 104 ff.

41 Hart, Der Begriff..., S. 176 mit S. 192 f.

42 Eine Auseinandersetzung mit der Hermeneutik würde den hier möglichen Umfang meiner Ausführungen sprengen. Vgl. aber die interessante Kritik hermeneutischer Vorstellungen bei Heide Göttner (Die Logik der Interpretation, 1973), die allerdings m. E. dem Begriff des »Sinnes« in der Hermeneutik nicht die gebührende Aufmerksamkeit schenkt.

43 Ich sehe von der wohl eher in die Rubrik »Scherz und Ernst in der Jurisprudenz« fallenden Aufforderung zur Abschaffung (!?) der Semantik ab: Rodingen, ARSP Bd. 58 (1972), S. 161 ff. Mir in zahlreichen Punkten unverständlich aber vermutlich sehr tief ist Roelleckes Wittgenstein-Rezeption: G. Roellecke, Grundfragen der juristischen Methodenlehre und die Spätphilosophie Ludwig Wittgensteins, in: Festschrift für Gebhard Müller, 1970, S. 323 ff. – Nur am Rande und völlig unzulänglich werden die sprachphilosophischen Aspekte in den anläßlich der Staatsrechtslehrertagung 1976 gehaltenen Referaten von Roellecke (S. 17-19) und Starck (S. 62, 63) behandelt (Die Bindung des Richters an Gesetz und Verfassung, VVDSZRL (1976), S. 7 ff. und

43 ff.). Die Referenten haben auch zahlreiche andere Probleme übersehen, so daß Kriele in der Diskussion treffend bemerken konnte, in den Referaten sei die Diskussion der letzten 20 Jahre wenig zur Sprache gekommen (S. 99 ff.).

44 Vgl. dazu Ogden/Richards, The Meaning of Meaning, 1923, und zahlreiche weitere Auflagen (Eine deutsche Übersetzung ist inzwischen bei Suhrkamp in der Reihe »Theorie« erschienen); v. Kutschera, Sprachphilosophie, 1. Aufl., 1971; L. Antal (Hrsg.), Aspekte der Semantik. Zu ihrer Theorie und Geschichte, 1972

45 Für weitergehende Studien vgl. H. Schnelle, Sprachphilosophie und Linguistik, 1973; ganz besonders empfehlenswert der Literaturbericht E. v. Savigny (Hrsg.), Probleme der sprachlichen Bedeutung, 1976; D. Wunderlich, Grundlagen der Linguistik, 1974

46 R. Carnap, Einführung in die Philosophie der Naturwissenschaft, (1966), 1969, S. 119. Zu dieser »Theorie der natürlichen Bedeutung der Wörter« auch W. K. Essler, Analytische Philosophie I, 1972, S. 107 ff.

47 Ich stütze mich auf die Wiedergabe durch v. Kutschera, Sprachphilosophie, S. 121

48 G. Frege, Über Sinn und Bedeutung (1892), wiederabgedruckt in: ders., Funktion, Begriff, Bedeutung, 1962 (Hrsg.: G. Patzig), S. 40 ff.

49 Hier ist nicht Freges Verwendung des Ausdrucks »Bedeutung« gemeint, sondern die heute übliche, noch zu explizierende Verwendungsweise. Dies zu beachten, ist sehr wichtig, da sonst der folgende Text leicht unverständlich sein könnte!

50 Der Index »F« soll deutlich machen, daß es sich um Freges Verwendungsweise der mit Index versehenen Ausdrücke handelt.

51 Frege, Über Sinn..., S. 41.

52 Gegen die Identifikation der Bedeutung eines Namens und des Namensträgers L. Wittgenstein, Philosophische Untersuchungen, (1953), 1971, Ziff. 40

53 Vgl. zu den hier vorgebrachten und einigen weiteren Argumenten: M. Black, Sprache, deutsche Übersetzung 1973, S. 210 ff.; H. E. Brekle, Semantik, 1972, S. 54 ff.; W. Stegmüller, Das Wahrheitsproblem und die Idee der Semantik (1957), 2. Aufl. 1968, S. 128 ff.; F. v. Kutschera, Sprachphilosophie, S. 131 f.; Wunderlich, Grundlagen..., S. 238 ff.

54 Einige Logiker halten (noch) den Begriff Sinn für völlig unklar und verstehen daher unter der Bedeutung eines sprachlichen Zeichens nur die Bedeutung_F. So vor allem W. v. O. Quine, Zwei Dogmen des Empirismus (1953), in: Sinnreich (Hrsg.), Zur Philosophie der idealen Sprache, 1972, S. 167 ff.; gegen Quine: Carnap, Sinn und Synonymität in natürlichen Sprachen, (1955), in: Sinnreich, a.a.O., S. 145 ff.

55 Dazu muß allerdings einschränkend gesagt werden, daß Namen wie »Abendstern« und »Morgenstern« zu einer besonderen Gruppe von Namen gehören, nämlich den sogenannten Kennzeichnungen, die

hinsichtlich des Problems der Bedeutung Prädikaten gleichstehen. Vgl. dazu v. Kutschera, Sprachphilosophie, S. 135 ff.

56 R. Carnap, Meaning and Necessity – A Study in Semantics and Modal Logics (1947), 1970, S. 19 (inzwischen ist auch eine – unververtretbar teure – deutsche Ausgabe erschienen.)

57 R. Carnap, Meaning and Necessity, S. 12. Da ich hier keine Einführung in die Logik geben kann und da ich logische Kenntnisse nicht voraussetzen möchte, kann ich Carnaps Position nicht mit der wünschenswerten Präzision wiedergeben. Ich hoffe dennoch, den Grundgedanken Carnaps ausreichend deutlich machen zu können. Für die erforderliche Vertiefung vgl. grundlegend Stegmüller, Das Wahrheitsproblem..., S. 138 ff.; außerdem Wunderlich, Grundlagen..., S. 246 ff.

58 Zum Verhältnis von Extension und Intension vgl. Carnap, Meaning and Necessity, S. 90 ff.; ders., Sinn und Synonymität..., S. 149 ff.; H. Seiffert, Einführung in die Wissenschaftstheorie, Bd. I, 1969, S. 42 ff.

58a BGH JZ 1961, S. 494 (495 l. Sp.)

59 Eine Aufstellung nach Autoren findet sich bei Wunderlich, Grundlagen..., S. 242

60 So z. B. Prim/Tilmann, Grundlagen einer kritisch-rationalen Sozialwissenschaft, 1973, S. 32 ff.

61 Frege, Über Sinn..., S. 43, 44

62 Frege, Über Sinn..., S. 44

63 Carnap, Meaning and Necessity, S. 21 (Die oben gegebene deutsche Übersetzung habe ich der deutschen Ausgabe entnommen: S. 27)

64 Wunderlich, Grundlagen..., S. 252

65 Carnap, Sinn und Synonymität..., S. 157, 158 (sinngemäß S. 146)

66 Dazu näher Carnap, Sinn und Synonymität..., S. 145 ff.

67 L. Wittgenstein, Philosophische Untersuchungen, Ziff. 509

68 Wittgensteins Ansichten über den Akt des Meinens werden ausführlich erörtert von E. v. Savigny, Die Philosophie der normalen Sprache, 1969, S. 38 ff., 67 ff.; W. Stegmüller, Hauptströmungen der Gegenwartsphilosophie, 4. Aufl., 1969, S. 571 f.; 626 f.

69 Vgl. die ausführlichen Besprechungen bei v. Kutschera, Sprachphilosophie, S. 225 ff.; H. Lenk, Zu Wittgensteins Theorie der Sprachspiele, in: ders., Metalogik und Sprachanalyse, 1973, S. 57 ff.; v. Savigny, Die Philosophie der normalen Sprache, Kapitel 1; W. Stegmüller, Hauptströmungen..., S. 576 ff.

70 Wittgenstein, Philosophische Untersuchungen, Ziff. 43

71 Wittgenstein, Philosophische Untersuchungen, Ziff. 454. Meine Interpretation folgt – recht frei – Stegmüller, Hauptströmungen..., S. 579

72 Eine weitergehende Diskussion um die Stützung von Wittgensteins Bedeutungstheorie kann in dieser eher an der *Anwendung* von weithin gebilligten Ergebnissen der Sprachphilosophie interessierten Einlei-

tung nicht erfolgen. Vgl. zu einigen Einwänden gegen die im Text referierte »ganz herrschende Meinung« v. Kutschera, Sprachphilosophie, S. 229ff.

73 v. Kutschera, Sprachphilosophie, S. 234, 235

74 Allerdings ist zu beachten, daß sich Wittgensteins Gebrauchstheorie der Bedeutung nicht nur auf die Bedeutung von Wörtern bezieht, sondern z. B. auch auf ganze *Sätze*. Zu den »Gebrauchsregeln« im Wittgensteinschen Sinne gehören deshalb z. B. auch syntaktische Regeln. Vgl. dazu W. Stegmüller, Hauptströmungen..., S. 584ff.

75 In der im Text gegebenen Erläuterung des Inhalts von Verwendungsregeln habe ich bewußt auf die Beachtung der besonders von Carnap herausgearbeiteten, in der Wissenschaftstheorie nicht unumstrittenen Differenzierung zwischen Beobachtungssprache und theoretischer Sprache verzichtet. Für die theoretische Sprache gilt das im Text Gesagte nur teilweise. Es fehlt hier aber der Raum für eine entsprechende Erörterung. (Vgl. W. Stegmüller, Probleme und Resultate..., Bd. II, 1970, S. 213ff., 293ff.) –
Im Gegensatz zu der im Text vertretenen Ansicht sieht v. Kutschera eine fundamentale Differenz zwischen Carnaps »realistischer Semantik« und Wittgensteins »pragmatischer Semantik«. (Dies bezieht sich auf Wittgensteins zweite, besonders durch die »Philosophischen Untersuchungen« bekannte Philosophie.) »Realistischen Semantikern« wie Carnap hält v. Kutschera vor, sie würden Begriffe als »sprachunabhängige Gegebenheiten« ansehen. Nach deren Auffassung hinge die Bedeutung sprachlicher Zeichen nicht von ihrem Gebrauch in konkreten Situationen ab, sondern der Gebrauch richte sich nach der Bedeutung, so daß eine scharfe Trennung von Semantik und Pragmatik möglich sei. Für »pragmatische Semantiker« wie Wittgenstein seien dagegen Begriffe nichts anderes als Abstraktionen aus Prädikaten auf der Grundlage der Synonymität. (v. Kutschera, Sprachphilosophie, S. 118, 126, 227)
Diese Bemerkungen in dem sonst beeindruckenden Buch v. Kutscheras sind mir geradezu ein Rätsel. In dem schon öfters zitierten »Sinn und Synonymität...« geht es Carnap ausdrücklich darum, wie man durch empirische Untersuchungen des Sprachgebrauchs Intensionen (gleich Begriffe) ermitteln kann. In den einleitenden Bemerkungen zu diesem Aufsatz erklärt Carnap außerdem, daß deskriptive Semantik Teil der Pragmatik sei. Kein Wort findet sich dort von einer scharfen Trennung zwischen deskriptiver Semantik und Pragmatik. Weiter sind die Aussagen (1), daß die Bedeutung sprachlicher Zeichen von ihrem Gebrauch abhängt und (2) daß sich der Gebrauch nach ihrer Bedeutung richte, bei geringfügiger Präzisierung miteinander vereinbar; dies zeigt v. Kutschera an anderer Stelle selbst: Sprachphilosophie, S. 239. Schließlich ließe sich bei der im Text vorgeschlagenen Interpretation

Carnaps der Begriff des »Begriffs« durchaus in der Weise einführen, wie ihn angeblich nur die »pragmatische Semantik« verwendet.

75a Problematisch erscheint es, die Intension eines sprachlichen Zeichens mit den Gebrauchsregeln selbst zu identifizieren. So aber Essler, Analytische Philosophie, S. 104

76 v. Kutschera, Sprachphilosophie, S. 195f., 270f.; Essler, Analytische Philosophie, S. 114ff.; vgl. auch S. Ullmann, Semantik, (1962), 1973, S. 197ff.

77 A. Podlech, Wertungen und Werte im Recht, AöR 95 (1970), S. 185ff. (hier: S. 186ff.)

77a Ich bin darauf aufmerksam gemacht worden, daß der sprachliche Kontext »*in* Anwesenheit« die dritte Verwendungsweise ausschließe. Leider ist mir kein besseres juristisches Beispiel eingefallen.

78 Podlech (a.a.O., S. 187) hält den Ausdruck »Anwesenheit« nicht für mehrdeutig, sondern für *vage* (zur *Vagheit* unten bb). Das ist m. E. unzutreffend, da es um die Frage geht, welche der alternativen Verwendungsregeln des Ausdrucks qua Kontext maßgeblich sind, nicht dagegen um die Frage, ob je *einschlägige* semantische Regeln ihrerseits eine Entscheidung über die Anwendbarkeit des Ausdrucks nicht ermöglichen. Nur im letzteren Falle ginge es um Vagheit. Diesen Unterschied scheint Podlech nicht zu sehen, denn er charakterisiert Vagheit dahingehend, daß Ausdrücke in verschiedenen Kontexten Unterschiedliches bedeuten könnten. Podlech formuliert sogar explizit: »Die *Vagheit* ist Mehrdeutigkeit von Ausdrücken« (a.a.O., S. 188, Fn. 6). Auch in der Diskussion um die sog. unbestimmten Rechtsbegriffe im Verwaltungsrecht wird häufig nicht zwischen Mehrdeutigkeit und Vagheit unterschieden. Vgl. H.-J. Koch, Der unbestimmte Rechtsbegriff im Verwaltungsrecht, in: ders. (Hrsg.), Juristische Methodenlehre und analytische Philosophie, 1976. Vgl. zur Abgrenzung von Mehrdeutigkeit und Vagheit: Essler, Wissenschaftstheorie Bd. I, 1970, S. 56f.; ders., Analytische Philosophie, S. 114f.; Stegmüller, Artikel Wissenschaftstheorie, in: Diemer/Frenzel, Philosophie (Fischerlexikon), 2. Aufl. 1967, S. 338

79 Zur Terminologie vgl. neben Podlech Stephan Körner, Erfahrung und Theorie, (1966), 1970, S. 44, 49. Körner unterscheidet im übrigen drei Arten von Vagheit: »Inexaktheit«, »Unvollständigkeit« und »Unklarheit« (S. 46ff.). Die Unterscheidungen scheinen mir reichlich unklar, ohne daß ich hier im einzelnen darauf eingehen kann.

80 L. Åquist, Vagheit und Wert, Ratio 6 (1964), S. 105ff.; Körner, Erfahrung..., S. 44, 45, 48; Opp, Methodologie..., S. 135ff.; Podlech, Wertungen und Werte..., S. 188; A. Schaff, Unscharfe Ausdrücke und die Grenzen ihrer Präzisierung, in: ders., Essays über die Philosophie der Sprache, 1968, S. 65ff. (hier: S. 75, 76); Stegmüller, Artikel »Wissenschaftstheorie«, S. 338; R. G. Swinburne, Vagueness, Inexactness,

and Imprecision, British Journal for the Philosophy of Science, 1969, S. 218ff.

81 Carnap, Sinn und Synonymität..., S. 158. Daß Carnap von einem Sprecher X und dessen Dispositionen spricht, hängt damit zusammen, daß er in diesem Aufsatz das Problem der empirischen Ermittlung von Intensionen behandelt. Von diesen Fragen sehen wir im folgenden ab.

82 Engisch, Einführung..., S. 108, 109

83 Von hinreichenden Bedingungen geht auch Åquist, Vagheit..., S. 106 aus. – Mit logischen Hilfsmitteln lassen sich die Bedingungen, die die semantischen Regeln (F_j) eines Ausdrucks (A) erfüllen müssen, soll er vage genannt werden, folgendermaßen angeben:

$F_1 \rightarrow A$

$F_2 \rightarrow \neg A$

($F_1 \leftrightarrow F_2$) muß logisch oder analytisch erfüllbar sein

$F_1 \rightarrow \neg F_2$ muß logisch wahr sein

Für die dritte Bedingung hatte ich in einer früheren Version irrig logische Wahrheit gefordert. Die Korrektur verdanke ich Rainer Trapp.

83a Podlech, Wertungen und Werte..., S. 188 rechnet nur die Klasse der positiven Kandidaten zum »Begriffskern«. – Vgl. ausführlicher H.-J. Koch, Der unbestimmte Rechtsbegriff...

84 F. Waismann, Verifizierbarkeit, (1949), in: R. Bubner (Hrsg.), Sprache und Analysis, 1968, S. 154ff. Waismann verwendet statt »Vagheit« den Ausdruck »Unbestimmtheit«. – Wie Waismann auch: Stegmüller, Hauptströmungen..., S. 620f.; ders., Der Phänomenalismus und seine Schwierigkeiten, Darmstadt WB, 1968, S. 1ff. (hier: S. 51f.)

85 Stegmüller, Hauptströmungen..., S. 621; ders., Der Phänomenalismus..., S. 54

86 Auf die zweite Variante von Porosität hat mich Horst Zimmermann hingewiesen.

87 Vgl. die interessanten Arbeiten aus richterlicher Sicht: H. Arndt, H. Heinrich, R. Weber-Lortsch, Richterliche Rechtsfortbildung, 1970; R. Fischer, Die Weiterbildung des Rechts durch die Rechtsprechung, 1971; R. Pehle, W. Stimpel, Richterliche Rechtsfortbildung unter besonderer Berücksichtigung des gewerblichen Rechtsschutzes und des Personalgesellschaftsrechts, 1969.

88 So z. B. J. Esser, Vorverständnis und Methodenwahl in der Rechtsfindung, 2. Aufl. 1972 (vgl. die Zusammenstellung der relevanten Zitate in meiner Rezension: Zur Rationalität richterlichen Entscheidens. J. Essers »Vorverständnis und Methodenwahl in der Rechtsfindung«, Rechtstheorie 1973, S. 183ff., hier S. 187f.)

89 Vgl. zum Begriff des deskriptiven Gehalts Stegmüller, Hauptströmungen..., S. 576f.

90 Esser, Vorverständnis..., S. 100

91 Ich bin mir allerdings nicht sicher, ob es mit der These von der norma-

tiven Bedeutung aller Rechtsbegriffe wirklich um die Mehrdeutigkeit von Ausdrücken geht. Eventuell ist auch gemeint, daß die Bedeutung jedes Begriffes in einer Rechtsnorm durch den Normzweck bestimmt werde. (Vgl. Esser, Vorverständnis..., S. 52; Engisch, Einführung..., S. 110).

92 Engisch, Einführung..., S. 109ff.; Esser, Vorverständnis..., S. 51ff. Im öffentlichen Recht werden die unbestimmten Rechtsbegriffe häufig als »Wertbegriffe« bezeichnet. Vgl. dazu H.-J. Koch, Der unbestimmte Rechtsbegriff... Vgl. zum folgenden auch die treffliche Darstellung von M. Herberger (Die deskriptiven und normativen Tatbestandsmerkmale im Strafrecht, in: H.-J. Koch (Hrsg.), Juristische Methodenlehre...)

93 Vgl. z. B. A. Podlech, Wertungen und Werte..., S. 194

94 Engisch, Einführung..., S. 111, 124ff.

95 Vgl. Stegmüller, Hauptströmungen..., S. 512; Hare, The Language of Morals, 1952, deutsche Ausgabe 1972 (Die Sprache der Moral), S. 156

96 R. Carnap, Überwindung der Metaphysik durch logische Analyse der Sprache, in: Erkenntnis, 1931 (Bd. 2), S. 219ff., hier: S. 237

97 Zum Begriff des »Scheinsatzes«: Carnap, Überwindung..., S. 220

98 Ähnlich wie Carnap auch A. J. Ayer, Language, Truth and Logic, 1936, deutsche Ausgabe 1970 (Sprache, Wahrheit und Logik), S. 136ff.

99 30 Jahre später: Carnap, Abraham Kaplan on Value Judgements, in A. Schilpp (Hrsg.), The Philosophy of Rudolf Carnap, 1963, S. 999ff.

100 Vgl. näher zum Naturalismus G. E. Moore, The Indefinability of Good, in: Sellars/Hospers, Readings in Ethical Theory, 1970, S. 31ff.; W. K. Frankena, The Naturalistic Fallacy, ebenda, S. 54ff.; Hare, Die Sprache der Moral, S. 109ff.

101 So auch V. Kraft, Der Wiener Kreis, 2. Aufl., 1968, S. 167f. – Carnap stützt sich in »Überwindung...« ausdrücklich (S. 222ff.) auf diese Bedeutungstheorie.

102 M. Schlick, Meaning and Verification, in: The Philosophical Review 44 (1936), wieder abgedruckt in: ders., Gesammelte Aufsätze, 1938, S. 338ff., hier S. 340

103 Die Mitglieder des Wiener Kreises waren wie in zahlreichen anderen Fragen auch hier sich selbst die schärfsten Kritiker: Kritik an der Verifikationstheorie bereits bei Carnap, Testability and Meaning, 1936, in: Feigl/Brodbeck, S. 47ff., hier: S. 72ff., 84ff.; V. Kraft, Der Wiener Kreis, S. 26ff. m. w. N.; eine Zusammenfassung zahlreicher Einwände findet sich bei G. J. Warnock, Verification and the Use of Language, (1968), wiederabgedruckt in: Grewendorf/Meggle, Linguistik und Philosophie, 1974, S. 17ff. (Verifikation und Sprachgebrauch)

104 Schlick glaubte allerdings irrig auch die Bedeutung von Fragen mit der Verifikationstheorie erfassen zu können (Gesammelte Aufsätze, S. 350). Dagegen Warnock, Verifikation..., S. 20f.

105 H. Albert, Ethik und Meta-Ethik, (1961), wiederabgedruckt in: ders., Konstruktion und Kritik, 1972, S. 127ff.; hier: S. 134f.

106 C. L. Stevenson, Ethics and Language, 1944. Zu Stevenson vgl.: v. Savigny, Die Philosophie der normalen Sprache, S. 169ff.; Stegmüller, Hauptströmungen..., S. 511ff.

107 Stevenson, Ethics..., S. 2 und öfter

108 Stevenson, Ethics..., S. 3 und öfter.

109 Stevenson, Ethics..., S. 20ff.

110 ausführlich, S. 62ff.

111 ausführlich S. 37ff., 59ff.

112 Stevenson, Ethics..., S. 53ff.

113 Vgl. die Kritik an Stevenson bei M. Black, Language and Philosophy, 1949, S. 215ff.; ders., Sprache..., S. 217ff. Interessant ist in diesem Zusammenhang auch die Kritik behavioristischer Bedeutungstheorien bei v. Kutschera, Sprachphilosophie, S. 162ff.

114 Um Irrtümer auszuschließen: ich verwende den Ausdruck »verstehen« *nur* im Sinne des Erfassens des semantischen Gehalts sprachlicher Äußerungen.

115 Zu dieser Differenz: M. Black, Sprache..., S. 150; Hare, Die Sprache der Moral, S. 31ff. In Austins Terminologie geht es hier um die Differenz von illokutionärer und perlokutionärer Rolle einer Äußerung. Grewendorf/Meggle (»Seminar: Sprache und Ehtik«, 1974, S. 19) bezeichnen es als Kardinalfehler des Emotivismus, den perlokutionären Aspekt einer Äußerung zur Bedeutung zu rechnen.

116 V. Kraft, Wertbegriffe und Werturteile, in: Albert/Topitsch (Hrsg.), Werturteilsstreit, 1971, S. 44ff., hier S. 47, 48. Es handelt sich bei diesem Aufsatz um Auszüge aus Krafts Buch »Die Grundlagen einer wissenschaftlichen Wertlehre«, 1937, 2. Aufl. 1951.

117 Kraft, Wertbegriffe..., S. 49

118 Kraft, Wertbegriffe..., S. 53; vgl. zum Begriff »Konvention« oben S. 19, 20

119 Hare, Die Sprache der Moral, S. 109-161. Im Gegensatz zu Hare glaubte noch Kraft, daß »Wertbegriffe allgemeinster Art« wie z. B. »gut« keinen deskriptiven Gehalt hätten. (Vgl. Kraft, Wertbegriffe..., S. 49)

120 Hare, Die Sprache der Moral, S. 152 und öfter

121 ebenda, S. 138 und öfter

122 ebenda, S. 127, 131.

123 Hare, Die Sprache der Moral, S. 123; ähnlich schon Kraft, Wertbegriffe..., S. 56

124 Hare, Die Sprache der Moral, S. 149, 156ff. Anderer Ansicht ist offenbar Podlech, der Wertausdrücke »völlig vage Ausdrücke« nennt. (A. Podlech, Werte und Wertungen..., S. 194, Fußn. 36). Ebenso Åquist, Vagheit...

125 Vgl. dazu oben a, dd, a_1 und a_3.

126 Vgl. dazu die bereits zitierte Behauptung Podlechs, daß Wertausdrücke »völlig vage« seien: »Werte und Wertungen...«, S. 194, Fußn. 36; auch Åquist, Vagheit...

127 Eine kurze Einführung gibt Opp, Methodologie..., S. 117ff.; ausführlich Stegmüller, Probleme und Resultate..., Bd. I, S. 120ff., 398ff.; Bd. II, S. 213ff. – Auch das Problem der Dispositionsbegriffe wird im öffentlichen Recht unter dem Stichwort »unbestimmter Rechtsbegriff« erörtert. Vgl. H.-J. Koch, Der unbestimmte Rechtsbegriff...

128 Diese Erläuterung von »glaubwürdig« haben Richter in einer von Rottleuthner und mir abgehaltenen Arbeitsgemeinschaft für Praktiker gegeben.

129 Zur Frage der empirischen Ermittlung von Vagheit vgl. Opp, Methodologie..., S. 135ff.

130 So aber anscheinend Kilian, Juristische Entscheidung und elektronische Datenverarbeitung, 1974, S. 108/109, und Opp, Soziologie im Recht, S. 114/115

131 Vgl. zu den Problemen einer empirischen Erklärung richterlichen Entscheidens: H. Eikenberg, Voraussetzungen und Schwierigkeiten der Erforschung richterlicher Entscheidungsgrundlagen, in: Lautmann u. a., Die Funktion des Rechts in der modernen Gesellschaft, 1970 (Jahrbuch für Rechtssoziologie und Rechtstheorie, Bd. 1), S. 361ff.; H.-J. Koch, Zur Analyse richterlicher Entscheidungen, Diss. jur. Frankfurt 1971; R. Lautmann, Justiz – die stille Gewalt, 1972; H. Rottleuthner, Richterliches Handeln – Zur Kritik der juristischen Dogmatik, 1973; M. Weiss, Die Theorie der richterlichen Entscheidungstätigkeit in den Vereinigten Staaten von Amerika, 1971.

132 E. Topitsch, Sozialphilosophie..., S. 84

133 Dies geht über die von Topitsch gegebene Erläuterung von »sozialer Spielraum« insofern hinaus, als *hier* soziale Faktoren nicht nur als innerhalb des semantischen Spielraums wirkend angesehen werden, sondern auch in Betracht gezogen wird, daß der soziale Spielraum größer als der semantische Spielraum sein kann.

133a Die Trennung dieser Fragen läßt leider auch noch D. Simon, Die Unabhängigkeit des Richters, 1975, in seinem einschlägigen Kapitel über den »ungebundenen Richter« (S. 68ff.) vermissen.

134 H. H. Rupp, Die Bindung..., S. 1773 r. Sp.

135 Vgl. dagegen Horst Zimmermann, Rechtsanwendung als Rechtsfortbildung, jur. Diss. Frankfurt/M. 1975; ders., Rechtsanwendung als Rechtsfortbildung, in: H.-J. Koch, Juristische Methodenlehre...

136 R. Jhering, Unsere Aufgabe, in: (Jherings) Jahrbücher für die Dogmatik des heutigen römischen und deutschen Privatrechts, Bd. I, 1857, S. 1; ders., Geist des römischen Rechts, 3. Aufl., 1875, zweiter Teil,

zweite Abteilung, S. 334ff.

137 C. F. Gerber, System des deutschen Privatrechts, 1. Aufl., 1848, S. V-XVII.

138 E. Landsberg, Geschichte der Deutschen Rechtswissenschaft, III. Abt., 2. Halbbd., 1910, S. 833

139 P. Laband, Das Staatsrecht des Deutschen Reiches, 1. Aufl., 1877, S. V-VII; 2. Aufl., 1887, S. V-XII.

140 Gerber, System..., S. VII, XI, XVI; Jhering, Unsere Aufgabe, S. 19, 23; Laband, Das Staatsrecht..., 1. Aufl., S. VII, VIII; 2. Aufl., S. XI.

141 Gerber, System..., S. VII

142 Gerber, System..., S. XII

143 Gerber, System..., S. VII

144 Jhering, Unsere Aufgabe, S. 17, 21

145 Vgl. zum staatsrechtlichen Positivismus auch: P. v. Oertzen, Die soziale Funktion des staatsrechtlichen Positivismus; W. Wilhelm, Zur juristischen Methodenlehre im 19. Jahrhundert; weniger überzeugend C.-E. Bärsch, Der Gerber-Labandsche Positivismus, in: M. J. Sattler, Staat und Recht, 1972, S. 43ff.

146 O. v. Gierke, Labands Staatsrecht und die deutsche Rechtswissenschaft, in: Schmollers Jahrbuch für Gesetzgebung, Verwaltung und Volkswirtschaft, Bd. VII, 1883, S. 1 (reprogr. Nachdruck 1963, Wissenschaftliche Buchgesellschaft, Darmstadt).

147 O. v. Gierke, Labands Staatsrecht..., S. 4.

148 O. v. Gierke, Labands Staatsrecht..., S. 7

149 O. v. Gierke, Labands Staatsrecht..., S. 9.

150 O. v. Gierke, Labands Staatsrecht..., S. 8.

151 O. v. Gierke, Labands Staatsrecht..., S. 10; vgl. zu den Ergänzungen im einzelnen S. 17, 18, 22.

152 Die Ziffern im Text beziehen sich auf die im vorliegenden Band zwischen senkrechte Striche gesetzten Originalseitenzahlen der abgedruckten Texte.

153 Ein solches Vorgehen wird in der analytischen Wissenschaftstheorie »Bedeutungsanalyse« oder auch »analytische Definition« genannt. Vgl. dazu Carl G. Hempel, Grundzüge der Begriffsbildung in der empirischen Wissenschaft (1952), deutsch 1974, S. 18ff.

154 Kelsen legt übrigens ganz besonderen Wert auf das oben behandelte »erkenntnistheoretische« Argument. Während er noch in der 1. Ausgabe der »Hauptprobleme der Staatsrechtslehre« (1911) zwei verschiedene Betrachtungsweisen desselben Gegenstandes – und das heißt auch: eine Zwei-Seiten-Theorie – für möglich hielt (S. 253, 406, unter ausdrücklichem Zitat von Jellinek), erklärte er im Vorwort zur 2. Ausgabe der »Hauptprobleme...« (1923), daß er unter *neukantianischem* Einfluß *(Cohen)* diese Ansicht aufgegeben habe (daselbst S. XVII).

155 Zum Begriff »Gegenstand« vgl. die instruktiven Bemerkungen bei Kamlah/Lorenzen, Logische Propädeutik, 1967, S. 39ff.

156 Es sei an die berühmten Beispiele von »Abendstern«/»Morgenstern« und »Lebewesen mit Herz«/»Lebewesen mit Nieren« erinnert. (Vgl. II, 1., a, bb, cc)

157 Jellinek, Allgemeine Staatslehre, 3. Aufl., 1914, S. 162. Das von Kelsen wiedergegebene Zitat stimmt in unwichtigen Einzelheiten nicht mit dem Original überein.

158 Vgl. Jellinek, Allgemeine Staatslehre, S. 20. Das von Kelsen wiedergegebene Zitat stimmt in unwichtigen Einzelheiten nicht mit dem Original überein.

159 Die wörtlichen Zitate stammen von Jellinek, Allgemeine Staatslehre, S. 177, 174

160 Kelsen bezieht sich auf Jellinek, Allgemeine Staatslehre, S. 178/179.

161 In diesem Satz verbergen sich zwei ganz verschiedene Argumente: 1. Von einer *dauerhaften* staatlichen Einheit könne man bei bloßer Bezugnahme auf psychische Erscheinungen nicht sprechen. 2. Wolle man gerade die Einheiten, die heutzutage als Extension des Begriffes »Staat« anerkannt sind, aus der Vielfalt der sozialen Erscheinungen ausgrenzen, dann dürften die Begriffsmerkmale von »Staat« nicht nur auf psychische Erscheinungen Bezug nehmen.

162 Kelsen macht auch ideologiekritische Bemerkungen zur politischen Funktion der Hypostasierung (127, 136ff.), die seine *demokratischen Intentionen* sehr gut verdeutlichen. – Vgl. auch Kelsens Ausführungen zum Begriff der juristischen Person: Kelsen, Reine Rechtslehre, 2. Aufl., 1960, S. 172ff., 289ff. Kelsen erörtert dabei ausführlich das Problem der »hypostasierenden Personifikation« der Rechtsordnung bzw. von Teilen derselben.

163 Daß dies Kelsens zentrales Argument dafür ist, daß mit »Staat« *nur* die Rechtsordnung bezeichnet werden könne, wird aus dem abgedruckten Text sicherlich nicht so deutlich. Aber andere Kapitel seines Buches und besonders seine spätere »Allgemeine Staatslehre« (1925) bringen dies klar zum Ausdruck. – Kelsens Biograph Metall weist darauf hin, daß Kelsens Erfahrungen in Österreich seine Staatstheorie stark beeinflußt haben dürften. Er zitiert aus einer unveröffentlichten Autobiographie Kelsens: »Angesichts des österreichischen Staates, der sich aus so vielen nach Rasse, Sprache, Religion und Geschichte verschiedenen Gruppen zusammensetzte, erwiesen sich Theorien, die die Einheit des Staates auf irgendeinen sozial-psychologischen oder sozial-biologischen Zusammenhang der juristisch zum Staate gehörigen Menschen zu gründen versuchten, ganz offenbar als Fiktionen.« (R. A. Metall, Hans Kelsen. Leben und Werk, 1969, S. 42.)

164 H. Kelsen, Allgemeine Staatslehre, S. 7

165 Die folgende Darstellung stützt sich auf H. Kelsen, Reine Rechts-

lehre, S. 73ff.

166 Mit der Unterscheidung von »Rechtsnormen« und Rechtsnormen beschreibenden »Rechtssätzen« hat Kelsen die moderne Unterscheidung von »Imperativen« und »Normsätzen« (v. Kutschera, Logik der Normen, Werte und Entscheidungen, 1973, S. 11ff.) bzw. von »normformulations« und »normative statements« (v. Wright, Norm and Action, S. 93ff.) vorweggenommen. Dabei stellt sich die Frage, ob sich die Rechtssätze von den Rechtsnormen *nur* hinsichtlich der illokutionären Rolle unterscheiden. Eine solche Rechtswissenschaft dürfte als überflüssig anzusehen sein. Diesem Einwand gesteht Kelsen zu, daß er nicht »offenkundig unbegründet« sei (Reine Rechtslehre, S. 76). Da Kelsen aber an anderen Stellen nachdrücklich hervorhebt, daß die Rechtswissenschaft die Bedeutungen der Rechtsnormen herauszustellen habe, erscheint eine Rekonstruktion dahingehend vernünftig, daß die Rechtssätze keineswegs nur die Rechtsnormen in Form von Normsätzen wiederzugeben, sondern darüber hinaus den semantischen Gehalt der Rechtsnormen näher zu erläutern haben.

167 Reine Rechtslehre, S. 353

168 Reine Rechtslehre, S. 349f.

169 Vgl. die in dieser Hinsicht sehr informativen Überblicke von Sontheimer: Zur Grundlagenproblematik der deutschen Staatsrechtslehre in der Weimarer Republik, in: ARSP XLVI (1960), S. 39ff.; Politische Wissenschaft und Staatsrechtslehre, 1963, S. 15-28.

170 Emil Lask, Rechtsphilosophie, in: Die Philosophie im Beginn des 20. Jahrhunderts. Festschrift für Kuno Fischer, 2. Aufl., 1907, S. 269ff.

171 Die wörtlichen Zitate stammen von Lask, Rechtsphilosophie, S. 304f.

172 Dies ergibt sich m. E., wenn man die Ausführungen auf den Seiten 9, 10, 25, 26 zusammen sieht.

173 Hervorhebungen von mir.

174 Diese »echten Probleme« wurden oben zu Beginn der Heller-Darstellung aufgezählt.

175 Dies hat bereits Max Weber gesehen: Gesammelte Aufsätze zur Wissenschaftslehre, 3. Aufl., 1968, S. 511. – In der modernen Wissenschaftstheorie wird die Selektivität wissenschaftlicher Theorien als ein Problem des sogenannten »context of discovery« behandelt, von dem der »context of justification« unterschieden wird: H. Reichenbach, Experience and Prediction, 1938, Nachdruck 1961, S. 3ff. Vgl. auch H. Alberts Unterscheidung von »Wertbasis«, »Wertungen im Objektbereich« und Wertungen im Aussagenzusammenhang einer Wissenschaft: H. Albert, Theorie und Praxis, in: ders./E. Topitsch (Hrsg.), Werturteilsstreit, S. 200ff., hier S. 216

176 Die Anführungszeichen finden sich bei Laun.

177 Sofern der Hinweis auf die Erforderlichkeit von »Induktionsschlüssen« als Begründung gedacht ist, so würde Laun allerdings das Pro-

blem der Erlernung von Prädikaten durch induktive Gewinnung von Begriffen irrtümlich mit Vagheit in Zusammenhang bringen. Daß Annahmen über die Bedeutung von Ausdrücken hypothetisch sind, führt – wie angesichts unserer Erläuterung von Vagheit leicht einzusehen ist – keineswegs zu Vagheit. – Zum exemplarischen Erlernen des Gebrauchs eines Prädikats vgl. v. Kutschera, Sprachphilosophie, S. 246ff.

178 M. E. läßt sich die scheinbare Widersprüchlichkeit folgendermaßen aufklären: Kelsen und viele Zeitgenossen von ihm glaubten den logischen Charakter einer Wissenschaft entsprechend der »Natur« des Gegenstandes bestimmen zu können und zu sollen. Danach ist eine Wissenschaft, die sich mit Normen beschäftigt, eine normative Wissenschaft. Beachtet man nun, daß Normen durchaus Gegenstand empirischer Untersuchungen (etwa soziologischer, psychologischer, semantischer) sein können, so ist eine – im alten Sinne »normative Wissenschaft« – möglich, die selbst keine normativen Sätze – dies im heutigen Sinne – aufstellt. Dies hat schon Jellinek verwirrt, der deshalb von der »Doppelstellung« der Rechtsnormen sprach (vgl. oben S. 64). Kelsen spricht noch in der »Reinen Rechtslehre« davon, daß die Rechtswissenschaft »Normwissenschaft« sei, obwohl er daselbst den Unterschied von »Rechtsnormen« und »Rechtssätzen« einführt (vgl. oben S. 75f., und Fußn. 166) und der »Normwissenschaft« Rechtswissenschaft ausschließlich die Aufgabe zuweist, Rechtssätze zu formulieren, also Behauptungen, die wahr oder falsch sein können, über Rechtsnormen aufzustellen. Die Rechtswissenschaft soll nicht selbst werten, Rechtspolitik treiben.

179 Th. Litt, Individuum und Gemeinschaft, 2. Aufl., 1924 u. 3. Aufl., 1926

180 Die Andeutung Smends, daß die »geistig-gesellschaftliche Wirklichkeit« nicht erklärt, sondern nur verstehend beschrieben werden könne, erinnert an die auch in jüngster Zeit wieder entbrannte Diskussion um die richtige Methode in den Sozialwissenschaften. Mit »Verstehen versus Erklären« sind die gegensätzlichen Positionen schlagwortartig bezeichnet. Darauf braucht aber hier nicht näher eingegangen zu werden, da Smend über das Erwähnen der Stichworte nicht hinausgeht. Zur neueren Diskussion vgl. Th. Abel, The Operation Called *Verstehen,* in: Feigl/Brodbeck, Readings in the Philosophy of Science, 1953, S. 677ff.; W. Stegmüller, Probleme und Resultate..., Bd. I, S. 360ff. Neuerdings gibt es auch ernst zu nehmende Verfechter der »Verstehens-Position«: G. H. v. Wright, Erklären und Verstehen, 1974; dazu W. Stegmüller, Hauptströmungen der Gegenwartsphilosophie, Bd. II, 1975, S. 103ff.

181 Das von Smend verwendete wörtliche Zitat findet sich bei Kelsen, Der soziologische und der juristische Staatsbegriff, S. 9

182 Vgl. an dieser Stelle auch die Bemerk. über Geisteskranke und Kinder.

183 Hervorhebung von mir.

184 Diese Frage erinnert stark an das heute im Rahmen der Diskussion um den Ausschluß sogenannter Verfassungsfeinde vom öffentlichen Dienst wesentliche Problem, den Gehalt der »freiheitlich-demokratischen Grundordnung« als den Kern unserer freiheitlichen Verfassung näher zu bestimmen. Vgl. dazu Denninger, Staatsrecht, S. 84ff.; v. Oertzen, Freiheitlich demokratische Grundordnung und Rätesystem, in: Bermbach, Hrsg., Theorie und Praxis der direkten Demokratie, 1973, S. 173ff.

185 Smend anerkennt immerhin einen Bereich »nur durch echtes Gewohnheitsrecht« abänderlichen Verfassungsrecht. Diese Einschränkung ist allerdings in jeder Hinsicht unklar: Wie unterscheidet man diese Normen von den anderen? Wie ermittelt man deren Gehalt? Was ist »echtes Gewohnheitsrecht«?

186 Als eine gewisse Präzisierung des Smendschen Ansatzes muß Luhmanns Grundrechtstheorie angesehen werden. Nach Luhmann dienen die Grundrechte der Erhaltung einer »differenzierten Kommunikationsordnung«. Diese wiederum sieht er als Voraussetzung des Bestandes einer in Subsystemen ausdifferenzierten Sozialordnung an. Mit anderen Worten: der Bestand einer ausdifferenzierten Sozialordnung *soll* (auch Luhmann enthält sich natürlich expliziter Wertungen!) durch die Grundrechte gesichert werden. An dieser soziologischen Einsicht soll sich die Grundrechtsauslegung in einem nicht näher bestimmten Umfange orientieren. Vgl. N. Luhmann, Grundrechte als Institution, 1965; daß diese Konzeption eine gewisse Fortentwicklung der Smendschen Position darstellt, sieht Luhmann selbst (ebenda, S. 44ff.)

187 Vgl. über C. Schmitt und K. Larenz auch B. Rüthers, Die unbegrenzte Auslegung, 1. Aufl., 1973, Taschenbuchausgabe S. 277ff.; zu Schmitt außerdem Stolleis, Carl Schmitt, in: M. J. Sattler (Hrsg.), Staat und Recht, S. 123ff.; allgemein zur deutschen Rechtswissenschaft im Nationalsozialismus: H. Rottleuthner, Rechtswissenschaft als Sozialwissenschaft, 1973, S. 209ff.

188 Vgl. dazu H. Sinzheimer, Jüdische Klassiker der deutschen Rechtswissenschaft, 1953, S. 3f. mit weiteren Nachweisen.

189 Hervorhebung von mir.

190 Auf diese Beispiele Schmitts greife ich vor.

191 C. Schmitt, Nationalsozialistisches Rechtsdenken, in: Deutsches Recht, 1934, S. 225ff., hier S. 228

192 Vgl. Ph. Heck, Gesetzesauslegung und Interessenjurisprudenz, S. 51 Fußn. 5, 54, 71, 76; ders., Begriffsbildung und Interessenjurisprudenz, S. 176

193 Ph. Heck, Gesetzesauslegung..., S. 48f., 61, 68, 73ff., 84, 86, 93

194 Ph. Heck, Gesetzesauslegung..., S. 84

195 vgl. besonders Ph. Heck, Gesetzesauslegung..., S. 56ff.
196 Vgl. auch das Nachwort von J. Esser zu den von Dubischar herausgegebenen Schriften Hecks, S. 221, in dem allerdings auch keine klärende Rekonstruktion des Verhältnisses von »Motivbild« und »objektivem Interessenbild« vorgeschlagen wird.
197 Heck bezieht sich dazu auf: C. Schmitt, Fünf Leitsätze für die Rechtspraxis, in: Deutsches Recht, 1933, S. 201ff., hier Leitsatz Nr. 1
197a Heck scheute nicht einmal vor dem Versuch zurück, seinen Ansichten im Nationalsozialismus dadurch Anerkennung zu verschaffen, daß er unter Nennung von Namen darauf verwies, daß die Verfechter der Interessenjurisprudenz alle Arier seien, unter den Gegnern aber sich auffallend viele Nicht-Arier fänden. (Ph. Heck, Die Interessenjurisprüdenz und ihre neuen Gegner, in: Ac P 142 (1936), S. 129ff. (hier: S. 151).
198 Vgl. nur die Nachweise bei Rüthers, Die unbegrenzte Auslegung, S. 271ff., und Rottleuthner, Rechtswissenschaft als Sozialwissenschaft, S. 219
199 Forsthoff ist sich offenbar selbst nicht recht klar darüber, wem er eigentlich Vorwürfe machen soll. Während er auf S. 44 noch behauptet, daß sich ein großer Teil der »Staatsrechtswissenschaft« der »geisteswissenschaftlichen Methode« verpflichtet wisse, bescheinigt er auf S. 52 der »Staatsrechtslehre« Zurückhaltung gegenüber den neuen Methoden der Rechtsanwendung.
200 Dies ist ein von Forsthoff ohne Beleg angeführtes Smend-Zitat.
201 Dies ist ein von Forsthoff ohne Beleg angeführtes Smend-Zitat. Es findet sich bei Smend mindestens auch auf S. 242.
202 Zur Rekonstruktion und Kritik von Gadamer vgl. Horst Zimmermann, Rechtsanwendung als Rechtsfortbildung, Diss. Ffm. 1975
203 Dafür beruft sich Ehmke ohne nähere Erläuterung auf Gadamer. – Vgl. zu den weitgehend verfehlten juristischen Gadamer-Rezeptionen Horst Zimmermann, Rechtsanwendung...
204 Zur Struktur einer Folgendiskussion vgl. näher H.-J. Koch/R. Trapp, Richterliche Innovationen – Begriff und Begründbarkeit, in: Harenburg u. a. (Hrsg.), Rechtlicher Wandel durch richterliche Innovation, 1976; zur Einführung besser: A. Podlech, Wertungen und Werte...
205 Vgl. die im hier mitabgedruckten Literaturverzeichnis von Müllers Aufsatz angeführten Arbeiten.
206 Müller hat diese Theorie vor allem in »Normstruktur und Normativität«, 1966, entwickelt.
207 Die zahlreichen Anführungszeichen finden sich in Müllers Text.

Bibliographie

Die mit einem »+« gekennzeichneten Arbeiten werden in der Einleitung nicht zitiert, dienten mir gleichwohl der Vorbereitung und scheinen so wichtig, daß sie hier angeführt werden. – Alle fremdsprachlichen Arbeiten, für die deutsche Übersetzungen angegeben werden, werden im Text nach der deutschen Ausgabe zitiert.

Abel, Th. The Operation Called *Verstehen*, in Feigl/Brodbeck, Readings in the Philosophy of Science, 1953, S. 677ff.

Albert, H. Ethik und Meta-Ethik (1961), wiederabgedruckt in: ders., Konstruktion und Kritik, 1972, S. 127ff.

– Konstruktion und Kritik, 1972

– Theorie und Praxis, in: ders./E. Topitsch (Hrsg.), Werturteilsstreit, 1971, S. 200ff.

– Traktat über kritische Vernunft, 1. Auf., 1968

– Topitsch, E. (Hrsg.) Werturteilsstreit, 1971

Antal, L. (Hrsg.) Aspekte der Semantik. Zu ihrer Theorie und Geschichte, 1972

Åquist, L. Vagheit und Wert, Ratio 6 (1964), S. 105ff.

Arndt, H./Heinrich, H./Weber-Lortsch, R. Richterliche Rechtsfortbildung, 1970

Ayer, A. J. Language, Truth and Logic, 1936 (deutsche Ausgabe 1970: Sprache, Wahrheit und Logik)

+Badura, P. Die Methoden der neueren allgemeinen Staatslehre, 1959

Bärsch, C.-E. Der Gerber-Labandsche Positivismus, in: M. J. Sattler, Staat und Recht, 1972, S. 43ff.

+Bauer, W. Wertrelativismus und Wertbestimmtheit im Kampf um die Weimarer Demokratie. Zur Politologie des Methodenstreits der Staatsrechtslehrer, 1968

Bermbach, U. (Hrsg.) Theorie und Praxis der direkten Demokratie, 1973

Black, M. Language and Philosophie, 1949

– The Labyrinth of Language, 1968 (deutsche Ausgabe 1973: Sprache)

+Böckenförde, E.-W. Gesetz und gesetzgebende Gewalt, 1958

+– Die historische Rechtsschule und das Problem der Geschichtlichkeit des Rechts, in: Collegium Philosophicum, Festschrift für Joachim Ritter, Basel 1963, S. 9ff.

Brekle, H. E. Semantik, 1972

Brinckmann, H. Juristische Fachsprache und Umgangssprache, Öffentliche Verwaltung und Datenverarbeitung, 1972, S. 60ff.

Bubner, R. (Hrsg.) Sprache und Analysis, 1968

Carnap, R. Abraham Kaplan on Value Judgements, in: A. Schilpp (Hrsg.), The Philosophy of Rudolf Carnap, 1963, S. 999ff.

– Einführung in die symbolische Logik, 3. Aufl., 1968
– Meaning and Necessity – A Study in Semantics and Modal Logics (1947), 1970
– Meaning and Synonymy in Natural Languages, 1955 (deutsch: Sinn und Synonymität in natürlichen Sprachen, in: Sinnreich (Hrsg.), Zur Philosophie der idealen Sprache, 1972, S. 145 ff.
– Philosophical Foundations of Physics, 1966 (deutsche Ausgabe: Einführung in die Philosophie der Naturwissenschaft, 1969)
– Testability and Meaning, 1936, in: Feigl/Brodbeck, 1953, S. 47ff.
– Überwindung der Metaphysik durch logische Analyse der Sprache, in: Erkenntnis, 1931 (Bd. 2), S. 219ff. (inzwischen auch in H. Schleichert, Logischer Empirismus – der Wiener Kreis, 1975, S. 149ff.)
Coing, H. Bemerkungen zu dem Modellentwurf für die einstufige Juristenausbildung in Hessen, in: Juristische Schulung 1973, S. 797ff.
Degenkolbe, G. Über logische Struktur und gesellschaftliche Funktionen von Leerformeln, in: Kölner Zeitschrift für Soziologie und Sozialpsychologie 1965, S. 327ff.
Denninger, E. Staatsrecht 1, 1973
+ Drath, M. Zur Soziallehre und Rechtslehre vom Staat, ihren Gebieten und Methoden. In: Festschrift für Rudolf Smend, 1952, S. 41 ff.
+ Ehmke, H. Grenzen der Verfassungsänderung, 1953
Eikenberg, H. Voraussetzungen und Schwierigkeiten der Erforschung richterlicher Entscheidungsgrundlagen, in: Lautmann u. a., Die Funktion des Rechts in der modernen Gesellschaft, 1970 (Jahrbuch für Rechtssoziologie und Rechtstheorie, Bd. 1), S. 361 ff.
Engisch, K. Einführung in das juristische Denken, 5. Aufl., 1971
Esser, J. Vorverständnis und Methodenwahl in der Rechtsfindung, 2. Aufl., 1972
Essler, W. K. Analytische Philosophie I, 1972
– Wissenschaftstheorie, Bd. I, 1970
Feigl, H./Brodbeck, M. Readings in the Philosophy of Science, 1953
Fischer, R. Die Weiterbildung des Rechts durch die Rechtsprechung, 1971
Frankena, W. K. The Naturalistic Fallacy, in: Sellars/Hospers, Readings in Ethical Theory, 1970, S. 54ff.
Frege, G. Funktion, Begriff, Bedeutung, 1962 (Hrsg.): (Hrsg.: Patzig)
– Über Sinn und Bedeutung (1892), wiederabgedruckt in: ders., Funktion, Begriff, Bedeutung, 1962 (Hrsg.: G. Patzig), S. 40ff.
Gerber, C. F. System des deutschen Privatrechts, 1. Aufl., 1848
Gierke, O. Labands Staatsrecht und die deutsche Rechtswissenschaft, in: Schmollers Jahrbuch für Gesetzgebung, Verwaltung und Volkswirtschaft, Bd. VII, 1883, S. 1 ff. (reprogr. Nachdruck 1963, Wissenschaftliche Buchgesellschaft Darmstadt)
Göttner, H. Die Logik der Interpretation, 1973
Grewendorf, G./Meggle, G. (Hrsg.) Linguistik und Philosophie, 1974

– Seminar: Sprache und Ethik, 1974
Grüber, H.-B. Zur Anwendbarkeit der Soziologie in der Jurisprudenz, in: Juristenzeitung 1974, S. 665 ff.
Hare, R. M. The Language of Morals, 1952 (deutsche Ausgabe: Die Sprache der Moral, 1972)
Hart, H. L. A. Der Positivismus und die Trennung von Recht und Moral (1958), in: ders., Recht und Moral, Hrsg.: N. Hoerster, 1971, S. 14ff.
– Recht und Moral, 1971, herausgegeben von N. Hoerster
– The Concept of Law, 1961 (deutsche Ausgabe: Der Begriff des Rechts, 1974)
Heck, Ph. Begriffsbildung und Interessenjurisprudenz (1932), 1968 von R. Dubischar neu herausgegeben
– Gesetzesauslegung und Interessenjurisprudenz (1914), 1968 von R. Dubischar neu herausgegeben
Hempel, C. G. Fundamentals of Concept Formation in Empirical Science, 1952 (deutsche Ausgabe: Grundzüge der Begriffsbildung in der empirischen Wissenschaft, 1974)
Herberger, M. Die deskriptiven und normativen Tatbestandsmerkmale im Strafrecht, in: H.-J. Koch (Hrsg.), Juristische Methodenlehre und analytische Philosophie, 1976
+ Holubek, R. Allgemeine Staatslehre als empirische Wissenschaft. Eine Untersuchung am Beispiel von G. Jellinek, 1961
Jellinek, G. Allgemeine Staatslehre, 3. Aufl., 1914
Ihering, R. Geist des römischen Rechts, 3. Aufl., 1875
– Unsere Aufgabe, in: Iherings Jahrbücher für die Dogmatik des heutigen römischen und deutschen Privatrechts, Bd. I, 1857, S. 1 ff.
Kamlah, W./Lorenzen, P. Logische Propädeutik, 1967
Kelsen, H. Allgemeine Staatslehre, 1925
– Der soziologische und der juristische Staatsbegriff, 1. Aufl., 1922; 2. Aufl., 1928
– Hauptprobleme der Staatsrechtslehre, 1. Ausg., 1911, 2. Ausg., 1923
– Reine Rechtslehre, 2. Aufl., 1960
Kemmerling, A. Regel und Geltung im Lichte der Analyse Wittgensteins, in: Rechtstheorie 1975, Heft 1
Kilian, W. Juristische Entscheidung und elektronische Datenverarbeitung, 1974
Koch, H.-J. Das Postulat der Gesetzesbindung im Lichte sprachphilosophischer Überlegungen, in: Archiv für Rechts- und Sozialphilosophie 1975, S. 27ff.
– Der unbestimmte Rechtsbegriff im Verwaltungsrecht, in: ders. (Hrsg.), Juristische Methodenlehre und analytische Philosophie, 1976
– Zur Analyse richterlicher Entscheidungen, Diss. jur. Frankfurt 1971
– Zur Rationalität richterlichen Entscheidens. J. Essers »Vorverständnis und Methodenwahl in der Rechtsfindung«, Rechtstheorie 1973, S. 183ff.

– /Rottleuthner, H. Gesetzesbindung, vervielf. Man., Ffm. 1973
– /Trapp, R. Richterliche Innovationen – Begriff und Begründbarkeit, in: Harenburg, J./A. Podlech/B. Schlinck (Hrsg.), Rechtlicher Wandel durch richterliche Innovation, 1976
Körner, St. Experience and Theory, 1966 (deutsche Ausgabe: Erfahrung und Theorie, 1970)
Kraft, V. Der Wiener Kreis, 2. Aufl., 1968
– Die Grundlagen einer wissenschaftlichen Wertlehre (1937), 2. Aufl., 1951
– Wertbegriffe und Werturteile, in: Albert/Topitsch (Hrsg.), Werturteilsstreit, 1971, S. 44ff.
Kutschera, F. v. Logik der Normen, Werte und Entscheidungen, 1973
– Sprachphilosophie, 1. Aufl., 1971
– Wissenschaftstheorie, Bd. II, 1972
Laband, P. Das Staatsrecht des deutschen Reiches, 1. Aufl., 1877; 2. Aufl., 1887
Landsberg, E. Geschichte der Deutschen Rechtswissenschaft, III. Abt., 2. Halbbd., 1910
Lask, E. Rechtsphilosophie, in: Die Philosophie im Beginn des 20. Jahrhunderts. Festschrift für Kuno Fischer, 2. Aufl., 1907, S. 269ff.
Lautmann, R. Justiz – die stille Gewalt, 1972
– /Maihofer, W./Schelsky, H. Die Funktion des Rechts in der modernen Gesellschaft, 1970 (Jahrbuch für Rechtssoziologie und Rechtstheorie, Bd. 1)
Lenk, H. Metalogik und Sprachanalyse, 1973
– Zu Wittgensteins Theorie der Sprachspiele, in: ders., Metalogik und Sprachanalyse, 1973, S. 57ff.
Litt, Th. Individuum und Gemeinschaft, 2. Aufl., 1924 und 3. Aufl., 1926
Lüderssen, K. Wie rechtsstaatlich und solide ist ein sozialwissenschaftlich-juristisches Grundstudium? in: Juristische Schulung 1974, S. 131ff.
Luhmann, N. Grundrechte als Institution, 1965
Mayer, H. Die Krisis der deutschen Staatslehre und die Staatsauffassung Rudolf Smends, Diss. Köln, 1931
Merten, D. Die Bindung des Richters an Gesetz und Verfassung, in: Deutsches Verwaltungsblatt 1975, S. 677ff.
Metall, R. A. Hans Kelsen. Leben und Werk, 1969
Moore, G. E. The Indefinability of Good, in: Sellars/Hospers, Readings in Ethical Theory, 1970, S. 31ff.
Müller, F. Normstruktur und Normativität, 1966
Neumann, F. Der Funktionswandel des Gesetzes im Recht der bürgerlichen Gesellschaft, in: ders., Demokratischer und autoritärer Staat, 1967, S. 31ff.
+Oertzen, P. v. Die Bedeutung C. F. v. Gerbers für die deutsche Staatsrechtslehre, in: Festgabe für R. Smend, 1962, S. 183ff.

– Die soziale Funktion des staatsrechtlichen Positivismus, Diss. Göttingen 1953, 1974 (Edition Suhrkamp, Bd. 600)
– Freiheitlich demokratische Grundordnung und Rätesystem, in: Bermbach (Hrsg.), Theorie und Praxis der direkten Demokratie, 1973, S. 173ff.
Ogden, C. K./Richards, A. The Meaning of Meaning, 1923 und zahlreiche weitere Auflagen (deutsche Ausgabe: Die Bedeutung der Bedeutung, 1974)
Opp, K.-D. Methodologie der Sozialwissenschaften, 1970
– Soziologie im Recht, 1973
Pehle, R./Stimpel, W. Richterliche Rechtsfortbildung unter besonderer Berücksichtigung des gewerblichen Rechtsschutzes und des Personalgesellschaftsrechts, 1969
Podlech, A. Wertungen und Werte im Recht, Archiv des öffentlichen Rechts 95 (1970), S. 185ff.
Popper, K. R. Logik der Forschung (1935), 3. Aufl., 1969
Prim, R./Tilmann, H. Grundlagen einer kritisch-rationalen Sozialwissenschaft, 1973
Quine, W. V. O. Methods of Logic, 1964 (deutsche Ausgabe: Grundzüge der Logik, 1969)
– Two Dogmas of Empricism, 1953 (deutsch: Zwei Dogmen des Empirismus, in: Sinnreich (Hrsg.), Zur Philosophie der idealen Sprache, 1972, S. 167ff.)
Reichenbach, H. Experience and Prediction, 1938
Rodingen, H. Ansätze zu einer sprachkritischen Rechtstheorie, in: Archiv für Rechts- und Sozialphilosophie, Bd. 58 (1972), S. 161ff.
Roellecke, G. Die Bindung des Richters an Gesetz und Verfassung, in: Veröffentlichungen der Vereinigung der Deutschen Staatsrechtslehrer 34 (1976), S. 7ff.
– Grundfragen der juristischen Methodenlehre und die Spätphilosophie Ludwig Wittgensteins, in: Festschrift für Gebhard Müller, 1970, S. 323ff.
Rottleuthner, H. Rechtswissenschaft als Sozialwissenschaft, 1973
– Richterliches Handeln – Zur Kritik der juristischen Dogmatik, 1973
Rüthers, B. Die unbegrenzte Auslegung, 1. Aufl., 1973
Rupp, H. H. Die Bindung des Richters an das Gesetz, in: Neue Juristische Wochenschrift 1973, S. 1769ff.
Sattler, M. J. (Hrsg.) Staat und Recht, 1972
Savigny, E. v. Die Philosophie der normalen Sprache, 1969
– (Hrsg.) Probleme der sprachlichen Bedeutung, 1976
Schaff, A. Unscharfe Ausdrücke und die Grenzen ihrer Präzisierung, in: ders., Essays über die Philosophie der Sprache, 1968, S. 65ff.
Schilpp, A. (Hrsg.) The Philosophy of Rudolf Carnap, 1963
Schlick, M. Gesammelte Aufsätze, 1938

– Meaning and Verification, in: The Philosophical Review 44 (1936), wiederabgedruckt in: ders., Gesammelte Aufsätze, 1938, S. 338ff.
Schmitt, C. Fünf Leitsätze für die Rechtspraxis, in: Deutsches Recht, 1933, S. 201ff.
– Nationalsozialistisches Rechtsdenken, in: Deutsches Recht, 1934, S. 225ff.
Schnelle, H. Sprachphilosophie und Linguistik, 1973
Seiffert, H. Einführung in die Wissenschaftstheorie, Bd. I, 1969
Sellars, W./Hospers, J. Readings in Ethical Theory, 1970
Simon, D. Die Unabhängkeit des Richters, 1975
Sinnreich, J. (Hrsg.) Zur Philosophie der idealen Sprache, 1972
Sinzheimer, H. Jüdische Klassiker der deutschen Rechtswissenschaft, 1953
Sontheimer, K. Politische Wissenschaft und Staatsrechtslehre, 1963
– Zur Grundlagenproblematik der deutschen Staatsrechtslehre in der Weimarer Republik, in: Archiv für Rechts- und Sozialphilosophie XLVI (1960), S. 39ff.
Starck, Ch. Die Bindung des Richters an Gesetz und Verfassung, in: Veröffentlichungen der Vereinigung der Deutschen Staatsrechtslehrer 34 (1976), S. 43ff.
Stegmüller, W. Artikel »Wissenschaftstheorie«, in: Diemer/Frenzel, Philosophie (Fischerlexikon), 2. Aufl., 1967, S. 334ff.
– Aufsätze zu Kant und Wittgenstein, 1970
– Das Wahrheitsproblem und die Idee der Semantik (1957), 2. Aufl., 1968
– Der Phänomenalismus und seine Schwierigkeiten, Darmstadt WB, 1968
– Gedanken über eine mögliche rationale Rekonstruktion von Kants Metaphysik der Erfahrung (1968), wiederabgedruckt in: ders., Aufsätze zu Kant und Wittgenstein, 1970, S. 1ff.
– Hauptströmungen der Gegenwartsphilosophie, 4. Aufl., 1969
– Hauptströmungen der Gegenwartsphilosophie, Bd. II, 1975
– Probleme und Resultate der Wissenschaftstheorie und analytischen Philosophie, Bd. I, 1969 (Wissenschaftliche Erklärung und Begründung)
– Probleme und Resultate der Wissenschaftstheorie und analytischen Philosophie Bd. II, 1970 (Theorie und Erfahrung)
- Stephanitz, D. v. Exakte Wissenschaft und Recht. Der Einfluß von Naturwissenschaft und Mathematik auf Rechtsdenken und Rechtswissenschaft in zweieinhalb Jahrtausenden, 1970
Stevenson, C. L. Ethics and Language, 1944
Stolleis, M. Carl Schmitt, in: M. J. Sattler (Hrsg.), Staat und Recht, 1972, S. 123ff.
Swinburne, R. G. Vagueness, Inexactness, Imprecision, in: British Journal for the Philosophy of Science, 19 (1969), S. 281ff.
Topitsch, E. (Hrsg.) Festschrift für V. Kraft, 1961
– Sozialphilosophie zwischen Ideologie und Wissenschaft, 1961

– Über Leerformeln, in: ders., Festschrift für V. Kraft, 1961, S. 233ff.
Ullmann, S. Semantics. An Introduction to the Science of Meaning, 1962 (deutsche Ausgabe: Semantik, 1973)
Waismann, F. Verifiability, 1949 (deutsch: Verifizierbarkeit, in: R. Bubner (Hrsg.) Sprache und Analysis, 1968, S. 154ff.)
Warnock, G. J. Verification and the Use of Language (1968), wiederabgedruckt in: Grewendorf/Meggle, Linguistik und Philosophie, 1974, S. 17ff. (Verifikation und Sprachgebrauch)
Weber, M. Gesammelte Aufsätze zur Wissenschaftslehre, 3. Aufl., 1968
Weiss, M. Die Theorie der richterlichen Entscheidungstätigkeit in den Vereinigten Staaten von Amerika, 1971
Wieacker, F./Wollschläger, C. (Hrsg.) Iherings Erbe, 1970
Wilhelm, W. Zur juristischen Methodenlehre im 19. Jahrh. (Die Herkunft der Methode Paul Labands aus der Privatrechtswissenschaft), 1958
Wittgenstein, L. Philosophische Untersuchungen (1953), 1971
Wright, G. H. v. Explanation and Understanding, 1971 (deutsche Ausgabe: Erklären und Verstehen, 1974)
– Norm and Action, 1963
Wunderlich, D. Grundlagen der Linguistik, 1974
Zimmermann, H. Rechtsanwendung als Rechtsfortbildung, jur. Diss. Frankfurt/M. 1975
– Rechtsanwendung als Rechtsfortbildung, in: H.-J. Koch (Hrsg.) Juristische Methodenlehre und analytische Philosophie, 1976

B.
Texte

Georg Jellinek
Die Aufgabe der Staatslehre

Die wissenschaftliche Stellung der Staatslehre.

Der Mensch ist seiner psychischen Seite nach in zweifacher Weise Gegenstand der Wissenschaft: entweder als Individuum oder als geselliges Wesen. Die Disziplinen der Geisteswissenschaft,[1] welche die Aufgabe haben, die Erscheinungen des menschlichen Gemeinlebens allseitig zu erforschen, bilden in ihrer Gesamtheit die Gesellschafts- oder Sozialwissenschaften.[2]

Die Erscheinungen des menschlichen Gesellschaftslebens zerfallen wiederum in zwei Klassen, nämlich in solche, denen ein einheitlicher, sie leitender Wille wesentlich ist, und in solche, die ohne eine aus ihnen hervorgehende Willensorganisation existieren oder doch existieren können. Die ersteren besitzen notwendigerweise eine planmäßige, von einem bewußten, auf sie gerichteten Willen ausgehende Ordnung im Gegensatz zu den letzteren, deren Ordnung auf anderen Kräften ruht.

In der Wirklichkeit der Dinge lassen sich zwar die beiden Arten sozialer Ordnung nicht streng isolieren, da in der un|4|gebrochenen Einheit alles gesellschaftlichen Lebens die eine ohne die andere nicht zu bestehen vermag. So läßt sich z. B. ein entwickelter Staat ohne Volkswirtschaft nicht auffinden, ebensowenig jedoch eine Volkswirtschaft ohne Staat. Aber trotzdem ist begriffliche Trennung beider Ordnungen möglich und notwendig. Denn, wie später näher ausgeführt werden wird, ist alle Erkenntnis mitbedingt durch die Fähigkeit, das zu erkennende Objekt zu isolieren, es herauszuheben aus den Umhüllungen, die es umgeben, und den Verbindungen, in denen es sein Dasein führt.

Zu den sozialen Erscheinungen, die der planmäßigen Leitung durch einheitlichen Willen entbehren, zählen die Sprache, die Sitte, die wissenschaftliche und künstlerische Tätigkeit, die Volkswirtschaft. Durch einen einheitlichen Willen zusammengehaltene und geleitete soziale Ordnungen sind die zahlreichen Verbände, die das wirtschaftliche, geistige, ethische, religiöse Gemeinleben hervorruft, so Familie, wirtschaftliche Unternehmungen, Vereine aller Art, Kirchen. Die wichtigste, auf menschlicher Willensorganisation beruhende soziale Erscheinung aber ist der *Staat*, dessen Wesen an dieser Stelle als gegeben vorausgesetzt werden muß. Jede Erörterung des Wesens einer wissenschaftlichen Disziplin muß Resultate an den Anfang stellen, die erst später sicher begründet werden können.

Da alle anderen organisierten Ordnungen ohne den Staat nicht zu bestehen vermögen, da ferner der Staat vermöge des Umfanges seiner Tätigkeit und des Einflusses, den er auf die Menschen übt, das ganze soziale Leben berührt und bestimmt, so hat man bis in die Gegenwart häufig die Gesamtheit der Gesellschaftswissenschaften, mit Ausnahme der entweder in diesem Zusammenhange ignorierten oder gar der Naturwissenschaft zugewiesenen Sprachwissenschaft,[3] als Staatswissenschaften bezeichnet, eine Terminologie, die als unzutreffend erkannt wird, wenn man erwägt, daß das vom Staate im sozialen Leben Bewirkte und Ausgestaltete von ihm als der Ursache wohl zu unterscheiden ist. Die Staatswissenschaft hat es vielmehr ausschließ|5|lich mit der Erforschung des Staates und der von ihm als seine Glieder in seinen Bau aufgenommenen oder zugelassenen Verbände zu tun. Mit seinen Beziehungen zu anderen sozialen Gebieten hingegen hat sie nur insoweit zu schaffen, als die bewußte Tätigkeit des Staates auf diese Gebiete, sei es regulierend, sei es fördernd, gerichtet ist. So gehört z. B. das Unterrichtswesen nur insoweit zur Staatswissenschaft, als es vom Staate geleitet oder beeinflußt wird, während die technische Seite dieser öffentlichen Tätigkeit von anderen Disziplinen, z. B. der Pädagogik, behandelt wird, die den Gesellschaftswissenschaften der zweiten Ordnung ausschließlich zuzuweisen sind. Gibt es nun auch kaum ein Gebiet menschlicher Gemeintätigkeit, das nicht in Beziehungen zum Staate stünde, so folgt daraus zwar, daß die Staatswissenschaften wesentliche Beziehungen zu den anderen Sozialwissenschaften haben, nicht aber, daß diese gänzlich in jenen aufgehen sollen.

Gemäß der Mannigfaltigkeit, die der Staat darbietet, gibt es eine Vielheit von Gesichtspunkten, unter denen er betrachtet werden kann. Daraus ergibt sich die Notwendigkeit der Spezialisierung der Staatswissenschaft. Sie ist erst durch die fortschreitende Erkenntnis allmählich zum Bewußtsein gekommen. Wie die meisten Wissensgebiete, die später in eine Vielheit von Disziplinen zerfällt worden sind, hat sie ihre Geschichte als einheitliche Lehre begonnen. In dieser Form tritt sie uns bei den Hellenen entgegen. Ihnen ist die *Politik* die Kenntnis der πόλις und des auf diese gerichteten Handelns ihrer Glieder nach allen Seiten, so daß dieser Ausdruck nicht mit dem modernen gleichlautenden, wiewohl von dem antiken abstammenden, verwechselt werden darf. In dieser Lehre ist aber das Bewußtsein der mannigfaltigen zu unterscheidenden Beziehungen und Seiten des Staates entweder nicht oder doch nicht in völlig klarer Weise enthalten. Unter dem bestimmenden Einfluß antiker Vorstellungen hat sich nun vielfach bis in die Gegenwart herab die Gleichsetzung von Staatswissenschaft und Politik terminologisch behauptet, namentlich bei den romanischen Völkern und den Engländern, bei denen science politique,[4] scienza politica, political science oder politics usw. den ganzen Umfang der Staatswissenschaft bezeichnet und eine Spezialisierung innerhalb dieser so |6| bezeichneten Disziplin entweder gar nicht versucht oder in ganz ungenügender Weise vorgenommen wird.

Unter die staatswissenschaftlichen Disziplinen[5] in dem von uns angegebenen Sinne fällt auch die gesamte Rechtswissenschaft, da Recht stets nur ein Produkt organisierter menschlicher Verbände sein kann. Die antike Staatswissenschaft hat denn auch Rechts- und Staatslehre nicht scharf geschieden, zumal für sie das gesamte menschliche Gemeindasein staatlicher Art ist. Fortschreitende Spezialisierung jedoch, die der Ausbildung der Rechtswissenschaft durch die Römer ihren Ursprung verdankt, hat diese zu einem selbständigen Wissensgebiete erhoben. So sind denn die *Staatswissenschaften im weiteren Sinne,* die auch die ganze Rechtswissenschaft unter sich befassen, von den *Staatswissenschaften im engeren Sinne* zu unterscheiden. Im folgenden sollen die Staatswissenschaften nur in dieser engeren Bedeutung genommen werden.

Da aber Staats- und Rechtswissenschaft in engem systematischem Zusammenhang miteinander stehen, so gibt es Disziplinen, die beiden zugerechnet werden müssen, nämlich jene, die sich mit den rechtlichen Eigenschaften und Verhältnissen des Staates beschäftigen, also aus dem Umkreis der Lehren des öffentlichen Rechtes die des Staats-, Verwaltungs- und Völkerrechts. Sie sind sowohl Wissenschaften vom Staate als vom Rechte. Die Bedeutung dieses inneren Zusammenhangs von Rechts- und Staatswissenschaft wird an anderer Stelle noch eingehender zu erörtern sein.

Die Wissenschaften zerfallen in beschreibende oder erzählende (deskriptive), erklärende (theoretische) und angewandte (praktische). Die ersten wollen die Erscheinungen feststellen und ordnen, die zweiten Regeln ihres Zusammenhanges aufweisen, die dritten ihre Verwendbarkeit für praktische Zwecke lehren.

Eine scharfe Grenzlinie zwischen beschreibender und erklärender Wissenschaft läßt sich nicht leicht ziehen, namentlich nicht auf dem Boden der Sozialwissenschaften. Selbst für die Naturwissenschaft ist behauptet worden, daß Erklärung einer Naturerscheinung nichts anderes als ihre vollkommene Beschreibung |7| sei.[6] Zum Unterschiede von einem großen Teil der Naturvorgänge aber sind die sozialen Erscheinungen in der Regel nicht konstanter Art, vielmehr sind sie *dynamischer* Natur, sie ändern fortwährend ihren Charakter, ihre Intensität, ihren Verlauf, ohne daß es möglich wäre, feste, jedem Zweifel entrückte Entwicklungs- und Rückbildungsgesetze für sie nachzuweisen, wie es die Naturwissenschaft für die Lebensvorgänge zu tun in der Lage ist. Das Objekt jener Wissenschaften ist daher in stetem Wandel begriffen. Eine spekulative Anschauung, die, wenn auch nur zur hypothetischen Vollendung unseres Wissens, niemals gänzlich entbehrt werden kann, wird in solchem Wandel eine aufsteigende Entwicklung behaupten können. Mit den Mitteln empirischer Forschung hingegen wird in vielen Fällen nur Änderung, nicht Entwicklung nachzuweisen sein. Daß der mittelalterliche Staat, verglichen mit dem antiken, eine höhere Entwicklungsstufe sei, wie oft behauptet wird, wird schwerlich mit Erfolg nachgewiesen werden können.[7] Aber er war etwas wesentlich anderes als der antike Staat, wies Erscheinungen auf, die nach keiner Richtung hin in diesem bereits im Keime vorhanden waren. Die Spaltung des Gemeinwesens durch den im Mittelalter nie ganz zur Einheit versöhnten Gegensatz von Fürst und Volk, die ständische Repräsentation, die Forderung einer begrenzten Sphäre des Staates, das alles waren Phänomene, zu denen in den |8| Staaten der alten Zeit kein Ansatz zu finden ist. Daher hat der Staat selbst im Laufe der Zeiten sein Wesen in bestimmten Punkten geändert zum Unterschiede von den natürlichen Dingen, die entweder unveränderlich bleiben oder im rhythmischen Wechsel wiederkehren oder in erkennbarer, von festen Gesetzen beherrschter Weise einer auf- oder absteigenden Umbildung unterliegen. Das Nähere über diese für die methodische Forschung auf sozialwissenschaftlichem Gebiete grundlegende Erkenntnis wird später ausgeführt werden, wie auch eine Darlegung der Schranken kausaler Erkenntnis in den Sozialwissenschaften gesonderter, eingehender Untersuchung bedarf.

In den Sozialwissenschaften müssen schon aus dem eben angegebenen Grunde Beschreibung und Erklärung oft ineinander übergehen. Wer z. B. die wechselnde Bahn beschreibt, die eine soziale Erscheinung im Laufe der Geschichte durchmißt, auf der sie ihr inneres Wesen fortwährend ändert, der erklärt zugleich den Zusammenhang ihrer einzelnen Phasen, wenn er nicht in ganz unwissenschaftlicher Weise am Äußeren haften bleiben will. Wenn daher im folgenden die einzelnen Disziplinen der Staatswissenschaften aufgezählt werden sollen, so ist bei aller durch das Bedürfnis der Orientierung gebotenen begrifflichen Scheidung doch ebenso zu betonen, daß der in der Natur der Objekte begründete Zusammenhang der verschiedenen wissenschaftlichen Positionen keine völlige, mit scharfen Linien zu zeichnende Begrenzung des einzelnen Wissenszweiges duldet.

Die beschreibende Grundlage aller Sozialwissenschaften, also auch der Staatswissenschaften, ist die *Geschichte*, welche die sozialen Tatsachen in ihrem historischen Verlaufe fest- und darstellt sowie deren äußere und innere Verknüpfung nachweist.[8] Vornehmlich ist es die *politische Geschichte*, die von der Staaten Werden, Schicksalen und Vergehen berichtet, die für die staatswissenschaftliche Forschung in Betracht kommt. Aber auch |9| die *Sozialgeschichte*, die von den gesellschaftlichen Vorgängen handelt, die nicht unmittelbar politischer Art sind, ist bei dem objektiven Zusammenhang aller sozialen Erscheinungen von großer Bedeutung für die Lösung der theoretischen Probleme der Staatswissenschaften.

An die Geschichte schließt sich an die *Staatenkunde* und der auf die staatlichen Verhältnisse sich beziehende Teil der *Statistik* – die politische und Verwaltungsstatistik –, jene die Beschreibungen der Institutionen der verschiedenen Staaten der Gegenwart und jüngsten Vergangenheit lehrend, diese als »die exakte Erforschung derjenigen Seiten des Staats- und Gesellschaftslebens, die einer zahlenmäßigen Behandlung zugänglich sind«.[9]

Die *erklärende* Wissenschaft vom Staate ist die theoretische Staatswissenschaft oder *Staatslehre*, deren Aufgabe Erkenntnis der Erscheinung des Staates nach allen Richtungen seines Daseins ist. Sie ist auch beschreibende Wissenschaft, insofern sie die Merkmale des Staates und seiner Erscheinungsformen feststellt. Aber diese Beschreibung ist zugleich Erklärung. Denn es handelt sich bei ihr um ein nicht der Sinnenwelt angehöriges, sondern erst durch wissenschaftliche Forschung festzustellendes und zum Bewußtsein zu bringendes Objekt, das eben nur dadurch beschrieben werden kann, daß man es zu erklären unternimmt. Überdies hat die kausale Erklärung auf diesem Gebiete viel engere Grenzen, als sie einer naturwissenschaftlichen Disziplin gesteckt sind, da sie, wie weiter unten eingehend dargelegt wird, niemals die kausalen Zusammenhänge allgemein gültigen Gesetzen unterzuordnen vermag.

Die Gliederung der Staatslehre.

Die theoretische Staatswissenschaft oder Staatslehre zerfällt in die *allgemeine* und *besondere* Staatslehre.[10] Die allgemeine Staatslehre sucht das Fundament der gesamten Staatslehre zu legen, indem sie die Erscheinung des Staates überhaupt sowie die Grundbestimmungen, die er darbietet, wissenschaftlicher |10| Forschung unterzieht. Ihre Resultate werden nicht durch Untersuchung einer staatlichen Einzelindividualität, sondern vielmehr der gesamten geschichtlich-sozialen Erscheinungsformen des Staates gewonnen.

Die allgemeine Staatslehre wird ergänzt durch die *besondere Staatslehre.* Für sie sind zwei Möglichkeiten der Forschungsweise gegeben. Entweder beschäftigt sich die besondere Staatslehre mit einer Vergleichung der einzelnen Institutionen der Staaten überhaupt oder einer bestimmten Staatengruppe oder noch enger einer bestimmten Staatengruppe innerhalb einer begrenzten Epoche, um typische Bilder dieser Institutionen zu gewinnen und zu erklären, oder die besondere Staatenlehre ist einfach Erkenntnis der Institutionen eines konkreten Staates, sei es in ihrer gesamten geschichtlichen Ausgestaltung, sei es in ihrer gegenwärtigen Form. Die besondere Staatslehre ist daher entweder die Lehre von den besonderen Institutionen des Staates überhaupt oder Lehre von den Institutionen des besonderen Staates. Man kann die besondere Staatslehre in der ersten Bedeutung als *spezielle* Staatslehre, in der zweiten als *individuelle* Staatslehre bezeichnen.

Volles Verständnis der Institutionen des Einzelstaates hat sowohl die allgemeine Staatslehre als die von den besonderen Institutionen des Staates, die spezielle Staatslehre, zur Voraussetzung, da alles Einzelne von Grund aus nur aus dem allgemeinen Zusammenhang begriffen werden kann, in den es hineingestellt ist. Individuelle Staatslehre kann daher erfolgreich nur bearbeitet werden auf dem Boden der Resultate jener beiden Grunddisziplinen.

Die Staatslehre hat den Staat nach allen Seiten seines Wesens zu erforschen. Sie hat zwei Hauptgebiete, entsprechend den |11| zwei Gesichtspunkten, unter denen der Staat betrachtet werden kann. Der Staat ist einmal gesellschaftliches Gebilde, sodann rechtliche Institution. Dementsprechend zerfällt die Staatslehre in die *soziale Staatslehre* und in die *Staatsrechtslehre*. Die allgemeine Staatslehre insbesondere hat demnach zwei Abteilungen: die *allgemeine Soziallehre des Staates* und die *allgemeine Staatsrechtslehre*.

Die allgemeine Staatsrechtslehre, d. h. die Erkenntnis der rechtlichen Natur des Staates und der staatsrechtlichen Grundbegriffe, ist demnach nur ein Teil der allgemeinen Staatslehre.

Das Recht ist eine der wichtigsten Seiten des Staates; kein Staat ist ohne Recht möglich, aber es ist ein schwerer Fehler, der bis auf den heutigen Tag häufig begangen wird, die Staatslehre mit der Staatsrechtslehre zu identifizieren. Dieser Fehler rührt von dem historischen Ursprung der modernen Staatslehre her. Sie stammt nämlich aus dem Naturrecht, das nach dem Rechtsgrunde des Staates forschte.[11] Diesen Rechtsgrund setzte das Naturrecht nicht selten dem historischen Entstehungsgrund gleich und betrachtete demgemäß den Staat ausschließlich als ein rechtliches Gebilde. Daher ist eine Unterscheidung zwischen Staats- und Staatsrechtslehre in der naturrechtlichen Epoche sehr selten zu finden. Nur die Politik als praktische Staatslehre wird da von der Staatsrechtslehre als selbständige Disziplin anerkannt. In der Literatur der Politik von Machiavelli bis auf Montesquieu finden sich auch viele theoretische Untersuchungen, die heute dem nicht mit der Staatsrechtslehre zusammenfallenden Teile der Staatslehre zuzuweisen sind.

Wenn nun auch die Staatsrechtslehre innerhalb der Staatslehre ein abgegrenztes Gebiet darstellt, so ist sie dennoch nur ein Teil des Gesamtgebietes. Staatslehre und Staatsrechtslehre sind keine Gegensätze. Wohl aber muß man systematisch die *soziale Staatslehre*, die den Staat als gesellschaftliches Gebilde in der Totalität seines Wesens betrachtet, der *Staatsrechtslehre* als dem juristischen Teil der Staatslehre gegenüberstellen. Solche Trennung und Gegenüberstellung ist in dem Unterschied der Methoden begründet, die in beiden Gebieten herrschen. Eine Vermischung des Rechtlichen mit dem, was vor dem Rechte liegt, soll daher in einer wissenschaftlichen Dar|12|stellung der Staatslehre nicht stattfinden. Wohl aber ist die Erkenntnis des inneren Zusammenhanges beider die gesamte Staatslehre darstellenden Disziplinen berufen, einem zwiefachen, folgenschweren Irrtum vorzubeugen: dem Glauben, daß die einzige richtige Erklärungsart des Staates die soziologische, historische, politische, kurz: die nicht-juristische sei, und der entgegengesetzten Überzeugung, daß der Jurist allein dazu berufen sei, mit seinen Forschungsmitteln alle Rätsel zu lösen, die mit den staatlichen Phänomenen verknüpft sind.[12]

Aber auch für die ersprießliche Untersuchung der staatsrechtlichen Probleme ist die Erkenntnis des Zusammenhanges von sozialer Staatslehre und Staatsrechtslehre von der höchsten Bedeutung. Eine umfassende Staatslehre ist die Grundlage aller theoretischen Erkenntnis vom Staate. Alle Untersuchungen, die nicht auf diesem umfassenden Fundament aufgeführt sind, führen notwendig zu schiefen und einseitigen Resultaten. Wenn daher auch die Staatsrechtslehre die rechtliche Seite des Staates isoliert, um zu deren gründlicher Erkenntnis zu gelangen, so muß sie doch von Prinzipien ausgehen, die einer allseitigen Erkenntnis des Staates entsprungen sind. In den Systemen des Staatsrechts ist es bis auf den heutigen Tag die Regel, allgemeine Lehren vom Staate an die Spitze der Untersuchung zu stellen, die, nach Art von Dogmen behauptet, uns nicht verraten, woher sie kommen, die aber um so bedeutsamer sind, als aus ihnen die wichtigsten Schlüsse gezogen werden. Bei dem überwiegend deduktiven Charakter der juristischen Untersuchungen sind in vielen Fällen die Resultate durch jene dogmatischen Sätze bereits a priori festgestellt. Alles Schiefe, Einseitige, Widerspruchsvolle in den herrschenden staatsrechtlichen Anschauungen ist nicht zum geringsten Teile auf ihre unrichtige oder ungenügende Fundierung auf bestimmte Sätze der Staatslehre zurückzuführen.

|13| Die Politik und ihr Verhältnis zur Staatslehre

Die angewandte oder praktische Staatswissenschaft ist die *Politik*, d. h. die Lehre von der Erreichung bestimmter staatlicher Zwecke und daher die Betrachtung staatlicher Erscheinungen unter bestimmten teleologischen Gesichtspunkten, die zugleich den kritischen Maßstab für die Beurteilung der staatlichen Zustände und Verhältnisse liefern.[13] Enthält die soziale Staatslehre wesentlich Erkenntnisurteile, so hat die Politik Werturteile zum Inhalt. In diesem engsten Sinne, der allein der Politik wissenschaftliche Selbstberechtigung sichern kann, ist sie erst in neuester Zeit in der deutschen Wissenschaft aufgefaßt worden, der die endgültige Scheidung jener allumfassenden antiken Kategorie der Politik in soziale Staatslehre, Staatsrechtslehre und Politik zu danken ist.

Da absolute Zwecke nur auf dem Wege metaphysischer Spekulation aufgezeigt werden können, so ist eine empirische, in |14| sich vollendete, mit allgemeiner Überzeugungskraft ausgestattete politische Wissenschaft nicht möglich. Vielmehr können nur relative politische Untersuchungen wissenschaftlichen Wert gewinnen, d.h. solche, die hypothetisch einen bestimmten Zweck als zu erreichend annehmen, dabei aber die Möglichkeit andersgearteter teleologischer Beurteilung zugeben müssen.[14] Deshalb erhalten in der Regel politische Untersuchungen einen parteimäßigen Charakter, zumal jene Beschränkung auf empirische, relative Zwecke selten zu finden ist, so daß überdies noch der Gegensatz der metaphysischen Zwecke zu dem der empirischen hinzutritt und in der Gestaltung der Untersuchung und der Resultate zum Ausdruck kommt. Schon ein flüchtiger Blick in die politische Literatur lehrt, daß der Unterschied der Weltanschauungen, der Überzeugungen von den letzten Zielen des menschlichen Gemeinlebens, oft unbewußt, den Gang eines sehr großen Teiles der politischen Forschungen bestimmt.

Die Politik als praktische Wissenschaft ist zugleich eine *Kunstlehre*[15] und darum wesentlich der Zukunft zugewendet, während die Staatslehre als Lehre von Seienden der Vergangenheit und Gegenwart zugekehrt ist. Aber auch auf Gegenwart und Vergangenheit können sich politische Untersuchungen erstrecken, um aus ihnen Lehren für die Zukunft zu ziehen. Auf die Gegenwart gerichtet, nimmt die Politik den Charakter einer kritischen Lehre an, der das Gegebene, gemessen an dem Maßstab ihrer durch teleologische Betrachtung gewonnenen Resultate entweder ein zu Bewahrendes oder ein Umzubildendes ist. Aber auch die Vergangenheit kann im Hinblick auf bestimmte Zwecke |15| kritisch untersucht werden. Ob Handlungen geschichtlicher Personen entweder den ihnen vorgesetzten oder einen anderen wertvollen Zweck erreicht oder verfehlt haben, gehört auch in das Gebiet politischer Betrachtungsweise. Untersuchungen über die Wirkungen der perikleischen Demokratie auf die Fort- oder Rückbildungen des athenischen Staatswesens oder der sullanischen Diktatur auf den Untergang der römischen Republik haben nicht minder den Charakter politischer Forschung wie ein Versuch, den Einfluß des allgemeinen Wahlrechts auf das künftige Leben des Deutschen Reiches zu bestimmen. Darum ist jede pragmatische geschichtliche Untersuchung zugleich auch eine politische.[16] Der, wenn auch oft unausgesprochene letzte Zweck solcher nach rückwärts gewendeten politischen Betrachtung liegt allerdings auch in der Zukunft, denn nicht nur um ihrer selbst willen, sondern um Regeln für das Handeln in ähnlichen Fällen zu gewinnen, wird sie unternommen. Darum ist die Politik nicht eine Lehre vom Seienden, sondern vom Sein-sollenden.

Ist nun auch die Politik ihren Zielen und ihrer Methode nach von sozialer Staats- und Staatsrechtslehre durchaus zu trennen, so ist anderseits bei dem inneren Zusammenhang aller Gebiete einer Wissenschaft die praktische Disziplin von hoher Bedeutung für gedeihliche Behandlung der theoretischen. Sowohl die ruhende Staatsordnung, welche die soziale Staatslehre, als auch die Rechtsregeln jener Ordnung, welche das Staatsrecht zu untersuchen hat, bedürfen zu ihrer allseitigen Erkenntnis ergänzender politischer Betrachtung. In der Wirklichkeit der Er|16|scheinungen ist der Staat ja in steter Bewegung begriffen, von der soziale Staats- und Staatsrechtslehre gleichsam nur Momentbilder geben. Alle wichtigen Lebensprozesse des Staates aber sowie alle Sätze seiner Rechtsordnung waren vor und in ihrem Entstehen Gegenstand politischer Erwägungen und Entschlüsse; alle vollendete staatliche Tat, alles bestehende Recht bringt politische Wirkungen hervor. Daher führt gänzliches Abstrahieren von aller Politik zu leeren Ergebnissen oder höchstens zur Kenntnis staatlicher Skelette, denen jede Spur lebendiger Gestalt mangelt. In der theoretischen Staatslehre als einer Begriffswissenschaft ist alles abstrakt; das Konkrete wohnt dem Strom des politischen Lebens inne, der, unaufhaltsam wechselnde Gestalten erzeugend, durch die Geschichte flutet.

Namentlich aber empfangen staatsrechtliche Untersuchungen durch den Hinblick auf das politisch Mögliche Inhalt und Ziel. So wenig Recht und Politik miteinander vermischt werden sollen, so sehr jederzeit ihre scharfen Grenzen zu beachten sind, so ist doch ersprießliche staatsrechtliche Untersuchung ohne Kenntnis des politisch Möglichen ausgeschlossen. Ohne dessen grundsätzliche Beachtung gerät nämlich das Staatsrecht notwendig auf bedenkliche Abwege und läuft Gefahr, sich in eine dem Leben und der realen Erkenntnis abgewandte rein scholastische Disziplin zu verwandeln.

Politische Erkenntnis lehrt vor allem die Grenzen sicherer staatsrechtlicher Untersuchung feststellen. Mit vollem Recht bemerkt *Laband*, daß die Rechtsdogmatik, abgesehen von der Erforschung der geltenden positiven Rechtssätze, d. h. der vollständigen Kenntnis und Beherrschung des positiven Stoffes, eine rein logische Denktätigkeit ist.[17] Aber Feststellung des Inhaltes aller Rechtssätze ist mit der reinen Logik nicht möglich. Gerade die Grundbegriffe des Staatsrechtes, die alle übrigen tragen, spotten der rein logischen Behandlung. Wenn die nähere Bestimmung der Staatsform, das prinzipielle Verhältnis der höchsten Staatsorgane zueinander, der Einfluß der geschichtlichen Mächte auf Fortbestand oder Wandel der Staatsverfassung in Frage steht, so sind diese Probleme nur unter eingehender Würdigung der konkreten politischen Kräfte zu lösen, welche jene grundlegenden Institutionen ausgestaltet haben. Ein staatsrechtlicher Rechtssatz |17| kann formell unverändert bleiben und dennoch vermöge der Wirkung politischer Mächte einen ganz anderen Inhalt gewinnen. Das zeigt sich in vollster Deutlichkeit bei einem Rechte von langer geschichtlicher Kontinuität. So hat der Satz, daß das englische Parlament des Königs Rat ist, seine rechtliche Bedeutung im Laufe der Jahrhunderte forwährend geändert, so ist das Verbot der Kabinettsregierung in England trotz der gegenteiligen Praxis bis auf den heutigen Tag nicht aufgehoben worden und äußert in der Tat noch einige untergeordnete Wirkungen. Mit der formalen Logik allein kommt man daher leicht zur Zeichnung staatsrechtlicher Bilder, denen in der Wirklichkeit der Dinge gar nichts entspricht. In Wahrheit spielt aber die formale Logik bei der Feststellung der staatsrechtlichen Grundbegriffe lange nicht die ihr von der konstruktiven Methode zugedachte Rolle. Auch wenn man absieht von den staatsrechtlichen Autoren, die in aufdringlicher Weise mit ihrer politischen Gesinnung prunken, so ergibt oft schon eine oberflächliche Betrachtung der Stellung, welche Vertreter der rein juristischen Methode im Staatsrecht zu den grundlegenden Problemen einnehmen, ganz deutlich ein Bild fester politischer Anschauungen, die sie ihren Untersuchungen zugrunde gelegt haben.

Ein wichtiger Grundsatz, der aus solcher Erkenntnis folgt, lautet dahin, daß *das politisch Unmögliche nicht Gegenstand ernsthafter juristischer Untersuchung sein kann.* Müßig wäre z. B. eine Untersuchung der Frage, was Rechtens sei, wenn der deutsche Kaiser den Reichskanzler entläßt, ohne einen neuen zu ernennen, oder wenn der Bundesrat sich weigern sollte, Vorschläge für erledigte Richterstellen am Reichsgericht zu erstatten. Für müßig halte ich auch die Erörterungen über den Verzicht eines deutschen Bundesstaates auf ein ihm zustehendes Sonderrecht trotz eines dagegen gerichteten landesgesetzlichen Verbotes.[18] Müßig ist die Frage nach der Zulässigkeit der Realunion eines deutschen Gliedstaates mit einem außerdeutschen Staat oder auch der Möglichkeit eines Krieges zwischen den Gliedern einer Personalunion.[17] Alles Recht soll gelten, d. h. die Möglichkeit besitzen, in den Erscheinungen verwirklicht zu werden. Was nicht Wirklichkeit gewinnen kann, soll niemals Gegenstand der Rechtsforschung sein.

|18| Ein zweiter wichtiger Grundsatz, den politische Erkenntnis die Rechtswissenschaft lehrt, besagt, daß *die Vermutung für die Rechtmäßigkeit der Handlungen der obersten Staatsorgane spricht.*[20] Solange niemand zur Einsprache Berechtigter gegen einen Akt dieser Organe rechtliche Einwendungen erhebt oder ihn für unwirksam erklärt, müssen sie als rechtmäßig angesehen werden, selbst wenn eine buchstäbliche Interpretation einer Verfassungsbestimmung zu einem anderen Resultat führen würde. Es ist daher unangebracht, den Begriff der Beaufsichtigung in Art. 4 der Reichsverfassung so zu interpretieren, daß die gesetzliche Zuständigkeit einer großen Zahl von Reichsbehörden geradezu als verfassungswidrig erscheint.[21] Ebensowenig ist es zulässig, die Beschlußfassung des deutschen Reichstages als eine Kette von Verfassungswidrigkeiten anzusehen, weil die Mitglieder bei den Abstimmungen häufig nicht in beschlußfähiger Zahl anwesend sind.[22] Vielmehr gilt der Reichstag als beschlußfähig, solange nicht das Gegenteil vom Präsidium der Versammlung ausdrücklich konstatiert worden ist. Die Zulässigkeit der Stellvertretung des Kaisers im Reiche und des Königs in Preußen ist trotz theoretischer Bedenken von keinem hierzu kompetenten Organe angezweifelt worden.[23] Die sächsische Militärkonvention, deren Ungültigkeit von manchen Seiten behauptet wurde, ist tatsächlich in Kraft, da niemand hierzu Berechtigter ihre Geltung bezweifelt.[24] Die theoretische Ungültig|19|keitserklärung derartiger Verhältnisse sollte ja zu der Erkenntnis führen, daß das, was man als geltendes Recht behauptet, diesen Charakter in Wirklichkeit nicht an sich trägt. Jene tatsächliche unwidersprochene Rechtsübung muß aber schließlich auch für die Theorie neues Recht erzeugen, und so bilden die angeblichen theoretischen Verfassungswidrigkeiten

schließlich die Rechtsordnung selbst für die von dem politisch Möglichen absehende Betrachtungsweise um.

So hält denn der stete Hinblick auf die Realität des politischen Lebens die staatsrechtliche Theorie von Abirrungen frei. Anderseits erzeugt politische Erkenntnis fortwährend die Forderung nach neuem Recht. Solche Forderung setzt aber gründliche Kenntnis des herrschenden Rechtes voraus. Daher hat die Staatsrechtslehre große Bedeutung für die Politik, die ihre Aufgaben ohne jene nicht erfüllen kann. Eine Kritik der gegebenen Institute des öffentlichen Rechtes ist eine politische Aufgabe, welche die Staatsrechtslehre, sowohl die allgemeine und spezielle als die des Einzelrechtes, zu erfüllen hat. Die Rechtswissenschaft würde den edleren Teil ihres Berufes gänzlich aufgeben, wenn sie nur nach rückwärts gewendet wäre und nicht auch nach vorwärts den Mächten der Zukunft den Weg zu bahnen mithülfe.[25]

Kausal- und Normwissenschaft

Die im vorhergehenden geschilderten einzelnen Zweige der Staatswissenschaften sind schließlich noch unter einem anderen Gesichtspunkt zu betrachten. Das ist aber der Unterschied der kausalen Erkenntnisart von der normativen. Es gibt zwei Arten von Regeln: solche, die den ursächlichen Zusammenhang der Erscheinungen kennen lehren, und sodann diejenigen, welche durch menschliche Gedanken und Handlungen zu verwirklichen sind, |20| Regeln also, welche ein Sein, und solche, welche ein Sein-sollen ausdrücken.

Auch die zweite Gattung, die der *Normen,* ist, wie die erste, sowohl Objekt der Beschreibung als auch der Erklärung, Konstatierung der Normen für das gesellschaftliche Handeln, Verständnis ihres inneren Zusammenhangs sowohl untereinander als auch mit der Gesamtheit der sozialen Kräfte, die sie zum Bewußtsein gebracht haben, ist eine der vornehmsten Aufgaben sozialwissenschaftlicher Forschung. Die wichtigste Gattung der für die Staatswissenschaft in Betracht kommenden Normen sind die Rechtsnormen. Die Rechtswissenschaft ist daher eine Wissenschaft nicht der Seinsgesetze, sondern der Normen.[26]

Daraus ergibt sich ein wichtiger methodologischer Unterschied zwischen sozialer Staatslehre und Staatsrechtslehre. Die erstere hat das gegenständliche, historische, wie auch wohl nicht ganz zutreffend gesagt wurde, das natürliche Sein des Staates, die letztere hingegen die in jenem realen Sein zum Ausdruck kommen sollenden Rechtsnormen zum Inhalt. Diese Normen sind nicht ohne weiteres Wirkliches, sondern ein durch ununterbrochene menschliche Tat zu Verwirklichendes. Mit dieser wichtigen Erkenntnis ist einer Vermischung beider Teile der Staatslehre ein für allemal vorgebeugt.

Auch die praktische Staatswissenschaft hat Normen zu ihrem Inhalt. Die Politik erkennt wie das Recht nicht ein Sein, sondern ein Seinsollendes. Doch ist zwischen den Normen des Rechts und denen der Politik ein tiefgreifender Unterschied vorhanden, der jede Vermengung beider ausschließt. Die Rechtsnormen nämlich sind *geltende,* d. h. in Kraft stehende Normen, denen Garantien ihrer Erfüllung zur Seite stehen. Diese Geltung erhebt sie zu einem Teile des Seienden, so daß sie eine Doppelstellung einnehmen. Das positive Recht unterscheidet sich von irgendwelchen anderen Willensnormen dadurch, daß es als reale Macht bestimmte berechenbare Wirkungen ausübt. Darum ist das Recht dieser Seite nach Gegenstand der Wissenschaft vom Seienden. Rechts- und wirtschaftsgeschichtliche Untersuchungen, sozialpolitische Kritik der gegebenen Zustände usw. betrachten das Recht |21| als einen tatsächlichen Faktor des Volkslebens, sind ausschließlich dem Seienden im Rechte zugewandt. Namentlich die Geschichte wird das Recht nur nach dem Maße seines realen Seins, der tatsächlichen Wirkungen messen können, die es hervorgebracht hat, da alles Sollen seiner Natur nach sich nur in der Zukunft entfalten kann.

Politische Normen hingegen gelten nur kraft freier Anerkennung; sie haben keine andere Macht, sich durchzusetzen, als die in jedem hierzu berufenen Individuum selbständig auftretende Überzeugung von ihrer inneren Notwendigkeit; sie können niemand aufgedrungen werden. Rechtsnormen sind, Grenzfälle ausgenommen, stets unzweifelhaft; politische sind in der Regel Gegenstand des Zweifels, denn allgemein gültige politische Regeln können schon deshalb nicht aufgestellt werden, weil alle konkreten politischen Zwecke entweder relativ oder metaphysisch, in beiden Fällen aber Gegenstand individuellen oder parteimäßigen Meinens und Glaubens sind.

[...]

|50| Die juristische Methode in der Staatslehre[27]

Sie gilt für die Feststellung der Sätze der Staatsrechtslehre und für die Entwicklung des Inhaltes dieser Rechtssätze. Die Staatsrechtslehre ist, wie bereits erwähnt, eine Normwissenschaft. Ihre Normen sind von den Aussagen über das Sein des Staates als sozialer Erscheinung scharf zu trennen. Ein großer Teil der methodischen Streitigkeiten im Staatsrecht rührt aus der Unklarheit über die Doppelnatur des Staates und dem daraus stammenden Gegensatz der sich mit dem Staate beschäftigenden Wissenschaften her.

Mit dieser Erkenntnis sind alle Übertragungen von fremden Forschungsmethoden auf das juristische Gebiet der Staatslehre zurück- und dem sozialen Gebiet zugewiesen. Diesem letzteren |51| gehört auch das Recht in seiner Eigenschaft als soziale Funktion an. Geschichte und Sozialwissenschaft sowie Politik sind auch dem Rechte, seiner Entstehung, seiner Entwicklung, den in ihm wirkenden wirtschaftlichen, ethischen, nationalen Ideen, seiner Wirkung auf das gesamte Volksleben zugewendet. Allein der dogmatische Gehalt der Rechtsnormen kann nur durch die ausschließlich vom Juristen geübte Kunst der Abstraktion aus den rechtlichen Erscheinungen und der Deduktion aus den also gefundenen Normen geübt werden. Diese Rechtsdogmatik ist durch andersgeartete Wissenschaft nicht zu ersetzen. Daß einseitige Dogmatik aber, die sich anmaßte, das Ganze zu erfassen, dieses Ziel verfehlte, daß sie der Ergänzung durch die anderen dem Staate zugewandten Disziplinen zu gedeihlicher Forschung benötigt, bedarf nach dem Vorangehenden keiner näheren Ausführung mehr.

Alle Untersuchungen über empirische, biologische, naturwissenschaftliche, soziologische Behandlungsweise des Staatsrechtes betreffen in Wahrheit die soziale Staatslehre. Für das Staatsrecht gilt aber nur die juristische Methode. Die muß sich jedoch den Eigentümlichkeiten des öffentlichen Rechtes anpassen. Juristisch ist nicht gleichbedeutend mit privatrechtlich. Unkritische Übertragung privatrechtlicher Begriffe ins öffentliche Recht ist gewiß ein methodischer Fehler, obwohl es zweifellos allgemeine Rechtsformen gibt, die allen Rechtsgebieten gemeinsam sind. Nichtsdestoweniger ist es unrichtig, von privatrechtlicher oder staatsrechtlicher Methode zu sprechen, so wenig es innerhalb der Naturwissenschaft eine ganz selbständige mechanische und chemische Methode gibt. Vielmehr hat die einheitliche juristische Methode sich – wie jede Methode – den Verschiedenheiten des zu bewältigenden Materials anzupassen. Öffentliche Rechte und Rechtsverhältnisse sind anders geartet als private. Diesen Gegensatz des Stoffes nicht zu verwischen, sondern zu beachten, ist ein Gebot geklärter juristischer Forschung. Wenn es nicht immer befolgt wird, so beweist das nichts gegen die Einheit der Methode, sondern nur gegen ihre durchgängig richtige Anwendung.

Die Grenzen der juristischen Untersuchung in der Staatslehre ergeben sich durch deren Zweck. Dieser ist aber in der gesamten Jurisprudenz gerichtet auf Gewinnung praktischer Möglichkeit, das tatsächliche Leben rechtlich zu beurteilen. Alle |52| Konstruktionen, die nicht irgendwie diesem praktischen Zweck zu dienen imstande sind, haben keinen wissenschaftlichen Wert. Es gibt keine Jurisprudenz, die um ihrer selbst willen getrieben werden könnte, wie eine rein theoretische Disziplin, die den Erkenntniswert in sich trägt.

Darum ist staatsrechtliche Jurisprudenz wesentlich der Gegenwart zugewendet. Die Vergangenheit kann juristisch nur so weit untersucht werden, als es das Verständnis der historischen Probleme erfordert.[28] Eingehende Erörterung von Kontroversen etwa des römischen oder des alten Reichsstaatsrechtes, ohne jede lebendige Beziehung zum heutigen Recht nach streng juristischer Methode, die ja in erster Linie künftige Fälle des Zweifels und Streites entscheiden lehren soll, wäre vergebliche, den Spott herausfordernde Mühe, weil jede Möglichkeit fehlt, die erstarrte Vergangenheit durch bessere, der Gegenwart entstammende Kenntnis zu reformieren. Es gibt kein Seinsollendes nach rückwärts, und darum beschäftigt sich auch die Rechtsgeschichte mit dem, was tatsächlich war, nicht mit dem, was hätte sein sollen oder können.

[...]

Anmerkungen

1 An Stelle des überlieferten Gegensatzes von Natur- und Geisteswissenschaft wird jetzt mit schwerwiegenden Gründen der andersgeartete von Natur- und Kulturwissenschaft zu setzen gesucht: *Rickert,* Kulturwissenschaft und Naturwissenschaft 1898 (2. Aufl. 1910); Die Grenzen der

naturwissenschaftlichen Begriffsbildung 1902 (2. Aufl. 1913), was bereits von vielen Seiten Nachfolge gefunden hat; vgl. etwa *H. U. Kantorowicz* Rechtswissenschaft und Soziologie 1911 S. 21ff. Indes hat es unser Gegenstand mit Erscheinungen zu tun, die auch nach jener Einteilung zu Grenzgebieten gehören, deren gänzliche Einordnung unter eines der beiden Wissensgebiete nicht gelingt. Darum, und um die bereits bestehende terminologische Verwirrung nicht noch mehr zu steigern, soll hier an den herkömmlichen Bezeichnungen festgehalten werden.

2 Über Umfang und Einteilung der Gesellschaftswissenschaften handelt zuletzt Georg *v. Mayr*, Begriff und Gliederung der Staatswissenschaften, 3. Aufl. 1910.

3 Letztere Ansicht vertreten z. B. *Schleicher*, Die Darwinsche Theorie und die Sprachwissenschaft 1873 S. 7; Max *Müller*, Die Wissenschaft der Sprache (übersetzt von Fick und Wischmann) I 1892, S. 21ff. Die richtige, nunmehr herrschende Anschauung entwickelt *Paul*, Grundriß der germanischen Philologie, 2. Auflage, I, 1896, S. 160.

4 Neuerer Zeit allerdings auch im Plural gebraucht. So sprechen die Franzosen von sciences morales et *politiques*.

5 Auch im Deutschen kann man Staatswissenschaft im Singular und im Plural, im letzteren die einzelnen Disziplinen, im ersteren deren Gesamtheit bezeichnend, gebrauchen.

6 Vgl. die vielberufenen Sätze von *G. Kirchhoff*, Vorlesungen über mathematische Physik. Mechanik, 1874, S. 1. Vollkommene Beschreibung eines Einzeldinges oder einmaligen Geschehens setzt die Kenntnis des ganzen Weltzusammenhangs voraus, bleibt daher stets ein unerreichbares Ideal. Auch nur ein einziges Exemplar einer Tiergattung erschöpfend zu beschreiben, erforderte die Einsicht in die Gesetze der Zeugung, des Wachstums, des Blutumlaufs und sämtlicher mechanischer und physischer Gesetze, welche jene verwickelten Erscheinungen beherrschen. Anderseits ist es unmöglich, ohne genaue Kenntnis des individuellen zur Erkenntnis des allgemein Gesetzmäßigen zu gelangen. Darum bedeuten die Einteilungen der Wissenschaften in beschreibende und erklärende sowie die neueren in idiographische und nomothetische, in Kultur- und Naturwissenschaft, um mit *Windelband* zu reden, »Grenzbegriffe, zwischen denen die lebendige Arbeit der einzelnen Disziplinen mit zahlreichen feinsten Abstufungen sich in der Mitte bewegt« (Die Philosophie im Beginn des 20. Jahrhunderts, 2. Aufl., 1907, S. 199).

7 Vgl. die treffenden Ausführungen von Ed. *Meyer*, Die wirtschaftliche Entwicklung des Altertums, 1895, S. 6; Die Sklaverei im Altertum, 1898, S. 5ff. (Kleine Schriften 1910, S. 89, 172ff.).

8 Die Geschichte stellt nicht bloß Tatsachen, sondern auch die Zusammenhänge der Tatsachen dar. Von den theoretischen Wissenschaften

unterscheidet sie sich aber dadurch, daß sie stets konkrete Kausalreihen erforscht, niemals abstrakte Typen und Gesetze. Unternimmt der Historiker solches, so überschreitet er die Grenzen seines Gebietes und wird zum Geschichtsphilosophen oder Soziologen. Solch höherer Geschichtsauffassung wird allerdings kein Historiker gänzlich entraten können, gibt es doch keine Einzelwissenschaft, die ihren Vertretern Selbstgenügsamkeit bieten könnte.

9 *Lexis* im Handwörterbuch der Staatswissenschaften, 3. Aufl., Art. Statistik VII, S. 827.

10 Das Allgemeine Staatsrecht *Hatschecks* (I, 1909, S. 20) entspricht etwa dem, was im Texte der besonderen Staatslehre zugewiesen wird. Das umfangreiche Fragment einer besonderen Staatslehre ist abgedruckt bei *G. Jellinek*, Ausgewählte Schriften und Reden II, 1911, S. 153–319. Über verschiedene Definitionen der allgemeinen Staatslehre in der neuesten Literatur vgl. *Rehm*, Allgemeine Staatslehre, 1899, S. 1 ff. Der neueste Versuch umfassender Entwicklung ihres Begriffes bei *G. v. Mayr*, Begriff und Gliederung usw. § 9, S. 29 ff. Eine eingehende Kritik fremder Ansichten auf diesem Gebiete halte ich für wenig ersprießlich, einmal, weil diese selten einer lichtbringenden systematischen Untersuchung entspringen, sodann, weil ausführliche gedeihliche Kritik methodologische Erörterungen voraussetzt, die an dieser Stelle viel zu weit führen würden. So mag denn hier die Entwicklung des eigenen Standpunktes zugleich die Stelle der Prüfung abweichender Ansichten vertreten.

11 Vgl. Kap. VII.

12 Von einer juristischen Methode der Staatswissenschaft spricht *Wundt*, Logik, 3. Aufl., III, 1908, S. 526 ff., ebenso neuestens *Deslandres*, La crise de la science politique et le problème de la méthode. Paris 1902, mit ungenügender Kenntnis der Stellung der heutigen deutschen Staatsrechtslehre zur Politik. Die Identifizierung von Staatswissenschaft und Staatsrecht war einer der hervorragendsten Irrtümer vieler Naturrechtslehrer. Heute aber gibt es keinen Juristen, der die Gesamtheit der staatlichen Erscheinungen für juristische hielte: mindestens der Gegensatz des Politischen zum Rechtlichen wird von jedem anerkannt.

13 Über die verschiedenen Definitionen der Politik vgl. *v. Holtzendorff*, Die Prinzipien der Politik, 2. Aufl., 1879, S. 2 ff. Die neuesten Versuche, den Begriff der Politik auszuprägen, bei *Schäffle*, Über den wissenschaftlichen Begriff der Politik, Zeitschr. f. d. ges. Staatswissenschaft, LIII, 1897, S. 579 ff.; Fr. van *Calker*, Politik als Wissenschaft, 1898, S. 7 f.; Richard *Schmidt*, Allgemeine Staatslehre I, 1901, S. 25 ff. und in der Zeitschr. f. Politik I, 1908, S. 1 ff.; *v. Mayr*, Begriff und Gliederung usw., § 11, S. 39 ff.; *Berolzheimer* im Arch. f. Rechts- u. Wirtsch.-Philos. I, 1907/08, S. 210 ff.; *A. Eleutheropulos*, Rechtsphilosophie, Soziologie und Politik, 1908, S. 31 ff.; *J. K. Friedrich*, Kolonialpolitik als

Wissenschaft, 1909; *Rehm* im Handbuch der Politik I, 1912, S. 8ff. Bei dem inneren Zusammenhange alles staatlichen Lebens und seiner Erkenntnis wird eine scharfe Abgrenzung der Politik gegen die theoretische Staatswissenschaft kaum vollständig gelingen. Wer von den Zwecken einer staatlichen Institution handelt, muß vorerst deren Sein und Betätigung erkennen. Namentlich die Lehre von dem staatlichen Leben wird daher ausdrücklich oder stillschweigend der Politik zugewiesen, während sie doch ihr nur so weit zugehört, als sie dieses Leben im Hinblick auf die ihm gestellten Zwecke betrachtet. Die Scheidung der beiden Positionen jedoch, von denen aus die lebendige Bewegung der staatlichen Erscheinungen betrachtet werden kann – der theoretischen und der teleologischen –, ist an dem politischen Einzelproblem praktisch kaum reinlich durchzuführen. Daher finden sich in der Regel in jeder eingehenden politischen Untersuchung Materien, die der theoretischen Staatswissenschaft angehören. Hingegen ist es methodisch viel leichter, bei Darstellungen der theoretischen Staatswissenschaft von der Politik abzusehen, da jene die Voraussetzung dieser, nicht aber umgekehrt, bildet.

14 Über die Wichtigkeit dieser Scheidung zwischen absoluten und relativen politischen Erwägungen für die Beurteilung der Rechtsgültigkeit von Verordnungen und Verwaltungsakten vgl. *W. Jellinek,* Gesetz, Gesetzesanwendung und Zweckmäßigkeitserwägung, 1913, S. 77ff.

15 Wissenschaftliche Politik und Staatskunst verhalten sich zueinander wie jede Aufstellung allgemeiner Prinzipien zu der Kunde von ihrer Anwendung auf den Einzelfall. Staatskunst, die nicht bloß empirisch verfährt, ist demnach Gestaltung konkreter staatlicher Verhältnisse gemäß anerkannten Prinzipien, aber unter Berücksichtigung der Eigenart der zu lösenden Aufgabe und sämtlicher streng individualisiert zu betrachtenden Umstände, unter denen sie sich ereignen. Inwieweit solche Kunst auf allgemeine Regeln zurückgeführt werden kann, um als Leitfaden für staatsmännisches Handeln zu dienen, hängt mit der alten Frage zusammen, ob und in welchem Umfang ein geistiges und sittliches Können lehrbar sei.

16 Terminologisch ist übrigens das Adjektiv »politisch« lange nicht so scharfer Begrenzung fähig wie das Substantiv »Politik«. Unter »politisch« wird nämlich auch die ganze soziale, kurz: die gesamte nicht-juristische Betrachtungsweise staatlicher Dinge verstanden. Der Politik läßt sich die Staatslehre gegenüberstellen, aus letzterem Wort aber ist kein entsprechendes Adjektiv zu prägen. Darum ist der Gebrauch des Wortes »politisch« sowohl in einem engeren Sinne, von dem im Text die Rede ist, als auch in dem hier erörterten weiteren kaum zu vermeiden, um so mehr als die Bezeichnung »sozial« für die nichtjuristische Seite des Staates wegen ihrer Vieldeutigkeit häufig zu Mißverständnissen Anlaß geben würde. Bei solchem leider unaufhebbarem Mangel der

Terminologie ist es aber wichtig, daß der Schriftsteller sich stets klar ist, in welchem Sinne er jedesmal die Prädikate »sozial« und »politisch« gebraucht. Über die mannigfaltige Bedeutung von »politisch« vgl. auch *Rehm*, Allg. Staatslehre, S. 8f. u. Handb. d. Pol. I, S. 10f.; *W. van Calker* in der Ztschr. f. Politik III, 1910, S. 286ff.

17 Das Staatsrecht des Deutschen Reiches, 5. Aufl., 1911, I, S. IX.

18 Vgl. *Laband,* a.a.O., I, S. 125.

19 Vgl. Kap. XXI.

20 Überhaupt der Staatsorgane; vgl. *W. Jellinek*, Gesetz, Gesetzesanwendung usw., S. 115 und die Nachweise ebendaselbst.

21 Vgl. die Ausführungen von *Haenel,* Deutsches Staatsrecht, I, 1892, S. 307f.

22 *Laband,* , S. 348, Note 3. Richtig *Rieker,* Über Begriff und Methode des allgemeinen Staatsrechts, Vierteljahrsschrift für Staats- u. Volkswirtschaft, IV, S. 266. *Laband zieht denn auch, abgesehen von der dem Kaiser zugewiesenen Prüfungspflicht (II, S. 43) trotz energischen Protestes gegen die Verfassungswidrigkeit derartiger Beschlüsse nicht die geringste praktische Konsequenz für deren Gültigkeit.*

23 Vgl. G. Meyer, Lehrbuch des deutschen Staatsrechtes, 6. Aufl., herausgegeben von *Anschütz,* 1905, S. 286, Note 2 und die dort angeführte Literatur.

24 *Zorn,* Das Staatsrecht des Deutschen Reiches, 2. Aufl., II, 1897, S. 527f.; *Haenel I,* S. 492, Note 5. Dagegen richtig auf das unbestreitbare Faktum der Geltung der Konvention hingewiesen von *Laband,* 4. Aufl., 1901, IV, S. 30, Note 1; *G. Meyer,* § 197, Note 4. – Ein weiteres Beispiel bei *Bazille,* Das Staats- und Verwaltungsrecht des Königreichs Württemberg, 1908, S. 222.

25 Über die Aufgaben einer legislativpolitischen Jurisprudenz vgl. die treffenden Bemerkungen in der Rektoratsrede von *A. Menger,* Über die sozialen Aufgaben der Rechtswissenschaft, 1895, S. 18ff. (2. Aufl., 1905, S. 19ff.) und in der Antrittsrede von *R. Thoma,* Rechtsstaatsidee und Verwaltungsrechtswissenschaft (Jahrb. d. ö. R., IV, 1910), S. 216. Vgl. auch die Antrittsrede von *R. Smend,* Maßstäbe des parlamentarischen Wahlrechts, 1912, S. 3ff., 15.

26 *Binder,* Rechtsnorm und Rechtspflicht 1912, S. 47, Note 1, hält diese Zuweisung der Rechtswissenschaft zu den Normativwissenschaften für »durchaus verfehlt«; über das Bedenkliche der Binderschen Beweisführung *W. Jellinek,* a.a.O., S. 22.

27 Vgl. meine eingehenden Ausführungen im System der subj. öff. Rechte, S. 13ff.

28 Vgl. hierzu *Radbruch* im Arch. f. Sozialwissenschaft, XXII, 1906, S. 368; *H. U. Kantorowicz,* Rechtswissenschaft und Soziologie, 1911, S. 30ff. und die dort Genannten.

Hans Kelsen
Die Zwei-Seiten-Theorie des Staates

Die soziale (reale) und die juristische (ideale) »Seite« des Staates

Wenn die herrschende Lehre Staat und Recht als verschiedene Wesenheiten behauptet, so sucht sie doch den so geschaffenen Dualismus dadurch wieder aufzuheben oder abzuschwächen, daß sie Staat und Recht, wenn schon nicht als zwei verschiedene Dinge, so doch als *zwei Seiten desselben Dinges* bezeichnet. Diese Zwei-Seiten-Theorie ist außerordentlich verbreitet. Irgendeine Klarheit darüber, was dieses Bild – und nur um ein Bild handelt es sich – erkenntnistheoretisch eigentlich bedeuten soll, fehlt jedoch durchwegs. Gerade der Mangel einer klaren Einsicht in das Verhältnis von Staat und Recht führt ja zu dieser unpräzisen Formel, die jeder weiteren Rechenschaft über die entscheidende Beziehung zu entheben scheint.

Prüft man die Vorstellung von den »zwei Seiten« des Staat-Recht-Dinges näher, so zeigt sich die Tendenz, den Staat mit demjenigen zu identifizieren, von dem hier *Faktizität* ausgesagt wurde, das Recht mit demjenigen, worauf hier die Normativität bezogen wurde. Indes läßt sich die Faktizität in demselben Sinne vom Recht aussagen wie vom Staat und die Normativität sich ebenso auf den Staat beziehen wie auf das Recht. Und so gibt es denn auch Juristen, die das Recht in gewissen realen Vorgängen begreifen wollen (man denke an die übliche Bestimmung des Begriffs der Rechtspositivität!), und andererseits findet man bei Staatstheoretikern |106| den Staat auch als normative Ordnung geschildert. Der grundlegende Fehler liegt eben in dem immer wieder hervorzuhebenden Irrtum, als ob Normativität oder Faktizität sich auf dasselbe Ding beziehen könnten. Die eine gilt einem geistigen Inhalt, die andere einem psychischen Prozeß, wie immer wieder gesagt werden muß.

Die häufigste Form, in der diese Zwei-Seiten-Theorie auftritt, ist diejenige, nach der das zweiseitige Ding der Staat ist, der eine reale und eine ideale, eine kausalwissenschaftlich und eine juristisch zu erfassende Seite habe. Daß der Staat, wenn er sich juristisch begreifen läßt, Recht sein muß, da etwas rechtlich begreifen nichts anderes heißen kann als etwas als Recht begreifen, scheint eine Selbstverständlichkeit zu sein. Indes ist die herrschende Staats- und Rechtslehre von dieser Selbstverständlichkeit noch sehr weit entfernt. Denn sie hält es – in der Zwei-Seiten-Theorie – für möglich, eben denselben Gegenstand, den sie juristisch, d. h. auf juristische Methode bestimmt hat, nun auch einer Betrachtung zu unterziehen, die zugestandenermaßen in ihrer Richtung von der juristischen Methode wesensverschieden ist. Die kausalwissenschaftliche Erkenntnis, der die andere, die nicht juristische Seite des Staates zugewendet ist, soll nämlich auf das Sein, die Natur-Wirklichkeit gerichtet sein, während die juristische Betrachtung auf das Sollen, auf Normen zielt. Wenn zwischen Gegenstand und Methode der Erkenntnis – wie nicht anders möglich – Korrelation besteht, die spezifische Methode den spezifischen Gegenstand bestimmt und umgekehrt, dann kann unmöglich auf zwei nach verschiedenen Richtungen gehenden Erkenntniswegen derselbe Erkenntnisgegenstand erreicht, dann kann es nicht derselbe identische Staat – der Staat als Ding an sich – sein, der zugleich durch kausale und normative Betrachtung erfaßt wird. Die erkenntnistheoretische Naivität, die in dieser Zwei-Seiten-Theorie gelegen ist – es handelt sich um eine besonders primitive Anwendung der sog. Abbildtheorie –, ist um so verwunderlicher, als die Widersprüche, in die sie sich in ihrer Durchführung verwickelt, zu handgreiflich sind, um nicht an ihrer prinzipiellen Voraussetzung zumindest Zweifel zu erwecken.

Die soziologische Zwei-Seiten-Theorie

Von soziologischer Seite hat die Zwei-Seiten-Theorie in typischer Weise der *Simmel*-Schüler *Kistiakowski*[1] entwickelt. Seine Ausführungen sind ein überaus charakteristisches Beispiel für das er|107|kenntnistheoretische Niveau, auf dem das Problem des Verhältnisses von Staat und Recht behandelt wird. Darum sollen sie hier etwas eingehender kritisch gewürdigt werden.

Kistiakowski geht von der prinzipiellen Scheidung zwischen einer *empirisch-kausalen* Gesellschaftslehre, deren Aufgabe die Erforschung der sozialen Wirklichkeit ist, und einer *normativen* Betrachtung aus, so wie sie in der *Rechtswissenschaft* vorgefunden wird. In der ersteren Richtung schließt er sich ganz an *Simmel* an, dessen Gesellschaftsbegriff: psychische Wechselwirkung zwischen den sozialen Elementen, er bedingungslos akzeptiert. Während es nun bei *Simmel* zweifelhaft sein kann, ob der Staat als empirisch-reale Einheit der miteinander in seelischer Wechselwirkung stehenden Menschen einen der kausalen Soziologie gegebenen Gegenstand darstellt, oder aber als überindividuelles und metapsychologisches Gebilde in die Ebene *normativer* Erkenntnis fällt, versucht *Kistiakowski* den Nachweis, daß der Staat beides zugleich sei: empirische Realität und normative Idealität, Gegenstand sozialer Kausalforschung und Objekt normativ juristischer Erkenntnis.

Kistiakowski unterscheidet »zwei verschiedene Staatsbegriffe«. »Der Staat im juristischen Sinne oder der Staat als rechtliche Verbindung und als Subjekt der Rechte, der Pflichten und der Macht ist etwas grundverschiedenes vom Staat im Sinne einer Gesellschaft oder einer Gesamtheit der Menschen selbst, die sich in unmittelbarer Wechselwirkung befinden« und die durch diesen »sozialpsychischen Prozeß zu einer Einheit verbunden sind.«[2] *Kistiakowski* legt nur die unter Juristen allgemein verbreitete Anschauung auseinander, wenn er den Staat als Realität von »substantiellem Wesen«[3] darstellt, die juristische »Eigenschaften« hat, die dem Staate etwa so anhaften, wie die rechtliche Qualität der Persönlichkeit dem physisch-psychischen Menschen. »Das substantielle Wesen des Staates steht außerhalb des Rechtes und des Staates selbst im juristischen Sinne. Dasselbe gehört zu der ganz besonderen Kategorie der Wirklichkeit, das seinem Begriffe nach nichts mit den rechtlichen Formen und Funktionen des staatlichen Daseins zu tun hat. Denn neben dem Substrat des Staates oder den einzelnen Bürgern (gemeint sind hier die in Wechselwirkung stehenden Menschen) existiert das substantielle Wesen des Staates nicht, es besteht vielmehr gerade in denselben. *Diese können aber ohne staatliche äußere Form gedacht werden, ohne dadurch aufzuhören eine Gemeinschaft* |108| *zu sein.*«[4] Der Staat im juristischen Sinne, dasjenige, was die Rechtswissenschaft an dem Staate erkennt, das sind die »Formen, Regeln und Normen«[5] des Staates, ist die »juristische Persönlichkeit«, die dem Staat als »Träger seiner Rechte«[6] zukommt. »Die den Staat bildenden Personen werden im Begriffe der staatlichen Persönlichkeit nicht in eine Summe oder irgendwelche andere höhere Einheit verschmolzen, sondern« – seltsamerweise! – »einfach weggedacht.«[7] Was bleibt aber dann übrig? *Kistiakowski* sieht nur, daß die Menschen nicht realiter die normative

Staatseinheit bilden können, also läßt er sie, von denen er doch zugeben muß, daß sie »den Staat bilden«, in einem Begriff des Staates einfach weg! Daß sie, bzw. ihre Handlungen und Wollungen, als Inhalt der staatlichen *Ordnung*, der Normen oder des Sollens in die staatliche Synthese eingehen, bleibt ihm unerkannt. Als »ideale Persönlichkeit«, d. h. als juristisch normative Einheit – »die Idealität der Einheit oder die Personifizierung derselben ist das Hauptmerkmal des Staates im juristischen Sinne« – steht der Staat über der »realen Verbindung«, der empirischen Einheit des Staates, die *Kistiakowski* auch »das Volk« nennt.[8]

Kistiakowski ist sich der prinzipiellen und fundamentalen Verschiedenartigkeit kausaler und normativer Betrachtung wohl bewußt. »Die Erkenntnis der rechtlichen Bedeutung und der gesellschaftlichen Natur des Staates bilden zwei *völlig unvereinbare* Wissenszweige.«[9] Er folgert daraus, daß zwei verschiedene Begriffe vom Staate konstituiert werden müssen. Aber wie ist das Verhältnis beider zueinander vorzustellen? Kann es *derselbe* Staat sein, der das eine Mal als empirische Realität, das andere Mal als ideale Norm gedacht werden soll? Woher stammt die von *Kistiakowski* als selbstverständlich vorausgesetzte *inhaltliche* Übereinstimmung der realen und der idealen Gemeinschaft, wie kommt es, daß die Menschen, für die die staatliche Sollordnung in Geltung steht, zufällig in Wirklichkeit alle untereinander in jener spezifischen Wechselwirkung stehen, die eine empirische Einheit ausmacht? Liegt nicht schon in dem Beibehalten desselben *Wortes* für beide Begriffe die Aufhebung des prinzipiell akzeptierten Dualismus der Methoden? *Kistiakowski* läßt jedoch gar keinen Augenblick daran zweifeln, daß er seine beiden »völlig unvereinbaren« Betrachtungsweisen im Grunde doch für vereinbar hält. »In einer konkreten *Vorstellung* vom Staate fließen diese zwei Seiten jedes gemein|109|schaftlichen Wesens vollständig ineinander; man kann keine sachliche Trennung zwischen ihnen finden, weder in der Zeit noch im Raum; *begrifflich* dagegen bestehen sie aus ganz verschiedenen Elementen und müssen getrennt gedacht werden, weil sie jedesmal andere, für jeden von den verschiedenen Erkenntniszwekken wesentliche Merkmale zusammenfassen«.[10] Und er drückt seinen methodischen Gedanken schließlich in der für die Durchschnittsmeinung von dem Verhältnis der Rechtswissenschaft zu der naturwissenschaftlichen Gesellschaftslehre charakteristischen Formel aus: Die empirische Realität und die normative Idealität des Staates »sind zwei verschiedene Seiten eines und desselben anschaulich gegebenen Dinges«.[11] Dieses Ergebnis ist nicht etwa deshalb bemerkenswert, weil es sich zu der Behauptung der sinnlichen Wahrnehmbarkeit des sozialen Gebildes – *Kistiakowski* spricht gelegentlich geradezu von einer »sichtbaren Gesellschaft«[12] – versteigt, sondern gerade wegen jenes Momentes, in dem eine *typische* Anschauung konsequent durchdacht und so ad absurdum geführt wird. Die Meinung, daß die juristisch normative und die kausalempirische Betrachtung nur zwei Seiten: die *ideale* und die *reale*, die Rechte oder Pflichten und die physisch-psychischen Qualitäten eines identischen Dinges erfasse, muß zu dem Resultate führen, daß es eine »konkrete Vorstellung« gäbe, der kein möglicher Begriff entspricht, d. h. daß man eine Verbindung von Idealem und Realem, von Sollen und Sein zwar vorstellen, aber nicht denken könne! Daß der »Gegenstand« der Erkenntnis als ein einheitliches »Ding« gegeben sei, daß die Erkenntnis aber auf zwei voneinander verschiedenen, sich niemals treffenden Wegen an diesen »Gegenstand« herantaste, der eine rätselhafte Verbindung von »Eigenschaften« ist, die zwar nur gedanklich *erkannt* werden können, gedanklich aber miteinander *unvereinbar* sind! Daß die Scheidung in normative und in kausale Betrachtungsweise zwei gänzlich auseinanderfallenden Blickrichtungen entspricht, daß aber in der konkreten Vorstellung des Staates das Objekt der normativen Betrachtung, die Norm oder Sollordnung, nur die Form ist, die als *Inhalt* das Objekt der kausalen Betrachtung, die reale seelisch-körperliche Substanz der Gesellschaft in sich einschließt; daß das Sein den Inhalt des Sollens ausmachen, d. h. also, daß die innigste Synthese, die Synthese schlechtweg zwischen zwei Kategorien vollzogen wird, deren absolute und unüberbrückbare Gegensätzlichkeit behauptet wird!

Die Anschauung, daß juristische und soziologisch-psychologische Betrachtung nur zwei Seiten desselben als »Staat« zu bezeichnenden |110| Dinges erfasse, verstößt gegen den fundamentalen erkenntnistheoretischen Grundsatz, daß zwei verschiedene, miteinander unvereinbare Erkenntnisprozesse zwei ebenso verschiedene und miteinander unvereinbare Gegenstände erzeugen müssen. Andernfalls bliebe die Erkenntnis in einem unaufhebbaren Widerspruch zu ihrem Gegenstande befangen, der eine Einheit darzustellen behauptet, die sie nicht nur nicht begreifen, sondern geradezu leugnen muß!

Nicht nur, daß *Kistiakowski* in der »konkreten Vorstellung« des Staates den Dualismus von normativer und kausaler Betrachtung bewußt aufhebt, auch sonst verfällt er unbewußt – auch hier ein Spiegelbild der herrschenden Lehre – einem primitiven Synkretismus. Um nur einige typische Beispiele zu geben: Er spricht dem Staat »als Rechtssubjekt« »Selbsterhaltungstrieb«,[13] also eine sehr empirisch reale Seelentätigkeit zu; nachdem er die reale Einheit des Staates als »Volk« der juristisch-normativen Einheit entgegengesetzt hat, erklärt er den Staat als Personifikation des Volkes,[14] was auf eine sachliche Identifizierung der juristischen Einheit mit der realen hinausläuft. Da *Kistiakowski* gelegentlich den juristisch-normativen Staat als »Inbegriff des Rechtes«[15] bezeichnet, kann das Substrat dieser Personifikation nicht das empirisch-reale »Volk« sein, das man allerdings – nach Angabe *Kistiakowskis* – »wegdenken« müsse, um den juristischen Begriff des Staates zu gewinnen. Insbesondere faßt *Kistiakowski* die *Normen,* den spezifischen Gegenstand der darum normativen juristischen Erkenntnis sehr häufig in einem der empirischen Realität gar nicht entgegengesetzten Sinne, nämlich als real-psychische Tatsache, als verursachte und verursachende seelische Prozesse, als Motive menschlichen Verhaltens, so daß die Gegenüberstellung einer kausalen und einer normativen Betrachtung schlechterdings sinnlos wird. So beispielsweise, wenn er behauptet, das Staatsrecht habe »die staatlichen Formen, Regeln und Normen zu untersuchen, durch welche der Bestand und die Dauer der Staaten bedingt ist«.[16] Natürlich können hier nur der Bestand und die Dauer des Staates als eines empirisch-realen Gebildes, somit die Bedingungen realer, in der Welt des Seins sich abspielender Vorgänge gemeint sein, und es wäre der Rechtswissenschaft in den »Formen, Regeln und Normen« ein durchaus kausalwissenschaftlich bestimmtes Objekt zugewiesen. Oder wenn er das Sollen, die Norm in ihrer spezifischen Gegensätzlichkeit zum Sein, insbesondere des tatsächlichen psychischen Verhaltens der Menschen, d. h. also das Objekt der normativen Erkenntnis doch irgendwie als einen |111| »objektiven Geist« aus den Einzelseelen, den Objekten der kausalen Erkenntnis, »genetisch« entstehen lassen will.[17]

Trotz der wiederholten Versicherung, daß es neben der juristisch-normativen Einheit des Staates (die ja auch nach *Kistiakowskis* Ausführungen nichts anderes als die Rechtsordnung – *Kistiakowski* sagt: »Inbegriff des Rechts« – sein kann) noch eine empirisch-reale Einheit des Staates gäbe, zeigt sich, daß die Argumentationen *Kistiakowskis* eigentlich nur der ersteren gelten, daß nur die erstere durch sie begründet wird. Es muß schon auffallen, wenn er gelegentlich bemerkt: »Das eigentlich ›Staatliche‹ am Staat besteht ausschließlich in der *rechtlichen* Beschaffenheit dieser Institution«;[18] und das halb unbewußte Gefühl, dasjenige, was er das Substrat des Staates oder die empirisch-reale Einheit des Staates nennt, verdiene eigentlich gar nicht die Bezeichnung »Staat«, kommt direkt in den Worten zum Ausdruck: »Wie oben ausgeführt, hat der Staat eine doppelte Bedeutung. Im gesellschaftlichen Sinne umfaßt der Staat die Gesamtheit aller Individuen, die zu ihm gehören.« (Ja, aber welche »gehören« zu ihm? Im »gesellschaftlichen« Sinne nur die durch Wechselwirkung miteinander verbundenen!) »Als solche bildet er bloß ein Kollektivum, daß jedoch reale Einheit besitzt oder ein Kollektivwesen ausmacht, aus welchem Grunde *er* in dieser Beziehung einfach als *Gesellschaft bezeichnet werden kann.* Dagegen ist der Staat im juristischen Sinne eine ideelle Persönlichkeit usw.«[19] Und darum scheint es kein bloß zufälliges Weglassen eines Wörtchens zu sein, wenn *Kistiakowski* kurz nachher vom Staat schlechtweg und nicht etwa vom *juristischen* Staat sagt: »Denn der Staat ist nicht eine empirische und aus der Summation psychischer Elemente sich ergebende, sondern eine *in das Reich einer andersartigen Daseinssphäre hineinragende* Zusammenfassung aller ihm angehörigen Personen.«[20] Und es ist einfach ein *Widerspruch*, wenn er nach einigen Zeilen hinzufügt: der Staat sei nicht nur diese Synthese, sondern er besitze noch »eine empirische Realität für sich«.[21] Zumal der Staat im Sinne der *Kistiakowskischen* Ausführungen empirische Realität nur insofern haben könnte, als er als eine durch psychische Wechselwirkung hergestellte, *einheitliche Gesellschaft* behauptet werden könnte. Diese Behauptung scheint aber *Kistiakowski* gelegentlich selbst fallen zu lassen oder doch so einzuschränken, daß er der juristischen Einheit des Staates *nur zeit|112|weilig*, unter ganz besonderen Umständen auch eine real-gesellschaftliche Einheit entsprechen lassen will. So wenn er ausführt: »Das deutsche Volk bildete z. B. in der Tat während des Freiheitskrieges vom Jahr 1813 oder im Jahre 1870 eine einzige Gesellschaft, in der ein Herz schlug und der ein einziger Gedanke vorschwebte. Ebenso war ein so aus den heterogensten Teilen zusammengesetzter Staat wie Österreich-Ungarn im siebenjährigen Kriege real eine einzige Gesellschaft«.[22]

Allein der Staat ist eben nur insofern und insoweit eine reale Einheit, als er eine einzige Gesellschaft ist. Und wenn dies – ein typisches, immer wieder angeführtes Beispiel – gerade nur in gewissen Augenblicken, etwa anläßlich eines Krieges der Fall sein soll, so beweist schon die ganze Art der Problemstellung die durchaus primäre und dominierende Stellung des normativ-juristischen, d. i. des ideologischen Staatsbegriffs. Denn dieser wird prinzipiell als Staat schlechtweg vorausgesetzt und es fragt sich nur, in welchem Umfange die *juristisch* zum Staate gehörenden Menschen tatsächlich von der im Augenblick der Kriegsbegeisterung entstehenden Massensuggestion, von Massenvorstellungen und Massengefühlen ergriffen werden. Hier liegt die bereits früher charakterisierte Fiktion, daß wirklich *alle* juristisch zum Staat Gehörenden eine reale soziale Einheit bilden. Hinter ihr versteckt sich nicht selten eine gewisse politische Absicht, die man merkt und die einen – zumal bei Theoretikern – verstimmt. Im übrigen stünde diese »Realität« des Staates – selbst den unwahrscheinlichen Fall zugegeben, daß ihr Umfang jenem des juristischen Staates gleichkäme – auf recht schwachen Beinen. Nicht bloß wegen ihrer relativ seltenen und doch nur auf Augenblicke beschränkten Existenz, sondern vor allem deshalb, weil solche massenpsychologischen Erscheinungen durchaus *gleicher Art* aus den verschiedensten Anlässen entstehen und meist über die staatlichen Grenzen hinausgreifen. Das Bekanntwerden einer bedeutenden technischen Erfindung, die den Fortschritt der Zivilisation fördert, eine furchtbare, viele Menschenleben vernichtende Katastrophe, eine Seuchengefahr, das alles erzeugt Übereinstimmung im Seelenleben einer Vielheit von Menschen, Bewußtseinsgemeinschaft, die als reale soziale Einheit, als Gesellschaft angesprochen wird, und die sich *psychologisch* durch nichts von jener Augenblicks-»Gesellschaft« unterscheiden, die ein Kriegsausbruch hervorruft, zumal auch diese – man denke etwa an die Situation in Deutschland und Österreich-Ungarn im August 1914 – keineswegs an den staatlichen Grenzpfählen Halt macht. |113| In der Terminologie der Realisten gesprochen, hätte in diesem Augenblick Deutschland und Österreich-Ungarn eine einzige Gesellschaft und somit einen einzigen Real-Staat gebildet. Nur daß eben diese höchst wandelbaren massenpsychologischen Erscheinungen mit der konstanten und scharf umgrenzten sozialen Einheit normativen Charakters nicht zu tun haben, die man allein als Staat bezeichnet und an die alle – auch die Realisten – allein denken, wenn von »Staat« die Rede ist.

Auch *Kistiakowski,* wenn er seine Untersuchungen in die Erkenntnis zusammenfaßt, daß »aus dem bloßen Kollektivieren der sozialen Kräfte oder aus der Vielheit der Menschen, die in psychischer Wechselwirkung untereinander stehen, ein *sittliches Gebot* oder *ein Staat* mit seinem eigenen Willen, d. h. etwas ganz Andersartiges, welches über allen steht und alle beherrscht, nicht unmittelbar abgeleitet werden kann, sondern nur als die letzte Synthese denkbar ist, die durch das Hinzutreten des in irgendeiner Form auftretenden Zweckmoments erreicht wird ...[23] Und wenn der Staat eine normative Synthese und nicht die reale Einheit in Wechselwirkung stehender Menschen ist, dann wird aus der Behauptung einer diesen Gegensatz oder Widerspruch umfassenden Doppelnatur des Staates die Behauptung zweier voneinander verschiedener Wesenheiten, von denen nur die *eine* den Namen und den Begriff des Staates darstellen kann.

/114/ *Die juristische Zwei-Seiten-Theorie* (Jellinek)

Von juristischer Seite ist als der Hauptvertreter der Zwei-Seiten-Theorie *Georg Jellinek* zu nennen. Seltsamerweise ist er zugleich ein typischer Repräsentant der Lehre, daß der Staat – als Machtfaktor – die *Voraussetzung* des Rechtes sei. Durch eine kritische Prüfung dieser Lehre sowie ihres Gegenspiels in der modernen Literatur, der Anschauung vom Recht als Voraussetzung des Staates, soll der hier erbrachte Beweis der Identität von Staat und Recht seine volle Bestätigung finden. Da es immer den Schein der Willkür hat, was man »Staat« nennt, und jede *neue* Bestimmung dieses Begriffes auf eine terminologische Streitfrage hinauszulaufen droht, kann der Beweis der hier vertretenen Thesis nicht besser geführt werden, als daß schließlich gezeigt wird, wie schon die beiden typischen Versuche der herrschenden Lehre, den Begriff des Staates zu bestimmen, in eine Definition der Rechtsordnung münden. Nicht ein neuer Begriff des Staates wird hier aufgestellt. Sondern der Begriff, mit dem die heutige Wissenschaft arbeitet, soll analysiert und in dieser Analyse der nur terminologisch verborgene Begriff des Rechts bloßgelegt werden.

Georg Jellineks methodischer Grundgedanke ist, ähnlich jenem, der auch der Staatssoziologie *Kistiakowskis* zugrunde liegt, der folgende: Der Staat ist ein soziales Gebilde, das an sich eine vom

Recht unabhängige Existenz hat. Als solches ist er Gegenstand einer von der Rechtswissenschaft verschiedenen, mit ihr nicht zu verwechselnden *Soziallehre.* Der Staat als soziales Faktum ist eine |115| *Macht.* Als solche ist er eine Voraussetzung des Rechtes, dessen Normen von einer über den durch sie verbundenen Gliedern stehenden Macht ausgehen und deren Verbindlichkeit durch eine solche Macht garantiert sein muß.[24] Der Staat ist aber auch rechtliche Institution: und zwar dadurch, daß er sich unter das Recht stellt, Träger von Rechten und Pflichten wird.[25] Als Rechtssubjekt ist er Gegenstand der Staats*rechts*lehre. *Jellinek* protestiert energisch gegen den »Fehler, der bis an den heutigen Tag begangen wird, die Staatslehre mit der Staatsrechtslehre zu identifizieren«.[26] Und versucht zunächst – unter Abstraktion von allen Rechtsnormen und gänzlicher Ausschaltung juristischer Methode – einen sozialen Staatsbegriff, sodann aber einen juristischen Staatsbegriff, einen Rechtsbegriff vom Staate zu gewinnen.[27]

Jellineks Theorie ist für die Anschauungsweise der ganzen jüngeren Generation bestimmend geworden, sein Werk über die allgemeine Staatslehre ist das verbreitetste und wissenschaftlich vollkommenste seiner Art, gilt derzeit auf seinem Gebiete als das standard work und gibt somit das wissenschaftliche Niveau der Staatstheorie von heute an. *Jellineks* Verdienst liegt nicht eigentlich in der Erweiterung unserer Erkenntnis vom Staat, als vielmehr in einer glänzenden, zusammenfassenden und abgerundeten Darstellung ihrer bisherigen Ergebnisse. Er hat die heutige Staatslehre in ein geschlossenes System gebracht. Mit der Theorie *Jellineks* muß die herrschende Lehre fallen.

Jellinek und mit ihm fast die ganze neuere Staatsrechtstheorie geht von der Vorstellung aus, daß der Staat *als ein und dasselbe Objekt* das eine Mal als Gegenstand der Soziallehre oder Soziologie, das andere Mal als Objekt der Rechtswissenschaft, die als solche Staatsrechtslehre ist, fungiert. *Jellinek* sagt wörtlich: »Für die juristische Erkenntnis handelt es sich nun ausschließlich um Beantwortung der Frage: *Wie habe ich mir den Staat rechtlich zu denken?«*[28] Und gemeint ist: *denselben* Staat, der den Gegenstand der Soziologie bildet. Denn *Jellinek* fährt fort: »Die Antwort hierauf soll und kann nicht bestimmt sein, eine allseitige Erkenntnis des Staates zu liefern. *Ein und dasselbe Objekt kann zu einer Fülle von Erkenntnisarten* |116| *Anlaß geben.«* Und er führt als Beispiel an: eine Symphonie als Objekt der Physiologie und der Ästhetik.[29]

Allein in dieser Vorstellung liegt ein bereits früher charakterisierter fundamentaler Irrtum beschlossen. Die Identität des Erkenntnis-Objektes ist bedingt durch die Identität der Erkenntnis-Methode! Eine prinzipiell andere *Betrachtungsweise* hat einen prinzipiell anderen *Gegenstand* zur Folge. Gerade das von *Jellinek* gewählte Beispiel zeigt dies deutlich. Für die physiologische Betrachtung existiert überhaupt keine Symphonie. Dieses besondere Objekt, diese synthetische Einheit von Tönen ist ausschließlich das Produkt einer musikalisch-ästhetischen Betrachtung. Und so könnte – gäbe es ein als »Staat« zu bezeichnendes Objekt der Soziologie – dieser soziale Staat für die juristische Erkenntnis überhaupt nicht in Betracht kommen. Es müßte ein von dem durch juristische Betrachtung gewonnenen »Staat« gänzlich verschiedenes Objekt sein. *Jellinek* meint ja – beinahe ganz richtig: »Für die physiologische und psychologische Betrachtung existiert eine Symphonie als konstantes Objekt nicht«.[30] Richtiger: existiert eine Symphonie als Objekt überhaupt nicht. Aber daraus hätte er den Schluß ziehen müssen: Da der Staat als soziales Gebilde ein Produkt der soziologischen, unjuristischen Erkenntnis ist, existiert der Staat für die juristische Erkenntnis ebensowenig wie die Symphonie für die Physiologie. Allein er verfährt so, als ob es doch irgendwie derselbe Staat sei, der – nachdem er durch soziologische Erkenntnis sichergestellt – nun juristisch erfaßt werden müsse. Wie soll dies möglich sein, wenn man – wie gerade *Jellinek* – immer wieder den *prinzipiellen* Dualismus soziologischer und juristischer, explikativer Seins- und normativer Sollensbetrachtung betont und vor einem Synkretismus beider Methoden warnt.[31]

Das logisch Unmögliche wird scheinbar dadurch möglich gemacht, daß man von »rechtlichen Eigenschaften« eines realen – im Sinne von Naturding realen – Gegenstandes spricht. Diese typische Verquickung naturwissenschaftlicher oder nach Art der naturwissenschaftlichen gedachten gesellschaftswissenschaftlichen Methode mit normativ juristischer ist ja auch für den Begriff der »physischen Person« charakteristisch, der nur dadurch zustande kommt, daß man den *Menschen* mit der juristischen »Eigenschaft« der Rechtsfähigkeit *bekleidet*. Das gleiche logische Unding vollzieht *Jellinek* an dem Staate: »Die juristische Erkenntnis des Staates will daher nicht sein reales Wesen erfassen« – der Staat, der der juristischen Erkenntnis gegeben oder aufgegeben ist, hat also doch ein |117| *reales* Wesen, die juristische Erkenntnis drückt nur sozusagen davor ein Auge zu –, »sondern den Staat juristisch denkbar machen« – wie kann man, was die Soziologie denkbar gemacht hat, weil nur sie es denkbar machen kann, juristisch denkbar machen? – »d. h. einen Begriff auffinden, in dem alle *rechtlichen Eigenschaften des Staates* widerspruchslos zu denken sind. Die Erkenntnis des realen Daseins des Staates muß diesem Begriff des Staates *zugrundegelegt*, darf ihm aber nicht gleichgestellt werden«.[32] Wie kann man einer Betrachtung einen Begriff »zugrunde legen«, der nur durch eine gänzlich anders gerichtete Betrachtung gewonnen, nur für eine gänzlich anders gerichtete Betrachtung überhaupt gegeben ist?

Der Versuch, eben dasselbe Objekt: den Staat, zum Inhalt zweier verschiedener Begriffe, eines sozialen und eines Rechtsbegriffs zu machen und dabei die Identität des Erkenntnisgegenstandes aufrechtzuerhalten, muß natürlich zu den schwersten Widersprüchen und Verrenkungen führen. Wenn »Staat« ein *Rechts*begriff sein soll, dann kann unter »Staat« nichts anderes verstanden werden als dasjenige, was überhaupt Gegenstand eines Rechtsbegriffes sein kann. Ein Naturbegriff ist entweder der Begriff der Natur überhaupt oder eines irgendwie bestimmten, abgegrenzten Teiles der Natur. Ein Rechtsbegriff ist entweder ein Begriff des Rechts überhaupt, d. h. der gesamten Rechtsordnung oder eines irgendwie bestimmten, abgegrenzten Teiles derselben. Der Staat muß die Rechtsordnung oder ein Teil derselben, eine Teilordnung des Rechts sein, wenn Staat ein Rechtsbegriff sein soll. Und »Staat« kann dann ebensowenig oder ebensosehr eine »Realität« oder ein soziales Faktum sein wie das Recht. Es muß solchen Realitäten oder Fakten in demselben Sinne entgegengesetzt werden wie die Rechtsnormen, wenn überhaupt das Recht in seiner spezifischen *Geltungs*existenz dem *Natur*sein oder dem ihm gleichgesetzten *sozialen* Sein als Sollen entgegengestellt wird. Verzichtet man auf solchen Gegensatz, dann ist Rechtswissenschaft nur eine naturwissenschaftliche Spezialwissenschaft, dann ist der ganze Dualismus von explikativer und normativer Betrachtung, von Soziallehre und *Rechts*lehre sinnlos. Gerade dieser Gegensatz bildet die Grundlage der *Jellinek*schen Staatslehre.

Es ist fast unbegreiflich, wie *Jellinek*, der sein ganzes System auf den Dualismus von Sein und Sollen aufbaut, der das Recht als Norm, als Sollen dem sozialen Sein entgegenstellt, der die scharfe Scheidung von normativ-juristischer und explikativ-sozio|118|logischer Methode fordert, zugleich einen vom juristischen verschiedenen, *sozialen* Begriff des Staates für möglich halten und dabei den Satz aussprechen konnte: »Kein Staat ist ohne Recht möglich«.[33] Und weiter: »Da das Recht dem Staate *wesentlich* ist, so ist eine vollendete Erkenntnis des Staates ohne Kenntnis seiner rechtlichen Natur nicht möglich. Der Staat, geordnet durch das Recht, Bewahrer und Fortbildner des Rechts, muß notwendig im Rechte selbst seine Stellung haben, es muß einen *Rechtsbegriff* des Staates geben«.[34] Nur methodische Unklarheit kann das Wesen des Rechtsbegriffs wie folgt bestimmen: »Den Rechtsbegriffen dienen die objektiven und innerhalb der Subjekte sich abspielenden sozialen Vorgänge zwar als Substrat, das *Recht* muß stets von realen Tatbeständen ausgehen, weil es, wie immer es beschaffen sein mag, stets den Zweck hat, auf reale Tatbestände angewendet zu werden.« Aber nicht das »Recht«, das auf Tatbestände angewendet wird, sondern die Rechtswissenschaft produziert die Rechtsbegriffe. Darum ist der Anwendungszweck für die Struktur der Rechts*begriffe* gänzlich irrelevant! Und wenn »*reale* Tatbestände« das Substrat der Rechtsbegriffe sind, dann unterscheiden diese sich durch *nichts* von den soziologischen oder naturwissenschaftlichen Begriffen. Wie fährt aber *Jellinek* fort? »Allein die realen Tatbestände (die das ›Substrat‹ der Rechtsbegriffe sind) sind nicht die Rechtsbegriffe selbst.« Natürlich! Die realen Tatbestände sind auch nicht die soziologischen Begriffe selbst! Und nun vollzieht *Jellinek* eine Wendung, die eigentlich seine ganzen bisherigen Ausführungen überflüssig erscheinen läßt! »Sie (die Rechtsbegriffe) sind vielmehr Abstraktionen, die aus den gegebenen *Rechtsregeln* gewonnen werden und den Zweck haben, die Vielheit der Regeln unter einheitliche Gesichtspunkte zu ordnen«.[35] Die Substrate der Rechtsbegriffe sind somit nicht »reale Tatbestände«, sondern *Rechtsnormen.* Der Staat als Substrat eines Rechtsbegriffs könnte somit nur ein Inbegriff von Rechtsnormen sein. Er wäre *die* Rechtsordnung oder *eine* Rechtsordnung, keinesfalls aber könnte er durch das Recht geordnet oder Bewahrer oder Fortbildner, d.h. Erzeuger oder Aufsteller des Rechts sein. Wenn es wahr ist, was *Jellinek* sagt, daß »durch Rechtsbegriffe niemals ein reales Sein, sondern immer nur Rechtsnormen erkannt werden« – und es ist wahr –, dann kann der Staat, der ein Rechtsbegriff ist, keine reale Existenz, und mit irgendeiner realen Existenz, die man auch als Staat bezeichnen mag, nichts zu tun haben.

|119| Allein man muß ernstlich daran zweifeln, ob *Jellinek* wirklich die Normen, das Sollen, dem Natursein der Realität oder Wirklichkeit entgegengestellt hat. Er ist nicht bis zu dem spezifischen Eigensinn des Sollbegriffes vorgedrungen, sondern ist an dem psychologischen Tatbestand des seelischen Prozesses haften geblieben, der das Sollen zu seinem Inhalt hat. Das Fühlen, Wissen oder Wollen eines Sollen ist ein Sein und in keiner Weise der Naturwirklichkeit entgegengesetzt. *Jellinek* sucht die spezifische Existenz der Normen, ihre *Geltung*, in ihrer *Wirk*samkeit![36] Es ist ein Mißverständnis, wenn er *dieses* Objekt zum Gegenstand einer normativen, von der explikativen Natur- und Sozialwissenschaft verschiedenen Disziplin macht. Und dieses Mißverständnis ist um so unbegreiflicher, als er, der die Normwissenschaft den erklärenden und beschreibenden Kausalwissenschaften *entgegenstellt,* die Normen, den *spezifischen,* charakteristischen Gegenstand der normativen Disziplinen, sowohl als »Objekt der Beschreibung als auch der Erklärung« gelten läßt, und es ist die vollständige Aufhebung des von ihm proklamierten Dualismus, wenn er erklärt: »Die Rechtsnormen sind geltende, nämlich in Kraft stehende Normen... diese Geltung erhebt sie zu einem Teil des Seienden... das positive Recht unterscheidet sich von irgendwelchen andern Willensnormen dadurch, daß es als reale Macht bestimmte berechenbare Wirkungen ausübt.« Und es ist unverständlich, warum *Jellinek* die Einschränkung macht: »Darum ist das Recht *dieser Seite nach* (also auch das Recht hat zwei Seiten!) Gegenstand der Wissenschaft vom Seienden« und warum er von einer »Doppelstellung« des Rechtes spricht. Denn nur das *positive* Recht ist Gegenstand der Rechtswissenschaft und dieses ist nach *Jellinek* eine reale Ursache realer Wirkungen. Die Rechtsnormen *können* demnach nichts anderes sein als *Seins*-Regeln, die sich – psychologisch – im subjektiven Bewußtsein des rechtsregelhaft Handelnden als Sollen spiegeln; welcher subjektive Meinungsreflex für die Methode ihrer Erforschung gleichgültig sein müßte! Daß *Jellinek* bei dieser durchaus psychologistischen Grundanschauung von dem Wesen der Rechtsnormen auf Schritt und Tritt mit dem von ihm unbegreiflicherweise aufrechterhaltenen Postulat des strengen Methodendualismus von Sein und Sollen in Konflikt geraten muß, ist selbstverständlich. Sagt er zuerst, die Rechtsbegriffe seien Abstraktionen von Normen, es könne durch sie kein reales Sein erkannt werden – obgleich seine Normen geradezu ein reales Sein,

Ursache und Wirkung, darstellen –, so versichert er doch bald |120| darauf: »Die juristischen Begriffe sind jedoch nicht etwa Fiktionen, sondern sie ruhen auf dem festen Boden der gegebenen Welt.« Und wenn er hinzufügt: »die Welt der *Rechts*normen«, so muß man doch daran zweifeln, ob dieser Hinweis auf den festen Boden der Gegebenheit nicht doch eine Flucht in die *Natur*wirklichkeit bedeutet. Zumal wenn man seine eingehenden Ausführungen über Rechtsbegriffe aus einem anderen Zusammenhange heranzieht. Dort sagt er zwar auch: »Die juristischen Begriffe haben daher keine Wesenheiten zum Objekt, die juristische Welt ist eine reine Gedankenwelt, die zu der Welt des realen Geschehens sich ähnlich verhält wie die Welt der ästhetischen Empfindung zu der der theoretischen Erkenntnis. Sie ist aber eine Welt der Abstraktionen, nicht der Fiktionen«.[37]

Und nun charakterisiert *Jellinek* die Abstraktionen im allgemeinen und damit implicite natürlich auch die *juristischen* Abstraktionen folgendermaßen: »*Der Abstraktion liegen reale Vorgänge in der Welt des äußeren und inneren Geschehens zugrunde,* die Fiktion hingegen setzt an Stelle des natürlichen einen ersonnenen Tatbestand und setzt ihn dem ersten gleich. *Die Abstraktion ruht auf dem Geschehenen,* die Fiktion auf dem Erfundenen.«[38] Es ist fast überflüssig, demgegenüber noch ausdrücklich zu bemerken, daß jede Wissenschaft mit »Abstraktionen«, weil mit Begriffen arbeitet, und daß es eben nur auf die Richtung ankommt, nach der sich die Begriffsbildung bewegt, auf das »Substrat«, das den Begriffen »zugrundegelegt« wird. Wenn den Abstraktionen der Rechtswissenschaft »reale Vorgänge des inneren und äußeren Geschehens« zugrunde lägen, wäre die Rechtswissenschaft eben eine Erkenntnis dieses Geschehens, wäre sie eine erklärende, nach dem Kausalgesetz orientierte Seinsbetrachtung. Also das gerade Gegenteil dessen, was *Jellinek* anzunehmen versucht, wenn er sie als »normative« Disziplin den erklärenden Kausalwissenschaften entgegensetzt. Freilich nur scheinbar! Denn indem er die Norm als sozialpsychische Realität auffaßt, nimmt er sich jede Möglichkeit, den postulierten Gegensatz aufrecht zu erhalten. Und kommt dann zu dem Widerspruch, der sich am schärfsten in seiner programmatischen These ausdrückt: »Eine juristische Theorie muß eben die Erscheinungen des Rechts*lebens erklären* können: sie darf weder psychologisch noch naturwissenschaftlich, weder empirisch noch realistisch, sie muß ausschließlich juristisch sein«.[37] Irgendein Leben erklären, dessen Realität eine seelische ist, und dabei nicht empirisch, d. h. naturwissenschaftlich verfahren, das ist wohl undenkbar.

/121/ *Der Staat als »Verband« (sozialer Staatsbegriff) und als »Körperschaft« oder Rechtssubjekt (juristischer Staatsbegriff) identisch*

Die Vorstellung des Staates als einer *Voraussetzung* des Rechts, als eines selbständigen, von aller juristisch normativen Betrachtung unabhängigen Objektes soziologischer, d. h. kausalwissenschaftlicher Erkenntnis ist nur aufrechtzuerhalten, wenn es gelingt, einen Begriff des Staates unter Abstraktion von allen Rechtsnormen im Wege einer auf das Natur- oder (diesem gleichgestellten) gesellschaftliche Sein gerichteten Forschung zu gewinnen. Seinem methodischen Programm gemäß, das eine kausalwissenschaftliche Soziallehre des Staates von einer normativen Staatsrechtslehre scheidet, mußte *Jellinek* tatsächlich den Versuch unternehmen, den *sozialen* Begriff des Staates zu gewinnen, und zwar *bevor* er an den *Rechts*begriff des Staates herantrat und ohne dabei auf die Rechtsordnung Bezug zu nehmen. Dieses Unterfangen erscheint zwar von vornherein schon darum problematisch, weil *Jellinek* immer wieder versichert, daß zum *Wesen* des Staates – also doch wohl auch zu seinem *Begriffe* – das Recht gehöre;[40] aber vielleicht half sich *Jellinek* – so wie dies häufig geschieht – über dieses Bedenken durch die Vorstellung hinweg: Ist der Staat einmal konstituiert, dann – erst *dann* – muß er notwendig eine Rechtsordnung »aufstellen« oder »besitzen«. Jedenfalls geht er daran – und ist, wie bemerkt, durch sein methodisches Programm gezwungen –, »den sozialen Staatsbegriff zu erkennen«.[41] Er stellt zunächst als »die letzten nachweisbaren Tatbestände des staatlichen Lebens«, und zwar als »*objektive* Bestandteile des Staates« »Willensverhältnisse Herrschender und Beherrschter« fest. Er konstatiert die »ausschließlich *psychische* Art« dieses Substrates, das sich ihm somit als eine Vielheit *innermenschlicher* Seelenprozesse darstellt. Was ihn freilich nicht hindert, den Staat später als eine »äußere« Macht[42] zu bezeichnen. Schon in einem anderen Zusammenhange wurde bemerkt, daß schließlich *alle* Beziehungen zwischen Menschen letztlich als »Herrschaftsverhältnisse« erkannt werden können, wenn »Herrschaft« nichts anderes bedeutet, als daß die Willensäußerung des einen zum Motiv für das Verhalten des andern Menschen wird.

Es käme natürlich darauf an, zu zeigen, *welche* Willensverhältnisse »staatlichen« Charakter haben. Darauf läßt sich |122| jedoch *Jellinek* nicht ein. Dagegen stellt er fest, daß der Staat offenbar eine irgendwie geartete *Einheit* solcher Willensverhältnisse ist, eine Einheit, die durch eine *Ordnung* konstituiert wird. Und er stellt weiter fest, daß diese Ordnungseinheit keine *kausale*, sondern eine teleologische ist.[43]

Nun liegt schon in dieser Wendung der völlige Bruch seines methodischen Grundprinzips. Wenn der Staat das Ergebnis einer teleologischen und zwar akausalen Betrachtung ist, dann kann der so gewonnene Begriff nicht als ein »sozialer« der kausalwissenschaftlichen Gesellschaftslehre angehören, und von einem Begriff der normativ-juristischen Betrachtung – normativ und teleologisch sind für *Jellinek* keine Gegensätze, der Gegensatz liegt vielmehr zwischen Kausalität und Teleologie – prinzipiell zu unterscheiden sein. Dies um so weniger, als *Jellinek* ausdrücklich als Beispiele teleologischer Begriffsbildung gerade in diesem Zusammenhange *Rechts*begriffe anführt: »Rechtsgeschäfte und Delikte werden so durch teleologische Betrachtung zu Einheiten verdichtet«,[44] und in anderem Zusammenhang geradezu erklärt: »Menschenmehrheiten werden für das praktische Denken durch einen sie verbindenden Zweck geeinigt« und nach Darlegung der teleologischen Methode zu dem Schluß kommt: »Daß nun auch der Staat dem *juristischen* Denken als eine Einheit erscheint, ist nach den vorangehenden Erörterungen klar«.[45] Also keineswegs bloß der *»soziale«*, auch der *»juristische«* Staatsbegriff ist eine *teleologische* Einheit! Soll es somit überhaupt einen Sinn haben, den *sozialen* von dem *Rechts*begriff des Staates zu unterscheiden, so könnte dies nur insofern geschehen, als zwei gänzlich verschiedene *Zwecke* und sonach zwei gänzlich verschiedene normative *Ordnungen* behauptet würden. Der »soziale« und der »juristische« Staat verhielten sich etwa zueinander wie Staat und Kirche – als zwei voneinander verschiedene Organisationen derselben Menschen gedacht.

Es unterliegt nicht dem geringsten Zweifel, daß die *Ordnung*, unter der die Vielheit von »Herrschaftsverhältnissen« als *Einheit des Staates* erscheint, keine andere ist als die *Rechts*ordnung, und daß dies eben der Sinn der bei *Jellinek* immer wiederkehrenden Versicherung ist, dem Staat sei das Recht wesentlich. Es kann natürlich nicht ernstlich daran gedacht werden, daß der *Zweck*, dessen Einheit den *sozialen* Staatsbegriff konstituiert, kein anderer ist als der Rechtszweck oder die Rechtsordnung, was ja identisch ist. Welch anderer Zweck, welch andere Ordnung |123| sollte denn herangezogen werden können? Natürlich kann nur von einem *objektiven* Zweck, d. h. von einer als objektiv gültig vorausgesetzten Norm oder Ordnung die Rede sein; nur dieser erfüllt das Postulat jener *Denk*einheit, die *Jellinek* im Auge hat. Nur die objektive Gültigkeit der *Rechtsordnung* oder des Rechtszwecks ist das einigende Band, nicht aber die konkreten Wollungen, Strebungen, Zwecksetzungen der Einzelmenschen, die ja an sich ein Chaos, ein sinnloses Neben- und Nacheinander bilden, zur Einheit erst in der Rechtsordnung erhoben werden. Der typische Fehler einer Vermengung des sogenannten subjektiven Zweckes, d. h. der psychischen Tatsache eines Wollens, Wünschens oder Zweckstrebens, des Vorstellens künftigen Erfolges als Mittel der Bedürfnisbefriedigung, mit dem vom Erkennenden als *objektiv* gültig vorausgesetzten Zweck, die Vermengung von psychologischem Wollen (Sein) und Sollen begeht auch *Jellinek*, wenn er den *Zweck*, der die *gedankliche* Einheit des Staates, die durch die wissenschaftliche *Erkenntnis* konstituiert wird, in den tatsächlichen *Zwecken*, d. h. Zweckstrebungen der Menschen erblickt: »auch die Einheit des Staates ist wesentlich teleologische Einheit. Eine Vielfalt von Menschen wird für unser Bewußtsein geeinigt, wenn sie durch konstante, innerlich kohärente Zwecke miteinander verbunden sind«.[46] Der Plural »Zwecke« ist nicht ohne Bedeutung. Er sagt etwas gänzlich anderes als der Satz: »Menschenmehrheiten werden für das *praktische Denken* durch einen sie verbindenden Zweck geeinigt«.[47] Dieser »Zweck« steht im *»praktischen« Denken des Staat und Recht Erkennenden, das darum ein »praktisches« ist, weil es nach einem vorausgesetzten »Zweck«, einer Norm oder Ordnung sich orientiert.* Jene »Zwecke« sind das zu ordnende, sind identisch mit jenen Wollungen, deren Chaos das praktische Denken überwindet. Offenbar hat *Jellinek* jene subjektiven »Zwecke« im Auge, wenn er fortfährt: »Je intensiver diese Zwecke sind, desto stärker ist die Einheit ausgeprägt. Diese Einheit kommt aber auch nach außen zum Ausdruck durch eine Organisation, d. h. durch Personen, die berufen sind, die einigenden Zweckmomente durch ihre Handlungen zu versorgen«.[48] »Intensität« kann nur von den realpsychischen Wollungen ausgesagt werden; die *gedankliche* Einheit ist nicht mehr oder weniger stark »ausgeprägt«, noch auch kommt sie »nach außen« zum Ausdruck. Auch ist die

»Organisation« nicht Personen, die zu irgend etwas berufen sind, sondern ist gleichbedeutend mit Ordnung, mit |124| jener Ordnung, deren Einheit den Staat bedeutet. Die »innerliche Kohärenz« der Zwecke, die »Verbindung«, die durch die Zwecke erfolgt, ist nicht – wie *Jellinek* und die herrschende Lehre anzunehmen scheint – die Tatsache, daß eine Vielheit von Menschen *dieselben* Zwecke *faktisch* anstrebt, daß in den zum Staat vereinigten Menschen die gleiche Zweckvorstellung und Zweckstrebung lebendig ist. Denn ganz abgesehen von der darin gelegenen Fiktion eines *tatsächlich* gemeinsamen Zweckes, bedürfte es zur Erfassung dieser Tatsache – ihre Existenz und Konstatierbarkeit vorausgesetzt – keineswegs einer spezifisch »praktischen«, d. h. einer normativen oder teleologischen Begriffsbildung. Es ist ein Irrtum, wenn *Jellinek* meint: »Je intensiver, je dauernder die einigenden Zwecke sind, desto stärker erscheint uns auch die Einheit ausgeprägt. Unter dem Gesichtspunkt *theoretischer* Erkenntnis aber sind selbstverständlich in allen Fällen nur Einzelindividuen vorhanden, die sich in mannigfachen Beziehungen zueinander und gegenseitig verursachten Zuständen befinden. Allein weder für das praktische Leben noch für das durch und durch praktische Recht hat diese Erkenntnis den geringsten praktischen Wert, d. h. jene Einheiten werden dadurch *für das menschliche Bewußtsein* nicht aufgehoben«.[49] Die Tatsache, daß eine Vielheit von Menschen den gleichen Zweck anstrebt, daß *gleichgerichtete Wollungen* lebendig sind, diese Tatsache ist durchaus und *nur* unter dem Gesichtspunkt *theoretischer* Erkenntnis zu begreifen und *einheitlich* in einem Begriff der *explikativen* Sozialpsychologie zum Ausdruck zu bringen. Es ist keine andere Tatsache als die, daß sich eine Mehrheit von Pflanzen unter gewissen Bedingungen gleichmäßig den auf sie gerichteten Lichtstrahlen zuwenden. Hier wie dort muß die gemeinsame *Ursache* erforscht werden. Die Psychologie – auch die Sozialpsychologie – als Tatsachenforschung und Tatsachenerklärung hat mit dem teleologischen Zweckbewußtsein, *das das Bewußtsein des Forschers* ist, nichts zu tun, auch wenn die zu erforschenden Tatsachen zweckstrebige Seelenprozesse der Menschen sind. Der prinzipielle Widerspruch in der Grundanschauung vom Staate kommt bei *Jellinek* ganz unverhüllt zum Ausdruck. In seiner »Allgemeinen Staatslehre« versucht er den Staat als soziale »Realität« und sohin als eine »objektive« Einheit, als einen Gegenstand staatswissenschaftlicher Erkenntnis zu begreifen: »Der Staat findet erstens seine Stelle in der Gesamtheit des Geschehens, *er tritt uns entgegen als ein Teil des* |125| *Weltlaufs und damit des Realen im Sinne des Objektiven, außer uns Befindlichen*. Es ist eine Vielheit von Vorgängen, die in Raum und Zeit sich abspielen. *Diese Vorgänge müßte auch der wahrnehmen können, der nichts Näheres über den Menschen und seine Zwecke wüßte*, denn das *außer uns Seiende, Reale* ist als solches ohne Innerlichkeit«.[50] Allerdings meint *Jellinek*, schon hier diese mit einer kausalwissenschaftlichen Staatslehre unvermeidliche Behauptung, der Staat sei eine objektive Realität der Außenwelt, beinahe wieder aufhebend: »Eine solche den Staat ausschließlich von außen betrachtende Weise aber, die *objektive*, wie wir sie nennen wollen«, sei zwar nicht unmöglich – aber: »gibt nur ein äußerst kümmerliches und wissenschaftlich gänzlich unbrauchbares Bild vom Staate«; aber doch immerhin ein Bild? Diese Zweideutigkeit ist eine Folge der erkenntnistheoretischen Unklarheit. Kein Wunder, wenn *Jellinek* in seinem »System der subjektiven öffentlichen Rechte« das gerade Gegenteil erklärt: »Für die vor keiner Konsequenz zurückschreckende, um die praktischen Resultate ihrer Forschung unbekümmerte, streng theoretische Betrachtung, die das unabhängig von unserer praktischen Welt Existierende, dieser vielmehr Subsistierende erkennen will« – das ist doch die kausalwissenschaftliche Erkenntnis vom Staate zum Unterschied von der normativen, so wie sie *Jellinek* in seiner Allgemeinen Staatslehre als theoretische Soziallehre vom Staat postuliert und der praktischen oder normativen Staatsrechtslehre entgegensetzt, das ist doch die Betrachtungsweise, der der Staat oder die eine Seite des Staates als soziale Realität gegeben ist – »wird die *staatliche Einheit nicht vorhanden sein*«.[51] Das heißt aber: wird *der Staat* nicht vorhanden sein! Und *Jellinek* fährt fort, die Möglichkeit jeder explikativen, kausalwissenschaftlich-»theoretischen« Staatslehre, weil die Möglichkeit des Staates als Objekts solcher Wissenschaft gänzlich negierend: »Eine unübersehbare Reihe psychischer Massenprozesse, die zwar einander folgen und untereinander in Kausalzusammenhang stehen, aber in einer fortwährenden wechselnden, durch keine Kontinuität des Bewußtseins, die ja nur im Individuum stattfindet, zusammengehaltenen Menschenmenge vor sich gehen, das ist der Staat für die die Realität in ihre letzten Elemente auflösende Forschung.« Wenn man die Zweideutigkeit ignoriert, die zum Schluß wieder in den Worten auftaucht: das *ist* der Staat, als ob mit dem Vorhergehenden nicht gesagt wäre: ein Staat ist für |126| solche Betrachtung *nicht* gegeben, so ist es die gleiche Argumentation, mit der hier die soziologische Realität des Staates widerlegt wurde!

Sieht man von den Schwankungen ab, die *Jellineks* Darstellung des für die staatliche Einheit wesentlichen Zweckmomentes aufweist und hält man sich nur an den von ihm ja auch ausgesprochenen richtigen Gedanken: daß der Staat eine Ordnungseinheit ist, vollzogen durch das teleologische oder normative Bewußtsein *juristischer* Erkenntnis, dann kann hinsichtlich der Stellung der Willensbeziehungen oder Herrschaftsverhältnisse zu dieser Einheit kein Zweifel sein. Sie bilden den Inhalt dieser Ordnung. Der Staat ist eine Einheit von Normen, die menschliches Verhalten zum Inhalt haben. Es sei dahingestellt, ob diese Inhalte als *Herrschafts*verhältnisse gerade in diesem Zusammenhange richtig charakterisiert sind. Aber angenommen, es sei dies der Fall, so muß doch die schließlich gewonnene Definition des »sozialen« Staatsbegriffes einigermaßen befremden. Sie ist ein typisches Beispiel unzulässiger Hypostasierung, und es verlohnt darum die Mühe, ihre Entwicklung im einzelnen zu verfolgen. *Jellinek* führt aus: »Die zur Verbandseinheit zusammengefaßten staatlichen Willensverhältnisse sind wesentlich *Herrschaftsverhältnisse.*« Bisher hatte jedoch *Jellinek* nicht mehr sichergestellt als dies: Eine Vielheit von Herrschaftsverhältnissen seßhafter Menschen unter einem einheitlichen Zweckgesichtspunkt betrachtet; weder welches der besondere Zweck ist, unter dem die Herrschaftsverhältnisse gedanklich zusammengefaßt werden noch welche Herrschaftsverhältnisse zusammengefaßt werden, müssen, um den Staatsbegriff zu gewinnen. Und er fährt fort: »Nicht daß im Herrschen das Wesen des Staates sich erschöpft. Aber das Vorhandensein von Herrschaftsverhältnissen ist dem Staate derart notwendig, daß ohne Herrschaftsverhältnisse ein Staat nicht gedacht werden kann.« Hier wird der erste Schritt zu jener Hypostasierung getan. Zunächst muß rätselhaft bleiben, was noch anders als »Herrschaftsverhältnisse«, um das Wesen des Staates zu vollenden, hinzutreten müsse, nachdem *Jellinek* bei seiner vorangeschickten Analyse als »objektive Bestandteile des Staates« nichts, aber gar nichts anderes gefunden und aufgezeigt hatte als: »Willensverhältnisse Herrschender und Beherrschter«.[52] Dann aber – und dies ist der springende Punkt: Das Wesen des Staates wurde bisher als eine gedankliche Zusammenfassung, als eine Zweckeinheit, als eine *Ordnung* dargestellt. Nun wird plötzlich |127| behauptet, daß der Staat, der als gedankliche Einheit seine Existenz nur im teleologischen Bewußtsein, d. h. in der normativen *Erkenntnis* hat, selbst »herrsche«, also einen Willen äußern könne. Und *Jellinek* spricht es sofort geradezu aus: »Der Staat hat Herrschergewalt«. »Herrschen heißt aber, die Fähigkeit haben, seinen Willen anderen Willen unbedingt zur Erfüllung auferlegen, gegen andern Willen unbedingt durchsetzen zu können. Diese Macht unbedingter Durchsetzung des eigenen Willens gegen andern Willen hat nur der Staat. Er ist der einzige, kraft ihm innewohnender, ursprünglicher, *rechtlich von keiner andern Macht abgeleiteter* Macht herrschende Verband.« Und so ergibt sich die Definition des *sozialen* Staatsbegriffs: »Der Staat ist die mit ursprünglicher Herrschermacht ausgerüstete Verbandseinheit seßhafter Menschen«[53]. War der Staat bisher die *Einheit* von Herrschaftsverhältnissen, ist er jetzt plötzlich *ein Herrscher*! Nur noch das Herrschen, nicht das – zum Herrschaftsverhältnis wesentliche – *Beherrschtsein* wird von ihm ausgesagt. Es könnte aber nach dieser Methode ebenso, ja mit mehr Recht vom Staat gesagt werden, er sei ein Beherrschter! Hier verrät sich die Theorie, ihr politischer Charakter guckt hervor. Der Staat ist nur mehr die »Obrigkeit«! Die Beherrschten gehören sozusagen nicht zum »Staat«! Daß ein Gedankensprung von solch verblüffender Dimension möglich ist, ohne daß er dem Autor selbst zum Bewußtsein kommt, ist nur so zu erklären, daß mit ihm eine Position erreicht wird, die der Ausdruck einer durch lange Denkgewohnheit festgewurzelten, bereits für selbstverständlich und absolut sicher erachteten Vorstellung ist: Die Hypostasierung einer Denkeinheit zu einem realen, willensbegabten, machtvollen Wesen. Es muß natürlich rätselhaft bleiben, wie denn eigentlich die teleologische Bewußtseinssynthese, »Staat« genannt, ihren »eigenen« Willen anderen Willen, offenbar den Willen von Menschen, *anderer* Menschen, unbedingt aufzwingen kann. Wobei es nicht uninteressant ist, die *Sprache* dieser Hypostasierung zu belauschen, die die »Willensmacht« ihrem Geschöpfe ebenso »*inne*wohnen« läßt, wie sie den psychischen Willen im »Innern« des Menschen vermutet, und die ihr Geschöpf, den Staat, als eine äußere Macht auftreten läßt. Noch rätselhafter aber: daß *»nur«* diese Einheit des teleologisch erkennenden Bewußtseins diese Macht der Willensdurchsetzung habe. Eben früher erfuhr man ja von einer *Vielheit* von Verhältnissen Herrschender und Beherrschter; also muß es doch viele Menschen geben, die herrschen, d. h. nach *Jellinek* die Fähigkeit |128| haben, ihren Willen anderen Willen unbedingt zur Erfüllung aufzuerlegen! Und dabei kann es doch gar nicht zweifelhaft sein, daß, wenn man den Blick auf die soziale Realität richtet – wie es ja innerhalb einer *sozialen*, nicht juristischen Theorie, von der hier die Rede ist, geboten ist –, und wenn man dem *Sprachgebrauche* vom Staate – der ja das wahre und einzige Leitmotiv der *Jellinekschen* Definition ist – folgt, der Fall, daß der Staat »seinen« Willen anderen Willen *nicht* aufzwingen kann, keineswegs selten ist. Wille des Staates ist: daß niemand stehle. Jeder Dieb beweist, daß *ihm* der Staat seinen Willen nicht unbedingt zur Erfüllung auferlegen kann. Sollte dies nicht daher rühren, daß diese »unbedingte Willensmacht« des Staates nichts anderes ist als der Gedanke: niemand *soll* stehlen, dessen unbedingte *Gültigkeit* mit einer unbedingten Wirksamkeit verwechselt wird?

Das Seltsamste an dieser Bestimmung des »sozialen« Staatsbegriffes, der als ein Produkt soziologischer, d. h. kausal-, nicht normwissenschaftlicher, einer Seins-, nicht einer Sollensbetrachtung auftritt, ist aber das Attribut, das – ganz unvorhergesehen und ohne induktive Vorarbeit – der »Herrschermacht« beigefügt, die Eigenschaft, mit der die teleologische Denkeinheit »ausgerüstet« wird: Diese Herrschermacht soll nämlich eine *»ursprüngliche«* sein. Sofern in dieser Herrschermacht des Staates nur der hypostasierte Ausdruck der einzelnen Herrschaftsverhältnisse, Willensäußerungen liegt, die hier gedanklich zusammengefaßt werden, kann natürlich diese Herrschermacht keine Eigenschaft haben, die nicht auch den einzelnen Herrschaftsverhältnissen zukommt. Bei diesen – die sich ja nur als Bewegungen des sozialpsychischen Geschehens darstellen – kann von »Ursprünglichkeit«, was im Bereiche einer *Seins*betrachtung nur Ursachlosigkeit, die Eigenschaft einer prima causa bedeuten könnte, keine Rede sein. Oder in der Hypostase des Staates, als sozialen Gebildes, gesprochen: Die Macht des Staates als eines sozialen, der Welt des Seins, der sozialen Wirklichkeit angehörigen Faktums, kann nur kausal determiniert sein, also notwendig als durch gewisse Ursachen bestimmt, keinesfalls als »ursprünglich« gedacht werden. Allein das Attribut der »Ursprünglichkeit« ist nur deshalb möglich, weil der von der »Soziallehre« gewonnene Staatsbegriff nicht kausalwissenschaftlich, sondern normativ erzeugt wurde, und weil die Ursprünglichkeit nicht der »Herrschermacht«, also einer sozialpsychischen Realität, sondern der »*Ordnung*« gilt, die die Einheit des Staates darstellt. Und wenn noch irgendein Zweifel darüber bestehen könnte, welches diese Ordnung eigentlich ist, die Erläuterung, die *Jellinek* dem Attribut der »Ursprüng|129|lichkeit« gibt, müßte Sicherheit schaffen. Daß die Macht des Staates – die reale, in der Welt der sozialen Wirklichkeit existente Macht des Staates – eine »ursprüngliche« ist, bedeutet nämlich: daß sie »*rechtlich* von keiner anderen Macht abgeleitet« ist! Das bedeutet aber gar nichts anderes als: daß diese Macht *rechtlichen* Charakter hat und darum gar nichts anderes sein kann als die Rechtsordnung, und daß diese Ordnung – die man auch Staat nennen kann – als von keiner anderen, höheren Ordnung abgeleitet vorausgesetzt wird. In anderem Zusammenhange habe ich nachgewiesen, daß damit nur zum Ausdruck kommt, was man die Souveränität des Staates nennt. Und daß insbesondere *Jellinek* – trotzdem er die Souveränität als keine wesentliche Eigenschaft des Staates gelten lassen wollte – in seinem Attribut der »Ursprünglichkeit« nur ein anderes Wort für Souveränität verwendete.

Nachdem so in dem sog. »sozialen« Staatsbegriff bereits die hypostasierende Personifikation der Rechtsordnung vollzogen ist – die nach Analogie des willensbegabten Menschen konstruierte, mit Herrschermacht ausgerüstete Verbands*einheit* stellt ja die Denkeinheit des Staates in dem Bilde der Person, des Subjektes vor – kann man gespannt sein, was für die Deduktion des »juristischen« Staatsbegriffs eigentlich noch übrigbleibt. *Jellinek* meint, die juristische Erkenntnis des Staatsbegriffs habe sich an den sozialen Staatsbegriff »anzuschließen«.[54] Wie ist dies aber möglich, wenn die juristische und die soziale Betrachtungsweise auseinanderfallen? Und dies muß um so schwieriger sein, als *Jellinek* im *juristischen* Begriffe des Staates – des Staates, der als soziales Faktum die *Voraussetzung* des Rechts bildet – ein »Gebilde des Rechts« erblickt, d. h. also das Recht als Voraussetzung des Staates annimmt. Dies stimmt nur mit der üblichen auch von *Jellinek* geteilten Vorstellung, daß die Rechtspersönlichkeit von der Rechtsordnung »verliehen«, aus der Rechtsordnung »abgeleitet« wird. Als Rechtsbegriff stellt sich der Staat nämlich als Rechtssubjekt, als Persönlichkeit dar. »Seiner juristischen Seite nach kann der Staat... nur als *Rechtssubjekt* gefaßt werden, und zwar ist es näher der Begriff der Körperschaft, unter den er zu subsumieren ist«.[55] Diese Rechtssubjektivität gründet *Jellinek* auf die »Möglichkeit rechtlicher Selbstbeschränkung des Staates, durch die er sich unter das

Recht stellt, Träger von Rechten und Pflichten wird«.[56] Von der Theorie dieser »Selbstverpflichtung des Staates« wird später noch näher die Rede sein. Hier genügt der Hinweis darauf, daß, *wenn* |130| man den Staat als Rechtsbegriff nur auf der Idee einer rechtlichen Selbstverpflichtung des Staates gründen zu können glaubt, der Staat, und zwar *der* Staat, den man der Vorstellung einer Staats*person*, eines Rechtssubjektes »Staat« voraussetzt, mit der Rechtsordnung, nicht aber mit irgendeinem sozialen Faktum als identisch gedacht werden muß. Denn verpflichten und insbesondere rechtlich verpflichten oder berechtigen kann nur die Rechtsordnung; und wenn man den Staat – sei es sich selbst oder wen immer verpflichten oder berechtigen läßt, so muß dieser Staat in seiner Eigenschaft als verpflichtende und berechtigende Autorität die Rechtsordnung sein. Eine »Herrschermacht«, als welche der *soziale* Staat charakterisiert wird, kann an und für sich möglicherweise faktisch zwingen, aber nicht rechtlich verpflichten oder berechtigen. Sie kann es, wenn sie – als Rechtsperson – nichts anderes als der personifikative Ausdruck für die Einheit der Rechtsordnung ist.

Nach all dem ist die zunächst wohl verblüffende Tatsache nur selbstverständlich, daß nämlich der »juristische« Staatsbegriff, der angeblich durch eine von der »sozialen« ganz verschiedene Betrachtungsweise gewonnen wurde, mit dem »sozialen« Staatsbegriff völlig identisch ist: »Als Rechtsbegriff ist der Staat demnach die mit ursprünglicher Herrschermacht ausgerüstete Körperschaft eines seßhaften Volkes«.[57] Der – freilich nur scheinbare – Unterschied besteht darin, daß in der Definition des »sozialen« Staatsbegriffs von einer »Verbandseinheit« die Rede ist, während in der »juristischen« Definition »Körperschaft« gesagt wird. Indes ist die »Körperschaft« eben eine »Verbandseinheit«, und zwar die gleiche »teleologische« Verbandseinheit, die der »soziale« Staat darstellt. Es könnte ernstlich nur dann eine Differenz angenommen werden, wenn – wie bereits bemerkt – dem sozialen Staatsbegriff ein anderer Zweck, bzw. eine andere Ordnung zugrunde läge als dem juristischen Staatsbegriff. Dies hat *Jellinek* gewiß nicht für möglich gehalten, zumal er ja mit einer alle Zweifel ausschließenden Deutlichkeit als die Ordnung, deren Einheit die Synthese der im sozialen Staatsbegriff zusammengefaßten Willensverhältnisse bildet, die Rechtsordnung gelten lassen mußte. Ganz abgesehen davon, daß, wenn neben der Rechtsordnung eine von dieser verschiedene »soziale« Ordnung angenommen würde, der die erstere darstellende »juristische« Staat mit dem die letztere darstellenden »sozialen« Staat ebensowenig identisch wäre wie die beiden Ordnungen – voraussetzungsgemäß – nicht identisch wären, und in dem Verhältnis Recht und Staat |131| das Problem, richtiger: die Problemlosigkeit zweier voneinander unabhängiger und beziehungsloser Ordnungen vorläge.[58]

Indem *Jellinek* ernstlich die Frage nach der »Entstehung« des Staates aufwirft und darunter das Werden »objektiver« Realität versteht, indem er sich bemüht, zu zeigen, daß die »Entstehung des Staates« *außerhalb des Rechtsgebietes fällt*,[59] zwingt er geradezu zu der Annahme, daß der Staat etwas sein müsse, was unabhängig von aller teleologischen Bewußtseinssynthese besteht.

Daß *Jellinek* in direktem Widerspruch zu dieser Vorstellung den Staat gelegentlich ausdrücklich als »Ordnung«, ja als Rechtsordnung bezeichnet, darf nach all dem Gesagten nicht wundernehmen. In seiner »Allgemeinen Staatslehre« findet sich der an diesem Ort höchst seltsame Satz, »daß die Staatsordnung selbst Rechtsordnung sei«.[60] Und schon früher, in der »Lehre von den Staatenverbindungen« heißt es: »Das wesentlichste (!) Moment im Begriffe des Staates ist, daß er *Ordnung* ist«.[61] Bei dieser Gelegenheit erklärt er mit allergrößtem Nachdruck die Vorstellung, der Staat könne *vor* der Rechtsordnung bzw. der *Verfassung* (die ja identisch mit der gesamten Rechtsordnung ist, da gerade nach *Jellineks* Theorie in *jedem* Rechtssatz der *Staat* verpflichtet wird) existent, die Voraussetzung dieser Ordnung sein, als einen Widerspruch in sich selbst. Ja, er behauptet sogar: die Verfassung sei die logische Voraussetzung des |132| Staates. Obgleich er einige Seiten vorher ebenso apodiktisch erklärt: der Staat sei Voraussetzung der Rechtsordnung;[62] und einige Zeilen nachher: die Staatsordnung (Verfassung) habe »*ihren Grund in der Existenz des Staates, welche stets etwas Faktisches* ist«; obgleich er soeben versichert hatte, »die erste Verfassung des Staates ist bereits mit seinem Dasein *als solchen* gesetzt«; kann also doch wohl in diesem nicht ihren »Grund« haben, da Grund und Folge nicht identisch sind. Allerdings fügt er hinzu: »Die Verfassung eines neuentstandenen (warum nur eines neuentstandenen?) Staates ist daher (?) ebenso ein Faktisches wie der Staat selbst.« Es sind also Staat als Faktum und Staatsordnung als Faktum zu scheiden. Und doch sind wieder beide identisch. Der Staat ist die Voraussetzung, d. h. wohl der Grund der

Ordnung, die Ordnung ist wieder der Grund des Staates usw.

All diese Widersprüche ergeben sich letzten Endes aus der mangelnden Erkenntnis der Identität von Staat und Recht unter dem Gesichtspunkt der Ordnung. Und dabei läuft die mit einem großen theoretischen Apparate auf dem Doppelgeleise einer soziologischen und einer juristischen Methode durchgeführte Entwicklung des *Staats*begriffs in zwei unerklärlicherweise identischen Begriffen – wenn man sie aus der ihren Kern versteckenden Hypostase herausschält – schließlich auf eine Bestimmung des Rechtsbegriffes hinaus. Die Verbandseinheit ist zugegebenermaßen die Einheit einer *Ordnung;* und wenn man das »Herrschafts«moment – Herrschen heißt, seinen Willen »gegen anderen Willen unbedingt *durchsetzen*«, also *zwingen* – als den *Inhalt* der diese Ordnung bildenden Normen erkennt, zeigt es sich als mit jenem »Zwange« identisch, der seit jeher als das Wesen des Rechtes gilt.

II. Die Selbstverpflichtung des Staates

Die Selbstverpflichtung des Staates als Personifikation der Rechtsordnung

Der innere Widerspruch der *Jellinekschen* Theorie über das Verhältnis von Staat und Recht wurzelt und gipfelt zugleich in der von ihm in den Mittelpunkt seines Systems gestellten Lehre von der »Selbstverpflichtung« des Staates. Diese ist nicht etwa erst von *Jellinek* begründet worden. Sie hat unmittelbare Vorgänger, z. B. |133| in *Bergbohm.*[63] *Jellinek* hat diese Lehre nur dogmatisch ausgebaut und damit zu einem leicht faßbaren Gegenstand der Kritik gemacht. Gerade an der sog. Selbstverpflichtungstheorie, die das unbegreifliche begreiflich zu machen versucht, wie aus der dem Rechte begrifflich entgegengesetzten Macht – Recht wird, wie sich der als außerrechtliches, metarechtliches, rechtsfremdes, ja rechtsfeindliches Wesen vorausgesetzte Staat in Recht verwandelt, wurde der innere Widerspruch schon oft bemerkt. Man hat wiederholt gegen diese Theorie geltend gemacht, daß der Staat als machtvolles, omnipotentes Wesen, das als solches *über* dem Recht stehe, das Recht erzeuge, nicht durch das Recht, sein eigenes Geschöpf, gebunden werden könne, daß jede rechtliche Bindung mit dem Begriff des Staates unvereinbar sei.[64]

Und wenn man wieder eine rechtliche Verpflichtung des Staates für möglich hält, kann man den Staat – sofern von ihm selbst, und nur von ihm, die Verpflichtung ausgeht – nicht mehr als außerrechtliche Macht gelten lassen. Recht kann nur aus Recht werden; der Staat muß, soll er wen immer, und sei es auch sich selbst, verpflichten können, wie bereits früher bemerkt, als die Rechtsordnung gedacht werden. Als eine der Rechtsordnung unterworfene Person aber ist er wiederum nur diese Rechtsordnung selbst. Erkennt man den Staat – sofern er in der anthropomorphen Form der Person auftritt – als Personifikation der Rechtsordnung, dann ist die vollendete Sinnlosigkeit der Problemstellung offenbar, die zur Theorie der Selbstverpflichtung führt: Kann der Staat, der die Rechtsordnung »trägt« oder »aufstellt«, auch durch die Rechtsordnung gebunden, verpflichtet werden? »Ist der Staat« – dessen »Priorität« vor dem Rechte behauptet wird – »selbst rechtlicher Ordnung fähig«?[65] Nur noch die scholastische Theologie hat sich mit solchen Scheinproblemen beschäftigt! Der Schein eines möglichen Problems wird aber dadurch erzeugt, daß man die verpflichtende Rechtsordnung auf dem Wege einer veranschaulichenden Personifikation – die »Person« des Staates – hypostasiert, d. h. real setzt, als realen Menschen behandelt und nun fragt, ob dieses von der juristischen Phantasie erzeugte Wesen – wie die andern Menschen – durch die Rechtsordnung verpflichtet werden könne. Diesem Selbstbetrug der Rechtswissenschaft wird dadurch Vorschub geleistet, daß man sich des eigentlichen Sinnes, der logischen Struktur jenes Tatbestandes |134| nicht klar ist, der in dem juristischen Urteil ausgedrückt wird: Jemand ist zu irgend etwas rechtlich verpflichtet. Dies bedeutet nichts anderes als: eine bestimmte menschliche Handlung ist als Inhalt einer Rechtsnorm gesollt. Dabei ist zu beachten, daß dieses rechtliche Sollen nichts mit dem moralischen Sollen einer sittlichen Pflicht zu tun hat, daß es nur der Ausdruck für den spezifischen Systemzusammenhang des Rechts ist. Da nichts anderes als eine menschliche Handlung solcher Inhalt der Rechtsnorm sein kann, kann nur von einem Menschen in diesem spezifischen Sinne ausgesagt werden, daß er verpflichtet sei, daß er Pflichten »habe«. Der Staat oder irgendeine andere juristische Person kann in *diesem Sinne* nicht verpflichtet sein. Nun ist aber – nach juristischer Anschauung – nicht der physische *Mensch*, sondern die Person der »Träger« von Pflichten und Rechten, der Person – sei es der physischen oder juristischen – werden die Pflichten und Rechte zugerechnet, die Person ist das – physische oder juristische – Rechts-Subjekt. Und es ist ein charakteristisches

Grunddogma der Jurisprudenz, hinsichtlich dieser Zurechnung physische und juristische Personen gleichzustellen. Gerade in dieser Gleichstellung beruht die Möglichkeit von Pflichten der juristischen Person des Staates. Und *in dieser Richtung liegt ja auch der richtige Kern des Problems, das zur »Selbstverpflichtung« des Staates sinnlos verzerrt wird.* Es ist durchaus richtig, daß der Staat – als juristische Person – ebenso Pflichten und Rechte »hat« wie eine physische Person. Aber der Sinn dieses Satzes kann ohne Entgleisung in Hypostasierungen nur erfaßt werden, wenn die – von der Rechtswissenschaft zwar postulierte, aber bisher noch nicht realisierte – *Einheit des Begriffs der Rechtsperson,* die *Wesensgleichheit* und damit die Unhaltbarkeit des heute noch angenommenen Unterschiedes der sogenannten *»physischen« und der juristischen Personen* klargestellt ist. Die Lösung dieses Problems habe ich schon in anderem Zusammenhange grundsätzlich formuliert. Die Rechtsperson oder das Rechtssubjekt – die physische wie die juristische – ist die aus Gründen der Veranschaulichung vollzogene anthropomorphe Personifikation eines Rechtsnormenkomplexes. Die Person des Staates ist die Personifikation der Gesamtrechtsordnung, die übrigen Personen Personifikationen von Teilrechtsordnungen, Normenkomplexen, deren Abgrenzung, deren Individualisierung von wirtschaftlichen, religiösen, kurz rechts*inhaltlichen* Gesichtspunkten aus erfolgt. Die sog. physische Person ist die Personifikation aller das Verhalten *eines Menschen* beinhaltenden Rechtsnormen. In der »Person« tritt der Rechtsordnung |135| nicht eine andersartige Wesenheit »gegenüber« – wie die Hypostasierung der Person in der herrschenden Lehre vortäuscht –, sondern die Person ist ein Stück der Rechtsordnung selbst oder die Rechtsordnung als Ganzes. Wäre es anders, könnte der Rechtswissenschaft das Rechtssubjekt als Gegenstand der Erkenntnis nicht gegeben sein, denn die Rechtserkenntnis hat keinen anderen Gegenstand als das Recht, das Recht aber ist *Norm.*[66] In dem Urteil: eine *Person* – physische oder juristische – ist in bestimmter Weise verpflichtet, »hat« eine Pflicht, kommt somit nichts anderes zum Ausdruck als die *Zurechnung eines konkreten Norminhalts zu der – personifizierten – Einheit des Normsystems:* es ist die Aussage, daß ein bestimmter Inhalt in dem spezifischen Einheitsbezug einer Rechtsordnung, sei es einer Teil- oder einer Gesamtrechtsordnung, steht.

Und so ergibt sich – nachdem man das in der Rechtswissenschaft leider so üppig wuchernde Gestrüpp irreführender Hypostasierungen ausgerottet hat – die einfache und selbstverständliche und höchst unproblematische Erkenntnis: daß der Staat ebenso Rechtspflichten hat wie eine andere Rechts*person*, nicht, *obgleich* er die Rechtsordnung, sondern *weil* er die Rechtsordnung nicht etwa »erzeugt« oder »trägt«, sondern *ist*. Daß man die *Menschen*, deren Handlungen – als Inhalt von Rechtsnormen – auf die personifizierte Einheit der Rechtsordnung bezogen, dieser Einheit »zugerechnet werden«, »Organe« nennt, geschieht darum, weil man im Bilde des Organismus sich den rein ideellen Systemzusammenhang einer normativen Ordnung am bequemsten veranschaulicht.

Befreit man die Vorstellung des Staates von der antropomorphen Hypostasierung, zu der sich die herrschende Lehre versteigt, hebt man die mit der Realsetzung des Denkbehelfs der Personifikation verbundene Verdoppelung des einheitlichen Erkenntnisgegenstandes in eine verpflichtende Macht und eine verpflichtete Person des Staates auf, reduziert man den Staat und die Einheit der Rechtsordnung, dann verschwinden mit einem Schlage all die zahlreichen Schwierigkeiten, die sich aus der Selbstverpflichtungstheorie ergeben, indem sie sich als Scheinprobleme auflösen. So zeigt sich insbesondere auch, warum sich die traditionelle Staatsrechtslehre bisher vergeblich bemühen mußte, das Problem zu lösen, wie ein Unrecht des Staates möglich sei! Und wenn z. B. *Jellinek* meinte, nur »in dem *Idealbilde* des Staates müßte der Satz des englischen Staatsrechts: |136| The king can do no wrong, zu der unfehlbaren Wahrheit sich ausdehnen, daß der Staat nicht Unrecht tun könne«,[67] so ist dies nur ein Symptom dafür, wie sehr der Begriff des Staates mit dem Begriff des Rechtes sich zu identifizieren strebt. Da es sich aber nur um das Verhältnis von Begriffen, nicht aber etwa um eine politische Entwicklung aus einem Zustand geminderter Rechtmäßigkeit des Staates zu einem Ideal voller Rechtmäßigkeit handelt, wie *Jellinek* anzunehmen scheint, da Identität von Staat und Recht auf jeder Stufe der historischen Entwicklung vorliegt, ist die Vorstellung eines Staatsunrechts ein Widerspruch in sich selbst. Ein Unrechtstatbestand kann nie der Personifikation des Rechts, er kann nur einem anderen Subjekte zugerechnet werden. Das Unrechtssubjekt kann nie zugleich das Rechtssubjekt sein. Der *Mensch* freilich kann unrecht handeln. Welche Konsequenzen daraus für die Rechtstheorie erwachsen, kann allerdings hier nicht weiter verfolgt werden.

Da die herrschende Lehre von einer natürlichen Existenz des Staates ausgeht, den Staat als ein vom Recht verschiedenes Wesen gelten läßt, läßt sich das Problem der staatlichen Selbstverpflichtung auch mit den Worten *Jellineks* ausdrücken: »*Von Natur aus* alles könnend, was seiner *Macht* zugänglich ist, kann der Staat von *Rechts* wegen nur das, wozu ihn die Rechtsordnung ermächtigt, darf er nur das, was sein gesetzlich gebundener Wille ihm gestattet«.[68] Es sind demnach Staatsakte möglich, die nicht nur als rechtswidrig, die als rechtlich unfaßbare, außerrechtliche, rechtlich nicht begreifbare Fakten angesehen werden müssen. Da es sich dabei nur um menschliche Handlungen handeln kann, die – als Staatsakte – nicht dem physisch Handelnden selbst, sondern einem »hinter« ihm gedachten Subjekt *zugerechnet* werden, ist auch diesen juristisch unfaßbaren Akten gegenüber die Frage nach der Zurechnungsregel nicht zu vermeiden. Diese Zurechnungsregel kann – voraussetzungsgemäß – nicht eine Rechtsnorm sein. Die Ordnung, in deren systematischer Einheit diese Inhalte begriffen werden, ist nicht die Rechtsordnung, nach der andere Akte des Staates sich als Rechtsakte begreifen lassen. Hier ist die Theorie in flagranti auf einem Doppelspiel ertappt: Sie operiert mit zwei voneinander verschiedenen, einander ausschließenden Systemen und behauptet dennoch einen einheitlichen, |137| identischen Gegenstand. Das ist eine logische Unmöglichkeit! Und das ist auch der eigentliche und ungeschminkte Sinn jenes »Staats«begriffes, von dem hervorragende Staatsrechtslehrer behaupten, daß er als Begriff einer natürlichen Macht rechtlicher Verpflichtung nicht fähig sei! Die Naturmacht ist in Wahrheit das anthromorph verkleidete, in üblicher Weise hypostasierte politische Postulat: daß alles gestattet, bzw. geboten sei, was den Interessen gewisser Träger der »öffentlichen Gewalt« entspricht. Diese Ursprungsnorm eines – auf den Absolutismus abgestellten – Normsystems ist nicht etwa ein metarechtliches Seinsfaktum, sondern nur die Grundlage eines andern Rechtssystems als jenes ist, das man nach anderen Richtungen voraussetzt. In dem Versuche, mit zwei einander ausschließenden Systemen zu operieren, liegt die Unzulässigkeit dieses Standpunktes. Sie ist so offenkundig, daß sie kaum zu begreifen wäre, wäre sie nicht durch uneingestandene, vielleicht auch unbewußte *politische* Tendenzen zu erklären. Es besteht in gewissen Kreisen das Bedürfnis, bestimmte ordnungswidrige, aus der – sonst – als gültig vorausgesetzten Ordnung heraustretende und daher auf die Ordnungseinheit nicht beziehbare Handlungen bestimmter Menschen – etwa des Monarchen – dennoch zu rechtfertigen, sie nicht als rechtswidrige Kompetenzüberschreitung, sondern als Akt der Gesamtheit, sie – trotzdem sie staatswidrig sind – doch als Staatsakte gelten zu lassen. Damit, daß der an sich rechtswidrige Akt dennoch als Staatsakt behauptet wird, ist ihm – auch wenn man die Identität von Staat und Recht zu leugnen versucht – ja doch irgendeine Art von Rechtmäßigkeit zuerkannt. Man manipuliert eben neben der Rechtsordnung noch mit einer zweiten, die sog. *Staatsraison* darstellenden Ordnung, die hauptsächlich auf die Bedürfnisse gewisser oberster Organe abgestellt ist. Vielleicht ist es nicht überflüssig, in diesem Zusammenhange daran zu erinnern, daß das Wort »Staat« – ja vielleicht sogar der Begriff eines von der Rechtsordnung verschiedenen Staates – in die deutsche Wissenschaft ursprünglich in der Bedeutung einer *gegen* die prinzipiell durch Gewohnheit, also volkstümlich und – wenn man will – *demokratische* Rechtsordnung gerichteten, auf die Interessen des Fürsten und seines Anhangs abgestellten, *autokratischen* Ordnung eingedrungen ist. Auf *Machiavellis* Buch: »Vom Fürsten« und dessen »ragione di stato« geht die Terminologie zurück. Das unter dem Namen »Staat« zusammengefaßte Normensystem will gegen die überkommene Rechts- (und »Staats«-)verfassung dem Herrscher einen weiten Spielraum freien Ermessens, insbesondere auf dem Gebiete der äußeren Verwaltung, erobern. Man drückt dies mit den |138| Worten aus, »daß das augenblickliche Interesse des Staates für den Staatsmann allein maßgebend sein müsse und die Politik *weder an die Schranken des Rechtes* noch an die der Moral gebunden sei«. So *Loening* in seiner ausgezeichneten Geschichte des Wortes »Staat«.[69] Er fügt bezeichnenderweise hinzu: »Der Ausdruck Staat selbst erhielt dadurch eine üble Nebenbedeutung, und *V. L. v. Sekkendorff* verwahrt sich in der Vorrede zu seinem Fürstenstaat (1655) dagegen, daß er ›mit dem Worte Staat keineswegs das gemeint, was darunter heutzutage öfters begriffen werde und fast eine Untreue, Schandtat und Leichtfertigkeit zu nennen sein wird, die an etlichen verkehrten Orten mit dem Staat, ratione status oder Staatssachen entschuldigt werden will‹. Noch 1685 (Vorrede zu dem Christenstaat) erklärt er, der Gebrauch des Wortes Staat ekle ihn eigentlich an, doch gebrauche er es, ›weil er es mit keinem bequemeren auszuwechseln gewußt und es Bürgerrecht in unserer Sprache verdient zu haben scheine‹.« Diese autokratische – gegen das demokratische Volksrecht gerichtete – Ordnung will aber selbst *Recht* werden und wird es auch. Der »Staat« wird eben zum neuen Staats*recht,* und damit wird auch der ursprüngliche Gegensatz zwischen Staat und Recht – der ein historischer Konflikt des neuen mit dem alten *Rechte* ist – aufgehoben.

Nichtsdestoweniger behält der Terminus des Staates etwas von seiner ursprünglichen rechtsfeindlichen Bedeutung bei. Sein historischer Ursprung macht ihn immer wieder zu einem Ausdruck für gewisse, gegen die positive Rechtsordnung gerichtete politische Postulate, die sich dennoch den Schein geltenden Rechtes geben wollen. Denn eine allzu gefällige Theorie deckt manche Rechtswidrigkeit der Machthaber mit Hilfe ihres Doppelstaatsrechts, womit sie sich ein wissenschaftliches Instrument geschaffen hat, das eine verteufelte Ähnlichkeit mit dem Zylinder des Taschenspielers zeigt: es hat nämlich einen doppelten Boden, und man kann aus ihm immer herauszaubern, was den jeweiligen politischen Bedürfnissen der »obersten Organe« entspricht. Das ist es, was der Staatsrechtslehre den Charakter der Unaufrichtigkeit aufprägt: Ihr System, das sich als ein System des positiven Rechts und als solches freilich von jeder Politik verschieden und unabhängig erklärt, hat eine Hintertüre, die sich diese »Wissenschaft« sorgfältig offenhält, um durch sie eben jene »Politik« wieder hereinzulassen. Die »Politik« tritt einfach unter dem Namen des dem Recht entgegengesetzten »Staates« oder »öffentlichen« Interesses, des dem »Recht« (das zum »Privat«recht zusammen|139|schrumpft) entgegengesetzten, »öffentlichen« Rechtes auf. Der ganze von der herrschenden Lehre streng festgehaltene, theoretisch aber nicht begründbare *Wesens*gegensatz von öffentlichem und privatem Recht beruht letztlich auf dem eben charakterisierten politischen Gegensatz von »Staat« – als Ausdruck gewisser, gegen das positive Recht gerichteter Postulate – und »Recht« als Inbegriff der positiv allein gültigen Rechtsnormen.[70] Der Gegensatz von Staat und Recht oder öffentlichem und privatem Recht, den die Theorie allen inneren Widersprüchen zum Trotz aufrechterhält, ist letzten Endes aus dem Bestreben zu erklären, die positive, konstitutionell-demokratische Verfassung, den sogenannten »Rechtsstaat«, im Wege einer Interpretation aus dem Wesen des »Staates« oder des »öffentlichen« Rechtes zugunsten des absolutistisch-monarchischen Prinzipes des Polizeistaates zu verdrängen.[71]

Schon in den einleitenden Ausführungen seiner Allgemeinen Staatslehre sagt *Jellinek einerseits:* »So wenig *Recht* und *Politik* miteinander vermischt werden sollen, so sehr jederzeit ihre *scharfen Grenzen* zu beachten sind«, *andererseits:* »so ist doch *ersprießliche* staatsrechtliche Untersuchung ohne *Kenntnis* des *politisch Möglichen* ausgeschlossen«. Allein es soll nicht bei der bloßen »Kenntnis« bleiben; »ohne dessen grundsätzliche *Beachtung* gerät nämlich das Staatsrecht notwendig auf bedenkliche Abwege«. Wie das? Dasselbe Staats*recht,* dem soeben eingeschärft wurde, die »scharfen Grenzen« nur ja nicht zu überschreiten, die es von der Politik trennen? Und jetzt wird ihm gar gesagt: ohne »grundsätzliche Beachtung dieser Politik läuft es Gefahr, sich in eine dem *Leben* und der *realen Erkenntnis* abgewandte rein scholastische Disziplin zu verwandeln«.[72] Wenn der Staatsrechtslehrer eine *Rechtswidrigkeit,* sofern sie von einem *Mächtigen* begangen, d. h. faktisch durchgesetzt wird, irgendwie doch als rechtmäßig konstruiert, wenn er ein, von seiner allgemeinen Rechtsvoraussetzung aus beurteilt, *falsches* Rechts*wert*urteil fällt – aus Motiven, die hier dahingestellt bleiben –, so tut er dies mit der naiven und |140| fadenscheinigen Ausrede: er habe das »reale Leben« zu erkennen. Als ob juristische Urteile Seinstatsachen zu konstatieren und kausal zu erklären hätten! Es muß ausgesprochen werden, daß die typische Berufung auf die Erkenntnis des »realen Lebens« stets nur die Tatsache bemänteln soll, daß der juristische mit einem politischen Standpunkt vertauscht wurde.

Zwei wichtige Grundsätze leitet *Jellinek* aus dem Postulate ab, das Staatsrecht müsse der – von ihm durch »scharfe Grenzen« getrennten, mit ihm nie zu vermischenden – Politik »grundsätzliche Beachtung« schenken! Erstens: »daß das politisch Unmögliche nicht Gegenstand ernsthafter juristischer Untersuchung sei«. Dieser Grundsatz, dessen innere Haltlosigkeit leicht zu erweisen wäre, interessiert aber in diesem Zusammenhange weniger als der zweite: *»daß die Vermutung für die Rechtmäßigkeit der Handlungen der obersten Staatsorgane spricht«.*[73] Das kann wohl als hinreichende Illustration zu all dem gelten, was oben über die *politische* Bedeutung eines metarechtlichen Staatsbegriffes gesagt wurde. [...]

1 Gesellschaft und Einzelwesen 1899.
2 Gesellschaft und Einzelwesen, S. 72.
3 Gesellschaft und Einzelwesen, S. 60.
4 Gesellschaft und Einzelwesen, S. 60.
5 Gesellschaft und Einzelwesen, S. 59.
6 Gesellschaft und Einzelwesen, S. 68.
7 Gesellschaft und Einzelwesen, S. 68.
8 Gesellschaft und Einzelwesen, S. 68.
9 Gesellschaft und Einzelwesen, S. 73.
10 Gesellschaft und Einzelwesen, S. 72/73.
11 Gesellschaft und Einzelwesen, S. 73.
12 Gesellschaft und Einzelwesen, S. 143.
13 Gesellschaft und Einzelwesen, S. 67.
14 Gesellschaft und Einzelwesen, S. 68.
15 Gesellschaft und Einzelwesen, S. 171.
16 Gesellschaft und Einzelwesen, S. 59.
17 Gesellschaft und Einzelwesen, S. 153ff.
18 Gesellschaft und Einzelwesen, S. 59.
19 Gesellschaft und Einzelwesen, S. 160.
20 Gesellschaft und Einzelwesen, S. 161.
21 Gesellschaft und Einzelwesen, S. 162 u. 172.
22 Gesellschaft und Einzelwesen, S. 83.
23 Gesellschaft und Einzelwesen, S. 199.
24 Allgem. Staatslehre, 3. Aufl., S. 168, 333ff. Vgl. insbes. auch: Die Lehre von den Staatenverbindungen, S. 262.
25 Allgem. Staatslehre, S. 183.
26 Allgem. Staatslehre, S. 11.
27 Allgem. Staatslehre, S. 179ff.
28 System der subjektiven öffentlichen Rechte, 2. Aufl., S. 13. Vgl. dazu Allgem. Staatslehre, S. 163.
29 System, S. 14.
30 System, S. 14.
31 Vgl. System, S. 14.
32 Staatslehre, S. 163.
33 Staatslehre, S. 11.
34 Staatslehre, S. 162.
35 Staatslehre, S. 162.
36 Vgl. Staatslehre, S. 20 u. 332ff.
37 System, S. 17.
38 System, S. 17.
39 System, S. 34/35.
40 Vgl. speziell Staatslehre, S. 162, 477.

41 Staatslehre, S. 174ff.
42 Staatslehre, S. 333, 335.
43 Staatslehre, S. 178/9.
44 Staatslehre, S. 178.
45 System, S. 25, 26ff., wo ein *Rechts*begriff des Staates entwickelt wird.
46 Staatslehre, S. 179.
47 System, S. 25.
48 System, S. 179.
49 System, S. 25.
50 System, S. 137.
51 System, S. 27.
52 System, S. 177.
53 System, S. 180/81.
54 System, S. 182.
55 System, S. 183.
56 System, S. 183.
57 System, S. 183.
58 Wenn *Jellinek* gerade bei seiner Darlegung des »juristischen« Staatsbegriffes das Bedürfnis hat, gegen den möglichen Vorwurf einer »Hypostasierung« von vornherein Verwahrung einzulegen, so kann ihm ohne weiteres zugestanden werden, daß gerade bei seinen – in diesem Zusammenhang übrigens sehr kurzen – Ausführungen über den juristischen Staatsbegriff keine besondere Hypostasierung unterlaufen ist. Sie steckt nämlich schon in dem »sozialen« Staatsbegriff, an den sich sein juristischer anschließt. Er gesteht sie ja dort direkt und ausdrücklich zu, wenn er sagt: »Die natürlichen, in den Individuen sich abspielenden Willensvorgänge werden nämlich von unserem Denken zugleich auf die Verbandseinheit selbst bezogen« (a.a.O. S. 181). Das ist eben eine *Hypostasierung*, wenn man eine bloß gedankliche Einheit, eine nur im »teleologischen« Bewußtsein des erkennenden Juristen vollzogene Synthese mit einem psychischen Willen, einer ihr »innewohnenden« Herrschermacht ausrüstet. Und er ist gegen eine in dieser Richtung zielende Kritik im Unrecht, wenn er behauptet, er habe niemals den Satz aufgestellt, »daß unseren Abstraktionen außerhalb unseres Bewußtseins irgendeine Existenz zukommt« (a.a.O. S. 182). Denn trotzdem er den Staat auf der einen Seite nur als ideelle Synthese eines teleologischen Bewußtseins betont, behandelt er den Staat auf der anderen Seite dennoch als realen, in der Außenwelt tätigen Machtfaktor. Dazu zwingt ihn schon eine Grundposition: Staat als Machtfaktor *Voraussetzung* des Rechts und daher nicht identisch mit diesesm, das als Einheit einer normativen Ordnung allein die spezifische Synthese teleologischen Bewußtseins darstellt.
59 Staatslehre, S. 269.
60 Staatslehre, S. 355.

61 Staatenverbindungen, S. 266.
62 Ebd., S. 262.
63 Staatslehre, S. 262.
64 Staatsverträge und Gesetze als Quellen des Völkerrechts, 1877. Vgl. dazu statt vieler etwa *Otto Mayer*, Deutsches Verwaltungsrecht, I. Bd., S. 110 und die dagegen gerichtete Polemik *Jellineks*, System, S. 195.
65 *Jellinek*. Staatslehre, S. 337.
66 Was hier bezüglich des Begriffs des Rechtssubjekts vorgenommen wurde, die Befreiung von der Hypostasierung und die Reduktion auf Rechtsnormen, muß auch hinsichtlich des Begriffs des subjektiven Rechts geschehen!
67 System, S. 242.
68 System, S. 194/195.
69 Art. »Staat« im Handwörterb. d. Staatswiss., VII, S. 693.
70 Auf die politischen Tendenzen, die sich hinter dem angeblich theoretischen Gegensatz von öffentlichem und privatem Recht verbergen, habe ich schon in meiner Abhandlung »Zur Lehre vom öffentlichen Rechtsgeschäft«, Archiv des öffentl. Rechts, 31. Bd., S. 53ff. aufmerksam gemacht. Vgl. dazu auch *Weyr*, Zum Problem eines einheitlichen Rechtssystems, Archiv des öffentl. Rechts, 1908, S. 529ff.
71 Vgl. dazu *Merkl*, Die monarchische Befangenheit der deutschen Staatsrechtstheorie. Schweizerische Juristenzeitung, 1920, Heft 24.
72 *Merkl*, Befangenheit, S. 16.
73 Ebd., S. 18.

Hermann Heller
Die Krisis der Staatslehre

Die geistige Krisis Europas, die in der politisch-sozialen Revolutionierung nur ihren sichtbarsten Ausdruck findet, hat auch das Denken über die Voraussetzungen, den Weg und den Sinn aller Wissenschaften vom Menschen zutiefst erschüttert. Weit über die schlagwortmäßige Feststellung des krisenhaften Zustandes aller Kulturwissenschaften hinaus aber wird in der breitesten Öffentlichkeit wie im engsten Fachkreise die theoretische Unzulänglichkeit und praktische Unfruchtbarkeit jener Disziplin empfunden, die unter der Bezeichnung ›Allgemeine Staatslehre‹ in umfangreichen Vorlesungen an unseren Universitäten vorgetragen wird. »Seit mehr als einem Menschenalter«, bemerkte Georg Jellinek im Vorwort seiner *Allgemeinen Staatslehre*, sei »kein zusammenfassendes Werk auf diesem Gebiet entstanden, das über den engen Kreis der Zunft hinausgegriffen hätte. Gewiß ist daran auch der Zustand der Wissenschaft schuld.«[1] Ein Vierteljahrhundert ist vergangen, seitdem Jellinek diese Worte niederschrieb. Und der heutige Forscher wird sich seinem Urteil um so rückhaltloser anschließen müssen, als seither – im Zeitalter der Politisierung! – überhaupt kein zusammenfassendes Werk von wissenschaftlichem Anspruch dieses Gebiet dargestellt hat. Andererseits wird niemand behaupten, daß die um die Jahrhundertwende erschienenen Arbeiten von Hermann Rehm,[2] Georg Jellinek[3] und Richard Schmidt[4] den Bedürfnissen und Ansprüchen der Gegenwart genügen. Durch die neueste Leistung auf diesem Gebiet aber, durch Kelsens *Allgemeine Staatslehre*[5] ist die Krise weniger anerkannt, geschweige denn eine Überwindung angebahnt, als für Sehende erst im vollen Umfang ihrer Gefährlichkeit offenbar geworden.

Die folgenden Zeilen unternehmen den Versuch, die geistesgeschichtliche Situationsklärung und systematische Besinnung der ›Allgemeinen Staatslehre‹ durch einige Bemerkungen zu fördern.

I

|6| Auf welchen historischen Fundamenten beruht die gegenwärtige Form des Staatsbegreifens? Dem mittelalterlichen Denken war

ein anderes als das metaphysische Studium der allgemeinen Eigenschaften des Staates kaum bekannt.[6] Die politische Welt war mit einbegriffen in den einheitlichen Willenszusammenhang oder ›Organismus‹, der sich von Gott aus in den Naturzusammenhang erstreckt. Alle politische Gewalt wurde emanatistisch aus der göttlichen Autorität zugleich expliziert und legitimiert, die Staatslehre war ein Teil der Theologie. An diesen göttlich sanktionierten Machtverhältnissen entwickelte die kanonistische und legistische Jurisprudenz die grundlegenden staatsrechtlichen Begriffe des persönlichen Amtes, der Repräsentation und insbesondere der kirchlichen und politischen Korporation, in welcher die verbundenen realpräsenten Individuen das unsichtbare Rechtssubjekt nur repräsentieren. Das spezifische Problem der Neuzeit, die Pluralität souveräner Staaten und Rechtsordnungen nebeneinander, blieb dem universalistischen Mittelalter, das nur *einen* Gott, *eine* Kirche und *eine* Weltrechtsordnung kannte, unbekannt. Eine auf Analyse und Kausalforschung gegründete besondere Seinsproblematik des Staates war nicht vorhanden. Neben der theologischen Staatslehre wurde aber schon im Mittelalter immer mächtiger die seit der Antike unvergessene philosophisch-juristische Ableitung des Staates aus dem Willen der Verbandsmitglieder. Mit Marsilius von Padua (1328) erfolgt die der Theologie gegenüber autonome Konstituierung der moralisch-politischen Welt; das Naturrecht beginnt sich von seinen religiös-dogmatischen Voraussetzungen zu lösen und stellt sich als ein ›säkularisiertes Christentum‹ auf die vernünftig-sittliche Natur des Menschen.

Wie die Antike und das Mittelalter wollte auch diese Staatslehre des weltlichen Naturrechts den Staat sowohl soziologisch, wie juristisch und metaphysisch begreifen. Die zentrale Denkfigur des Naturrechts, der Sozialkontrakt, war ebenso juristische Konstruktion, wie ethisch-metaphysische Rechtfertigung und wollte schließlich auch Theorie der wirklichen Gesellschaft sein.[7] An anderer |7| Stelle habe ich dargelegt, in wie hohem Maße das politische Denken der Gegenwart noch abhängig ist von der Vorstellung einer ›natürlichen Ordnung‹ deren Erkenntnis und Verwirklichung das politische Sinnen und Trachten der europäisch-amerikanischen Menschheit seit drei Jahrhunderten beschäftigt.[8] Unter dem *ordre naturel* verstand man einen für alle Zeiten zu realisierenden politischen Idealzustand, in welchem alle persönliche Willkür durch eine unpersönliche Gesetzesherrschaft ausgeschaltet sein sollte. Diese Gesetze wurden aber nicht als göttlich-transzendente, sondern als gesellschaftsimmanente, nach Analogie der Naturgesetze im Menschen angelegte und von ihm zu erkennende verstanden. Eine Trennung soziologischer, philosophisch-ethischer und juristischer Staatsbetrachtung gab es nicht. Auch die juristischen Normen sollten aus den soziologischen Grundanlagen der menschlichen Natur deduziert werden. Wesentliche Teile dieses naturrechtlichen Monismus von Sollen, Sinn und Sein haben sich im Marxismus erhalten; einen abgerissenen Restbestand des *ordre naturel* stellt das liberale Rechtsstaatsideal einer entpersönlichten Gesetzesherrschaft mit seinem Dogma von der Geschlossenheit der Rechtsordnung dar.

Die kantische Vernunftkritik hat den Monismus der naturrechtlichen Staatsauffassung aufgelöst, indem sie die rationale Gesetzlichkeit der empirischen Wirklichkeit als Kategorien unseres Verstandes bestimmte, den *ordre naturel* der Gesellschaft aber von einer theoretischen Erkenntnis ausschloß. Die intelligible Ordnung von Staat und Recht soll kein Gegenstand der theoretischen, sondern lediglich ein solcher der praktischen Vernunft sein, weil sie auch nichtrationalisierbare, der strengen Gesetzlichkeit entbehrende Wirklichkeitsbestandteile enthält. Zwar bewahrt Kants eigene Rechts- und Staatslehre in seinen Ideen der Vernunft im Staatsvertragsgedanken, in den Ideen der ›Freiheit‹, ›Gleichheit‹ und ›Selbständigkeit‹ den Zusammenhang mit der Metaphysik und Ethik des Naturrechts; die Verbindungen zur Soziologie aber, sowohl in ihrer rationalistisch-naturrechtlichen wie in jeder anderen Form, blieben durch Kants Kritik in der deutschen Wissenschaft fast bis zum Jahrhundertende durchschnitten.[9]

|8| Vollendet wurde die Trennung der Staatslehre von der Soziologie und damit die bewußte Isolierung des deutschen vom westlichen Staatsdenken durch die Romantik und die historische Schule. Beide wollten der Rationalisierung und Revolutionierung überkommener Herrschaftsverhältnisse Halt gebieten, die naturwissenschaftliche Mediatisierung des Geistes und der Persönlichkeit, die Auflösung der individuellen historischen Gestalt in die abstraktformalen Denkbestimmungen der rationalistischen Psychologie und Soziologie des Naturrechts verhindern. Das romantisch-historische Interesse für das Lebendig-Volkhafte hat allerdings auch manche Ansätze für eine neue geisteswissenschaftliche Soziologie gefördert, welche dann einige Menschenalter spä-

ter über Dilthey und Simmel fruchtbar geworden sind. Bis dahin aber, ja im Grunde bis heute, sieht der Historismus in der Geschichts- und Staatswissenschaft eine nationale Aufgabe darin, die westliche Soziologie von der deutschen Staatsauffassung fernzuhalten.[10]

Zu der Isolierung der Staatslehre von der Soziologie trat – nicht ohne wechselseitige Bedingtheit – ihre Abtrennung von Ethik und Metaphysik hinzu, die im historischen, logistischen oder naturalistischen Positivismus ihre Vollendung fand. Man konnte auf diesem Wege im Staate bald nicht mehr als ein Rassen- oder Klassenunterdrückungsinstrument sehen, jedenfalls sollte er sich in Macht, Macht und noch einmal Macht erschöpfen, die Frage nach dem Zweck und Sinn dieser Macht galt als unwissenschaftlich, das Recht wurde zu einem bloßen Befehl dieser Macht an ihre Beamten, der Jurist zum Interpret jedes Befehls; der Unterschied zwischen einer Räuberbande und dem Staate war unauffindbar geworden. Von den drei Wegen, auf welchen das naturrechtliche Denken dem Staatsproblem sich genaht hatte, kennt die deutsche Staatslehre der zweiten Hälfte des 19. Jahrhunderts nur noch einen einzigen: die Jurisprudenz. Soziologie, Jurisprudenz und Philosophie erklären sich nun in selbstgenugsamer Verschubkastung autark. Die Soziologie der Comte, Spencer, Marx, Lilienfeld, Schäffle usw. glaubt, je nachdem, entweder aus der Religion oder der Wirtschaftsverfassung oder der Kunst, Rasse usw. unter Verzicht auf ethisch-juristische |9| Wertgesichtspunkte Staat und Gesellschaft in naturwissenschaftlicher Objektivität aufbauen zu können. Die zeitgenössische Philosophie will von Empirie und Metaphysik absehen und ihrer Aufgabe dadurch genügen, daß sie inhaltsentleerte logische Formen herausarbeitet und diese dann doch wieder ins Ethische hypostasiert. Erich Kaufmann hat gezeigt, wie diese neukantische Schulphilosophie dem rechtstechnischen Formalismus Vorschub geleistet hat. Eine positivistische, vom soziologischen Substrat ebenso wie von ethisch-metaphysischen Bestimmungen absehende Rechtswissenschaft wird von Gerber/Laband als Staatslehre inauguriert und schließlich dieser nach unten und oben substanz- und bindungslose Formalismus zur allein wissenschaftlichen, juristischen Methode der Staatslehre erhoben.

Wie hat sich diese radikale Verselbständigung der positivistischen Jurisprudenz in der Staatslehre ausgewirkt?

Zweifellos war ihre begriffliche Klarheit nach der nebelhaften

Bildermythologie und dem Phrasenschwulst mancher organologischer Staatstheoretiker, sowie der Junghegelianischen und Krause/Ahrensschen Staatsmystik ein Erfolg wissenschaftlicher Redlichkeit. Die Angst des juristischen Positivsmus vor Soziologie, Metaphysik und Ethik, sein einseitiges Streben nach einem angeblich wert- und tatsachenfreien Formalismus verurteilte ihn aber zur völligen Hilflosigkeit gegenüber allen echten Problemen der allgemeinen Staatslehre. »Die Gefahr dieser Richtung«, sagte einmal Gierke, »liegt darin, daß sie die Aufgabe der Wissenschaft für erfüllt hält, wenn der spröde Stoff nur irgendwie in ein in sich kohärentes System logischer Kategorien gebracht wird. Mögen dann auch die Begriffe sich zu leeren und seichten Formeln verdünnen: das Dünne ist durchsichtig, das Seichte verständlich, das Formelhafte scharf umgrenzt, und so ist der ersehnten Klarheit Genüge getan.«[11] Dieser Gefahr kann der juristische Positivismus gar nicht entgehen. Nach einem berühmten Worte Bacons vermag die Jurisprudenz nur *tamquam e vinculis sermonicari,*[12] d. h. sie kann als Rechtsdogmatik nur die Bedeutung von Rechtsimperativen einer gegebenen Gemeinschaftsautorität klären und durch Herausfaserung des logischen Gehalts dieser Herrschaftsordnung deren Befehle systematisieren. Sie hat »zwar den Gegenstand einer empirischen, einer Kulturwissenschaft, aber die Methode einer Normwissenschaft«.[13] Wird |10| diese dogmatische Methode der Jurisprudenz, die lediglich Interpretations- und Systematisierungszwecken innerhalb einer bestimmten positiven Rechtsordnung dient, zur einzig legitimen Methode einer allgemeinen Staatslehre gemacht, so könnte daraus bestenfalls eine Sammlung der in den verschiedenen Staaten geltenden Rechtsbegriffe werden. Sämtliche Probleme, die seit jeher dem Staatsdenken als die wichtigsten erschienen sind, so die Fragen nach dem Wesen, der Realität und Einheit des Staates, das staatliche Zweck- und Rechtfertigungsproblem, die Untersuchung des Verhältnisses von Recht und Macht, damit aber das Staatsproblem als solches wie auch seine Beziehung zum Gesellschaftsbegriff, müssen dann als metajuristisch aus der Staatslehre verbannt werden. Wer aber diese Problematik ausschalten, auf eine allgemeine Staatslehre verzichten und lediglich Staatsrechtslehre treiben zu können meint, ist über die wahre Hierarchie von Sein, Sinn und Sollen in einem schweren Irrtum befangen. Denn die juristische Norm kann sich vom historisch-soziologischen Sein und von Wertgesichtspunkten nicht vollständig lösen ohne sinn- und gehaltlos zu werden. Auch bloße Staatsrechtsjurisprudenz, die zu methodischen Zwecken den Sinn von gesollten Imperativen isolieren wollte, wäre ohne ständigen Ausblick auf die soziologische und teleologische Problematik unmöglich.

Die Folgen der fast unbeschränkten Herrschaft des formaljuristischen Positivismus mußten deshalb die folgenden sein: Wurde mit seiner Methode ernst gemacht, so war Staatslehre überhaupt unmöglich; so erklärt sich zu einem Teil die oben angedeutete, fast völlige literarische Unfruchtbarkeit auf diesem Gebiet. Wo man auf Staatslehre nicht verzichten wollte und die Unzulänglichkeit des Formalismus einsah, entstand eine unkontrollierte und wildwuchernde Metaphysik und eine ebensolche Pseudo- und Kryptosoziologie. Dort aber, wo man sich auf Staatsrechtslehre beschränkte, entwickelte sich ein juristischer Psychologismus, und unter dem Mantel juristisch-formaler Objektivität wurden allenthalben soziologische und teleologische Gehalte eingeschmuggelt, so daß das Endergebnis dieses Strebens nach juristischer Begriffsschärfe und Klarheit eine völlig unwissenschaftliche methodische Verworrenheit der Staatslehre samt der Staatsrechtslehre war. An dem berühmten Methodenstreit zwischen Gierke und Laband läßt sich dieser Zustand im einzelnen nachweisen. In das nicht ganz passende Gewand germanistischer gegen romanistische Begriffsbildung gekleidet ging der Streit um das Verhältnis der rechtlichen Begriffswelt sowohl zum soziologischen Substrat als auch zur Teleologie und Ethik. Gierke warf dem absoluten Personenbegriff des römischen Rechtes vor, in seiner Auffassung sei »für das Wesen der juristischen Person, sobald sie einmal als Person gesetzt ist, die Beschaffenheit ihres Substrates irrelevant. Der |11| deutsche Personenbegriff dagegen, indem er von vornherein den sittlich gebundenen Willen in seiner Beziehung zu andern Willen vorstellt, fordert die Determinierung der Gesamtpersönlichkeit durch die in ihr verbundene Personengesamtheit. Es gehört nach deutsch-rechtlicher Anschauung zum Wesen der Genossenschaft, Einheit in der Vielheit zu sein, und folgeweise zwar als Einheit eine selbständige Existenz über ihren Gliedern zu führen, zugleich aber zu der Vielheit der in ihr vorhandenen selbständigen Sonderexistenzen in organischer Beziehung zu stehen.«[14] Laband dagegen vertrat den radikalen Formalismus und behauptete, die Person im Rechtssinne habe »keine andere Eigenschaft als die *eine*, die ihr *ganzes* Wesen ausmacht, nämlich Rechtssubjekt zu sein«;[15] sie habe deshalb auch keine Sittlichkeit oder Freiheit. Auch sei es »das *Recht*, welches die Gesamtheit zur selbständigen Trägerin von Rechten und Pflichten, also zur Person konstituiert«; es mache »aus der *Summe* von Sonderexistenzen eine neue *Grundeinheit*, innerhalb deren es keine Vielheit gibt«.[16] Gierke wiederum unterstrich, daß es keineswegs das Recht »ausschießlich« sei, »welches die Verbindung der Vielheit zur Einheit und den Fortbestand der Vielheit in der Einheit regelt«;[17] die Leugnung der Gesamtpersönlichkeit, die Behauptung von der ausschließlichen Realität des Individuellen aber führe »zur Zersetzung des *Staats*begriffes«.[18] Wie recht Gierke behalten sollte, wird die nachfolgend skizzierte Staatslehre ohne Staat zeigen. In dem guten Kampf Gierkes gegen die völlige Emanzipation der Rechtsbegriffe von soziologischen, teleologischen und ethischen Bezügen kämpfte er aber leider mit den Waffen einer Organologie, die Metaphysik, Ethik, Jurisprudenz und Soziologie in einem sein wollte. Die organische Staatslehre Gierkes war der verdienstvolle, wenn auch unsicher tastende Versuch, den Staat als soziale Realität und gesellschaftsimmanente Notwendigkeit zu begreifen; sie meinte eine »*Erklärung* der Staatspersönlichkeit«[19] zu geben, wollte den Staat als ›menschliche Gesellschaftsexistenz‹,[20] als »das notwendige Produkt der in den Individuen sich betätigenden gesellschaftlichen Kräfte«[21] erfassen, konfundierte diese, übrigens sehr tief schürfende, antizweckrationalistische Kryptosoziologie mit juristischen und |12| ethischen, ja sogar biologischen Kategorien und setzte sich so berechtigten Angriffen aus.

Georg Jellinek gebührt das große Verdienst, als erster scharf geschieden zu haben zwischen Jurisprudenz und Rechtssoziologie. Nach dieser Scheidung fand er aber keine methodische Grundlage mehr für seine *Allgemeine Staatslehre*. Da sie ohne Soziologie unmöglich war, setzte er neben die allgemeine Staatsrechtslehre eine allgemeine Soziallehre des Staates. Damit jedoch zerfiel diese, heute als Standardwerk unserer Wissenschaft angesehene Arbeit in zwei innerlich unzusammenhängende Teile, für welchen Mangel an Einheitlichkeit die sehr dürren Abstraktionen des soziologischen Teils nicht zu entschädigen vermögen. Schließlich hat aber Jellinek seine eigene Methode nicht durchgeführt. So zerfällt z. B. seine Definition des Staates als einer »mit ursprünglicher Herrschermacht ausgerüstet[en] Verbandseinheit seßhafter Menschen«[22] ebenfalls in unverbundene juristische und soziologische Elemente (Rechtsmacht, Verbandsmacht, Gebiet) und die programmatisch ausgeschaltete Metaphysik guckt z. B. in seinen »Lehren vom Zweck des Staates« allenthalben hervor.[23]

Dem Streben nach Überwindung eines den Staat in logisch-juristische Relationen auflösenden Formalismus entsprangen die Arbeiten Richard Schmidts. Sie haben das Verdienst, der ›Allgemeinen Staatslehre‹ als einer »Hilfswissenschaft der Rechtswissenschaft«,[24] »Bürgerpädagogik« und »Verfassungskritik«[25] theoretisch und praktisch wertvolle Ziele gesetzt zu haben. Freilich blieb die theoretische Grundlegung und Begriffsbildung dieser weitaus lebendigsten, weil allein von politischen Instinkten geleiteten, Staatslehre durchaus im unklaren. Sie schwankt zwischen historischen, juristischen, soziologischen und ethisch-metaphysischen Betrachtungsweisen. Auch Hermann Rehms ohne jeden politischen Sinn geschriebene *Allgemeine Staatslehre* ließ sich, trotz vieler juristischer Verdienste in Einzelheiten, einen vollendeten Methodensynkretismus zuschulden kommen.

Seine eigentliche Domäne fand aber der vermeintlich rein juristische Positivismus auf dem Gebiete der besonderen Staatsrechtslehre. Hat es doch den Anschein, als ob es sich hier viel leichter als in der Staatslehre mit Gesetz und Logik allein auskommen ließe. Die von Gerber begründete, von Laband vollendete, mit den positi|13|vistisch gedeuteten Mitteln der römischen Privatrechtswissenschaft arbeitende Staatsrechtswissenschaft glaubte, in dem angeblich lückenlos geschlossenen Rechtssystem endlich ihren politisch-psychologisch indifferenten *ordre naturel* gefunden zu haben. Weder einem Zweck, noch einem Wertgesichtspunkt, noch einem individuellen Tatbestand wollte man selbständige Bedeutung zukommen lassen, jede Entscheidung sollte vielmehr einzig und allein der positiven Norm entnommen werden. Diese Jurisprudenz, welche keine politisch relative Zweckmäßigkeit und kein sozial und individuell differierendes Werturteil anerkennen wollte, alle ihre Entscheidungen als logisch-juristisch gefordert, aus angeblich ›objektiven‹ Begriffen deduzierte, beruhte in Wahrheit auf einigen selbstgeschaffenen und verabsolutierten Definitionen und aprioristisch daraus, ›aus dem Begriff‹ hergeleiteten Dogmen.[26] In der Tat gründeten sich die anscheinend so ewigen Wahrheiten dieser Staatsjurisprudenz auf die Verabsolutierung liberaler Rechtsstaatsgrundsätze; so vor allem das tragende Dogma der Geschlossenheit der Rechtsordnung, das auf die Anschauung zurückging, die Rechtsanwendung müsse und könne in der Gewaltenteilung so energisch der Gesetzgebung unterworfen sein, daß durch die völlig entpersönlichte Rechtsordnung jede Organwillkür ausgeschaltet werde. So verabsolutierte Laband den bismärckisch-wilhelminischen Staat und einige liberale Rechtsgedanken, so deduzierte Jellinek aus psychologisch-historischen Abstraktionen logisch-juristische Normbegriffe.[27] Andererseits entwickelte dieser positivistische Formalismus eine Dialektik, die allenthalben mit Trugschlüssen arbeitend den Wahn einer Objektivität nährte und in Wahrheit für jede beliebige Entscheidung eine ›objektive‹ juristische Begründung parat hielt.[28]

|14| Auf dem Gebiete des Privatrechts brachte die Jahrhundertwende eine Götterdämmerung des logistischen Positivismus. Die Arbeiten von Jung, Zitelmann sowie die Lehren der Freirechtler[29] beseitigten den Glauben an die Lückenlosigkeit des Rechts und damit den Glauben an die Möglichkeit nur logischer Rechtsauslegung. Aus der Einseitigkeit des logistischen verfiel man aber in die nicht geringere Einseitigkeit des soziologistischen Positivismus. Der neue Rechtsempirismus mit seiner oft kruden Verwechslung von Geltung und Genese wollte Rechtsentscheidungen aus sozialen Machtverhältnissen ablesen und eine reine Tatsachen- oder Interessenjurisprudenz begründen, indem er die Gesetze auffaßte als »Interessenprodukte«, als »Resultanten der in jeder Rechtsgemeinschaft gegenübertretenden und um Anerkennung ringenden Interessen materieller, nationaler, religiöser und ethischer Richtung«.[30] Die Rechts- und Staatslehre des historischen und soziologistischen Empirismus war aber unfähig, ebenso den Geltungsgrund einer Einzelentscheidung wie der Staatsordnung im ganzen aufzuweisen und mußte, wenn sie konsequent war, in die Nähe marxistischer Staatsverneinung rücken.[31] So führte die Revolution gegen den Rechtslogismus nicht zu einer inneren Verbindung von Jurisprudenz und Soziologie, sondern zu einer Verfälschung der einen durch die andere und vollendete nur die Methodenverwirrung in der Staatslehre.

Wir müßten die geschilderte methodische Krisis unserer Staatslehre nicht allzu tragisch nehmen, wenn sie kompensiert würde durch eine intuitive Kraft unserer politischen Wissenschaft. Sind doch viele unserer Staatstheoretiker der Meinung, daß eine zu weit getriebene Methodologie einer Lähmung der wissenschaftlichen

Produktivität gleichkäme. So richtig das sein mag, so sicher kann man nicht umgekehrt von der methodischen Verwirrung auf eine besondere theoretische Schöpferkraft schließen. Die französische |15| und anglo-amerikanische Welt, aber auch die Slawen und Skandinavier besitzen eine große politische Literatur, deren wissenschaftliche Qualitäten dem Deutschen gewiß oft wenig imponieren werden, deren Fähigkeit aber, den Bedürfnissen des Staatslebens zu genügen, von uns nicht bestritten werden kann. Der Trost, die Begabung des Dichter- und Denkervolkes liege eben im Theoretischen, ist schon deshalb unangebracht, weil die praktische Unzulänglichkeit unserer Staatslehre nicht ausgeglichen werden kann durch ihre ebenso große theoretische Verworrenheit. Davon abgesehen hatte aber das deutsche Volk in der ersten Hälfte des 19. Jahrhunderts in den Werken eines Dahlmann, Stein, Mohl, Held usw. bereits eine wissenschaftliche Staatslehre von hohem politischen Bildungswert. Erst unter der Herrschaft des juristischen Positivismus kam es so weit, daß wir kein einziges Werk der Staatslehre besitzen, das sich den Arbeiten eines Bryce oder auch nur Kjellén an die Seite stellen ließe. Schuld daran trägt der Irrweg, den unsere Staatswissenschaft seit zwei Generationen dadurch geht, daß sie alle soziologischen und ethischen Probleme des Staatslebens meiden zu müssen glaubt. Die auch spezialwissenschaftliche Unbrauchbarkeit der scholastischen Konstruktionen, wie sie etwa Georg Jellinek dem Problem der Repräsentation zuteil werden läßt, hängt aufs engste zusammen mit der Tatsache, daß kein Leser dieses Kapitels die geistige Problematik und eminente politische Bedeutung der Repräsentation aus diesen Ausführungen zu entnehmen vermag.[32] Theoretische und pädagogisch-politische Krisis unserer Staatslehre bedingen sich gegenseitig.

II

Die methodologische Krisis radikal zu heilen verspricht eine neue wissenschaftliche Richtung, die von Hans Kelsen begründete und geführte ›reine Rechtslehre‹. Das Haupt dieser sogenannten Wiener Schule, die sich auch in Deutschland steigender Beachtung und Achtung erfreut, publiziert, ein Vierteljahrhundert nach dem Erscheinen der letzten großen Werke auf diesem Gebiet, eine umfangreiche *Allgemeine Staatslehre,*[33] welche einen systematischen Überblick über die Resultate der monographischen Arbeiten Kelsens und seiner zahlreichen Schüler gestattet.

Die reine Rechtslehre ist der zu spät geborene Erbe des logistischen Rechtspositivismus,[34] die folgerichtige Erfüllung des sozio|16|logie- und wertfremden Programms des Labandismus. Sie will die Rechts- und Staatslehre von allem psychologisch-soziologischen und politisch-wertenden Schmuggelgut, das jener noch illegitim mit sich führte, endgültig reinigen. Es sei vorweggenommen, daß Kelsen und seine Schule sich bei dieser Reinigungsarbeit sehr bedeutende kritische Verdienste erworben haben. Kelsen will aber nicht etwa das kritische Vermögen des Juristen schulen und ihm zum Bewußtsein bringen, daß und wann er auf historische Gegebenheiten reflektieren und wann er Werturteile fällen muß. Im Gegenteil! Seine mit der einfachen Ebene konstruierende Normlogik will die Rechtswissenschaft zur reinen Normwissenschaft machen; sie zielt auf eine radikale Ausscheidung aller substantiellen Elemente aus den als reine Formen zu fassenden Rechtsbegriffen, auf eine »Geometrie der totalen Rechtserscheinung«.[35]

Wie sieht nun dieses juristische Weltbild aus, das sich aus reiner Logik und aus den ausgeblasenen Eiern reiner Rechtsformen aufbaut? Auf der einen Seite liegt das zu ignorierende Reich des lediglich kausal-explikativ zu erfassenden, völlig sinnfremden Seins, ein naturalistisches Gewühl unverbundener sinnlicher Realitäten, darunter auch die menschlich-gesellschaftliche Welt samt dem empirischen Ich zu rechnen ist. Auf der anderen Seite, durch keinen begreifbaren Zusammenhang verbunden, ohne Zwischenschaltung einer Sphäre teleologisch zu fassender individueller oder sozialer Einheiten, erhebt sich das Reich des ideellen, notwendig inhaltlosen Sollens, eine reine Formenwelt, in der kein Erdenrest, zu tragen peinlich, bleibt. Dorthin zieht sich der Normlogiker aus der ihn bedrängenden Stoffülle moderner Empirie und Soziologie, aber auch aus allem ihn erschütternden ethisch-metaphysischen Subjektivismus zurück. Ein überaus objektiver, aber auch bequemer *ordre naturel*, der ebenso die Empirie wie unser relativistisches Wollen völlig ungeschoren läßt, da seine reinen Formen voraussetzungsgemäß als inhaltsentleerte Normen konstruiert werden sollen. Eine Vermittlung zwischen Sein und Sollen gibt es nicht, also, der ›Reinheit der Methode‹ wegen, auch keine geisteswissenschaftliche Psychologie und Soziologie.

Wie sieht nun die ›Allgemeine Staatslehre‹ einer solchen reinen

Normwissenschaft aus? Kelsen steckt ihr das Ziel, durch eine Analyse der unter der Disziplin der Allgemeinen Staatslehre »üblicher|17|weise« behandelten Probleme jenen Begriff des Staates festzustellen, der diesen Problemen, sei es allen oder doch den meisten, »prominentesten von ihnen, zugrunde liegt«.[36] Man darf gespannt sein, wie sich Kelsen angesichts dieser Problemstellung aus der Affäre ziehen wird. Denn daß das soziologische und politisch-ethische Problem des Staates zu diesen prominentesten der üblicherweise in der Allgemeinen Staatslehre behandelten gehört, wird Kelsen ebensowenig bestreiten können, wie er die Tatsache ableugnen kann, daß eben diese – wie so viele andere Fragen – als ›metajuristisch‹ über den Horizont seiner reinen Rechtslehre hinausgehen. Kelsen hat den gordischen Knoten durch positive Überschriften und negative Inhalte gelöst. Er überschreibt sein ganzes Buch »Allgemeine Staatslehre« und führt im Inhalt aus, daß eine solche nicht möglich ist. Er nennt die beiden ersten Kapitel seines Werkes »Staat und Gesellschaft (Staatslehre als Soziologie)« und »Staat und Moral (Staatslehre als Politik)« und beweist in ihrem Inhalt auf wenigen Seiten, daß beide Probleme – und zwar nicht nur für die reine Rechtslehre – Falstafffragen bedeuten. Wäre doch »eine Ergänzung der Staats*rechts*lehre durch eine Staatssoziologie nicht sinnvoller … als eine Verbindung der Privatrechtslehre mit der Biologie und Psychologie des Menschen zu einer einheitlichen Wissenschaft«,[37] also gänzlich unsinnig. Die Staatslehre als Politik aber führt »letztlich doch immer wieder in jenen subjektiv-metaphysischen Bereich«,[38] der voraussetzungsgemäß ersetzt werden soll durch »transzendentale Kategorien als den Bedingungen der Erfahrung«.[39] Mit dürren Worten sagt uns der Autor nicht bloß, daß man nur entweder reine Rechtslehre oder Allgemeine Staatslehre treiben kann und beides zusammen nicht geht, sondern daß Allgemeine Staatslehre überhaupt unmöglich ist. Bleibt nur die Frage, warum er seinem Werk einen so irreführenden Titel gegeben hat?

Über die Unmöglichkeit der Allgemeinen Staatslehre tröstet uns Kelsen mit der kühnen, aber historisch selbstverständlich falschen Behauptung, die Staatsrechtslehre sei »der weitaus bedeutendste, jedenfalls der gehaltvollste [!] Bestandteil« der Allgemeinen Staatslehre.[40] Sei es! Liefert uns also die reine Rechtslehre wenigstens eine allgemeine Staatsrechtslehre? Nein. Denn nachdem die toten Punk|18|te ›Gesellschaft‹ und ›Moral‹ mehr oder weniger glücklich überwunden sind, verschwindet auch – der Staat! Nun wird ernst gemacht mit der merkwürdigen Behauptung der »Einheit von Staat und Recht«;[41] die »Staatslehre als Staatsrechtslehre« wird ausschließlich eine »Lehre vom *objektiven* Recht. Nicht aber eine Lehre von irgendwelchem *subjektiven* Recht oder irgendwelchem *Subjekt* von Rechten.« Falsch ist also die herrschende Lehre vom »Staat als Rechtssubjekt, d. i. als Person«.[42] Über das nun vorliegende peinliche Ergebnis einer Staatslehre ohne Staat tröstet uns Kelsen wieder mit der noch kühneren, historisch noch falscheren Behauptung: »Untersucht man aber, welches jene Probleme sind, die als ›Allgemeine Staatslehre‹ dargestellt zu werden pflegen, so zeigt es sich, daß es eine Art *allgemeinste* Rechtslehre ist, als die sich die Allgemeine Staatslehre darstellt. Es sind – neben der Frage nach dem Wesen des Staates (und somit des Rechtes) überhaupt – die Probleme der *Geltung* und der *Erzeugung* der staatlichen Ordnung«.[43]

Überraschend kommt uns das immerhin tragische Resultat, daß einer Staatslehre schließlich das Staatsrecht samt dem Staat abhanden kommt, gewiß nicht. Wer auch in den Kulturwissenschaften grundsätzlich den Gegenstand der Erkenntnis zum restlosen ›Produkt der Methode‹ macht, muß auch in der Staatsrechtslehre an dem Primat der rechtslogischen Methode gegenüber der historisch-empirischen Gegebenheit des Staates festhalten und diesen in Denkrelationen auflösen. Auch hier vollzieht Kelsen lediglich das Programm des logistischen Positivismus der neukantisch beeinflußten Laband, Stammler, Binder u. a. Ungerecht wäre es aber, mit Erich Kaufmann die neukantische Rechtsphilosophie in Bausch und Bogen für diese Selbstzersetzung von Staat und Recht verantwortlich zu machen. Lediglich die Marburger Schule, Kelsens Lehrer Cohen war es, welcher die Rechtswissenschaft zur »Mathematik der Geisteswissenschaften« stempelte und bereits den Satz vertrat: »Die Staatslehre ist notwendigerweise Staatsrechtslehre. Die Methodik der Staatslehre liegt in der Rechtswissenschaft.«[44] Hingegen hat ein allerdings ungewöhnlich selbständiger Neukantianer südwestdeutscher Richtung, Emil Lask, schon bevor Kelsen und die reine Rechtslehre auf den Plan traten, eine Kritik dieser Lehre gegeben, die an Präzision und Endgültigkeit bisher unübertroffen ist.[45] Nicht |19| nur die teleologische Färbung aller Rechtsbegriffe, die notwendige Beziehung von Ethik und Jurisprudenz, wie überhaupt die unentbehrliche Bezugnahme der

Rechtswissenschaft auf das ›Vorjuristische‹ hat Lask scharf herausgearbeitet, sondern grundsätzlich festgestellt, daß »zwischen der Methodologie der vorwissenschaftlichen und der der wissenschaftlichen Rechtsbegriffe keine grundsätzliche Trennung vorgenommen werden darf«[46], daß insbesondere »die Existenz einer vorwissenschaftlichen Begriffsbildung nirgends eine so große Rolle spielt wie auf juristischem Gebiet«.[47] In dem Gegensatz von Realitäts- und Bedeutungsforschung in der Jurisprudenz liege nur allzunahe »der Gedanke an den letzten spekulativen Gegensatz von Sollen und Sein, Normen und Naturgesetzen, normativer und genetischer Betrachtungsweise, und häufig – z. B. von Jellinek, Kistiakowski, Kohlrausch, Eltzbacher – ist dieser allgemeinste Methodendualismus zur Charakterisierung der Jurisprudenz verwertet worden. Allein es gäbe keine verderblichere Verwischung methodologischer Grenzlinien, als wenn über all den unbezweifelbaren Analogien andrerseits die Vieldeutigkeit des Normbegriffes, die Kluft zwischen seinem philosophischen und seinem empirischen Sinn, übersehen würde und dadurch die Jurisprudenz als ›Normwissenschaft‹ etwa unvermerkt in einen Gegensatz zu den rein empirischen Disziplinen geriete. Gewiß hat die Jurisprudenz ebenso wie die Philosophie nicht ein Existierendes, sondern ein bloß Bedeutendes, nicht ein Seiendes, sondern ein Seinsollendes, ein Befolgungheischendes zum Objekt. Aber während dieser Sollenscharakter in der Philosophie einer absoluten Werthaftigkeit entstammt, für die es keine empirische Autorität gibt, hat er in der Jurisprudenz seinen formellen Grund in positiver Anordnung durch Gemeinschaftswillen.«[48] Lask hatte also festgestellt, daß der Kopernikanische Standpunkt, dem die Wirklichkeit als Erzeugnis kategorialer Synthesen gilt, in allen Kulturwissenschaften, ganz besonders aber in der Rechtswissenschaft seine ganz bestimmten Grenzen hat, daß die Problematik der Rechtswissenschaft gerade in der eigentümlichen Durchdringung von Empirie und ideeller Bedeutungsforschung gelegen ist.

Kelsens Rechtsrationalismus aber, der auf nichts so stolz ist als auf seine Methodenreinheit, vollzieht gerade diese von Lask als so verderblich gekennzeichnete Verwischung methodologischer Grenzlinien, weil er, die Kopernikanische Wendung unbesehen auf die Kulturwissenschaften und die Jurisprudenz übertragend, keinerlei nichtrationalisierbare Gehalte und Gegebenheiten anzuerkennen |20| geneigt ist. Seine rechtslogische Konstruktion erzeugt, wie in der Mathematik das Reihenglied aus dem Reihenprinzip rein rational konstruiert wird, über der sinnlosen gesellschaftlich-geschichtlichen Welt, von ihr völlig unabhängig, sein Reich freischwebender reiner Rechtsformen als Begriffslegespiel des souveränen Normlogikers. Daß dieser Rationalismus auf einer programmatisch entsubstantialisierten Ebene keinen Reibungswiderstand an irgendwelchen Gehalten findet und mitsamt dem Staate auch die nur soziologisch, gewiß nicht absolut fundierten Gegensätze wie öffentliches-privates, objektives-subjektives Recht, den Souveränitätsbegriff usw. usw. auflösen muß, ist nicht wunderbar, sondern selbstverständlich. Das Wunder besteht im Gegenteil darin, daß Kelsen trotzdem eine Staatslehre, sei es auch nur als Staatsrechtslehre schreiben kann, also doch offenbar auf seiner reibungslosen einfachen Ebene einen Widerstand und einen nicht mehr durch die Methode verschiebbaren Haltepunkt gefunden hat, von dem aus seine Konstruktionen beginnen können.

Diese archimedischen Punkte vermag Kelsen selbstverständlich nur durch Verunreinigung seiner reinen Rechtsmethode zu gewinnen. Hier wird nun der geleugnete Erdenrest zu tragen wahrhaft peinlich, wenn man sieht, wie durch dauernde sprachliche Verschiebungen in angeblich reine Rechtsformen unbemerkt soziologische Gegebenheiten eingeschmuggelt werden.[49] So verfährt Kelsen zunächst mit dem Staatsbegriff selbst. In seinen *Hauptproblemen* hieß es noch, keinesfalls dürfe man identifizieren die »Person des Staates oder deren Willen mit dem unpersönlichen Inbegriff von Urteilen…, als was sich die Rechtsordnung darstellt«.[50] Die immanenten Widersprüche – wie soll man normlogisch eine Staatsperson verstehen? – zwangen Kelsen in späteren Arbeiten sowie nun in seiner *Staatslehre*, die gesamte Rechtsordnung radikal zu entpersönlichen[51] und jene verbotene Identifizierung von Staat und Recht durchzuführen. Nun muß die Rechtsordnung als »ein System von Normen, de[r] Staat aber als Rechtsordnung«[52] erkannt werden und die *crux* aller Staatsprobleme, das Verhältnis von Staat und Recht ist wegeskamotiert. Mit der völlig willkürlichen Gleichung: Zwangsapparat gleich ›Bild‹ für Zwangsordnung,[53] |21| Rechtsgemeinschaft gleich Rechtsordnung, Staat gleich Recht erschließt sich aber Kelsen durch ein bloßes Wortspiel wieder die Möglichkeit, die gesamte Soziologie in seine grundlegenden reinen Rechtsbegriffe einzuschmuggeln. Indem Kelsen seine Staatsrechtslehre zunächst mit einer dauernden Vertauschung der

Begriffe ›Norm‹-Ordnung und ›Seins‹-Ordnung bestreitet – wie könnte eine reine Rechtslehre sonst auch nur an die Probleme der ›Geltung und Erzeugung der staatlichen Ordnung‹ herankommen?! –, gelangt schließlich auch Kelsen zu einem Punkte, wo die *quaternio terminorum* unmöglich wird, der »üblichen Terminologie« absolut nicht ausgewichen werden kann und festgestellt werden muß: der »Staat« könne »Spitäler bauen und in diesen Kranke heilen, Schulen errichten und Unterricht erteilen, Eisenbahnen betreiben«, kurz er »kann *unmittelbar* selbst die den Kultur- oder Machtzweck fördernden Tatbestände setzen«.[54] Und nun springt als echter *deus ex machina* »ein ganz spezieller, höchst komplizierter und ausschließlich *rechtsinhaltlicher* Begriff des Staates«[55] auf die Bühne, von dem niemand weiß, woher er kam der Fahrt, von dem aber so viel feststeht, daß er nicht aus der reinen Rechtslehre stammt und daß sich die ›reine‹ Staatsrechtslehre seiner trotzdem immer wieder ausdrücklich[56] und viel, viel öfter noch stillschweigend *nolens volens* bedienen muß. Denn die Gleichung Staat gleich Recht läßt Kelsen, lange bevor der die Einheit des Erkenntnisstandpunktes offiziell aufhebende Rechtsinhaltsbegriff auftaucht, auf jeder zweiten oder dritten Seite mit einem Rechts- und Staatsbegriff operieren, der je nach Bedarf bald mehr ins Normlogische, bald mehr ins Soziologische schielt. So heißt es besonders reizvoll in einem Satze, der »Staat« könne als eine »spezifische soziale Einheit nur als Ordnung, nur als ein System von Normen« begriffen werden,[57] hin und wieder ist der |22| Staat ein ›Kollektivum‹[58] eine ›soziale Gemeinschaft‹,[59] manchmal wieder der ›Endpunkt der Zurechnung‹,[60] die ›Einheit der Ordnung‹, ›ein logisches Prinzip‹[61] und doch auch ein ›Verband‹ und wie jeder andere ›soziale Verband‹ die »in der Ordnung zuzurechnender Tatbestände konstituierte Einheit dieser Tatbestände selbst«.[62] Diese exemplarischen Produkte von ›Methodenreinheit‹ dürften genügen!

Nachdem wir bereits feststellen mußten, daß Kelsens *Allgemeine Staatslehre* den ureigensten Voraussetzungen ihres Autors entsprechend keine Staatslehre ist, bleibt uns nun noch die Konstatierung übrig, daß die konsequente reine Rechtslehre auch keine Staatsrechtslehre sein kann. Denn einen von aller Soziologie und Ethik losgelösten Rechtsbegriff gibt es nicht. Kelsens reine Normwissenschaft ist Logik, aber nicht Rechtswissenschaft, auch nicht im Sinne einer »Geometrie der totalen Rechtserscheinung«.[63]

Denn die ›totale‹ Rechtserscheinung kann nur im ständigen Ausblick auf ihre soziologischen und teleologischen Bezüge konstruiert werden. Daß die reine Rechtslehre dem Konstruktionsproblem nicht gerecht werden kann, ergibt sich z. B. aus Kelsens Souveränitätslehre. Die unerlaubte Gleichung Staat gleich Recht simplifiziert zunächst das Problem dahin, die Souveränität sei nicht eine Eigenschaft des Staates, sondern eine solche der Rechtsordnung als eines ideellen Normensystems. Damit wird das soziologische Machtproblem und die ethische Freiheitsfrage kurzerhand eliminiert und staunend erfährt man, die Souveränität sei ein logisches Prinzip, nur als »Ausdruck der Einheit einer Ordnung« und der »Reinheit der Rechtserkenntnis«[64] zu verstehen. Glaubt jemand allen Ernstes, daß sich auf diese Weise soziologisch individualisierte Herrschaftsbeziehungen in logische Abhängigkeitsbeziehungen umdeuten |23| lassen?[65] Kelsen scheint von dieser Möglichkeit selbst nicht ganz überzeugt zu sein; denn auch hier taucht plötzlich ein »Rechtsinhaltsbegriff« der Souveränität auf, der die »deutliche Tendenz« hat, »nicht ausschließlich eine *rechtliche*, sondern auch oder gar nur eine *faktische* Qualität auszudrükken«.[66] Daß hier, in der Verbindung von rechtlicher und faktischer Macht, und nirgend anderswo das wahre Problem der Souveränität liegt, wird aber von Kelsen souverän ignoriert.

Wie Kelsens Staatslehre ohne Staat, so ist auch sein Positivismus ohne Positivität.[67] Er will die Rechtspositivität ohne Faktizität durch eine »nicht gesatzte, sondern vorausgesetzte« Grundnorm[68] begründen, welche die gewiß fragwürdige Begründung der Verpflichtungskraft einer Rechtsordnung durch faktische Macht und das Abgleiten der Normlogik in die Faktizität verhindern soll. Die geistvolle Konstruktion einer den Gesetzgeber delegierenden Grundnorm wäre zur radikalen Trennung von Positivität und Faktizität sicherlich sehr geeignet, wenn man wüßte, wie der Jurist zu diesem archimedischen Punkte gelangt, richtiger, wenn man nicht genau wüßte, daß er nur durch Kenntnis des soziologischen Inhalts dieser Grundnorm, der mit den tatsächlichen Machtverhältnissen identisch ist, überhaupt konstruieren kann. Und weil, wie Kelsen sehr richtig bemerkt, das Problem der Rechtspositivität ein »Problem der inhaltlichen Beziehungen zwischen einem System des Wertes und dem ihm korrespondierenden System der Wirklichkeit« ist;[69] weil der Stufenbau der Rechtsordnung vom individuellen Rechtsakt über Verordnung, Gesetz und positivrechtliche Verfassung durch einen »eigentümlichen Parallelismus von Seinstatbestand und Norm« schließlich mündet »in der die Einheit der Rechtsordnung in ihrer Selbstbewegung [!] begründenden *Grundnorm*«; kurz, weil ein »psychisch-physischer Akt« [!!] gesetzt werden muß, »der die Norm niederer Stufe trägt«;[70] – eben deshalb ist diese »spezifische |24| Selbstbewegung des Rechts«[71] keine logische, sondern eine soziologische Spezifikation; eben deshalb gründet die Positivität letztlich doch in der Faktizität; eben deshalb ist der Staat kein ideelles Normensystem, sondern ein Herrschaftsverband, und eben deshalb muß die reine Rechtslehre kapitulieren und zum Methodensynkretismus greifen, wenn sie nicht ein Positivismus ohne Positivität, eine Staatslehre ohne Staat und eine Rechtswissenschaft ohne Recht sein will.

Es liegt im Wesen dieser Arbeit, daß sie auf die großen, noch viel zu wenig gewürdigten Verdienste Kelsens und seiner Schule um die methodische Besinnung der Staatsrechtslehre nicht im einzelnen eingehen kann. Ohne jede Ironie sehe ich aber Kelsens größtes Verdienst darin, den logistischen Rechtspositivismus in der Staatslehre dadurch, daß er ihn ohne Konzessionen mit dem größten Nachdruck und überragendem Scharfsinn vertreten hat, endgültig *ad absurdum* geführt zu haben. Takt ist mehr als Methode, pflegte Bernatzik, Kelsens Lehrer und auch noch der meinige, oft zu sagen. Politischer Takt hätte aber Kelsens Staatslehre zwar weniger dürr und unfruchtbar, dafür aber bei weitem nicht so lehrreich dafür gemacht, daß die herrschende juristisch-positivistische Staatslehre und Staatsrechtslehre ein Irrweg ist. Ihr Streben nach Methodenreinheit ist – das beweist Kelsen unumstößlich – erfolglos, sie bezahlt dieses Streben aber damit, daß sie für den praktischen Juristen unbrauchbar und politisch-pädagogisch bildungsunwirksam wird. Kelsens *Allgemeine Staatslehre* darf deshalb als klassischer Ausdruck der schweren Krisis unserer Staatslehre gewertet werden.

III

Der einheitliche Aufbau einer Staatslehre vom Standpunkte der Jurisprudenz als dogmatischer Wissenschaft darf dank der Folgerichtigkeit Kelsens als endgültig gescheitert betrachtet werden. Nicht nur, weil die reine Rechtslehre ohne Soziologie leer, ohne Teleologie blind ist, sondern weil die Rechtswissenschaft überhaupt keine konstitutive Wissenschaft ist. Die ihr (nicht bloß von Kelsen) zugedachte Autonomie geht ihr ab, sie harmonisiert soziale Gegebenheiten, insbesondere die staatliche Ordnung, sie konstituiert sie aber nicht, sondern findet sie bereits vor. Gewiß soll das Recht in der Staatslehre eine ausgezeichnete Rolle spielen. Für die Staatslehre gilt aber, anders als für die dogmatische Jurisprudenz, der Satz Hegels: »Das Recht existiert nur als Zweig eines Ganzen, als |25| sich anrankende Pflanze eines an und für sich festen Baumes.«[72] Die normative Rechtswissenschaft kann deshalb nicht die Basis der Staatslehre bilden, weil diese auf weiten Gebieten erst die Voraussetzungen der normativen Rechtswissenschaft zu klären hat. Sie soll erst verständlich machen, warum die juristische Methode Imperative einer Gemeinschaftsautorität so behandelt, als ob sie absolut werthafte Normen wären. Die Problematik von Staat und Recht, Macht und Ordnung zwingt der Staatslehre das bedeutsame Problem auf: welche hinzunehmenden soziologischen und teleologischen Gehalte erzeugen erst die juristische Methode und was ist als Ergebnis der juristischen Methode in Relationsbegriffe auflösbar? Schon diese Fragestellung muß deutlich machen, daß der Staat die spezifisch juristische Methode transzendiert.

Wenn aber die allgemeine Staatslehre vom Boden der dogmatischen Jurisprudenz unmöglich und die Unverbundenheit einer Soziallehre mit einer dogmatischen Staatsrechtslehre bei Jellinek wie bei Kelsen gleich unerträglich ist, wenn ferner eine Staatsgeschichte im Sinne Richard Schmidts zweifellos keine systematische Staatslehre ist, sondern in die Historie gehört,[73] – wie ist dann Allgemeine Staatslehre überhaupt möglich?

Bei Beantwortung dieser Frage muß davon ausgegangen werden, daß Gegenstand, Methode und auch Ziel des Erkennens in gegenseitiger Bedingtheit stehen. Die Allgemeine Staatslehre wird notwendig als eine Hilfswissenschaft der Jurisprudenz, der Geschichte, der Wirtschaftswissenschaften, der Staatsphilosophie und, nicht zuletzt, der Bürgerkunde. Hier hat sie sich zunächst über die Legitimität ihrer ›Allgemeinheit‹ auszuweisen. Der logistische Positivismus leugnet einen allen diesen Disziplinen zugrundeliegenden gemeinsamen Sachgehalt; nur ›vorwissenschaftlich‹ lasse sich in allen diesen Fällen von ›Staat‹ sprechen, die verschiedenen Methoden aber machten jedesmal einen völlig verschiedenen Gegenstand daraus. Auf diesem Wege wird die Allgemeinheit der Staatslehre zu einer Universalität der in ›allen‹ Staaten wiederkehrenden juristischen Begriffe; notwendig eine höchst dürftige Angelegenheit, weil, im Gegensatz zum Privatrecht, wo die größere Gleichartigkeit und Einförmigkeit der Lebensverhältnisse eine weit umfassendere Abstraktionsbasis liefern, die Herrschaftsformen meist viel zu sehr national und historisch differieren, als daß eine universale Abstraktion öffentlich-rechtlicher Begriffe sich als fruchtbar erwiese.[74] Wer |26| trotzdem, durch die zivilrechtliche Begriffsschärfe beunruhigt, einen ›allgemeinen‹ Begriff der Monarchie für den alten Orient, Griechenland, das Mittelalter und für das moderne England aufstellt oder einen dogmatischen Rechtsbegriff des Bundesstaates von den drei bis vor kurzem bekannten Bundesstaaten abstrahieren will, wird regelmäßig einerseits zu nichtssagenden Formeln kommen und andererseits die Formen vergewaltigen.

Umgekehrt verzichtet der historische Positivismus, verwirrt von der Fülle der Geschichte, auf jede Abstraktion und bringt es zu keinem klaren Staatsbegriff. Er hilft sich mit Topen und Bildern (›Organismus‹) und versteht die Allgemeinheit der Staatslehre ausschließlich in einer welthistorisch-universalen Beschreibung von Staatsindividualitäten. Kommt die logistische Allgemeinheit des Staatsbegriffs in Widerspruch mit dem historischen, so kommt die historische Universalität in Widerspruch mit dem juristischen Staatsbegriff. Bei aller Einsicht in die Ewigkeit dieses Gegensatzes menschlicher Denkweisen darf die Wissenschaft doch nicht den Anspruch aufgeben, die Allgemeinheit des Staatsbegriffes als Totalität verstehen zu wollen, die auf den gemeinsamen Sachgehalt zielt, der allen historisch erwachsenen politisch-ökonomischen Wissenschaften zugrunde liegt. Bezeichnet es der Logismus als ›gänzlich aussichtslos‹, einen Kampf um den Staatsbegriff mit dem Ziele zu führen, nur eine einzige der verschiedenen Wortbedeutungen als die allein richtige und zulässige zu erweisen, so kann sich eine auf die empirische Totalität des Staatsbegriffs gezielte Staatslehre zuletzt mit dem Ergebnis dieses juristischen Logismus ebenfalls beruhigen, dem es trotz seiner Eingeleisigkeit nichts verschlägt, »wenn sich schließlich nicht gerade ein einziger, sondern mehrere, aber miteinander innerlich verbundene Begriffe des Staates ergeben«.[75] Sie darf nur nicht nach dem Vorbilde Kelsens einen Rechtsform- und einen Rechtsinhaltsbegriff des Staates unverbunden nebeneinanderstellen. Weil aber vom Sollen des juristisch isolierten Rechtssatzes keine methodologische Vermittlung möglich ist zum staatlichen Sein, deshalb muß der Einheitsbezug der Allgemeinen Staatslehre die empirische Erlebbarkeit und Verstehbarkeit des Staates in der Totalität seiner sozialen und damit auch rechtlichen Beziehungen sein. Allgemeine Staatslehre ist nur als empirische Sozialwissenschaft möglich.[76]

Man kennt die Abneigung der deutschen Wissenschaft im all|27|gemeinen und der deutschen Jurisprudenz im besonderen gegen die methodisch und begrifflich unklare, subjektivistisch willkürlich, naturalistisch vergröbernde Soziologie. Einige apologetische Bemerkungen bezüglich des gegenwärtigen Standes der Soziologie und ihres Verhältnisses zur Rechtswissenschaft erscheinen deshalb angebracht, um so mehr, als die letzten Jahre in diesem Punkte große Veränderungen im Sinne einer gewissen Annäherung gebracht haben. Einerseits ist durch die Polemik gegen den Positivismus und sein Dogma von der Geschlossenheit der Rechtsordnung auf seiten der Jurisprudenz der stolze Glaube an die eindeutige Schärfe und Objektivität der juristischen Begriffe schwer erschüttert worden. Die Erkenntnis verbreitet sich, daß auch unsere Rechtsbegriffe ›gerändert‹ sind,[77] daß sehr viele, um einen plastischen Ausdruck Husserls zu brauchen, einen ›Hof‹ und alle ihre subjektiven ethisch-metaphysischen Voraussetzungen haben.[78] Andererseits kann angesichts der Leistungen eines Simmel, Tönnies, Max Weber und der phänomenologisch orientierten Soziologen nicht bestritten werden, daß die Soziologie an methodischer und begrifflicher Klärung wesentlich zugenommen hat. Die Grenzen der naturwissenschaftlichen Begriffsbildung werden heute von der Soziologie eher zu nachdrücklich, wie zu wenig betont. Nicht im geringsten soll aber bestritten werden, daß diese jüngste aller Wissenschaften noch immer einer methodischen Sicherheit entbehrt, oft zum Tummelplatz dilettantischer Konstruktionen wird sowie, daß der juristische Widerspruch gegen soziologische Übergriffe in der Art von Kornfeld, Wurzel, manchmal auch Ehrlich durchaus berechtigt ist. Insbesondere sei der Wert der Kelsenschen Soziologiekritik unterstrichen, welche die Unzulänglichkeit der Begriffe »Wechselwirkung«, »Gesamtseele«, »Massenseele«, »Organismus« usw. sehr klar erwiesen hat.[79] Alles was man gegen den Wissenschaftscharakter der Soziologie einwenden kann, aber auch was man trotzdem für die Soziologie vorbringen muß, findet man kurz und klar zusammengefaßt bei Kracauer, *So-*

ziologie als Wissenschaft.[80] Fortschritt und Begrenzung der Soziologie hängen ab vom Stande einer geisteswissenschaftlichen Psychologie. Wer eine solche leugnet und mit Kant nur ein transzendentales Bewußtsein überhaupt kennt, |28| welches transzendentale Ich keinerlei Beziehung unterhält mit dem empirischen Ich, für den sind selbstverständlich Psychologie und Soziologie nur als Naturwissenschaften möglich.[81]

Wer aber die Soziologie, und zwar als geisteswissenschaftliche Disziplin, leugnet, für den kann es auch keine allgemeine Staatslehre geben. Denn nur auf der soziologischen Ebene sind Staat und Recht in Verbindung zu setzen, indem beide als sozialpsychologisch wirksame gesellschaftliche Seinsgebilde, selbstverständlich aber nicht als Naturphänomene betrachtet werden.[82] Die Allgemeine Staatslehre hat das Recht als eine notwendige und verstehbare Erscheinungsform des gesellschaftlichen Lebens, insbesondere aber als immanente Erscheinungsform der Verbandsherrschaft darzustellen;[83] sie hat auf diese Weise die normwissenschaftliche Methode selbst in ihrer gesellschaftsimmanenten Notwendigkeit und Zweckmäßigkeit zu durchleuchten, nicht aber hat sie sich dieser normativen Methode selbst zu bedienen. Allgemeine Staatslehre und besondere positive Staatsrechtslehre haben also einen durchaus verschiedenen Erkenntnisgegenstand.

Nur von der soziologischen Ebene ist auch die Einstellung des Staates in diejenigen sozialen Zusammenhänge möglich, welche heute zu den entscheidenden Staatsproblemen gehören, von der herrschenden Staatslehre aber entweder (wie z. B. Wirtschaft, soziale Klasse, Presse, öffentliche Meinung, Religion) gar nicht oder ganz unzulänglich (wie z. B. Parteien, Nation, internationale Beziehungen) behandelt werden.

Allerdings wird die ›verstehende‹ Soziologie im Sinne Max Webers als spezielle Soziallehre des Staates nach oben und unten zu erweitern sein. Nach unten durch die Einbeziehung der sinnfremden Bedingungen des politischen Handelns; durch die Darstellung der Ergebnisse der politischen Geographie, Anthropologie und Massenpsychologie, ohne welche vielleicht ein Verständnis des Daseins eines Staates überhaupt, nicht aber das Verständnis des Soseins eines individuellen Staates möglich ist. Nach oben aber muß |29| die empirische Staatssoziologie erweitert werden durch eine philosophische Rechtfertigungslehre des Staates, ein jeder Generation aufgegebenes Problem, dem sich die Staatslehre nicht entziehen darf durch die Aufzählung historischer Rechtfertigungsversuche.[84] Das methodische Recht einer Verknüpfung der Staatssoziologie mit einer Staatsphilosophie gründet sich auf die Unmöglichkeit einer reinen kulturwissenschaftlichen Seinserfassung ohne Einmischung eines inhaltlichen Wertgesichtspunktes mindestens in der Auswahl des Materials. Die durch das Phantom einer völlig voraussetzungslosen und wertfreien Kulturerkenntnis bedingte Trennung der Staatslehre von der Politik ist als unmöglich und schädlich aufzugeben. Alles Staatsdenken bleibt den Gegensätzen und Interessen der gesellschaftlichen Kämpfe verhaftet. Als wissenschaftlich erweist es sich nicht durch sein Vogelstraußverhalten gegenüber der eigenen subjektiven Bedingtheit, sondern dadurch, daß ihm das unendliche Streben des Geistes, den Zusammenhang mit jenen Interessenkämpfen zu lockern, als unverrückbare Aufgabe ebenso vor Augen steht, wie die Erkenntnis von der Unendlichkeit dieser Aufgabe und der Notwendigkeit einer die transzendente Harmonie verletzenden Entscheidung.

Der hier gekennzeichneten Allgemeinen Staatslehre, deren Ausführung ich bald der Öffentlichkeit zu übergeben hoffe, ergibt sich zwar eine Anzahl voneinander anscheinend höchst verschiedener Wortbezeichnungen ›Staat‹, sie vermag aber sehr wohl festzustellen, daß hinter diesen abweichenden Namengebungen sich nicht mehr wie zwei oder höchstens drei Bedeutungen verbergen, die zueinander im Verhältnis von Teil und Ganzem stehen. Einigkeit herrscht darüber, daß der Staat eine irgendwie geartete ›Einheit in der Vielheit‹ darstellt. Je nachdem, welche Bedingungen für das Entstehen und Bestehen dieser Einheit in der Vielheit als wesentlich erkannt werden, danach wird differierend das Wesen des Staates bestimmt. Einmal kann man den Staat als eine durch die gesamtgesellschaftliche, psycho-physische Erlebniswirklichkeit garantierte ›organische Einheit‹[85] auffassen, die durchaus real und so wenig ein abstraktes Beziehungsgebilde ist, wie die konkreteste Erlebniswirklichkeit selbst. In diesem Sinne wird der Staat oft als ›Tatsache‹, als ›Zustand‹, als ›Volk‹ usw. meist sehr mißverständlich bezeichnet. Ausgezeichnet fomuliert Oswald Spengler diesen Staatsgedanken: »Der Staat ist die Geschichte als stillstehend, Geschichte der Staat als fließend ge|30|dacht.«[86] Alle anderen Wortbedeutungen verstehen unter der als Staat bezeichneten Einheit in der Vielheit einen aus dieser Totalität ausgesonderten realen oder ideellen Teilinhalt. Sie sehen die Einheit wesenhaft garantiert entweder durch die Einheit bestimmter Organe[87] oder durch die Einheit der Ordnung; wobei unter Ordnung das eine Mal verstanden werden kann das Geordnete, die soziologische Verfassung, die dann identisch ist mit der organischen Einheit; oder aber unter Ordnung wird verstanden ein von der gesellschaftlichen Erlebniswirklichkeit zu methodischen Zwecken relativ isolierter Sinngehalt, ein ›ideelles Normensystem‹, nicht etwas Seiendes, sondern Seinsollendes, Geltendes. Wann und wo immer das Zeichen ›Staat‹ oder eine ihm entsprechende Wortbedeutung gebraucht wurde, immer war gemeint entweder die organische, ›Organ- oder Ordnungseinheit in der Vielheit. Allgemeine Staatslehre soll deshalb nicht werden zur soziologischen Gesichtspunktwissenschaft, die ausschließlich und um jeden Preis Wert legt auf übergreifende Gesetzlichkeiten, sondern sie soll in den Mittelpunkt ihrer Untersuchungen jene ›Einheit in der Vielheit‹ stellen, die das alle anderen Fragen mitsetzende Kardinalproblem unserer Disziplin bildet.

Der heutigen Staatslehre, die nicht ihre Begriffe beherrscht, sondern von ihren Begriffen beherrscht wird, ist, wie unser gesamtes Gesellschaftsleben an seinen Lebensmitteln zugrunde zu gehen droht, schließlich der Staatsbegriff selbst verlorengegangen. Auf dem angedeuteten Wege darf sie hoffen, aus den verabsolutierten Einseitigkeiten der Gegenwart wieder einen Weg ins Freie zu finden.

Anmerkungen

1 Georg Jellinek, *Allgemeine Staatslehre,* 3. Aufl. (besorgt von Walter Jellinek), Berlin 1914, S. III.

2 Hermann Rehm, *Allgemeine Staatslehre,* Freiburg 1899.

3 Jellinek, a.a.O., 1. Aufl., Berlin 1900.

4 Richard Schmidt, *Allgemeine Staatslehre,* Bd. 1 (Die gemeinsamen Grundlagen des politischen Lebens), Leipzig 1901.

5 Hans Kelsen, *Allgemeine Staatslehre,* Berlin 1925.

6 Wilhelm Dilthey, *Einleitung in die Geisteswissenschaften* (1883), in *Gesammelte Schriften* (Hg. Bernhard Groethuysen), Bd. 1, Leipzig 1922, S. 328ff.; Otto v. Gierke, *Johannes Althusius und die Entwicklung der naturrechtlichen Staatstheorien* (1880), 3. Aufl., Breslau 1913, S. 60ff.

7 Adolf Menzel, »Naturrecht und Soziologie«, in *Festschrift zum 31. Deutschen Juristentag,* Wien 1912, S. 1ff.; wenn Werner Sombart, »Die

Anfänge der Soziologie«, in *Hauptprobleme der Soziologie, Erinnerungsgabe für Max Weber*, München 1923, Bd. 1, S. 3-19, die empirisch-kausale Gesellschaftswissenschaft in einen schroffen und unmotivierten Gegensatz zu den Naturrechtslehren eines Hobbes und Spinoza setzen will, so wird dieser ungerechtfertigt verengerte Begriff gerade auf die heutige deutsche, auch von Sombart vertretene Soziologie unanwendbar; auch Erich Kaufmann, *Kritik der neukantischen Rechtsphilosophie. Eine Betrachtung über die Beziehungen zwischen Philosophie und Rechtswissenschaft*, Tübingen 1921, S. 88f., sieht in der soziologischen Auffassung das die Naturrechtslehre von allen anderen Sozialphilosophien unterscheidende Merkmal.

8 Vgl. Hermann Heller, *Die politischen Ideenkreise der Gegenwart* (1926), in *Gesammelte Schriften*, Bd. 1, insbesondere S. 281f.

9 Vgl. Erich Kaufmann, Kritik, S. 90ff.

10 Vgl. z. B. Georg v. Below, »Soziologie als Lehrfach. Ein kritischer Beitrag zur Hochschulreform«, in *Schmollers Jahrbuch für Gesetzgebung, Verwaltung und Volkswirtschaft*, 43 (1919 II), S. 1271-1322; Otto Westphal, »Bemerkungen über die Entwicklung einer allgemeinen Staatslehre in Deutschland«, in *Von staatlichem Werden und Wesen. Festschrift für Erich Marcks*, Stuttgart 1921, S. 27, meint, es habe die Verschiedenheit der Auffassung, ob man in dem Staate oder in der Gesellschaft den Zentralbegriff für das Völkerleben zu suchen habe, eine der Hauptausdrucksformen für den Weltkriegsgegensatz zwischen deutscher und westlicher Eigenart gebildet; es sei »aus tiefer ursprünglicher Abweichung ein Krieg auch auf dem Gebiet der Staatsmeinungen gewesen«.

11 Otto v. Gierke, *Die Grundbegriffe des Staatsrechts und die neuesten Staatsrechtstheorien*, Tübingen 1915, S. 1f. (unveränderter Abdruck aus *Zeitschrift für die gesamte Staatswissenschaft*, 1874, Heft 1 und 2).

12 (Francis Bacon, *De dignitate et augmentis scientiarum, liv. octavus, ch.* III, 10, in *Works* (Hg. Basil Montagu), Bd. 9, London 1828, S. 83.)

13 Gustav Radbruch, *Grundzüge der Rechtsphilosophie*, Leipzig 1914, S. 186.

14 Otto v. Gierke, *Das deutsche Genossenschaftsrecht*, Bd. 2 (Geschichte des deutschen Körperschaftsbegriffs), Berlin 1873, S. 906.

15 Paul Laband, »Beiträge zur Dogmatik der Handelsgesellschaften«, in *Zeitschrift für das gesammte Handelsrecht*, 30 (1885), S. 492.

16 Laband, Beiträge, S. 495.

17 Gierke, *Grundbegriffe*, S. 114.

18 Gierke, *Grundbegriffe*, S. 88.

19 Gierke, *Grundbegriffe*, S. 79.

20 Gierke, *Grundbegriffe*, S. 96.

21 Gierke, *Grundbegriffe*, S. 97.

22 Jellinek, *Staatslehre* (siehe Anm. 1), S. 180f.

23 Jellinek, *Staatslehre*, S. 250ff.

24 Richard Schmidt, *Staatslehre* (siehe Anm. 4), Bd. 1, S. 6.

25 Richard Schmidt, »Politik«, in K. v. Stengel und M. Fleischmann (Hg.), *Wörterbuch des Deutschen Staats- und Verwaltungsrechts*, Bd. 3, 2. Aufl., Tübingen 1914, S. 92.

26 Lehrreiche Beispiele bieten z. B. Paul Labands Polemiken im *Archiv für öffentliches Recht*, 2 (1887), S. 150ff., gegen Otto Mayer (Rezension von Mayer, *Theorie des französischen Verwaltungsrechts*, Straßburg 1886) und gegen Ihering (in Rezension von Siegfried Brie, *Theorie der Staatenverbindungen*, Breslau 1886), a.a.O., 2 (1887), S. 317f.

27 Vgl. Georg Jellinek, *Die Lehre von den Staatenverbindungen*, Wien 1882, S. 34ff., wo aus dem Begriff der Souveränität ein Recht der Souveränität abgeleitet wird. Für die obenstehende Behauptung haben ein umfassendes Material beigebracht die Arbeiten von Kelsen und Sander. Vgl. aber auch schon die Kritik bei Gierke, *Grundbegriffe* (siehe Anm. 11), S. 5ff.; 85ff.

28 Eine umfassende Kritik des staatsrechtlichen Positivismus gibt Rudolf Laun, »Der Staatsrechtslehrer und die Politik«, in *Archiv des öffentlichen Rechts*, 43 (1922), S. 148f., wo auch gezeigt wird, wie das Phantom der Objektivität »die Jurisprudenz zur Dirne erniedrigt, die sich dem jeweiligen Machthaber an den Hals wirft« (a.a.O., S. 164). Über die Unentbehrlichkeit teleologischer Rechtsauslegung neuestens Friedrich Tezner, *Das freie Ermessen der Verwaltungsbehörden*, Leipzig 1924 (Wiener staatswissenschaftliche Studien, N. F., Bd. 6), S. 13f., und Ernst v. Hippel, *Untersuchungen zum Problem des fehlerhaften Staatsakts. Beitrag zur Methode einer teleologischen Rechtsauslegung*, Berlin 1924, S. 130ff.

29 Erich Jung, *Von der ›logischen Geschlossenheit‹ des Rechts*, Berlin 1900; Ernst Zitelmann, *Lücken im Recht* (Rektoratsrede Bonn), Leipzig 1903; Eugen Ehrlich, *Freie Rechtsfindung und freie Rechtswissenschaft*, Leipzig 1903. Einen hervorragenden Beitrag zur Erforschung der »sozialen Wirksamkeit« des Rechts gibt Josef Karner [Pseudonym für Karl Renner], *Die soziale Funktion der Rechtsinstitute*, in Marx-Studien (Hg. M. Adler und R. Hilferding), Bd. 1, Wien 1904, S. 63-192 [S. 69].

30 Philipp Heck, *Gesetzesauslegung und Interessenjurisprudenz*, 1. Aufl., Tübingen 1914, S. 17. Trotz des methodischen Grundfehlers sehr lehrreich war Ignatz Kornfeld, *Soziale Machtverhältnisse. Grundzüge einer allgemeinen Lehre vom positiven Rechte auf soziologischer Grundlage*, Wien 1911.

31 So Franz Oppenheimer, *Der Staat*, Frankfurt 1907 (Die Gesellschaft. Sammlung sozialpsychologischer Monographien, 14/15); Ludwig Gumplowicz, *Grundriß der Soziologie*, 2. Aufl., Wien 1905, S. 190ff., und ders., *Allgemeines Staatsrecht*, 3. Aufl., Innsbruck 1907.

32 Vgl. dazu Carl Schmitt, *Römischer Katholizismus und politische Form*, Hellerau 1923, S. 54f.

33 Kelsen, *Staatslehre* (siehe Anm. 5), XVIII und 433 Seiten.

34 Im angenehmen und klärenden Gegensatze zu früheren Äußerungen der ›neuen Staatsrechtslehre‹ bestimmt Kelsen in diesem Werke (a.a.O., S. VII) seine wissenschaftsgeschichtliche Stellung sehr richtig dahin, daß er nun deutlicher als früher sehe, wie sehr seine eigene Arbeit auf der seiner Vorgänger Gerber/Laband/Jellinek beruhe.

35 Hans Kelsen, *Hauptprobleme der Staatsrechtslehre, entwickelt aus der Lehre vom Rechtssatze*, Wien 1911, S. 93.

36 Kelsen, *Staatslehre*, S. 5.

37 Kelsen, *Staatslehre*, S. 7; vgl. S. 19.

38 Kelsen, *Staatslehre*, S. 44. Interessant ist es (a.a.O., S. 45), wie Kelsen hier auf eine Relativierung des Dualismus von Sein und Sollen gestoßen wird und dazu gelangt, den bloß subjektiv-ethischen Postulaten gegenüberzustellen den ›wirklichen Staat‹ und die ›positive‹ Rechtsordnung als ein ›Sein‹, dessen Bedeutung seine gesamte Lehre umzuwerfen geeignet ist.

39 Kelsen, *Staatslehre*, S. VII.

40 Kelsen, *Staatslehre*, S. 7.

41 Kelsen, *Staatslehre*, S. 16ff.

42 Kelsen, *Staatslehre*, S. 47.

43 Kelsen, *Staatslehre*, S. 45.

44 Hermann Cohen, *Ethik des reinen Willens*, 3. Aufl., Berlin 1921, S. 67; 64. Auf die letztere Stelle verweist Kelsen, *Staatslehre*, S. 383, ausdrücklich.

45 Emil Lask, »Rechtsphilosophie«, in *Die Philosophie im Beginn des zwanzigsten Jahrhunderts. Festschrift für Kuno Fischer*, 2. Aufl., Heidelberg 1907, S. 297ff.

46 Lask, *Rechtsphilosophie*, S. 300f.

47 Lask, *Rechtsphilosophie*, S. 305.

48 Lask, *Rechtsphilosophie*, S. 304f.

49 Für einige tragende Begriffe des Kelsenschen Systems (Zurechnung, Wille, Person) hat dies bereits Ernst v. Hippel, »Zur Kritik einiger Grundbegriffe in der ›reinen Rechtslehre‹ Kelsens«, in *Archiv des öffentlichen Rechts*, 44 (1923), S. 327ff., insbesondere S. 335ff., nachgewiesen.

50 Kelsen, *Hauptprobleme* (siehe Anm. 35), S. 233.

51 Vgl. dazu die Kritik von Siegfried Marck, *Substanz- und Funktionsbegriff in der Rechtsphilosophie*, Tübingen 1925, S. 83ff.

52 Kelsen, *Staatslehre* (siehe Anm. 5), S. 7.

53 Kelsen, *Staatslehre*, S. 17 und *passim*. Vgl. Hans Kelsen, *Der soziologische und der juristische Staatsbegriff*, Tübingen 1922 (S. 82ff.). Folgerichtig müßte Kelsen Rechtsbewußtsein mit Staatsbewußtsein, den Ke-

gelklub mit seinen Statuten, die deutsche Sprachgemeinschaft mit der deutschen Grammatik und die katholische Kirche mit ihrer Kirchenordnung identifizieren, wobei Ordnung immer als ein ideelles Normensystem vorgestellt werden muß. Den unsinnigen Konsequenzen bezüglich der Kirche entgeht Kelsen – wie in anderen Fällen – dadurch, daß er die Kirche als eine »Ordnung des religiösen Lebens« (*Staatslehre*, S. 133) bezeichnet, wobei sich der Leser eine Ordnung als Sein, Kelsen eine solche als ideelles Sollen denken kann. Unerklärlich bleibt allerdings, was man sich in seiner ›reinen Rechtslehre‹ vorstellen soll unter einer »durch die Ordnung konstituierten Rechtsgemeinschaft« (*Staatslehre*, S. 171), unter »Normen der sozialen ... Ordnung« (*Staatslehre*, S. 326).

54 Kelsen, *Staatslehre*, S. 238f.
55 Kelsen, *Staatslehre*, S. 239.
56 Kelsen, *Staatslehre*, S. 5; 275ff.
57 Kelsen, *Staatslehre*, S. 34.
58 Kelsen, *Staatslehre*, S. 132.
59 Kelsen, *Staatslehre*, S. 266.
60 Kelsen, *Staatslehre*, S. 268.
61 Kelsen, *Staatslehre*, S. 5.
62 Kelsen, *Staatslehre*, S. 268.
63 (Kelsen, *Hauptprobleme* (siehe Anm. 35), S. 93.) Wenn Kelsen-Schüler die reine Rechtslehre auf die Aufgabe beschränken, »die vor aller Rechtserfahrung ›liegenden‹ Konstitutionsprobleme des Rechtes zu behandeln, die Grundbegriffe und die ihnen korrelaten synthetischen Grundsätze aufzusuchen und in ihren logischen Verbindungen zu studieren«, Felix Kaufmann, »Theorie der Rechtserfahrung oder reine Rechtslehre? Eine Entgegnung«, in *Zeitschrift für öffentliches Recht*, Wien, 3 (1922/3), S. 258, so ist dazu zu sagen, daß auch eine apriorische Rechtslehre als ›reine‹ Rechtslehre der unlösbaren Verknüpftheit der Rechtsform mit dem Problem der individuellen Entscheidung wegen unmöglich erscheint. Die Grundbegriffe sind nur aus dem System zu konstruieren. Das System aber ergibt sich letztlich aus individualisierten soziologischen, nicht logischen Relationen. Vgl. Anm. 65.
64 Kelsen, *Staatslehre*, S. 105f.
65 Vgl. die glänzende Kritik des Kelsenschen Souveränitätsbegriffs bei Carl Schmitt, »Soziologie des Souveränitätsbegriffes und politische Theologie«, in *Hauptprobleme der Soziologie. Erinnerungsgabe für Max Weber*, München 1923, Bd. 2, S. 13ff. Schmitt versteht das Souveränitätsproblem als Problem der Rechtsform und der Entscheidung und sieht sehr richtig die *radix malorum* der Kelsenschen Lehre in ihrer völligen Entpersönlichung. Der Einwand wäre soziologisch und juristisch dahin zu erweitern, daß Kelsen überhaupt keiner ›sozialtypischen Individualität‹ (im Sinne von Siegfried Kracauer, *Soziologie als Wissen-*

schaft. Eine erkenntnistheoretische Untersuchung, 2. Aufl., Dresden 1922, S. 115) eine logische Funktion zuerkennt. Ferner Marck, Substanz- und Funktionsbegriff S. 20ff.

66 Kelsen, *Staatslehre*, S. 113.

67 Marck, *Substanz- und Funktionsbegriff*, S. 25ff.

68 Kelsen, *Staatslehre*, S. 104.

69 Kelsen, *Staatslehre*, S. 19.

70 Kelsen, *Staatslehre*, S. 249.

71 Kelsen, *Staatslehre*, S. 248.

72 Georg Wilhelm Friedrich Hegel, *Grundlinien der Philosophie des Rechts*, in *Werke*, Bd. 8 (Hg. E. Gans), Berlin 1833, § 141 Zusatz (S. 209).

73 Die eigene Unbefriedigung angedeutet von Richard Schmidt, »Politik« (siehe Anm. 25), S. 95f.

74 Vgl. Heinrich Rosin, »Souveränität, Staat, Gemeinde, Selbstverwaltung«, in *Annalen des Deutschen Reichs*, 16 (1883), S. 265ff.; Felix Stoerk, *Zur Methodik des öffentlichen Rechts*, Wien 1885 (S. 28ff.).

75 Kelsen, *Staatslehre*, S. 5.

76 So schon Richard Schmidt, »Politik«, S. 92ff.; neuestens Marck, a.a.O. (siehe Anm. 51), S. 151ff.

77 Felix Somló, *Juristische Grundlehre*, Leipzig 1917. S. 106; Max Wenzel, *Der Begriff des Gesetzes. Zugleich eine Untersuchung zum Begriff des Staates und Problem des Völkerrechts* (Juristische Grundprobleme, 1. Abh.), Berlin 1920, S. 264; Laun, »Staatsrechtslehrer und Politik« (siehe Anm. 28), S. 157ff.

78 Laun, *Staatsrechtslehrer*,S. 162f.

79 (Vgl. z. B. Kelsen, *Staatslehre*, S. 7-13.)

80 (Siehe Anm. 65.) Vgl. auch Kurt Singer, »Krisis der Soziologie«, in *Weltwirtschaftliches Archiv*, 16 (1920/1), S. 246-261. Die Einwände von Kracauer und Singer richten sich übrigens gegen alle Kulturwissenschaften.

81 Daß diese das Kelsensche System fundierende Auffassung nicht dem heutigen Stande der Wissenschaft entspricht, darüber vgl. Ludwig Binswanger, *Einführung in die Probleme der allgemeinen Psychologie*, Berlin 1922 (S. 210ff.), und die ausgezeichnete 2. Aufl. von Theodor Litt, *Individuum und Gemeinschaft. Grundlegung der Kulturphilosophie*, Leipzig 1924, sowie die dort S. 6 Genannten.

82 Gerhart Husserl, *Rechtskraft und Rechtsgeltung*, Berlin 1925, enthält darüber ausgezeichnete Bemerkungen (vgl. Bd. I [Genesis und Grenzen der Rechtsgeltung], S. 6ff.).

83 So schon sehr gut Albert Haenel, *Deutsches Staatsrecht*, Bd. I, Leipzig 1892, S. 85ff. Selbstverständlich ist es falsch, wenn Hans Helfritz, *Allgemeines Staatsrecht*, 1. Aufl., Berlin 1924, S. 2, behauptet, »strenggenommen« müßte die Wissenschaft vom Staatsrecht einen Teil der So-

ziologie bilden. Übrigens korrigiert sich Helfritz durch die nächsten Sätze.

84 Diese Rechtfertigung des Staates ergibt sich unmittelbar aus der Universalität seiner Zwecke, nicht, wie heute allgemein, merkwürdigerweise auch von dem Marxisten Marck, a.a.O. (siehe Anm. 51), S. 154f., angenommen wird, aus der Totalität der Nation.

85 Wobei ›organisch‹ nur bildlich verstanden wird.

86 Oswald Spengler, *Der Untergang des Abendlandes. Umrisse einer Morphologie der Weltgeschichte*, Bd. 2, München 1922, S. 446.

87 So der Taufpate des Staates, Machiavell (vgl. Jacob Burckhardt, *Die Kultur der Renaissance in Italien*, Basel 1860, S. 2 Anm. 2, und den bezeichnenden Gegensatz bei Jellinek, *Staatslehre* (siehe Anm. 1), S. 132), und neuestens Benedetto Croce, *Grundlagen der Politik* (übersetzt von Hans Feist), München 1924, S. 8; 19.

Rudolf von Laun
Der Staatsrechtslehrer und die Politik

Der Staatsrechtslehrer steht an einem Punkte, wo die Wissenschaft, nämlich die Philosophie, die Staatslehre und die Rechtswissenschaft, in die praktische Politik, das heißt in das Ringen der Menschen um die Macht, unmittelbar eingreift und von diesem Ringen unmittelbar beeinflußt wird. Denn auch Wissenschaft ist Macht, edelste, rein geistige Macht. Daher können Staatstheorien im politischen Kampfe von entscheidender Bedeutung werden. Man denke nur an *Montesquieus* Lehre von der Trennung der Gewalten oder an *Rousseaus* Formulierung der Volkssouveränität. Umgekehrt sind Staatstheorien notwendig durch die gegebene politische Lage, in der sie entstehen, geschichtlich bedingt. Auch für diesen Satz können uns *Montesquieu* und *Rousseau* als gute Beispiele dienen. Nun stehen in der praktischen Politik, so wollen wir im folgenden den Kampf der Menschen um die Macht nennen, gleichgültig, wie weit er letzten Endes in eigennützigen und wie weit er in weltbeglückenden Absichten geführt wird, subjektive Werturteile gegen subjektive Werturteile. Der Professor, der sich mit Recht und Staat befaßt, und dem die Wissenschaft höch|146|ster und letzter Zweck ist, muß sich daher über zwei Dinge klarwerden: erstens, wie weit er selbst bei seinen Theorien von eigenen oder fremden subjektiv bedingten Werturteilen beeinflußt ist, zweitens wie seine Theorien fremde Werturteile beeinflussen und daher in die praktische Politik eingreifen. Nach beiden Richtungen steht in Frage, wie weit er noch Wissenschaft treibt, wie weit er noch wissenschaftlich vorgeht. Es ist dies eine Frage, die unseren ganzen Stand und jeden einzelnen von uns auf das tiefste berührt, eine Frage unseres wissenschaftlichen Gewissens und eine Frage unseres äußeren Ansehens. Außerdem ist sie mittelbar grundlegend für die Beantwortung einer wichtigen und für uns höchst bedeutungsvollen Rechtsfrage nach vielen Staatsverfassungen der Gegenwart, so insbesondere nach Artikel 142 der Reichsverfassung: nämlich für den Begriff der Freiheit der Wissenschaft.

Wenn wir hiebei von subjektiven Werturteilen des Forschers zu sprechen haben, so wollen wir von den durch Zwang oder durch bewußten Eigennutz bedingten Werturteilen absehen und nur die ideell bedingten in Betracht ziehen. Dann können wir ganz allgemein von »ethisch-politischen« oder kurz von »politischen« Werturteilen sprechen. Denn jedes von Zwang und bewußtem Eigennutz freie Werturteil über irgendwelche gesellschaftlichen Vorgänge macht letzten Endes eine gegebene oder ideelle Machtverteilung in der Gesellschaft, sei es auch nur in der kleinsten Einzelheit, zum Gegenstand einer im weitesten Sinne ethischen Bewertung, zum Gegenstand eines Sollens oder Nichtsollens.

In einem ähnlichen Verhältnis zur Politik wie der Lehrer des öffentlichen Rechtes befindet sich der Nationalökonom und der Soziologe. Dies bedarf wohl keiner näheren Ausführung. Daher gilt auch von ihnen sinngemäß und im wesentlichen alles, was im folgenden vom Staatsrechtslehrer gesagt wird.

Aber auch die Vertreter aller juristischen Disziplinen sind von den folgenden Ausführungen mitbetroffen: der Lehrer des Zivil-, Straf-, Prozeß-, Handels-, Kirchenrechtes oder irgendwelcher |147| juristischer Spezialfächer, nicht minder jener Lehrer der Staats-, Verwaltungs- und Völkerrechtes, welcher sich im Sinne des modernen Positivismus, etwa *Labands* und *Otto Mayers*, auf Rechtsdogmatik und logische Konstruktion vorausgesetzter Begriffe vom Recht und Staat beschränken und die kausal-soziologischen und ethisch-politischen Wissenszweige beiseite lassen wollte. Denn auch die Ergebnisse der rechtsdogmatischen Deduktion sind, wie wir sehen werden, in weitem Umfang von subjektiven Werturteilen des Deduzierenden mit beeinflußt, wenn dieser Umfang auch für die einzelnen Disziplinen des Rechts ein verschieden großer ist.

Das Grundsätzliche, das im folgenden erörtert werden soll, ist demnach im wesentlichen und mutatis mutandis für den größten Teil der Rechts- und Staatswissenschaften von Bedeutung. Ich habe daher auch im folgenden überall dort, wo ich die Verhältnisse überblicken zu können glaubte, nicht vom »Staatsrechtslehrer«, sondern vom »Lehrer der Rechts- und Staatswissenschaften« gesprochen. Denn es liegt mir nichts so ferne wie etwa die Behauptung, der Staatsrechtslehrer sei höher qualifiziert oder hätte es mit schwierigeren Aufgaben zu tun als die Vertreter der anderen Fächer in der Fakultät. Aber ich habe mich dennoch für verpflichtet gehalten, die vorliegende Arbeit im Titel, in der Wahl der Zeitschrift und in einigen wesentlichen Teilen des Inhaltes auf den Staatsrechtslehrer zu beschränken. Denn nur in den eigenen Fächern verfügt jeder über die Erfahrung, die nötig ist, wenn man sich die Fragen beantworten will, die ich mir im folgenden zu stellen versucht habe. Ich glaube nun, daß die Probleme, die im folgenden behandelt werden sollen, in unseren politisch so bewegten Zeiten noch sehr viel im Kreise unserer Fakultätskollegen erörtert werden dürften. Da schien es mir nun von größtem Wert, wenn eine Diskussion im engsten und nächstbeteiligten Kreise der Staatsrechtslehrer jener im weiteren Kreise voranging.

Das eingangs aufgeworfene Problem ist ein doppeltes. Es muß erstens nach dem *Einfluß der politischen Wert|148|urteile des Forschers in dem oben festgestellten Sinn auf dessen Theorie* gefragt werden, zweitens nach dem *Einfluß der Theorie auf die politischen Werturteile der Mit- und Nachwelt.* Die erste Frage bezieht sich auf die *Forschung*, die zweite auf die *Lehre;* die erste auf den *Inhalt*, die zweite auf die *Verbreitung* wissenschaftlich erarbeiteter und wissenschaftlich gegründeter, sei es auch von subjektiven Werturteilen abhängiger Erkenntnis. Nach diesen beiden Gesichtspunkten ist die folgende Arbeit gegliedert.

A. Der Einfluß der Politik auf die Theorie

Man pflegt als die vornehmste Tugend des Forschers und als das Kennzeichen seiner Wissenschaftlichkeit seine »Objektivität«, seine »Unparteilichkeit« zu betrachten. Wenn damit der Einfluß persönlichen Eigennutzes oder etwa äußeren Zwanges auf den Inhalt der Lehre ausgeschlossen werden soll, so sind wir alle darüber derselben Meinung. Allein man versteht wohl im allgemeinen unter der »Objektivität« oder »Unparteilichkeit« des Gelehrten mehr. Worin dieses Mehr besteht, darüber herrscht allerdings wenigstens unter den Vertretern der Rechts- und Staatswissenschaften, auf die wir uns hier beschränken wollen, kaum durchgehende Klarheit und Einigkeit. Vielleicht darf man sagen, daß der Sprachgebrauch, der in den Kreisen unserer Fakultät üblich ist, unter »objektiver« oder »unparteiischer« Betrachtung die *wertfreie* Betrachtung begreift, das heißt eine solche, welche unabhängig von subjektiven Werturteilen des Forschers über den Gegenstand seiner Betrachtung sei. Dabei ist unter »Wert« nicht etwa der »Wahrheitswert« im Sinne *Rickerts* gemeint, noch weniger ist etwa eine Beziehung zum Wahrheitsbegriff der positivistischen oder der pragmatistischen Philosophie hergestellt. Vielmehr wird als »objektiv« und »wertfrei« alles dasjenige begriffen, was nicht durch die zufälligen Eigenschaften des einzelnen Individuums bedingt |149| ist, was also auch für Andersfühlende und Andersgesinnte gilt. Eine »objektive« Feststellung wäre demnach gewissermaßen eine *allgemeingültige* in dem Sinne, daß jeder Mensch mit normalen geistigen Fähigkeiten über die gleichen Begebenheiten unter der Voraussetzung gleicher Vermittlung durch die Sinne das gleiche Urteil fällen müßte.

Sieht man nun näher zu, so findet man, daß die »Objektivität« in diesem Sinne, wie sie die Rechts- und Staatswissenschaften anstreben, nur in einem äußerst bescheidenen Umfang erreichbar ist. Dabei ist nicht etwa an die erkenntnistheoretischen Vorbehalte gedacht, die man jeder Behauptung und daher jeder Wissenschaft vorausschicken muß. Es würde zu weit führen, hier auf Erkenntnistheorie einzugehen. Wir wollen die Gesetze der Logik und der Mathematik und die festgestellten äußeren Tatsachen der Natur und der Geschichte hier als »allgemeingültig« in dem oben erwähnten Sinn voraussetzen. Das heißt, wir wollen hier davon ausgehen, daß die Gesetze der Logik und der Mathematik und die äußeren Tatsachen der Naturwissenschaften und der Geschichte potenziell gleicher geistiger Besitz aller normal denkenden Menschen sind. Aber für die überwiegende Mehrzahl der rechts- und staatswissenschaftlichen Fächer reicht man mit Logik, Mathematik und der Feststellung von Tatsachen des Naturgeschehens und der Geschichte nicht aus.

Um das Problem der Objektivität des Forschers möglichst kurz zu überblicken, wollen wir vier Gruppen der Rechts- und Staatswissenschaften unterscheiden.

Die erste Gruppe bilden die historischen und beschreibenden Disziplinen, so die Rechtsgeschichte, die Wirtschaftsgeschichte, die Geschichte der politischen Theorien, die Literaturgeschichte der einzelnen Gebiete, ferner die ausschließlich beschreibenden Teile der Soziologie, der kausalen Staatslehre (»Soziallehre des Staates« im Sinne *Jellineks*), der kausalen (sozialen) Rechtslehre und der Nationalökonomie. Die zweite Gruppe umfaßt die sogenannte |150| »dogmatische« Rechtswissenschaft, wir dürfen statt dessen sagen, die Wissenschaft vom Inhalt des rechtlichen Sollens, in allen ihren Zweigen. Zur dritten Gruppe gehören die kausale Staatslehre, die kausale Rechtslehre, die Soziologie und die theoretische Nationalökonomie, soweit diese Wissenszweige über bloße historisch-deskriptive Darstellung hinausgehen und auf Grund von Synthesen und Induktionsschlüssen zur Aufstellung von allgemeinen Begriffen und von Gesetzen des gesellschaftlichen Geschehens schreiten. Der vierten sind jene Disziplinen zuzuzählen, welche sich die kritische Würdigung der Gegebenheiten und die Aufstellung praktischer Forderungen zur Aufgabe stellen: die ethisch-politische Staatslehre (»praktische«, »angewandte« Staatslehre, »politische Staatstheorie«) als die Lehre vom besten Staat, die »Verwaltungslehre« als die Lehre von der besten Verwaltung, überhaupt die ethisch-politische und teleologische Spekulation in allen Rechtsgebieten, insbesondere die Erwägungen de lege ferenda und die Lehre vom Nützlichen innerhalb der Vollmacht zu echtem, freiem Ermessen aller öffentlichen Organe auf Grund disjunktiver Normen (Band 34, 1915, S. 162ff. dieser Zeitschrift), endlich die Volkswirtschaftspolitik. Es sei gestattet, die genannten vier Gruppen von Fächern und Teile von Fächern als die historisch-deskriptive, die juristische, die sozialtheoretische und die politische Gruppe zu bezeichnen.

Von der ersten, der historisch-deskriptiven Gruppe, darf hier wohl abgesehen werden. Allerdings sind wir uns seit *Rickert* darüber im klaren, daß die Auswahl des Wesentlichen, das der Historiker aus dem ungeheuren Ganzen des Stoffs heraushebt, nur mit Rücksicht auf bereits vorausgesetzte Begriffe möglich ist. Analoges muß für die Auswahl des Wesentlichen bei der Beschreibung gelten. Die Begriffe, welche den Maßstab der Auslese abgeben, sind hier insbesondere die allgemeinsten Begriffe aus den Gebieten von Recht, Staat und Wirtschaft. An der Fixierung dieser Begriffe ist das zeitgenössische politische Denken beteiligt. |151| Auch von der Recht-, Staats-, Wirtschaftsgeschichte können wir sagen:

Was Ihr den Geist der Zeiten heißt,
Das ist im Grund der Herren eigner Geist,
In dem die Zeiten sich bespiegeln.

Die historisch-deskriptive Darstellung in den Rechts- und Staatswissenschaften ist demnach in ungleich höherem Maße als etwa die Deskription in den Naturwissenschaften von der Subjektivität des Beurteilers und von seinen Anschauungen über Gegenwartsprobleme abhängig und es gilt das zu den folgenden Gruppen Bemerkte zum Teil auch hier. Aber die Tatsachen selbst, unter welchen Gesichtspunkten immer sie ausgewählt werden, sind doch, ihre richtige Ermittlung vorausgesetzt, etwas »objektiv« Gegebenes im Sinne des oben Vorausgeschickten. Der Einfluß der politischen Werturteile des Darstellers auf Geschichtsdarstellung und Beschreibung ist daher verhältnismäßig enger begrenzt und leichter zu kontrollieren.

Ungleich weiter reicht der Einfluß der Subjektivität in den drei anderen Fachgruppen, mithin in dem weitaus größten Teile des Wissensgebietes, das man heute die »Rechts- und Staatswissenschaften« nennt. Auf diese drei Fachgruppen wollen sich die folgenden Zeilen beschränken.

Zunächst ist von der juristischen Fachgruppe, den »rechtsdogmatisch« arbeitenden Disziplinen, zu sprechen.

Die historische Schule hat einen heftigen Kampf gegen das Naturrecht geführt und im Gegensatz zu dessen Subjektivismus um Objektivität gerungen, indem sie nur die geschichtlichen Tatsachen einschließlich des geschichtlich gegebenen Gesetzestextes und die Logik gelten lassen will. Die Verdienste dieser Auffassung um die historische und besonders die rechtshistorische Forschung sind hier nicht zu erörtern. Sobald man jedoch fragt, was denn der Inhalt des rechtlichen Sollens sei, was in einem konkreten Fall der Vergangenheit, Gegenwart oder Zukunft Recht sein *soll,* |152| sobald man also »dogmatisch« forscht, kann, wie wir heute nicht bezweifeln, der geschichtliche Hinweis auf kausales Geschehen keine genügende Antwort geben. Denn daraus, daß irgend einmal, oder noch so oft, irgend etwas geschehen oder für Recht gehalten worden ist, kann nicht logisch abgeleitet werden, daß ich jetzt *verpflichtet* bin, dies oder jenes zu tun. Schon die klassischen Vertreter der historischen Schule haben daher in der Theorie vom »Volksgeist« einen besonderen Grund der Verbindlichkeit des Rechts einzuführen getrachtet. Allmählich ist dann die historische Beantwortung juristischer Fragen immer mehr verdrängt worden. Der spätere und gegenwärtige Positivismus hat an Stelle des »Volksgeistes« als Grund der Verbindlichkeit des Rechtes den »Gesetzgeber«, oder, was in diesem Zusammenhang nur einen terminologischen Unterschied bedeutet, den »Staat« gesetzt. Man geriet immer mehr aus einer historisch-dynamischen in eine logisch-statische Konstruktion dessen, was man als den verbindlichen Rechtsinhalt darstellte. Der moderne juristische »Positivist« räumt historischen Tatsachen außerhalb des als gegeben vorausgesetzten »positiven« Gesetzestextes nur mehr in geringem Umfang in der Gestalt des Gewohnheitsrechtes unmittelbar rechtserzeugende Kraft ein und auch diese Kraft leitet er, wenn er wirklich konsequenter Positivist sein will, irgendwie von dem »Willen des Gesetzgebers« her. Wir dürfen daher wohl, ohne im folgenden mißverstanden zu werden, sagen, der heutige juristische Positivismus läßt nur das »positive« Gesetz und die Logik gelten. Auf diese Selbstbeschränkung stützt er seine »wissenschaftliche Objektivität« gegenüber Rückfällen ins Naturrecht, gegenüber Spekulationen de lege ferenda und gegenüber der Freirechtsschule und der »soziologischen« Rechtswissenschaft.

Ist es nun richtig, daß die Beschränkung auf Gesetz und Logik zu »objektiven« Erkenntnissen, zu »allgemeingültigen« Erkenntnissen in dem oben dargelegten Sinne führt? Mit anderen Worten: ziehen alle Menschen mit normalen geistigen Fähigkeiten aus dem |153| gleichen gegebenen Gesetzestext die gleichen Schlußfolgerungen?

Die Frage stellen, heißt, wie jeder Jurist weiß, sie verneinen. Nicht nur in der abstrakten Auslegung, nein, auch in der Anwendung des Gesetzes auf den individuellen, konkreten, in allen seinen tatsächlichen Elementen eindeutig bestimmten Fall gehen die Meinungen oft weit, ja, nicht selten geradezu nach den entgegengesetzten Richtungen auseinander.

Aber ist dies nicht nur in der Unvollkommenheit der Juristen begründet? Ist es nicht vielleicht doch so, daß für jeden gegebenen Fall nur eine einzige Lösung de lege lata die allein gesetzmäßige und logisch korrekte, die »objektiv« richtige ist, während alle anderen Meinungen falsch, »objektiv« unrichtig sind? Streitende Juristen behaupten dies in der Regel, ebenso wie streitende Theologen, wobei jeder seine Meinung für die objektiv richtige hält. Juristische und theologische »Dogmatik« sind in dieser wie in mancher anderen Hinsicht Schwestern. Ein Unterschied liegt freilich darin, daß der Theologe, und ebenso der Lehrer des Naturrechts im alten Sinn, aus ewigen, für alle Völker und Zeiten bindenden, der positivistische Rechtsdogmatiker dagegen aus Gesetzen mit zeitlich und örtlich bedingter Geltung deduziert. Aber in dem Anspruch auf Allgemeingültigkeit der Ergebnisse der Deduktion und daher in dem Glauben an die Objektivität des eigenen Wissens im Gegensatz zur Subjektivität der Meinung anderer sind beide gleich. Auch ein Gesetz, das in San Marino oder in Liechtenstein einen einzigen Tag in Geltung gewesen ist, ebenso ein bloßer Gesetzesentwurf unter der hypothetischen Annahme seiner Geltung zu irgendwelcher Zeit an irgendwelchem Ort, bietet die Grundlage zu der Annahme von der Allgemeingültigkeit der eigenen Ansicht, indem der Jurist, der aus jenem Eintagsgesetz eines Miniaturstaates oder jenem Entwurf etwas deduziert, behauptet, alle Juristen aller Zeiten müßten bei »richtigem« juristischem Verfahren sich seiner zwingenden, allgemeingültigen Logik anschließen.

|154| Nun weiß allerdings auch der positive Jurist, daß sich nicht alles Geschehen im vorhinein durch logische Begriffskonstruktionen meistern läßt und er rettet die Vollkommenheit seines Systems durch den Hinweis auf das »Ermessen« des Richters oder Verwaltungsbeamten. Er verknüpft die Akte des Ermessens durch den Begriff der Organkompetenz, gegebenenfalls auch durch die Begriffe der materiellen Rechtskraft und der obrigkeitlichen Befehls- und Zwangsgewalt mit dem »Willen des Gesetzgebers«, dem »Staat« oder wie er sonst die als Einheit gedachte Summe der verbindlichen Normen nennt. Aber was innerhalb der Ermessenssphäre geschieht, ist »quaestio facti«, ist »juristisch«, das heißt für den positiven Juristen, ohne Interesse. Im übrigen blickt er auf abweichende Ansichten anderer herab, wie der Mathematiker auf eine unrichtige Formel. Im Sinne dieser Auffassung kann es für *jeden* Rechtsfall, abgesehen von jenem Ermessensspielraum mit seiner quaestio facti, nur *eine* Lösung geben. Die »Wissenschaft« der Rechtsdogmatik kann im Geiste dieser Anschauung nur die Aufgabe haben, diese einzig richtige Lösung mit mathematischer Präzision und Schärfe zu ermitteln und zu beweisen. Dies ist der *Zweck* juristischer Monographien, Kommentare und Systeme. Demgemäß gelten diese Werke nur so weit als »wissenschaftlich«, als sie sich auf Gesetz und Logik beschränken, während die Verwertung subjektiver Werturteile, des Rechtsgefühls oder irgendwelcher politischer Wünsche de lege ferenda als nicht zur »Wissenschaft« gehörig abgelehnt wird.

Dies ist, trotz freirechtlerischer Kritik, im wesentlichen die herrschende Anschauung unseres Juristenstandes. Sie ist grundlegend für unser ganzes Staats-, Rechts- und Wirtschaftsleben. Denn auf ihr beruht der Glaube an die Allmacht des Gesetzgebers, der sich in der unübersehbaren und manchmal so stümperhaften Gesetzesfabrikation unserer Parlamente auswirkt und der in der Selbstherrlichkeit, Wortbrüchigkeit und Unaufrichtigkeit der Friedensverträge von 1919/20 wohl kaum mehr zu überbietende |155| Blüten gezeitigt hat. Voraussetzung all der ungeheuren Mengen von Regeln ist der Kadavergehorsam der Juristen, die dem Gesetz nichts hinzutun als die eigene – für alle Menschen gleiche – Logik und die daher jeden Befehl, auch den verächtlichsten oder unsinnigsten, mit mathematischer Genauigkeit erfassen und ausführen werden. Die Wissenschaft aber, die ein solches präzises Funktionieren der Juristenmaschinerie ermöglicht, ist eben die »positive«, die »dogmatische«, die »objektive« Rechtswissenschaft.

Die geschilderte, unser ganzes Rechts-, Staats- und Wirtschaftsleben beherrschende Auffassung von der Objektivität der dogmatischen Jurisprudenz beruht auf zwei Voraussetzungen. Erstens, daß die Wissenschaft vom Inhalt des rechtlichen Sollens im wesentlichen deduktiv arbeite, zweitens, daß sie aus allgemeingültigen Prämissen, nämlich dem für alle Menschen gleichen gegebenen Gesetzestext deduziere. Wenn beide Voraussetzungen zutreffen, so steht in der Tat die rechtsdogmatische Deduktion der mathematischen in bezug auf »Allgemeingültigkeit«, auf »Objektivität«, gleich. Ein Unterschied zwischen der Mathematik und der dogmatischen Jurisprudenz ergäbe sich dann, abgesehen von dem Anwendungsgebiet der Induktion in der Mathematik, nur in der zeitlich und örtlich bedingten Geltung der der Rechtsdogmatik zugrundegelegten positiven Rechtsgesetze und in dem bereits erwähnten Ermessensspielraum.

Diese Ähnlichkeit zwischen der Mathematik und der dogmatischen Rechtswissenschaft im Sinne des modernen Positivismus muß sich wohl jedem aufdrängen, der die eben dargestellte Ansicht teilt, nach welcher die Wissenschaft vom Inhalt des rechtlichen Sollens ihre Gedankengebäude nur aus Gesetz und Logik errichtet. *Cohen* hat sich vielleicht durch diese Ähnlichkeit veranlaßt gesehen, in seiner »Ethik des reinen Willens« auf der Suche nach einem »Faktum der Wissenschaften« zwischen der Rechtswissenschaft als der »Mathematik der Geisteswissenschaften« und der Mathematik eine Parallele zu ziehen, »freilich«, wie er ausdrücklich betont, »nur als Analogie, nicht als Gleichheit« (3. Aufl. S. 67).

|156| Ohne mich hier auf alle mit diesem Problemkomplex zusammenhängenden literarischen Streitfragen einlassen zu können, was ich einer anderen Gelegenheit vorbehalten muß, ist es doch notwendig, eines hier kurz festzustellen: Die beiden Voraussetzungen der Gleichstellung von Mathematik und dogmatischer Rechtswissenschaft sind nicht gegeben, die dogmatische Rechts-

wissenschaft arbeitet weder ausschließlich mit allgemeingültigen Prämissen wie die Mathematik noch ausschließlich oder auch nur vorwiegend nach der deduktiven Methode. Es fehlt daher das tertium comparationis, die Analogie versagt.

Man betrachtet seit *Kant* vielfach die mathematischen Sätze als synthetische. Allein dabei wird m. E. nicht genügend beachtet, daß die Synthesis, worunter hier die Verknüpfung von Subjekt und Prädikat zu verstehen ist, einen sehr verschiedenen Grund haben kann und daß daher unter dem Wort Synthesis, wenn es auf Subjekte und Prädikate verschiedener Wissenschaften angewendet wird, wesentlich verschiedene Dinge zusammengefaßt werden. Allerdings ist der Satz $7 + 5 = 12$ nach *Kants* eigenen Voraussetzungen ein »synthetischer«. Aber dem Urteil ist die Anschauung der Zahlenreihe vorausgegangen und dieser gegenüber muß m. E. das Relationsurteil, das die Gleichsetzung von $7 + 5$ und 12 ausspricht, als *analytisch* bezeichnet werden. Will man hier an dem Wort »synthetisch« festhalten und dadurch den Gedanken zum Ausdruck bringen, daß die Zahlenreihe ebenso wie der Raum und die Zeit der »reinen« Anschauung *Kants* konstruktiv erzeugt seien, so muß man sich m. E. klar darüber sein, daß es sich bei den Urteilen über Raum, Zeit und Zahl um eine »Synthese« ganz eigener Art handelt, um Urteile, die auf einem anderen Grunde beruhen als alle anderen Urteile. Doch, wie immer man sich zu den Begriffen »analytisch« und »synthetisch« in dieser Hinsicht stellt, jedenfalls ist die Anschauung der Zahlenreihe, ebenso die des Raum- und Zeitkontinuums, für alle Menschen in dem oben festgestellten Sinn allgemeingültig. Genauer gesagt, die Allgemein|157|gültigkeit der Anschauung von Raum, Zeit und Zahl kann nur auf einer erkenntnistheoretischen Basis in Zweifel gezogen werden, auf welcher jedes Denken, jedes Wissen und jede Wissenschaft gegenstandslos ist und auf welcher es keinen Zweck hätte, einen Aufsatz über die Objektivität des Staatsrechtslehrers zu schreiben. Auf dieser allgemeingültigen Anschauung der Menschen über Raum, Zeit und Zahl beruht die Evidenz der mathematischen Urteile, man mag nun diese Urteile als »analytische« oder als ganz besonders ausgezeichnete »synthetische« bezeichnen. Jene allgemeingültige Anschauung der Menschen über Raum, Zeit und Zahl bildet, wie ich sagen möchte, den *Verknüpfungsgrund*, die ratio sufficiens der von *Kant* Synthesis genannten Verknüpfung von Subjekt und Prädikat in mathematischen Urteilen. Daher kommt der mathematischen Deduktion mittels »synthetischer« Sätze im Sinne *Kants* die Unausweichlichkeit, die absolut zwingende Kraft zu wie sonst nur der Deduktion als analytischer Begriffsentwicklung.

Aber für die Wissenschaft vom Inhalt des rechtlichen Sollens fehlt jene ratio sufficiens, jener absolut zwingende Verknüpfungsgrund. Die Basis ist hier nicht die uns allen gemeinsame Anschauung von Raum, Zeit und Zahl, sondern – vom Standpunkt des Positivisten – der uns allen gegebene Text »positiver« Gesetze, die als zu bestimmter Zeit in bestimmtem, örtlichem Geltungsbereich in Kraft stehend, als »verbindlich« vorausgesetzt werden. Dieser Text hat nur für denjenigen einen Sinn, der die Sprache versteht. Die Sprachkenntnis aber kann anders als auf Grund von Induktionsschlüssen nicht erworben und nicht verwertet werden. Die Wörter der Sprache haben eine individuell verschiedene und vielfach in Umbildung begriffene Bedeutung. Nur ein kleiner Teil der Wörter des gesamten Sprachschatzes entspricht eindeutig logisch vollkommenen, scharfen und klaren Begriffen, die in bewußter Arbeit von der Wissenschaft – bis zum nächsten Fortschritt dieser Wissenschaft – fixiert worden sind. Die große Mehrzahl der |158| sprachlichen Ausdrucksmittel ist in ihrer Bedeutung unscharf und schwankend. Jeder Mensch hat seinen eigenen Sprachgebrauch und arbeitet stetig, bewußt oder unbewußt, an dessen Weiterbildung und damit an der Weiterbildung der Sprache im ganzen.

Die Auslegung und Anwendung des Gesetzes hat daher auch nach den Voraussetzungen des juristischen Positivismus eine Synthesis von ganz anderer Art zur Voraussetzung als es die mathematische »Synthesis« ist. *Die ratio sufficiens, der Verknüpfungsgrund der synthetischen Urteile, die der juristischen Deduktion zum Ausgangspunkt dienen, liegt in der Induktion.*

Nun findet Induktion allerdings auch in der Mathematik und im allerweitesten Umfang in Naturwissenschaften Anwendung, deren »Exaktheit« ihnen das Prädikat der »Objektivität« in dem oben festgestellten Sinn im allgemeinen sichert.

Von der Rolle der Induktion in der Mathematik zu sprechen, bin ich nicht berufen. Aber diese Induktion stellt jedenfalls den deduktiven Charakter der Mathematik im übrigen ebensowenig in Frage wie etwa, nach den Voraussetzungen des juristischen Positivismus, die bereits berührten Probleme des »Ermessens« und der »quaestio facti« den streng deduktiven Charakter aller sonstigen »rechtsdogmatischen« Schlußfolgerungen. Aber wir wissen jetzt, daß wir nicht nur in der Sphäre des »Ermessens« und der »quaestio facti«, deren Abgrenzung übrigens dem Positivismus vollkommen problematisch ist, sondern bei *jeder* Interpretation der sprachlichen Ausdrucksmittel des Gesetzes mit Induktion zu tun haben, es würde sich denn um vollkommen eindeutig fixierte Ausdrücke für wissenschaftlich feststehende Begriffe, z. B. um Raum-, Zeit- und Zahlbegriffe handeln. Daher haftet jeder juristischen Auslegung und Anwendung eines Gesetzes ein subjektives Moment an, die Präzision, die »Objektivität« der Mathematik ist ihr notwendig unerreichbar.

Aber auch von der »Exaktheit« der Naturwissenschaften kann |159| in der dogmatischen Jurisprudenz keine Rede sein. Denn Gegenstand der Erkenntnis sind hier nicht Objekte der sinnlichen Wahrnehmung, sondern – nach der positivistischen Auffassung – Befehle, die dem erkennenden Bewußtsein nicht anders vermittelt werden können als durch die Zeichensprache der Worte des Gesetzes. Hier ist daher, selbst wenn man stets einen eindeutigen, präzisen Befehl voraussetzte, der Faktor der Subjektivität bei der Ermittlung dieses Befehls, bei der Interpretation des »Willens des Gesetzes« von ungleich größerem Einfluß als bei der Beobachtung und Erfassung von Naturvorgängen.

Die Synthesis und die ihr zugrundeliegende Induktion sind demnach in der Wissenschaft vom Inhalt des rechtlichen Sollens ganz wesentlich andere als jene, die der Mathematik und den Naturwissenschaften ihren »objektiven« Charakter nicht nehmen. Es kommt alles auf den *Verknüpfungsgrund*, auf die *ratio sufficiens* der synthetischen Urteile an, welche der Jurist bei der »Konstruktion«, »Interpretation« und Anwendung des »positiven«, d. h. ihm unabänderlich gegebenen Gesetzestextes fällt.

Seitdem unter dem Ansturm der historischen Schule der Glaube an eine allen Völkern und Zeiten gemeinsame, allgemeingültige höhere Rechtsordnung fortgefallen ist, in der man die Verbindlichkeit des positiven, geschichtlich bedingten Rechtes verankern konnte und die es daher gestattete, jenen Verknüpfungsgrund unmittelbar im Willen des göttlichen Gesetzgebers oder in den ewigen Gesetzen eines menschlichen Vernunftrechts zu suchen, hat man sich verschiedene Formeln zurechtgemacht, um diesen Verknüpfungsgrund den Juristen anschaulich zu machen. Die historische Schule führt das Recht auf den »Volksgeist« zurück. Der neuere Positivismus stützt sich bei seinen Interpretationen auf den

»Willen des Gesetzgebers« oder auf den »Willen des Staates«. Im Kirchenrecht tritt an die Stelle des Staates die »Kirche«, im Völkerrecht die »Völkerrechtsgemeinschaft«.

Kaum jemals verstand man hiebei ernstlich unter »Geist« oder |160| »Wille« reale psychische Vorgänge eines zu den Einzelindividuen hinzutretenden Gesamtindividuums. Entweder waren diese Worte Kollektivbezeichnungen für eine Summe von individuellen psychischen Vorgängen: dann konnten sie nichts erklären. Denn, wie schon einmal bemerkt, daraus, daß irgendeinmal, oder noch so oft, irgend etwas geschehen ist oder für Recht gehalten worden ist, kann nicht logisch abgeleitet werden, daß ich jetzt *verpflichtet* bin, dies oder jenes zu tun. Derartige Versuche, Rechtspflichten kausal, historisch oder psychologisch, zu begründen, können daher hier als methodisch unzureichend gänzlich außer Betracht bleiben. Oder aber, man verstand und versteht unter »Geist« oder »Wille« des Volkes, des Gesetzgebers, des Staates usw., unter »Emanation«, unter »Zurechnung« und dgl. eben jenes Problem, jenes unbekannte X, welches die Zusammenfassung zur Einheit begründet, und welches ich den Verknüpfungsgrund der synthetischen Urteile zu nennen versucht habe. Dann hat man, auf dem Boden der herrschenden Anschauungen unserer positivistischen Jurisprudenz, mit dem Wort »Gesetzgeber«, »Staat«, »Kirche«, »Völkerrechtsgemeinschaft« nur eine Bezeichnung, einen Namen für jenes X gefunden, aber keine Lösung, kein Verfahren, welches die Auffindung einer eindeutigen, evidenten, »objektiven« Beantwortung jeder Frage des positiven Rechtes gewährleistet.

Die Unmöglichkeit, eindeutige evidente Lösungen zu finden, kann aus der Erfahrung ganz unanfechtbar festgestellt werden, und in diesem einen Punkte ist die Kritik der Freirechtler, mag sie sonst zum Teil noch so weit über das Ziel schießen, offenbar begründet: täglich sehen wir, wie verschiedene Instanzen oder Behörden unter Einsetzung all ihrer Autorität und oft mit eingehender logisch korrekter Begründung denselben Fall verschieden beurteilen, täglich sehen wir, wie selbst unter den ersten Theoretikern der Satz gilt: quot capita tot sententiae. Wenn dies nicht in einer fehlerhaften Problemstellung der Wissenschaft, sondern in Unvollkommenheiten der jeweils entscheidenden oder theoretisierenden |161| Juristen seinen Grund haben soll, dann sind eben alle Juristen ohne Ausnahme höchst unvollkommen und es ist erst recht erwiesen, daß sich die positivistische Rechtswissenschaft, wenn sie eindeutige und evidente Antworten auf die Fragen des positiven Rechtes finden will, eine unlösbare und daher offenbar in ihren Prämissen doch irgendwie verfehlte Aufgabe gestellt hat.

Angesichts dieser Sachlage muß man fragen, woher denn nun die positivistischen Juristen den Glauben an die Objektivität ihrer Deduktion schöpfen, wie der einzelne dazu gelangt, gerade seine Interpretation für die einzig richtige, gerade den von ihm ermittelten Gesetzesbefehl für den einzig verbindlichen zu betrachten.

Die Antwort ist außerordentlich leicht zu geben. Ob Gott oder ein ewiges Vernunftrecht, ob der Volksgeist oder der Gesetzgeber, der Staat, die Kirche, der Monarch, die herrschende Klasse, die Mehrheit, die Vökerrechtsgemeinschaft der Staaten, die Menschheit, oder was immer für ein Subjekt als dasjenige betrachtet wird, welches das Recht »will«, von dem das Recht »emaniert« oder dem es »zuzurechnen« ist, dessen »Geist« oder »Wille« auszulegen und anzuwenden ist, stets ist das Problem der Verbindlichkeit der behaupteten Lösung *in den Bereich der Metaphysik abgeschoben.* Der »Gesetzgeber«, der »Staat«, die »Kirche« usw. als Entstehungsquellen des Rechtes – nicht zu verwechseln mit dem *unter* den gegebenen Rechtsnormen stehenden Rechts- und Pflichtsubjekt der »juristischen Person«, die man als »Staat«, »Kirche« usw. bezeichnet – bleiben für den Anhänger des Positivismus *metaphysische Probleme,* gleichgültig, ob man die Verknüpfung zur Einheit »Wille«, »Emanation«, »Zurechnung« oder wie immer nennt. Diesen metaphysischen Charakter ändert man auch nicht und trägt nichts zur Lösung bei, wenn man von einer »metajuristischen« Natur der Frage spricht. Infolge dieses metaphysischen Charakters des Problems kann *jede beliebige* Lösung, die nach dem subjektiven Sprachgefühl des jeweiligen Beurteilers noch mit dem Gesetzes|162|text vereinbar ist, den Inhalt des »Geistes« oder des »Willens« des »Gesetzgebers« usw. den Gegenstand der »Emanation« oder der »Zurechnung« bilden. Ja, wir sehen, daß selbst Interpretationen gegen den eindeutigen Wortlaut des Gesetzes in dieser Weise gerechtfertigt werden, z. B. indem man dem Wortlaut den »Geist« des Gesetzes gegenüberstellt.

Daher gelangen wir zu folgendem Ergebnis:

Der Jurist, mag er noch so sehr »Positivist« sein, schöpft die Beantwortung der Rechtsfragen nicht bloß aus Gesetz und Logik, sondern auch aus seinem metaphysischen Glauben.

Dieser Glaube nun beruht nicht bloß auf »objektiv« feststehenden Tatsachen und »objektiv« feststehenden Gesetzen der Logik, sondern notwendig auch auf unüberprüfbaren Gefühlen, auf subjektiven Werturteilen. Der Jurist legt seine subjektiven Werturteile in den »Geist«, in die »Absichten«, in die »Zwecke« des Gesetzes hinein. Er ist letztlich von ihnen beeinflußt, sooft er zwischen »restriktiver« und »extensiver« Interpretation, zwischen der Analogie und dem argumentum e contrario wählt.

Nun sind alle nicht durch Zwang oder Eigennutz getrübten Werturteile, die man über Fragen des Rechts-, Staats- und Wirtschaftslebens, kurz des gesamten gesellschaftlichen Zusammenlebens der Menschen fällt, wie schon bemerkt worden ist, *»politische«* Werturteile in der eingangs angenommenen Bedeutung des Wortes Politik. Denn sie bejahen oder verneinen irgendeine gegebene oder ideelle Machtverteilung, sei es im großen, sei es in der kleinsten Einzelfrage, und nehmen daher in dem Kampf um die Macht Partei. Daher ist es richtig zu sagen: *Die »dogmatische« Auslegung und Anwendung des Rechtes ist notwendig von den subjektiven politischen Werturteilen des Individuums, das es auslegt und anwendet, abhängig.*

Dies gilt, wie nochmals betont sei, von dem ganzen »posi|163|tiven« Recht, soweit dieses nicht wissenschaftlich eindeutig feststehende scharfe Begriffe, insbesondere Raum-, Zeit- und Zahlbegriffe verwendet. Beispiele von Entscheidungen, in denen trotz formell einwandfreier »rechtsdogmatischer Methode« die politische Anschauung der Richter oder Beamten ganz besonders kraß zutage tritt, bietet die Judikatur wohl aller Völker. Man denke etwa an Strafprozesse wegen »politischer« Delikte oder an Rechtsstreitigkeiten zwischen Unternehmern und Arbeitnehmern; an konfessionelle oder nationale Rechtsstreitigkeiten in Staaten mit mehreren Konfessionen oder mehreren Nationalitäten; an die Auslegung und Handhabung gesetzlicher Maßregeln gegen feindliche Ausländer wohl in den meisten kriegführenden Staaten; an die sog. »Recht«-sprechung der gemischten Schiedsgerichtshöfe auf Grund der Friedensverträge. Von diesen krassesten Beispielen bis herab zu den annähernd objektiven Entscheidungen, in denen im wesentlichen etwa nur Raum-, Zeit- und Zahlgrößen die Oberbegriffe der Subsumption bilden, gibt es nur allmähliche Übergänge, nirgends eine scharfe Grenze. Fast das ganze Gebiet der dogmatischen Rechtsanwendung ist daher, wenn auch in sehr verschieden hohem Grade, der politischen Beeinflussung ausgesetzt, selbst dort, wo die dogmatische Jurisprudenz ausschließlich einen unbestritten feststehenden Gesetzestext nach allgemeingültiger, »juristischer« Methode zu behandeln glaubt.

Vielfach tritt diese Beeinflussung nicht über die Schwelle des Bewußtseins des entscheidenden Richters oder Verwaltungsbeamten. Aber auch wenn dieser mit noch so gutem Gewissen überzeugt ist, dem Einfluß subjektiver politischer Werturteile entgangen zu sein, so fehlt doch der »objektive« Maßstab, an dem er allgemeingültig dartun könnte, daß er »objektiv« entschieden habe. Tritt ihm ein anderer entgegen, der mit ebenso gutem Gewissen zu einer entgegengesetzten Entscheidung gelangt ist, so werden beide einander der Parteilichkeit beschuldigen oder aber den Bankerott der »juristischen Methode«, d. h. des Positivismus |164| zugeben müssen. Betrachten wir etwa Entscheidungen wie die des französisch-deutschen gemischten Schiedsgerichtshofes vom 19. Oktober 1921 in dem Rechtsstreit des Office de Vérification et de Compensation pour l'Alsace-Lorraine gegen das Reichsausgleichsamt, vom 24. Oktober 1921 im Prozesse der Société Vinicole de Champagne gegen das Haus Mumm in Reims, oder die des französisch-österreichischen gemischten Schiedsgerichtshofs vom 30. November 1921 in Sachen des Office des Biens et Intérêts privés gegen das österreichische Abrechnungsamt und den Verband österreichischer Banken und Bankiers. Uns erscheint jedes derartige Urteil zunächst als Ergebnis einer gewollten Parteinahme des von der Entente mit Raffinement ausgesuchten und uns aufgezwungenen »neutralen« Vorsitzenden für die niedrigsten und schäbigsten Machtinstinkte des Siegers gegen den Besiegten. Aber gerade dann, wenn wir dem »neutralen« Vorsitzenden keinerlei bewußte Pflichtverletzung, sondern den besten Willen zur »Objektivität« zubilligen, zeigen derartige Entscheidungen, wohin der Wahn von der Objektivität der Rechtsdogmatik führt, wie er die Jurisprudenz zur Dirne erniedrigt, die sich dem jeweiligen Machthaber an den Hals wirft; gerade dann bilden derartige Entscheidungen für alle Ewigkeit nicht ein Schandmal für die »neutralen« Vorsitzenden, sondern für die Rechtsdogmatik überhaupt, die solche Akte offensichtlicher politischer Parteinahme mit der Würde der objektiven Wahrheit umkleidet.

Der Einfluß der Subjektivität auf die Entscheidung des Juristen wird desto größer, je mehr wir uns in das Gebiet allgemeiner Ausdrücke wie »Treu und Glauben«, »Billigkeit« u. dgl., in die Gebiete der »quaestio facti«, der verschiedenen Arten des »Ermessens«, der Rechtsfindung wie nach Art. 1, Abs. 2 des schweizerischen Zivilgesetzbuchs usw. begeben. Dies bedarf wohl keiner Ausführung. Für die Zwecke der vorliegenden Untersuchung ist es auch nicht erforderlich, auf das Verhältnis der bis jetzt dargelegten Auffassung zu meiner Lehre vom freien Ermessen und von |165| den kategorischen und disjunktiven Normen (Band XXXIV, 1915, S. 162ff. dieser Zeitschrift) einzugehen und es sei gestattet, die Behandlung dieses Themas einer anderen Gelegenheit vorzubehalten.

Noch klarer wird der Einfluß der Subjektivität im Falle der Stellungnahme des Juristen zu einer eben ausgebrochenen Revolution, zu einem eben erfolgten Staatsstreich oder zu der Bildung neuen Gewohnheitsrechtes im Widerspruch mit bisherigem positivem Recht, welch letzterer Fall meines Erachtens theoretisch wie eine Revolution oder ein Staatsstreich im Kleinen behandelt werden muß. Auch diese Sätze erfordern keine nähere Erörterung.

Mit der »Objektivität« der dogmatischen Jurisprudenz ist es also nichts. Die neuere Theorie hat denn auch vielfach gefühlt, daß dasjenige, was man Rechtsdogmatik nennt, auf schwankendem Boden steht. Viele suchen ihre »Objektivität« zu retten, indem sie zu kausaler, »soziologischer« Rechtswissenschaft, andere, indem sie zur Logik, »juristischen Logik«, »Rechtslogik«, zu streng formalmethodologischen Studien, ihre Zuflucht nehmen. Von der ersten dieser Richtungen ist noch zu sprechen. Die zweite bewahrt die Allgemeingültigkeit, aber nur gerade so weit, als sie die Rechtswissenschaft opfert. Mit Logik allein, ohne zu dem materiellen Inhalt der Prämissen Stellung zu nehmen, kann man die Probleme der Spezialwissenschaften nicht lösen. Nicht, daß Logik und Studium der Logik für den Juristen wertlos wären. Sie sind ihm unentbehrlich wie dem Klavierspieler die Technik. Aber wehe dem Klavierspieler, der nichts als Technik zu bieten hätte! Die Frage, was ist Recht, was ist Inhalt des rechtlichen Sollens, heischt wissenschaftlich und praktisch Antwort. Wer sich jedoch auf logische Studien über die Rechtswissenschaft beschränkt, ohne den Inhalt der Prämissen zu erörtern, der kann nie zu einer Antwort auf diese Frage gelangen, der treibt daher noch keine Rechtswissenschaft, der bewegt sich, vom Standpunkt der Spezialwissenschaft, auf dürrer Heide, und ringsumher liegt schöne grüne Weide.

|166| Diese Überlegungen müssen auch der oben erwähnten Lehre *Cohens* entgegengehalten werden. *Cohen* faßt die Einheit des

Rechts als die »Einheit der staatlichen Sittlichkeit« auf (Ethik des reinen Willens, 3. Aufl., S. 82). Aber wenn die Rechtswissenschaft als »Faktum der Wissenschaft« die Rolle spielen soll wie bei *Kant* die Mathematik, der »Stolz der menschlichen Vernunft«, so bleibt ihr nichts übrig, als sich auf logische Studien über das Verfahren der Rechtswissenschaft zurückzuziehen und auf materielle Aussagen über das Recht und die staatliche Sittlichkeit zu verzichten. *Dann aber ist das von* Cohen *gefundene »Faktum der Rechtswissenschaft« nicht Rechtswissenschaft, sondern Logik.*

Dagegen von der dogmatischen Rechtswissenschaft als Wissenschaft vom Inhalt des rechtlichen Sollens muß meines Erachtens nicht gefragt werden, *wie* sie im Sinne *Kants* möglich ist, sondern *ob* sie möglich ist. Dieses Problem zu behandeln, muß ich einer späteren Arbeit vorbehalten.

Ob der *Cohen*schen Parellele zwischen der Mathematik und der Rechtswissenschaft im Gebäude seiner Gesamtlehre noch eine andere Bedeutung zukommt, ist hier nicht zu erörtern.

Wir sind genötigt gewesen, bei der juristischen Fachgruppe etwas länger zu verweilen, da hier die deduktive Methode den Schein der Allgemeingültigkeit der Ergebnisse erweckt und namentlich die juristische Praxis im großen und ganzen steif und fest an die Objektivität der Rechtsdogmatik glaubt. Weit kürzer können wir uns bezüglich der beiden anderen Gruppen, der sozialtheoretischen und der politischen, fassen.

Das Grundproblem der kausalen Staatslehre (»Soziallehre des Staates«) lautet meines Erachtens: Wie werden Menschen beherrscht? Ähnlich stellt sich die allgemeine Volkswirtschaftslehre oder die theoretische Nationalökonomie die Frage: Wie wird der Güterbedarf der Menschen gedeckt? Dabei ergibt sich zunächst ein Gebiet der Konkurrenz zwischen Staatslehre und Na|167|tionalökonomie. Denn man kann Menschen beherrschen, indem man Güter beherrscht, und umgekehrt. Doch muß ich es mir für eine andere Gelegenheit vorbehalten, zu dieser Frage Stellung zu nehmen. Für die Zwecke dieser Untersuchung ist es nicht nötig, die Grenze zwischen beiden zu suchen, da hier nur beiden Gemeinsames zu erörtern ist. Ebensowenig ist es hier erforderlich, das übrigbleibende Gebiet der kausalen Gesellschaftswissenschaften, die sog. »Soziologie«, ganz besonders die »Rechtssoziologie« oder »soziologische Rechtswissenschaft« – soweit man die letztere nicht mit der kausalen Staatslehre zu einer Disziplin vereinigen will – näher abzugrenzen.

Alle die genannten Fächer bauen ihre Ergebnisse letztlich auf Induktion auf. Von dieser Induktion gilt in ungleich höherem Grade als von jener des Historikers der oben erörterte Satz, daß schon die Auslese der »wesentlichen« Tatsachen durch die Subjektivität des Forschers bedingt ist. Diesbezüglich sei auf das früher Vorgebrachte, ferner noch auf *Max Weber*, Die »Objektivität« sozialwissenschaftlicher und sozialpolitischer Erkenntnis, im Archiv für Sozialwissenschaft und Sozialpolitik, 19. Bd., N. F. 1. Bd., 1904, insbes. S. 50ff., hingewiesen. Weiter sei daran erinnert, wie sehr die Ergebnisse statistischer Zählungen von der sachlichen und räumlichen Begrenzung, von der Wahl des Zeitpunktes und von der Fragestellung abhängen und daher von den Anschauungen des Fragenden mitbestimmt sind.

Zu dem Einfluß der Subjektivität auf die Auslese der Tatsachen tritt nun ferner jener auf den der Begriffsbildung zugrundeliegenden Akt der Verknüpfung. Dieser Einfluß ist gerade bei der Gestaltung der grundlegenden Begriffe entscheidend. Man denke etwa an die Begriffe Volk, Nationalität, geographische Einheit, natürliche Grenzen in der kausalen Staatslehre, an jene des Gutes oder des Wertes als »wertfrei« aus kausal-wirtschaftlichem Geschehen abgeleiteter Begriffe in der theoretischen Nationalökonomie, an jene der »Rechtsgenossen« oder der »Anerkennung« |168| als psychologisches Faktum in der Rechtssoziologie. Ob Groß-, Klein- und Weißrussen, Serben, Kroaten und Slowenen heute je ein »Volk« oder je drei, ob Tschechen und Slowaken ein Volk oder zwei Völker sind, darüber kann eine »objektive« Aussage, der jedermann logisch gezwungen wäre zuzustimmen, nicht gemacht werden. Die Beispiele ließen sich leicht vermehren, besonders wenn man kombinierte Begriffe, wie etwa die »Einheit« oder die »Autarkie« eines »Wirtschaftsgebietes«, heranzieht. Wieviel Subjektivität in den soziologischen Theorien enthalten ist, kann in höchst lehrreicher Weise aus *Menzel*, Naturrecht und Soziologie, Wien, 1912, (bes. S. 24ff., 56ff.), entnommen werden.

Man muß bei allen Sozialtheorien, was nicht immer geschieht, scharf zwischen behaupteten Kausalzusammenhängen und behaupteten Denkgesetzen, zwischen ursächlicher und logischer Notwendigkeit unterscheiden. Die ersteren haben nur in bezug auf eine konkrete Wirklichkeit Sinn und müssen sich an dieser bewähren. Die letzteren beanspruchen, wie die Sätze der Mathematik,

Geltung kraft eigenen Rechtes unabhängig von ihrer Verwirklichung in einem konkreten Fall.

Was die Sätze der ersten Art anbelangt, so ist der subjektive Einschlag, der ihnen in den Gesellschaftswissenschaften im Gegensatz zu den Naturwissenschaften anhaftet, dadurch bedingt, daß hier die menschliche Psyche als Ursache miteingestellt ist. Niemand kann allgemeingültig, mit mathematischer Evidenz, voraussagen, wie Menschen handeln werden. Man muß hypothetische Annahmen über das Subjektivste, Individuellste, Irrationalste machen. Diese Annahmen sind daher selbst subjektiv bedingt. Davon kann man sich leicht überzeugen, wenn man sich vergegenwärtigt, was alles aus den Theorien vom Assoziationstrieb (ζῷον πολιτικόν), vom Erwerbstrieb, aus der organischen Staatsauffassung, aus den Lehren *Darwins* oder *Marx'* an Sozialtheorien von vermeintlicher naturgesetzlicher Exaktheit gefolgert worden ist.

Dagegen behaupten bekanntlich sehr bedeutende Vertreter |169| der sozialtheoretischen Wissenschaften die Geltung absolut allgemeiner Begriffe und Gesetze kraft Denknotwendigkeit, so *Karl Menger*, *Max Weber*, *Simmel*, *von Gottl* und viele andere. Auch der Vergleich mit der Mathematik wird häufig, wenn auch in verschiedener Weise, gezogen. Allein diesen denknotwendigen Gesetzen müssen wir, wie früher der positivistischen Rechtsdogmatik, die Frage entgegenstellen, warum denn nicht, wie in der Mathematik, das, was ein Theoretiker gefunden hat, für alle anderen zwingend ist. Erinnern nicht viel mehr streitende theoretische Nationalökonomen und Soziologen an das, was oben über streitende Juristen und Theologen bemerkt worden ist? Die gemeinsame Basis sind hier allerdings nicht Texte des Gesetzes und der Offenbarung, sondern durch Abstraktion gewonnene idealisierte rationale Vorgänge. Dort schleicht sich das subjektiv bedingte Werturteil erst in die synthetische Interpretation des Textes ein hier m. E. schon in die Synthese, die jener Abstraktion vorausgeht, auf der die Abstraktion beruht. Es gibt beispielsweise keinen allgemeingültigen, jedermann logisch zwingenden Maßstab, nach welchem, auch für einen ganz bestimmten Ort und Zeitpunkt, ein quantitativ feststehender Sachaufwand mit einem quantitativ feststehenden Aufwand an Zeit, Arbeitsmühe, Lebenskraft, Gesundheit usw. verglichen werden könnte. Damit wird auch jede Vergleichung von Sachleistungen untereinander problematisch. Man kann z. B. nicht eine Maschine durch 10000 Nähnadeln dividieren;

führt man aber beide auf einen vergleichbaren »Wert« zurück, so steckt in diesem auch schon Zeitaufwand und vieles andere (Achtstundentag, Wöchnerinnenschutz usw.), was der eine ganz anders bewertet als der andere. Allerdings kann man versuchen, alle Arten von Aufwendungen lediglich als »wirtschaftliche Quanten« darzustellen, wie *Hero Möller* im Archiv für Sozialwissenschaft und Sozialpolitik, 47. Bd., 1920, S. 453, Anm. 35, und 454. Aber ganz abgesehen davon, daß viele dieser »Quanten« nicht meßbar sind, sondern nur schätzbar, |170| das heißt nur unter subjektiv verschiedenen Bedingungen erfaßbar, *so fehlt jeder objektive, alle Menschen zwingende Vergleichsmaßstab.* Was ich oben den Verknüpfungsgrund, die ratio sufficiens der synthetischen Urteile genannt habe, ist nicht, wie in der Mathematik, die allen Menschen unausweichliche Anschauung von Raum, Zeit und Zahl, sondern *eine Gleichstellung qualitativ verschiedener und daher »objektiv« inkommensurabler Quanten, die nur von einem wertenden Subjekt vollzogen werden kann und daher nur für denjenigen gültig ist, der die subjektiven, oder, auf die Gesellschaft als Ganzes bezogen, der die politischen Werturteile des wertenden Individuums in diesem einen Punkte teilt.* Ein gutes Beispiel für diesen Satz bietet *Schumpeter* im Archiv für Sozialwissenschaft und Sozialpolitik, 48. Bd., 1920/21, S. 305 ff., der S. 312 erklärt, »sich aller Werturteile zu entäußern«, aber schon S. 316 zum Zwecke einer Lobrede auf die freie Konkurrenz »Gemeinwohl« mit »Konsumenteninteresse« identifiziert, als ob nicht, von allem anderen abgesehen, neben der Versorgung mit Waren ideelle Interessen, Zeit, Freiheit, Gesundheit selbständige, unvergleichbare, für jedermann verschiedene und im vorhinein unerrechenbare Werte darstellten, aus deren Summe sich erst das »Gemeinwohl« ergibt.

Ähnliches läßt sich m. E. allen anderen »denknotwendigen« Gesetzen der sozialtheoretischen Wissenschaften entgegenhalten. Nur soweit die »Gesetze« dieser Wissenschaften ausschließlich auf Deduktion als analytischer Entwicklung vorausgesetzter Begriffe beruhen und daher genau dasjenige ausführen, was schon in die Prämissen hineingelegt worden ist, sind sie denknotwendig und bedürfen der Bewährung an der Erfahrung nicht. Aber soweit sind sie wissenschaftlich ebenso bedeutungslos wie der Satz, daß alle Dreiecke dreieckig sind.

|171| Vermöge der dargestellten subjektiven Bedingtheit der Begriffe gewinnt die zeitgenössische praktische Politik, der aktuelle

Kampf der Völker und Parteien um die Macht, über oder unter der Bewußtseinsschwelle des Forschers, Einfluß auf dessen Theorie. Die geheimsten politischen Wünsche des Forschers können sich hier in Urteile umsetzen, die er für »objektive« Erkenntnis hält, und mag er auch von einem noch so starken Willen nach »Objektivität« beseelt sein, jene, die von anderen Prämissen ausgehen als er, werden ihn immer der »Subjektivität« beschuldigen.

Es ist demnach m. E. vollkommen berechtigt, wenn man von »bürgerlichen Nationalökonomen«, von einer »sozialistischen Staatslehre« usw. spricht, und zwar nicht nur im Hinblick auf Volkswirtschaftspolitik und ethisch-politische Staatslehre, sondern auch im Hinblick auf theoretische Nationalökonomie und kausale Staatserklärung. Mag sein, daß dieser oder jener Forscher sich unter keine der gerade gegebenen politischen Kategorien subsumieren läßt; aber dies beweist nur die Eigenart seiner politischen Überzeugung, nicht seine vollkommen werturteilsfreie, d. h. politisch überzeugungslose »Objektivität«.

Gehen wir nun gar auf das Gebiet der politischen Fachgruppe über, so auf jenes der politischen Staatslehre, der Lehre vom »besten Staat«, auf jenes der Verwaltungslehre, der Lehre von der besten Verwaltung, oder auf jenes der Volkswirtschaftspolitik, der Lehre von der besten Volkswirtschaft, so sind hier subjektive Werturteile geradezu das Fundament des ganzen Wissenszweiges, mag man diesen nun Wissenschaft oder Kunstlehre nennen. Alle Werturteile aber gehen in letzter Linie auf unüberprüfbare metaphysische Glaubenssätze oder auf unüberprüfbare Gefühlselemente zurück, auf Weltanschauungen und politische Sympathien und Antipathien.

Wir haben den Überblick über die einzelnen Fachgruppen abgeschlossen. Wir sehen, der Staatsrechtslehrer, der in allen vier Gruppen vertreten ist, könnte seine »Objektivität« retten, wenn |172| er sich auf Logik, und in einer weniger strengen Bedeutung, wenn er sich außerdem auch auf Geschichte und Beschreibung beschränkte. Nur dann könnte er der subjektiven Stellungnahme im politischen Kampfe um die Macht ganz, beziehungsweise wenigstens in sehr weitem Umfang, entgehen.

Nun ist aber der Lehrer des öffentlichen Rechts genötigt, sich gerade über jene Probleme ein Urteil zu bilden, um die der politische Kampf der Parteien tobt. Denn eben die Macht über Menschen und der Kampf um die Macht sind Gegenstände seiner Sonderdisziplin.

Der Mathematiker, der Naturforscher, der Philologe und viele andere mögen, wenn sie wollen, der Politik ablehnend gegenüberstehen, ja vielleicht mag der eine oder der andere unter ihnen die Beschäftigung mit der Politik als etwas Minderwertiges betrachten. Dies darf uns nicht hindern, die Interessen unseres Fachs bis zu der äußersten Folgerichtigkeit zu vertreten. Denn die Kollegen, die anders über Politik urteilen, sind eben in diesem Punkte Laien, mögen wir rein menschlich oder in anderweitigen Standesfragen oder in bezug auf gemeinsame Forschungsinteressen in Erkenntnistheorie, Logik, Psychologie, Geschichte usw. zu noch so inniger seelischer Gemeinschaft mit vielen von ihnen verbunden sein, mögen sie uns noch so viel näher stehen als etwa die Berufspolitiker.

Der Staatsrechtslehrer kann vor allem ohne tiefgehenden Einblick in die Politik seine Aufgabe gar nicht erfüllen. Daher kann meines Erachtens kaum ein Zweifel über sein Verhältnis zur Politik bestehen: *so wenig der Mediziner dem Spital, der Astronom der Sternwarte, der Nationalökonom der Wirtschaft, so wenig darf meines Erachtens der Staatsrechtslehrer der Politik fern bleiben.* Daß heute viele Nationalökonomen und Staatsrechtslehrer ihren Bedarf an empirischem Tatsachenmaterial lediglich aus Zeitungen verschiedener Richtung, aus Parlamentsdebatten, Handelskammerberichten usw. decken, scheint mir ebenso unersprießlich zu sein |173| als wenn der Mediziner oder der Astronom sein Wissen lediglich aus Büchern schöpfen wollte. Allerdings hinken diese eben von mir gezogenen Vergleiche, wie alle Vergleiche, in irgendeinem Nebenpunkt. Aber in der Hauptsache treffen sie zu, und diese Hauptsache ist: die Erfahrung, oder, wie man in der Praxis sagt, die »Praxis«.

Nun bietet sich dem Staatsrechtslehrer vielleicht ein Surrogat in der Verwaltungspraxis. Allein was ist denn die Verwaltungspraxis anderes, als die auf einen bestimmten Verwaltungszweig und bestimmte Organkompetenzen eingeschränkte Politik? Jedoch die Verwaltungspraxis kann sich im allgemeinen nur auf einen oder einige der zahlreichen Zweige der Verwaltung erstrecken und daher nur der Ausbildung zum Spezialisten genügen. Ich persönlich habe in der Finanzverwaltung, in der Justiz, in der inneren Verwaltung, und zwar Sozialpolitik, in der Militär- und in der auswärtigen Verwaltung je ein bis drei Jahre praktisch gedient und bin gegenwärtig nebenamtlich Mitglied des hamburgischen Oberverwaltungsgerichts. Aber wieviel Staatsrechtslehrern gewährt eine Kette von glücklichen Fügungen so vielerlei Möglichkeiten der Betätigung? Im allgemeinen wird innerhalb des so ungeheuer weiten Gebietes der Fächer, die der Staatsrechtslehrer heute vertritt, aus der Praxis nur der Spezialist eine ausreichende empirische Grundlage für wissenschaftliches Schaffen mitbringen. Auch die verwaltungsgerichtliche Tätigkeit ist in gewisser Hinsicht eine ganz einseitige. Wollte aber jemand eine »Praxis« anstreben, die nicht im Spezialistentum hängen bleibt, sondern das Gesamtgebiet der heute vom Staatsrechtslehrer vertretenen Fächer umfaßt, so müßte er – Reichskanzler werden und seine »praktische« Tätigkeit wäre, wie Artikel 56 der Reichsverfassung treffend sagt, die Bestimmung der Richtlinien der *»Politik«*.

Der Staatsrechtslehrer muß demnach die Politik seiner Zeit mit größter Aufmerksamkeit und Gewissenhaftigkeit verfolgen. Aber es genügt nicht, Tatsachen zu registrieren und zu beschreiben. |174| Wollte er sich hierauf beschränken, so müßte man von ihm sagen:

»Dann hat er die Teile in seiner Hand,
Fehlt leider! nur das geistige Band.«

Das geistige Band, das sind die synthetischen Urteile, auf denen er die juristischen, die sozialtheoretischen und die ethisch-politischen Wissenschaften aufbaut. Dieses Band zu knüpfen, ist sein wissenschaftlicher Beruf. Nur weitgehende Skepsis kann diesen Beruf in Frage stellen, richtet sich aber dann ebenso gegen die anderen Geisteswissenschaften. Dagegen jeder, der nach einer positiven Weltanschauung, wes Inhaltes immer, strebt, muß zu den Problemen Recht, Staat, Gesellschaft, Wirtschaft Stellung nehmen und jene Gebäude auf der Grundlage synthetischer Urteile aufführen.

Aber er kann das »geistige Band« dieser synthetischen Urteile nicht anders knüpfen als in seiner Subjektivität, auf Grund seiner metaphysischen und politischen Weltanschauung. Daher ist er, um seine Wissenschaften betreiben zu können, genötigt, zu den politischen Fragen selbst Stellung zu nehmen: dem Astronomen, dem Mediziner wird man es nicht verübeln, falls er sich über manche politische Fragen kein Urteil zu bilden weiß; *der Staatsrechtslehrer ohne eigene politische Überzeugung wäre lächerlich.* Nicht einer unerreichbaren quasi-mathematischen Objektivität jenseits der Wirklichkeit und unter Verzicht auf jede materielle Stellungnahme sollte der Staatsrechtslehrer nachjagen, sondern mitten im Strudel des politischen Geschehens sollte er Werke von dauerndem Wert zu schaffen suchen. *Rousseaus* Contrat social, *Kants* philosophischer Entwurf zum ewigen Frieden wären nie geschrieben, *Fichtes* Reden an die deutsche Nation wären nie gehalten worden, wenn die Verfasser im Sinne unserer heutigen vom Glauben an ein allgemeingültiges Naturrecht freien Auffassung nur »objektives« Wissen und keinerlei subjektiv bedingtes Werturteil hätten vertreten wollen.

|175| Wie soll nun aber Wissenschaft von parteipolitischer Agitation unterschieden werden?

Die Antwort scheint mir außerordentlich einfach und naheliegend: Wir verlangen vom Forscher *Klarheit über die Grenzen des subjektiv Bedingten* in seinem Denken. Wer für die Monarchie oder die Republik, für den Zentralismus oder den Föderalismus, für den Machtstaatsgedanken oder die Selbstbestimmung, für die privatwirtschaftliche oder die gemeinwirtschaftliche Gesellschaftsordnung eintritt, weil er seine Prämissen ungeprüft für allgemeingültig hält, der agitiert, mag es auch noch so uneigennützig und in bester Absicht geschehen. Wer dagegen, obwohl im Kampfe für genau dieselben Ziele, sich und seinen Lesern klar macht, wie weit er hierbei von subjektiven Voraussetzungen abhängig ist, der treibt Wissenschaft. Denn nur dieser strebt nach der Einheit der menschlichen Erkenntnis, indem er die Subjektivität des anderen als etwas Gegebenes achtet und sich selbst nicht mehr anmaßt, als ihm im Gesamtwissen der Menschheit zukommt. Jener dagegen will eigene Ergebnisse fremden Prämissen aufzwingen und zerstört so die Einheit menschlicher Erkenntnis, statt an ihrem Aufbau zu arbeiten.

Unwissenschaftlich handelt daher jeder, der seinen politischen Anschauungen »Objektivität« zuschreibt, während er anders Denkenden schlechthin »Parteipolitik« vorwirft. Nicht die »Objektivität« der Lehre kann auf unserem Forschungsgebiete über deren »wissenschaftlichen« Wert entscheiden, sondern einzig und allein die Klarheit über die Grenze zwischen Objektivem und subjektiv Bedingtem.

Die Forderung, zu der wir gelangen, lautet demnach: *klare Trennung des Allgemeingültigen vom subjektiv Bedingten in den Prämissen, gegebenenfalls in der Methode, endlich in den Ergebnissen.*

Nur dadurch können wir die durch Historismus, Positivismus und Logismus verlorengegangene Fruchtbarkeit unserer Fächer |176| wiedergewinnen, ohne in den Fehler des dogmatischen Naturrechts, den naiven Glauben an die Allgemeingültigkeit der eigenen Werturteile, zurückzuverfallen.

Unsere Losung muß demnach meines Erachtens sein: *zurück zur Politik, aber nicht mehr zurück zum erkenntnistheoretischen Dogmatismus des alten Naturrechts.*

Allerdings birgt die Rückkehr zur Politik eine Gefahr. Wir bezeichnen diese Gefahr vielleicht am besten mit einem Schlagwort, das man heute gern den Anhängern verschiedener politischer Parteiprogramme vorwirft, nämlich dem der *»dogmatischen Gebundenheit«*. Die diesen Vorwurf erheben, denken dabei nicht an »erkenntnistheoretischen« Dogmatismus als Gegensatz zu Skeptizismus und Kritizismus, noch an »Dogmatik« in der Theologie oder in der Rechtswissenschaft, noch an jene Bedeutung des Wortes »Dogma«, in der es in der wissenschaftlichen Literatur bisweilen gebraucht wird, um eine als selbstverständlich hingestellte Theorie zu bekämpfen (»Dogma« von der logischen Geschlossenheit der Rechtsordnung in der Rechtswissenschaft, »Dogma« von der Gleichartigkeit der psychischen Elemente in der Psychologie u. dgl.). Die jenen Vorwurf erheben, meinen vielmehr etwas anderes, nämlich die *Unterwerfung unter eine »dogmatisch«, d. h. ungeprüft hingenommene fremde Meinung*, etwa die Meinung einer Parteileitung, eines Priesters, eines Vorgesetzten. Der Forscher, welcher der Meinung eines anderen Gehorsam verspricht, der verspricht, diese Meinung auch dann zu vertreten, wenn er sie nicht versteht (»credo quia absurdum«) oder wenn er sie nicht teilt (»blinder« Gehorsam). Er supponiert daher kritiklos die Allgemeingültigkeit des Inhalts dieser Meinung, mithin deren Unfehlbarkeit, und will sein Wissen aus zweiter Hand nehmen wie das Kind in der Schule. Er treibt daher keine wissenschaftliche Forschung, soweit und solange die Gehorsamspflicht erfüllt wird. Wissenschaftliche Forschung und blinder Gehorsam schließen einander aus.

|177| Beispiele bieten die obedientia canonica des Klerikers, die Gehorsamspflicht des Verwaltungsbeamten, Offiziers usw. in bezug auf Gegenstände des Dienstes, vielleicht auch die Unterwerfung des der III. Internationale angehörenden Abgeordneten mittels Blankounterschrift unter die Parteibefehle, soweit die Unterschrift sich auch auf wissenschaftliche Tätigkeit beziehen sollte. Ähnliche Versprechungen lassen sich gegenüber jeder politischen Partei ohne Ausnahme, jedem Verein, ja jeder Privatperson

denken. Stets müssen wir hiebei daran festhalten, daß nicht die Rechtspflicht im Sinne des Kirchen-, Beamten-, Parteidisziplinarrechtes usw. entscheidet, sondern der Wille als psychologisches Faktum, sich einer fremden Meinung ohne Rücksicht auf die eigene Überzeugung zu unterwerfen. So weit, und nur so weit, als dieser Wille reicht, ist wissenschaftliches Forschen unmöglich.

Daher ist es unzulässig, den Vorwurf der dogmatischen Gebundenheit gegen alle Angehörigen eines Berufes, gegen alle Mitglieder irgendeiner religiösen Gemeinschaft, irgendeiner politischen Partei, irgendeines Vereins von vornherein zu erheben. Es wäre vollkommen irrig, etwa allen Katholiken oder allen Mitgliedern der Zentrumspartei die Qualifikation zu wissenschaftlicher Forschung wegen »dogmatischer Gebundenheit« abzusprechen. Denn hierbei würde das Wort »Dogma« nicht in dem hier erörterten Sinne eines kritiklosen Gehorsams, sondern nur in dem Sinne des Glaubens an ein »Dogma«, an einen unbeweisbaren Satz, gebraucht. Mit gleicher Berechtigung könnte daher der Vorwurf z. B. gegen die Anhänger der Monarchie und des »alten Regimes« in Deutchland erhoben werden, da ja das Gottesgnadentum und die unentziehbaren Herrscherrechte (*Bernatzik,* Republik und Monarchie) nur überpositiv in metaphysischen Glaubens-»Dogmen« gegründet werden können. Ähnlich könnte man die Liberalen des »dogmatischen« Festhaltens an der Eigentums- und Erbrechtsordnung, die Sozialisten und Kommunisten verschiedener Schattierungen des »dogmatischen« Festhaltens an einer entgegengesetzten Ordnung bezichtigen usw. Schließ|178|lich hat jeder ohne Ausnahme seine Glaubenssätze, die er nicht weiter prüfen kann. Auch der Forscher muß letztlich von solchen ausgehen. Daher kann ihn das Dogma als solches nicht wissenschaftlich disqualifizieren. Nur aus dem Inhalt der Lehre eines Forschers kann beurteilt werden, wie weit er kritiklos fremde Meinungen vertritt, die er nicht teilt oder nicht versteht, wie weit er daher »dogmatisch gebunden«, unwissenschaftlich, vorgeht. Erst sein Wille, eine fremde Meinung als solche kritiklos zu vertreten, ohne Rücksicht darauf, ob er sie versteht oder nicht, ob er sie teilt oder nicht, schließt ihn von wissenschaftlicher Tätigkeit aus. Ob dieser Wille vorhanden ist und wie weit er reicht, kann niemals aus formalen Merkmalen der Konfessions-, der Parteizugehörigkeit u. dgl. beurteilt werden, sondern ganz allein aus dem Inhalt der Lehre jedes einzelnen Forschers.

B. Der Einfluß der Theorie auf die Politik

Wir haben gesehen, daß »Objektivität«, Allgemeingültigkeit der Lehre, in den meisten Gebieten der Rechts- und Staatswissenschaften unerreichbar ist und haben uns bei den Forderungen bescheiden müssen, der Forscher solle die subjektiv bedingten von den Allgemeingültigkeit beanspruchenden Behauptungen klar trennen und sich von blindem, »dogmatischem« Gehorsam gegen unüberprüfte, als unfehlbar vorausgesetzte Meinungen freihalten.

Der Lehrer der Rechts- und Staatswissenschaften lehrt demnach nicht nur »objektive« Erkenntnis, sondern auch subjektive Werturteile. Die Gegenstände, auf die diese Werturteile bezogen werden, sind dieselben, um welche der politische Kampf um die Macht gekämpft wird. Daraus ergibt sich von selbst die Frage, wie sich der Lehrer der Rechts- und Staatswissenschaften, ganz besonders der Staatsrechtslehrer, dessen Forschungsgebiet am allerunmittelbarsten berührt wird, zu der Politik zu verhalten habe.

Bei dem Versuch, diese Frage zu beantworten, wollen wir zwischen jener Lehre unterscheiden, welche der akademische Lehrer |179| in Erfüllung seiner Amtspflicht an die Hörer der Universität richtet, und jener, mit welcher er sich über seine Amtsobliegenheiten hinaus an die gesamte Mitwelt wendet. In erster Hinsicht kommen vor allem die Vorlesungen und Übungen in Betracht, aber auch Lehrbücher und andere Publikationen für den akademischen Gebrauch, die wissenschaftliches Denken und Wissen nicht inhaltlich vermehren, sondern nur tradieren wollen. In zweiter Hinsicht stehen nicht nur die sog. populäre wissenschaftliche Literatur und populäre Vorträge, sondern darüber hinaus das gesamte Verhalten des Universitätslehrers außerhalb seiner Forschungs- und seiner berufsmäßigen Lehrtätigkeit in Frage, so die Äußerungen in Tageszeitungen, die Teilnahme an Vereinen und öffentlichen Versammlungen usw., ganz besonders aber das Verhältnis zu den politischen Parteien.

Was nun zunächst die akademische Lehrtätigkeit anbelangt, halten wir alle strenge darauf, sie möglichst »objektiv« zu halten, d. h. subjektive Werturteile möglichst zu unterdrücken. Aber auf Grund des oben unter I Ausgeführten kann es doch zweifelhaft erscheinen, ob die Art und Weise, wie wir die Objektivität der Lehre anstreben, die richtige ist. Wir sind nun einmal weit weniger objektiv als die Tradition es zugibt. Ist es da nicht besser, aufrichtiger, ja unsere Pflicht als Lehrer, den Schülern zu zeigen, wie weit unsere Lehre von subjektiven Voraussetzungen abhängt? Dies sollte zunächst einmal Gegenstand unserer Überlegung und unserer Diskussion sein.

Wir können und dürfen es niemals hindern, daß zwei Fachkollegen in benachbarten Hörsälen das Entgegengesetzte über das Recht, den Staat, die Wirtschaft lehren. *Aber wir können es vermeiden, daß beide ihren Hörern in der Rolle dessen erscheinen, der allein im Besitz des »Objektiven«, des »Richtigen«, der »wissenschaftlichen Wahrheit« ist.*

Um nun dem Schüler zu zeigen, wie weit wir von subjektiven |180| Voraussetzungen abhängen, sehe ich keinen Weg, als ihm diese Voraussetzungen, also unsere eigenen subjektiven Werturteile, wenn auch noch so kurz und in noch so hypothetischer Form, zu enthüllen: *nicht, damit er sie teile, sondern damit er ihre subjektive Bedingtheit erkenne und mit dem Lehrer Subjektives vom Objektiven zu trennen lerne.*

Die subjektiven Werturteile des Lehrenden dürfen daher nicht Selbstzweck der Darstellung sein, sie dürfen nur, *gleichberechtigt mit anderen Meinungen, nebenhergehen als Mittel zum Zweck der kritischen Prüfung der Ergebnisse.*

Das Wesentliche der Darstellung darf niemals das eigene Werturteil sein, sondern stets das objektiv Gegebene, wozu für den Lehrer auch die in der Geschichte und Gegenwart vertretenen fremden Meinungen gehören, und die Grenze zwischen dem Objektiven und dem subjektiv Bedingten. Der Hörer wird je nach seiner gegebenen Wesensart, seiner Subjektivität, sich ganz oder teilweise mit den Werturteilen des Lehrers und somit mit dessen Lehre identifizieren, oder er wird Klarheit darüber haben, wie weit und warum er mit den subjektiven Werturteilen des Lehrers auch dessen Ergebnisse ablehnen muß. Lehrer und Schüler, und verschieden denkende Schüler untereinander, werden einander besser verstehen, als dies unter Menschen möglich ist, von denen jeder im Besitz des »objektiv Richtigen« zu sein glaubt. Nur so kann meines Erachtens die akademische Lehre ihrem wissenschaftlichen Ziel im Geiste echter Wissenschaftlichkeit gerecht werden.

Aber auch dem Ziele allgemeiner staatsbürgerlicher Erziehung kann die akademische Lehre auf diesem Wege wohl am besten dienen. Aus den Studierenden der Rechts- und Staatswissenschaften gehen überwiegend die Beamten und Richter und ein sehr großer

Teil der politischen Führer des Volkes hervor. Diese alle werden, wenn sie die subjektive Bedingtheit alles Vorgetragenen rechtzeitig |181| begreifen lernen, die Universität reifer, einsichtsvoller und mit mehr Verständnis für den Standpunkt der Gegenseite verlassen, als es heute der Fall ist, wo selbst der rechts- und staatswissenschaftlich Gebildete im Glauben an die objektive Richtigkeit der eigenen Ansicht dazu neigt, in jedem politischen Gegner einen Schurken oder einen Dummkopf zu sehen. Nur wenn dieser Glaube auf sein begründetes Maß zurückgeführt wird, wird es meines Erachtens nach und nach möglich sein, den fürchterlichen Krebsschaden der politischen Parteikämpfe mit ihrer Maßlosigkeit und Unduldsamkeit, unter denen die ganze Welt leidet, am meisten das trotz seiner entsetzlichen Not- und Zwangslage so zerrissene deutsche Volk, auf ein erträgliches Maß herabzumindern und schließlich in einen geistigen Kampf überzuleiten, der ausschließlich mit wissenschaftlich geläuterten Waffen geführt wird. In allen politischen Parteien, ohne jede Ausnahme, finden sich dogmatisch gebundene Individuen in großer Zahl, die an die Unfehlbarkeit der von den Führern gepredigten Meinungen glauben und in jedem Gegner den »Ketzer«, den »vaterlandslosen Gesellen«, den »Reaktionär« usw. hassen und am liebsten ausgerottet sehen möchten. Die Wissenschaft dagegen weiß, nach dem berühmten Wort des *Sokrates*, daß sie nichts weiß. Sie lehrt darum nicht skeptische Resignation und Untätigkeit. Aber sie soll uns lehren, Objektives und subjektiv Bedingtes zu unterscheiden und das subjektiv Bedingte selbst im schärfsten politischen Gegner zu achten und als gegeben in Rechnung zu stellen.

Die vorstehenden Erwägungen über die Lehrziele führen zu einer weiteren Forderung: bei der Besetzung paralleler Lehrstühle der Rechts- und Staatswissenschaften, ganz besonders des öffentlichen Rechtes und der Nationalökonomie, soll auf die verschiedene Weltanschauung der Vertreter des gleichen Fachs Rücksicht genommen werden. Physikern oder Anatomen könnte es gleichgültig sein, wenn ihre ganze Fachgruppe der politischen Einseitigkeit angeklagt werden könnte. Aber in jenen Fächern steht es anders. |182| Jede Einseitigkeit der Universität in Fragen, in denen draußen in der Welt entgegengesetzte politische Werturteile um die Herzen der Millionen ringen, verstößt auf dem Gebiete unserer Fakultät gegen den Geist der universitas literarum und gegen das Ideal der vorurteilslosen Erforschung der Wahrheit von allen Seiten. Nicht nur die katholische oder etwa die bolschewistische Universität ist ein wissenschaftliches Unding, sondern ebensosehr auch die konservative, die liberale, die sozialdemokratische. Unter diesen Gesichtspunkten müssen auch die Angriffe, die heute vielfach von links her und vom Ausland gegen die deutschen Universitäten erhoben und meist stark übertrieben werden, auf ihr richtiges Maß zurückgeführt werden (vgl. auch *Everth*, Politische Professoren, in Vossische Zeitung vom 25. April 1922, Abendausgabe, wo allerdings die Grenze zwischen rechts und links stark nach rechts verschoben wird). Die Parole darf niemals sein: »Ote-toi de là, que je m'y mette«, sie kann nur sein: *möglichst gleichmäßige Vertretung der verschiedenen* jeweils im Staate hauptsächlich verbreiteten *Weltanschauungen.* Gerade in der Besetzungsfrage kann die Universität als Ganzes die »Objektivität« in einem Grade wahren, wie dies dem einzelnen Individuum innerhalb seiner Lehre nicht möglich ist. [...]

Heinrich Triepel
Staatsrecht und Politik

Hochansehnliche Versammlung!
Verehrte Kollegen!
Liebe Kommilitonen!

Für den Rektor einer Universität bietet es einen eigenen Reiz, sich in der Reihe seiner Vorgänger nach den Männern umzusehen, die zugleich im Bereiche der Wissenschaft seine Vorgänger gewesen sind. Auch für den Gelehrten können ja in besonderem Sinne die Goetheschen Worte gelten:

Wohl dem, der seiner Väter gern gedenkt,
Der froh von ihren Taten, ihrer Größe
Den Hörer unterhält und, still sich freuend,
Ans Ende dieser schönen Reihe sich
Geschlossen sieht.

Allerdings – unter den Männern der Wissenschaft wird es manchen geben, der den Anspruch erhebt, nicht an das Ende, sondern an den Anfang einer Reihe gestellt zu werden. Ein anderer wird umgekehrt davor zurückschrecken, sich selber einen Platz in einem wissenschaftlichen Stammbaume anzuweisen, weil er nicht zu einem Vergleiche der eigenen Leistungen mit den Leistungen der Voreltern herausfordern möchte; es ist ja fast gewiß, daß hierbei der Lebende Unrecht erhält. Indes – der Stolze muß sich doch sagen, daß selbst ein Ahnherr immer auch ein Enkel ist. Der Bescheidene aber wird der Gefahr, die er fürchtet, entgehen, wenn er die Hörer nicht in erster Linie von Taten und Größe einzelner Ahnherren unterhält, sondern mehr von wissenschaftlichen Strömungen, von denen jene beherrscht waren, und wenn er dazu die Richtungen der Gegenwart, in deren |6| Banne er sich selber fühlt, in Beziehung setzt, wenn er also sozusagen die Ahnentafel aus der Sphäre des Subjektiven in die des Objektiven erhebt.

Von den Juristen, die den Berliner Rektormantel getragen, können wir Staatsrechtslehrer nur zwei ganz für uns in Anspruch nehmen: *Friedrich Julius Stahl* und *Rudolf von Gneist*. Denn *Theodor Schmalz*, der erste Rektor unserer Universität, war in seinen Interessen ebensosehr, ja vielleicht noch mehr der Staatswirtschaft und anderen juristischen Disziplinen als dem Staatsrechte zugewandt. *August Wilhelm Heffter*, trotz seiner verdienstlichen Leistungen im Privatfürstenrecht und im Völkerrecht, war doch in der Hauptsache Prozessualist und Kriminalist. Die Bedeutung unseres *Wilhelm Kahl* liegt zunächst auf kirchenrechtlichem und strafrechtlichem Gebiete. *Otto von Gierke* endlich, dessen immer überragende Gestalt, seit er geschieden ist, uns fast von Jahr zu Jahr mehr ins Gewaltige wächst, war ein viel zu universaler Geist, als daß wir ihn in den schmalen Rahmen eines Einzelfachs einspannen dürften, auch wenn gerade unser Staatsrecht seiner Gedankenarbeit besonders fruchtbare Anregungen zu verdanken hat. Stahl aber und Gneist gehören völlig zu uns. Obwohl sie beide vom römischen Rechte ausgegangen sind, und obwohl sie sich auch später keineswegs in den Netzen eines engen Spezialistentums haben fangen lassen, so liegt doch bei beiden der wissenschaftliche Schwerpunkt durchaus auf dem Gebiete des öffentlichen Rechts.

Wir müssen der lockenden Versuchung widerstehen, eine genauere Parallele zwischen den zwei hervorragenden Männern zu ziehen. Nach fast allen Seiten des Charakters und der Lebensauffassung verschiedene Naturen, sind sie nur in dem einen völlig gleich gewesen: darin, daß sie ihre |7| Wissenschaft in eine ganz nahe Verbindung mit *politischen Zielen* gebracht haben. Freilich, auch hierbei, welche Gegensätze zwischen den beiden! Stahl das anerkannte Haupt und der geistige Führer einer politischen Partei; Gneist zwar äußerlich in das Gefüge einer Partei eingestellt, aber ihr innerlich keineswegs in allem hingegeben. Stahl mit der vollen Kraft des fanatischen Dogmatikers stets aufs Ganze gehend, niemals bereit, Zugeständnisse zu machen; Gneist beweglicher und schmiegsamer, immer bedacht, das große Reformwerk nicht zu gefährden, dem seine Lebensarbeit galt. Stahl im Grunde viel mehr Politiker als Gelehrter; nicht mit Unrecht hat Lenz von ihm gesagt: »Politik war, was er als Lehrer, wie als Mitglied der Fakultät und als Schriftsteller trieb.« Bei Gneist steht doch der Forscher und Gestalter im Vordergrunde, nur daß es eine politische Aufgabe ist, die ihn bei der Wahl des Stoffs und öfters auch bei dessen Gliederung und Deutung bestimmt. Stahl wie Gneist sind Jünger der historischen Rechtsschule gewesen, und beide standen unter dem Einflusse Hegels. Trotzdem bekämpft Stahl die Hegelsche Philosophie, wie er sagt, wegen des Mangels an allem geschichtlichen Prinzip, ja er nennt sie deshalb einmal eine absolute und verderbliche Irrlehre; aber er sucht doch wieder seine Stütze in Hegel, sobald er glaubt, sittliche und politische Wahrheiten durch ihn verkündigt zu hören. Gneist hat seine eigentümliche, ihn immer leitende Auffassung vom Verhältnis zwischen Staat und Gesellschaft auf dem Umwege über Lorenz von Stein von Hegel bezogen. Indes weder in politischen Anschauungen, noch in der Methode hat er sich von der Hegelschen Philosophie entscheidend bestimmen lassen. Dies alles ließe sich ohne Mühe noch länger fortspinnen. Allein für unsere heutige Betrach|8|tung soll es uns nur auf die Feststellung ankommen, daß die staatsrechtliche Arbeit der beiden Männer ihren Charakter ganz wesentlich durch die Verbindung juristischen Denkens mit politischen Idealen und Zwecksetzungen erhalten hat.

Nur wenige Jahre, nachdem Gneist in der Schrift über die Bildung der Geschworenengerichte zum ersten Male seine berühmt gewordene politische Forderung, englische Selbstverwaltung auf deutschen Boden zu verpflanzen, aufgestellt hatte, erschien *Carl Friedrich Gerbers* Buch über die öffentlichen Rechte. Es enthielt das scharf umrissene Programm einer neuen Schule, die sich zur Aufgabe machte, die Wissenschaft des Staatsrechts von allem Politischen zu reinigen. An die Stelle des politischen und staatsphilosophischen Raisonnements, so heißt es wörtlich, hat die *juristische Konstruktion* zu treten. Der Sinn ist: das Rechtliche kann nur aus dem Rechtlichen begriffen werden. Bei einer rechtswissenschaftlichen Betrachtung kann das Politische nur Material, niemals Zweck sein. Es gilt, im Staatsrechte die ganze Summe allgemeiner *juristischer Begriffe* anzuwenden, die in ihrer Einfachheit und ursprünglichen Reinheit im Privatrechte zergliedert worden sind, entweder unmittelbar oder, wo dies wegen des verschiedenen materiellen Gehalts nicht geht, in der Weise, daß man sie nach den im Privatrechte entwickelten Grundsätzen exakter Interpretation und Konsequenz verändert. Der Nutzen dieser Methode wird dann von Gerber sofort an einem besonderen Problem anschaulich gemacht, indem die »juristische Natur« der öffentlichen Rechte des Monarchen, der Beamten, der Untertanen herausgestellt wird. Dabei begegnen uns eine Reihe von Konstruktionen, die in der Folgezeit eine große Rolle gespielt haben: so z. B. die Auffassung des Monarchenrechts als »eigenen« und »ur|9|sprünglichen« Rechts, die Behauptung, daß die sogenannten Freiheitsrechte der Untertanen keine Rechte seien, daß vielmehr in ihnen nur gewisse Wirkungen objektiver Rechtssätze über die Ausübung der Staatsgewalt ausgedrückt werden sollten. Aus der begrifflichen Konstruktion werden auch sogleich praktische Folgerungen gezogen, so etwa die, daß sich von den öffentlichen Rechten der Bürger fast kein einziges zur gerichtlichen Verfolgbarkeit eigne.

Die neue Methode, die übrigens auf ältere Anregungen *Albrechts* zurückgeführt werden kann, ist von Gerber nachher noch in seinen reizvoll geschriebenen Grundzügen des deutschen Staatsrechts angewendet worden. Dann hat sie *Laband,* Gerbers geistiger Testamentsvollstrecker, wie ihn Landsberg treffend genannt hat, übernommen und mit vollendeter Künstlerschaft gehandhabt. Und Labands deutsches Staatsrecht, dessen erster Band genau vor fünfzig Jahren erschienen ist, hat mehr als eine Generation deutscher Publizisten vollständig beherrscht, hat auch über Deutschlands Grenzen hinaus, namentlich in den romanischen Ländern, Einfluß gewonnen. Kaum einer von uns Älteren hat in seinen Anfängen nicht im Banne der Gerber-Labandschen Schule gestanden. Ihre Wirkung ist auch weder durch die kräftige Opposition Gierkes und Edgar Loenings, noch durch den mutigen, nur nicht ganz richtig angesetzten Angriff Stoerks gehemmt worden.

Für die Schule handelt es sich bei der Behandlung staatsrechtlicher Probleme schlechterdings um nichts anderes als um die Analyse öffentlich-rechtlicher Verhältnisse durch Feststellung ihrer »juristischen Natur«, um die Auffindung der allgemeinen Rechtsbegriffe, denen sie untergeordnet sind, und um die Entwicklung der Folgerungen, die sich aus den gefundenen Prinzipien ergeben. Jene Analyse be|10|deutet ganz allgemein eine Ausbreitung der logischen Elemente, aus denen sich der Begriff eines Rechtsinstituts zusammensetzt. Jede teleologische Betrachtung wird verpönt; denn der Zweck, dem ein Rechtsinstitut dient, liegt jenseits seines Begriffs. Daraus ergibt sich von selbst, daß dem Staatsrechte alle *politischen* Erwägungen, da sie Zweckerwägungen enthalten, fernzuhalten sind. Den Ehrentitel »streng juristisch« legt die Schule nur solchen staats- und verwaltungsrechtlichen Schriften bei, die eine Berührung mit dem Politischen meiden wie den Verkehr mit dem Gottseibeiuns. Wer sich dieser gelegentlich fast ketzerrichterlichen Tyrannei nicht beugt, wird im besten Falle ignoriert. Der Erfolg ist gewesen, daß die der konstruktiven Periode vorangehende Literatur lange Zeit fast der Vergessenheit anheimgefallen ist, darunter neben vielen verdienterweise verschollenen Büchern manches gute und wertvolle. Mit dem bei aller Positivität doch auch »politisch« denkenden *Robert von Mohl* wußte die konstruktive Staatslehre ebensowenig etwas anzufangen, wie die neue verwaltungsrechtliche Richtung mit *Lorenz von Stein* und mit *Gneist*. Auch die kleinen, aber feinen staatsrechtlichen Schriften von *Ferdinand von Martitz* haben, weil sie als zu »politisch« galten, nicht die verdiente Würdigung erfahren. Jahrzehntelang arbeitet die Staatsrechtslehre fast ausschließlich mit begrifflichen Konstruktionen. Vor allem die ganze Literatur, die sich mit der Bismarckschen Reichsverfassung beschäftigt, die Literatur, die es unternimmt, die »juristische Natur« des Reichs, der Länder und ihrer Verbindung, den »rechtlichen Charakter« der Sonderrechte, des Kaisertums, des Bundesrats, der Reichslande, der Schutzgebiete zu ergründen. Überhaupt aber die Literatur, die sich mit verfassungs-, verwaltungs- oder völkerrechtlichen Einrichtungen, mit dem |11| »Wesen« der Regentschaft, des Protektorats, der Realunionen usw. befaßt. Es ist eine lange Reihe von Schriften, an denen noch spätere Geschlechter die Fülle des aufgewendeten Scharfsinns bewundern werden, auch wenn sie, wie zu befürchten steht, über das Verhältnis von Mühe und Ertrag skeptischer denken werden als die Zeitgenossen. Freilich haben schon damals manche Leute den Kopf geschüttelt über den Gegensatz zwischen gewissen juristischen Konstruktionen und den Wirklichkeiten des politischen Lebens. Aber es focht die Häupter und Anhänger der deutschen Schule nicht an, wenn ihnen ein Mann wie der französische Jurist Duguit zurief: »Il n'y a pas deux vérités sociales«. *Anschütz* hat einmal gesagt, was für den Historiker und Politiker »in Wahrheit wahr ist«, brauche nicht wahr zu sein für staatsrechtliche Betrachtung. Noch im Jahre 1913 hat Anschütz die preußische Hegemonie in Deutschland zwar im Sinne einer historisch-politischen Bewertung der Dinge anerkannt, im Sinne des Staatsrechts aber energisch abgeleugnet. Das war, vom Standpunkte der Schule gesehen, ganz folgerichtig, da diese die Hegemonie nicht als einen Rechtsbegriff verwenden konnte.

Nun ist freilich das Wort Politik vieldeutig, und so konnte das Verhältnis der konstruktiven Publizistik zum »Politischen« verschieden gestaltet sein.

Man kann unter Politik staatliches *Handeln* verstehen, kann etwa, wie Bluntschli, als Politik auffassen die Leitung des Staats und die Einwirkung auf die Staatsangelegenheiten, die »bewußte Staatspraxis«. Wo man den Trennungsstrich zwischen dem wahrhaft Politischen und anderem staatlichen Tun zu ziehen habe, vielleicht unter Verwertung des Integrationsgedankens, den *Rudolf Smend* mit Glück in die staatsrechtliche Begriffswelt eingeführt |12| hat, braucht uns hier nicht zu beschäftigen. Denn jedenfalls verträgt politische Staatstätigkeit ebenso wie die bloß technische Verwaltung eine Beurteilung nicht nur nach Gesichtspunkten der Zweckmäßigkeit, sondern auch nach solchen des Rechts. Das Staatsrecht hat ja im Grunde gar keinen anderen Gegenstand als das Politische. Der Staatsrechtslehrer kann also gar nicht darauf verzichten, politische Vorgänge oder Absichten mit den Maßstäben des öffentlichen Rechts zu messen. Zwar haben im 17. Jahrhundert die politischen Praktiker an den fürstlichen Höfen zuweilen erklärt, es sei nicht statthaft, Angelegenheiten des Staats und der Fürsten vor Studenten zu verhandeln und Professoren darüber entscheiden zu lassen. Selbst *Carpzov* hat einmal zugegeben, daß daran etwas Richtiges sei. Aber das Verlangen, die Staatsgelehrten sollten sich nicht um schwebende politische Verhandlungen kümmern, ist von ihnen niemals befolgt worden, um so weniger, als sich gerade die Höfe und die Regierungen erbetener und unerbetener Gutachten der Professoren immer gern bedient haben – vorausgesetzt, daß sie zu ihren Gunsten lauteten. Die Literatur des deutschen Staatsrechts besteht zu einem sehr großen Teile aus Streitschriften über politisch bedeutsame Fragen – von der Zeit Ludwigs des Bayern bis zur jüngsten Gegenwart. An den Kämpfen zwischen Königtum und römischer Kurie, zwischen der kaiserlichen und der ständischen Partei im Reiche, an den Streitigkeiten über das Gesandtschaftsrecht der Kurfürsten oder über den Vorzug der Erbtöchter, an den niemals abreißenden Kompetenz-, Territorial- und Sukzessionshändeln des alten Reichs haben sich die besten staatsrechtlichen Köpfe Deutschlands mit Eifer beteiligt, von Lupold von Bebenburg bis Reinkingk und Limnäus, von Pufendorf, Leibniz, Thomasius und Peter |13| Ludewig bis Pütter. Und die Staatsrechtslehrer des 19. Jahrhunderts haben es ihnen gleichgetan, von Klüber bis Hermann Schulze, von Welcker bis Hänel und Laband. Denn auch Laband hat es nicht verschmäht, zu politischen Tagesfragen von rechtlicher Bedeutung, etwa zum lippeschen Thronstreite oder zur Frage der Einführung direkter Reichssteuern, in Streitschriften Stellung zu nehmen. Es ist nicht zu leugnen, daß manchmal die wissenschaftliche Objektivität des Publizisten, der literarisch in die politischen Kämpfe seiner Zeit hineingezogen wurde, nicht nur verdächtigt – das war stets und ist auch heute selbstverständlich – sondern wirklich in Gefahr gebracht worden ist. Wir Heutigen dürfen aber doch wohl ohne Überhebung sagen, daß wir auf diesem Gebiete gewissenhafter sind als viele unserer staatsrechtlichen Vorfahren im 17. und 18. Jahrhundert, die in der Verbindung von Forscher- und Sachwaltertätigkeit oft skrupelloser waren, als es sich ziemte. Und weil wir gewissenhafter sind, so sind wir auch freier. Während die bedeutendsten publizistischen Schriften des 17. Jahrhunderts, aus der Feder eines Chemnitz, eines Pufendorf, eines Leibniz, wegen ihres politischen Charakters unter Pseudonymen erschienen sind, treten wir heute mit offenem Visiere für unsere Überzeugung ein. Irre ich nicht, so war Böhlaus Schrift über die Kompetenz-Kompetenz des Norddeutschen Bundes aus dem Jahre 1869 die letzte rein staatsrechtliche Monographie, die sich mit dem Mantel der Anonymität bekleidet hat. Freilich haben wir, die wir im Schatten des Rechtsstaats fechten, auch nicht mehr zu befürchten, daß wir wegen unserer Theorien um Amt und Brot gebracht werden oder gar das Schicksal eines Algernon Sidney erleiden, der dem Scharfrichter überliefert wurde, weil er die gemäßigte Monarchie für |14| besser erklärt hatte als die absolute. Zwar haben wir Heutigen statt mit fürstlicher Ungnade mit dem Stirnrunzeln der ungekrönten Könige der Presse und des Parlaments zu rechnen. Allein das ficht uns nicht sonderlich an, weil wir wissen, daß wir im Grunde doch mit jedem, der an der Freiheit der Meinungsäußerung interessiert ist, in stillem Bunde stehen, und daß ein Bündnis wie eine Ehe ohne gelegentlichen Streit langweilig zu werden droht. Jedenfalls aber – wenn wir von unvermeidlichen Menschlichkeiten absehen, so hat es der Wissenschaft nichts geschadet, sondern es hat ihr unendlich genützt, daß ihre Jünger die politischen Ereignisse ihrer Zeit in das Stoffgebiet juristischer Untersuchung gezogen haben. Gerade durch Gutachten und Streitschriften behält der Theoretiker die Fühlung mit der Praxis, und gerade aus dieser Verbindung strömen der Wissenschaft heute wie einst die fruchtbarsten Anregungen zu.

Es würde sich lohnen, in diesem Zusammenhange auch die Beteiligung der Staatsrechtslehrer am *politischen Leben* ins Auge zu fassen. Ich kann nur kurz die eigenartigen Wandlungen streifen, die sich hier im Laufe der Zeit vollzogen haben. In der Periode des ständischen und der des absoluten Beamtenstaats finden wir die Professoren der Rechtsgelehrtheit, die Staatsrechtslehrer in erster Reihe, sehr häufig als Berater der Fürsten in den Hofräten und Geheimen Ratskonsilien, oder wir sehen sie wirken als Räte »von Haus aus« oder als Beamte im Dienste landständischer Korporationen. Oft von vielen Seiten umworbene Männer, werden sie in den Angelegenheiten der äußeren und inneren Politik auch dann angegangen, wenn man sie nicht dauernd an ein Amt zu fesseln vermag. Die Einführung der konstitutionellen Verfassungen |15| bringt die Publizisten auf die Bänke der Parlamente. In den ersten Jahrzehnten parlamentarischen Lebens ziehen die Staatsrechtslehrer in Scharen in die Landtage der deutschen Einzelstaaten ein. Von den bekannten Namen der Wissenschaft fehlt hier kaum einer: Karl Salomo Zachariä, Rotteck, Welcker, Jordan, Mohl, Bluntschli, Stahl, Heinrich Albert Zachariä, Poezl, ganz zu schweigen von den kleineren, wie Behr, Dresch, Schunck oder Moy de Sons, und von den staatsrechtlich gefärbten Historikern, wie Dahlmann, Waitz, Droysen, Duncker, Sybel, später auch Treitschke. Es ist ganz auffallend, wie sehr sich dies Bild etwa seit der Zeit der Gründung des Norddeutschen Bundes und des Deutschen Reichs verändert hat. Nur Gneist und Hänel sind noch lange Jahre dem parlamentarischen Leben treu geblieben, eine Weile auch Marquardsen und Georg Meyer. Von den Männern, deren Wirksamkeit das deutsche Staatsrecht in den letzten Jahrzehnten des 19. Jahrhunderts beherrscht hat, sind weder Laband noch Seydel, weder Loening noch Zorn, weder Binding noch Brie, weder Jellinek noch Otto Mayer gewählte Volksvertreter gewesen. Gerber hat nur dem konstituierenden Reichstage von 1867 angehört; andere haben sich mit der politisch geruhsameren Rolle des Mitglieds einer Ersten Kammer oder eines Staatsrats begnügt. Welcher Gegensatz zwischen der Beteiligung der Staatslehrer am Frankfurter Parlamente und ihrer Teilnahme an der Weimarer Nationalversammlung! In Weimar finden wir, wenn wir den Begriff des Staatsrechtslehrers nicht sehr weit fassen, als Abgeordnete nur zwei aus unserer Reihe; Hugo Preuß hat an der Herstellung der neuen Reichsverfassung als Beauftragter der Regierung, nicht als Abgeordneter teilgenommen. Nun ist der Rückzug der Publizisten aus dem politischen Leben gewiß auf Gründe |16| sehr verschiedener Art zurückzuführen. Die zunehmende Verdrängung des Persönlichen durch das Parteigemäße, der grundsätzlichen Erörterungen durch einen handwerksmäßigen Betrieb politischer Geschäfte, die stärkere Betonung des Wirtschaftlichen bei der Parteibildung haben den Parlamenten einen Rahmen gegeben, in den sich der Professor nur schwer noch einfügen mag. Allein ich glaube nicht fehlzugreifen, wenn ich die parlamentarische Enthaltsamkeit der neueren Publizistenschule auch mit ihrer inneren Einstellung zum Politischen als solchem in Verbindung bringe. Der naturrechtliche Rationalismus, der einen großen Teil der Staatslehre bis tief in das 19. Jahrhundert beherrscht hat, setzt den Gelehrten in ein anderes Verhältnis zu dem auf Wille und Tat abgestellten politischen Leben als eine Gedankenrichtung, deren Vertreter sich auf die Bildung von Begriffen und auf das Argumentieren aus dem System beschränken wollen.

Wir haben es nun aber heute nicht mit der Beziehung der Professoren des Staatsrechts zur Politik, sondern mit der Beziehung ihrer *Wissenschaft* zum Politischen zu tun. Richten wir unseren Blick wieder auf den Kampf, den die konstruktive Schule gegen die politisch gefärbte Publizistik, vor allem gegen die Tendenzliteratur der vor- und nachmärzlichen Zeit eröffnete, so sehen wir, daß sich der Angriff in erster Linie auf die Methode unserer Wissenschaft bezog. Das Staatsrecht soll nicht mehr politisch *behandelt* werden. Geht man dem nach, so macht wieder die Mehrdeutigkeit des Ausdrucks »Politik« einige Schwierigkeiten.

Man hat noch bis vor wenigen Jahrzehnten unter Politik die Lehre vom Staate schlechthin verstanden, ungefähr in dem Sinne, wie sie von der Antike aufgefaßt worden ist. So bezeichnet etwa Waitz die Politik als die wissenschaft|17|liche Erörterung der Verhältnisse des Staats mit Rücksicht sowohl auf die historische Entwicklung der Staaten überhaupt wie auf die staatlichen Zustände und Bedürfnisse der Gegenwart. Darnach wäre das Staatsrecht ein Teil einer umfassenden Wissenschaft Politik, und es würde sich fragen, ob Staatsrecht mit oder ohne Rücksicht auf die anderen Teile dieser Staatswissenschaft zu betreiben sei. Die Frage bleibt aber die gleiche oder verschiebt sich doch nur äußerlich, wenn man davon ausgeht, daß sich der ehemals einheitliche Begriff der Politik inzwischen aufgelöst hat, und daß der Staat nunmehr der Gegenstand verschiedener Wissenschaften geworden ist, von denen die eine ihn nach seiner rechtlichen Seite untersucht, während ihn andere von einem geschichtlichen oder gesellschaftlichen oder psychologischen oder irgendeinem andern Standpunkte aus betrachten. Ob es dabei auch eine Politik in einem engeren Sinne, d. h. eine wissenschaftliche Lehre vom Staatsinteresse geben könne, ist streitig, darf uns aber zunächst gleichgültig sein. Denn die Frage ist allein die, ob es methodisch richtig ist, wenn sich die Wissenschaft des Staatsrechts überhaupt in Beziehung zu anderen Wissenschaften setzt, die es mit dem Staate zu tun haben. Jedermann würde dies wohl ohne Bedenken bejahen, wenn es nicht von der neuesten Richtung, die sich gern als die konsequente Fortentwicklung der Gerber-Labandschen Schule bezeichnet, im Interesse der Methodenreinheit leidenschaftlich bekämpft würde. Die von *Kelsen* geführte jung-österreichische Schule, von der erkenntnis-theoretisch unanfechtbaren Gegenüberstellung des Seins und des Sollens ausgehend, will aus der Jurisprudenz im allgemeinen und aus dem Staatsrechte insbesondere, da es sich hier um eine *normative* Wissenschaft handele, alle *kausalen* Er|18|wägungen ausschließen. Mit besonderer Feindseligkeit werden *politische* Erörterungen, da sie Zweckerörterungen seien, als rechtsfremd abgewiesen. Während noch Laband zugegeben hatte, daß die Zwecke eines Rechtsinstituts von Einfluß auf seine juristische Gestaltung und von Wert für sein Verständnis sein können, wird ein derartiger Gedanke von Kelsen als »metajuristisch« – wie der unschöne Ausdruck lautet – mit dem Anathem belegt. Auf diese Weise wird natürlich und absichtlich das Recht als bloße Form jedes Inhalts entleert. Kelsen ist so weit gegangen, den Staat überhaupt nur als einen Rechtsbegriff, als einen Zurechnungspunkt gewisser Handlungen zu bezeichnen; schließlich hat er ihn mit der Rechtsordnung selbst, also mit einem System von Normen gleichgesetzt.

Nun war die kritische Sonderung der rechtslogisch gewonnenen und der kausalwissenschaftlichen Erkenntnisse unleugbar ein Verdienst. Eine andere Frage aber ist es, ob die schroffe Einseitigkeit, mit der die jüngste Richtung die Rechtslehre auf das Formale beschränken will, der Wissenschaft zum Segen gereicht. Angenommen, wenn auch nicht zugegeben, daß der Jurist, soweit er formallogische Begriffsarbeit durch gesellschaftliche, historische, ethische oder andere Erwägungen ergänzt, nicht mehr Jurisprudenz, sondern Soziologie oder Geschichte oder sonst etwas treibe, so scheint es sich ja nur um eine Frage der Etikettierung zu handeln, die für die Sache ohne Belang sein würde. Aber gerade jene Ergänzung ist es, gegen die man eifert. Die Meister der neuen Schule jagen jeden Gedanken, der nicht als normlogisch approbiert werden kann, aus dem Bereiche der Jurisprudenz hinaus, wie die Zunftmeister den Bönhasen aus dem städtischen Weichbilde. Daß man Staatsrecht in solcher methodischen Exklusivität betreiben kann, ist ge|19|wiß. Aber es geschieht doch schließlich um den Preis einer

Verarmung unserer Wissenschaft, die den Ruhm der Methodenreinheit wahrlich teuer bezahlen müßte. Im übrigen ist, wie Adolf Menzel sehr richtig sagt, Methodensynkretismus kein Majestätsverbrechen! Wohin wären wir gekommen, wenn wir Kirchenrecht ohne Kirchengeschichte, Handelsrecht ohne Rücksicht auf Volks- und Privatwirtschaft betrieben hätten! Ebensowenig aber läßt sich Staatsrecht ohne Rücksicht auf das Politische betreiben. Schon Pufendorf hat sich erzürnt über die Staatsrechtslehrer, die die deutsche Verfassung behandelten, ohne die res civiles, d. h. die Politik, zu kennen. Sie eignen sich, höhnt er, zu ihrem Geschäfte wie der Esel zum Saitenspiele. Was würde der alte Kämpfer zu den modernsten Staatsgelehrten sagen, die von Politik nicht einmal etwas verstehen wollen! Der logische Purismus, der die Jurisprudenz von der Berührung mit anderen Wissenschaften abschließt, der sie zu einer esoterische, nur den Eingeweihten verständlichen Lehre macht, der alle staatlichen Einrichtungen, Verfassung, Parlament, Königtum, Selbstverwaltung und vieles andere nur als blutleere Schemen erscheinen und ihren ethischen Gehalt unbegriffen läßt, muß notwendig zu einer Verdorrung der Staats- und Rechtslehre führen. Hoffen wir, daß die nächste Generation unserer Publizisten, dem Leben zugewandter als die letzte, gerade mit Energie darangehen wird, die Normen des Staatsrechts in die innigste Beziehung zu setzen zu den politischen Kräften, die sie schaffen und ausgestalten, und die ihrerseits wieder vom staatlichen Rechte gemeistert werden – eine Aufgabe, die bei uns erst langsam in Angriff genommen ist und von der ausländischen Staatsrechtslehre, vor allem der angelsächsischen, weit besser erfüllt wird als von der deutschen.

|20| Es ist nun aber nicht einmal richtig, daß die Rechtswissenschaft, auch wenn man sie im engsten Sinne versteht, um ihres Gegenstands willen genötigt sei, sich auf logisch-formale Konstruktionen zu beschränken. Die normlogische Schule hat sich auf einen zwar nicht falschen, aber willkürlich verengten Rechtsbegriff zurückgezogen. Daß der Sinn des Rechts ein Sollen, nicht ein Sein ist, kann vernünftigerweise nicht bestritten werden. Aber unsere Wissenschaft hat es nicht nur mit dem transzendentalen Gehalte des Rechts, sondern mit empirisch gegebenen Rechtsordnungen zu tun, die aus Regeln für ein geordnetes Zusammenleben von Menschen bestehen, die werden und vergehen, die nach Ort und Zeit verschieden gestaltet sind. Deshalb ist trotz allem und allem jede Rechtsordnung für sich etwas »Gegebenes«, also ein »Sein«, und

diese Gegebenheit kann gar nicht ohne Rücksicht auf die sozialen Beziehungen, die das Recht normiert, begriffen werden. Ferner: die Regeln des rechtlichen Sollens sind immer der Ausdruck universeller Wertungen, und sie beziehen sich ihrem Sinne nach auf Objekte, die als Mittel zur Verwirklichung bestimmter Zwecke gedacht sind. Man kann daher zum Verständnisse der Rechtssätze überhaupt nicht gelangen, ohne sich ein Bild von den Zweckbeziehungen zu machen, um die es sich beim Rechtlichen handelt, von den *Interessen,* deren Anerkennung, Mißbilligung, deren Ausgleich die erste Aufgabe oder, wenn man will, die Voraussetzung der Rechtsordnung bildet. Nennen wir nun »politisch« – das ist abermals eine neue Bedeutung des vielschillerigen Wortes – alles, was sich auf die Staatszwecke oder auf deren Abgrenzung gegenüber individuellen Zwecken bezieht, so ist es klar, daß eine allseitige Erfassung der Normen des Staatsrechts ohne Einbeziehung des Politischen gar nicht möglich ist.

|21| Bei Lichte besehen, ist es auch nur eine Selbsttäuschung, wenn die konstruierende Jurisprudenz der Meinung lebt, sie vermöge den gesamten Stoff der Rechtsordnung ohne Urteile wertenden Charakters zu beherrschen. Sehen wir uns doch das Verfahren, das man juristische Konstruktion zu nennen pflegt, etwas genauer an. Zunächst einige ganz einfache Beispiele. Man konstruiert, wenn man den Theaterbesuchsvertrag als einen Werkvertrag auffaßt, d.h. als einen Vertrag über die Herstellung einer Werkleistung, nämlich der Aufführung; man tut es, um auf das Verhältnis die Bestimmungen des Bürgerlichen Gesetzbuchs über Werkverträge anzuwenden. Oder, wenn ich ein staatsrechtliches Beispiel anführen darf, es gibt Juristen, die die Abdankung eines Staatsoberhaupts als einen Regierungsakt konstruieren, um den Akt unter die Vorschrift der Verfassung zu bringen, daß Regierungshandlungen des Staatschefs der Gegenzeichnung eines Ministers bedürfen. Worin besteht nun eine derartige Konstruktion? Es ist seltsam, daß darüber ganz verschiedene Erklärungen abgegeben werden. *Max Rümelin,* der den Gegenstand, wie ich glaube, am schärfsten untersucht hat, begreift unter Konstruktion die Einordnung einer Einzelerscheinung in das System unter Analysierung und Synthese ihrer Begriffselemente. Ich will mir diese Definition aneignen. Nur möchte ich, etwas anders, als es Rümelin tut, als Konstruktion nicht die Verknüpfung eines Tatbestands mit einer Rechtsfolge, sondern die zum Zwecke dieser Verknüpfung vorgenommene

Einordnung eines Tatbestandes oder einer Rechtsfolge in das System ansehen. Die Konstruktion bezieht sich immer auf rechtliche Erscheinungen oder Vorgänge, die nicht ohne weiteres durch Subsumtion unter einen feststehenden Begriff gebracht werden können. Wenn man einen Stockschlag unter den Begriff |22| der Körperverletzung bringt, so ist das bloße Subsumtion, keine Konstruktion. Die Konstruktion ist nur die Vorstufe für eine noch vorzunehmende Subsumtion; ihr Zweck ist, die konstruierte rechtliche Erscheinung sozusagen subsumtionsreif zu machen. Dagegen halte ich es, auch hier anders als Rümelin, für gleichgültig, ob der Begriff, unter den eine Erscheinung gestellt wird, schon bekannt ist oder erst neugebildet wird. Zahlreiche Begriffe, die uns heute geläufig, die zum Teil schon zu gesetzlichen Begriffen geworden sind, hat die Wissenschaft ursprünglich zum Zwecke der Konstruktion gebildet – man denke an das Rechtsgeschäft oder an dingliche und persönliche Rechte oder an Staatenbund und Bundesstaat; es war Konstruktion, wenn *Georg Jellinek* den Begriff der »Staatsfragmente« erfunden hat. Voraussetzung ist nur, daß der neue Begriff dazu dienen soll, systemfördernd zu wirken, vielleicht eine Erscheinung der Unterstellung unter andere, bereits geläufige Begriffe zu entziehen und ihr eben dadurch einen Platz im Systeme anzuweisen.

Dabei wird man aber wohl zwei Arten oder auch zwei Stufen der Konstruktion auseinanderzuhalten haben. Die erste begnügt sich damit, den bekannten Rechtsstoff als eine Einheit darzustellen, indem sie die einzelnen Rechtssätze als Ausflüsse höherer Prinzipien und diese wieder, immer aufwärts steigend, als Ableitungen aus einem an die Spitze der großen Pyramide gestellten Begriffe auffaßt. Sie will das Einzelne als Teil des Ganzen, das Ganze in seinem inneren Zusammenhange und Zusammenhalte aufzeigen. Sie ist Konstruktion um ihrer selbst willen. Man kann sie als die *begreifende* oder, um eine bekannte Formel Max Webers zu variieren, als *verstehende* Konstruktion bezeichnen. Ein zweiter Schritt, der nicht immer getan wird, aber freilich |23| sehr nahe liegt, besteht dann darin, daß man aus der postulierten Einheit des Rechtssystems die Befugnis entnimmt, von den gefundenen Prinzipien neue Rechtssätze herzuleiten, also eine Ausfüllung der Lücken des bekannten Rechtsstoffs vorzunehmen. Vom Standpunkte des konstruierenden Juristen handelt es sich dabei freilich um Ausfüllung nur scheinbarer Lücken, da für ihn Konsequenz und Analogie bloß logische Operationen sind, die lediglich feststellen, was im vorhandenen Rechtsstoffe schon enthalten ist. Hier wird also die Konstruktion zur Rechtsfindung verwendet. *Philipp Heck* hat das als Inversionsmethode bezeichnet. Wir wollen das Vorgehen die *lückenfüllende* Konstruktion nennen. Ob eine juristische Konstruktion nur die erste Stufe erreichen will oder eine Lückenergänzung im Auge hat, ist nicht immer sofort zu erkennen. Die Gerber-Labandsche Schule ist jedenfalls im vollen Sinne konstruktiv. Bei ihrer Fortsetzung in der Kelsenschen Schule kann man oft zweifeln, da hier die Jurisprudenz nicht mehr als eine praktische Wissenschaft aufgefaßt wird, der die Aufgabe gesetzt ist, die Rechtsanwendung durch Deutung des bestehenden und Gewinnung neuen Rechts vorzubereiten. [...]

|32| Wie steht es nun aber in Wirklichkeit mit der apodiktischen Gewißheit, die mit der intellektualistischen Methode der formalen Logik erzielt werden soll? Sie ist nicht mehr als ein trügerischer Schein. Noch kein Jurist hat mit ihr allein ein vernünftiges Ergebnis erzielt, und es ist Selbstbetrug, wenn er glaubt, mit ihr allein zum Ziele gekommen zu sein. Denn die scheinbar rein logische Analyse und Synthese der Begriffe kann, wenn anders sie sinnvoll sein soll, ohne Unterstützung durch Werturteile gar nicht vorgenommen werden. Es würde kein logisches Fehlurteil sein, wenn man den Vertrag, durch den sich jemand die Benutzung einer Theaterloge sichert, als einen Mietvertrag konstruieren wollte. Daß man es nicht tut, liegt daran, daß man bei jenem Vertrage nicht das Sitzen in der Loge, sondern das Schauen und Hören der Vorstellung als das Wesentliche betrachtet. Was aber wesentlich oder unwesentlich ist, läßt sich nur durch ein Werturteil feststellen. Selbst bei ganz einfachen Subsumtionen kommen wir häufig ohne Zweckerwägungen und Werturteile nicht aus. In der früheren Reichsverfassung war bestimmt, daß für die »Bekleidung« der Truppen die Grundfarben und der Schnitt der preußischen Armee maßgebend seien. Ob die Offiziershandschuhe zur Bekleidung gehörten oder nicht, und ob die Einführung brauner, statt weißer Handschuhe in der preußischen Armee von den anderen Kontingenten nachgeahmt |33| werden mußte, desgleichen, ob man die Handschuhe unter den Begriff der »Ausrüstung« zu stellen hatte, von der eine andere Stelle der Verfassung sprach – ich glaube, die Frage hat in der Tat Kopfzerbrechen gemacht – das ließ sich nicht aus einem mit den Mitteln der Logik gefundenen Begriffe der Kleidung

oder Ausrüstung, sondern nur unter Zuhilfenahme von Zweckerwägungen entscheiden. Erst recht sind aber die aus Anlaß einer juristischen Konstruktion vorgenommenen Begriffsbildungen und Begriffseinordnungen nicht ohne teleologische Zutaten zu vollziehen. So ergibt es sich denn leicht, daß der Konstruierende dazu verführt wird, in einen Begriff von Anfang an hineinzulegen, was er nachher aus ihm herausziehen möchte, daß er also bona fide ein gewünschtes Ergebnis erschleicht. Gerade im Staatsrechte lassen sich Hunderte von Konstruktionen finden, bei denen in solcher Weise ein als nützlich erachtetes Resultat herbeigeführt wird. Ein Beispiel statt vieler. Ein junger Staatsrechtslehrer beschäftigte sich einst mit der schon vorhin berührten Frage, ob die Abdankung des Monarchen der Gegenzeichnung eines Ministers bedürfe. Sie bedarf ihrer nur, wenn sie ein Regierungsakt ist. Um sie nun als solchen erscheinen zu lassen, zerlegte sie der Jurist in zwei Akte: den Antrag des Monarchen an den Staat, ihn aus seiner Stellung zu entlassen – diesen Antrag stellt der Herrscher als Individuum –, und die Gewährung der Entlassung – diese nimmt er als Staatsorgan an. Was er aber in dieser Eigenschaft tut, ist kontrasignaturbedürftig. Eine so gekünstelte Konstruktion wird wenige befriedigen. Der Jurist wäre auch nie auf sie verfallen, wenn er nicht mit aller Gewalt zu einem in seinen Augen politisch notwendigen Ergebnisse hätte gelangen wollen. In Wirklichkeit ist die Abdankung eine Erklärung, |34| die der Monarch nicht namens des Staats, sondern gegenüber dem Staate abgibt, sie ist also ganz sicher kein Regierungsakt. Will man sie also, dem Wortlaute der Verfassung zuwider, an eine Gegenzeichnung binden, so läßt sich das *vielleicht* dadurch bewirken, daß man unter Zuhilfenahme politischer Interessenwertungen den Rechtssatz der Verfassung, der sich nur auf echte Regierungsakte bezieht, analog auf Fälle ausdehnt, in denen es angemessen erscheint, daß eine das Staatswohl stark berührende persönliche Entschließung des Staatsoberhauptes ebenso behandelt wird wie ein Regierungsakt. Ich glaube freilich nicht, daß die Analogie in diesem Falle berechtigt sein würde, weil ich es gerade im Staatsinteresse für unbedingt geboten halte, das Staatsoberhaupt ganz frei darüber entscheiden zu lassen, ob es sein Verbleiben im Amte oder sein Ausscheiden für notwendig erachtet.

Die konstruktive Begriffsjurisprudenz im Staatsrechte hat sich aber nicht nur bei bescheidenen Einzelfragen bewußt oder unbewußt mit politischen Zweckerwägungen verbunden. Es ist keine

Übertreibung, wenn ich sage, daß die Mehrzahl der für das Staatsrecht maßgebend gewordenen Staatstheorien, die ja größtenteils juristische Konstruktionen gewesen sind, im Hinblick auf politische Ziele aufgestellt und zur Rechtfertigung politischer Akte verwendet worden ist. Die Lehren vom Staats- oder Gesellschaftsvertrage, von der Souveränität, von der Gewaltenteilung sind nicht nur Erzeugnisse theoretischer Spekulation, sondern von Anbeginn Stützen für staats- oder kirchenpolitische Bestrebungen gewesen. Dies läßt sich bis in die neueste Zeit verfolgen. Die Lehre von der juristischen Persönlichkeit des Staats, wie ihr Gegenstück, die privatrechtliche Staatskonstruktion waren, was schon Albrecht richtig gesehen hat, |35| Programmstücke politischer Parteien. Die Konstruktion des Monarchenrechts als eines eigenen Rechts an der Staatsgewalt, der Begriff des Trägers der Staatsgewalt, die Formulierung des Bundesstaatsbegriffs sind als Krücken für politische Bewegungen verfertigt oder doch benutzt worden. Selbst *Labands* Lehre vom Gegensatz des Gesetzes im materiellen und formellen Sinne, scheinbar politisch ganz neutral, ist in Gedanken an den preußischen Budgetkonflikt der sechziger Jahre entstanden, hatte sicher eine politische Tendenz, und die Leidenschaftlichkeit, mit der sie von *Hänel* bekämpft wurde, besaß einen politischen Hintergrund. In Labands Reichsstaatsrecht hat Gierke mit Recht einen »unverkennbar absolutistischen Zug« erblickt, und etwas Ähnliches ließe sich auch in *Otto Mayers* angeblich ganz unpolitischen verwaltungsrechtlichen Konstruktionen entdecken.

Freilich in allen diesen Fällen hat sich schließlich gezeigt, daß sich aus Begriffen die widersprechendsten Folgerungen ziehen lassen, weil man die Begriffe, ohne logisch falsch zu verfahren, weiter oder enger fassen kann, und weil ihre sogenannte »Richtigkeit« meist nur von der Breite des Induktionsbodens abhängt, aus dem sie entsprossen sind. Auf den Staatsvertrag hat *Hobbes* seinen Staatsabsolutismus ebenso zu stützen vermocht wie die Monarchomachen oder *Milton* und *Sidney* ihr Widerstands- und Absetzungsrecht und wie *Rousseau* seine demokratische Lehre. Die organische Staatstheorie konnte von *Goenner* als Ausgang für absolutistische, von den Romantikern für feudalständische, von *Hugo Preuß* für demokratische Folgerungen benutzt werden. Den Souveränitätsbegriff hat *Bodin* so formuliert, daß er eine außen- und innenpolitische Stütze für das französische Königtum bildete. |36| In Deutschland modelte man ihn um, damit man aus ihm das Widerstands- und Bündnisrecht der Reichsstände entwickeln konnte; *Reinkingk*, der den Kaiser hiergegen schützen wollte, leitete seinen Souveränitätsbegriff aus einer dafür günstigen Formel der Postglossatoren ab. Je nachdem man die Majestas so oder so konstruierte, wurde das Recht des Kaisers, dem Reichshofrate eine mit dem Reichskammergerichte konkurrierende Stellung anzuweisen, von den einen anerkannt, von den andern bestritten. Die Rheinbundsfürsten nahmen eine gewaltsame Verrenkung des Souveränitätsbegriffes vor, um ihre Landstände zerbrechen zu können, und die Formel, mit der die Wiener Schlußakte von 1820 das monarchische Prinzip auf die Souveränität der Fürsten zurückführt, ist ein klassisches Beispiel für eine politisch beeinflußte juristische Konstruktion. »Da der Deutsche Bund«, heißt es dort, »aus *souveränen* Fürsten besteht, so muß dem *hierdurch gegebenen Grundbegriffe zufolge* die gesamte Staatsgewalt in dem Oberhaupte des Staats vereinigt bleiben.« Die Konstruktion des Bundesstaats war immer abhängig von der Begriffsbestimmung der Souveränität, und je nachdem man die Souveränität als Begriffsmerkmal des Staats behauptete oder leugnete, konnte man die Möglichkeit eines Bundesstaats überhaupt verneinen oder bejahen. Neuerdings halten es viele für ausgeschlossen, ein Völkerrecht auch nur zu denken, ehe nicht der hinderliche Souveränitätsbegriff über Bord geworfen ist, während ich mich für meine Person anheischig mache, die Souveränität der Staaten, natürlich so wie ich sie konstruiere, geradezu als Voraussetzung für ein zwischenstaatliches Recht zu erweisen.

So zeigt sich, daß die normlogische Staatsrechtsschule ganz mit Recht behauptet, es habe die bisherige Doktrin |37| politische Zweck- und Wertgedanken für ihre Begriffsbildungen mitverwendet, und zwar oft im Widerspruche mit ihrer methodischen Grundauffassung. Nur ziehen wir aus dieser Tatsache einen anderen Schluß als der intellektualistische Purismus. Wir sind *nicht* der Meinung, daß die teleologische Erwägung aus der Rechtswissenschaft zu verbannen sei. Wir denken vielmehr, daß sie, statt sich hinter der Maske des Logischen zu verbergen, in voller Offenheit ihren Platz in der Rechtslehre suchen und behaupten müsse. Da das Recht selbst nichts ist als ein Komplex von Werturteilen über Interessenkonflikte, so ist die teleologische Methode die dem Gegenstande der Rechtswissenschaft adäquate Methode. Auch im Staatsrechte scheuen wir daher nicht, sondern *fordern* wir die

Verbindung der *politischen* Erwägung mit der logisch-formalen Begriffsarbeit. Wir ziehen zwar heute einen schärferen Trennungsstrich zwischen rein politischen und rechtlichen Erwägungen, als es die liberale Publizistik zur Zeit der Rotteck und Welcker, die konservative durch Stahl und andere getan hat; wir wünschen keine Rückkehr der Tage, in denen man Staatsrecht durch Politik ersetzte. Erst recht verabscheuen wir es, wenn politische Tendenz das geltende Recht verfälschen will. Aber wir gehen dem Politischen so wenig aus dem Wege, daß wir uns sogar außerstande erklären, das Recht ohne Rücksicht auf das Politische auszulegen. Dabei sind wir weit davon entfernt, die juristische Konstruktion als solche zu verachten. Im Gegenteil, wir erkennen in ihr, vielleicht nicht das einzige, aber doch ein wertvolles, bisher jedenfalls noch nicht übertroffenes Mittel zur Systembildung, ohne das wir uns eine Herrschaft über den Stoff schwerlich hätten erobern können. Gerade wir Publizisten haben ihr in dieser Richtung vieles zu verdanken. Die kon|38|struktive Methode *Otto Mayers* hat uns die schier unübersehbare Masse des Verwaltungsrechts erst recht eigentlich wissenschaftlich meistern lassen. Wir beugen uns also vor der *verstehenden* Konstruktion. Wir schätzen die Konstruktion sogar, wenn auch mit einigem Vorbehalt, soweit sie eine Vorbereitung sein will für die zweite Hauptaufgabe des Juristen, für die Ergänzung des Rechtsstoffs durch Gewinnung neuer Rechtssätze. Denn sie liefert uns bequeme Schubfächer, in denen wir die zu prüfenden Rechtserscheinungen vorläufig unterbringen können, ehe wir sie nach Grundsätzen wertender Interessenabschätzung endgültig beurteilen. Die Konstruktion kann uns also als »Subsumtions- und Analogiehypothese« dienen. Aber wenn sie eine größere als diese heuristische Rolle spielen will, wenn sie sich anmaßt, selber *lückenfüllende* Funktionen zu übernehmen, oder wenn sie sich gar gebärdet, die alleinseligmachende Methode zu sein, dann werfen wir ihr den Fehdehandschuh hin.

Es ist nicht zu verkennen, daß die Zweckjurisprudenz der Gefahr ausgesetzt und zuweilen sogar unterlegen ist, einem flachen Relativismus oder einem rohen Utilitarismus zu verfallen; selbst *Ihering* ist der Gefahr nicht immer entronnen. Vor allem für das Staatsrecht scheint eine Methode bedenklich zu sein, die alle Auslegung und Lückenfüllung auf Wertungen stützt. »Ein Staat«, sagte Gerber, »der auf Meinungen gegründet ist, kann nur eine unsichere und schwankende Existenz haben.« Allein ist denn das formallogische

Verfahren weniger auf »Meinungen« gestützt? Es ist kein Zweifel – und das bitte ich namentlich Sie, meine Herren Kommilitonen, stets zu bedenken –, daß gar manche in der Tracht des rein Juristischen wandelnde Begriffe und Axiome des öffentlichen Rechts nichts |39| anderes sind als Ausdrucksformen politischer, ja parteipolitischer Tendenzen. Aber die teleologische Jurisprudenz ist gezwungen, Farbe zu bekennen. Sie macht kein Hehl daraus, daß ihre Ergebnisse abhängig sind von Werturteilen. Denn eine Interessenjurisprudenz, die sich zur Aufgabe setzt, Interessen gegeneinander »abzuwägen«, muß, wenn sie nicht auf halbem Wege stecken bleiben will, die Maßstäbe nennen, nach denen sie die Abwägung vollzieht. Die Zweckjurisprudenz macht indessen, meist sogar dem ungeschulten Auge, deutlich, wo sie sich an der Grenze der subjektiven und der objektiven Interessenwertung befindet. Daß freilich ihre Aufgabe darin besteht, die Maßstäbe, an die sie sich hält, in der Sphäre des Objektiven zu suchen, steht fest. Wir alle sind dem Irrtum unterworfen, und es kann uns begegnen, daß wir subjektives Meinen mit objektivem Gelten verwechseln. Aber solcher Irrtum ist leichter aufzudecken als der Fehler einer logischen Konstruktion. Unsere Pflicht sehen wir jedenfalls im Staatsrechte wie im Privatrechte – denn es gibt nur *eine* juristische Methode –, unsere Pflicht sehen wir darin, daß wir uns bei Auslegung und Lükkenfüllung zunächst an die Wertungen halten, die wir im Gesetze ausgedrückt sehen. Läßt uns dieses im Stich, so sind wir verpflichtet, die Maßstäbe anzulegen, die wir im Rechtsbewußtsein der rechtlich verbundenen Gemeinschaft finden. Selbst wenn wir einmal am letzten Ende in die eigene Brust greifen, wenn wir, wie es die klassisch gewordene Vorschrift des Schweizerischen Zivilgesetzbuchs fordert, nach der Regel entscheiden, die wir als Gesetzgeber aufstellen würden, so handeln wir doch nicht nach individueller Willkür. Auch der Gesetzgeber hat seine Normen nicht nach Willkür, sondern nach sachlich begründeter Erwägung aufzustellen. So sollte es viel|40|leicht noch besser heißen: wir entscheiden im Notfalle so, wie wir als Gesetzgeber entscheiden *müßten.* Unser Bewußtsein ist ja doch nur ein Teil eines überindividuellen Geistes. Greifen wir in unsere Brust, so greifen wir zugleich nach ewigen Sternen. Auch für die Interessenjurisprudenz bleibt der oberste Leitstern die *Rechtsidee*, die ewige *Gerechtigkeit.* Ihr allein zu dienen, ist unsere Pflicht, ihr treu zu dienen, soll unser Gelöbnis sein.

Ernst von Hippel
Über Objektivität im öffentlichen Recht

I.

Versteht man unter Objektivität das In-sich-gegründetsein eines Standpunktes, dann erweist sich Objektivität im Bereiche des Rechtlichen als mit dem Normbegriffe unlösbar verbunden. Denn jene übersubjektive, in der Sache wurzelnde Gegründetheit einer Stellungnahme kann auf dem Felde des Rechtes nur durch Normtreue praktisch-theoretischer Betätigung des Juristen erreicht werden. Die Rechtsnorm erscheint damit wie als Kriterium der Objektivität rechtlicher Stellungnahme gleichzeitig als das Objektive in der Welt des Rechtlichen schlechthin.[1]

|394| Die Rechtsnorm, materiell als allgemeine Anordnung verstanden, besondert sich im wirklichen Staate. Denn nicht der Normbegriff, nicht die Norm an sich sind es, die etwa auf der gegenwärtigen Stufe konkret-historischen Seins unmittelbar praktische Bedeutung besäßen. Diese Bedeutung liegt vielmehr bei der Gesamtheit der vom Juristen positiv unterschiedenen Rechtsnormen (Verfassung, Reichs- und Landesgesetz, Rechtsverordnung, Verwaltungsverordnung, autonome Satzung usw.), die durch die Person des Normsetzenden oder Adressaten wie das Verfahren der Normsetzung jeweilig bestimmt und gekennzeichnet werden.

Entscheidend für das Problem rechtlicher Objektivität aber ist in der Gegenwart der Begriff des Rechtsstaates. Die unbeschränkte Zuständigkeit des Einherrschers der absoluten Monarchie ward durch die Lehre *Montesquieus* verteilt auf verschiedene Subjekte. Das Einssein staatlich-monarchischer Zuständigkeit ist damit gleichzeitig vernichtet worden, und die verschiedenen Träger der politischen Macht erscheinen rechtlicher Betrachtung nur als Organe des einen Staates, dem der Substanz nach die Ganzheit rechtlicher Zuständigkeiten nunmehr zugeschrieben wird. Die Verteilung von Befugnissen in der konstitutionellen Monarchie bietet hier den eigentlichen Ansatzpunkt für eine »strengjuristische« Methode, die bald in wunderlichem Mißverständnis vom Boden formalistischer Rechtskonstruktion die politisch gemeinte Lehre

Montesquieus wegen »Zerreißung der Staatseinheit« verwirft.[2] Wesentlich unter |395| dem Gesichtspunkte rechtlicher Objektivität ist bei all dem das Entstehen des Rechtsstaatsbegriffes, der, durch die Lehren *Montesquieus* theoretisch gegründet, das Gesetz zur Norm höchsten Ranges erklärt. Der Grundsatz der Gesetzmäßigkeit der Verwaltung wie die Lehre vom Vorbehalt des Gesetzes bedeuten nichts als Folgerungen aus einem Prinzip, das von der Tätigkeit aller Staatsorgane Übereinstimmung mit dem Gesetze fordert. Es ist dabei politisch verständlich, wenn in der Literatur des Staats- und Verwaltungsrechts in erster Linie auf die Gesetzmäßigkeit staatlicher Tätigkeit gegenüber dem *Bürger* geachtet worden ist. Bedeutet doch der Begriff des Rechtsstaates nichts anderes als den Versuch, mit Rechtsmauern die bürgerliche Freiheit zu umwehren, zu deren Rettung so *Montesquieu* wie *Rousseau* einst von verschiedenen Punkten her ausgezogen waren. Doch bedarf nicht minder die sogenannte Verwaltungsverordnung und Verfügung, die nur mittelbar den Bürger berührt, um unmittelbar von Behörde zu Behörde zu verlaufen, der Übereinstimmung mit dem Gesetz. Denn wenn auch jene peinliche Grenzziehung zwischen Herrschaftsbefugnis und Bürgerfreiheit im Verhältnis der Staatsorgane zueinander zu fehlen pflegt, so findet doch etwa die Anweisungsbefugnis höherer Organe gegenüber untergebenen Grund und Grenze in dem gesetzlich vorgesehenen oder vorausgesetzten hierarchischen Aufbau der Staatsbehörden und ihrem Sinn. Man kann daher an sich mit demselben Recht von einer allgemeinen Delegation zu Verwaltungsanordnungen reden,[3] wie man von einer solchen zum Erlaß polizeilicher Vorschriften etwa zu sprechen pflegt. Da endlich die Grenzen von Reichs- und Staatsaufsicht gegenüber Ländern wie Selbstverwaltungskörpern jeder Art, insbesondere auch unter dem Gesichtspunkte des Rechtsschutzes betrachtet,[4] gewissermaßen kreisförmig eine |396| Freiheitssphäre umlaufen, gilt das Prinzip der Gesetzmäßigkeit staatlichen Tuns nicht minder der örtlichen oder wirtschaftlichen Gemeinschaft eines Selbstverwaltungskörpers wie dem Einzelbürger gegenüber. Erst so ist das Prinzip des Rechtsstaates wie der Grundsatz der gesetzmäßigen Verwaltung in seiner ganzen Strenge erfaßt und lautet: Alle Tätigkeit staatlicher Organe findet Grund und Grenze der Befugnis letzten Endes allein im Gesetz. Soweit im übrigen die Verfassung als Norm höchsten Ranges erscheint und durch Handhabung des richterlichen Prüfungsrechtes als solche bewährt wird, verschiebt sich der positivrechtliche Geltungsgrund rechtlicher Stellungnahme um eine weitere Stufe. Die Verfassung wird zur rechtlichen Ursprungsnorm, wenn auch nicht im Sinne logischer Notwendigkeit, sondern infolge jener letzten Verwirklichung der Rechtsstaatsidee im organisatorisch-ideellen Aufbau eines historischen Staates.

Entspricht der Aufbau des Deutschen Reiches dem Prinzip des Rechtstaates im eben angedeuteten Sinne, dann ist hier objektiv zum mindesten in letzter Stufe nur ein der Reichsverfassung entsprechendes Verhalten. Im übrigen bekommt das Objektivitätsproblem seine besondere Farbe für den Bezirk des *öffentlichen* Rechts, in dem auch seine eigentlich praktische Aktualität gründet. Allerdings kann auch das Verhalten der einzelnen zueinander auf seine Normgemäßheit und somit Objektivität hin geprüft werden, so gut wie das Handeln staatlicher Organe dem Bürger gegenüber und umgekehrt. Da aber im Streitfalle die Rechtsverwirklichung normalerweise über den Staat läuft, entscheiden damit letztlich dessen Organe auch über die Normgemäßheit privatrechtlich bedeutsamen Verhaltens. So oft in Wirklichkeit politischer Zweifel an der Objektivität rechtlicher Stellungnahme sich erhebt, erscheint problematisch etwa die normgemäße Unparteilichkeit einer Entscheidung durch Richter oder Verwaltungsbehörden.[5] Dieser Erfahrung entspricht es auch, wenn gerade die Lehre von der Gewaltenteil|397|lung das Objektivitätsproblem in der normtreuen Tätigkeit von Justiz und Verwaltung suchte, in der selbstverständlichen Voraussetzung, daß eben hier seine praktische Bedeutung und mögliche Lösung liege. Denn nicht auf der Ebene privatrechtlicher Beziehungen, sondern auf den Burgen herrschaftlicher Rechtsgestaltung des öffentlichen Rechtskreises fällt über den Weg der Rechtshandhabung und des Rechtsschutzes grundsätzlich die Entscheidung über die Objektivität und damit Normgemäßheit oder Normwidrigkeit jeglichen Tuns von rechtlicher Bedeutung. Auch ändert hieran die Feststellung nichts, daß jedes rechtswissenschaftliche System seinem Sinne nach den Anspruch erhebt, objektiv im Hinblick sachlicher Rechtsauslegung zu sein. Gründet doch die praktische Bedeutung rechtswissenschaftlicher Untersuchungen zunächst in der Möglichkeit, Grundlage für die Rechtsgestaltung durch staatliche Organe zu bilden.

Objektivität mag nach all dem für den Bereich des öffentlichen Rechts zunächst als normgemäßes Verhalten staatlicher Organe begriffen werden, wobei im deutschen Recht die Reichsverfassung als letztes Kriterium des rechtlich Objektiven schlechthin erscheint. Gewonnen ist hiermit der Objektivitätsbegriff des Rechtspositivismus. Ob und wie weit etwa derselbe genauerer Untersuchung standhält, wird sich alsbald zeigen.

II.

Dort, wo der Wald der Rechtsnormen sich lichtet, beginnt der Bereich der Politik. So lehrt der Rechtspositivismus den jungen Juristen, wenn er ihn mit erhobenem Finger vorm Verlassen des Waldes warnt. Jenseits des Normenwaldes gilt nicht die Objektivität des Rechtlichen, und die Stürme politischer Leidenschaft toben über ein Meer, dem kein Gott gebietet.

Erhebt man die Frage, wie die Welten des Rechts und der Politik zu trennen seien, so weist der Rechtspositivismus klare Grenzen. Untersucht man genauer deren Gewinnung, so ergibt wiederum der Rechtsstaatsbegriff die Grundlage. Ist doch für den Rechtsstaat das Gesetz Kriterium rechtlicher Objektivität. |398| Der Kreis des Rechtlichen umschließt damit alles, was das Dach des Gesetzes schirmt oder der Schatten der Norm trifft. Theoretischer Ausdruck des Juristen hierfür ist die Subsumtionstheorie. Was der Norm unterstellt werden kann, liegt im Bereich des Rechtlichen und seiner Objektivität. Jenseits dieser Grenzen beginnt die Politik, die den Juristen »als solchen« nichts angeht. Der politischen Entscheidung tritt die rechtliche als etwas anderes gegenüber. Sie ist objektiv, sachlich, jene kann diesen Anspruch nicht erheben, denn hier fehlt die Norm, das Kriterium der Objektivität.

Ganz folgerichtig hat der Rechtspositivismus die politische Sphäre bereits mit der Aufstellung der Rechtsnorm beginnen lassen. Zwar ist das Verfahren der Normsetzung als durch das Gesetz betroffen noch zum Rechtskreise zu rechnen, aber der Inhalt der Norm und insbesondere der Grundnormen, des Gesetzes und der Verfassung, dient wohl als Kriterium rechtlicher Objektivität, gehört aber bereits der Welt des Politischen an. Die Suche nach der rechtlichen Normgemäßheit einer Norm verliert ihren Sinn bei den Grundgesetzen. Dort erhebt sich die andere Frage: Ist das Gesetz gerecht? Dies Problem aber berührt eben den Juristen »als solchen« nicht. Denn gibt es hier überhaupt eine sachliche Lösung, so ist es jedenfalls nicht die dem Juristen mögliche, die Kriterium und Ausdruck gerade im Gesetze findet.

Die scharfe Trennung zwischen Recht und Politik, die aus all dem herausspringt, ist durch die positivistische Rechtsphilosophie aufgenommen und vertieft worden. Die Frage nach dem Recht des Rechtes erschien als reine Angelegenheit der Rechtsphilosophie. Und hier war es namentlich *Stammler*, der in großartiger Gedankenarbeit ein überpositives Kriterium der Objektivität des Gesetzes suchte und zu finden glaubte. Die Welt der Juristen ihrerseits drängte sich wohl am Zaun des rechtsphilosophischen Flugplatzes, aber sie tat es mit der Spannung und dem staunend-unbeteiligten Interesse des nur Zuschauers, den die vollführten Seiltänzereien im Grunde nichts angehen. Auch auf dem Bereiche der Politik, dem Sinn |399| und Ordnung zu geben es doch eigentlich bestimmt war, hat *Stammlers* Objektivitätskriterium praktische Bedeutung nicht erlangen können. Es lag dies nicht sowohl an der Leerheit der gebrauchten Formel, die immerhin schon als Streben nach Objektivität richtungweisend hätte werden können. Aber der Gedanke politischer Objektivität mußte verwehen in einer Welt, die ganz auf dem geistigen Boden der »Realpolitik« stand. Theoretisch betrachtet enthält der Gedanke der Realpolitik in sich ein dogmatisches Objektivitätskriterium, das auf dem Gebiete der Außenpolitik namentlich leicht faßbar ist und hier in der Idee des Nationalstaates gipfelt. Dieser Gedanke des Nationalstaates, der seine rechtliche Umformung in dem Begriff der Souveränität fand, bedeutet nichts anderes als den Verzicht auf Objektivität in außenpolitischen Fragen zugunsten des Satzes »right or wrong my country«.[5a] Unwiderstehlich trieb so das egoistische Prinzip des Nationalstaates zur Katastrophe, da der bewußte allseitige Verzicht auf außenpolitische Objektivität Mißtrauen und Besorgnis bei jedem Kontrahenten erwecken mußte. Der philosophische Positivismus, welcher den geistigen Hintergrund der ›Real‹politik bildet, hat seine dogmatische Metaphysik im Zusammenbruch eben der Außenpolitik furchtbar offenbart. Innenpolitisch laufen die Fäden verwickelter. Immerhin aber, und das ist hier entscheidend, hat die im wesentlichen naturphilosophisch orientierte Philosophie der Vorkriegszeit wenig dazu getan, einer Lösung des politischen Objektivitätsproblems näher zu kommen. Allzuschnell und willig hat namentlich auch die evangelische Theologie sich durch Anerken|400|nung der »doppelten Moral« des Politikers den herrschenden Mächten dienstbar erwiesen, während die katholische Kirche durch ihre freie Stellung dem Staate gegenüber vor derartigen Verirrungen wohl grundsätzlich bewahrt geblieben ist. Bei dieser Einstellung der Geister konnte die Rechtsphilosophie einen nennenswerten Einfluß auf die wirkliche Methode der Politik nicht erlangen, ganz abgesehen davon, daß ihre Ergebnisse durch den Tiefstand der Allgemeinphilosophie auf dem Bereich des Ethisch-Politischen notwendig in Mitleidenschaft gezogen werden mußten. So wird die Stoßkraft etwa der *Stammlerschen* Objektivitätsformel von vornherein dadurch beeinträchtigt, daß jene Forderung der Objektivität nicht aus den Urgründen der praktischen Vernunft und Metaphysik sich tönend erhebt, sondern erkenntniskritisch wie ein Naturgesetz in einer schwer verständlichen Anlehnung an *Kants* Vernunftkritik gewissermaßen herausdestilliert ist. Zwar hat in neuester Zeit die deutsche Rechtsphilosophie lebendigere Antriebe erhalten. Theoretisch vor allem durch die *Rickertsche* Kulturphilosophie, praktisch durch das Erleben der Kriegs- und Nachkriegszeit, aber gerade das politische Objektivitätsproblem wird in den Schriften breiterer Wirkung wenig gefördert. So resigniert etwa *Radbruch* hier relativistisch von vornherein, während *M. E. Mayer* zwischen einer Art liberalen Humanitätsideals und einem soziologischen Kulturbegriff keine rechte Verbindung findet. Allzu starr steht *Binders* Philosophie des Rechts auf dem Boden bestimmter politischer Anschauungen. Endlich hat zwar *Nelson* mit anerkennenswertem Mute und in besonderer Klarheit die Forderung nach Objektivität in politischen Dingen erhoben, sich aber durch die rationalistische Nichtachtung des positiven Rechts und die mißbehagliche Methode einer dünnen Beweisführung um die verdiente Beachtung gebracht. Jedenfalls, und darauf kommt es in diesem Zusammenhange letztlich vor allem an, ist von seiten der Philosophie die durch die Rechtsstaatslehre begründete scharfe Scheidung der politischen von der rechtlichen Sphäre grundsätzlich nicht erschüttert worden. Rechtlich gewendet läßt sich dies Ergebnis in dem |401| Satze formulieren: Den Juristen als solchen geht die Politik nichts an. Eine These, wie sie in größter Bestimmtheit namentlich von *Kelsen* und seiner Schule neuerdings verfochten wird. Gleichzeitig findet in dieser abwehrenden Geste auch die skeptische Haltung derer Ausdruck, für welche Politik eine Sphäre bedeutet, die keine Norm und damit keine Objektivität besitzt.

III.

Die Verbindung der Rechtsnorm mit dem Leben erfolgt nach der Subsumtionstheorie durch Unterstellung eines Tatbestandes unter das Gesetz. Dabei enthält, solange die Lehre von der Lückenlosigkeit des Rechtes unbezweifelt galt, die Subsumtion zum mindesten theoretisch kein eigentliches Problem. Es galt vielmehr letzten Endes nur ein Deckungsverhältnis herzustellen derart, daß man die Norm gewissermaßen auf den Tatbestand legte. Die Beziehung von Norm und Tatbestand wurde damit etwa so gedacht wie die des Kartennetzes zur Landkarte. Durch Auflegung der Norm bzw. des Kartennetzes beantwortet sich von selbst die Frage, ob irgendein Tatbestand oder Punkt unter Norm oder Kartenquadrat fällt. Wesentlich in diesem Zusammenhange ist dabei die hier zugrunde liegende dogmatische Rechtsphilosophie. Das Rechtssystem erscheint als ein statisches System, d. h. als starr und gegründet auf formallogische Kategorien. Die historische Wandelbarkeit der Norminhalte berührt die Grundfesten des Rechtssystems nicht, da der Prozeß des Werdens als politisch aus dem Rechtsbereich herausfällt, während die Rechtstheorie eben den jeweiligen Status der Gegenwart unpolitisch, logisch erfaßt. Es ist zur Genüge bekannt, wie der Positivismus der Schule *Gerber-Labands* betont unpolitisch seine Konstruktionen spann. Er tat es trotzdem in dem unbewußt heißen Bemühen, die als Ansatzpunkte der Konstruktion unvermeidliche petitio principii so aufzustellen und einzubauen, daß das gewünschte Ergebnis gewappnet heraussprang. Über aller »Sachlichkeit« ging dabei die Objektivität verloren und rächte sich ihre nicht erkannte Problematik. Um es schematisch zu sagen: Wer liberal etwa |402| dem Ergebnis A zuneigte, konstruierte wohl zur Begründung einen Vertrag, während der wissenschaftliche Gegner von staatsabsolutistischeren Neigungen die ihm gemäße Lösung B durch einen Verwaltungsakt auf Unterwerfung gründete. Entsprechend drehte sich der Streit der Meinungen nun nicht darum, welche Lösung die sinnvollere sei bzw. den staatlichen Wertkategorien gemäß, sondern um die Frage: Vertrag oder Verwaltungsakt auf Unterwerfung? Damit wurde das eigentliche Problem genau auf den Kopf gestellt, da die formale Beziehung der Gleich- oder Unterordnung aus der materiellen Lage sich ergibt, nicht aber sie begründet. So wird das Wertproblem, die Rechtsmetaphysik, erstickt durch die Konstruktion.[6] Es unterliegt aber keinem Zweifel, daß eine Konstruktion allein nie begründen kann, wir denn auch etwa die Urteilsformen der formalen Logik stets zu ihrer Schlüssigkeit bestimmte Sachverhalte als gegeben voraussetzen. Auch die Rechtskonstruktion bedurfte so irgendeines Ansatzpunktes, wollte man sich nicht unter jedem Verzicht auf eigentliche Begründung mit einem bloßen Hin- und Herschieben der petitio begnügen. Hier fand der Rechtspositivismus Waffen für seine jeweilige Meinung über den Weg der historischen Rechtschule einmal im Arsenal der Materialien. Es bedeutet dies ein Heraustreten aus der rein logisch-konstruktionellen Sphäre und ein Aufsuchen der politischen Quellen einer Norm, das grundsätzlich als sachgemäß anerkannt werden muß. Auf völlig unfruchtbaren Boden geriet die Rechtstheorie jedoch dort, wo sie durch die herrschende psychologische Logik verführt an konstruktionell psychologische Haarspaltereien und damit auf ein ihr fremdes Gebiet gelangte, dessen Früchte denn auch nur dargeboten |403| wurden, um eine vorgefaßte Meinung einzulösen. Der Fachpsychologe würde mit Erstaunen nur diese Psychologie des Rechtspositivismus betrachten, die unter dem Zwang einer fast lächerlich verschobenen Problemlage mit einem Federstrich ungeklärteste Probleme der Psychologie entscheiden und lösen muß, nur um die Richtigkeit einer getroffenen Rechtsauslegung »logisch« erhärten zu können.

Auch die Einsicht in das Vorhandensein von »Rechtslücken« hat die im Grunde naturwissenschaftlich-erkenntniskritische« Auffassung des Rechts und seines Systems in der gemeinen Ansicht nicht erschüttert. Schon das Wort »Lücke« zeigt, wie man ein Loch im statisch logischen System des Rechts entdeckt zu haben glaubte, wobei der Streit nun um die Frage ging, in welcher Weise es zu stopfen sei. Die herrschende Rechtstheorie hat lange und hartnäkkig das Vorhandensein von Rechtslücken bestritten oder totgeschwiegen in dem begründeten Gefühl, daß es sich hier um die rechtliche Objektivität handle, deren Vorhandensein über Rechtsstaatsbegriff und Subsumtionstheorie bisher als Tatsache und nicht als Problem und Aufgabe betrachtet wurde. Die Entdecker der Rechtslücken ihrerseits sind vielfach der Zeitströmung entsprechend über Psychologie und Soziologie völlig in naturwissenschaftliches Fahrwasser geraten und dabei zu einer Relativierung des Objektivitätsproblems gelangt, das die Schärfe der Abwehr von seiten des Positivismus erklärt. Dazu kamen politische Gegensätze, von denen aus betrachtet die herrschende Lehre als die konservative Richtung erscheint, während die Rechtsreformer gleichzeitig meist als politische Neuerer im Sinne demokratisch-sozialistischer Ideenrichtungen auftraten. Nicht zuletzt ist es diese Verquickung des theoretischen Problems mit politischen Möglichkeiten, die gegenwärtig von der einen Seite her die Rechtshandhabung im alten Sinne als »sachlich« im Gegensatz zu »politisch«, von der andern Seite als »politisch« im Gegensatz zu »objektiv« behaupten lassen.

Für die Rechtstheorie, die wie jede Theorie unter dem Wahrheitswerte steht, ist von Bedeutung zunächst allein die wissen|404|schaftliche Problematik. Was sich daraus politisch ergibt, wird in zweiter Linie zu untersuchen sein, wobei in aller Schärfe wiederholt sei, daß nur eine wahrhaftige Politik im letzten Sinne »Realpolitik« ist. Die bittere Skepsis, mit der die gegenwärtige Generation der Studenten politische Dinge betrachtet, entspricht dem weithin verlorenen Glauben an Objektivität und Gerechtigkeit in der Welt.

Theoretisch wird das Objektivitätsproblem zunächst durch die Methode der Rechtsauslegung bestimmt, und hier muß die herrschende Ansicht wie die sie bis in ihre letzten Konsequenzen durchführende »reine« Rechtslehre als unhaltbar bezeichnet werden. Dies nicht sowohl, weil es »Lücken« im Rechte gibt, als weil die Rechtsbegriffe etwas anderes sind, als man gemeinhin unterstellt. Unter dem Einfluß einer naturwissenschaftlichen Logik sind die Rechtsbegriffe Gattungsbegriffen gleichgesetzt worden und damit Schubladen, deren Inhalt durch Aufschriften wie »Zucker«, »Mehl«, »Rosinen« eindeutig bestimmt erscheint. In schwer verständlichem Widerspruch zu ihrem Ansatzpunkt hat auch die reine Rechtslehre diese Ansicht stillschweigend übernommen, obwohl sie durch Entrückung des Rechts in die Sollenssphäre sonst die naturwissenschaftliche Logik des Rechtspositivismus aufs schärfste bekämpft. In Wahrheit aber weisen fast alle Rechtsbegriffe auf Ziele hin, wie auch jedes Gesetz und das Recht seiner Idee nach zweckhaft ist und damit der Sphäre der praktischen und nicht der theoretischen Vernunft zunächst angehört. Jeder einzelne Rechtsbegriff enthält so etwas Aufgabenhaftes, ist nicht ein leerer Kasten, sondern eine rechtliche Forderung, dies allerdings nicht im Sinne eines transzendenten Sollens, sondern eines empirischen Gebotes verstanden. Ob dies Gebot wiederum seine Grundlegung in transzendenten Normen findet, ist eine Frage, die erst hinter dem positiven Recht sich erhebt, und die auch nur für das Recht an sich, nicht bezüglich jedes einzelnen Rechtssatzes bejaht werden kann. Was hier allein interessiert, ist der aufgabenhafte Charakter der Rechtsbegriffe, der aus ihrem Forderungssinn sich ergibt. Als Methode der |405| Rechtsauslegung gilt damit die Sinndeutung, die es als gleichgültig etwa erscheinen läßt, was psychologisch sich als Willenserklärung darstellt, als wesentlich dagegen, was der Rechtsbegriff Willenserklärung meint. Damit wird die Teleologie, die Sinndeutung und Sinngebung, zur Methode der Rechtsauslegung und begründen die Kategorien der praktischen und nicht der theoretischen Vernunft die Logik des Rechts. – Von dem hiermit gewonnenen Boden aus stellen sich nun Recht und Politik nicht mehr als zwei Kreise dar, die sich in einem Punkte, dem Gesetz, berühren, wobei der Norminhalt als politisch, Normgewinnung und Anwendung als der Rechtssphäre zugehörig erscheinen. Die politische Welt erstreckt vielmehr ihren Bereich bis tief in das Rechtsgebiet hinein, womit rechtliche Objektivität problematisch und jedenfalls zur Aufgabe wird. Bedürfen nämlich die Rechtsbegriffe der Sinndeutung, so kann diese verschieden ausfallen, falls philologisch-historisches Verstehen versagt. Tatsächlich ist dies aus verschiedenen Gründen der Fall. Zunächst fehlt in der Demokratie die eine, sich selbst identische Person, aus deren Wesen heraus eine letzten Endes schon überphilologische Auslegung sich vielleicht begründen ließe. Auf welche Seite man sich bei widersprechenden Ansichten parlamentarischer Verhandlungen stellt, ist dagegen schon Sache des Ermessens, geschieht zum mindesten von seiten der Rechtsauslegung gegenwärtig methodenlos und gemäß dem Wunschbild des einzelnen. Vor allem scheitert aber die philologische Interpretation an dem Gegenwarts- und Aufgabencharakter des Rechts. So ist es historisch-philologisch etwa möglich, die Polizeiformel des Preußischen Landrechts im Sinne des aufgeklärten Absolutismus zu »verstehen«. Gewonnen für die Rechtsauslegung ist damit jedoch so gut wie nichts, da die Auslegung einer Norm, die aus der Zeit des Polizeistaates als Baustein in die Demokratie geriet, nunmehr nach den Wertkategorien des Rechtsstaates und der deutschen Demokratie zu erfolgen hat. Andernfalls würde das Gebäude des Rechts zersprengt und zur Kuriosität für Liebhaber vergangener Rechtsstile, nicht aber wäre es ein festes Haus für |406| die Generation der Lebenden. So kann, wie gesagt, die preußische Polizeiformel gegenwärtig nur aus dem

Gedankenkreis der Demokratie heraus ausgelegt werden, da Sinn und Aufgabe der Polizei im Volksstaat notwendig weniger autokratischen Charakter tragen als in der absoluten Monarchie. Andererseits ist der als Bezugspunkt und übergeordnetes Prinzip hier auftauchende Gedanke der Demokratie nicht ein Gegenstand, der wie ein Würfel mathematisch berechnet werden kann, vielmehr bewegt sich die demokratische Ideologie in verschiedener Weise formgebend um einen festen Kern. Dazu kommt, daß nicht der Sinn der Demokratie als solcher, sondern wiederum derjenige der deutschen Demokratie für uns allein von Bedeutung ist, hier also jene Brechungen zu beachten sind, die das theoretische Prinzip der reinen Volkssouveränität etwa durch Beibehaltung des Fachrichtertums und anderer Momente erhalten hat. Endlich kommt es auch nicht so sehr darauf an, daß die wissenschaftlich verwalteten Theorien der Demokratie allzu formalistisch gehütet werden, sondern wo die demokratische Ideologie als übergeordnetes Rechtsprinzip auftritt, wird ihr Sachgehalt und nicht die naturrechtliche Erläuterung desselben zunächst beachtlich sein. Von dem weltbürgerlichen Individualismus der Rousseauschen Theorie entfernt sich die Idee der modernen Demokratie dann weit durch die Betonung der nationalen Volksgemeinschaft und jene Selbstverpflichtung zu sozialer Fürsorge, wie sie etwa auf den Gebieten der Wohlfahrtspflege, der Strafvollstreckung, des Arbeitsrechts usw. in Angriff genommen ist. Andererseits hat allerdings auch die Rousseausche *Theorie* der Demokratie in politisch wichtigsten Bestimmungen wie dem Wahlrecht und der Grundschule ihren Ausdruck gefunden, so daß es im Einzelfall fraglich sein kann, ob die aufgabenhafte *Idee* der Demokratie oder die formale und insofern »logisch« feststehende *Theorie* derselben rechtliche Bestimmungen beherrschen. Schließlich liegen einer Norm als sinngebende Gestaltungsprinzipien regelmäßig eine *Anzahl* Ideen zugrunde. So habe etwa in der preußischen Polizeiformel der Gedanke der öffentlichen Ordnung und der der privaten Sicher|407|heit und Freiheit durch Anerkennung ihrer relativen Berechtigung eine Art Kompromiß geschlossen, dessen sinnhaften Sinn es immer wieder neu zu bewähren gilt.

Konstitutierend für Norminhalt und Rechtssystem sind nach all dem nicht formallogische Urteilsformen, sondern Aufgaben, die die Gemeinschaft sich setzt zwecks Erfüllung oder in Abwehr politischer Forderungen. Die Rechtsordnung bedeutet demgegenüber zum mindesten ihrer Idee nach den Versuch gerechten Ausgleichs, politischer Objektivität. Die Verbindung von Recht und Politik aber liegt begründet in der Tätigkeit der Rechtsauslegung, die über Sinndeutung zur Sinngebung führt und insoweit freie, normentbundene Gestaltung der politischen Welt ist, wenn auch nur innerhalb der Grenzen eindeutigen Rechtssinnes.

IV.

Sind Recht und Politik nicht zwei sich nur berührende Kreise, sondern wird im Verfahren der Rechtsanwendung Rechtsdeutung zur Rechtspolitik, dann gewinnt das Problem politischer Objektivität für den Juristen eine zentrale Bedeutung. Der Rechtspositivismus mit seinem dogmatischen Glauben an die »Sachlichkeit« seines Tuns konnte teilnahmlos theoretische Bemühungen um politische Objektivität wie den praktischen Opportunismus der »Realpolitik« betrachten. Die Rechtsteleologie als Rechtspolitik muß verlangen, daß weiter als es bisher geschah die Welt der Objektivität erstreckt wird. Rechtliche Sinndeutung, die zur Sinngebung führt, läßt das Problem rechtlicher Objektivität mit dem politischer Sachlichkeit insoweit zusammenfallen.

Der kampflose Verzicht auf politische Objektivität durch den philosophischen Positivismus hat dazu geführt, daß auf dem Felde der Politik die dümmste Meinung mit dem Anspruch auftritt und auftreten kann, ernstgenommen und beachtet zu werden. Der Unterschied von Sachverständigem und Laien, sonst grundbedeutsam für alle Gebiete des Geistes, verschwindet wie ein Rauch nach Aufgabe der Objektivität. Der Rechts|408|positivismus freilich konnte die Forderung rechtlicher Objektivität theoretisch nicht preisgeben, da er infolge seiner Subsumtionstheorie die Aufgabe als solche nicht sah und so verleitet ward, die eigene rechtspolitische Ansicht ins a priori zu erheben. Man braucht nur die Anmerkungen etwa *Labands* und seiner Schüler durchzublättern, um zu erkennen, wie hier der Standpunkt A.s als »falsch« verworfen, der B.s als »richtig« gebilligt wird. Da es sich bei solchen Meinungsverschiedenheiten fast stets um Fragen handelt, die nur durch Sinngebung und nicht mehr Sinndeutung lösbar sind, verzichtete der Rechtspositivismus nur auf Teleologie, um für seine rechtspolitischen Standpunkte absolute logische Gültigkeit in Anspruch zu nehmen. Die eigentliche Preisgabe des rechtlichen Objektivitätsproblems, das der Positivismus vor sich im Sand seiner dogmatischen Voraussetzungen verbarg, ist dann durch Freirechtsschule und reine Rechtslehre erfolgt. Ein neues Dogma ist damit an Stelle des alten getreten und bedroht in anderer Weise die Grundfesten des Rechts. Denn spann der Positivismus sachfremd, aber seiner selbst gewiß Fäden in einer Ebene, auf der das eigentliche Problem nicht lag, um endlich sein Ergebnis mit dem Anspruch auf Gültigkeit gewissermaßen aus der Pistole zu schießen, bewegen sich die neueren Lehren zwar um die richtiggestellte Frage, aber nur, um zugunsten eines Wertanarchismus auf eine mehr als subjektive Antwort von vornherein zu verzichten. Die dogmatische Voraussetzung dieses Standpunktes, der auf dem Boden der Freirechtsschule in *Radbruchs* Rechtsphilosophie seine theoretische Formung findet, um von der reinen Rechtslehre[7] einfach übernommen zu werden, läßt sich in dem Satze fassen: wo nichts bewiesen werden kann, besteht auch keine Objektivität. Das mathema|409|tisch-naturwissenschaftliche Beweisverfahren wird damit zu dem der Wissenschaft schlechthin. Sein Geltungsbereich soll umgekehrt den Kreis des Wissensmöglichen umreißen. Das Reich des Sinnes aber liegt jenseits des Beweisbaren, und so ist der theoretische Wertrelativismus das notwendige Ergebnis des neuen Dogmas. Philosophisch ist dem Wertrelativismus von alters her sein Widerspruch mit sich selber vorgehalten worden, und es wäre leicht, dies Argument zu wiederholen. Doch ist diese logische Beweisführung vielleicht weniger schlüssig als sie sich gibt, trifft auch nur die gewissermaßen negative Seite der Sache, weshalb hier auf sie verzichtet sei. Auch ohne sie kann die dogmatische Unhaltbarkeit des rechtspolitischen Relativismus teils »bewiesen«, teils »einleuchtend gemacht« werden. Allerdings muß dafür zunächst festgestellt werden, welche Aufgaben sich wissenschaftlicher Politik überhaupt sinnvoll stellen lassen.

Versteht man unter Politik das Streben, die Gestaltung des Staates in irgendeiner Beziehung zu bestimmen, dann kann sich wissenschaftliche Betrachtung einmal auf die *Mittel* erstrecken, die geeignet scheinen, politische Strukturveränderungen herbeizuführen, zum andern auf die *Ziele*, zu deren Erreichung politische Mittel eingesetzt werden können oder sollen.[8] Die Ursachen politischer Veränderungen erforscht nun die Soziologie auf Grund der historischen Wirklichkeit, und ihre Ergebnisse, so dürftig sie gegenwärtig immer noch sein mögen, verbieten doch den Relativismus auf dem Gebiete der Soziologie als Politik. Ein politisches Urteil, dem offensichtliche Unkenntnis von der Verteilung der politischen Macht in einer Gemeinschaft wie von der Natur politischer Kräfte überhaupt zugrunde liegt, hat der Ansicht des politisch-soziologisch Sachverständigen und |410| Erfahrenen gegenüber nicht mehr Gewicht, als die δόξα des Laien. Wissenschaftliches und Laienurteil verhalten sich hier, wo es sich um die Lehre von den politischen Kräften handelt, grundsätzlich zueinander wie sonst auf dem Felde der Naturwissenschaft. Auch der Arzt etwa kann irren, darf aber doch mit gutem Grunde an sich beanspruchen, in Krankheitsfällen sachverständiger, objektiver urteilen zu können als der Laie. Von einer relativ gleichen Berechtigung aller medizinischen oder politischen Urteile kann insofern keine Rede sein. Im übrigen ist hier der Bereich des Beweises noch nicht verlassen. Ihn liefert zwar nicht die Logik, wohl aber die Erfahrung, das Experiment, das Naturgesetz.

Der rechtspolitische Relativismus erstreckt sich im Grunde auch gar nicht auf diese Seite der Politik, die als beweisbar noch im Schatten seines Wissenschaftsbegriffes liegt. Als *Wert*relativismus behauptet die soziologische Rechtstheorie vielmehr die grundsätzliche Gleichwertigkeit der politischen *Ziel*setzungen. Es wäre nicht schwer zu zeigen, wie wenig dies Programm von seinen Vertretern selber theoretisch wie praktisch durchgehalten wird. Doch da dieser Nachweis unmittelbar nicht die These als solche, sondern nur ihre Verwirklichung angehen würde, sei auf ihn verzichtet. Es gilt vielmehr die These selber zu treffen.

Die Unhaltbarkeit des politischen Wertrelativismus liegt nun in dem von ihm vorausgesetzten, zu engen Wissenschaftsbegriffe, der Sinn und Berechtigung nur für den Bereich der theoretischen Vernunft, der Naturwissenschaften und ihrer Logik besitzt. Auf dem Gebiete der praktischen Vernunft, der Ethik im weitesten Sinne, wo es sich nicht um »richtig« oder »falsch«, sondern um die Frage nach »Wert« oder »Unwert« dreht, kann zwar nicht mehr im engeren Sinne *bewiesen,* wohl aber kann hier der Sinn oder Nicht-Sinn einer Zielsetzung *eingesehen* werden. Auf dieser Möglichkeit der Verständigung beruht alle Kultur, und die Wertrelativisten sind nicht die letzten, die den höheren Wert ihrer eigenen politischen Ansichten darzulegen |411| suchen, womit sie ihre theoretische Ausgangsbasis ad absurdum führen. Die geistige Kurve jedes Einzelmenschen an sich selbst betrachtet aber zeigt deutlich, wie wenig haltbar der Wertrelativismus im Grunde ist. Denn sie lehrt, wie der heranwachsende Mensch seinen Horizont erweitert, und wie so frühere politische Zielsetzungen von ihm überwunden werden, wobei das mit sich selbst identische Subjekt weiter zu kommen und nicht nur eine Vertauschung gleichberechtigter Standpunkte vorzunehmen sich bewußt ist. Der Relativismus tötet den Lebenssinn und leugnet jede Möglichkeit der Entwicklung, wenn er in dem als Aufstieg Erlebten nur einen letzten Endes unbegründeten und gleichgültigen Meinungswandel sieht. Auch mit der Wirklichkeit, auf die sich der Relativismus so gerne beruft, läßt er sich kaum in Einklang bringen. Denn die politische Wirklichkeit vollzieht sich unter der Idee des Fortschritts, sie glaubt an die Möglichkeit, das Bessere zu finden und wertet etwa den politischen Gerechtigkeits- und Machtstandpunkt durchaus nicht gleich, vorausgesetzt nur, daß sie fähig ist, im Einzelfall den Pferdefuß zu sehen.

Verständlich, wenn auch nicht begründet, wird der politische Wertrelativismus eigentlich erst, wenn man sich klarmacht, was er will, und vor welchen praktischen Schwierigkeiten er offenbar entstand. Es enthält dann der rechtspolitische Wertrelativismus, der hier ja zunächst interessiert, dem Positivismus gegenüber das Streben nach größerer rechtlicher Objektivität. Dem Objektivitätsdogma des Rechtspositivismus, der die Meinung des Gegners mit der Keule der Logik zu zerschmettern glaubt, tritt der Zweifel an der Beweiskraft seiner Argumente entgegen. Der Wertrelativismus erhebt sich vom geistigen Boden aber aus den »Lücken« der alten Lehre, und seine Forderung lautet gegenüber dem herrschenden Dogma: Die rechtspolitische Ansicht des wissenschaftlichen Gegners ist gerade so berechtigt wie deine eigene. Dem Standpunkt schlechthinniger, starrer Richtigkeit begegnet hier das Verlangen nach Duldung der fremden Meinung, eine Lehre, die ihre Wurzel in Gedankengängen eines liberalen Humanitätsideals finden dürfte, wobei Anklänge an christliche Vorstellungen unverkennbar sind. |412| Aber bedeutet, so gesehen, das neue Dogma einen Fortschritt auf dem Wege politischer Objektivität, so zerstört es andererseits gleichzeitig als Relativismus wie jegliche politische Objektivität auch seinen eigenen Sinn. Die Ursachen dieses theoretischen Selbstmordes dürften mit darin liegen, daß sich die Reformer noch zu sehr auf dem Boden der herrschenden Lehre bewegten. Der Rechtspositivismus verlangt, verwöhnt durch das Beweisverfahren der Naturwissenschaft, im Grunde, daß ihm bei einer Anwendung teleologischer Verfahrensweise alle sinnvoll möglichen politischen Zielsetzungen und damit das Wesen Gottes und der Welt klar, eindeutig und erschöpfend angegeben werde. Unter dieser Voraussetzung ist er nicht abgeneigt, ein nunmehr mögliches neues Beweisverfahren gegen sein altes einzutauschen. Dabei hält sich der Positivismus zur Aufstellung dieser Übergabebedingungen um so eher für berechtigt, als die Versuche der positivistischen Rechtsphilosophie etwa *Stammlers* seinen Erwartungen sich anzubequemen scheinen. Aus seinen Forderungen hat sich so der Rechtspositivismus eine Burg gebaut, aus der er seiner Ansicht nach nicht vertrieben werden kann. Denn läßt sich der Gegner darauf ein, eine politische Weltformel als Abschluß teleologischen Verfahrens aufzustellen, so fällt es dem Positivsmus nicht schwer nachzuweisen, daß diese Formel leer oder unzureichend, wenn nicht gar unbegründet sei. In diesem Falle gilt der Angriff auf die positivistische Feste als abgeschlagen. Begnügt sich aber der Gegner damit, ein teleologisches Verfahren zu verlangen und nur dessen Notwendigkeit nachzuweisen, so leitet der Positivismus hieraus das Recht her, erneut den Kopf in den Sand zu stecken.[9] Wie Barbarossa bleibt er damit in seinem Berg, solange die Raben noch fliegen, d. h. solange noch der mindeste Zweifel an dem Werte politischer Zielsetzungen und dem Sinn der Welt die Flügel hebt.

Es bedarf demgegenüber keiner langen Ausführungen um nachzuweisen, daß ein falscher Weg nicht dadurch zum Ziele führt, weil der richtige Weg beschwerlicher ist. Im übrigen ist |413| aber die Lage auch nicht so, wie sie dem Positivismus erscheint, der befürchtete, in die Irre zu gehen, wenn ihm nicht vorher wie auf einer Landkarte der Sinn der Welt erläutert und bewiesen wird. In Wahrheit hat ja auch bisher der Positivismus seine politischen Ziele sich suchen müssen, und die Teleologie verlangt nichts anderes von ihm, als daß er diese Ziele in Zukunft nicht mehr mit verbundenen Augen gewissermaßen erwürfelt, sondern in eigener Verantwortung frei sich wählt. Was dem Positivismus an Sicherheit genommen wurde, ist nur der irrige Glaube an sie. Der Mut, es mit dem metaphysischen Dunkel der Welt aufzunehmen, das jenseits des Beweisverfahrens liegt, ist allerdings sachgefordert. Aber hat sich nicht bisher der Positivismus mit geschlossenen Augen und ohne Kenntnis der Gefahr doch leidlich sicher bewegt?

Der Positivismus, der seine Ziele ziellos suchte, hat nach all dem das geringste Recht, theoretische Klarheit von vornherein zu verlangen. Im übrigen ist die Vorstellung irrig, als hänge Politik von vorherigem Wissen um alle möglichen politischen Ziele und deren Werte ab. Zunächst zeigt die Erfahrung, daß Politik bisher stets ohne Wertplan und damit in tiefstem Sinne unwissenschaftlich getrieben wurde, wobei allerdings keineswegs behauptet sei, daß dies ein Vorteil war. Jedenfalls »geht es« auch so, weshalb die Möglichkeit teleologischen Verfahrens nicht bezweifelt werden kann. Seine Objektivität andererseits, die hier in erster Linie interessiert, ist aber von vorherigem Wissen um alle ethisch-politischen Wertkategorien nicht abhängig, wie der Positivismus meint. Die theoretische Entfaltung der sittlichen Welt kann wegen ihrer Wesensfülle nicht erfolgen nach Art des mathematischen Systems. Jede ethisch-politische Leerformel aber weist notwendig zurück auf das sittliche Subjekt, dessen Wissen und Gewissen damit zum letzten Maßstab wird. Eine vorherige Aufstellung einer Kategorientafel sinnvoller politischer Ziele ist zudem praktisch nicht nötig, vielmehr gilt es den Wert einer rechtspolitischen Sinngebung, soweit dies notwendig erscheint, in jedem Einzelfalle zu begründen. Die begründete Arbeit der Rechtswissen|414|schaft selbst enthält ihre Kategorien in sich und eine etwa mögliche Werttafel würde, um mit Aristoteles zu sprechen, zwar das an sich logisch Frühere, aber das für uns Spätere sein. Unaufhebbar ist allerdings die Lage, daß verschiedene rechtspolitische Lösungen mit dem Anspruch auf Gültigkeit, auf Objektivität auftreten können und werden, und keineswegs wird dabei immer die wertvollste Ansicht siegen, wenn nämlich die Gegner ihren Sinn nicht einsehen oder ihn leugnen. Darum jedoch sind die Standpunkte als solche nicht relativ gleichberechtigt, vielmehr erheben sich hier nur jene Widerstände, die schöpferischer Einsicht und Gestaltung auf allen Gebieten des Lebens begegnen. Die Tragik des Geistes aber ist kein Beweis gegen seinen Sinn.

Das teleologische Verfahren der Rechtsauslegung, für das rechtliche Objektivität nicht Besitz, sondern Aufgabe ist, fordert sachliche Begründung rechtspolitischer Standpunkte. Zu dieser Sachlichkeit gehört eventuell auch die Aufgabe des eigenen Urteils. Konnte der Positivismus eine Ansicht nur ändern, weil ihr gewissermaßen ein Rechenfehler zugrunde lag, so hat sich der Vertreter teleologischen Verfahrens zu beugen vor der tieferen Einsicht, da er nicht sinnvoll behaupten kann, die Ganzheit politischen Seins und Sinnes zu überschauen. Während endlich die positivistische

Rechtsauslegung als logisch zeitlose Geltung ihrem Sinne nach beanspruchen muß, kann die teleologische als sinnvolle Gestaltung der Gegenwart ihren Sinn überleben, veralten.

Man kann gegen diese Ausführungen einwenden, sie seien gefährlich, da den politischen Charakter rechtlicher Sinngebung aufdecken ihn der Parteipolitik ausliefern heiße. Obwohl es sich hier nicht mehr um ein theoretisches Argument handelt, sei doch bemerkt, daß richtig verstandene Politik unter dem Wahrheitswert steht, da es irrig ist, zu glauben, die Welt sehe nicht, weil jemand am Schreibtisch mit Sand streut.[10] Der |415| Parteipolitik entzogen werden kann rechtliche Sinngebung nur, wenn sie von seiten der dazu Berufenen offen mit jener rein sachlichen Interessiertheit behandelt wird, die das Problem als solches fordert.[11] Gleichzeitig zeigt jede sachliche Behandlung, was der Ausführende will und zu sagen hat, während hinter Logizismen sich politisches Wunschbild wie politische Ideenlosigkeit gleichmäßig verbergen können.

[...]

Anmerkungen

1 Der vorliegende Aufsatz wiederholt auf Anregung des Schriftleiters der »Abhandlungen« im wesentlichen, wenn auch von einem anderen Ansatz her und in neuer Formung, Gedanken, die Verfasser bereits in der Tatwelt veröffentlichte. (»Über die Notwendigkeit einer metaphysischen Grundlegung der Rechtstheorie« in »Die Tatwelt, Zeitschrift für Erneuerung des Geisteslebens«, 1926, S. 41 ff.) Da es darauf ankam, Stellung zu einer wissenschaftlichen Lage zu nehmen, die als solche bekannt und gleichzeitig nur als Typus wirklich ist, wurde auf Angabe von Literatur grundsätzlich verzichtet. Verwiesen sei so nur auf *Triepels* Rektoratsrede 1926 über »Staatsrecht und Politik«, in der Verfasser eine besonders bedeutungsvolle Bestätigung seiner Ansichten erblicken zu dürfen glaubt, wie *Holsteins* Abhandlung im Archiv 1926, S. 1 ff. – Zur Rechtfertigung des Aufsatzes muß bemerkt werden, daß er bereits vor der Staatsrechtslehrertagung von 1927, deren Gedankengänge hier Ausgeführtem vielfach entsprechen, in Druck gegeben war.

2 Statt aller *Laband*, Staatsrecht, 4. Aufl. II, S. 6. »Eine Kritik dieser Lehre, welche die Einheit des Staates zerstört und welche weder logisch haltbar noch praktisch durchführbar ist, kann hier unterbleiben, da in der deutschen politischen und staatsrechtlichen Literatur über die Ver-

werflichkeit dieser Theorie seit langer Zeit fast vollständiges Einverständnis herrscht.« In der 5. Auflage hat *Laband* den Satz gestrichen. Vgl. auch *E. v. Hippel,* Die Verschiebung der Machtverhältnisse im alten und neuen Deutschland, dargestellt an der Lehre *Montesquieus* und die praktische Bedeutung dieses Prinzips für die juristische Konstruktion (»Rechtsgeleerd Magazijn« 43. Jahrg., S. 139ff.), dessen Ausführungen allerdings noch zu dogmatisch befangen sind. Der in der staatsrechtlichen Literatur vielfach geradezu verloren gegangene Ideengehalt der Thesen *Montesquieus* ist etwa noch in *F. J. Stahls* Geschichte der Rechtsphilosophie lebendig.

3 Positivrechtlich verwiesen sei hier etwa auch auf Art. 77 RV wie Art. 51 und 40 der Preuß. Verf.

4 Vgl. z. B. die Art. 15 und 19 RV.

5 Dafür bildet etwa das Entstehen der Zeitschrift »Die Justiz« einen Beleg.

5a In *Friedrich Meineckes* grundbedeutender Arbeit über »Weltbürgertum und Nationalstaat« steckt doch in dem Begriff der Realpolitik eine sophistisch-subjektive Metaphysik. So wenn es (6. Aufl. 1922 S. 111) von und gegen *Fichte* heißt:
»Und er schneidet aller Realpolitik die Wurzel ab, wenn er am Schlusse die große Forderung erhebt: ›Das bunte und verworrene Gemisch der sinnlichen und geistigen Antriebe durcheinander soll überhaupt der Weltherrschaft entsetzt werden, und der Geist allein, rein und ausgezogen von allen sinnlichen Antrieben, soll an das Ruder der menschlichen Angelegenheiten treten.‹« Vgl. auch etwa die Seiten 117, 278, 282 ebendort.

6 Einzelbelege bei *E. v. Hippel,* Untersuchungen zum Problem des fehlerhaften Staatsakts. Beitrag zur Methode einer teleologischen Rechtsauslegung, 1924.
Deutlich ist die formale Logik als Grundlage etwa dort, wo die Einteilung der Staatsformen nach dem Schema der kontradiktorischen Dispunktion unter Erhebung der Zahl zum Ansich-wesentlichen erfolgt. Vgl. dazu und dagegen *E. v. Hippel,* Der Sinn des Staates und die Lehre von den Staatsformen bei Platon, im Juliheft 1927 der Tatwelt.

7 So offensichtlich in späteren Arbeiten, wenn auch im Widerspruch zum ursprünglichen Sinn der Lehre. Der Zurechnungsbegriff *Kelsens* hängt an sich innerlich mit der Subsumtionstheorie zusammen. Deutlich findet sich letztere etwa in *Kelsens* Schrift über Staatsunrecht vertreten mit allem Glauben an die Möglichkeit »logischer« Subsumtion trotz Freirecht und »Lücken« im Gesetz.

8 Als verwirrend und gefährlich muß es bezeichnet werden, wenn Schriften, die lediglich von den politischen Kräften handeln und bezüglich politischer Ziele einen planlosen oder zynischen Opportunismus vertreten, den uneingeschränkten Anspruch erheben, wissenschaftliche

Politik zu sein. Die Lehre vom politischen Sein als den politischen Kräften und vom politischen Sinn als deren werthaften Zielen bilden wie die Ebenen von Wirklichkeit und Idee erst das Ganze der politischen Welt. Es ist ein wesentliches Verdienst *Nelsons*, hier begriffliche Klarheit geschaffen zu haben.

9 So deutlich einige Besprechungen des Anm. 6 genannten Buches.

10 Verf. kann sich hier auf *Kant* berufen, der über diesen Gegenstand im Jahre 1796 unter anderm sich notiert: »Hieraus folgt, daß die wahre Politik nicht allein ehrlich streben, sondern auch offen verfahren müsse, daß sie nicht nach Maximen handeln dürfe, die man verbergen muß, wenn man will, daß ein unrechtmäßiges Mittel gelingen soll (aliud lingua promptum, aliud peitove inclusum gerunt), und daß sie selbst ihre Zweifel in Ansehung der Gesetze, oder die Möglichkeit ihrer Ausführung nicht verhehlen müsse.« *F. W. Schubert*, Immanuel Kants politische Mission, 1923, S. 22 f. (nach Feststellung von *H. Glockner* ist der ohne jeden Verweis als neues Buch gedruckte Aufsatz zuerst in *Fr. v. Raumers* Histor. Taschenbuch [9. Jg. 1838 S. 525 ff.] erschienen).

11 Daß dies möglich ist, beweist vorbildlich etwa die letzte Staatsrechtslehrertagung. Die neue Sachlichkeit bedingt auch ein ihr adäquates Verfahren. Die autoritativ-diktatorische Induktion war mit dem alten Objektivitätsbegriff wesensnotwendig verbunden. Die hier gewiesene Objektivität führt auf den Weg der Einsicht und des Verstehens. Die tiefe Abneigung der Gegenwart gegen den Herrenstandpunkt in Wissenschaft, Haus und Schule zeigt umgekehrt den Zusammenbruch des alten subjektiv-selbstsicheren Objektivitätsstandpunktes. So bewahrheitet sich *Hegels* Wort: »Die Methode ist... nicht äußerliche Form, sondern die Seele und der Begriff des Inhalts.«

Rudolf Smend
Verfassung und Verfassungsrecht

Vorbemerkung

Inhalt und Absicht der vorliegenden Abhandlung ließen sich durch ihren Titel nur unvollkommen bezeichnen.

Ihr Schwerpunkt liegt nicht in ihren Einzelheiten: in den Bruchstücken einer Staatslehre, in dem Versuch einer Verfassungstheorie oder in den angedeuteten einzelnen Folgerungen aus diesen Untersuchungen für das positive deutsche Staatsrecht. Ihre eigentliche These ist vielmehr die des notwendigen inneren Zusammenhanges zwischen diesen verschiedenen Arbeitsgebieten und Arbeitsweisen: daß es keine befriedigende und wahrhaft fruchtbare Staatsrechtslehre geben kann ohne bewußte und methodisch klare Begründung in einer allgemeinen Staats- und Verfassungslehre, und keine befriedigende und fruchtbare Staats- und Verfassungslehre ohne eine eigene, nicht juristische, sondern geisteswissenschaftliche Methode, die ebenso streng und erkenntnistheoretisch ebenso sorgfältig begründet sein muß, wie die Methode irgendeiner Geisteswissenschaft.

Die einführenden staatstheoretischen Erörterungen suchen daher zunächst diese erkenntnistheoretische Grundlage zu gewinnen. Ihre Aufgabe konnte nicht sein, diese Grundlage auf eigenen philosphischen Wegen zu erarbeiten, sondern mehr nur die, unter den vorhandenen Versuchen philosophischer Grundlegung der geisteswissenschaftlichen Arbeit den praktisch fruchtbarsten und brauchbarsten auszuwählen und seine Verwendbarkeit für die besonderen Bedürfnisse der Staatslehre darzutun. Auf andere, dem Vorliegenden parallele Versuche methodischer Begründung der Staats- und Rechtslehre – ich erinnere nur an die Arbeiten wesentlich soziologischen Charakters einer-, teleologischen anderseits – ist dabei nur wenig eingegangen. Ich habe mich bewußt darauf beschränkt, an den für mich grundlegenden Arbeiten von Theodor Litt zu zeigen, wie eine solche allgemeine Theorie der Geisteswissenschaften als Grundlage für die Staatslehre fruchtbar gemacht werden kann, und habe zu diesem Zwecke die Pedanterie nicht gescheut, die eigenen Auffassungen so weit wie |120| irgend möglich auf die entsprechenden Belegstellen der Littschen Arbeiten zu stützen, um damit die Nachprüfung der methodischen Grundlagen im einzelnen nahezulegen und möglich zu machen. Der eindrücklichere Nachweis, daß die übrigen Geisteswissenschaften, meist unbewußt, aber mit bestem Erfolge, mutatis mutandis entsprechend verfahren, konnte hier aus naheliegenden Gründen nicht durchgeführt werden.

Da der stoffliche Inhalt dieser staatstheoretischen Grundlegung hier nicht Selbstzweck war, ist er auf die für den Gesamtzusammenhang wesentlichen Punkte beschränkt – einen Abriß der Staatstheorie im ganzen soll er weder andeuten noch gar ersetzen. Das hier entwickelte Sinnprinzip de Integration, des einigenden Zusammenschlusses, ist nicht das des Staates überhaupt, sondern das seiner Verfassung.

Daß die Skizze einer allgemeinen Verfassungstheorie im zweiten Teil auf geisteswissenschaftlich-staatstheoretischer, nicht auf rechtstheoretischer Grundlage entworfen ist, soll hier nicht näher begründet werden. Selbstverständlich ist auch sie in keiner Richtung als vollständig gemeint.

Vollends die Andeutungen einzelner Anwendungsmöglichkeiten der Ergebnisse des ersten und zweiten Teils für das positive deutsche Staatsrecht im dritten Teil sind nur als eine zufällige Auswahl und als skizzenhafte Beispiele fruchtbarer Arbeitsmöglichkeiten zu verstehen.

Alle diese Einzelheiten wollen nicht an sich, sondern nur als Belege für die allgemeine Behauptung der Arbeit, für den untrennbaren Zusammenhang von Staats- und Verfassungstheorie und Staatsrechtslehre gewürdigt werden – als Beispiele dafür, daß alle drei sich gegenseitig tragen, bestätigen, richtigstellen. Das Ganze kann zunächst in vieler Hinsicht mehr nur eine Skizze, ein Arbeitsprogramm sein, und es liegt im Wesen aller Geisteswissenschaft begründet, daß die Richtigkeit dieses Programms sich voll und endgültig erst in seiner Durchführung bewähren kann. Das gilt von seiner allgemeinen Begründung so sehr wie von der Überzeugungskraft seiner staatstheoretischen Begriffs- und Anschauungswelt im einzelnen und vollends von seiner Fruchtbarkeit und Unentbehrlichkeit für die Behandlung des positiven Staatsrechts.

Mancherlei Schwierigkeiten haben das Erscheinen dieser Arbeit verzögert und ihre sachliche und formelle Ausgeglichenheit beeinträchtigt.

Berlin-Nikolassee, Neujahr 1928. R. S.

|121| Erster Teil
Staatstheoretische Grundlegung

1. Die Krisis der Staatslehre

Seit längerer Zeit stehen Staatstheorie und Staatsrechtslehre in Deutschland im Zeichen der Krise, mindestens des Übergangs. Dieser Zustand äußert sich im Bereich der staatsrechtlichen Disziplin naturgemäß nicht mit derselben Schärfe wie auf dem Gebiet der eigentlichen Staatstheorie. Dem Juristen sind seine technischen Arbeitsmittel weder durch die geistige noch durch die politische Umwälzung zerschlagen: so bleibt hier eine breite gemeinsame Grundlage für die Anhänger des Alten und die des Neuen, und die Krise beschränkt sich auf einen – in seiner Tiefe allerdings noch nicht allgemein erkannten – Richtungsgegensatz.[1] In der Staatstheorie dagegen, wie in der Politik, das Bild des Zusammenbruchs und der Abdankung. Denn es ist eine Abdankung, wenn G. Jellineks seit einem Vierteljahrhundert mit vollem Recht repräsentative Darstellung der allgemeinen Staatslehre die ganze Reihe der großen Probleme der Staatstheorie in erkenntnistheoretischer Skepsis ihrer Bedeutung und ihres Gewichts beraubt, indem sie sie entweder um Recht und Ernst ihrer Fragestellung oder um das Material ihrer Beantwortung bringt.[2] Es ist bezeichnend für die Zeit, daß der bleibend wertvolle Teil des Buches die ideengeschichtlichen Denkmäler sind, die den (ausdrücklich oder stillschweigend) methodisch für tot Erklärten gesetzt werden – bezeichnend auch für die unerbittlich richtige Ziehung der Folgerungen aus Jellineks Staatslehre, daß Kelsens neue Lösung der gleichen Aufgabe dieser Geschichte menschlicher Irrtümer selbst jene, der vorhergehenden Generation noch selbstverständliche Ehrenbezeugung versagt.

Die Eigentümlichkeit der Lage wird dadurch bezeichnet, daß nach dem ersten Lehrsatz der größten und erfolgreichsten staatstheoretischen und staatsrechtlichen Schule des deutschen Sprachgebiets der Staat nicht als ein Stück der Wirklichkeit betrachtet werden darf. Diese Lage bedeutet eine Krise nicht nur der Staatslehre, sondern auch des Staatsrechts. Denn ohne begründetes Wissen vom Staat gibt es auf die Dauer auch keine fruchtbare Staatsrechtstheorie – ohne diese auf die Dauer kein befriedigendes Leben des Staatsrechts selbst.

|122| Die Krise der Staatslehre beruht nicht erst auf Krieg und Umwälzung. Sie ist ein geistes-, zunächst ein wissenschaftsge-

schichtliches Ereignis. Man hat sie mit vollem Recht zurückgeführt auf den Neukantianismus oder allgemeiner auf die Art wissenschaftlicher Gesinnung, deren philosophische Repräsentation der Neukantianismus ist[3] – es ist kein Zufall, daß Kelsens methodische Grundlagen auf neukantischen Kampfformeln gegenüber dem Positivismus beruhen, die der Neukantianismus selbst längst preisgegeben hat.[4]

Es wäre aber unrichtig, Voraussetzungen und Wirkungen dieser Erscheinung lediglich im Bereich wissenschaftlichen Erkennens und insbesondere im Bereich der Theorie von Staat und Staatsrecht zu suchen.

Ihre außerwissenschaftlichen Voraussetzungen werden deutlicher an den – außerhalb der engsten Fachgrenzen stehenden – Vertretern des eigentlich lebendigen gegenwärtigen staatstheoretischen Gedankenbestandes in Deutschland, etwa an Max Weber oder Meinecke. Hier wird wenigstens eine wirkliche, positive Staatstheorie entwickelt – vom Staat als »Betrieb«, dessen immanente Teleologie den Einzelnen heteronom in sich hinein, unter die Dämonie seiner Mittel, in die unentrinnbare sittliche Verschuldung zwingt – vom Staat als Naturkraft und Schicksal, von der Lebensidee seiner »Staatsräson«, die in die unlösliche Antinomie von Kratos und Ethos hineinführt – beide Male in sich geschlossene, eigengesetzliche Schicksalsmächte, denen der Einzelne mehr oder weniger als Objekt und Opfer gegenübersteht. Hier wird die Skepsis der Theorie von echt deutscher letzter Staatsfremdheit der praktischen Gesinnung getragen – diese Denkweisen sind liberal im Sinne letzter innerer Unbeteiligung am Staat. Wie sich dieser Mangel hier und sonst als ein Grundfehler auch der erkenntnistheoretischen Grundlegung auswirkt, wird alsbald zu zeigen sein.

In engstem Zusammenhang damit stehen die Auswirkungen dieser staatstheoretischen Denkweise. Ein besonders augenfälliges Beispiel |123| liefert die politische Ethik. Die verhängnisvolle Verlegenheit, die hier besteht und in den Schriften von Troeltsch, Max Weber und Meinecke so schneidend zum Ausdruck kommt, bedeutet ein Versagen der Theorie, begründet und steigert aber zugleich die Unsicherheit unserer praktischen Haltung, statt hier zu der gerade für Deutschland so dringend notwendigen Klärung und Sicherheit beizutragen. Neben der hier unzweideutig obwaltenden ethischen Skepsis sind wiederum theoretischer Agnostizismus und innere Staatsfremdheit unverkennbar am Werk.

Auf dieser Grundlage theoretischer und praktischer Staatsfremdheit erwachsen gleichmäßig und vielfach in derselben Seele die beiden politischen Hauptmängel des Deutschen: unpolitische Staatsenthaltung und ebenso unpolitische Machtanbetung. Sie sind zwei Seiten derselben Sache; es ist die innere Unsicherheit dem Staat gegenüber, die so zwischen Unter- und Überschätzung des Staates schwankt. Das Scheitern an diesem Problem ist die Form, in der die Krise der Staatslehre in der staatstheoretischen Literatur außerhalb der zünftigen Staatstheorie deutlich wird. Die Ursachen sind aber überall dieselben.

Die Überwindung dieses zurzeit noch bestehenden Zustandes ist schon von verschiedenen Seiten mit Erfolg in Angriff genommen. Die folgenden Erörterungen schließen sich diesen Versuchen an. Sie beschränken sich auf ein einzelnes staatstheoretisches Problem, das allerdings für den Juristen das wichtigste ist und die Bedingtheit aller staatsrechtlichen Arbeit durch die staatstheoretische Vorarbeit besonders deutlich macht. Trotz dieser gegenständlichen Beschränkung war angesichts des heutigen Standes der Fragen eine gewisse Unverhältnismäßigkeit der methodischen und staatstheoretischen Grundlegung nicht zu vermeiden.

2. Methodische Grundlagen

Es ist eine beachtenswerte und oft festgestellte Eigentümlichkeit der Geschichte der deutschen Staatstheorie seit der Reichsgründung, daß ihre dauernden sachlichen Ergebnisse zumeist im umgekehrten Verhältnis stehen zu dem von den einzelnen Schriftstellern aufgewendeten Maß erkenntnistheoretisch-methodischer Besinnung. Gierkes un- oder vorkritische Arbeitsweise[5] hat trotz oder vielleicht gerade ver|124|möge ihrer methodischen Naivität die großen Probleme in unvergänglicher Weise gefördert. Dagegen ist die Linie Jellinek-Kelsen die einer fortschreitend höchst bedeutenden Kritik, aber zugleich einer fortschreitenden Entleerung an sachlichem Ergebnis bis zu dem jetzt ganz bewußt erreichten Nullpunkt von Kelsens Allgemeiner Staatslehre von 1925.

Diese Linie ist für die sachliche Arbeit insofern von dauernder Bedeutung, als seit Kelsens großer Kritik jene Naivität, jenes Arbeiten ohne völlige Klarheit der methodischen Voraussetzungen, nicht mehr mögich ist.

Abgesehen hiervon ist sie eine Sackgasse ohne Zweck und Ziel.

Denn sie zerstört mit der methodischen Unbefangenheit zugleich auch alles das, was an der bisherigen Denk- und Arbeitsweise allenfalls noch ergiebig war. Sie hat die allgemeine Staatslehre in ihrem ganzen bisherigen Wert und Unwert ausgeräumt, ohne die Möglichkeit eines Ersatzes auch nur zuzulassen. Und Fortschritte auf ihrem eigensten Felde, dem der allgemeinen Staatsrechtslehre und des positiven Staatsrechts, hat sie bisher nicht gezeitigt. Sie wird sie auch niemals zeitigen, wenn sie sich nicht selbst aufgibt. Die Leistungen, die dem naiven Formalismus möglich waren, weil er in der Tat – wie niemand besser gezeigt hat als Kelsen – kein reiner Formalismus, kein Methodenmonismus war: diese Leistungen sind dem reinen Formalismus eben darum versagt, weil er rein ist.

Der juristische Formalismus bedarf vielmehr methodischer Erarbeitung der materialen – um nicht zu sagen soziologischen und teleologischen[6] – Gehalte, die Voraussetzung und Gegenstand seiner Normen sind. Insbesondere also bedarf die Staatsrechtslehre einer materialen Staatstheorie. Diese hat aber abgesehen davon auch ihr Eigenrecht, als die Geisteswissenschaft von dem selbständigen Geistes- und Kulturgebiet des Staatslebens.

In dieser Richtung ist man auch, wenigstens im allgemeinsten Sinne, einig, soweit man nicht aus Wien ist. Noch nicht entfernt ist dagegen eine Einigung über die methodische Grundlegung einer solchen Staatslehre abzusehen. Die folgenden Ausführungen versuchen eine solche Grundlegung, andeutend und vorläufig.

Die erkenntnistheoretischen und kulturphilosophischen Voraussetzungen dafür sollen hier nur kurz bezeichnet werden. Eine Untersuchung wie die hier unternommene trägt für diese Voraussetzungen |125| nicht die Beweislast. Sie hat ihr Recht lediglich auf ihrem eigensten Gebiet, durch Nachweis ihrer Fruchtbarkeit für die Theorie vom Staat und für die Auslegung des Staatsrechts darzutun.

Das Versagen der bisherigen materialen Staatstheorie wird am deutlichsten an bestimmten Antinomien, in die sie sich unentrinnbar verwickelt. Das Problem Individuum und Gemeinschaft, Individuum und Staat, Individualismus und Kollektivismus, Personalismus und Transpersonalismus steht überall als unlösbare Schwierigkeit im Wege.[7] Oft ausdrücklich erkannt: dann wird es meist als eine Frage der Wertrangordnung verstanden und im Sinne einseitiger Entscheidung für Individualismus oder Kollektivismus, oder, moderner und oft in relativistischer Verlegenheit, im Sinne unlöslicher »Spannung« zwischen beiden entschieden. In der Tat ist es aber in erster Linie nicht ein Wert-, sondern ein Strukturproblem.

Als Strukturproblem besteht es für alle Geisteswissenschaften und ist überall gleichmäßig unlösbar, solange Ich und soziale Welt in harter Substanzialität einander gegenübergestellt werden. Solche Gegenüberstellung und objektivierende Isolierung beider Sphären ist aber allem naiven Denken vermöge seiner Neigung zu unbewußter mechanistischer Verräumlichung selbstverständlich. Dem juristisch geschulten Sozialtheoretiker ist sie außerdem durch die Gewöhnung an die strenge Geschlossenheit der Rechtssphären der physischen Person einer-, der juristischen anderseits besonders nahegelegt.

Diese Denkweise ist aber auf keinem geisteswissenschaftlichen Gebiet durchzuführen.

Die phänomenologische Struktur des Ich der Geisteswissenschaften ist nicht die eines objektivierbaren Elements des geistigen Lebens, das zu diesem Leben in kausalen Beziehungen stände. Es ist nicht an und für sich, vorher, und alsdann als kausal für dies Leben denkbar, sondern nur, sofern es geistig lebt, sich äußert, versteht, an der geistigen Welt Anteil hat, d. h. auch in irgendwelchem allgemeinsten Sinne Gemeinschaftsglied, intentional auf andere bezogen ist. Seine Wesenserfüllung und Wesensgestaltung vollziehen sich nur in geistigem Leben, das seiner Struktur nach sozial ist.[8]

|126| Noch weniger gibt es ein in sich beruhendes kollektives Ich. Die Kollektivitäten sind nur das Einheitsgefüge der Sinnerlebnisse der Individuen; allerdings nicht deren Produkt, sondern deren notwendiges Wesen: Wesensentwicklung und Sinngestaltung sind notwendig »sozial verschränkt«, wesensmäßig ein Ineinander individuellen und überindividuellen Lebens.[9]

Die Psychologie kann das Individuum isolieren und objektivieren; sie verzichtet aber damit auf die Einsicht in das geistige Leben selbst.[10] Die Wissenschaften vom objektiven Sinngefüge eines Kulturgebiets können gleichfalls ihren Gegenstand als objektives System isolieren und ausschließlich nach seinem immanenten Gehalt behandeln.[11] Das Leben, der Lebensvorgang, die Wirklichkeit der Kultur ist beide Male nicht erfaßt; ihm kann nur eine Betrachtungsweise gerecht werden, deren Voraussetzung seine angedeutete phänomenologische Struktur ist, die also durchaus gegensätzlich zu jener Objektivierung der Einzelseele und der Sinnsysteme vorgeht.

Alle Wissenschaft vom geistigen Leben kann demnach ihre wichtigsten Gegenstände: den Einzelnen, die Gemeinschaft, den objektiven Sinnzusammenhang nicht als isolierte Elemente, Faktoren, Träger oder Gegenstände des geistigen Lebens auffassen, deren Beziehungen zueinander sie zu untersuchen hätte, sondern nur als Momente einer dialektischen Zusammenordnung, deren Glieder allenfalls (wie in den genannten Beispielen) einander polar zugeordnet sind.[12] Jede Wissenschaft vom geistigen Leben hat hier ihr Apriori, und zwar nicht ein transzendentales, sondern eins der immanenten Struktur ihres Gegenstandes, das, auf dem besonderen Wege phänomenologischer Abstraktion gewonnen, hier vorausgesetzt werden soll.[13]

Wenn die Wendung zur geisteswissenschaftlichen Methode mit Recht als das Gebot der Stunde für Staatstheorie und Staatsrechtslehre gefordert worden ist,[14] so ist hier die Richtung bezeichnet, die diese |127| Wendung einzuschlagen hat. Geisteswissenschaft ist verstehende Wissenschaft, und hier handelt es sich um die Klärung der Voraussetzungen solchen Verständnisses, wie sie empirisch und zumeist unbewußt in der Praxis der einzelnen Geisteswissenschaften von jeher gemacht worden sind. Nur die Dialektik des Ichbegriffs[15] gibt diesem die »innere Elastizität, die Beweglichkeit in den Gliedern und Gelenken«,[16] ohne die die Einfügung des Ich in die soziale Wirklichkeitsstruktur unmöglich, seine Absolutsetzung oder objektivierende Isolierung unvermeidlich ist. Nur die Dialektik der Kollektivbegriffe kann der verhängnisvollen Objektivierung und Substanzialisierung der geistigen Welt zum Nicht-Ich und allen »organischen« Gesellschaftstheorien wirksam entgegengesetzt werden.[17] Nur als ein dialektisches Gefüge wird das Ganze der geistigen Welt verständlich, das in »Beziehungen« oder »Wechselwirkungen« zwischen festen Punkten aufzulösen der vergebliche Versuch der herrschenden Soziologie gewesen ist.[18]

Damit tritt diese Art der Grundlegung in Gegensatz zu der herrschenden alternativen Substanzialisierung und Funktionalisierung der geistigen und sozialen Welt, d. h. zugleich zu der bisherigen »Soziologie«, zu aller Neigung zu mechanistisch-verräumlichendem Denken und, was demnächst noch des näheren zu entwickeln sein wird, zu ihrer Zurückführung auf irgendwelche teleologischen Schemata.

3. Der Staat als realer Willensverband

Im folgenden soll keine Staatslehre im Abriß, sondern sollen lediglich die staatstheoretischen Voraussetzungen einer Verfassungslehre entwickelt werden.

Der Ausgangspunkt hierfür kann nicht die noch immer nicht ganz verschwundene Lehre von den drei Elementen sein. Es ist mit Recht dargetan worden,[19] daß diese Anschauung Menschen, Gebiet und Gewalt körperlich zusammenordnet – allenfalls so, daß sie sich die Menschen auf diesem Gebiet als Ausgangspunkte und zugleich Objekte einer psychischen Herrschaftskraft denkt – den Staat als Ganzes geradezu körperlich oder, noch ärger, weil noch unklarer, als psycho-|128|physisches Gebilde, das als solches »greifbar« ist.[20] Die Lehre von den drei Elementen meint Probleme, die unzweifelhaft als Probleme der Staatstheorie und insbesondere als Verfassungsprobleme[21] bestehen; als Grundlegung der Staatslehre führt sie aber von vornherein in die Irrwege räumlich-statischen Denkens.

Der Ausgangspunkt kann aber auch nicht der isolierte Einzelne sein, in dem Sinne, daß der Staat verstanden würde als eine kausale Reihe, die vom Individuum ausginge, oder als eine teleologische, die von ihm zu bestimmten Zwecken in Gang gesetzt würde.

Kausal ist das Leben der Gruppe nicht aus dem Leben der Einzelnen herzuleiten. Man mag die Ausstattung des Geistes für das soziale Leben im weitesten Sinne noch so umfassend aufklären:[22] von diesen Gestaltungen der Individualität kommt man nicht zu den überindividuellen sozialen Formen, nicht zum Staat, weil diese eine besondere Begriffsbildung für sich erfordern und aus jenen Elementen nicht erklärbar sind.[23] Schon deshalb nicht, weil das soziale Individuum dies eben nur insofern ist, als es am Gruppenleben Anteil hat, nicht schon an sich kraft seiner natürlichen »Ausstattung«; so kann es auch nur vom Sozialen her begriffen werden, das freilich seinerseits wiederum nicht als einfach strukturierte Substanz des Überindividuellen, sondern als von den Einzelnen getragen und nur in ihnen lebend zu verstehen ist: in der Polarität von Individuum und Gemeinschaft, die das Wesen der »sozialen Verschränkung« ist.[24]

Wenn das Soziale nicht als kausale Reihe vom Einzelnen zum Ganzen (verwickelt nur durch gegenläufige Reihen vom Ganzen zum Einzelnen) zu verstehen ist, so ist damit auch seine Auffassung als teleologische Reihe, als vom Einzelnen ausgehende planmäßige oder unbewußte Zweckverwirklichung, unmöglich. Damit ist die nächstliegende Art des Denkens vom Staat, seine Erklärung und Rechtfertigung aus seinem Zweck, seinen Kulturleistungen, jedenfalls als Ausgangspunkt abgeschnitten. Die Betrachtung des Sozialen und insbesondere des Politischen und Staatlichen darf nicht aus Sinngebieten, die dem Bereich des Sozialen, des Staatlichen an sich transzendent |129| sind, die grundlegende Erklärung für diesen Bereich selbst zu gewinnen suchen. Allerdings wird die Betrachtung des Kulturlebens im ganzen dazu neigen, das Soziale im weitesten Sinne im Verhältnis zu anderen, ihm gegenüber »materialen« Sinngebieten seiner Struktur nach als Form, seinem Range nach als Hilfswert zu verstehen.[25] Damit wird aber die Einsicht in seine Eigengesetzlichkeit aufgegeben, auf die es hier gerade ankommt. Der Rationalismus hat durch sein teleologisches Denken alle Geisteswissenschaften geklärt und dann gefährdet, und heutige Sprach-, Religions-, Kunstwissenschaft sind ohne die bewußte Überwindung dieser Teleologie nicht denkbar. In der Rechts- und Staatstheorie dagegen tritt die teleologische Orientierung zu den übrigen Fehlerquellen hinzu, zu der noch immer nicht ganz überwundenen individualistischen Denkweise, die die Einzelnen isolierend nebeneinander denkt und dann in verräumlichenden Gedankenbildern durch Rechtsverhältnisse verbindet, durch eine Staatsperson überhöht, und das alles zu außerrechtlichen, außerstaatlichen Zwecken, die als Erklärungsprinzipien dem jeder Sonderwissenschaft aufgegebenen Eindringen in die zunächst einmal zu verstehende Eigengesetzlichkeit ihres Gegenstandes im Wege stehen. Besonders liberaler Staatsfremdheit liegt es nahe, im Staat nur eine Technik der Kultur zu sehen und über solcher Teleologie dann die erste und wesentliche Fragestellung nach dem eigenen Strukturgesetz des Staats zu vernachlässigen.

So sehr es ferner der mechanistischen Gewöhnung unseres Denkens widersprechen mag: es gibt auch keine »substantiellen Stützpunkte«[26] für die Kraftlinien des geistigen und sozialen Lebens. Die Einzelnen sind es nicht, denn zur Beteiligung am geistigen und sozialen Leben werden sie nur durch die Anregung von der geistigen Gemeinschaft her befähigt, diese kann also nicht von ihnen abgeleitet werden.[27] Das Ganze ist es nicht, denn seine substanzialisierende Steigerung über seine Rolle als Einheitsgefüge der fließenden Sinnerlebnisse der Einzelnen hinaus bedeutet (wenn es sich nicht in Wahrheit lediglich um die Darlegung des objektivierbaren systematischen Sinngehalts, sondern um das Verstehen der geistigen Lebenswirklichkeit handelt) die Zurückführung der geistigen und gesellschaftlichen Produktivität auf das Kollektivganze und die Beschränkung der Einzelnen auf eine |130| empfangende, passive Rolle, die dem Apriori aller verstehenden Geisteswissenschaft durchaus widerspricht.[28]

Der Struktur der geistig-gesellschaftlichen Wirklichkeit kommt eine Darstellungsweise verhältnismäßig am nächsten, die sie als ein System von Wechselwirkungen[29] zu erfassen sucht oder wie einen Kreislauf mit Fr. Schlegels von Th. Litt übernommenem Audruck »zyklisch«[30] verfolgt. Für das dialektische Verhältnis, in dem die Momente der geistigen Wirklichkeit zueinander stehen, gibt es nur diese irreführende und keine angemessene Darlegungsform. Gegenüber der im folgenden versuchten schematischen Skizze der Struktur des staatlichen Lebens ist daher festzuhalten, daß hier kein Moment begrifflich oder kausal aus einem anderen abzuleiten, sondern jedes nur aus dem Ganzen zu verstehen ist. Deshalb kann es sich auch nur um ein verstehendes Beschreiben, nicht um ein Erklären im geläufigen Sinne handeln.

Mit diesen Vorbehalten könnte eine Betrachtung des staatlichen Lebens ihren Ausgang von der natürlichen Ausstattung des Einzelmenschen für den Staat nehmen. Es handelt sich hier um eine Triebgrundlage verwickelter Art,[31] die am deutlichsten etwa im politischen Machttriebe zutage liegt: so hat in schöner Unmittelbarkeit der Empfindung Max Weber die machtvolle Nation als den erweiterten Leib eines machtvoll veranlagten Menschen und ihre Bejahung als Selbstbejahung bezeichnet.[32]

Eine erklärende Herleitung des Staats aus dieser Triebgrundlage ist jedoch nicht möglich. Einmal deshalb, weil der Staat ein unentwirrbares Geflecht natürlicher Anlagen in Anspruch nimmt.[33] Ferner deshalb, weil hinter der Aktivität auf einem einzelnen Lebensgebiet nicht nur eine vereinzelte »Anlage«, sondern die ganze Persönlichkeit wirksam wird.[34] Vor allem aber darum, weil das politische wie alles gei|131|stige Leben in die ideell-zeitlosen Sinnzusammenhänge eintritt und daher nur aus der Gesetzlichkeit des Lebens einer- und des Sinnes andererseits zusammengenommen verstanden werden kann.[35] Die staatliche Welt bedeutet für den Einzelnen eine Möglichkeit geistiger Auswirkung und damit zugleich persönlicher Selbstgestaltung[36] – hier liegt der wichtigste, von den herkömmlichen Darstellungen meist übersehene Ansatzpunkt der politischen Ethik, für die Staatstheorie aber nicht so sehr die Grundlage wie ein durchgehendes Moment ihres Gegenstandes, auf das als solches zurückzukommen sein wird.

Die Wirklichkeit des Staates, aus der heraus im folgenden Begriff und Gegenstand der Staatsverfassung entwickelt werden sollen, kann nach den bisherigen Erörterungen nur die eines Teilgebietes der geistigen Wirklichkeit in dem dargelegten Sinne sein. Diese Wirklichkeit bedarf der Verteidigung gegen die Zweifel, die gegen sie geltend gemacht sind, und alsdann der näheren Bezeichnung ihrer Struktur.

Der Staat ist keine »soziale Realität«, das ist die grundlegende negative These der Kelsenschen Staatstheorie.[37] Soweit diese These sich richtet gegen mechanistisch-verräumlichende Voraussetzungen des gewöhnlichen juristischen Denkens, gegen die Simmel-Vierkandt-v. Wiesesche Soziologie und gegen jede Art substanzialisierender Organologie, verdient sie volle Zustimmung. Soweit sie auf Grund einer längst überwundenen Erkenntnistheorie[38] jede Erkenntnismöglichkeit einer geistigen Wirklichkeit bestreitet, gehört ihr geisteswissenschaftlicher Nihilismus in ein glücklicherweise im übrigen abgeschlossenes Kapitel der Wissenschaftsgeschichte. Nur soweit sie Bedenken geltend macht, die sich auch von dem hier vertretenen Standpunkt als ernsthafte Schwierigkeiten darstellen, bedarf sie hier noch der Widerlegung.

Von einer geschlossenen Gruppe, einem »geschlossenen Kreise«[39] kann nur da die Rede sein, wo von einer Personenmehrheit »jeder mit jedem in wesengestaltendem Zusammenhang steht«.[40] Es entsteht |132| keine überindividuelle Person, denn das Ganze ist und bleibt nur »das Einheitsgefüge« der Einzelanteile an dem Gesamterlebnis; es handelt sich auch nicht um »Beziehungen« oder »Wechselwirkungen« zwischen den Einzelnen als »substanziellen Trägern«, denn das Wesen des geistigen Lebens ist gerade die Selbstgestaltung der nicht als starre Substanz zu denkenden geistigen Monaden durch Beteiligung an diesem Leben. Dies Einheitsgefüge selbst aber, auch wenn es sich noch so sehr in Symbolen, Formen, Satzungen verfestigt, ist doch stets im Flusse, denn es ist nur wirklich, sofern es stets von neuem aktualisiert[41] oder vielmehr neu hervorgebracht[42] wird.

Dem Staat wird seine »soziologische Realität« als geschlossene Gruppe in doppeltem Sinne bestritten. Einmal im Sinne des Zweifels, ob hier von einer einigermaßen dauernden und festen Gruppe überhaupt die Rede sein könne; und weiter mit der Behauptung, daß jedenfalls die Summe der von Rechts wegen zum Staat Gehörenden – »darunter Kinder, Wahnsinnige, Schlafende, und solche, denen das Bewußtsein dieser Zugehörigkeit gänzlich fehlt« – sich nicht mit dem Kreise derer decke, die tatsächlich in der für den realen staatlichen Verband in Anspruch genommenen seelischen Wechselwirkung stehen; daß also der Staatsbegriff aller Staatssoziologie nicht der einer Wirklichkeitsbetrachtung, sondern lediglich der der rein normativen juristischen Begriffsbildung sein könne.[43]

Demgegenüber ist die Richtigkeit der herrschenden Annahme, d.h. die Wirklichkeit des »soziologischen« Staats und seine Identität mit dem Gegenstande des Staatsrechts, die wesentliche Voraussetzung der folgenden Untersuchung. Diese Untersuchung selbst soll sie wirksamer belegen und stärker für die Staatsrechtslehre fruchtbar machen, als das bisher geschehen ist. Die entscheidenden Gründe für sie gegenüber der normlogischen Polemik sollen deshalb hier nur vorläufig angedeutet werden.

Das Problem besteht schon in der Person des bewußten, aktiven Staatsbürgers. Dem Erfordernis, daß er mit allen übrigen Mitgliedern seiner politischen Lebens- und Schicksalsgemeinschaft in dauerndem wesengestaltendem Zusammenhang stehen soll, steht auf den ersten Blick schon die Unübersehbarkeit der Zahl und vollends des politischen Verhaltens der anderen, die Unübersehbarkeit auch des sachlichen Gehalts der politischen Gemeinschaft gegenüber. Und trotzdem |133| besteht der hier geforderte Zusammenhang, zunächst schon im Sinne einer Verstehensmöglichkeit gegenüber der staatlichen Umwelt. Wie das Verstehen gegenüber einer Einzelpersönlichkeit aus einzelnen repräsentierenden Momenten und Äußerungen dieser Persönlichkeit ein dem Bedürfnis des Verstehenden genügendes Gesamtbild herstellt, so auch gegenüber einer größeren Gemeinschaft: hier sind gerade besondere Techniken der Verstehensermöglichung geschaffen,[44] vor allem Berichte über den Sachgehalt des politischen Gemeinschaftserlebens und die politischen Willensströmungen der Genossen, die sich beständig elastisch dem Verstehensbedürfnis des Einzelnen anpassen und ihm das perspektivisch überhaupt mögliche Bild des Gesamtzusammenhangs und damit die Möglichkeit des aktiven Miterlebens geben[45] – darüber hinaus aber noch all die unendlichen sonstigen Wege »sozialer Vermittelung«,[46] deren politisch wichtigste im Verlauf dieser Arbeit näher zu erörtern sein werden. Hier ist nur grundsätzlich auf die für alles geistige Leben grundlegende Bedeutung einerseits der perspektivischen Grenzen menschlicher Auffassungsmöglichkeit und andererseits der unbegrenzten Verstehensmöglichkeiten auf Grund eben dieser perspektivischen Auffassung hinzuweisen.

Nicht wesentlich anders liegt die Frage der tatsächlichen Staatszugehörigkeit seiner mehr oder weniger passiven Mitglieder.

Wenn dem schlafenden Staatsbürger diese Zugehörigkeit bestritten wird,[47] so ist das vom Standpunkt naturalistischer Psychologie, die im Individuum nur den Ansatzpunkt augenblicklicher Reize und Reaktionen sieht, wohl berechtigt. Aber man braucht nur an die bekannte Literatur zur Phänomenologie und Metaphysik der Zeit zu erinnern, um darzutun, daß der aktuelle Erlebnisgehalt in sich auch das Vergangene noch als Moment mit enthält, ebenso wie die schon |134| angebahnte Zukunft.[48] Auch wenn man in die Tiefen der »passiven Masse« und der geradezu »toten Masse«[49] hinabsteigt, ist dort doch jedem, der überhaupt einmal verstehend von dem staatlichen Lebenszusammenhang, etwa durch Teilnahme an den Weltkriegsschicksalen, ergriffen worden ist und diesen überwiegend unfreiwilligen Willenszusammenhang seitdem nicht geradezu abgebrochen hat (etwa durch Austritt aus dem Staat), ein Glied dieses Zusammenhangs geblieben.[50] Die rechtliche Zugehörigkeit bedeutet hier eine starke tatsächliche Einordnung, die bei noch soviel Passivität oder Widerspruch unwiderstehlich zum Gegenstande des Bewußtseins wird. Und diese Zugehörigkeit besteht fort, da der Mensch nicht das punktuelle Ich seines Augenblicksbewußtseins, sondern die monadische Einheit seines Wesens- und Erlebnisganzen ist, auch solange er schläft oder nicht daran denkt.[51] Und wenn der völlig Vernunftlose am Staat als einer geistigen Einung nicht Anteil haben kann, weil er selbst kein Geistwesen ist, so wird er doch aus Achtung vor dem Fragment von Menschlichkeit, das er darstellt, rechtlich und tatsächlich so behandelt, als ob er einen solchen Anteil hätte. Vollends das Kind wächst in unendlichen Beziehungen von früh auf und vor aller planmäßigen Erziehung dazu in die Intention der Staatszugehörigkeit hinein, die auch in den meisten Geisteskranken nicht ganz erloschen ist.

An der Tatsächlichkeit des Staats als des Verbandes der ihm rechtlich Angehörenden ist nicht zu zweifeln. Trotzdem ist diese Tatsächlichkeit zugleich in höherem Grade ein Problem, als die herrschende Staatsauffassung annimmt. Nicht deshalb, weil ihre Wirklichkeit erkenntnistheoretisch in Frage stände, sondern weil sie ein praktisches Problem ist. Sie ist nicht eine natürliche Tatsache, die hinzunehmen ist, sondern eine Kulturerrungenschaft, die wie alle Realitäten des |135| geistigen Lebens selbst fließendes Leben, also steter Erneuerung und Weiterführung bedürftig, eben deshalb aber auch stets in Frage gestellt ist. Wie in jeder Gruppe, so besteht ganz besonders im Staat ein erheblicher, ja der grundlegende Teil seiner Lebensvorgänge in dieser stetigen Selbsterneuerung, dem fortwährenden Neuerfassen und Zusammenfassen seiner Angehörigen. Bei den nicht vom Recht festgelegten Gruppenbildungen, etwa einem Freundschafts- oder Liebesverhältnis, ist das jedem selbstverständlich und einleuchtend. Bei den vom Recht normierten dagegen tritt jene eigentümliche statische Betrachtungsweise ein, die die Zusammengehörigkeit der durch dauernde Norm Zusammengeordneten als gegeben voraussetzt und als das von der Theorie der Gruppe zu beobachtende und von ihrem Recht zu normierende Leben nur den von dieser gegebenen Grundlage ausgehenden, diese Zusammengehörigkeit voraussetzenden Teil des Gruppenlebens ins Auge faßt. Es ist die Aufgabe dieser Arbeit, zu zeigen, daß eine Staatstheorie, die so verfährt, ihren ersten Gegenstand übersieht und in der Tat, wie ihr vorgeworfen wird,[52] einen rein normativen juristischen Staatsbegriff zugrunde legt, diesen dann aber noch statisch-verräumlichend-mechanisierend verschiebt und sich dadurch die eigene Erarbeitung in selbständiger geisteswissenschaftlicher Methode erspart und abschneidet. Dieser Fehler überträgt sich dann auf die Staatsrechtslehre, indem auch dieser ihr nächstliegender Gegenstand entgeht und sie – unter Verlust ihres Kernpunktes und damit ihrer Systematik – nur die Gegenstände zweiten Ranges sieht, die vom Verfassungsrecht normiert werden.

|136| 4. *Integration als grundlegender Lebensvorgang des Staats*

Staats- und Staatsrechtslehre haben es zu tun mit dem Staat als einem Teil der geistigen Wirklichkeit. Geistige Kollektivgebilde sind als Teile der Wirklichkeit nicht statisch daseiende Substanzen, sondern die Sinneinheit reellen geistigen Lebens, geistiger Akte. Ihre Wirklichkeit ist die einer funktionellen Aktualisierung, Reproduzierung, genauer einer dauernden geistigen Bewältigung und Weiterbildung (die ihrem Werte nach Fortschritt und Entartung sein kann) – nur in diesem Prozeß und vermöge dieses Prozesses sind sie oder werden sie in jedem Augenblick von neuem wirklich.[53]

So ist insbesondere der Staat nicht ein ruhendes Ganzes, das einzelne Lebensäußerungen, Gesetze, diplomatische Akte, Urteile, Verwaltungshandlungen von sich ausgehen läßt. Sondern er ist überhaupt nur vorhanden in diesen einzelnen Lebensäußerungen, sofern sie Betätigungen eines geistigen Gesamtzusammenhanges sind, und in den noch wichtigeren Erneuerungen und Fortbildungen, die lediglich diesen Zusammenhang selbst zum Gegenstande haben. Er lebt und ist da nur in diesem Prozeß beständiger Erneuerung, dauernden Neuerlebtwerdens; er lebt, um Renans berühmte Charakterisierung der Nation auch hier anzuwenden, von einem Plebiszit, das sich jeden Tag wiederholt.[54] Es ist dieser Kernvorgang des staatlichen Lebens, wenn man so will, seine Kernsubstanz, für die ich schon an anderer Stelle die Bezeichnung als Integration vorgeschlagen habe.[55]

|137| Hier liegt der Angelpunkt des Staatlichen im Bereich der Wirklichkeit, von dem daher Staats- und Staatsrechtslehre auszugehen haben. Wenn sie es nicht tun, besteht für sie die beinahe unausweichliche Alternative, entweder eine staatssoziologische Mechanik an bestimmte starre, unzulässig substanzialisierte Träger dieser soziologischen Kräfte anzuhängen, an die Individuen oder an ein Staatsganzes, das in unklarer Weise halb juristisch, halb räumlich gedacht wird[56] – oder die Wirklichkeit dieser Welt als Gegenstand der Staatstheorie |138| mit Kelsen überhaupt zu bestreiten – oder endlich sich in ästhetisierenden Agnostizismus zurückzuziehen.[57]

Wenn alles geistige Leben Selbstgestaltung des Einzelnen und zugleich der Gemeinschaft ist, so ist bei der Gemeinschaft die Bedeutung dieser Gestaltung als Begründung ihrer geistigen Realität noch einleuchtender als beim Einzelmenschen, der ein biologisches Dasein auch abgesehen von jenem Leben führt.[58] Der Staat ist nur, weil und sofern er sich dauernd integriert, in und aus den Einzelnen aufbaut – dieser dauernde Vorgang ist sein Wesen als geistig-soziale Wirklichkeit. Die Ergründung dieses Wesens ist die erste Aufgabe der Staatstheorie, zu der die Klärung seiner Beziehungen zu den übrigen Gebieten der Kultur als zweite hinzutritt. Diese zweite soll hier nur insoweit berührt werden, als eine wenigstens skizzenhafte Lösung der ersten es erfordert.

Hatten die früheren methodischen Erörterungen zum Zweck, den Gegenstand der staatstheoretischen Fragestellung genauer zu bestimmen, so sind hier wenigstens in aller Kürze noch zwei methodische Schwierigkeiten des Weges zur Lösung dieser Frage anzudeuten.

Die eine, allgemein geisteswissenschaftliche, besteht darin, daß die Struktur alles menschlichen Gruppenlebens zwei Elemente aus verschiedenen Welten als Momente in sich enthält.[59] Einerseits das des persönlichen Lebens in seiner durch die soziale Beziehung gegebenen strukturellen Verschränkung, als das eigentlich zeitlich-reale; und andererseits das des Anteils am Reich des ideell-zeitlosen Sinnes. Ihre nur dialektisch zu verstehende Zusammenordnung darf nicht gelöst werden; geschieht das zugunsten der persönlichen Lebensverschränkung als der eigentlichen Substanz des Sozialen, dann entsteht ein soziologischer Formalismus oder Vitalismus, dessen Folgerungen schließlich in die folgerichtige Organologie hineinführen – geschieht es zugunsten des sachlichen Sinngehalts, so ist damit eine mehr oder weniger rationalistische Teleologie des Staates gegeben, wie sie schon früher abgelehnt wurde.[60] Beide Momente stehen auch nicht im Ver|139|hältnis von Form und Inhalt zueinander.[61] Jeder geistige Austausch führt unvermeidlich in die Bereiche des zeitlosen Sinns hinein, die er zugleich voraussetzt, und umgekehrt werden Sinn und Wert nur im geistigen Gemeinschaftsleben zur Sinn- und Wertwirklichkeit. Trotzdem sind sie begrifflich mit aller Schärfe voneinander zu scheiden.[62]

Die andere Schwierigkeit beruht auf dem Doppelcharakter des staatlichen Lebens als Erfüllung einer sowohl durch die Wertgesetzlichkeit des Geistes wie durch das positive Recht des Staates gestellten Aufgabe. Auch diese beiden Momente sind für die staatstheoretische Betrachtung untrennbar. Das Staatsrecht ist nur eine Positivierung jener geistesgesetzlichen Möglichkeiten und Aufgaben und daher nur aus diesen zu verstehen, und umgekehrt bedürfen diese der rechtlichen Positivierung, um sich dauerhaft und befriedigend zu erfüllen. Daher wird einerseits staatstheoretische Betrachtung auf die wesensmäßige Grundlage das Hauptgewicht legen und sich mit der staatsrechtlichen Ordnung als deren Folgerung beschäftigen; staatsrechtliche umgekehrt wird diese zu ihrem eigentlichen Gegenstande machen, sie aber, um ihrem Sinne gerecht werden zu können, aus jener herzuleiten und zu verstehen suchen.

Wenn das überempirisch aufgegebene Wesen des Staates sein Charakter als souveräner Willensverband und seine dauernde Integration zur Wirklichkeit als solcher ist, so ist es Sache empirischer Beobachtung, die Faktoren dieser Verwirklichung aufzuzeigen.

Als solche Faktoren heben sich deutlich heraus formale Vorgänge verschiedener Art einer-, sachliche Gehalte von verschiedenstem Typus andererseits.[63] Diese Typen sind nicht zu verwechseln mit dem oben aufgezeigten Gegensatz realer Lebensfunktion und ideellen Sinngehalts, da sie beide real sind. Es handelt sich dabei um eine empirische Gruppierung, in die die einzelnen Erscheinungen der Wirklichkeit nicht rein aufgehen, die aber immerhin geeignet ist, die hauptsächlichen Typen der Begründung der staatlichen Wirklichkeit in ihrer Eigenart hervortreten zu lassen. Unter jenen Vorgängen sollen die an bestimmte Personen, »Führer« im allerweitesten Sinne, anschließenden einerseits von funktioneller Integration sonstiger Art andererseits unterschieden – als Sach- und Sinngehalte sollen die wichtigsten Typen gemeinschaftbegründender und gemeinschaft|140|bedingender Gehalte, an Tatsachen wie Aufgaben, zusammengestellt werden.

Dabei sollen als selbstverständlich vorausgesetzt werden die durch die sämtlichen Gruppen hindurchgehenden Strukturtypen. Als solche sind im staatlichen Leben vor allem zu unterscheiden die des einmaligen Auftretens einerseits (eine bestimmte Führerperson, eine einmalige Bewegung, ein einmaliges Schicksal mit seinem Gehalt) und der dauernden Integrationswirkung andererseits, welch letztere wiederum die Dauer eines tatsächlichen Bestandes (geographischer Faktoren, geschichtlicher Belastung und Qualifizierung u. a. m.) oder die einer normierenden Satzung sein kann.

Weitere Typen sind vor allem die der geschichtlich wechselnden Geistesstrukturen: z. B. die der drei Stadien bei Comte und Spencer, des irrationalen und rationalen Typus in der deutschen Theorie (Tönnies und die von ihm Angeregten), der Differenzierungsstadien der Kultur (Dilthey und seine Schule, Simmel), als berühmteste Einzelanwendung die Unterscheidung des charismatischen, traditionalen und rationalen Herrschaftstypus (Max Weber).[64] Strukturtypen sind ferner die nationalen Sondertypen staatlicher Integration: z. B. die Bevorzugung sinnlicher Integrationswirkung, optischer, akustischer, theatralischer, rhetorischer, rhythmischer, körperlicher, bei den romanischen Völkern (es sei nur auf den Gegensatz des französischen gegenüber dem englischen Parlamentarismus verwiesen,[65] oder vor allem auf die Methoden des Faschismus) – und endlich die sich aus dem Umfang des zu integrierenden Staatsvolks ergebenden Typen (Fortschritt zum Integrationstypus des demokratischen Massengroßstaats).

Die bisherige staatstheoretische Literatur hat das Problem nicht gestellt und es deshalb auch nicht behandelt. Die Ideologie und Soziologie des Führertums ist, soweit sie überhaupt Anspruch auf Wissenschaftlichkeit macht, überwiegend mechanistisch gedacht, so daß sie gerade für die hier geltende Fragestellung nicht in Betracht kommt. Die Lehre von den Staatsfunktionen behandelt nicht die funktionelle Integration des Staats, sondern das Recht der dreiGewalten. Und die Lehre vom Sinngehalt des Staats wird bei sorgfältiger Fragestellung[66] aufgelöst in die Lehre von seiner Rechtfertigung und |141| seinen Zwecken, geht also an diesem Gehalt als einer Lebenskonstituente des Staats vorbei.

Mehr Stoff enthält die beschreibende politische Literatur, vor allem soweit sie das Problem oder Teile des Problems nach ihrer praktischen Seite ins Auge faßt – zumal aus dem Bereich der angelsächsischen Staatenwelt. Die große Fundgrube für Untersuchungen in dieser Richtung ist aber heute die Literatur des Faschismus. Sowenig sie eine geschlossene Staatslehre geben will, sosehr sind Wege und Möglichkeiten neuer Staatswerdung, Staatsschöpfung, staatlichen Lebens, d. h. genau dessen, was hier als Integration bezeichnet wird,[67] ihr Gegenstand, und ihre planmäßige Durchmusterung unter dem Gesichtspunkt der hier unternommenen Fragestellung würde einen reichen Ertrag liefern, dessen Wert unabhängig von Wert und Zukunft der faschistischen Bewegung selbst sein würde.

Was hier in einer von unendlicher Reflexion getragenen Bewegung planmäßigen Aufbaus einer neuen Volks- und Staatsgemeinschaft bewußt geworden ist, ist in der Regel unbewußt geblieben. Das Schweigen der Staatstheorie und der Staatsrechtswissenschaft ist deshalb kein Wunder: rationalistische Wissenschaft sieht nur das Bewußte und das naturalistischem Denken Zugängliche, und irrationalistische ist hier im Agnostizismus der organischen Theorie steckengeblieben. Es ist bezeichnend, daß Verfassungsgesetzgeber theoretischer Herkunft, wie die von Weimar, das hier liegende erste Problem einer Verfassung übersehen haben, während die Bismarcksche Verfassung, wie noch zu zeigen sein wird, ein zwar unreflektiertes, aber vollkommenes Beispiel einer integrierenden Verfassung ist.

Die hier anzudeutenden geistigen Lebensvorgänge, die zugleich solche des Einzelnen und des Ganzen sind, laufen in der Hauptsache ab, ohne daß sie sich ihres Sinnes voll bewußt wären. Deshalb sind sie doch nicht durch Zurückführung auf eine kausale Gesetzlichkeit zu erklären, sondern nur durch Einordnung in ihren Sinnzusammenhang als Verwirklichung der Wertgesetzlichkeit des Geistes zu verstehen.[68] Der werdende Geist weiß nicht, welchen Sinn seine Entwicklungsregungen haben, der erwachsene vermöge der »List der |142| Vernunft« nicht notwendig, in welche Kulturzusammenhänge seine Tätigkeit hineinwirkt. Trotzdem werden sie verständlich nicht aus ihrem Bewußtsein, sondern aus ihren objektiven geistigen Zusammenhängen – es ist eine späte Stufe des Geistes, auf der er durch die Einsicht in seine eigene Gesetzlichkeit (die eine Norm- und Wertgesetzlichkeit ist) zu sich selbst kommt.

Die folgende Übersicht über die drei Integrationstypen ist nur ein erster und vorläufiger Versuch. Insbesondere ist die hier zugrunde gelegte Dreiteilung nur aus praktischen Gründen gewählt.

Die unter den einzelnen Typen aufgeführten Erscheinungen erschöpfen den dahin gehörenden Stoff nicht, sondern sind nur als Beispiele gemeint.

Von diesen Beispielen ist endlich keines rein in dem Sinne, daß es lediglich unter den Typus gehörte, unter dem es aufgeführt ist. Es gibt keine Führung, die nicht Bewegung der Gruppe und Führung im Namen eines sachlichen Gehalts oder zu einem sachlichen Ziele wäre. Es gibt keine gruppenbildende Bewegung, die nicht aktive, führende und passive Beteiligte enthielte, und die ohne sachlichen Sinn oder Zweck wäre. Und es gibt keine Sinn- und Zweckverwirklichung ohne Führung und bewegtes Gruppenleben. Nur mit diesem Vorbehalt, daß jeder Integrationsvorgang der Wirklichkeit alle diese Momente enthält und höchstens überwiegend charakterisiert wird durch eins von ihnen, ist die folgende Isolierung der Integrationstypen und der darunter subsumierten einzelnen Fälle gemeint.

[...]

|187| Zweiter Teil
Verfassungstheoretische Folgerungen

1. Das Wesen der Verfassung

Aus den angedeuteten Grundzügen einer Staatstheorie folgen ganz bestimmte Voraussetzungen für die Lösung jedes einzelnen staatstheoretischen Problems, folgt insbesondere auch eine ganz bestimmte Verfassungstheorie.

Die herrschende Lehre versteht unter Verfassung die Ordnung der Willensbildung eines Verbandes und der Rechtsstellung seiner Mitglieder, unter Staatsverfassung die Rechtssätze über die obersten Staatsorgane, ihre Bildung, gegenseitiges Verhältnis und Zuständigkeit und die grundsätzliche Stellung des Einzelnen zur Staatsgewalt.[70] Die Verfassung stattet den Staat mit Organen aus und macht ihn willens- und handlungsfähig, so daß er durch sie zur Rechtspersönlichkeit wird.[71]

Dieser Auffassung des juristischen Positivismus und Formalismus steht eine andere gegenüber, die das (nicht notwendig rechtliche) Gesetz des politischen Gesamtlebens eines Staats als seine Verfassung betrachtet. Am weitesten geht die bekannte Formel Lassalles, die die im Lande bestehenden tatsächlichen Machtverhältnisse als seine eigentliche Verfassung bezeichnet, im Gegensatz zu dem »Stück Papier«, der geschriebenen Verfassungsurkunde.[72] Der Wahrheit näher ist Redslob, wenn er »das letzte Problem einer Verfassung«, also ihren eigentlichen Sinn, sucht in dem »tiefen Gesetz, das dem Organismus den Impuls gibt und seine harmonische Arbeit regelt«,[73] einem Gesetz, das er dann allerdings in den Bahnen des 18. Jahrhunderts in einer mechanischen Gleichgewichtskonstruktion findet. E. Kaufmann endlich vertritt für das »lebende« Verfassungsrecht die »Erforschung der wirklich maßgebenden soziologischen Kräfte«, d. h. insbesondere der Parlamentspraxis und der Parteien als der »eigentlichen Schöpfer und Wandeler des lebendigen Verfassungsrechts«, in ihrer »in allen Staaten verschiedenen Struktur und Psychologie«, als der eigentlichen Grundlage der individuellen Eigenart aller demokratischen Verfassungen.[74]

|188| Das hier bestehende Problem hat G. Jellinek als erster eingehend behandelt.[75] Er findet den Kern der Frage darin, »daß Rechtssätze unvermögend sind, staatliche Machtverteilung tatsächlich zu beherrschen«, daß »die realen politischen Kräfte sich bewegen *nach ihren eigenen Gesetzen,* die von allen juristischen Formen unabhängig wirken.«[76] Sofern diese Kräfte zur »Verfassungswandlung« imstande sind, sind sie rechtsbildend, gehören also in die Lehre von den besonderen Rechtsquellen des Verfassungsrechts, da die landläufige Rechtsquellenlehre sie nicht deckt.[77]

Also entweder die bedenkliche »normative Kraft des Faktischen« in besonders umfassender Wirksamkeit auf dem Gebiet der Verfassung[78] – oder ein unklares Neben- und Gegeneinander der geschriebenen Verfassung und der »wirklichen« »soziologischen« Kräfte.

Das Problem, das hier richtig gesehen, aber unrichtig bezeichnet ist, ist das Kernproblem der Verfassungstheorie. Es ist nicht ein Anwendungsfall des allgemeinen geisteswissenschaftlichen Problems der Spannung von Sollen und Sein, Sinn und Lebenswirklichkeit. Es ist auch keine Frage der Rechtsquellentheorie. Sondern es ist die Frage der spezifischen Substanz des Staats, als Gegenstand rechtlicher Regelung durch seine Verfassung.

Es handelt sich zunächst nicht um den allgemeinen Gegensatz von Lebenswirklichkeit und Sinnordnung, wie er die Grundschwierigkeit aller Geisteswissenschaften bildet. Allerdings sind die beiden Momente jeder geistigen Wirklichkeit ihre konkrete Lebendigkeit, ihre psychologische, zeitgebundene Realität einer- und ihre zeitlose Sinnhaftigkeit, ihre sachliche, immanente, ideelle Sinnstruktur anderseits, und alle Wissenschaft vom geistigen Leben verfehlt ihren Gegenstand, wenn sie in vergeblichem, weil den Naturwissenschaften vorbehaltenem Methodenmonismus entweder als vitalistisch-organologische nur den wirklichen Lebensstrom als solchen, oder als ideell systematisierende (wie die Normlogik der

Wiener Schule) nur den zeitlos ideellen Gehalt bearbeitet, statt in unvermeidlichem »Oszillieren des Gedankens« den Gegenstand in seiner Doppelseitigkeit als Lebens- und Sinnordnung zu erfassen.[79] Hier handelt es sich aber um die Einheit der Staatsverfassung als ideelles Sinnsystem, für dessen Er|189|fassung mit Recht die Einbeziehung auch jener »soziologischen Kräfte« neben dem geschriebenen Verfassungstext gefordert wird – also um ein Sonderproblem dieses geisteswissenschaftlichen Sondergebiets.

Die Frage ist auch nicht zu erledigen durch die allgemein juristische Erwägung, daß eine rechtliche Regelung, die sich nur auf einen konkreten Fall bezieht, eben deshalb nicht in der unvermeidlichen Spannung der abstrakten Regelung vieler Anwendungsfälle zur Individualität des konkreten Einzelfalls zu stehen braucht, sondern als das individuelle Gesetz dieses Falles von vornherein elastischer gemeint und auszulegen ist.[80] Denn die Verfassungen enthalten zum guten Teile auch Rechtssätze, die gerade ausdrücklich als starr und unelastisch gegenüber jenen fließenden soziologischen Mächten gemeint sind, insbesondere (aber nicht allein) in den Grundrechten, in der Positivierung überstaatlich-allgemeiner Rechtsgrundsätze oder von Minderheitsrechten, die auch im Gegensatz zu individueller Eigenart und Mehrheitsbildung des Staats gelten sollen. Allerdings steht es mit einem bestimmten Teile der Verfassungen, insbesondere in demokratisierten Staaten,[81] anders. Aber diese Besonderheit erklärt sich nicht aus der Eigentümlichkeit der Verfassung als »individuelles Gesetz«, sondern aus der Eigentümlichkeit ihres Gegenstandes.

Die Verfassung ist die Rechtsordnung des Staats, genauer des Lebens, in dem der Staat seine Lebenswirklichkeit hat,[82] nämlich seines Integrationsprozesses. Der Sinn dieses Prozesses ist die immer neue Herstellung der Lebenstotalität des Staates, und die Verfassung ist die gesetzliche Normierung einzelner Seiten dieses Prozesses.

Der Staat lebt natürlich nicht nur von den in seiner Verfassung geregelten Lebensmomenten: die Verfassung selbst muß zu ihrer Ergänzung, um überhaupt in politisches Leben umgesetzt zu werden, auf die Triebgrundlage dieses Lebens und die ganze sonstige Fülle sozialer Motivierungen rechnen. Aber auch die von ihr selbst geregelten Lebensfunktionen des Staats kann sie nicht vollständig erfassen: auch diese kommen, wie alles politische Leben, aus der Totalität der Einzelpersönlichkeit und wirken in jedem Augenblick zu der überpersönlichen Totalität des Staates zusammen. Eine solche Lebensfülle kann von wenigen, noch dazu meist recht schematischen, auf |190| immer neuen Rezeptionen aus dritter und vierter Hand beruhenden Verfassungsartikeln nicht voll erfaßt und normiert, sondern nur angedeutet und, was ihre integrierende Kraft angeht, angeregt werden. Ob und wie aus ihnen der aufgegebene Erfolg befriedigender Integration hervorgeht, hängt von der Auswirkung aller politischen Lebenskräfte des Volksganzen überhaupt ab. Dieser aufgegebene Erfolg mag dabei vom politischen Lebensstrom vielfach in nicht genau verfassungsmäßigen Bahnen erreicht werden: dann wird die durch die Wertgesetzlichkeit des Geistes wie durch die Artikel der Verfassung aufgegebene Erfüllung der Integrationsaufgabe trotz dieser einzelnen Abweichungen dem Sinn auch der Verfassung eher entsprechen als ein paragraphentreueres, aber im Erfolge mangelhafteres Verfassungsleben.

Es ist also der Sinn der Verfassung selbst, ihre Intention nicht auf Einzelheiten, sondern auf die Totalität des Staates und die Totalität seines Integrationsprozesses, die jene elastische, ergänzende, von aller sonstigen Rechtsauslegung weit abweichende Verfassungsauslegung nicht nur erlaubt, sondern sogar fordert.

Die Verfassungen brauchen dazu keine besondere Vollmacht auszusprechen. Dem Verfassungsgesetzgeber braucht der geistesgesetzliche Sinn einer Verfassung ebensowenig zum Bewußtsein zu kommen, wie dem einzelnen der Sinnzusammenhang seines geistigen Lebens, insbesondere der Sinn seines politischen Lebens als Komponente des staatlichen Integrationsprozesses. In der Regel entsteht eine Verfassungsurkunde aus anderen, doktrinären Auffassungen von ihren Aufgaben – in völliger, wenn auch unreflektierter Klarheit über diese Aufgaben ist, soviel ich sehe, nur eine moderne Verfassung konzipiert, die des Norddeutschen Bundes und des kaiserlichen Rechts.[83] Aber das schließt die entsprechende Anwendung auch der übrigen nicht aus. Nicht nur, daß die normierten Integrationssysteme sich von selbst vermöge der Wertgesetzlichkeit des Geistes und deren Auswirkung im nationalen Gestaltungswillen je nach der mehr oder weniger großen politischen Begabung der Völker durch spontane Bildungen (Parteien, Konventionen u. a.) ergänzen – auch die normierten Institutionen selbst treten mit oder ohne Bewußtsein und Absicht ihrer Gesetzgeber in den ihnen aufgegebenen Sinnzusammenhang ein, wirken ihm entsprechend, ergänzen, modifizieren sich nach dieser ihrer

Aufgabe, ohne daß darin ein besonderes juristisches Problem läge. Es ist einfach der |191| immanente und selbstverständliche Sinn der formulierten Verfassung, daß sie diese Elastizität hat und daß ihr System sich gegebenenfalls von selbst ergänzt und wandelt. So ist ein zusammenhängendes Verstehen des von ihr gewollten und geregelten Gegenstandes, des tatsächlichen Integrationssystems, aber auch ihrer eigenen objektiven Intention, nur möglich unter Einbeziehung dieser Elastizität, dieser Wandlungs- und Ergänzungsfähigkeit und der auf Grund davon sinngesetzlich vollzogenen und wirklich und normergänzend gewordenen Wandlungen und Erweiterungen ihres Systems.

Es ist daher nicht zu verwundern und weder ein Mangel noch ein Vorwurf, wenn die Verfassungen ihren Gegenstand nur schematisch und nur in Einzelpunkten erfassen können.[84] Sie können und wollen (wenigstens der objektiven Intention nach) nur andeuten: sie tun das meist in althergebrachter Weise, in Gestalt von Rezeptionen;[85] sie erheben daher aber auch nicht den Anspruch ähnlich starr-heteronomer Geltung wie das Recht untergeordneter Verbände, das abstrakt viele Einzelfälle schematisieren muß. Sie lassen der allgemeinen, durch die Einzelbestimmungen nur hier und da positiv festgelegten Integrationstendenz des Verfassungslebens und seiner Neigung zur Selbstgestaltung freien Lauf – abgesehen von den Fällen, in denen sie dies Leben strikt festlegen, ihm gegenüber als streng heteronome Norm gelten wollen, die dann auch nur durch echtes Gewohnheitsrecht beseitigt werden kann.[86]

Dieser Sinn der Verfassung bedeutet die Inanspruchnahme eines eigenen sachlichen Lebensgebiets für sie als ihren Gegenstand und ihre Aufgabe, so wie andere Rechtsnormenkomplexe die ihrige bezüglich anderer sachlicher Lebensgebiete haben. Er bedeutet die Ablehnung des normlogischen Versuchs, sie zu einem wesentlichen Moment jeder Rechtsordnung als solcher, zu einer, ja der Bedingung ihrer Geltung zu erheben.[87] Damit geschieht der Verfassung, aber noch mehr der Würde des Rechts und der Rechtsidee schwerstes Unrecht. Die Widerlegung dieser Art von »Verfassungstheorie« ist schon oft |192| mit Erfolg unternommen worden – diese Widerlegung wird aber durch den positiven Nachweis der eigenen sachlichen Aufgabe der Verfassung erst vollständig.

Als positives Recht ist die Verfassung nicht nur Norm, sondern auch Wirklichkeit; als Verfassung ist sie integrierende Wirklichkeit. Diese Wirklichkeit ist geschichtlich vor allem als Folge der

Einwirkung moderner konstitutioneller Verfassungen auf die von ihnen vorgefundene territoriale Zersplitterung der deutschen Staaten beobachtet worden.[88] Als dauernde und tägliche Wirklichkeit, als ein besonders eindrücklicher Fall der unzweifelhaften Integrationswirkung jeder Rechtsgemeinschaft ist sie leicht nachzuweisen,[89] allerdings mit den Hilfsmitteln der herrschenden mechanistischen Soziologie so wenig wie mit denen der Normlogik.

Diese Wirklichkeit wird nicht durch die Verfassung als das »ruhende, beharrende Moment im staatlichen Leben«,[90] sondern durch das sich immerfort erneuernde Verfassungsleben immer neu hergestellt. Es liegt hier nicht anders wie bei der »Konstituierung« sonstiger Gruppen, z. B. von Versammlungen. Formaljuristisches, statisches Denken versteht darunter den Akt, durch den eine Versammlung sich ihren Vorstand, allenfalls ihre Geschäftsordnung gibt, sich für eröffnet erklärt – was alles, abgesehen von seiner technischen Bedeutung, den wichtigeren tatsächlichen Sinn hat, daß dadurch nicht nur Pflichten für Vorstand und Redner normiert, sondern daß damit der Übergang aus dem bisherigen Fürsichsein der Einzelnen zur Sozialität des Versammeltseins vollzogen wird. Dieser Übergang wird von allen Versammelten ausnahmslos als ein reelles Erlebnis empfunden, als ein durch alle hindurchgehender einheitlicher Vorgang, als die Integrierung zu der Gruppe, die zu bilden und als die zu verhandeln der Sinn des Zusammenkommens war. Aber jeder Versammlungsleiter weiß, daß die Versammlung mit der Konstituierung nicht ein für |193| allemal in Gang gesetzt ist, wie ein aufgezogenes Uhrwerk, sondern daß sich der Konstituierungsakt gewissermaßen jeden Augenblick erneuern, daß die integrierende Kraft jeden Augenblick neu entwickelt werden und spielen muß, was vor allem durch die geschäftsordnungsmäßige Tätigkeit der Organe und der Redner geschieht. D. h. die Norm, die Verfassung der versammelten Gruppe und ihrer Organisation ist nicht die Regel eines an sich gegebenen, dauernden Bestandes und seiner Auswirkungen nach außen, sondern sie ist die Form der Begründung und der steten Erneuerung und Herstellung dieses Bestandes.

Es ist kein Zufall, sondern wohlbegründet, daß die Neubegründung der politischen Lebensform, der Integration eines Volkes mit demselben Wort bezeichnet wird, wie die Konstituierung einer Versammlung.[91] Hier liegt, wie schon angedeutet,[92] eine »soziologische« Sinnkomponente der naturrechtlichen Staatsvertragstheorie, hier auch ein Wahrheitskern der Legitimitätstheorie und der antiken Sentenz von der Gleichheit der Mittel, durch die ein Reich begründet und erhalten wird.

Mit der Aufzeigung des integrierenden Sinnes von Verfassung und Verfassungsrecht ist zugleich die Grundlage für deren Einordnung in weitere Zusammenhänge gewonnen.

Mit innerem Recht setzt sich in den Staatszwecktheorien in immer neuen Wendungen immer wieder die alte Lehre von der Dreiteilung in Rechts-, Macht- und Wohlfahrtszweck des Staates durch.[93] Sie ist staatstheoretisch unausweichlich, sie stellt sich aber auch immer mehr als rechtstheoretisch unentbehrlich heraus. Der Sinn großer Rechtsbereiche tritt nur so in das richtige Licht. Das haben vor allem James Goldschmidts Arbeiten zum Verwaltungsstrafrecht gezeigt. Denn ihr Grundgedanke ist doch der, daß neben dem Rechtswert als Beherrscher eines Teiles des öffentlichen Strafrechts, vielmehr der öffentlichen Funktionen überhaupt, der »Verwaltungswert« als ein ganz anderes regulatives Prinzip für einen anderen Teil öffentlicher Funktionen, nicht nur des Strafrechts, steht.[94] Dieser »Verwaltungswert« |194| ist aber nichts wesentlich anderes als der sonst meist so genannte Wohlfahrtszweck. Und neben diese beiden Werte und ihr Verhältnis, dessen sorgfältiger Klärung sich nur hartnäckiger Nominalismus entziehen kann, tritt ein dritter, dessen Besonderheit gerade auch in seiner Projektion auf juristische Probleme, auf den Sinn rechtlicher Funktionen deutlich wird. A. Wegner hat ihn überzeugend nachgewiesen in der Sonderart gewisser justizförmiger Funktionen, die sachlich aber nicht, wie sonstige Justiz, dem Rechtswert dienen, sondern der Machtdurchsetzung des Staats: »Bestrafung« bestimmter Kriegsverbrecher, Spione, Franktireurs u. a.[95] – eine Reihe, die um die Prisengerichtsbarkeit, Standgericht, Ausnahmegerichte, die Sondergerichte zum Schutz der Staatsform und die bekannten politischen Eigentümlichkeiten der Sowjetgerichtsbarkeit und andere Beispiele zu vermehren wäre. Carl Schmitt hat ihn in der Eigenart der Diktatur und ihrer Akte, in der tiefen Wesensverschiedenheit insbesondere der »Maßnahmen« des Art. 48 der Reichverfassung von den »in einem spezifischen Sinne rechtlichen Normen und Akten« des Staats aufgezeigt.[96] Sein Bereich geht aber viel weiter: es ist der Staat als beherrschender Wert, wie es G. Jellinek ausdrückt, seine »Erhaltung und Stärkung«,[97] in dem uns hier beschäftigenden Zusammenhange seine Integration, die neben den Rechts- und Wohlfahrts- (oder Verwaltungs-)wert als dritter gleichgeordneter tritt und dessen Erkenntnis als regulativen Prinzips die Grundlagen für das Verständnis aller hierher gehörigen Erscheinungen, voran der Verfassung und ihres Sinnes, ist.[98]

|195| Die hier für Rechts- und Staatstheorie bestehende Aufgabe kann an dieser Stelle nur angedeutet werden. Sie wird erschwert durch die selbstverständliche Tatsache, daß keine Staatsfunktion, keine staatliche Einrichtung rein und ausschließlich von einem der drei Werte beherrscht wird.[99] Deshalb ist die Besinnung auf den jeweils in erster Linie maßgebenden Wert doch für das Verständnis eines jeden Rechtssatzes des öffentlichen Rechts und vor allem für das staatstheoretische Verständnis der öffentlichen Einrichtungen und Zustände überhaupt grundlegend. Auf einzelne Anwendungsfälle habe ich in späterem Zusammenhang zurückzukommen.

Diese Orientierung der Staatsverfassung als einer Integrationsordnung nach dem Integrationswert ist ihre erste und grundsätzliche Besonderheit gegenüber anderen Verbandsverfassungen.

Das Kriterium, das den Staat von den übrigen Verbänden unterscheidet, soll hier nicht grundsätzlich erörtert werden. Jedenfalls ist mit der Sonderstellung des Staats zweierlei gegeben. Einmal, daß sein Bestand nicht, wie der der meisten anderen Verbände, durch eine außer ihm liegende Macht gewährleistet wird; er wird nicht durch einen außerhalb seines eigenen Gefüges liegenden Motor oder Richter im Gange erhalten, nicht durch eine heteronome Ursache oder Garantie getragen, sondern integriert sich lediglich vermöge objektiver Wertgesetzlichkeit in einem in sich gravitierenden Integrationssystem – in dieser Beziehung sind die Staatskonstruktionen auf Grund mechanistischer Eigengesetzlichkeit, wie die Montesquieus, des Federalisten oder Redslobs, obwohl Wilson sie mit Recht als die des Newtonschen Zeitalters charakterisiert hat, ein glückliches Gleichnis der Wirklichkeit.[100] In ganz anderem Sinne als eine Vereinsverfassung kann deshalb die geschriebene Verfassung eines Staates mehr nur Anregung und Schranke dieses in sich gravitierenden, nicht heteronom zu gewährleistenden Verfassungslebens sein. Ferner aber ist die sich |196| aus diesem Integrationssystem immerfort neu entwickelnde souveräne »Dezision« des Staats als »gebietsuniversaler Entscheidungseinheit«[101] als formale Herrschaft und letztinstanzliche Ordnungsmacht kraft primärer Geistesgesetzlichkeit notwendig, während jene Verbände im allgemeinen fakultative Mittel zu bestimmten einzelnen sachlichen Zwecken sind. Darin liegt die Sonderstellung der Staatsverfassung begründet: einmal in der kategorischen Notwendigkeit der ihr gestellten Integrationsaufgabe gegenüber dem fakultativen Charakter anderer Verbände, und sodann in ihrer Beschränkung auf ihr selbst immanente Kräfte und Garantien zur Lösung dieser Aufgabe.

Eine Verfassungslehre der hier entwickelten Art steht zur herrschenden im Gegensatz vor allem vermöge ihrer geisteswissenschaftlichen Fragestellung. Sie muß daher jede Theorie ablehnen, die in der Verfassung einen mechanistisch objektivierten technischen Apparat für bestimmte Zwecke sieht, also voran die Verfassungstheorie Max Webers[102] (z. B. mit ihrer Abstellung auf die Gewinnung geeigneter Führerpersönlichkeiten als ganzen Sinn der Verfassung,[103] und deshalb auch jede Gleichstellung der staatlichen und sonstiger Verbandssatzungen wegen Gleichheit des technischen Zweckes.[104] Sie ist unvereinbar mit jeder Substanzialisierung der Verfassung, vermöge deren allenfalls antiker Realismus Verfassung und Staat gleichsetzen konnte;[105] aber auch mit allem verräumlichenden Denken, wie es wohl meist der Charakterisierung der Verfassung als ruhender statischer Ordnung im Gegensatz zu den Staatsfunktionen zugrunde liegt, wie es unvermeidlich hinter dem Gedanken mechanischer Zusammenfügung der als vorher gegeben angenommenen Faktoren der Verfassung,[106] dem Bilde einer »Teilung« der als vorhanden vorausgesetz|197|ten »Macht« zwischen diesen Faktoren[107] und hinter allem Emanatismus steckt, der die staatliche Gewalt in einem »Träger« vereinigt und von diesem zur Ausübung emanieren läßt, d. h. hinter den landläufigen Vorstellungen von monarchischer und Volkssouveränität. Dies verräumlichend-statische Denken mag die Folge der überkommenen Lehre von der Herrschersouveränität[108] und zugleich einer gewissen Starrheit des 1919 rezipierten Verfassungsschemas sein – es darf trotzdem auch der juristischen Betrachtung nicht zugrundegelegt werden,[109] wenn sie nicht an ihrem Gegenstande vorbeigehen will.

Die Staatsverfassung hat einen anderen Gegenstand und Inhalt als die Verfassungen anderer Verbände und Vereine. Wenn diese die Willensbildung und Bereichsabgrenzung des Verbandes und die

Stellung der Mitglieder regeln,[110] so gewährleistet die Unterstellung dieser einzelnen Verhältnisse unter die Heteronomie des Rechts- und Gerichtszwanges den Bestand des Verbandes selbst. Die Staatsverfassung muß diese Gewähr immanent in dem freischwebenden System ihrer Integrationsfaktoren gewährleisten, während die Festlegung des staatlichen Zwecks oder Tätigkeitsbereichs und der Stellung seiner Mitglieder keine wesentlichen Erfordernisse sind – ist ja doch das formale Dasein und Leben des Staats und die Gewährleistung dieses Daseins und Lebens zunächst Selbstzweck und damit einzige wesentliche Aufgabe der Verfassung.

Kein regelmäßiger Gegenstand verfassungsmäßiger Regelung sind deshalb die sogenannten »Elemente« des Staats – jedenfalls ihre konstitutive Abgrenzung. Das Gebiet ist allerdings seine grundlegendste sachliche Wesenskonkretisierung, und so ist von ihm vielfach in einem Anfangsartikel der Verfassungsurkunden in ähnlichem Sinne die Rede, wie in den Vereinssatzungen vom Vereinszweck. Während aber diese vereinsrechtliche Zwecknormierung konstitutiv ist, ist die Erwähnung des Gebiets, das im Verhältnis zu den Nachbarstaaten völkerrechtlich festgelegt ist, in der Regel ohne diese Bedeutung, und so fehlt sie bezeichnenderweise in der Mehrzahl der Verfassungen.

|198| Ähnlich steht es mit dem persönlichen »Staatselement«.[110] Mit dem Gebiet ist in der Hauptsache praktisch gegeben, wer zum Staat gehört; die Einzelheiten des Erwerbs und Verlusts der Staatsangehörigkeit sind eine nicht das Wesen des Staats berührende, sondern wesentlich technische Spezialgesetzgebungsfrage. Ebensowenig kommt es der Verfassung auf die Mitgliedstellung der Staatsangehörigen an: nicht dieser Stellung, etwa dieser Rechte wegen ist der Staat da, sondern als Selbstzweck, und die Regelung dieser Rechtsstellung etwa durch Grundrechtskataloge ist eine Konstituierung des Staats durch sachliche Momente, einen bestimmten rechtsstaatlichen und kulturellen Charakter, nicht das Äquivalent vereinsrechtlicher Mitgliedschaftsregelung.

Dagegen sind Organe, formelle Funktionen und sachliche Aufgaben wesentliche Stücke der Verfassung. In der Bildung der Organe, in ihrem Dasein und in ihrer verfassungsmäßigen Tätigkeit lebt der Staat, wird er persönlich integriert; in den formellen Funktionen besteht sein Leben als Prozeß, seine funktionelle Integration; in dem Sachgehalt, der ihm durch sein Gebiet, seinen verfassungsmäßigen Charakter und seine verfassungsmäßigen Aufgaben gegeben ist, hegt sein drittes gemeinschaftsbegründendes Element. Immerhin tritt dies letzte zurück: im Gebiet ist es wesensnotwendig gegeben, in den übrigen Ercheinungsformen ist es das um so weniger, gegenüber den beiden anderen Systemen organisch-persönlicher und funktioneller Integration. Alle drei aber bilden zusammen den materiellen Inhalt, das materielle Recht der Verfassung – es ist eine Verkennung dieses Wesens der Verfassung, wenn in Weimar ein bedeutender Ziviljurist den ersten Teil der Verfassung als den formell-organisatorischen dem zweiten als dem materiellrechtlichen gegenüberstellte.[110a]

[...]

|233| Dritter Teil
Positivrechtliche Folgerungen

1. Die Auslegung der Verfassung als Ganzes

Der hier unternommene Versuch soll nicht nur ein Beitrag zur Grundlegung einer geisteswissenschaftlichen Theorie von Staat und Verfassung als geistigen Wirklichkeiten sein, sondern zugleich ein Beitrag zur Staatsrechtslehre. Denn gerade aus der Beschäftigung mit dem positiven Staatsrecht sind diese Anschauungen herausgewachsen[112] – am positiven Recht müssen sie sich also wiederum bewähren.

Die Bedeutung des Gegensatzes zur bisher herrschenden Staatsrechtswissenschaft in der Behandlung eines staatsrechtlichen Systems im ganzen wird anschaulich an den Klassikern des Staatsrechts des kaiserlichen Reichs. Der verhältnismäßig größere Wahrheitsgehalt |234| der Haenelschen, ja sogar der Seydelschen Darstellung gegenüber der Labandschen beruht darin, daß jene Werke das Staatsrecht des Reichs zunächst als eine geistige Totalität und die staatsrechtlichen Einzelheiten stets sub specie dieser Sinntotalität zu erfassen suchen. Es ändert nichts an der grundsätzlichen Richtigkeit dieses Ausgangspunkts, daß beide Schriftsteller sich dabei von vornherein auf eine gewisse Einseitigkeit der Gesamtauffassung festgelegt haben (Seydel allerdings in unverhältnismäßig höherem Grade), die dann in der Einzelanwendung hier und da zur Fehlerquelle wurde. Selbst da ist diese Fehlerquelle wenigstens sofort kontrollierbar, während Labands zum Teil unbewußte und jedenfalls unformulierte, weil prinzipwidrige Sachvoraussetzungen eine unkontrollierbare Fehlerquelle seiner sich zu Unrecht als formalistisch und voraussetzungslos gebenden Argumentationen sind. Noch deutlicher wird die Gefahr der Labandschen Methode an den Lücken seines Werkes: je bewußter und eindrücklicher es den gesamten staatsrechtlichen Stoff vollständig, virtuos disponiert und in vollendeter Einzelverarbeitung zu geben sucht, um so empfindlicher ist der Nachweis von zugleich stofflichen Lücken und rechtsgrundsätzlichen Mißverständnissen, wie ihn nach der unitarischen Seite der Verfassung Triepels monumentale Reichsaufsicht, nach der föderativen die Arbeiten anderer[113] erbracht haben. Das repräsentative Buch des Bismarckschen Verfassungsrechts hat die Problematik dieses Rechts so wenig gesehen wie die Problematik des Verfassungsrechts überhaupt – getragen von dem Glauben an die formalistische Methode und von der komplementären agnostizistischen Skepsis gegenüber allem über die positivistisch erfaßte Einzelheit hinausgehenden Wirklichkeits- und Normgehalt. Es ist ein eigentümliches Zusammentreffen, daß die von Laband bearbeitete Bismarcksche Verfassung in ihrer diplomatischen Nüchternheit diese Behandlungsweise nahezulegen schien; Haenels tiefere Einsicht bewährt sich darin, daß ihm trotz dieser Verfassungstechnik die Notwendigkeit der Konzeption einer Staatstotalität im Sinne der Paulskirche als Grundlage fruchtbarer Bearbeitung auch der Bismarckschen Verfassung selbstverständlich war.

Die höchstgesteigerte Begriffstechnik der Labandschen Methode in allen Ehren – sie hat sich aber zugleich als ein Hindernis tieferer Auffassung ihres Gegenstandes herausgestellt, und sie ist damit ein Symptom und zugleich eine Ursache der entpolitisierenden Erziehung |235| der im Bismarckschen Reich aufgewachsenen Generation gewesen. Sie ist erstaunlicherweise von den Anklägern der Entpolitisierung Deutschlands durch und seit Bismarck völlig übersehen, obwohl sie der vielleicht auffallendste und reinste und zugleich ein besonders schwerer und bedenklicher Fall dieser Entpolitisierung war – allerdings einer, an dem dieser Staat nicht schuld war, sondern der unpolitische Geist derer, die ihn heute anklagen.

Wenn auch der Rechtspositivismus nicht ohne allgemeine Sinnorientierungen auskam, die sich immer wieder in Argumentationen aus dem »Wesen der Sache« und dergleichen verrieten,[113a] die aber nicht methodisch erarbeitet, deshalb wissenschaftlich nicht zu verantworten und den damit Arbeitenden vielfach so wenig bewußt waren, daß man diese Arbeitsweise geradezu als die »Methode des Nichtwissens um das eigene Tun«[114] bezeichnet hat, so wird hier der Versuch gemacht, diese Sinnorientierung ins Bewußtsein zu rücken und ihren Inhalt planmäßig zu erarbeiten. Gierke hat diese Klarheit in der vorkritischen Naivität seiner Organologie besessen – sie mag auch (wie bei Bilfinger) für einen begrenzten Problemkreis zunächst aus umfassender Empirie gewonnen werden – Rechtswissenschaft überhaupt und die vom Objektivitätsproblem ganz besonders bedrohte Staatsrechtswissenschaft insbesondere muß sie heute in kritischer Besinnung methodisch gewinnen und ihrer Auslegung des positiven Rechts bewußt zugrunde legen.

Wenn wirklich das staatliche Integrationssystem in dem angedeuteten Sinne der aufgegebene Sinnzusammenhang ist, den die Staatsrechtswissenschaft zugrunde zu legen hat, dann muß sich diese Orientierung ihrer Arbeit, wenn sie richtig sein soll, als fruchtbar für den Erfolg dieser Arbeit herausstellen. Natürlich kann sie diese Früchte nicht sofort tragen, und ihre Bewährung, Richtigstellung oder Ablehnung kann nur das Ergebnis längerer Erprobung sein. Ich versuche daher im folgenden nur eine Anzahl von Richtungen und Einzelfragen anzudeuten, in denen und für die diese Orientierung unmittelbar einleuchtende Förderung erwarten läßt. Ich stelle dabei zunächst Fragen der Verfassung als Ganzes voran, und zwar das Problem der Ab|236|grenzung ihres Inhalts und der grundsätzlichen Methode ihrer Auslegung.

Die erste, systematische Abgrenzungsfrage ist die der Abschichtung zwischen Staatsrecht und Verwaltungsrecht. Die herkömmliche Bestimmung, die dem Staatsrecht den ruhenden Bestand, dem Verwaltungsrecht das Funktionieren des Staats zum Gegenstande gibt, ist schon in früherem Zusammenhange abgelehnt.[115] Das Staatsrecht regelt ebenso wie das Verwaltungsrecht öffentliches Leben, zum Teil sogar dasselbe öffentliche Leben, z. B. sofern beide die Verwaltung zum Gegenstand haben, im einen Fall als Teil der Gewaltenteilung, als vollziehende Gewalt, im anderen Falle als isoliertes System staatlicher Zwecktätigkeiten für sich. Damit ergibt sich die Verschiedenheit der Fragestellung und des Gegenstandes: Staatsrecht ist Integrationsrecht, Verwaltungsrecht technisches Recht – der Leitgedanke der einen Normengruppe ist das integrierende Zusammenspiel der staatlichen Institutionen und Funktionen zum Ganzen des Staatslebens, der der anderen das Ansich der Verwaltung, der technischen Erreichung ihrer einzelnen Wohlfahrtszwecke.

Die Frage ist nicht nur die der Verteilung des Stoffs auf diese oder jene Vorlesung und Lehrbuchdarstellung, sondern vor allem die nach dem für Auslegung und Bewertung dieses Stoffs im einzelnen maßgebenden Sinnzusammenhang. Ein Rechtssatz wird mißverstanden, ihm geschieht Unrecht, wenn er als Glied eines anderen Zusammenhanges verstanden und gewürdigt wird, als desjenigen, in den er sinngemäß gehört. Es ist eine wohl selbst bei Formalisten seltene Illusion, daß ein Rechtssatz überall dieselbe Auslegung und Anwendung finden werde, einerlei ob er in den Zusammenhang des öffentlichen oder Privat-, des formellen oder materiellen, des politischen oder technischen Rechts gestellt wird.

Ein Einzelpunkt mag die praktische Bedeutung der Fragen noch deutlicher machen, nämlich das Problem von Organisationsgewalt und Gesetzesvorbehalt. Weder die herrschende Lehre, die die Organisationsgewalt den Spitzen der Exekutive zuweist,[116] noch die seltener vertretene, die sie zur Gesetzgebung rechnet,[117] befriedigen recht – die einzige beruhigende Lösung ist die herkömmliche, die durch den ge|237|schichtlichen Zufall begründete[118] Zuständigkeit der einen oder der anderen Seite. Der Fehler aller Erörterungen ist der, daß sie alle Organisationsfälle über einen Kamm scheren – als ob technische Veränderungen in den Mittel- und Unterbehörden irgendeiner Spezialverwaltung unter denselben Gesichtspunkt fielen, wie Veränderungen in den Zentralinstanzen, durch die die parlamentarischen Einflußmöglichkeiten, politische Konkurrenzverhältnisse in der Ergänzung des Beamtenkörpers u. dgl. verändert werden. Daß die Frage für Veränderungen technischen Charakters und für solche, die politische Wesensbestimmungen des Staats sind, nicht selbstverständlich dieselbe sein kann, ist einleuchtend, und gelegentlich findet sich in der literarischen Behandlung ein gewisses Gefühl für solche Unterschiede. Selbst bei Zugrundelegung der alten individualistischen Freiheits- und Eigentumsformel für den Gesetzesvorbehalt[119] drängt sich der Gegensatz auf zwischen verwaltungstechnischen Organisationsnormen und politisch wirksamen, integrierenden, die eben deshalb den Einzelnen mehr angehen und darum auch eher zum Beschlußbereich seiner parlamentarischen Repräsentanten gehören.

Ein zweites, damit eng zusammenhängendes Problem ist das der Unterscheidung der Verfassung im materiellen und formellen Sinne. Es ist formalistischer Agnostizismus, der daran verzweifelt, unabhängig von dem zufälligen Inhalt geschriebener Verfassungsparagraphen ein System derjenigen Normen aufzustellen, die wesentliche Bestandteile des positivrechtlichen Lösungsversuchs der einem Staatsvolk gestellten Aufgabe seiner Integrationsordnung sind.[120] Allerdings ist die Lösung nicht einfach,[121] und jedenfalls kann sie nicht in schwan|238|kenden Aufzählungen liegen.[121a] Sie kann nur gewonnen werden von einer energischen Beziehung und Zurückführung des staatsrechtlichen Stoffs auf das einfache Sinnprinzip, nach dem er orientiert ist. Diese Aufgabe für unlösbar zu erklären, wäre die Abdankung der Staatsrechtslehre als systematischer Wissenschaft.

Das Kriterium, das die Verfassung von der übrigen Rechtsordnung unterscheidet, ist immer wieder der »politische« Charakter ihres Gegenstandes. So ist der Gegensatz selbst- und allgemeinverständlich in der deutschen Revolution ausgedrückt, wenn die Arbeiter- und Soldatenräte als Inhaber der »politischen Gewalt« erklärt[122] und entsprechend anderseits dem Bundesrat seine »Verwaltungsbefugnisse« vorbehalten wurden.[123] Deshalb ist der Begriff des Politischen für die Staatsrechtslehre nicht zu entbehren. Gerade für die abgrenzenden und kontrastierenden Verwendungen, auf die es hier ankommt, kann er aber nicht lediglich durch »Beziehung auf einen Staatszweck«[124] oder in der neuesten von C. Schmitt unternommenen Weise[125] definiert werden, sondern nur in dem diesen Erörterungen zugrundliegenden Sinne.

Noch wichtigere grundsätzliche Folgerungen ergeben sich für die Auslegung des Verfassungsrechts.

Die formalistische Methode verzichtet hier auf bewußte Zugrundelegung geisteswissenschaftlicher Staatstheorie, einer Theorie vom besonderen materialen Wesen ihres Gegenstandes, als Ausgangspunkt für die juristische Arbeit. Sie wendet auf diesen Gegenstand die ihr geläufigen »allgemeinen« juristischen Begriffe an, zum großen Teil die eines stark herrschaftlich gefärbten Vereinsrechts. So zerlegt sie das Verfassungsrecht in ein Aggregat einzelner Normen und Institute, die sie unter die geläufigen allgemeinen Schemata subsumiert, indem sie sie auf ihren Gehalt an Begründung formaler rechtlicher Willensmacht, formaler Pflichten untersucht. Sie übersieht dabei unter anderem von vornherein den Unterschied, der hier gegenüber allen ande|239|ren Rechtsmaterien besteht: daß es sich bei den Regelungen anderer Rechtsverhältnisse um die abstrakte Normierung unendlich vieler Fälle mit dem Ziel höchstens durchschnittlicher Angemessenheit handelt, hier dagegen um das individuelle Gesetz einer einzigen konkreten Lebenswirklichkeit. Mindestens dies sollte jeder Verfassungsinterpret aus dem Beginn der Verfassungsurkunden, aus Präambel, Bestimmungen über Gebiet, Staatsform, Farben usw. herauslesen, auch wenn er sie im übrigen wegen mangelnder oder undeutlicher »Abgrenzung von Willenssphären« juristisch unergiebig findet – daß es sich um das Lebensgesetz einer Konkretheit handelt, und zwar, da diese Konkretheit nicht eine Statue, sondern ein einheitlicher, diese Wirklichkeit immer von neuem herstellender Lebensprozeß ist, um das Gesetz ihrer Integration. Daraus folgt, um nur einige ganz allgemeine Regeln zu nennen, mindestens dreierlei.

Einmal dies, daß alle staatsrechtlichen Einzelheiten nicht an sich und isoliert zu verstehen sind, sondern nur als Momente des durch sie zu verwirklichenden Sinnzusammenhanges, der funktionellen Totalität der Integration. Die folgenden Einzelerörterungen haben dafür die Beispiele zu erbringen – hier seien nur einige vorgreifend angedeutet.

Die Reichsaufsicht fordert geradezu zur Behandlung nach Analogie der Kommunalaufsicht heraus: hier wie dort ein höherer und ein niederer Verband des öffentlichen Rechts, von denen der niedere dem höheren zur Erfüllung bestimmter Aufgaben verpflichtet und zur Sicherstellung dieser Pflicht einer besonderen »Aufsichtsgewalt« des höheren unterworfen ist. Während aber die Kommunalaufsicht der Gemeinde gegenüber geübt wird, wenn die Aufrechterhaltung der Gesetze und das Staatsinteresse es verlangt, natürlich nicht ohne allgemeine kommunalpolitische Rücksichten, aber doch ohne daß solche rechtlich geboten wären, ist die Reichsaufsicht auch von Verfassungs wegen nicht so zu isolieren. Sie ist ein Moment der fließenden Zusammenordnung von Reich und Ländern, stets zusammenzusehen mit der gegenläufigen Bewegung des verfassungsmäßigen Einflusses der Länder auf das Reich (und nur in diesem Zusammenhang für das politische Selbstgefühl der Länder erträglich), mit diesem Einflußrecht zusammengehalten durch das höhere, das Verhältnis von Reich und Ländern beherrschende Gesetz der Bundesfreundlichkeit, der pflichtmäßigen Tendenz aller Beteiligten zu steter Verständigung, stetem verständnisvollem Zusammenfinden. Daher darf die diplomatische Formulierung des Aufsichtsrechts selbst in der Weimarer Verfassung |240| nicht lediglich als Redensart für ein Verhältnis verstanden werden, das in Wirklichkeit das von »Herrscher zum Untertan«[126] wäre, sondern als der angemessene Ausdruck für eine tiefgehende Verschiedenheit von jener scheinbar ganz analogen Rechtslage des Kommunalrechts.

Ähnlich ist die Staatsgerichtsbarkeit nicht analog der Zivil- oder Verwaltungsgerichtsbarkeit zu verstehen. Der verfassungsgerichtliche Schutz parlamentarischer Minderheiten ist etwas anderes als der zivilgerichtliche Schutz einer Aktionärgruppe mit ihren Individualinteressen, denn er muß zu integrierender Zusammenführung der Parteien dienen – der gerichtliche Schutz der Länder gegen das Reich etwas anderes als der verwaltungsgerichtliche der Kommunen gegen die Staatsaufsicht, denn er ist hier eine Möglichkeit der Verständigung neben anderen. Parteien des Zivil-, des Verwaltungsprozesses können auf die Dauer durch die ultima ratio des Richterspruchs und des Gerichtsvollziehers gezwungen werden, ob sie wollen oder nicht – daß es aber gegen Obstruktion, Sezession und dergleichen keine solchen regelmäßigen Mittel gibt, das ist nicht lediglich ein tatsächlicher Unterschied der Erfolgschance des Verfassungsrechts und Verfassungsrichters, sondern das bedeutet eine andere Natur dieses Rechts und dieser Gerichtsbarkeit.[127] Weil hier nicht dauernd und vielfach überhaupt nicht gezwungen werden kann, die Pflichterfüllung immer wieder dem guten Willen und der Pflicht zur Verständigung, zur verfassungsmäßigen Zusammenarbeit anheimgestellt werden muß, deshalb kann diese Gerichtsbarkeit – jedenfalls gerade in den schwerwiegendsten Fällen – auch nur ein Mittel und Stadium der Verständigung solcher als gutwillig vorauszusetzender Parteien sein, die ihrerseits zu diesem Mittel auch nur in diesem Sinne greifen sollen: wie die Reichsaufsicht nicht »befehlen«, so sollen auch die nach Art. 19 Streitenden nicht um den rechtlichen Sieg kämpfen, sondern um Verständigung. Die Verpflichtung zu obligatorischen Einigungsverhandlungen nach § 5, Abs. 2 des Finanzausgleichsgesetzes bezeichnet zutreffend, worauf es hier ankommt; ihnen gegenüber ist das Urteil eines Staatsgerichtshofes eine Art Schiedsspruch, ein Einigungsersatz.[128]

Eine weitere Folgerung aus der Einordnung der einzelnen staatsrechtlichen Normen in das Sinnsystem des staatlichen Integrationszusammenhanges ist die ihres sich daraus ergebenden verschiedenen |241| Werts für dies System, ihrer Rangverschiedenheit. Diese Rangfrage ist eine Rechtsfrage; es ist einleuchtend,[129] daß zur Wahrheitspflicht des staatsrechtlichen Lehrbuchs auch die zutreffende Bewertung der einzelnen Normen und Institute gehört. Es ist eine unzulängliche Auslegung des Art. 3 der Weimarer Verfassung, wenn die führenden Kommentare hervorheben, daß durch die Feststellung der Reichsfarben nur bestimmte Pflichten für Verwaltung und Handelsschiffahrt entstehen, aber nicht erkennen lassen, daß dieses Verfassungsinstitut (wie sich schon aus seiner Stellung am Anfang der Verfassungsurkunde ergibt) von Verfassungs wegen einen sehr hohen Rang hat, der z. B. durch die Strafbestimmungen des Republikschutzgesetzes nicht erst geschaffen, sondern gerade vorausgesetzt und unter Strafschutz gestellt ist.[130] Es ist eine Rechtsfrage, ob das parlamentarische System kraft der Reichsverfassung als ein Verfassungsprinzip ersten oder zweiten Ranges zu bewerten ist.[131] In allen übrigen Rechtsgebieten liegt es nicht anders, nur gehört die Frage des Rangverhältnisses der einzelnen Teile des staatsrechtlichen Integrationssystems bei seiner besonders starken systematischen Geschlossenheit auch in besonderem Maße zu seinem rechtswissenschaftlich zu erfassenden Rechtsinhalt. Das wird wohl selbst der Positivismus zugeben, soweit er sich nicht zur Normlogik vollendet hat, in deren Reich auch bei Tage alle Katzen grau sind.

Endlich ist die Veränderlichkeit der Verfassung, die Möglichkeit der »Verfassungswandlung«, eine mit der Totalität des Verfassungsrechts gegebene Eigentümlichkeit dieses Rechtsgebiets.[132]

Als Integrationssystem hat das Verfassungsrecht die Erfüllung einer sich immerfort wandelnden Aufgabe sicherzustellen, die stets einigermaßen optimal gelöst werden muß. Die Faktoren dieser Lösung verschieben sich entsprechend den veränderten Zeiten und Umständen. Diese Wandlung kann außerhalb des Verfassungsrechts vor sich gehen, wenn sie auf dem Gebiet der von der Verfassung vorausgesetzten, wohl gar einkalkulierten, aber nicht geregelten gesellschaftlichen Spontaneitäten, der »extrakonstitutionellen«[133] Kräfte, insbesondere des Parteilebens, liegt. Sie kann die Verfassung selbst betreffen, indem sie schrittweise das Rang- und Gewichtsverhältnis der verfassungs|242|mäßigen Faktoren, Institute, Normen verschiebt.[134] Sie kann geradezu einen neuen Faktor des Verfassungslebens einführen – das würde der Fall sein, wenn die von Hellpach vorhergesagte[135] Beschränkung des Parlamentarismus durch zunehmende schöpferische Verordnungspraxis der Minister eintreten würde. In den beiden letzten Fällen handelt es sich um »Verfassungswandlung«, die den Inhalt der Verfassung im materiellen Sinne ändert. Daß diese Änderung nicht an die Erfordernisse der Gewohnheitsrechtsbildung gebunden sein kann, ist einleuchtend. Es erklärt sich aus dem Charakter der Verfassung, die ein dauernd seinen Sinn erfüllendes Integrationssystem normiert: diese Sinnerfüllung ist das regulative Prinzip nicht nur für den Verfassungsgesetzgeber, sondern sogar für die fließende Geltungsfortbildung des gesetzten Verfassungsrechts.

Die theoretische und praktische Verfassungsauslegung des Auslandes unterscheidet sich von der deutschen vielfach dadurch, daß sie, bewußt oder unbewußt und häufig recht naiv, mehr aus dem Sinn und Wesen der Verfassung im ganzen heraus argumentiert, die deutsche dagegen mehr aus der Einzelheit, die sie mehr oder weniger formalistisch behandelt, um dann, oft unbewußt, die etwa nötige Ergänzung dieser Methode aus politischen Erwägungen zu gewinnen. Der Verfassungsauslegung der deutschen Theorie und vor allem der deutschen Gerichte fehlt daher mit einer gewissen geistigen Herrschaft über den Gegenstand als Ganzes auch eine gewisse Fruchtbarkeit und Volkstümlichkeit, die die ausländische vielfach hat. Die geistigen Voraussetzungen, wie sie hierfür im Ausland bestehen, vor allem die »vorkritische« Naivität des Denkens, sind in Deutschland nicht wiederherzustellen. Eine Grundlegung etwa in dem hier angedeuteten Sinne würde anschaulich machen, was der deutschen Arbeitsweise fehlt, und würde ihr die Möglichkeit des Arbeitens auch in der Einzelheit aus dem geistigen Sinnzusammenhang des Verfassungsrechts im ganzen heraus möglich machen.

[...]

Anmerkungen

1 Vgl. Holsteins Bericht über die Tagung der Vereinigung deutscher Staatsrechtslehrer vom März 1926, Archiv des öffentlichen Rechts. N. F. Bd. 11, S. 1ff.

2 Der eigenen Jellinekschen Fragestellung nach den »Typen« (Staatslehre I^3 34ff.) fehlt sowohl die strenge erkenntnistheoretische Rechtfertigung wie die Fruchtbarkeit im Ergebnis.

3 E. Kaufmann, Kritik der neukantischen Rechtsphilosophie, 1921; noch immer, trotz aller unvermeidlichen Abstriche, die eindrücklichste Darlegung dieser Zusammenhänge.

4 Erinnert sei nur an die ausschließende Alternative von Kausal- und Normwissenschaft, die ja nur geschichtlich »als ein verzweifelter Rettungsversuch der Wertwelt gegenüber dem theoretischen Naturalismus und Mechanismus« zu erklären ist (E. R. Jaensch, Über den Aufbau der Wahrnehmungswelt, 1923, S. 411f.). Mit Recht protestiert H. Heller (Souveränität S. 78) gegen die Ignorierung des heutigen Standes des Denkens durch die Wiener Schule. Ferner Hold-Ferneck, Der Staat als Übermensch, S. 19; H. Oppenheimer, Logik der soziologischen Begriffsbildung, S. 33.

5 Trotz der Versuche, ihn als Kryptokritizisten in Anspruch zu nehmen: Gurwitsch, Logos XI 86ff.

6 Wie Heller, Archiv f. Sozialwissenschaft u. Sozialpolitik, 55, 310.

7 In einer anderen Ebene liegt das Problem von Individualität und Norm, das H. Heller (Die Souveränität, 1927) mit großem Recht in den Vordergrund rückt.

8 Vgl. hierzu Th. Litt, Individuum und Gemeinschaft, 2. Aufl. 1924, S. 54ff., 85, 3. Aufl. 1926, S. 46ff., 142ff., 174ff., 187ff., und passim.

9 Litt, Individuum, [3] passim, bes. 246ff., 258ff., 292ff., 360ff.

10 Litt, Individuum, passim, z. B. [3] 71ff., 376f. – Insofern richtig Kelsen, Staatsbegriff S. 15, wenn er von der »fensterlosen Monade« der Psychologie keinen Weg zum Sozialen sieht.

11 Litt, Individuum [3] 312ff., 373ff. – Über die intentionale Beschränkung im Sinn, die an der bezeichneten Wirklichkeitsstruktur nichts ändert, das. S. 214f., 338ff.

12 Vgl. Litt, Individuum [3] 10ff. – Besonders wichtige Anwendungsfälle: [2] 164f., [3] 248f., 284, 292ff., 361ff.

13 Vgl. Litt, Individuum [3] 25ff., 6. – Vgl. im ganzen die kurze Zusammenfassung bei S. Marck, Substanz- und Funktionsbegriff in der Rechtsphilosophie, 1925, S. 96ff. Unglücklich das staatstheoretische Programm das. S. 148ff.

14 Holstein, AöR N. F. 11, 31.

15 Zu dieser noch Marck, Substanz- und Funktionsbegriff 89ff.

16 So treffend Litt, Individuum 210.

17 Litt, Individuum 222, 281ff., 285ff., 290f., 327ff. – Gegen Vierkandts »psychophysische Gebilde«, das. 249, Anm. 2.

18 Litt, Individuum 204f., 227ff.

19 Kelsen, Allgemeine Staatslehre, S. 96.

20 Vierkandt, Gesellschaftslehre, S. 40; dazu Litt, Individuum S. 249, Anm. 2.

21 Was noch nicht dasselbe ist wie Rechtsprobleme (Kelsen, Allg. Staatslehre S. 96).

22 Wie es die bekannten Schilderungen des sozialen Menschen und des Machtmenschen in Sprangers Lebensformen (5. A., S. 193ff., 212ff.) oder der Abschnitt über die soziale Ausstattung des Menschen in Vierkandts Gesellschaftslehre (S. 58ff.) unternehmen.

23 Spranger, Lebensformen S. 280, 443, im Gegensatz zu Vierkandt.

24 Litt, Individuum 246ff.

25 Vgl. statt vieler Spranger, Lebensformen S. 66f., 193, 213, 294, Scheler, Der Formalismus in der Ethik und die materiale Wertethik, S. 108; S. Marck, S. 153f.

26 Wie sie ausdrücklich von Vierkandt, Gesellschaftslehre S. 40 behauptet werden.

27 Litt, Individuum S. 225, vgl. überhaupt 221ff., 226ff., 293, 334, 399f.

28 Litt, Individuum S. 247, 260f., vgl. überhaupt S. 246ff., 258ff., 274ff., 279ff., 285ff., 292ff., insbesondere für den Staat S. 172 der 1. Auflage.

29 So die herrschende Richtung der deutschen Soziologie – hier sachlich aus den angedeuteten Gründen abgelehnt.

30 Litt, Individuum S. 19.

31 Vgl. die oben S. 128 Anm. 22, angezogene und die sonstige Literatur, z. B. Aloys Fischer, Psychologie der Gesellschaft (Handbuch der vergleichenden Psychologie, II, 4).

32 Marianne Weber, Max Weber (1926) S. 133.

33 Vgl. statt vieler Spranger, Lebensformen S. 222.

34 Dieser Zusammenhang am besten dargetan bei Litt, Individuum S. 364ff.; besonders für den Staat S. 169 der 1. Aufl.

35 Ein Beispiel bei Litt, Individuum [3] S. 294, das Problem im ganzen S. 312ff., die Zweiseitigkeit der Betrachtung S. 373ff., 324f., 352, auch Spranger, Lebensformen S. 413f., H. Oppenheimer, Logik der soziologischen Begriffsbildung, S. 33.

36 Vgl. im allgemeinen Litt, Individuum S. 142f., 212, 174ff., 187ff., 177f.

37 Zusammenfassend in: Der soziologische und der juristische Staatsbegriff, 1922, S. 4ff., Allgemeine Staatslehre, S. 7ff.

38 Vgl. die Andeutung oben S. 122, Anm. 4.

39 Litt, Individuum S. 234ff., zu dem Folgenden überall zu vergleichen.

40 Litt, Individuum S. 239.

41 Spranger, Lebensformen S. 393.

42 So etwa Litt, Individuum S. 361f.

43 Kelsen, Soziologischer und juristischer Staatsbegriff, S. 8f.

44 Über diese »Ausdehnung des Erlebniszusammenhangs« grundsätzlich Litt, Individuum [3] 252ff., 276ff.

45 Getragen durch das Bewußtsein, daß jeder andere seine besondere Perspektive hat, die den gemeinsamen Gegenstand für ihn anders individualisiert, ohne die Einheit des Zusammenhanges vermöge der Ein-

heit dieses Gegenstandes aufzuheben, ja um die Einheit des Zusammenhangs durch die Verschränkung dieser Perspektiven gerade erst zu einer lebendigen zu machen: Litts bekannte Lehre von der »Reziprozität der Perspektiven«, S. 109 ff. und passim.

46 Litt, Individuum S. 265 ff., 274 ff. Für den Staat andeutend durchgeführt in der 1. Auflage S. 169–188, 144 ff., ferner Litt, Geschichte und Leben (1918) S. 79 ff., 91 ff., 95 ff., 101 ff.

47 Kelsen, Staatsbegriff, S. 9.

48 Um nicht Bergson zu nennen, vor allem J. Volkelt, Phänomenologie und Metaphysik der Zeit, auch Litt, Individuum [3] S. 80 ff., überhaupt 48 ff., 74 ff.

49 Wieser S. 61.

50 Litt, Individuum S. 296. Unscharf Vierkandt S. 31. In diesem Zusammenhang ist auch Vierkandts wertvolle Lehre von den »Zuschauern« (im Gegensatz zu den »Handelnden«) (a.a.O. S. 392 ff.) fruchtbar, die in vielen Fällen die scheinbar Passiven als die eigentlichen Träger des Gruppenlebens im Gegensatz zu den scheinbar allein Aktiven nachweist.

Vortrefflich Heller, Souveränität, S. 85 ff., bes. S. 87, wohl allzu zurückhaltend S. 88, 62. Ebenso wohl A. Menzel, Handbuch der Politik [3] I 46, Anm. 24. Richtig auch Fröbel, Politik, I 152: »es wollen immer alle eine Regierung, aber vielleicht niemals alle die bestehende Regierung.« Goethe über die unfreiwillige Beteiligung des Individualisten am Allgemeinen: Roethe, Goethes Campagne in Frankreich 1792, S. 4 f.

51 Ähnlich Heller, Souveränität S. 44 f., 86.

52 Kelsen, Staatsbegriff, S. 9, Anm.

Selbstverständlich ist die hier darzulegende Wirklichkeit des Staates stets zugleich eine rechtlich normierte. Aber es ist unrichtig, sie lediglich im Normativen zu finden und die reale Beziehung aller Staatsangehörigen in dem im Text entwickelten Sinne zu bestreiten, wie sogar Heller, Souveränität, S. 62 im Anschluß an Kelsen tut. – Die Normiertheit als Moment der sozialen Wirklichkeit: z. B. E. Kaufmann, Kritik, S. 70, Hold-Ferneck, Staat als Übermensch, S. 27.

Ganz unabhängig davon ist die – für alle Geisteswissenschaften gleichmäßig geltende und zu bejahende – Frage, ob der Zentralbegriff aus der überempirisch-normativen Begriffswelt entnommen werden muß. Über diesen »Primat des Normativen« z. B. H. Oppenheimer, Logik, S. 83. – Vollends braucht hier nicht näher begründet zu werden, weshalb der Staat kein nur idealtypischer, sondern ein überempirischer Wertbegriff ist – die Gegenmeinung z. B. bei Oppenheimer, Logik, S. 27, 49 ff.

53 Vgl. oben S. 132, Anm. 41, 42.

54 So jetzt auch Heller, Souveränität, S. 82.

55 Die politische Gewalt im Verfassungsstaat und das Problem der Staatsform, Festgabe der Berliner Juristischen Fakultät für Wilhelm Kahl, 1923, III 16. – Das Wort ist noch nicht gerade ein »Modeausdruck« geworden, wie Wittmayer, Zeitschrift f. öffentl. Recht, III 530, Anm. 4 ihm vorwirft, aber immerhin auch in Deutschland nicht mehr ungebräuchlich; vgl. z. B. Kelsen, Wesen und Wert der Demokratie (1920) S. 28 (= Arch. f. Soz.-Wiss. u. Soz.-Pol. 47, 75), Thoma, Handwörterbuch der Staatswissenschaften [4], VII 725, Chatterton-Hill, Individuum und Staat, S. 18 und öfter, allenfalls auch v. Gottl-Ottlilienfeld, Wirtschaft als Leben, S. 522.
Inzwischen hat gerade Wittmayer den Integrationsbegriff ausdrücklich zu einem Zentralbegriff seiner eigenen Erörterungen erhoben: Die Staatlichkeit des Reichs als logische und als nationale Integrationsform, Fischers Zeitschrift für Verwaltungsrecht (hrsg. v. Schelcher) 57 (1925) 145 ff. Integration wird hier definiert (S. 145, Anm. 1) als »Inbegriff aller politischen Vereinheitlichungsvorstellungen und Vereinheitlichungskräfte«. – Auf den sachlichen Inhalt dieses Aufsatzes habe ich an späterer Stelle zurückzukommen.
Das Wort ist in der Soziologie geläufig geworden durch H. Spencer, der es allerdings in anderem Sinne gebraucht. Die Ordnung des staatlichen Lebens ist bei ihm durchaus mechanisch-statisch gedacht und heißt political organization (Prinziples of sociology, p. V, 1882, §§ 440ff., p. 244ff.), während mit political integration (a.a.O. § 448, p. 265ff.) mechanisches Wachstum durch Einbeziehung und Zusammenschluß bezeichnet wird, unter Rückbeziehung (§ 451) auf die schroff mechanistischen Erörterungen der first principles (§ 169, p. 480ff. der 3. Ausgabe von 1870). – Von Spencer ist es in die englische und amerikanische Soziologie übergegangen.
Immerhin führt von dort bei geisteswissenschaftlicher Wendung ein gerader Weg zu dem hier vorgeschlagenen und sich offenbar zunehmend einbürgernden Sprachgebrauch. Ein geeigneteres Wort wäre erwünscht, ist aber nicht leicht zu finden. »Organisation« bezeichnet gelegentlich dasselbe, z. B. bei O. v. d. Pfordten, Organisation (1917) (bes. S. 11), ist aber meist zu sehr mit mechanistischem (so in Plenges Organisationslehre), naturalistischem, juristischem Sinn belastet, um für die im Text bezeichneten Zusammenhänge eindeutig verwendbar zu sein.
Unzweifelhafte Berührungen der im Text entwickelten Anschauungen mit gewissen Begriffen der Vitalisten, z. B. mit dem der Regulationen (vgl. vor allem Driesch, Die organischen Regulationen, S. 95: »Organisations- und Adaptationsregulationen«), auf die mich Walther Fischer-Rostock aufmerksam macht, sind für die Nomenklatur nicht zu verwerten.

56 Gegen den einen, individualistischen Weg hier noch einmal als zusam-

menfassende Widerlegung anzuziehen Litt [3] S. 226ff., gegen den anderen das. S. 178ff. (zunächst gegen Spengler, dessen statischen Staatsbegriff Heller, Souveränität, S. 315, Anm. 75 befremdlicherweise gutheißt).
Das statische Denken als ärgste Fehlerquelle unserer Gesellschaftswissenschaften im weitesten Sinne verdiente eine umfassende Untersuchung nach Art der Kelsenschen Kritik. Seine natürliche, nächstliegende Wurzel ist die unkritische Verräumlichungstendenz des naiven Denkens (Beispiele typischer Irrtümer dieser Art bei Litt, Individuum [3] passim, z. B. S. 10f., 42, 47, 58, 62ff., 92, 175, 222f., 228f., 286 Anm. – Aus der juristischen Literatur vgl. die bei J. Goldschmidt, Der Prozeß als Rechtslage (1926), S. 177, Anm. 966. Angezogenen, auch Hellwig, Zivilprozeßrecht, I 255, E. v. Hippel, Untersuchungen zum Problem des fehlerhaften Staatsakts (1924), S. 132, C. Schmitt, Jurist. Wochenschrift 1926, 2271 links oben). Ideengeschichtlich ist es in erster Linie und in seiner individualistischen Wendung vom naturwissenschaftlichen und dem damit zusammenhängenden individualistischen Denken herzuleiten (Troeltsch, Historismus, S. 258); erst in zweiter Linie und in seiner Neigung zur naiven Ontologie der Gemeinschaften von besonderen Voraussetzungen der deutschen Ideengeschichte (E. Kaufmann, Kritik der neukantischen Rechtsphilosophie, S. 94).

57 So der schillernde Begriff der »eigentümlichen Lebensidee« oder »wahren Staatsräson« eines Staats bei F. Meinecke, Die Idee der Staatsräson (1924 u. ff.), S. 1f. Mit der hier geübten Kritik weithin in Berührung C. Schmitt, Archiv. f. Sozialwiss. u. Sozialpolitik, 56, 226ff.

58 Litt, Individuum [3] S. 333f., 312f.

59 Zum folgenden Litt, Individuum, S. 312ff., bes. 323ff., 373ff.

60 Oben S. 128f.

61 Vgl. z. B. Litt, Individuum, [3] S. 357.

62 Litt, Individuum, S. 324f.

63 Früher angedeutet Kahl-Festschrift, III 22ff.

64 Als Beispiele wären noch zu nennen die Gesetzgebungstypen Radbruchs (Einführung in die Rechtswissenschaft, 5. und 6. Aufl., S. 36ff.), die Autoritätstypen L. Steins und viele andere.

65 Angedeutet Kahl-Festschrift, III 23.

66 Etwa bei G. Jellinek, Staatslehre [3], I 184ff., 230ff.

67 Der faschistische Korporativismus bezeichnet sich deshalb auch ausdrücklich als »integral«, d. h. als integrierend, nicht etwa im Sine der bekannten älteren Fälle politischer Verwendung des Worts, wo es »vollständig«, d. h. radikal bedeutet. Vgl. z. B. L. Bernhard, Das System Mussolini, S. 93f., 97ff.

68 Spranger, Lebensformen [5], 432ff., 413f., Psychologie des Jugendalters [4], 3ff.

69 Spranger, Jugendalter, 8f., Litt [3] 323, H. Oppenheimer S. 74ff.
70 G. Jellinek, Staatslehre, I [3] 505.
71 Fleiner, Institutionen, [3] S. 3.
72 Über Verfassungswesen, 1862.
73 Die parlamentarische Regierung, S. 1.
74 Die Regierungsbildung in Preußen und im Reiche, »Die Westmark«, I, 1921, S. 207.
75 Verfassungsänderung und Verfassungswandlung, 1906.
76 Verfassungsänderung, S. 72.
77 Verfassungsänderung, S. 2.
78 Bezeichnenderweise gibt Jellinek, Verfassungsänderung, nur eine empirische Beschreibung wichtiger Fälle und Typen, keine Theorie, zumal keine juristische.
79 Im Anschluß an Litt, Individuum, [3] 373ff.
80 Es kann hier dahingestellt bleiben, ob anderseits nicht auch die Verfassung ein Fall abstrakter Rechtsgeltung im Sinne von G. Husserl ist (Rechtskraft und Rechtsgeltung S. 17).
81 E. Kaufmann, Kritik.
82 Vgl. R. Smend, Verfassung und Verfassungsrecht, in Staatsrechtliche Abhandlungen, 1955, S. 171f.
83 Ich habe darauf später zurückzukommen.
84 Wohl nicht ganz gerecht daher die scharfe Kritik E. Kaufmanns, Kritik, S. 207f. an dem »Paragraphengebäude« der geschriebenen Verfassungsurkunden, insbesondere der Weimarer.
85 Über die Bedeutung von Rezeptionen im Geistesleben überhaupt Litt [3] 181f.
86 Die von G. Jellinek aufgezählten Fälle sind deutlich nicht von dieser Art, sondern liegen in dem Bereich von der Verfassung angeregter oder mindestens zugelassener Selbstgestaltung des Integrationsprozesses.
87 In diesem Sinne der Verfassungsbegriff auch bei Husserl, Rechtskraft, S. 73.
88 Z. B. Fr. Hartung, Deutsche Verfassungsgeschichte [2], S. 130 u. Anm.
89 Vgl. die Andeutungen oben S. 131ff.
90 So die beliebte Gegenüberstellung mit den Staatsfunktionen, Montesquieu, Esprit des lois III 1, ins Juristische übersetzt z. B. bei Fleiner, Institutionen des deutschen Verwaltungsrechts [3], S. 3. – Lehrreich ist, wann das deutsche Denken sie aufgegeben hat: bei dem jungen Hegel findet sie sich noch (System der Sittlichkeit, Schriften zur Politik und Rechtsphilosophie, hrsg. v. Lasson, Philos. Bibl., Bd. 144, S. 467), nicht mehr in der Enzyklopädie (§ 536: »seine innere Gestaltung als sich auf sich beziehende Entwicklung«) und der Rechtsphilosophie (§ 271: »die Organisation des Staates und der Prozeß seines organischen Lebens auf sich selbst, in welcher er seine Momente innerhalb seiner

selbst unterscheidet und sie zum Bestehen entfaltet«).

91 Besonders scharf die Gleichung bei Fichte (»Staatslehre« von 1813, Werke 4, 510): »Constitution = Gesetz über Errichtung des regierenden Körpers. Errichtung sage ich, Genesis.«

92 Vgl. R. Smend, Verfassung, S. 180ff.

93 Z. B. G. Jellinek, Staatslehre [3], I 255ff., Scheler, Formalismus S. 568f.

94 Vgl. auch die »Ordnungs«- oder »Richtungsnormen« bei v. Marschall, Vom Kampf des Rechtes, S. 116, 12.

95 Kriminelles Unrecht, Staatsunrecht und Völkerrecht, Hamburgische Schriften zur gesamten Strafrechtswissenschaft Heft 7, S. 21. Verkannt der Gesamtzusammenhang in der Polemik gegen Goldschmidt das. S. 65.

96 Veröffentlichungen der Vereinigung der deutschen Staatsrechtslehrer, (VVDStRL) Heft 1, S. 101, vgl. S. 96ff.

97 Staatslehre, S. 256.

98 Richtig Scheler S. 569, daß es sich hier um drei materiale Wertideen handelt. Nicht ganz einwandfrei seine Bezeichnungen (Rechts-, Macht- und Wohlfahrtswert).
Mit großer Klarheit die Dreiheit bei Graf Paul Yorck in der Kritik des gegenwärtigen Staats, »der sich darauf beschränkt, eine rechtliche und polizeiliche Einheit zu sein«, »der Begriff der Regierung ist verlorengegangen – Regieren heißt jetzt Administrieren« (Briefwechsel Dilthey-Yorck S. 141, 170). – Vgl. ferner Gierke in Schmollers Jahrbuch 1883, 1186. – Einigermaßen gehören in diesen Zusammenhang die Erörterungen von C. Schmitt, VVdStRL 1, S. 97f., Ders., Unabhängigkeit der Richter, Gleichheit vor dem Gesetz und Gewährleistung des Privateigentums nach der Weimarer Verfassung, bes. S. 13f., und allenfalls R. Grau, Die Diktaturgewalt des Reichspräsidenten und der Landesregierungen, S. 97, 99.
Der nicht nur sachliche, sondern auch werttheoretische Gegensatz zu dem Wertmonismus, der die unbewußte letzte Grundlage der Wiener Schule ist, liegt ohne weiteres zutage.

99 Jellinek, Staatslehre: »In aller Staatstätigkeit ist ein Element, das die Erhaltung und Stärkung des Staates selbst bezweckt.«

100 So gemeint wohl auch bei Heller, Souveränität, S. 81, wenn er den Unterschied des Staates von den anderen Verbänden darin findet, daß »die ihn realisierenden Akte die Garantie des gesamten Zusammenwirkens auf diesem Gebiet darstellen«, selbst also doch ohne solche heteronome Garantie sind – oder S. Marck, Substanz- und Funktionsbegriff, S. 123, wo etwas zu allgemein die Eigengesetzlichkeit der Verbände des öffentlichen Rechts dem Charakter der privatrechtlichen als von »Kunstprodukten der Rechtsordnung« gegenübergestellt wird.

101 Heller S. 102.

102 Mit besonderer Schärfe Ges. polit. Schriften S. 128, 469f.

103 Schwer begreiflich, aber wohl von Max Weber bestimmt, bei einem Denker vom Range von Karl Jaspers die Aufnahme des dem antiken Denken natürlichen Satzes, daß das Ideal der öffentlichen Ordnung die Herrschaft der Besten sei (Idee der Universität S. 28, auch Simmel, Soziologie, S. 238 f.). Er setzt voraus die statische Ordnung der Antike und die Bewertung der politischen Aufgabe als universaler und deshalb höchster. Gegenüber der rationalistischen Wendung des Satzes scharf, aber richtig Kelsen, 5. dtsch. Soziologentag, S. 114.

104 Kelsen, Demokratie, S. 17, Anm.

105 Aristoteles Politik 3, 4, 1276 b, und danach Redslob, Abhängige Länder, S. 41, Anm. 1.

106 Wieser, Gesetz der Macht, S. 107.

107 Wieser S. 48 f.

108 Die man nicht so kurzerhand für die bisher herrschende Staatslehre erklären kann, wie Heller S. 71 das tut.

109 Mindestens mißverständlich in dieser Hinsicht E. Kaufmann, Kritik, S. 207 f.

110 So Jellinek, Staatslehre I[3] S. 505 – bezeichnend die Abweichungen in der Skizzierung des Inhalts der Staatsverfassung daselbst.

110a Die Trivialität, daß der Staat nicht aus Menschen »besteht«, muß leider noch unterstrichen werden: so mit Recht Heller, Souveränität, S. 81.

111 Düringer 11. Juli 1919, Stenogr. Berichte, S. 1496. Mit größerem Recht könnte man die ganze Verfassung als Ausführungsnorm zu den obersten Prinzipien der Präambel und der Artikel 1-3 zu verstehen suchen. Näheres dazu R. Smend, Verfassung, S. 260 f.

112 Vgl. Arch. d. öffentl. Rechts, N. F., 9, 38.

113 Bilfinger, Einfluß der Einzelstaaten; E. Kaufmann, Bismarcks Erbe; mein Ungeschriebenes Verfassungsrecht.

113a Vgl. das Labandsche Beispiel bei Bilfinger, S. 6 f.

114 E. v. Hippel, Arch. d. öffentl. Rechts, N. F., 12, 418. Das. S. 401 über diese Unklarheit im allgemeinen und ihre Gefahr für die politische Objektivität. Die im Text vertretenen Anschauungen dürften in der von v. H. geforderten Richtung liegen.

115 Oben S. 192 f.

116 Ihr individualistischer Kerngedanke besonders scharf bei G. Jellinek, Gesetz und Verordnung, S. 387.

117 Neuestens L. Richter, Die Organisationsgewalt, 1926.

118 So mit Recht Hellpach, Neue Rundschau, Juli 1927, S. 5.

119 So etwa G. Jellinek, Gesetz, S. 387. Bezeichnend für die Orientierungslosigkeit in der Frage M. E. Mayer, Rechtsphilosophie, S. 55 f.

120 Beispiele solcher Skepsis Nawiasky, Archiv d. öffentl. Rechts, N. F., 9, 13 f., Lammers Juristische Wochenschrift 1925, 986, Anm. r. – Die Lösung bleibt dann der strafrichterlichen Abgrenzung der »wesentli-

chen Grundlagen der Verfassung« als Gegenstand des Hochverrats überlassen (z. B. ERG. Strafs. 56, 173ff., 259ff.). Die Literatur der Frage zeigt, daß hier die Verfassungstheorie eine dringende Frage des positiven Rechts ohne Antwort gelassen hat.

Vgl. zur Frage besonders noch Bilfinger, Arch. d. öffentl. Rechts, N. F. 11, 181ff.

Auf einen besonders bezeichnenden Anwendungsfall in Art. 112 der norwegischen Verfassung (Unabänderlichkeit der »Prinzipien« der Verfassung) macht mich E. Wolgast aufmerksam.

121 Jedenfalls nicht so einfach, wie die Formel C. Schmitts: Organisation = normale Ordnung (Veröffentlichungen der Vereinigung der deutschen Staatsrechtslehrer, I 91f.).

121a Wie bei G. Jellinek, Staatslehre, [3] I 505.

122 Erklärung des Vorstands der Unabhängigen Sozialdemokratischen Partei vom 10. November, bei F. Runkel, Die deutsche Revolution, S. 118; Abkommen vom 22. November zwischen Volksbeauftragten und Berliner Vollzugsrat, bei Anschütz, Verfassung des Deutschen Reichs, [3./4.], 14, Anm. 12.

123 Verordnung v. 14. 11. 18, RGBl. 1311.

124 Triepel, Kahl-Festschrift, II 17.

125 Arch. f. Soz. Wiss. u. Soz. Pol. 58, 1ff.

126 Anschütz, Anm. 6 zu Art. 15 der Weimarer Verfassung.

127 Vgl. R. Smend, Verfassung, S. 214f.

128 Vgl. zu dieser Frage Smend, S. 272f.

129 E. v. Hippel, Arch. d. öffentl. Rechts, N. F., 12, 417.

130 Vgl. Veröffentlichungen der Vereinigung der deutschen Staatsrechtslehrer, IV 48f.

131 Wittmayer, Reichsverfassung, S. 38.

132 Zum folgenden auch Bilfinger, AöR N. F. 11, S. 175ff.

133 Triepel, Die Staatsverfassung und die politischen Parteien, S. 24.

134 Z. B. Koellreutter, Der deutsche Staat als Bundesstaat und als Parteienstaat, S. 29.

135 Neue Rundschau, Juli 1927, S. 3ff.

Carl Schmitt
Über die drei Arten des rechtswissenschaftlichen Denkens

|7| I. Unterscheidung der juristischen Denkarten

Jeder Jurist, der seiner Arbeit, bewußt oder unbewußt, einen Begriff von *»Recht«* zugrundelegt, faßt dieses Recht entweder als eine *Regel,* oder als eine *Entscheidung,* oder als eine konkrete *Ordnung und Gestaltung* auf. Danach bestimmen sich die drei Arten des rechtswissenschaftlichen Denkens, die hier unterschieden werden.

Alles rechtswissenschaftliche Denken arbeitet sowohl mit Regeln, wie mit Entscheidungen, wie mit Ordnungen und Gestaltungen. Aber die *letzte,* rechtswissenschaftlich gefaßte Vorstellung, aus der alle anderen juristisch abgeleitet werden, ist immer nur eins: entweder eine Norm (im Sinne von Regel und Gesetz), oder eine Dezision, oder eine konkrete Ordnung. Auch in jedem Naturrecht oder Vernunftrecht – die beide ja nur ein folgerichtig weiter- und zu Ende gedachtes rechtswissenschaftliches Denken sind – wird man als die letzte Vorstellung vom Recht entweder eine Norm oder eine Dezision oder eine Ordnung finden und danach die verschiedenen Arten des Natur- oder des Vernunftrechts bestimmen können. Das aristotelisch-thomistische Naturrecht des Mittelalters z. B. ist rechtswissenschaftliches Ordnungsdenken, das Vernunftrecht des 17. und 18. Jahrhunderts dagegen teils abstrakter Normativismus, teils Dezisionismus. Nach dem verschiedenen Rang, der jenen drei spezifisch juristischen Begriffen im juristischen Denken zuerkannt |8| wird, und nach der Reihenfolge, in der das eine aus dem anderen abgeleitet oder auf das andere zurückgeführt wird, unterscheiden sich die drei Arten des *Regeln- und Gesetzes-, des Entscheidungs- und des konkreten Ordnungs- und Gestaltungsdenkens.*

Wenn Typen und Denkarten für ein bestimmtes Wissensgebiet aufgestellt werden, verbinden oder überschneiden sich gewöhnlich mehrere, meistens weitere und allgemeine, oft aber auch engere, für ein benachbartes Wissengebiet gefundene, andere Unterscheidungen. Philosophische oder charakterologische Typisierungen wirken natürlich auch in die Rechtswissenschaft hinein. Auch unter den Juristen wird man z. B. den Unterschied von Platonikern und Aristotelikern, von Ontologisten, Idealisten, Realisten, Nominalisten und von diskursiven und intuitiven Geisteshaltungen feststellen können. Ebenso sind die allgemeinen Verschiedenheiten menschlicher Gesamthaltungen (habitus), wie innerhalb jedes Wissensgebietes, so auch in der Rechtswissenschaft bemerkbar; auch hier gibt es Phlegmatiker und Sanguiniker, mehr auf das Dynamische und mehr auf das Statische gerichtete Naturen, Voluntaristen und Intellektualisten usw. Auch lassen sich rechtsgeschichtliche Wachstums- und Altersstufen feststellen; so hat z. B. *Savigny* ein Kindheits-, Jugend-, Mannes- und Greisenalter unterschieden, um das Bedürfnis nach Kodifikationen als Zeichen beendeten Jugendalters zu erklären und daher für das noch jugendliche deutsche Volk ein kodifizierendes bürgerliches Gesetzbuch abzulehnen. Es wäre dann eine weitere Frage für sich, ob man das rechtswissenschaftliche Denken im Ganzen oder dasjenige bestimmter Gebiete und Lehrfächer in besonderer Weise einem bestimmten Denk- oder Menschentypus zuordnen könnte; ob etwa, wie ich vermute, das echte juristische Denken wenigstens im öffentlichen Recht begriffsrealistisch ist, während ein konsequenter Nominalismus die gute |9| Jurisprudenz gefährdet oder zerstört und höchstens im bürgerlichen Verkehrsrecht einen gewissen Spielraum haben könnte.

Das Thema dieser Abhandlung enthält jedoch ein anderes Problem. Hier sollen nämlich nicht von Außen, sondern aus dem *Innern* der rechtswissenschaftlichen Arbeit heraus verschiedene theoretisch, praktisch und geistesgeschichtlich hervortretende Arten des rechtswissenschaftlichen Denkens festgestellt und unterschieden werden. Das ist der Weg der konkreten Beobachtung, der vielleicht eher zu einem Ergebnis führt als allgemeine methodologische oder erkenntnistheoretische Voruntersuchungen über die rein logischen Möglichkeiten oder die rein formalen Bedingungen einer Rechtswissenschaft überhaupt. Soweit solche allgemeinen Voruntersuchungen überhaupt bis zu einem konkreten rechtswissenschaftlichen Gegenstand vordringen und nicht gänzlich leer und gegenstandslos bleiben, lassen sie sich selber meistens nur aus der Verschiedenheit der drei rechtswissenschaftlichen Denktypen erklären. Formale Unbedingtheiten und angeblich reine Kategorien beruhen in der Rechtswissenschaft nur auf der unbedingten Selbstbehauptung eines bestimmten rechtswissenschaftlichen

Denktypus, den man nur als solchen zu erkennen braucht, um die Logik seiner methodologischen Gedankengänge zu durchschauen und richtig einzuordnen.

Es ist von großer Tragweite, welcher rechtswissenschaftliche Denktypus sich in einer bestimmten Zeit und bei einem bestimmten Volk durchsetzt. Die verschiedenen Völker und Rassen sind verschiedenen Denktypen zugeordnet, und mit der Vorherrschaft eines bestimmten Denktypus kann sich eine geistige und damit politische Herrschaft über ein Volk verbinden. Es gibt Völker, die ohne Boden, ohne Staat, ohne Kirche, nur im »Gesetz« existieren; ihnen erscheint das normativistische Denken als das allein vernünftige Rechtsdenken und jede andere |10| Denkart unbegreiflich, mystisch, phantastisch oder lächerlich. Das germanische Denken des Mittelalters dagegen war durch und durch konkretes Ordnungsdenken, doch hat die Rezeption des römischen Rechts in Deutschland diese Denkart seit dem 15. Jahrhundert bei den deutschen Juristen verdrängt und einen abstrakten Normativismus gefördert. Im 19. Jahrhundert hat eine zweite, nicht weniger folgenreiche Rezeption, die eines liberal-konstitutionellen Verfassungs-Normativismus, das deutsche verfassungsrechtliche Denken von der konkreten Wirklichkeit der innerdeutschen Probleme abgezogen und in »rechtsstaatliches« Normendenken verbogen. Es liegt in der Natur der Sache, daß Rezeptionen fremder Rechtssysteme solche Wirkungen haben. Jede Gestaltung des politischen Lebens steht in einem unmittelbaren, gegenseitigen Zusammenhang mit den spezifischen Denk- und Argumentationsweisen des Rechtslebens. Das Rechtsgefühl, die Rechtspraxis und die Rechtstheorie eines feudalen Gemeinwesens z. B. unterscheidet sich von dem verkehrsrechtlichen Denken einer bürgerlich-rechtlichen Wechselordnung nicht nur in der Methode und im Inhalt der einzelnen juristischen Beweisführung. Für eine rechtswissenschaftliche Unterscheidung juristischer Denkarten ist es von weit größerer und tieferer Bedeutung, daß sich der Unterschied in den vorausgesetzten und zugrunde liegenden Vorstellungen einer Gesamtordnung äußert, in den Vorstellungen von dem, was man als eine *normale Situation* ansehen kann, wer ein *normaler Mensch* ist, und was die im Rechtsleben und Rechtsdenken als *typisch* zu unterstellenden konkreten Figuren des gerecht zu beurteilenden Lebens sind. Ohne fortwährende, unvermeidliche und unentbehrliche konkrete *Vermutungen* gibt es weder eine rechtswissenschaftliche Theorie noch eine rechtswissenschaftliche Praxis. Diese Rechtsvermutungen aber entstehen unmittelbar aus den konkreten Voraussetzungen einer als normal unterstellten |11| Lage und eines als normal unterstellten Menschentypus. Sie sind daher sowohl nach Zeiten und Völkern, wie auch nach den rechtswissenschaftlichen Denkarten verschieden.

1. Regeln- oder Gesetzesdenken (Normativismus) und konkretes Ordnungsdenken

Ich gehe davon aus, daß es für die Unterscheidung rechtswissenschaftlicher Denkarten darauf ankommt, ob das Recht als Regel, als Entscheidung oder als Ordnung aufgefaßt wird. Es ist fast selbstverständlich, daß jeder der danach bestimmten drei juristischen Denktypen die seinem Typus spezifische Vorstellung – also entweder die Norm, oder die Dezision, oder die konkrete Ordnung – mit dem Begriff des Rechtes selbst gleichsetzt und dem anderen Typus den Anspruch einer »streng rechtlichen« Denkweise bestreitet. Wir tun deshalb gut daran, *nicht* von Gegensätzen, wie *Recht* und Entscheidung, oder *Recht* und Gesetz, oder *Recht* und Ordnung auszugehen, weil sich in solchen Antithesen bereits eine ganze Welt vorentschiedener Stellungnahme versteckt. Aus demselben Grunde wäre es auch vorsichtiger, *nicht gleich von Rechtsnormen, Rechtsentscheidungen oder Rechtsordnungen zu sprechen,* weil nicht der Gegensatz von Recht und Norm, Entscheidung oder Ordnung, sondern die Verschiedenheit von Normen-, Entscheidungs- und Ordnungsdenken in Frage steht und *jeder* dieser drei Begriffe das Recht für sich in Anspruch nimmt. Jeder von ihnen behauptet den eigentlichen Sinn und Kern des Rechts auszumachen; jeder sucht *durchgängig* zu werden und von sich aus die beiden anderen Begriffe juristisch zu bestimmen.

Wenn wir uns z. B. daran gewöhnt haben, von einer *»Rechts-Ordnung«* zu sprechen, ohne das Verhältnis von Recht und Ordnung klarzustellen, so handhaben wir nur eines |12| der vielen mehrdeutigen Doppelworte, die in typischer Weise im 19. Jahrhundert üblich und beliebt wurden. Es gibt lebensvolle Begriffsverbindungen, die zwei gleich aktuelle, substanzhafte Größen verbinden, wie Nord-Deutschland, Latein-Amerika usw. So ist ein Wort wie »Nationalsozialismus« notwendig, weil es der Auseinanderreißung und gegensätzlichen Ausspielung des Nationalismus gegen das Sozialistische und umgekehrt des Sozialismus gegen das Nationale ein Ende macht. Es gibt aber auch äußerliche Wortzusammenstellungen, durch welche statt einer zusammenfassenden Einheit nur ein verallgemeinerndes Hin und Her oder ein dilettantisches Sowohl-Als-auch bewirkt wird. Die Wort- und Begriffszusammensetzung »Rechts-Ordnung« gehört heute nicht mehr zu den guten Wortverbindungen, weil sie zur Verschleierung des Unterschiedes benutzt werden kann, der zwischen Regeln- und Ordnungsdenken besteht. Wird nämlich das Wort »Recht« in »Rechts-Ordnung« als abstrakte Norm, Regel oder Gesetz gedacht – und jeder normativistisch denkende Jurist faßt es selbstverständlich in diesem Sinne auf –, so verwandelt sich von dieser normativistischen Rechtsvorstellung her alle Ordnung überhaupt in einen bloßen Inbegriff oder eine bloße Summe von Regeln und Gesetzen. Dann entstehen die bekannten Begriffsbestimmungen der Lehrbücher, die, unter der Vorherrschaft des normativistischen Denkens, jede konkrete Ordnung auf Gesetzesregeln reduzieren und alles Recht und alle Ordnung als »Inbegriff von Rechtsregeln« oder dergleichen definieren. Die Wortverbindung »Rechts-Ordnung« ließe es an sich logisch und sprachlich auch zu, daß man von der konkreten *Ordnung* her das Recht nicht als »Rechtsregel« auffaßte, sondern den Begriff des Rechts von einem selbständigen Begriff »Ordnung« aus bestimmte und dadurch die normativistische Beschlagnahme des Rechtsbegriffs und die Verwandlung der Rechts*ordnung* in eine bloße Rechts*regel* überwindet.

|13| Für das konkrete Ordnungsdenken ist »Ordnung« auch juristisch nicht in erster Linie Regel oder eine Summe von Regeln, sondern, umgekehrt, die Regel nur ein Bestandteil und ein Mittel der Ordnung. Das Normen- und Regeln-Denken ist danach ein beschränkter und zwar ein abgeleiteter Teil der gesamten und vollständigen rechtswissenschaftlichen Aufgabe und Betätigung. Die Norm oder Regel schafft nicht die Ordnung; sie hat vielmehr nur auf dem Boden und im Rahmen einer gegebenen Ordnung eine gewisse regulierende Funktion mit einem relativ kleinen Maß in sich selbständigen, von der Lage der Sache unabhängigen Geltens. Für eine rein normativistische Methode ist es dagegen kennzeichnend, daß sie die Norm oder Regel (im Gegensatz zur Entscheidung oder zur konkreten Ordnung) isoliert und verabsolutiert. Jede Regel, jede gesetzliche Normierung regelt viele Fälle. Sie erhebt sich über

den Einzelfall und über die konkrete Situation und hat dadurch, als »Norm«, eine gewisse Überlegenheit und Erhabenheit über die bloße Wirklichkeit und Tatsächlichkeit des konkreten Einzelfalles, der wechselnden Lage und des wechselnden Willens der Menschen.

Auf diese Erhabenheit gründet sich das Argument, das dem Normativisten seine Überlegenheit verleiht und ihn zu einem ewigen Typus der Rechtsgeschichte macht. Das normativistische Denken kann sich darauf berufen, *unpersönlich* und objektiv zu sein, während die Entscheidung immer *persönlich* ist und die konkreten Ordnungen *überpersönlich* sind. Der Normativist nimmt also die unpersönliche, objektive Gerechtigkeit gegenüber der persönlichen Willkür des Dezisionisten und dem feudalen, ständischen oder sonstigen Pluralismus der Ordnungen für sich in Anspruch. Zu allen Zeiten hat man verlangt, daß das *Gesetz* und *nicht die Menschen* herrschen sollen. So deutet der Normativist eine der schönsten und ältesten Prägungen menschlichen Rechtsdenkens überhaupt, das Wort |14| Pindars vom *Nomos basileus*, vom »Nomos als König«, normativistisch: Nur das Gesetz, nicht das Bedürfnis der jeweiligen, sich fortwährend verändernden Situation oder gar die Willkür von Menschen darf »herrschen« oder »befehlen«. In zahlreichen geschichtlichen Situationen und vielen Variationen hat dieses Wort vom *Nomos basileus*, vom Gesetz als König, von der *Lex* als dem einzigen *Rex*, eine starke Wirkungskraft bewiesen. Immer von neuem hat man wiederholt, daß nur die Gesetze und nicht die Menschen herrschen dürfen. In der zwei Jahrtausende beeinflussenden stoischen Tradition hat es in einer Formulierung des Chrysipp[1] weitergewirkt, nach der das Gesetz König, Aufseher, Herrscher und Gebieter über Sittliches und Unsittliches, Recht und Unrecht ist. Auch die oft wiederholten Antithesen von *ratio* und *voluntas, veritas* und *auctoritas* unterstützen die normativistische Forderung einer Herrschaft des Gesetzes im Gegensatz zur Herrschaft von Menschen. Die Väter der amerikanischen Verfassung von 1787 standen ganz in jener Tradition, als sie sich bemühten, die Verfassung und das öffentliche Leben der Vereinigten Staaten so zu regeln, daß man ein *government of law, not of men* habe. Alle Vertreter des »Rechtsstaates« sprechen diese Sprache und machen aus dem Rechtsstaat einen Gesetzestaat.[2]

|15| Aber »Nomos« heißt ebenso wie »law« nicht Gesetz, Regel oder Norm, sondern Recht, das sowohl Norm, wie Entscheidung,

wie vor allem Ordnung ist; und Begriffe wie König, Herrscher, Aufseher oder *governor*, aber auch Richter und Gericht, versetzen uns sofort in konkrete institutionelle Ordnungen, die nicht mehr bloße Regeln sind. Das Recht als Herrscher, der *Nomos basileus*, kann nicht irgendeine beliebige, nur positive Norm, Regel oder Gesetzesbestimmung sein; der Nomos, der einen rechten König tragen soll, muß gewisse höchste, unabänderliche, aber konkrete Ordnungsqualitäten in sich haben. Von einem bloßen Funktionsmodus oder von einem Fahrplan wird man nicht sagen, daß er »König« sei. Wenn das rein normativistische Denken folgerichtig bei sich selber bleiben will, kann es sich immer wieder nur auf Normen und Normengeltungen, niemals auf eine konkrete Macht und Würde berufen. Für den reinen Normativisten, der stets auf eine Norm als seine juristische Denkgrundlage zurückgeht, werden König, Führer, Richter, Staat zu bloßen Normen-Funktionen, und der höhere Rang in der Hierarchie dieser Instanzen ist nur Ausfluß der höheren Norm, bis schließlich die höchste oder tiefste Norm, das Gesetz der Gesetze, »die Norm der Normen«, in der reinsten und intensivsten Weise nichts als Norm oder Gesetz wird.[3] *In concreto* ist damit nichts anderes erreicht, als daß die Norm oder das Gesetz politisch-polemisch gegen den König oder Führer ausgespielt wird; das Gesetz zerstört mit dieser »Herrschaft des Gesetzes« die konkrete Königs- oder Führer-Ordnung; die Herren der *Lex* unterwerfen den *Rex*. Das ist meistens auch die konkrete politische Absicht eines derartigen normativistischen Ausspielens der *Lex* gegen den *Rex*.[4] |16| Von einem wirklichen *Nomos* als wirklichem König kann nur dann gesprochen werden, wenn *Nomos* eben den totalen, eine konkrete Ordnung und Gemeinschaft mit umfassenden Begriff von *Recht* bedeutet. Ebenso wie in der Wort- und Begriffsverbindung »Rechts-Ordnung« die beiden unterschiedenen Begriffe Recht und Ordnung sich gegenseitig bestimmen, ist in der Zusammenstellung *Nomos-König* der Nomos bereits als konkrete Lebens- und Gemeinschaftsordnung gedacht, sofern das Wort »König« hier überhaupt einen Sinn haben soll; und ebenso ist »König« eine rechtsbegriffliche Ordnungsvorstellung, die dem Nomos gleichgeartet sein muß, wenn die Vorstellung vom Nomos-König keine äußerliche Wortverkoppelung, sondern eine echte Zu-Ordnung sein soll. Wie der *Nomos König*, so ist der *König Nomos*, und damit befinden wir uns bereits wieder in konkreten Entscheidungen und Institutionen statt in abstrakten

Normen und generellen Regeln. Selbst wenn man sich bemüht, einen nur von der Norm abhängigen, »nur dem Gesetz unterworfenen« *Richter* als reines Organ der reinen Norm zu konstruieren und auf diese Weise nur die Norm herrschen zu lassen, begibt man sich in Ordnungen und hierarchische Instanzenfolgen und unterwirft sich nicht einer reinen Norm, sondern einer konkreten Ordnung.

Denn ein Gesetz kann sich nicht selber anwenden, handhaben oder vollstrecken; es kann sich weder selbst interpretieren, noch definieren, noch sanktionieren; es kann auch nicht – ohne aufzuhören eine Norm zu sein – selber die konkreten Menschen benennen oder ernennen, die es interpretieren und handhaben sollen. Auch der unabhängige, nur dem Gesetz unterworfene Richter ist kein normativistischer, sondern ein Ordnungsbegriff, eine zuständige Instanz, ein Glied eines Ordnungssystems von Ämtern und Behörden. Daß gerade diese konkrete Person der *zuständige* Richter ist, ergibt sich nicht aus Regeln und Normen, |17| sondern aus einer konkreten Gerichtsorganisation und konkreten persönlichen Ernennungen und Berufungen. So bleibt es für immer richtig, was *Hölderlin* in einer Anmerkung zu seiner Übersetzung jener Stelle des Pindar vom »Nomos basileus«[5] gesagt hat: »Der Nomos, das Gesetz, ist hier die Zucht, sofern sie die *Gestalt* ist, *worin der Mensch sich und dem Gott begegnet*, die Kirche und das Staatsgesetz und altererbte Satzungen, die, strenger als die Kunst, die *lebendigen Verhältnisse* festhalten, in denen mit der Zeit *ein Volk sich begegnet hat und begegnet.*«

Jede rechtswissenschaftliche Betrachtung kombinierter Doppelworte wie »Rechts-Ordnung«, »Gesetzes-Herrschaft«, »Normen-Geltung«, läßt die beiden verschiedenen rechtswissenschaftlichen Denkarten: den abstrakten Regeln- oder Normen- und den konkreten Ordnungstypus zutage treten. Für den Juristen des ersten Typus, der das Recht in vorherbestimmten, von der konkreten Sachlage unabhängigen, generellen Regeln und Gesetzen findet, wird jede Erscheinung des Rechtslebens – jeder Befehl, jede Maßnahme, jeder Vertrag, jede Entscheidung – zur Norm, jede konkrete Ordnung und Gemeinschaft löst sich in eine Reihe geltender Normen auf, deren »Einheit« oder »System« wiederum nur normativ ist. Ordnung besteht für ihn wesentlich darin, daß eine konkrete Lage allgemeinen Normen, an denen sie gemessen wird, entspricht. Dieses »Entsprechen« ist allerdings ein schwieriges und vielerörtertes logisches Problem, weil das normativistische Denken, je mehr es *rein* normativistisch wird, zu einer immer schärferen Trennung von Norm und Wirklichkeit, Sollen und Sein, Regel und konkretem Sachverhalt führt. Alle geltenden Normen sind, solange sie gelten, natürlich immer »in Ordnung«; die »Unordnung« der konkreten Lage da|18|gegen interessiert den nur an der Norm interessierten Normativisten nicht. So betrachtet, kann der konkrete Sachverhalt normativistisch nicht einmal Unordnung im Gegensatz zur Ordnung sein.

Normativ ist es Bewährung der legalen Satzung, daß der Mörder in Anwendung des geltenden Strafgesetzes zum Tode verurteilt wird; das Verbrechen aber ist nicht Unordnung, sondern bloßer »Tatbestand«. Es ist als solcher für eine juristisch-normativistische Logik in ebenderselben Weise »Tatbestand«, wie wenn im Steuerrecht ein Steueranspruch des Staates, im bürgerlichen Recht ein privatrechtlicher Anspruch durch das Vorliegen des gesetzlichen Tatbestandes ausgelöst wird. Die Strafe ist ein »Eingriff« in die Freiheit des Verbrechers, wie die Steuer ein Eingriff in das Eigentum und der Kriegsdienst sogar in das Recht auf das eigene Leben. Alle diese »Eingriffe« sind unterschiedlos entweder gesetzmäßig oder gesetzwidrig. Normativistisch läßt sich nichts anderes über sie aussagen. Alles Recht zieht sich in die von der Sachlage getrennte Norm zusammen; das übrige ist »bloßes Faktum« und tatbestandsmäßiger Anlaß der »Gesetzesbewährung«. Das den Strafanspruch des Staates begründende Verbrechen, normativistisch auf die tatbestandsmäßige Voraussetzung einer Normenanwendung reduziert, ist nicht mehr Ordnung oder Unordnung als die einen Ausstattungsanspruch begründende Verlobung einer Tochter. Der Verbrecher bricht dann nicht den Frieden oder die Ordnung; er bricht nicht einmal die generelle Norm als Regel; er bricht »juristisch betrachtet« eigentlich nichts. Nur der *konkrete Frieden* oder eine *konkrete Ordnung* kann gebrochen werden; nur von einem solchen Denken her ist der Begriff des Verbrechens zu gewinnen. Die abstrakte Norm und Regel dagegen gilt bekanntlich trotz des »Verbrechens« unverändert weiter; sie schwebt über jeder konkreten Lage und jedem konkreten Tun; durch ein sogenanntes |19| norm- oder gesetzwidriges Verhalten wird sie nicht außer Kraft gesetzt. Normativität und Faktizität sind »ganz verschiedene Ebenen«; das Sollen bleibt vom Sein unberührt und behält seine für das normativistische Denken unverletzbare Sphäre, während sich in der konkreten Wirklichkeit alle Unterscheidungen von Recht und Unrecht, Ordnung und Unordnung normativistisch gesehen in sachliche Voraussetzungen der Normenanwendung verwandeln. Die Sachlichkeit und Objektivität des reinen Normativismus wird hier zu einer ordnungszerstörenden und -auflösenden juristischen Absurdität.

Es ist allerdings möglich, sich das berechenbare Funktionieren menschlicher Verkehrsbeziehungen als eine bloße Funktion vorherbestimmter, berechenbarer, genereller Regeln vorzustellen. Der reibungslose, normen- und regelgemäße Ablauf eines solchen Verkehrs erscheint dann als »Ordnung«. Es gibt ein Gebiet und eine Sphäre des menschlichen Lebens, in der ein solcher regelnhaft-funktionalistischer Ordnungsbegriff sinnvoll ist. Im Rahmen des fahrplanmäßigen Eisenbahnverkehrs z. B. kann man sagen, daß hier nicht die persönliche Willkür von Menschen, sondern die unpersönliche Sachlichkeit des Fahrplans »herrsche«, und daß diese Fahrplanmäßigkeit »Ordnung« ist. Der gut geregelte Verkehr auf der Verkehrsstraße einer modernen Großstadt gibt das beste Bild dieser Art »Ordnung«. Hier scheint auch der letzte Rest von menschlicher Herrschaft und Willkür, den der Verkehrsschutzmann noch darstellen könnte, durch präzise funktionierende, automatische Farbensignale ersetzt. Ein Lebensbereich, dessen Interesse allein auf die Berechenbarkeit einer sicheren Regelung gerichtet ist, wie die Ordnung einer individualistisch-bürgerlichen Verkehrsgesellschaft, könnte vielleicht noch mit einem solchen Ordnungsbegriff in Zusammenhang gebracht werden. Es gibt aber andere Bereiche menschlichen Daseins, für welche die Übertragung eines derartigen |20| Funktionalismus der Regelhaftigkeit gerade das spezifisch *rechtliche* Wesen der konkreten Ordnung zerstören würde. Das sind alle Lebensgebiete, die sich nicht verkehrsmäßig-technisch, sondern institutionell gestaltet haben. Sie haben ihre Begriffe von dem, was normal, normaler Typus und normale Situation ist, in sich selbst, und ihr Begriff von Normalität erschöpft sich nicht, wie in einer technisierten Verkehrsgesellschaft, darin, berechenbare Funktion einer normierenden Regelung zu sein. Sie haben eine eigene rechtliche Substanz, die wohl auch generelle Regeln und Regelmäßigkeiten kennt, aber nur als Ausfluß dieser Substanz, nur aus ihrer konkreten eigenen, inneren Ordnung heraus, die nicht die Summe jener Regeln und Funktionen ist. Das Zusammenleben der Ehegatten in einer Ehe, der Familienmitglieder in einer Familie, der Sippengenossen in einem Sippenverband, der Standesgenossen in einem Stand, der Beamten eines Staates, der Geistlichen einer Kirche, der Kameraden eines Arbeitslagers, der Soldaten eines Heeres kann weder in den Funktionalismus vorherbestimmter Gesetze, noch in Vertragsregelungen aufgelöst werden.

Die mancherlei Gewohnheiten, Regelmäßigkeiten und Berechenbarkeiten innerhalb solcher Ordnungen können und sollen das Wesen dieser Ordnung nicht erfassen und erschöpfen, sondern ihr nur dienen. Die konkrete innere Ordnung, Disziplin und Ehre jeder Institution widersteht, solange die Institution andauert, jedem Versuch restloser Normierung und Regelung; sie stellt jeden Gesetzgeber und jeden, der das Gesetz anwendet, vor das Dilemma, entweder die mit der Institution gegebenen, konkreten Rechtsbegriffe zu übernehmen und zu verwenden, oder aber die Institution zu zerstören. Wo es z. B. noch eine Familie gibt, sieht sich sowohl der Gesetzgeber wie der das Gesetz anwendende Jurist immer wieder gezwungen, statt der abstrakten Aufstellung eines allgemeinen Begriffes die konkreten Ordnungsvorstellungen der konkreten Institution |21| »Familie« zu übernehmen. Richter und Gesetzgeber unterwerfen sich dadurch, daß sie dann von dem »guten Familienvater«, dem *bonus pater familias,* sprechen, der bestehenden Ordnung des konkreten Gebildes »Familie«. Solche Vorstellungen und Begriffe sind trotz aller normativistischen Auflösungen des vergangenen Jahrhunderts und trotz der großen Zahl kodifizierter Rechtsregeln des Familienrechts und anderer Rechtsgebiete auch heute noch zahlreich und typisch für eine substanzhaft institutionelle Ordnung im Gegensatz zur rein normativistischen Regelung. Jedes ständische Recht als solches setzt aus der Ordnung des konkreten »Zustandes« erwachsene, nur aus ihr erkennbare konkrete typische Figuren voraus, z. B. den tapferen Soldaten, den pflichtbewußten Beamten, den anständigen Kameraden usw. Derartige Figuren erregen vielfach die Kritik und den Spott normativistisch denkender Juristen. *Karl Binding* rühmte sich, »Gespenstern« wie dem *bonus pater familias* den Hals umgedreht zu haben. Eine noch größere Enge dieses Verzichts auf jede konkrete Gestalt zeigt sich in der Kritik, die Prof. *J. Bonnecase* vor kurzem an *Haurious* ganz vom Ordnungsgedanken getragener Theorie der Institution geübt hat; das alles wird einfach damit abgetan, daß der Begriff der Institution »Mytik« sei.[6]

Heute empfinden viele Juristen umgekehrt die Auflösung solcher konkreten Ordnungsfiguren in eine Summe oder in ein System von Normen als unwirklich und gespenstisch. Wir verstehen eine rechtswissenschaftliche wichtige Frage besser und lösen eine juristische Aufgabe richtiger, wenn wir eine konkrete Gestalt herausarbeiten, wie den *»Hüter der Verfassung«*, den es normativistisch überhaupt nicht geben kann, weil hier|22|nach alle zuständigen »Organe« gleichmäßig »Hüter der Rechtsordnung« sind;[7] oder den *»Führer der Bewegung«*, den eine normativistische Denkweise zum zuständigen »Staatsorgan« machen muß, um ihn dadurch in das rechtsstaatliche Legalitätssystem ebenso einzuverleiben, wie im 19. Jahrhundert den zum »Staatsorgan« deklassierten Monarchen;[8] oder wenn wir das Problem der *Unvereinbarkeiten* (der Inkompatibilitäten) stellen, d. h. im Hinblick auf eine bestimmte konkrete Figur des öffentlichen Lebens die Frage stellen, welche Funktionen und Aufgaben bei ihr vereinbar oder unvereinbar sind, eine Frage, die nur in konkreten Ordnungen, nicht aber rein normativistisch gestellt werden kann, da es sich normativistisch nicht um konkrete Ordnungsfiguren, sondern bloß um abstrakte »Zurechnungspunkte« handelt, bei denen selbstverständlich alles mit allem vereinbar ist und »innerliche« Unvereinbarkeiten niemals einsichtig sein können.[9] Wir wissen, daß die *Norm* eine *normale* Situation und *normale* Typen voraussetzt. Jede |23| Ordnung, auch die »Rechtsordnung« ist an konkrete Normalbegriffe gebunden, die nicht aus allgemeinen Normen abgeleitet sind, sondern solche Normen aus ihrer eigenen Ordnung heraus und für ihre eigene Ordnung hervorbringen.

Eine gesetzliche Regelung setzt Normalbegriffe voraus, die so wenig aus der gesetzlichen Regelung entstehen, daß vielmehr gerade die Normierung ohne sie ganz unverständlich wird und man nicht einmal mehr von einer »Norm« sprechen kann. Eine generelle Regel soll zwar von der konkreten Einzellage unabhängig sein und sich über den Einzelfall erheben, weil sie viele Fälle und nicht nur einen einzelnen Fall regeln soll; aber sie erhebt sich nur in einem sehr beschränkten Maße, nur in einem ganz bestimmten Rahmen, und nur bis zu einer gewissen bescheidenen Höhe über die konkrete Lage. Überschreitet sie dieses Maß, so trifft und betrifft sie nicht mehr den Fall, den sie regeln soll. Sie wird sinn- und beziehungslos. Die Regel *folgt* der sich wandelnden Lage, für die sie bestimmt ist. Eine Norm mag sich so unverbrüchlich geben wie sie will, sie beherrscht eine Lage nur soweit, als die Lage nicht völlig *abnorm* geworden und solange der als normal vorausgesetzte konkrete Typus nicht verschwunden ist. Die Normalität der konkreten, von der Norm geregelten Lage und des von ihr vorausgesetzten konkreten Typus ist also nicht nur eine äußerliche, rechtswissenschaftlich außer Acht zu lassende Voraussetzung der Norm, sondern ein inneres, juristisches Wesensmerkmal der Normengeltung und eine normative Bestimmung der Norm selbst. Eine reine, situationslose und typenlose Norm wäre ein juristisches Unding.

|24| In seinem Buch *L'Ordinamento giuridico* hat *Santi Romano* mit Recht gesagt, daß es unrichtig ist, von italienischem Recht, französischem Recht usw. zu sprechen und dabei nur an eine Summe von Regeln zu denken, während in Wahrheit in erster Linie die komplexe und verschiedenartige *Organisation* des italienischen oder französischen *Staates* als einer konkreten *Ordnung* dieses Recht ausmacht, die zahlreichen Instanzen und Verbindungen von Staatsautorität oder Staatsmacht, welche die juristischen Normen produzieren, modifizieren, anwenden und garantieren, aber sich nicht mit ihnen identifizieren. Nur das ist italienisches oder französisches Recht. »Die rechtliche Ordnung (l'ordinamento giuridico) ist ein einheitliches Wesen, eine Entität, die sich teilweise nach Regeln bewegt, vor allem aber selber die Regeln bewegt, wie Figuren auf einem Spielbrett; die Regeln stellen daher eher das Objekt oder auch das Mittel der Rechtsordnung und nicht so sehr ein Element ihrer Struktur dar.«[10] Mit Recht fügt er hinzu, daß eine Änderung der Norm mehr die Folge als die Ursache einer Änderung der Ordnung ist.

2. *Entscheidungsdenken (Dezisionismus)*

Die hier entwickelte Unterscheidung des Normen- und des Ordnungsdenkens ist erst in den letzten Jahrzehnten scharf hervorgetreten und bewußt geworden. Bei älteren Autoren wird man eine Antithese wie die der eben zitierten Stelle von Santi Romano kaum finden. Frühere Antithesen betreffen nicht den Gegensatz von Norm und Ordnung, sondern meistens den von Norm und Entscheidung oder Norm und Befehl. Diese Gegensätze überschneiden sich mit anderen Gegensatzpaaren wie *ratio* und *voluntas*, Objektivität und Subjektivität, unpersönlicher Norm und persönlichem Willen. Sie sind früher zum Bewußtsein ge|25|kommen, weil sie alte theologische und metaphysische Probleme berühren, insbesondere die Frage, ob Gott etwas befiehlt, weil es gut ist, oder ob etwas gut ist, weil Gott es befiehlt. Schon Heraklit hat uns gesagt, daß dem Willen eines einzigen Menschen zu folgen, ebenfalls ein »Nomos« sei.[11]

Den letzten Rechtsgrund aller rechtlichen Geltungen und Werte kann man juristisch in einem Willensvorgang, in einer Entscheidung finden, die als Entscheidung überhaupt erst »Recht« schafft und deren »Rechtskraft« nicht aus der Rechtskraft von Entscheidungs-Regeln abgeleitet werden kann. Denn auch eine der Regel nicht entsprechende Entscheidung schafft Recht. Diese Rechtskraft normwidriger Entscheidungen gehört zu jeder »Rechtsordnung«. Demgegenüber müßte ein folgerichtiger Normativismus zu der Absurdität führen, daß die normgemäße Entscheidung ihre Rechtskraft aus der Norm, die normwidrige Entscheidung dagegen ihre Kraft nur aus sich selbst, aus ihrer Normwidrigkeit schöpft!

Für den Juristen des dezisionistischen Typus ist nicht der Befehl als Befehl, sondern die Autorität oder Souveränität einer letzten *Entscheidung*, die mit dem Befehl gegeben wird, die Quelle allen »Rechts«, d. h. aller folgenden Normen und Ordnungen. Der Typus des Dezisionisten ist nicht weniger »ewig«, wie der des Normativisten. Er ist aber in seiner Reinheit erst spät hervorgetreten. Denn vor der Auflösung der antiken und christlichen Weltordnungsvorstellungen durch die neue Naturwissenschaftlichkeit fließen stets Ordnungsvorstellungen als Voraussetzung der Entscheidung in den Gedankengang ein. Dadurch wird die reine Nichts-als-Entscheidung bereits wieder vom Ordnungsdenken her eingeschränkt und einbezogen; sie wird Ausfluß einer vorausgesetzten *Ordnung*. Wenn der Jurist und Theologe *Tertullian* sagt: »Wir sind zu etwas verpflichtet, nicht, weil es |26| gut ist, sondern weil Gott es befiehlt« (neque enim quia bonum est, idcirco auscultare debemus, sed quia deus praecipit), so klingt das bereits wie juristischer Dezisionismus; aber wegen des dabei vorausgesetzten christlichen Gottesbegriffes fehlt noch die bewußte Vorstellung von einer völligen Unordnung, einem Chaos, das nicht an der Hand einer Norm, sondern nur durch eine bloße Entscheidung in Gesetz und Ordnung verwandelt wird. Der noch so unerforschliche Ratschluß eines persönlichen Gottes ist, solange man an Gott glaubt, immer bereits »in Ordnung« und nicht reine Dezision. Das römisch-katholische Dogma von der *Unfehlbarkeit* der päpstlichen Entscheidung enthält ebenfalls starke juristisch-dezisionistische Elemente; aber die unfehlbare Entscheidung des Papstes begründet nicht die Ordnung und Institution der Kirche, sondern setzt sie voraus: der Papst ist nur als Haupt der Kirche kraft seines Amtes unfehlbar, nicht ist umgekehrt der Unfehlbare der Papst. Auch in der calvinischen Lehre, nach der Gott bereits vor dem Sündenfall über Seligkeit und Verdammnis, Gnade und Ungnade jeder einzelnen Menschenseele endgültig entschieden hat, in dem Dogma von der »supralapsarischen Prädestination«, wird man eine dezisionistische Haltung gegen jede regelhafte Bindung, Messung und Berechenbarmachung der göttlichen Entscheidung finden können. Gleichzeitig aber stellt diese Lehre einen durch juristische oder moralische Normativierungen entarteten, echten Rechts- und Ordnungsbegriff, nämlich den der reinen *Gnade* oder Ungnade, wieder her. Sie gibt diesem Begriff der Gnade, den das Gesetzesdenken stets zu normieren und zu relativieren sucht, die ihm in der rechten Ordnung zukommende Unberechenbarkeit und Unmeßbarkeit zurück; sie verlegt ihn aus einer vermenschlichten, normativistischen Ordnung in die ihm zukommende, über menschliche Normierungen erhabene, göttliche Ordnung zurück. Sowohl in dem »absolutistischen« Gottesbegriff Calvins (Gott ist *lege* |27| *solutus, ipse sibi lex, summa majestas*) wie in seiner Prädestinationslehre sind theologische Vorstellungen aufgetreten, deren innerer Dezisionismus auch auf die staatlichen Souveränitätsvorstellungen des 16. Jahrhunderts, namentlich des *Bodinus* eingewirkt hat.[12] Aber auch die Souveränitätslehre des Bodinus ist noch ganz in das überlieferte Ordnungsdenken eingefügt; sie läßt Familie, Stand und andere legitime Ordnungen und Institutionen bestehen und der Souverän ist eine legitime Instanz, nämlich der legitime König.

Der klassische Fall dezisionistischen Denkens erscheint erst im 17. Jahrhundert mit *Hobbes*. Alles Recht, alle Normen und Gesetze, alle Interpretationen von Gesetzen, alle Ordnungen sind für ihn wesentlich Entscheidungen des Souveräns, und Souverän ist nicht ein legitimer Monarch oder eine zuständige Instanz, sondern eben der, der souverän entscheidet. Recht ist Gesetz und Gesetz ist der den Streit um das Recht entscheidende Befehl: *Autoritas, non veritas facit legem.*[13] In diesem Satz bedeutet *autoritas* nicht etwa eine vorstaatliche Ordnungs-Autorität; auch die sonst (z. B.

bei Bodinus) damals noch lebendige Unter|28|scheidung von *auctoritas* und *potestas*[14] geht ganz in der souveränen Entscheidung unter. Sie ist *summa auctoritas* und *summa potestas* in Einem. Wer die Ruhe, Sicherheit und Ordnung herstellt, ist Souverän und hat alle Autorität. Als echte und reine Entscheidung kann diese Herstellung der Ordnung weder aus dem Inhalt einer vorhergehenden Norm, noch aus einer bereits bestehenden Ordnung abgeleitet werden, sonst wäre sie entweder, normativistisch gedacht, bloße Selbstanwendung der geltenden Norm, oder, in konkretem Ordnungsdenken gedacht, Ausfluß einer bereits vorhandenen Ordnung, Wiederherstellung, nicht Herstellung der Ordnung. Die souveräne Entscheidung wird also juristisch weder aus einer Norm, noch aus einer konkreten Ordnung erklärt, noch in den Rahmen einer konkreten Ordnung eingefügt, weil im Gegenteil erst die Entscheidung für den Dezisionisten sowohl die Norm wie die Ordnung begründet. Die souveräne Entscheidung ist der absolute Anfang, und der Anfang (auch im Sinne von αρχη) ist nichts als souveräne Entscheidung.

Sie entspringt aus einem normativen Nichts und einer konkreten Unordnung. Der Naturzustand ist für Hobbes ein Zustand des Unfriedens, tiefste, verzweifelte Unordnung und Unsicherheit, ein regel- und ordnungsloser Kampf aller mit allen, das *bellum omnium contra omnes* des *homo homini lupus*. Der Übergang aus diesem anarchischen Zustand völliger Unordnung und Unsicherheit in den staatlichen Zustand der Ruhe, Sicherheit und Ordnung einer *societas civilis* wird nur durch die Entstehung eines souveränen Willens bewirkt, dessen Befehl und Ordnung Gesetz ist. Bei Hobbes wird die logische Struktur des Dezisionismus am besten deutlich, weil der reine Dezisionismus eine *Unordnung* voraussetzt, die nur dadurch in Ordnung gebracht wird, *daß* (nicht: *wie*) entschieden wird. Der |29| entscheidende Souverän ist nicht etwa auf Grund einer bereits bestehenden Ordnung zuständig für die Entscheidung. Erst die Entscheidung, die an die Stelle der Unordnung und Unsicherheit des Naturzustandes die Ordnung und Sicherheit des staatlichen Zustandes setzt, macht ihn zum Souverän und macht alles weitere – Gesetz und Ordnung – möglich. Für Hobbes, den größten Vertreter des dezisionistischen Typus, ist die souveräne Entscheidung gesetz- und ordnungschaffende staatliche *Diktatur* in und über der anarchischen Unsicherheit eines vor- und unterstaatlichen Naturzustandes.

3. Der juristische Positivismus des 19. Jahrhunderts als Verbindung von Entscheidungs- und Gesetzesdenken (Dezisionismus und Normativismus)

Der dezisionistische Typus ist unter den Juristen deshalb besonders verbreitet, weil der Rechtsunterricht und eine der Rechtspraxis unmittelbar dienende Rechtswissenschaft die Neigung haben, alle Rechtsfragen nur unter dem Gesichtspunkt eines *Konfliktfalles* zu sehen und sich als bloße Vorbereiter der richterlichen *Konfliktentscheidung* zu betätigen. Eine bestimmte Methode der Examensvorbereitung und der juristischen Prüfungen vergröbert das dann noch zu einer rohen Abfragbarkeit und Promptheit der Fall-Entscheidung und ihrer normativistischen »Begründung« aus dem Wortlaut einer geschriebenen Normierung. Auf solche Weise orientiert sich das juristische Denken ausschließlich am Kollisions- oder Konfliktsfall. Es wird von der Vorstellung beherrscht, daß ein Konflikt oder eine Interessenkollision, also eine konkrete *Unordnung*, erst durch eine *Entscheidung* überwunden und in *Ordnung* gebracht wird. Die Normen und Regeln, mit denen es die rechtswissenschaftliche Begründung der Entscheidung zu tun hat, werden dadurch bloße |30| Gesichtspunkte für Streitentscheidungen, rechtswissenschaftliches Belegmaterial für richterliche Entscheidungsgründe. Es gibt dann eigentlich keine systematische Rechtswissenschaft mehr; jedes rechtswissenschaftliche Argument ist nichts als ein potentieller Entscheidungsgrund, der auf einen Streitfall wartet.

Die Neigung zu dieser Art von Rechtswissenschaft tritt namentlich dann auf, wenn eine abgeschlossene *Kodifikation* als »positive« Norm und »positives Recht« für staatlich beamtete Berufsrichter und auf die Denkweise eines solchen Richtertums sich einstellende Anwälte maßgebend wird. Dieser Positivismus identifiziert die gesetzliche Normierung mit dem Recht; er kennt – auch wenn er Zugeständnisse an die Möglichkeit von Gewohnheitsrecht macht – statt des Rechtes nur noch die normativ fixierte *Legalität*. In den beiden großen Staaten, in denen der juristische Positivismus im 19. Jahrhundert zur Herrschaft gelangte, in Frankreich wie in Deutschland, zeigte sich, daß er nur als *Funktionsmodus der staatlichen Legalität eines berufsbeamteten Richtertums*, unter der Folgewirkung geschriebener Kodifikationen und auf der Grundlage einer stabilen innerpolitischen Ordnung und Sicherheit zu begreifen ist. In Frankreich fand die positivistische Nichtunterscheidung von Recht und Gesetz, die Identität von *Droit* und *Loi*, ihren rechtswissenschaftlichen Ausdruck in der *Ecole de l'exégèse*, die ein halbes Jahrhundert – etwa von 1830 bis 1880 – unbestritten geherrscht hat und trotz methodologischer und philosophischer Kritik praktisch auch heute keineswegs beseitigt ist.[15] Auch in Deutschland hat dieser Positivismus der gesetzlichen Regel sich bis heute als *die* juristische Methode auszugeben gewußt. Weder die Lehre vom Gewohnheitsrecht, noch die jahrzehntelangen methodologischen Erörterungen über das Verhältnis von Gesetz und Urteil, Gesetz und Richter, Freirechtsbewegung und Interes|31|senjurisprudenz drangen bis zu dem entscheidenden Gegensatz der Verschiedenheiten von Gesetzes-, Entscheidungs- und Ordnungsdenken vor; sie versuchten nur Auflockerungen und bessere Anpassungen des Gesetzesdenkens an eine veränderte und schwankend gewordene Situation.

Der rechtswissenschaftliche Positivismus des 19. Jahrhunderts gehört in den großen geistesgeschichtlichen Zusammenhang seiner Zeit und hat daher sowohl mit dem von Auguste *Comte* begründeten philosophischen Positivismus, wie auch mit dem Positivismus der Naturwissenschaften manche Berührung und auch Verwandtschaft. Aber in erster Linie ist er aus den inneren Besonderheiten der Rechtslage dieses Jahrhunderts zu begreifen. Für die Rechtswissenschaft des 19. Jahrhunderts bedeutete »Positivismus« zunächst etwas Polemisches: die Ablehnung alles »außergesetzlichen«, alles nicht durch menschliche Satzung geschaffenen Rechts, mag es als göttliches, natürliches oder vernünftiges Recht auftreten. Das Rechtsdenken wird Legalitätsdenken. Die rechtswissenschaftliche Begründung dieses legalitären Positivismus hat dabei drei Stadien durchlaufen: Man hat sich zuerst an den *Willen des Gesetzgebers* gehalten; dann, um nicht in subjektive und psychologische Untersuchungen zu verfallen, scheinbar objektiver, vom *Willen des Gesetzes* gesprochen; endlich, nur noch *das Gesetz selbst*, die sich selbst genügende Norm, für maßgebend erklärt. Darin lag eine bedingungslose Unterwerfung unter den Willen oder den Inhalt einer bestimmten Norm, gleichzeitig aber auch eine Einschränkung dieser Unterwerfung: man unterwirft sich nur unter die *Norm* und ihren sicher feststellbaren Inhalt. Das gibt dem positivistischen Legalitätsdenken scheinbar den Wert größter Objektivität, Festigkeit, Unverbrüchlichkeit, Sicherheit und Berechenbarkeit, kurz, der »Positivität«. In einer stabilen Situation ist diese Denkweise plausibel und erscheint es in der Tat möglich, von allen |32| »metajuristischen« Gesichtspunkten abzusehen. Der Positivismus wird dann für eine »rein juristische« Methode gehalten, deren Reinheit darin besteht, daß sowohl alle metaphysischen wie auch alle »metajuristischen« Erwägungen ausscheiden.

»Metajuristisch« aber sind alle weltanschaulichen, moralischen, wirtschaftlichen, politischen oder irgendwelche anderen, eben nicht rein juristischen Gesichtspunkte. Weder die in der gesetzlichen Regelung vorausgesetzten Normal-Situationen oder Normal-Typen, noch der von den Gesetzesverfassern verfolgte Zweck, noch das zugrunde liegende Prinzip, noch die Natur der Sache, noch der Sinn einer Bestimmung, sondern eben nur der handgreifliche, zweifellose Inhalt der Norm selbst dürfen für diesen positivistischen Juristen maßgebend sein. Nur dann glaubt er wirklich auf dem »sicheren Boden« des »positiven« und »rein juristisch« behandelten Normeninhalts zu bleiben. In jedem andern Fall fürchtet er, in den unberechenbaren »Subjektivismus« metajuristischer Erwägungen hineinzugleiten. Sicherheit, Festigkeit, Unverbrüchlichkeit und Objektivität sind dann bereits wieder gefährdet. In dem Buch »Jurisprudenz und Rechtsphilosophie« von *Karl Bergbohm*, 1892, hat diese Denkweise ihren klarsten und besten Ausdruck gefunden. Hier tritt auch die Verbindung von Normativismus und Dezisionismus, die das Kennzeichen des positivistischen Typus ist, am deutlichsten hervor. »Recht« enthält für Bergbohm einerseits »die Vorstellung von etwas Normativem, als abstrakte Regel, die befolgt sein will, Funktionierendem« (S. 81); zugleich ist dieses Recht nichts als »menschliche Satzung«, und in die naturrechtliche »Korruption« gerät jeder, der sich ein Recht vorstellt, »das von menschlicher Satzung unabhängig ist« (S. 131). Soweit dieser Positivismus eine rechtsphilosophische Begründung gibt, führt er in die Gedankengänge eines individualistischen Rechtssicherheits-Interesses und beruft er sich darauf, daß es un|33|gerecht wäre, die durch das Gesetz hervorgerufene *Erwartung* der Rechtsgenossen, die *expectation*, das »Vertrauen« zu enttäuschen. Darin erblickt man die »Gerechtigkeit der Positivität«.[16]

Aber die Sicherheit, Gewißheit, Festigkeit, strenge Wissenschaftlichkeit, funktionierende Berechenbarkeit und alle derartigen »positiven« Qualitäten und Vorzüge waren in Wirklichkeit überhaupt nicht Vorzüge der legalen »Norm« und der menschlichen Satzung, sondern nur der damals, im 19. Jahrhundert, normalen, relativ-stabilen Situation eines Staatswesens, das seinen Schwerpunkt in der Gesetzgebung hatte, also des Legalitätssystems eines Gesetzgebungsstaates.[17] Nicht weil die Norm, sondern weil und soweit dieses, in bestimmter Weise konstruierte, Staatswesen stabil, sicher und fest war, konnte man der|34|artig »positiv« sein. Schon die einfachsten Probleme der Auslegung und der Beweiswürdigung mußten einen darüber belehren, daß die Festigkeit und Sicherheit auch der ganz sorgfältig und umständlich geschriebenen Gesetzestexte in sich selbst überaus fraglich blieb. Wortlaut und Wortsinn, Entstehungsgeschichte, Rechtsgefühl und Verkehrsbedürfnisse wirken bei der Feststellung des »zweifellosen« Inhalts des Gesetzestextes, Fragen der Beweiswürdigung und der Qualifikation der »Tatsachen« bei der »rein juristischen« Feststellung des Tatbestandes in der verschiedenartigsten Weise durcheinander. Man kann die Empörung verstehen, die den Fanatiker positivistischer Gesetzessicherheit, Jeremias *Bentham*, schon bei dem bloßen Wort *Interpretation* befällt und deren Grundmotiv das gleiche ist, wie die oben (S. 25) erwähnte Empörung des *Hobbes* über die Willkür der interpretierenden Juristen: »Wenn sich der Richter untersteht und die Macht anmaßt, die Gesetze zu interpretieren, so wird alles völlig unberechenbare Willkür. Bei solchen Methoden hört jede Sicherheit auf«.[18] Weder die englische Praxis der Bindung an Präzedenzfälle (die Praxis des sog. *case-law*), noch die Interpretationen der römisch-rechtlichen Juristen, der *Roman lawyers*, genügen Benthams positivistischem Bedürfnis nach unbedingter Sicherheit und Berechenbarkeit. Nur wenn der Richter restlos zu einer Funktion des klaren Gesetzeswortes und Gesetzesinhaltes geworden ist, haben wir uns dem Ideal der »Sicherheit« und »Unverbrüchlichkeit« genähert. Dann gibt es allerdings auch keine rechtswissenschaftliche Produktivität mehr und es herrscht nur noch die Sicherheit, Festigkeit und Unverbrüchlichkeit eines fahrplanmäßig funktionierenden Normenvollziehungsapparates, für den man, statt einer rechtswissenschaftlichen Ausbildung, zweckmäßiger die technische Schulung guter Weichensteller durchführt.

|35| Der Positivist ist kein selbständiger und daher auch kein ewiger Typus rechtswissenschaftlichen Denkens. Er unterwirft sich – dezisionistisch – der *Entscheidung* des jeweilig im Besitz der staatlichen Macht stehenden Gesetzgeber, weil dieser allein die tatsächliche Erzwingbarkeit verschaffen kann; aber er verlangt

gleichzeitig, daß diese Entscheidung fest und unverbrüchlich als *Norm* weitergelte, d. h., daß auch der staatliche Gesetzgeber selbst sich dem von ihm aufgestellten Gesetz und dessen Auslegung unterwerfe. Nur dieses Legalitätssystem nennt er »Rechtsstaat«, obwohl es gerade einen Gesetzesstaat an die Stelle eines »Rechts«staates und das Interesse der Rechtssicherheit an die Stelle der Gerechtigkeit setzt.[19] Aber durch den Normativismus der Legalität erhebt er sich wieder über die staatliche Macht-Entscheidung, der er sich im Interesse der Sicherheit und Festigkeit unterworfen hatte, und stellt jetzt normative Forderungen an den Gesetzgeber. Er gründet also seinen Standpunkt erst auf einen Willen (des Gesetzgebers oder des Gesetzes), dann, gegen diesen Willen, unmittelbar auf ein »objektives« Gesetz. Im geschichtlichen Ablauf der Formeln läßt sich die Reihenfolge feststellen, vom Willen des Gesetzgebers über den Willen des Gesetzes zum Gesetz selbst. Es liegt nahe, darin eine innerlich folgerichtige Entwicklung vom Willen bis zur Norm, von der Entscheidung zur Regel, vom Dezisionismus zum Normativismus zu vermuten. Aber statt aus der inneren Folgerichtigkeit einer bestimmten Denkweise erwachsen zu sein, ist diese Reihenfolge nur durch die dem Positivismus eigentümliche Kombination von Dezisionismus und Normativismus möglich geworden, die es erlaubt, sich je nach Lage der Sache bald dezisionistisch, bald normativistisch zu geben, um dem allein maßgebenden positivistischen Bedürfnis nach Sicherheit und Bere|36|chenbarkeit zu genügen. Das Positivistische liegt stets in dem Interesse an der tatsächlichen Sicherheit, Festigkeit und Berechenbarkeit dessen, was tatsächlich erzwingbar gilt, sei das nun die Entscheidung des Gesetzgebers, sei es das aus seiner Entscheidung hervorgehende Gesetz und die aus diesem Gesetz hervorgehende, berechenbare richterliche Entscheidung. Das »positive« Gelten des Gesetzes ist zum Unterschied von anderen Geltungsarten notwendig immer etwas Tatsächliches, durch menschliche Macht unmittelbar faktisch Erzwingbares.

Nun ist eine Tatsache, ein »bloßes Faktum«, natürlich keine Rechtsquelle, und die rechtswissenschaftliche Frage richtet sich eben darauf, wie dieser nur faktische Punkt – der Wille des Gesetzes, oder der Augenblick des wirklichen Geltens –, an den der Positivist sich hält, juristisch aufzufassen ist, ob als Norm oder als Entscheidung oder als Teil einer Ordnung. Der Positivist wird geneigt sein, diese Frage nach dem Anfang der positiven Geltung der

Norm als eine nicht mehr juristische Frage von sich zu weisen. Aber auch er kann der rechtswissenschaftlichen Notwendigkeit nicht entgehen, bereits den Punkt, an dem er seine rechtswissenschaftliche Tätigkeit ansetzt, die Rechtsquelle oder die Geltungsgrundlage, in einer rechtswissenschaftlichen Kategorie zu erfassen. Er wird also jenen tatsächlichen faktischen Moment, in welchem die positive Geltung einsetzt, entweder normativ oder dezisionistisch deuten. Von der normativistischen Seite her hat ein Positivist des 19. Jahrhunderts, Georg *Jellinek*, die typische Wendung von der »normativen Kraft des Faktischen« geprägt. Da er von der »normativen *motivierenden* Kraft des Rechts« ausgeht, haben Fakten und Tatsachen, die ja zweifellos eine besonders starke motivierende Kraft ausüben, ohne weiteres auch eine »normative Kraft«.[20] Die Formel von der »norma|37|tiven Kraft des Faktischen« ist unzählige Male nachgesprochen worden.

Rechtslogisch in sich selbst betrachtet, ist sie eine bloße Wortkombination und nur eine Umschreibung der leeren Tautologie, daß der Positivismus von seinem normativistischen Bestandteil her die faktische Positivität selbstverständlich immer nur als eine »normative« Kraft deuten kann. Ein Positivist mit schärferer Logik würde von einer »dezisionistischen« Kraft des Faktischen sprechen, die natürlich mindestens ebenso groß ist wie die »normative« Kraft. Dagegen wird sich ein Positivist nicht gern auf die »positive Kraft« des Faktischen berufen, obwohl er mit seiner Unterwerfung unter das positive Faktum der Erzwingbarkeit nichts anderes meint. Aber die Selbstenthüllung, die in der Redewendung von der »positiven Kraft des Faktischen« läge, wäre wohl auch einem reinen Positivisten rechtswissenschaftlich unerträglich. Schon darin zeigt sich, daß der Positivist kein originärer rechtswissenschaftlicher Denktypus ist.

Von einer »ordnenden Kraft« des Faktischen ließe sich eher sprechen, doch entspricht das konkrete Ordnungsdenken dem auf die funktionierende Sicherheit und Berechenbarkeit gerichteten positivistischen Bedürfnis nicht in demselben Grade, wie die Verbindung von Normativismus und Dezisionismus, die das rechtswissenschaftliche Wesen des Positivismus ausmacht. Ein reiner Normativismus müßte die positive Norm aus einer überpositiven Norm ableiten; das konkrete Ordnungsdenken würde ebenfalls zu einer überpositiven, umfassenden, totalen Ord|38|nungseinheit führen. Das dezisionistische Denken dagegen erlaubt die positive

Anknüpfung an einen bestimmten tatsächlichen Zeitpunkt, an welchem aus einem vorangehenden Nichts an Norm oder einem Nichts an Ordnung das positiv allein beachtliche positive Gesetz hervorspringt, das dann aber als positive *Norm* weiter gelten soll. Einmal gesetzt, soll es allerdings auch gegen den Willen gelten, der es gesetzt hat; sonst könnte es einem nicht die nötige Sicherheit hinsichtlich dessen verschaffen, »wessen man sich vom Staat zu versehen hat«. Aber nur der dezisionistische Bestandteil macht es dem Positivisten möglich, die Frage nach dem letzten Geltungsgrund der geltenden Norm, statt sie immer weiter ins Unabsehbare, »Metajuristische« zu führen, in einem bestimmten Augenblick und an einer bestimmten Stelle abzubrechen und den in einem geschichtlichen Zeitpunkt faktisch vorhandenen, sich faktisch durchsetzenden Willen einer souveränen Macht anzuerkennen, ohne diese Macht als eine Institution oder eine sonstige konkrete Ordnung vorzustellen oder überhaupt nach ihrem guten Recht zu fragen.

Die Sicherheit, Festigkeit und Unverbrüchlichkeit, auf die der Positivist sich beruft, ist, was den dezisionistischen Bestandteil des Positivismus angeht, in Wirklichkeit nur die Sicherheit, Festigkeit und Unverbrüchlichkeit des *Willens*, dessen souveräne Entscheidung die Norm zu einer geltenden Norm macht. Darin, daß er sich auf den *Willen* des staatlichen Gesetzgebers oder des staatlichen Gesetzes, auf eine in einer tatsächlich vorhandenen »Staatsgewalt« sich äußernde und sich durchsetzende Entscheidung des staatlichen Gesetzgebers beruft, ist er, rechtsgeschichtlich betrachtet, an die im 17. Jahrhundert entstandene dezisionistische Staatstheorie gebunden und muß mit ihr entfallen. Darin aber, daß er sich auf das *Gesetz* als eine *Norm* beruft, ist seine Sicherheit und Festigkeit nur die Sicherheit und Festigkeit der Legalität des im 19. Jahrhundert zur |39| Herrschaft gelangten Gesetzgebungsstaates. Soweit sich endlich hinter dem Sicherheitsbedürfnis des Positivismus nur das allgemein-menschliche subalterne Streben nach einem Schutz vor Risiko und Verantwortung verbirgt, kann man allerdings – wenn auch nur in einem herabsetzenden Sinne – sagen, daß es sich hier um einen »ewigen« und unausrottbaren, allgemein menschlichen Typ handle. Als rechtswissenschaftlich beachtliche Erscheinung dagegen ist der juristische Positivismus ganz an die für das 19. Jahrhundert kennzeichnende staatliche und gesellschaftliche Lage gebunden. Während der Normativist und der Dezisionist immer wiederkehrende Typen rechtswissenschaftlichen Denkens sind, wird man die Kombination aus Dezisionismus und Normativismus, aus der jener Positivismus des 19. Jahrhunderts besteht, weder für einen originären noch für einen ewigen juristischen Typus halten können.

Wenn die angeblich rein juristische Methode eines derartigen Positivismus jede nicht rein juristische Erwägung als weltanschaulich, wirtschaftlich, soziologisch, moralisch oder politisch ablehnt, und alle diese sachlichen Erwägungen demnach ausscheiden, so bleibt für die rein juristische Argumentation nicht viel übrig. Was kann als Rest bleiben, wenn man von einem Fall und seiner Würdigung alles Weltanschauliche, Wirtschaftliche, Politische abzieht? Wird das juristische Denken von jedem inhaltlichen Sinn und von der vorausgesetzten normalen Situation logerissen, so bringt es sich notwendig in einen immer schärferen Gegensatz zu allen Inhalten, zu allem, was weltanschaulich, moralisch, wirtschaftlich oder politisch ist. Dadurch werden die Unterscheidungen von juristisch und weltanschaulich, juristisch und wirtschaftlich, juristisch und politisch, juristisch und moralisch usw. so zugespitzt, daß in folgerichtiger Dialektik schließlich nur noch die weltanschauliche, wirtschaftliche, sittliche und politische Unsinnigkeit als das einzige spezifische Kennzeichen |40| einer zweifellos reinen, nichts-als-juristischen Denkweise übrigbleibt.

Max *Planck* hat gezeigt, wie der naturwissenschaftliche Positivismus sich im Streben nach unbedingter Sicherheit nur auf den Sinneseindruck verläßt und infolgedessen irreführende und täuschende Sinneswahrnehmungen von anderen nicht mehr unterscheiden kann, da es in einer positivistischen Physik Sinnestäuschungen nicht gibt.[21] Das Schicksal des rechtswissenschaftlichen, ganz auf Sicherheit und Vermeidung subjektiver Willkür angelegten Positivismus hat mit diesem Verlauf einige Ähnlichkeit. Entfällt die in der positiven Norm vorausgesetzte, aber positiv-juristisch unbeachtliche Normalität der konkreten Lage, so entfällt jede feste, berechenbare und unverbrüchliche Normenanwendung. Auch die »Gerechtigkeit der Positivität«, von der Erich *Jung* sprach, hört dann auf. Ohne das Koordinatensystem einer konkreten Ordnung vermag der juristische Positivismus weder Recht und Unrecht, noch Objektivität und subjektive Willkür zu unterscheiden.

[...]

II. Einordnung der juristischen Denkarten in die rechtsgeschichtliche Gesamtentwicklung

2. Entwicklung in England und Frankreich

|52| Die Rechtswissenschaft anderer europäischer Nationen hat andere Äußerungen und Formen des Selbstschutzes gegen den |53| normativistischen Positivismus gefunden. Hierbei kann die *englische* Rechtwissenschaft außer Betracht bleiben, weil die englische Methode des sog. Fallrechts, des *case law,* nicht in gleicher Weise den Einseitigkeiten des Normativismus ausgesetzt ist. Das liegt in der Natur der Sache und gilt an sich für das Rechtsleben aller Länder, in denen *case law* herrscht, demnach auch für die Vereinigten Staaten von Amerika. Doch bestehen in dieser Hinsicht große Verschiedenheiten. Auch bei einer Praxis des *case law* ist nämlich ein vernunft- und naturrechtlicher Normativismus möglich, wenn, wie das in der Auffassung amerikanischer Juristen öfters hervortritt, die Entscheidung des Präzedenzfalles nur insofern als bindend angesehen wird, als in ihr eine *der Entscheidung zugrunde liegende Norm* erscheint, an die sowohl der Richter des Präzedenzfalles, wie der des folgenden Falles gebunden ist. Damit nähert sich die Praxis des *case law* wiederum dem Regeln-Denken, wenn sie auch nicht so leicht in den engen Gesetzespositivismus übergehen kann, der mit großen Kodifikationen ganzer Rechtsgebiete eintreten muß. Nach der *englischen* Auffassung des *case law* bindet aber der *Präzedenzfall als Einzelfall;* es bindet nicht die ihm zugrunde liegende Entscheidungsnorm, auch nicht etwa (wie nach der Konstruktion Blackstones) eine in der Präzedenz-Entscheidung evident zutage tretende Gewohnheit.[22] Darin könnte, zum Unterschied von der amerikanischen Neigung zu einem natur- und vernunftrechtlichen Normativismus, vielleicht ein reiner Dezisionismus enthalten sein. Die Bindung an den Präzedenzfall würde dann als Bindung nur an die *Entscheidung* des Vorrichters aufgefaßt. An sich finden sich im englischen Rechtsdenken besonderes klare und reine Beispiele des echten Dezisionismus, wofür ich außer Hobbes den bereits erwähnten gesetzgebungsstaatlichen Positi|54|vismus J. Benthams und für das 19. Jahrhundert vor allem *Austin* nennen möchte. Doch scheint mir auch eine dezisionistische Deutung die typische Eigenart dieser *case-law*-Praxis nicht richtig zu treffen. Freilich ist es für einen Juristen des europäischen

Kontinents nicht leicht, sich in die autochthone Denkweise der insularen englischen Rechtspraxis hineinzufinden. Es wäre aber denkbar, daß der spätere Richter weder an die der Vorentscheidung zugrunde liegende Entscheidungs*norm* noch an die Vorentscheidung als reine *Dezision*, sondern eben nur an den »Fall« als solchen gebunden sein soll. Dann enthält das englische *case law* ein Beispiel konkreten Ordnungsdenkens, das sich ausschließlich an das innere Recht des bestimmten Falles hält. Der Präzedenzfall wird dann einschließlich seiner Entscheidung das konkrete Paradigma aller folgenden Fälle, die ihr Recht konkret in sich selbst – nicht in einer Norm oder einer Entscheidung – haben. Wenn man den zweiten Fall als einen dem Präzedenzfall gleichen Fall ansieht, so gehört zu dieser konkreten Gleichheit auch die Ordnung, die in der richterlichen Vor-Entscheidung zutage getreten ist.

Die Lage der Rechtswissenschaft in den *romanischen* Ländern war im Gegensatz zu England meistens durch große Kodifikationen und die in ihrem Gefolge auftretende positivistische Lehre und Praxis gekennzeichnet. Hier setzte, etwa gleichzeitig mit der deutschen »Freirechtsbewegung«, wenn auch weniger radikal, ebenfalls eine methodische Kritik und Besinnung ein (Gény und Saleilles). Es trat aber auch eine neue Denkart auf. Die Lehre von der Institution, die *Maurice Hauriou* (1856-1929) in der Zeit von 1896-1926 entwickelt hat, enthält seit der Herrschaft des juristischen Positivismus den ersten systematischen Versuch einer Wiederherstellung des konkreten Ordnungsdenkens. Santi Romanos bereits erwähnte, sehr bedeutende Theorie des *Ordinamento giuridico* ist bereits von dieser |55| Arbeit beeinflußt. Hauriou, der langjährige Doyen der juristischen Fakultät von Toulouse, war der berühmte Antagonist seines berühmten positivistischen Kollegen in Bordeaux *Léon Duguit* (1859-1928). Man kann versuchen, die Gegensätze dieser beiden großen Juristen auf summarische Schlagworte zu bringen: Metaphysik gegen Positivismus, Pluralismus gegen Monismus, *institution* gegen *règle de droit*.[23] Aber gerade daran läßt sich am besten erkennen, in welchem Maße die Antithesen des liberalen 19. Jahrhunderts heute obsolet geworden sind. Der juristische Positivismus von Duguit ist durchaus metaphysischer Art, und der angebliche Mystiker Hauriou ist »realer«, wirklichkeitsnäher und in diesem Sinne weitaus »positiver« als ein Doktrinär des prinzipiellen und rein »wissenschaftlichen« Positivismus.

Hauriou hat nicht mit einer Rechtstheorie und noch weniger mit einer Methodologie begonnen. Er hat die Praxis des französischen Verwaltungsrechts, insbesondere die Entscheidungen des *Conseil d'Etat*, in vierzigjähriger Arbeit beobachtet, glossiert, kommentiert und wissenschaftlich weitergeführt. Das französische Verwaltungsrecht selbst ist in langsamem Wachstum aus der Praxis des französischen Staatsrats hervorgegangen; die Lehre Haurious von den Institutionen erwuchs in einer wahrhaft »organischen« Weise aus der Beobachtung einer solchen Verwaltungspraxis und ist ihrem Gegenstand in höchstem Maße wesensgemäß. In der täglichen Beschäftigung mit ihrem unmittelbaren Objekt,[24] nicht durch eine normativistisch-positivistische Auspressung isolierter Gesetzestexte, gewann Hauriou zunächst eine |56| deutliche rechtswissenschaftliche Anschauung des *régime administratif*, d. h. des lebendigen, französischen Verwaltungsorganismus, den er als eine nach eigenen Gesetzen und einer inneren Disziplin lebende Einheit betrachtet und sowohl von der Regierung, wie von der bürgerlichen Justiz, wie auch von den in allen Staaten sich findenden *einzelnen* Verwaltungsfunktionen unterscheidet. Aus dieser konkreten Anschauung einer konkreten Ordnung ist seine Lehre von der »Institution« entstanden.

Wie schon das große deutsche Beispiel der Verwaltungslehre Lorenz von *Steins* zeigt, kann die konkrete rechtswissenschaftliche Betrachtung einer geordneten staatlichen Verwaltung die Elemente einer allgemeinen Theorie der »Institution« am besten liefern: Instanzenordnung, Hierarchie der Ämter, innere Autonomie, innere Ausbalanciertheit gegensätzlicher Kräfte und Tendenzen, innere Disziplin, Ehre und Amtsgeheimnis und dazu die alles tragende Grundvoraussetzung, nämlich eine normale stabilisierte Situation, eine *situation établie*. Das werden die Elemente eines Begriffes der *institution*, der nun auf die verschiedenartigsten Gebilde und Einrichtungen öffentlicher und privatrechtlicher Art angewandt und ihrer rechtswissenschaftlichen Erkenntnis fruchtbar gemacht wird. Ich muß es mir hier versagen, über die Theorie Haurious im einzelnen zu referieren; ihre verschiedenen Stadien und Modifikationen sind Äußerungen fortwährenden produktiven Wachstums und Wandels und auch als solche von großem juristischen Belang.[25] Es genügt aber für die hier aufzuweisende Gesamtlinie, daß die bloße Wiederherstellung eines Begriffes der »Institution« sowohl den bisherigen Normativismus, wie den Dezisionismus und damit auch den aus beiden zusammengesetzten Positivismus überwindet. Der |57| Staat selbst ist für die institutionalistische Denkweise nicht mehr eine Norm oder ein Normensystem, auch keine bloße souveräne Dezision, sondern die Institution der Institutionen, in deren Ordnung zahlreiche andere, in sich selbständige Institutionen ihren Schutz und ihre Ordnung finden.

3. Die gegenwärtige Lage der deutschen Rechtswissenschaft

Für uns Deutsche hat das Wort »Institution« alle Nachteile und wenig von den Vorteilen eines Fremdwortes. Es kann weder mit »Einrichtung«, noch mit »Anstalt«, noch mit »Organismus« übersetzt werden, obwohl es etwas von jedem dieser Begriffe enthält. Das Wort »Einrichtung« ist zu allgemein und läßt nur die sachlich-äußerliche, organisatorische Seite hervortreten. »Anstalt« ist dadurch unbrauchbar geworden, daß es im 19. Jahrhundert als Gegenbegriff gegen die Genossenschaft einen politisch-polemischen Sinn erhalten hat, der es an die Situation der innerpolitischen Kämpfe des 19. Jahrhunderts bindet. Das Wort »Organismus« endlich ist sehr mit der schon ganz allgemein gewordenen Antithese gegen »Mechanismus« belastet. Das lateinische Fremdwort aber wirkt, wie manche anderen Bezeichnungen lateinischer Herkunft, vielleicht unbewußt in der Richtung auf eine Fixierung und Erstarrung. Dadurch erhält die Prägung »institutionelles Denken«[26] zu sehr den Stempel einer bloß konservativen Reaktion gegen Normativismus, Dezisionismus und den aus beiden zusammengesetzten Positivismus des letzten Jahrhunderts und setzt sich Mißdeutungen und allzu wohlfeilen Einwendungen aus. Dazu kommt, daß Haurious Lehre von der Institution bei seinem Schüler *G. Renard* ganz in einen Neo-Thomis|58|mus einmündet, wodurch sie als typisch römisch-katholische Theorie erscheint.[27] Es wäre aber bedauerlich, wenn der gewaltige Anlauf zum konkreten Ordnungs- und Gestaltungsdenken, den das rechtswissenschaftliche Denken der Völker heute nimmt, durch solche Mißverständnisse und Verengerungen gehemmt würde. Natürlich setzen sich die verschiedenen Nationen mit ihrem bisherigen Denken in den Worten, Begriffen und Formen auseinander, die ihrer Art und ihrer geschichtlichen Überlieferung gemäß sind. Das ist eine der großen Einsichten, die wir der nationalsozialistischen Bewegung verdanken. Darum möchte ich als Bezeichnung für die dritte und gegenwärtige Art rechtswissenschaftlichen Denkens nicht »institutionalistisches«, sondern konkretes Ordnungs- und Gestaltungsdenken vorschlagen. Dadurch entfallen die Mißverständnisse und Mißdeutungen, die diesem Denken politische Tendenzen einer bloßen Restauration vergangener Dinge oder Konservierung überalterter Einrichtungen zu unterstellen suchen.

In Deutschland läßt sich heute am deutlichsten erkennen, in welchem Maße die Zeit des juristischen Positivismus zu Ende ist. Von allen Seiten und auf allen Gebieten des Rechtslebens dringen sog. Generalklauseln in einem jede positivistische »Sicherheit« aufhebenden Umfang vor, unbestimmte Begriffe aller Art, Verweisungen an außergesetzliche Maßstäbe und Vorstellungen, wie gute Sitten, Treu und Glauben, Zumutbarkeit und Nichtzumutbarkeit, wichtigen Grund usw. Sie enthalten einen Verzicht auf die Grundlage des Positivismus, nämlich die in der Normierung selbst enthaltene, ablösbare, gesetzgeberische Dezision. Weder die Gesetzgebung noch die Rechtsprechung könnte ihrer heute entbehren. In der deutschen |59| Rechtswissenschaft sind sie seit über einem Jahre das eigentliche Thema der juristischen Erörterungen. Man hat ihr Vordringen und ihre Übermacht als eine Gefahr für die Rechtssicherheit und Berechenbarkeit hingestellt und vor ihnen gewarnt.[28] Vom Standpunkt des bisherigen positivistischen Glaubens, der davon ausging, daß nur die Verbindung von gesetzgeberischer Entscheidung und Regel, die diesen Positivismus ausmacht, Rechtssicherheit verbürge, sind solche Warnungen und Besorgnisse wohl begründet. Das in sich selbst vollständige, lükkenlose Gesetz, die »Grundlage der Gewißheit«, entfällt. Auf der anderen Seite aber hat *H. Lange* diese Generalklauseln als Vehikel des Naturrechts, als Träger neuer Rechtsgedanken, als Einbruchstellen neuer Ideen, als »Kuckuckseier im liberalistischen Rechtssystem« erkannt und sie als ein Zeichen der Überwindung des im 19. Jahrhundert entstandenen positivistischen Rechtsdenkens gedeutet.[29] Sobald Begriffe wie »Treu und Glauben«, »gute Sitten« usw. nicht auf die individualistische bürgerliche Verkehrsgesellschaft, sondern auf das Interesse des Volksganzen bezogen werden, ändert sich in der Tat das gesamte Recht, ohne daß ein einziges »positives« Gesetz geändert zu werden brauchte. Ich bin deshalb der Überzeugung, daß sich in diesen Generalklauseln eine neue juristische Denkweise durchsetzen kann. Doch dürfen sie dann nicht als bloßes Korrektiv des bisherigen Positivismus, sondern müssen als das spezifische Mittel eines neuen rechtswissenschaftlichen Denktypus gehandhabt werden.

Anmerkungen

1 Ausgabe der Stoiker-Fragmente von H. v. Arnim, Band III (1905), S. 314.

2 So lautet die Definition des »Rechtsstaates« bei *G. Anschütz*, Deutsches Staatsrecht in der Encyklopädie von Holtzendorff-Kohler Bd. 2 (1904), S. 593: »ein Staat, welcher ganz im Zeichen des Rechts steht, dessen oberster Wille nicht Rex sondern Lex heißt; ein Gemeinwesen, wo die Beziehungen der einzelnen nicht nur unter sich, sondern vor allem zur Staatsgewalt durch Rechtssätze bestimmt sind, wo es also beim Regieren und Regiertwerden nach Recht und nicht nach dem tel est notre plaisir der regierenden Personen zugeht... Die Rechtsordnung soll ›auch der Krone gegenüber zur Unverbrüchlichkeit gebracht werden‹ (von Martitz), das Gesetz als eine Macht erscheinen, welche dem Willen der Beherrschten wie der herrschenden Personen gleichermaßen übergeordnet ist«. Diese Stelle ist gleichzeitig ein Musterbeispiel für die positivistische Identifizierung von Recht und Gesetz (wobei das »Gesetz« schließlich dezisionistisch zu einem bloßen Mehrheitsbeschluß des Parlaments wird).

3 Die von *H. Kelsen* geführte sog. Wiener Schule hat den ausschließlichen Herrschaftsanspruch eines abstrakten Normativismus in der Zeit von 1919-1932 mit besonderer »Reinheit« verfochten.

4 Vgl. als Beispiel aus dem letzten deutschen Jahrhundert die in der vorigen Anmerkung mitgeteilte Definition des »Rechtsstaates« von *G. Anschütz*.

5 Bd. VI. S. 9 der von N. v. Hellingrath, L. v. Pigenot und F. Seebaß herausgegebenen sämtlichen Werke (Berlin 1923).

6 Une nouvelle mystique: la notion d'institution; Revue générale du Droit, de la Législation et de la Jurisprudence, 1931/1932. Der Aufsatz von Bonnecase enthält im übrigen ausgezeichnetes Material und bleibt wertvoll und lesenswert. Weiteres über Hauriou vgl. unter II 2.

7 Frhr. *Marschall von Bieberstein*, Verantwortlichkeit und Gegenzeichnung bei Anordnungen des Obersten Kriegsherrn, Berlin 1911, S. 392, spricht (kritisch) von »den im Siegeszuge des Rechtsstaats vordringenden Anschauungen, die jegliches Staatsorgan, gleichviel auf welcher Sprosse der Stufenleiter, gleichmäßig zum Hüter der Rechtsordnung

berufen wollen«. Otto *Mayer*, Deutsches Verwaltungsrecht, 2. Aufl., Bd. II, S. 324 (München und Leipzig 1917) sagt: »Die Ideen des Verfassungs- und Rechtsstaates ließen ja alles willkommen erscheinen, was dazu dienen konnte, Recht und Gesetz sicherzustellen gegen Mißbräuche der Behörden... So entstände eine Gewähr des Gesetzes, wie sie besser nicht gedacht werden kann: jeder Beamte ist ja nun zu dessen Hüter bestellt gegenüber seinen Vorgesetzten«. Daß diese Art der alleinigen Herrschaft des Gesetzes die konkrete Ordnung der Beamtenhierarchie umkehrt und auf den Kopf stellt, hat man natürlich bald bemerkt, aber nur mit Zweckmäßigkeitsgründen, nicht normativistisch juristisch und »rechtsstaatlich« widerlegen können.

8 Über die Zerstörung des Führerbegriffs durch den Normativismus des Aufsichtsbegriffs: *Carl Schmitt*, Staat, Bewegung, Volk; die Dreigliederung der politischen Einheit; Hamburg 1933, S. 36f.

9 Der pluralistische Parteienstaat der Weimarer Verfassung war deshalb ein »Reich der grenzenlosen Kompatibilitäten«. In liberal-demokratischen Staaten, die parlamentarische Inkompatibilitäten für Beamte kennen, erhebt sich heute, nachdem die zweigliedrige Konstruktion von Staat und staatsfreier, bürgerlicher Gesellschaft problematisch geworden ist, die (in einem solchen Staat unlösbare) Frage der sog. wirtschaftlichen Inkompatibilitäten; darüber die inhaltreiche Dissertation der Handels-Hochschule Berlin von Ruth *Büttner*, Berlin 1933.

10 *Santi Romano*, l'ordinamento giuridico, Pisa 1918, S. 17.

11 Νόμος καὶ βουλῇ πείθεσθαι ἑνός.

12 Bei G. *Beyerhaus*, Studien zur Staatsanschauung Calvins, mit besonderer Berücksichtigung seines Souveränitätsbegriffs, Berlin 1910, finden sich die Belege dafür, daß Gott bei Calvin auch Herr über den *ordo naturae* und das *jus naturae* ist. Den Einfluß Calvins auf den staatlichen Souveränitätsbegriff behandelt die Marburger Dissertation von Karl *Buddeberg*, 1933, die ein lehrreiches Kapitel der »Politischen Theologie« zum Inhalt hat.

13 Leviathan Cap. 26, S. 133 der lateinischen Ausgabe von 1670; S. 143 der englischen Ausgabe von 1651. In diesem Kapitel 26 stehen auch die klaren Sätze über die Interpretation (in qua sola consistit Legis Essentia), über die unabsehbaren Möglichkeiten und die Ungewißheit jeder Interpretation, und über den Souverän als einzigen Interpreten, der durch seine souveräne Entscheidung das Gewirr der Meinungen beendigt, wie – so heißt es in der englischen Ausgabe des Leviathan – Alexander der Große den gordischen Knoten durchhaute; ein typisch »dezisionistisches« Bild. In dem sich anschließenden Kapitel 27 findet sich die erste moderne Begründung des Satzes *nulla poena sine lege*.

14 Über die Unterscheidung von auctoritas und potestas vgl. *Carl Schmitt*, Der Hüter der Verfassung, 1931, S. 136.

15 *J. Bonnecase*, L'école de l'exégèse, Paris 1924.

16 Der radikalste Vertreter positiver Gesetzessicherheit ist Jeremias *Bentham;* die klassische Stelle über die *expectation* als Grundlage der Rechtssicherheit findet sich in John Bowrings Ausgabe von Benthams Werken Bd. II, S. 299, 307, 311ff. Edinburgh 1843. Auch die Formel »Gerechtigkeit in der Positivität« von Erich *Jung*, Das Problem des natürlichen Rechts, 1912, gründet die Forderung der Rechtssicherheit auf die *Erwartung* der Rechtsgenossen. Von »Zusicherung an die Rechtsuntertanen«, der »Erwartung« und dem »Vertrauen« auf unverbrüchliche Handhabung spricht auch Georg *Jellinek,* Allgemeine Staatslehre, 3. Auflage, S. 369; vom »Vertrauen« z. B. Max *Rümelin,* Rechtssicherheit, 1924, S. 6.

17 Es gibt – je nach der Betätigung, in welcher der Staat seinen Schwerpunkt hat und sein letztes Wort spricht – Gesetzgebungs-, Regierungs- oder Verwaltungs-, und Jurisdiktionsstaaten. Diese Unterscheidung ist in meinen Abhandlungen »Der Hüter der Verfassung«, Tübingen, 1931, S. 76 und »Legalität und Legitimität« München 1932, S. 7-19 entwickelt. Vgl. insbesondere dort S. 8: »Ein Gesetzgebungsstaat ist ein von unpersönlichen, daher *generellen,* und vorbestimmten, daher für die *Dauer* gedachten Normierungen meß- und bestimmbaren Inhaltes beherrschtes Staatswesen, in welchem Gesetz und Gesetzesanwendung voneinander getrennt sind«. Das ist zugleich eine Definition dessen, was man bisher »Rechtsstaat« nannte. In der Abhandlung von *H. Henkel,* Strafrichter und Gesetz im neuen Staat, Hamburg 1934, ist der geschichtliche und systematische Zusammenhang des Satzes *Nulla poena sine lege* sowohl mit dem Legalitätssystem eines solchen Gesetzgebungsstaates, wie mit dem eben erwähnten Rechtssicherheitsinteresse in musterhafter Klarheit nachgewiesen.

18 With this manner of proceeding there is no security, Ausgabe Bowring, S. 325.

19 Darüber die Rede »Nationalsozialismus und Rechtsstaat«, Juristische Wochenschrift vom 24. März 1934, Seite 713f.

20 Allgemeine Staatslehre, 3. Aufl., S. 341, 360, 371 (die erste Auflage erschien 1900); die normativistische Grundthese ist S. 355 aufgestellt: »Alles Recht ist Beurteilungsnorm und daher niemals mit den von ihm zu beurteilenden Verhältnissen zusammenfallend«. Dabei soll, trotz dieser ›normativen Kraft des Faktischen‹ »die Politik aus der allgemeinen Staatslehre ausgeschlossen« bleiben (S. 23). Macht und Recht werden normativistisch entgegengesetzt, das Staatsnotrecht wird als ein Ausdruck des Satzes, daß Macht vor Recht geht, abgelehnt, aber »Verfassungslücken« können positiv durch »faktische Machtverhältnisse ausgefüllt« werden (S. 359).

21 Positivismus und reale Außenwelt, Vortrag gehalten am 12. November 1930 in der Kaiser-Wilhelm-Gesellschaft, Berlin und Leipzig, 1931, S. 11.

22 Darüber die aufschlußreiche Abhandlung von *Goodhart*, The Law Quarterly Review, Bd. L. London, 1934, S. 40f.

23 Die bei J. Bonnecase L'ecole S. 246f. mitgeteilten Reden von Waline und A. Mestre, sowie Bonnecases Stellungnahme (S. 262) sind hierfür von besonderem Interesse.

24 Sie hat in den drei von A. Hauriou herausgegebenen Bänden seiner gesammelten Anmerkungen zu den Entscheidungen des Conseil d'Etat und des Tribunal des Conflits von 1892-1928 ein großes Denkmal juristischer Produktivität hinterlassen (1. Ausgabe unter dem Titel Notes d'Arrêts 1928, 2. Ausgabe als Jurisprudence administrative 1930).

25 Die drei wichtigsten Einschnitte liegen in den Jahren 1896 (La Science sociale traditionnelle), 1910 (1. Auflage der Principes de Droit public) und 1925 (La Théorie de l'Institution et de la fondation in la Cité moderne et les transformations du Droit; Bd. IV der Cahiers de la Nouvelle Journée).

26 Ich habe diesen Ausdruck, mit dem ohne weiteres gegebenen Bezug auf meine Lehre von den verfassungsgesetzlichen »institutionellen Garantien« (Berlin 1931), öfters gebraucht, zuletzt in der Vorbemerkung zur 2. Auflage meiner Abhandlung »Politische Theologie« S. 8, München u. Leipzig 1934.

27 Georges Renard, La Théorie de l'Institution, Essai d'ontologie juridique, Paris 1930; L'Institution, fondement d'une renovation de l'ordre social, Paris 1933; vgl. auch den Aufsatz von Ivor Jennings, The Institutional Theory, in Modern Theories of Law, London 1933, S. 68-85.

28 J. Hedemann, Die Flucht in die Generalklauseln, Jena 1933.

29 H. Lange, Liberalismus, Nationalsozialismus und bürgerliches Recht, Tübingen 1933.

Philipp Heck
Rechtserneuerung und juristische Methodenlehre

Einleitung: Streitfrage und Stellungnahme

1. Die nachfolgende Abhandlung soll sich mit der Frage beschäftigen, ob die große Rechtserneuerung, die uns der Nationalsozialismus gebracht hat und bringen wird, auch eine neue juristische Methodenlehre fordert.

Die Rechtserneuerung vollzieht sich im Wege der Gesetzgebung. Neue Gesetzesnormen treten in Kraft. Aber sie beschränkt sich nicht auf die Gesetzgebung. Auch die tieferen Grundlagen der Normgewinnung, die Lebensverhältnisse und vor allem die Wertideale der Gemeinschaft, durch welche die Auslegung der Gesetze bestimmt und ergänzt wird, haben sich geändert. Der Nationalsozialismus fordert ferner eine lebensnahe Rechtsprechung, die den Anschauungen des Volkes entspricht und von ihr verstanden wird. Wegen dieser Änderungen |6| muß auch die Rechtswissenschaft zum mindesten eine Inhaltsänderung erfahren. Das ist alles unzweifelhaft. Fraglich ist nur, ob die große Umgestaltung auch in die letzten Tiefen des juristischen Denkens eingreift, eine Änderung der Denkrichtung fordert, die wir als juristische Methode be-

Abkürzungen meiner Schriften: Begriffsbildung = Begriffsbildung und Interessenjurisprudenz 1932. Gesetzesauslegung = Gesetzesauslegung und Interessenjurisprudenz, Ziv. Arch. 112, S. 1 ff., 1914. »Grundlagen« = Grundlagen des Rechts in *A. Bauser*, Deutsche Staatsbürgerkunde, 1922, S. 137ff. Interessenjurisprudenz = Interessenjurisprudenz, Recht und Staat 97, 1933. Rechtsgewinnung = Problem der Rechtsgewinnung, 1912, 2. Aufl. 1932. Sachenrecht = Grundriß des Sachenrechts, 1930. Schuldrecht = Grundriß des Schuldrechts, 1929. Ziv. Arch. I und II = »Die Interessenjurisprudenz und ihre neuen Gegner«. Ziv. Arch. Bd. 142, S. 129ff. und S. 297 (1936). Sonstige Abkürzungen: Grundfragen = Grundfragen der Neuen Rechtswissenschaft von *Georg Dahm*, *Ernst Rudolf Huber*, *Karl Larenz*, *Karl Michaelis*, *Friedrich Schaffstein*, *Wolfgang Siebert*, sämtlich Professoren der Rechte in Kiel, 1935. Ztschr. = Deutsche Rechtswissenschaft, im Auftrage des Reichs- und Preußischen Ministers für Wissenschaft Bernhard Rust und des Reichsministers Dr. jur. Hans Frank hrsg. von *Karl August Eckhardt*, 1. Bd., 1. Heft, Januar 1936.

zeichnen. Diese Frage erhält ihr besonderes Gepräge dadurch, daß wir schon in einer Methodenerneuerung standen, als der Nationalsozialismus das Ruder ergriff. Die alte technische Begriffsjurisprudenz mit ihrem Formalismus war in den letzten Jahrzehnten durch die teleologische Richtung, die Zweckjurisprudenz, insbesondere die Interessenjurisprudenz wie ich sie vertrete, bekämpft und in großem Umfange verdrängt worden. Diese neue Richtung hat schon die Forderung der Lebensnähe des Rechts aufgestellt, welche zu dem Programme des Nationalsozialismus gehört, und sie durch eine freiere Stellung des Richters und eine Bekämpfung des Begriffsmißbrauchs zu erreichen gesucht.

Nun besteht, soweit ich sehen kann, keine Meinungsverschiedenheit darüber, daß eine Rückkehr zu der alten technischen Begriffsjurisprudenz als Methode der Rechtserneuerung nicht in Frage kommt. Streitig ist dagegen, ob die neuere Methode der Interessenjurisprudenz auch für die Ziele des Nationalsozialismus verwendbar ist oder ob sie gleichfalls aufzugeben und durch eine ganz neue, eine *dritte* Methode, zu ersetzen ist.

2. In der Rechtsprechung ist unsere Methode auch nach der Machtübernahme weiter vorgedrungen. Einer unserer wichtigsten Grundsätze, die Ergänzung von Gesetzeslücken durch richterliche Rechtschöpfung, ist durch die Entscheidung der Vereinigten Strafsenate vom 2. Mai 1934 allgemein anerkannt worden.[1] Aber im Schrifttume[2] gehen die Ansichten sehr auseinander. Für die Anwendbarkeit unserer Methode ist namentlich *Heinrich Stoll*[3] mit Entschiedenheit eingetreten. Der Sache nach wird sie in großem Umfange angewendet. Auch von solchen Fachgenossen, die unsere Schriften gar nicht kennen, aber die frühere Begriffsjurisprudenz ablehnen und bei der |7| Rechtsfindung ihrem Rechtsgefühl und ihrer eigenen Lebenserfahrung folgen.[4]

Von anderen Forschern wird sie abgelehnt. Namentlich finden sich entschiedene und eingehender begründete Widersprüche bei *Julius Binder*, *Karl Larenz*, *Wolfgang Siebert*, *Ernst Forsthoff* und *Hans Franzen*.[5] Es wird nachträglich betont, daß es unzulässig sei, auf der Grundlage unserer Methode an der Rechtserneuerung zu arbeiten. Unsere Methode sei auf überwundenen philosophischen und staatsrechtlichen Anschauungen aufgebaut und deshalb auf das Recht des Nationalsozialismus nicht anwendbar. Eine mittelbare Ablehnung ergibt sich dadurch, daß *C. Schmitt* für die Aufgaben der Gegenwart einen ganz neuen Denktyp des Juristen verlangt.[6] Damit scheint in der Tat jene dritte Methode entdeckt zu sein, vor der wir weichen müßten. Folgerichtig wird diese Forderung *Schmitts* von einer Anzahl Forscher (der Kieler Richtung) dahin erweitert, daß uns eine vollständig neue Rechtswissenschaft nottue.[7] Ablehnend wirkt auch das Vorgehen einzelner Rechtsphilosophen, welche im Interesse der Rechtserneuerung die Leitung unserer Wissenschaft durch die Rechtsphilosophie beanspruchen.[8]

3. Angesichts dieser Meinungsverschiedenheit scheint mir eine eingehendere Stellungnahme geboten. Unsere Methode hat sich mir während einer langen Arbeitszeit immer wieder bewährt. Von ihrer Richtigkeit und ihrer Tragweite für die bisher gestellten Aufgaben bin ich voll überzeugt. Aber ebenso überzeugt bin ich davon, daß die Grundsätze unserer Methode auch für die Rechtserneuerung der Gegenwart verwendbar und notwendig sind. Natürlich muß dieselbe Methode für neue Probleme neue Inhalte ergeben. Ebenso selbstverständlich ist es, daß ein Weiterbau der Methodenlehre erwünscht und zu erwarten ist. Aber unter Festhaltung der von uns gewonnenen Einsichten und auf ihrer Grundlage. Die Gewißheit dieser Fortdauer läßt sich, wie ich glaube, schon im Rahmen des nachfolgenden Aufsatzes mit einiger Klarheit erweisen.

|8| 4. Es sind zwei Beobachtungen, auf die ich mich berufen will.

Einen ersten Beweis ergibt die Fortdauer der für uns bestimmten Grundlagen unter der Herrschaft des neuen Rechts. Unsere Grundeinsichten sind außerordentlich einfach und naheliegend. Sie ergeben sich für jeden, der die alte Begriffsjurisprudenz ablehnt, beinah von selbst. Wer den Aufbau unserer Methode wirklich erkannt hat, wird nicht daran zweifeln können, daß diese Einsichten auch unter der Herrschaft des Nationalsozialismus richtig bleiben und zu unserer Methode führen (vgl. § 2).

Den zweiten Beweis (§ 3) erbringt schon das bisherige Verhalten des nationalsozialistischen Staates. Er hat diejenigen Leitsätze der Normgewinnung, für die wir eintreten, in seiner Gesetzgebung bereits anerkannt. Eine Umkehr ist nicht zu erwarten.

5. Die Beweiskraft dieser Beobachtungen wird durch die Beanstandungen nicht aufgehoben, die gegen die Anwendung unserer Methode erhoben werden. Sie beruhen ausnahmslos auf Mißverständnissen. Namentlich ist es ein schwerer Irrtum, daß unsere Methode auf philosophischen Anschauungen der Vergangenheit oder auf einer liberalen Staatsauffassung beruhe. Auch der neue

Denktyp *Carl Schmitts* ergibt keinen Gegengrund gegen unsere Methode. Denn dieser Typ ist nicht neu, sondern gar nichts anderes als dasjenige Zweckdenken, das wir fordern. *Schmitt* hat keine dritte Methode entdeckt, sondern er hat die zweite, unsere, Methode mit einer neuen Bezeichnung versehen.

6. Die neue Rechtswissenschaft stimmt, soweit erkennbar ist, in der Methode der Normgewinnung mit uns überein, wenn sie auch in der Behandlung der Allgemeinbegriffe noch etwas konservativer zu sein scheint.

7. Die Tragweite unserer Methodenreform ist eine sehr große. Sie umfaßt nicht nur die richterliche Fallentscheidung, sondern auch die Aufgaben der praktischen Rechtswissenschaft. So elementar auch unsere Einsichten sind, so wurden sie doch lange |9| Zeit verkannt. Das ist eine vielleicht merkwürdige, aber nicht bestreitbare Tatsache. Diese Verkennung hat den Aufbau unserer Wissenschaft maßgebend beeinflußt. Der neue Denktyp *Schmitts* beansprucht die gleiche universale Anwendbarkeit. Entscheidend sind aber doch die Regeln der richterlichen Fallentscheidung. Sie soll auch in den folgenden Erörterungen im Vordergrund stehen. Auf die Wissenschaft will ich nur am Schluß in § 6 eingehen. Die Auseinandersetzung mit der Rechtsphilosophie bleibt einer anderen Gelegenheit vorbehalten.

I. Interessenjurisprudenz und neues Recht

Grundlagen

1. Unsere Untersuchung soll damit beginnen, daß wir uns die bisherigen Grundlagen unserer Methode vergegenwärtigen und dann fragen, ob diese Grundlagen auch in der neuen Rechtsordnung vorhanden sind und sein werden.

Die Grundlagen lassen sich in drei Einsichten gliedern.[9] Unsere Ausgangspunkte sind: 1. der Gemeinschaftsdienst des Richters, 2. die Unzulänglichkeit der von der Gemeinschaft geschaffenen Gebotsordnung (Lückenschau) und 3. die Alltagserfahrung über das lebensrichtige Verhalten in entsprechenden Lebenslagen.

2. Das staatliche Recht schützt die Interessen der Gemeinschaft, die Interessen Einzelner nur deshalb, weil sie zugleich Gemeinschaftsinteressen sind. Der Richter ist Wahrer des Rechts, Diener der Gemeinschaft und von ihr abhängig. Die Gemeinschaft ist dem

Richter gegenüber autonom. Sie bestimmt selbst ihre Ziele. Der Richter soll diese Ziele verwirklichen. Er darf sie nicht vereiteln und durch eigene Ideale ersetzen.

3. Die Unzulänglichkeit der Gebotsordnung wird auch als »Lükkenhaftigkeit« bezeichnet. Die nächstliegende Form des |10| Richtergehorsams ist die unmittelbare Gebotsanwendung, die logische Einordnung der Lebenslagen unter die Tatbestandsbegriffe der Rechtsnormen. Aber diese logische Einordnung reicht nicht aus, um die Gemeinschaftsinteressen zu wahren. Diese Erkenntnis darf, soweit das bisher geltende Recht in Betracht kommt, als Gemeingut gelten und bedarf kaum der besonderen Begründung.

Diese Unzulänglichkeit folgt aus der außerordentlichen Vielgestaltigkeit und dem Wechsel der Lebensverhältnisse. Kein Gesetzgeber kann alle Lebensgestaltungen voraussehen. Auch Gewohnheit und gemeinsame Rechtsüberzeugung können nur für die typischen Fälle Gebote bieten, aber nicht dem ungeheuren Heere der selteneren Fälle gerecht werden. Der Gesetzgeber ruft in Erkenntnis seiner Grenzen den Richter durch Blankette und Generalklauseln zur Mitarbeit auf. Aber die Delegationen reichen nicht aus.

4. Die Verbindung dieser beiden Einsichten ergibt das eigentliche Problem der richterlichen Fallentscheidung. Wie hat sich der Richter zu verhalten? Vier Problemlösungen sind denkbar, von denen jede von einer Theorie vertreten wird.[10] Man kann von vier Denktypen der richterlichen Fallentscheidung reden: a) Der strenge Positivismus beschränkt den Richter auf die logische subsumtion und läßt die Gemeininteressen in den Lückenfällen ohne Schutz, wegen dieser Schutzbeschränkung ist er als unzulänglich abzulehnen. b) Die technische Begriffsjurisprudenz ergänzt die Lücken durch Begriffskonstruktion (Inversionsmethode). Die Ergebnisse sind lebenswidrig, formalistisch und unverständlich. Das Verfahren beruht auf dem Trugschlusse der Begriffsvertauschung und führt zu unfruchtbaren Konstruktionskontroversen. c) Die Freirechtslehre beseitigt das Problem, indem sie den Richter von der Bindung an das Gesetz befreit. Aber diese freie Rechtsbildung würde die Autonomie der Gemeinschaft zugunsten des Richters beseitigen und ist deshalb unannehmbar. d) Nach Ablehnung dieser drei |11| Lösungen bleibt als vierte nur unsere gesetzestreue Zweck- und Interessenjurisprudenz. Sie erweist sich als einwandfrei und ist im Grunde die nächstliegende.

5. Die vier Denktypen lassen sich in zwei Hauptgruppen ordnen: Strenger Positivismus und Begriffsjurisprudenz gehören zusammen, weil sie den Richter auf das kognitive Denken beschränken. Sie werden auch als Positivismus i. w. S. zusammengefaßt. Andererseits ist der Freirechtslehre und dem gesetzestreuen Zweckdenken das Eintreten für eine schöpferische Tätigkeit des Richters gemeinsam. Von diesen vier Denktypen hat sich der strenge Positivismus nur für bestimmte Gebiete durchgesetzt (z. B. bisher § 2 StGB.), die freie Rechtsfindung überhaupt nicht. Die größte Verbreitung hatte früher die Begriffsjurisprudenz und hat heute das Zweckdenken. Deshalb besteht praktisch nur die Möglichkeit einer Stichwahl, eine Art methodischen Dilemmas (tertium non datur). Wer sich von der technischen Begriffsjurisprudenz (Inversionsmethode) fernhält, wird zu den Grundsätzen unserer Methode gelangen, auch wenn er unsere Lehre gar nicht kennt, auch wenn er gar keine methodischen Überlegungen anstellt, sondern nur seinem Gefühle und seinem Lebenswissen folgt.

6. Unsere dritte Einsicht bezieht sich auf die Erfahrungen des Alltags[11] bei gleichgearteten Vorgängen. Nicht nur der Richter hat anvertraute Interessen nach Maßgabe von Geboten zu wahren. Eine abhängige Interessenwahrung begegnet uns in den mannigfachsten Verhältnissen. Auch auf diesen Parallelgebieten finden wir die beiden Erscheinungen der Abhängigkeit des Vertreters und der Lükkenhaftigkeit der Gebote. Die Lebenserfahrung zeigt, daß der strenge Gehorsam, wie ihn der Positivismus fordert, nur unter besonderen Umständen lebensrichtig ist. Die Analogie zur Begriffsjurisprudenz findet sich in dem »Schematismus«, der allgemein verworfen wird. In der Regel fordert das Leben eine gewisse Freiheit, einen »denkenden Gehorsam«, ein interessengemäßes Verhalten.[12] Der Vertreter hat sich in die |12| Gedanken des Gebietes hineinzuversetzen und die für ihn maßgebenden Zwecke und Interessen zu erforschen. Von dieser Grundlage aus hat er die Gebote zu verstehen, nötigenfalls zu ergänzen, ja unter Umständen zu übertreten, wenn die sicher erkennbaren Interessen es fordern.

In der bewußten, folgerichtigen und allseitigen Nutzbarmachung dieser Lebenserfahrung besteht der Kerngedanke unserer Interessenjurisprudenz.

Diese Übertragung ergibt praktische Leitsätze, die wir in den nächsten Paragraphen besprechen werden. Sie führt zu einer freieren Stellung des Richters. Er hat nicht nur die Gedanken des Gesetzgebers zu Ende zu denken, sondern er hat die Gemeinschaftsgebote zu ergänzen auf Grund seiner eigenen Lebenskenntnis und Lebensbewertung.[13] In der Lebensrichtigkeit unserer Ergebnisse liegt die tiefere und auch ausreichende Rechtfertigung unserer Methode. Ein anderer Vorzug ist die Gemeinverständlichkeit unserer Entscheidungen und ihrer Begründungen, die der alten, gekünstelten Begriffsjurisprudenz fehlte. Unsere Entscheidungen werden auch für den Laien verständlich, weil wir in letzter Linie von dem Lebenswissen ausgehen, das auch der Laie beherrscht. Unsere Rechtsprechung ist nach Ursprung und Wirkung lebensnah.

7. Die Rückschau auf unsere Grundlagen bestätigt unser Urteil, daß sie sehr einfach, elementar, man kann auch sagen *primitiv*, sind. Auf der Unterstellung einer bestimmten Staatsform oder bestimmter Staatsaufgaben haben wir nirgends aufgebaut. Auf dieser Primitivität beruht die Beständigkeit unserer Lehre. Daß die Regeln des Gebotsdenkens auch nach Errichtung des nationalsozialistischen Staates fortdauern, ist ja selbstverständlich. Aber auch für die beiden anderen Grundeinsichten gilt das gleiche.

8. Für den Gemeinschaftsdienst des Richters ist dies wiederum offenkundig. Die Zielsetzung des nationalsozialistischen Staates unterscheidet sich von der früheren nicht dadurch, daß |13| die Aufgabe des Rechts, dem Volkswohle zu dienen, neu entdeckt worden wäre. Eine solche Auffassung wäre ein Unrecht gegen die Vergangenheit. Das Ziel des Volkswohls wurde schon früher erstrebt. Das Recht stand im Dienste der Volksgemeinschaft. Aber der nationalsozialistische Staat hat doch zwei schwerwiegende Neuerungen gebracht, zwei ungeheure Fortschritte. Einmal durch genauere Erkenntnis der völkischen Lebensbedingungen und durch Aufstellung neuer Gemeinschaftsziele, sodann durch eine bisher in Friedenszeiten unerhörte Anspannung des nationalen Willens, eine Voranstellung der Volksideale vor den Einzelinteressen. Das Härtebad der nationalen Not und die geniale Führung Hitlers haben unseren nationalen Willen gestählt.

Ein solcher Staat braucht noch dringender als ein anderer Richter, die sich als Diener der Gemeinschaft, als Wahrer anvertrauter Volksbelange, fühlen.

9. Auch die Gebotslücken sind nicht verschwunden. Man könnte versucht sein, eine Beseitigung der Lücken durch die Bildung allgemeiner Rechtsüberzeugungen anzunehmen. Die Bildung solcher Überzeugungen ist allerdings wesentlich erleichtert worden. Es

gibt eine große Zahl von Rechtsfragen, bei deren Entscheidung das gesamte Weltbild und daher auch die Gesinnung auf die Gemeinschaftsziele einen großen Einfluß hat. Man kann sie als Gewissensfragen bezeichnen. Der Nationalsozialismus hat durch die genauere Bestimmung, starke Betonung und unermüdliche Hervorhebung der Gemeinschaftsziele eine in gewissem Grade gemeinsame Weltanschauung geschaffen, wie sie bisher fehlte. Wir sind auch hinsichtlich der Erkenntnis der Gemeinschaftsideale nicht mehr auf Gesetz und Lebensbeobachtung beschränkt, sondern haben in Führerwort und Parteiverlautbarung neue und reiche Erkenntnismittel gewonnen. Aber es wäre doch ein Irrtum zu glauben, daß die Weltanschauung und diese Erkenntnisquellen ein vollständiges, lückenloses Normensystem für alle möglichen Lebenskonflikte |14| ergeben, so daß man den Richter auf logische Subsumtion beschränken könnte. Dazu sind die Lebensprobleme auch auf dem Gebiete der Gewissensfragen zu mannigfach und wechselnd. Und die Gewissensfragen sind nicht die einzigen Rechtsfragen, die der Richter zu entscheiden hat. Neben ihnen stehen andere, bei denen die Weltanschauung nicht oder nur teilweise eingreift. Man pflegt sie als die technischen Rechtsfragen zu bezeichnen. Sie veranlassen auf dem Gebiete des Privatrechts die Mehrheit der Streitsachen.[14] Die bisherige Beobachtung[15] hat gezeigt, daß der Laie sich über solche Fragen nur selten ein Urteil bildet und daß die von Laien gebildeten Urteile auseinandergehen. Das ist verständlich. Unserer sicheren Erkenntnis der bestehenden Lebensinteressen und ihrer verhältnismäßigen Bedeutung sind Grenzen gesetzt. Die Entscheidung darüber, welche Norm am lebensrichtigsten ist, fällt vielfach auch dem sorgfältigen Erforscher eines Sondergebiets schwer. Selbst bei so häufig wiederkehrenden Problemen wie dem der Testamentsform. Diese Schwierigkeit besteht erst recht für den Laien. Ihm fehlt die genügende Übersicht über die Gestaltungen des Lebens. Bei dem Einzelnen erlangen individuelle Erfahrungen einen Einfluß, so daß die Bindung eines gemeinsamen Urteils verhindert wird.

Die Unzulänglichkeit von Gesetz, Gewohnheit und gemeinsamer Rechtsüberzeugung ist auch für die Gegenwart zu beobachten und für die Zukunft zu vermuten. Ja, in der Gegenwart haben gewisse Probleme, die im weiteren Sinne zu den Lücken gerechnet werden[16] und jedenfalls die freiere Stellung des Richters fordern, die unsere Methode gewährt, eine gegen früher gesteigerte Verbreitung erlangt. Es sind dies die Probleme der zeitlichen Anpassung. Sie ergeben sich aus der Notwendigkeit, die vor der Machtübernahme erlassenen Gesetze den neuen Gemeinschaftsidealen anzupassen.[17]

10. Durch die Fortdauer der beiden Einsichten ergibt sich die Fortdauer des alten Problems der richterlichen Rechtsgewin|15|nung. Wiederum sind nur die vier oben (S. 10) hervorgehobenen Verhaltungsmöglichkeiten, die vier Denktypen gegeben. Eine ganz neue fünfte Möglichkeit ist ebensowenig vorstellbar wie früher. Sie ist auch von keiner Seite gesehen worden. Der neue Denktyp von *Carl Schmitt* bringt keine fünfte Möglichkeit, sondern für unsere alte Lösung eine neue Bezeichnung. Die drei früher abgelehnten Lösungen, der strenge Positivismus, die Inversionsmethode der technischen Begriffsjurisprudenz und die gesetzesfreie Rechtsfindung, sind heute und für die Zukunft ebensowenig lebensrichtig wie früher. Deshalb bleibt auch für die Rechtsfindung des Nationalsozialismus schlechterdings kein anderes Verfahren, als unsere gesetzestreue Zweck- und Interessenjurisprudenz. Sie ist geeignet, die neuen Ziele zu fördern und zugleich die einzige Methode, welche durch den Aufbau auf der Alltagsübung gemeinverständliche Entscheidungen ergibt.

Leitsätze

1. Einen zweiten Beweis für die Dauer unserer Methode ergibt das Verhalten des nationalsozialistischen Staates.

Der Nationalsozialismus ist nicht von der Illusion ausgegangen, daß Weltanschauung und Volksüberzeugung ein lückenloses Normensystem ergeben haben. Unter einer solchen Voraussetzung hätte für die Rechtserneuerung die Anweisung an den Richter genügt, die Entscheidung in allen Fällen diesem Normensystem zu entnehmen. Unser Staat hat diese Anweisung nicht erlassen, sondern mit Recht den mühevolleren Weg gewählt, seine Ideale durch sorgfältig ausgearbeitete Einzelgesetze, durch ständige Verlautbarung seiner Gedankenwelt und durch Anweisungen für die richterliche Fallentscheidung zu verwirklichen. Aus der Gesamtheit seines Verhaltens ergeben sich Forderungen an den Richter, die den Leitsätzen unserer Methode entsprechen.

Wir können fünf Leitsätze unterscheiden: 1. die Bindung des |16| Richters an das Gesetz, 2. die Zweckauslegung, 3. die historische

Auslegung, 4. die Lückenergänzung durch Richternorm und 5. die Konfliktschau.

2. Die Bindung des Richters an das Gesetz ist von unserer Methodenlehre im Gegensatze zu der Freirechtslehre vertreten worden, wenn auch mit gewissen Grenzen.[18] Die Bindung wird durch die Autonomie der Rechtsgemeinschaft gefordert. Sie ist unentbehrlich, weil sonst die Gemeinschaft auf die Verwirklichung ihrer Ideale sich nicht verlassen könnte. Deshalb muß der Richter einem neuen Gesetze gehorchen. Er darf es nicht ablehnen und durch Ungehorsam vereiteln. Die maßgebenden Gemeinschaftsziele werden aber nicht vereitelt, wenn ein Gebotsfehler vorliegt, die Verhältnisse oder die Ideale der Gemeinschaft sich geändert haben. In solchen Fällen darf und muß der Richter von dem ursprünglichen Gesetzesinhalte abweichen, namentlich die Gesetzeswirkung den neuen Lebensidealen anpassen.

Diese Grundsätze sind auch im nationalsozialistischen Staate anwendbar und auch anerkannt.[19] Sie ergeben eine verschiedene Stellung des Richters zu den neuen Gesetzen des nationalsozialistischen Staates und zu den aus einer früheren Zeit stammenden. Die neuen Gesetze sind durchzuführen, auch wenn der Richter nach seiner persönlichen Überzeugung anders entscheiden würde. Auch das frühere Recht ist als Ganzes noch immer in Geltung. Eine totale Aufhebung hätte eine weitgehende Rechtsunsicherheit zur Folge gehabt. Sie ist nicht erfolgt. Die Rechtserneuerung ist von unserem Staate auch durch Novellengesetze durchgeführt worden, z. B. durch Änderung des § 2 des StGB. Jedes ändernde Gesetz erklärt zugleich, daß die nicht betroffenen Teile als Gesetz bestehen bleiben. Diese Fortdauer alter Gesetze ergibt sich auch aus den Erklärungen des Führers. Aber die Fortdauer bedeutet nur, daß die früheren Gesetze für den Richter als ein Element seiner Normgewinnung in Betracht kommen. Sie schließt nicht aus, daß der Richter im |17| Endergebnis von der alten Vorschrift abweicht, wenn sie mit neuen Gesetzen oder anerkannten Gemeinschaftszielen in Widerspruch treten würde.

3. Die Zweckdeutung, die Auslegung des Gesetzes nach dem Gesetzeszwecke, hat der ganzen Zweckjurisprudenz, der wir angehören, den Namen gegeben. Die Zweckauslegung bildet den Gegensatz zu der Beschränkung der Willensfrage auf die Inhaltsvorstellungen des Gesetzgebers, wie sie der strenge Positivismus forderte. Im Vergleiche zu der Inhaltsdeutung ist sie eine vertiefte Deutung.

Sie sucht nach Motiven und den Veranlassungen. Der Gegensatz findet sich schon im Alltag. Auf dem Gebiete der freien Interessenwahrung gilt nur die vertiefte Deutung als lebensrichtig.[20] Die Übertragung dieser Einsicht auf die richterliche Arbeit ergibt unsere Methode.

Der nationalsozialistische Staat hat die Zweckdeutung gesetzlich vorgeschrieben. Nach § 56 des Reichserbhofgesetzes vom 29. September 1933 hat der Richter bei Zweifeln so zu entscheiden, wie es dem »Zwecke des Gesetzes« entspricht.[21] Die Vorschrift erklärt sich nicht aus dem besonderen Inhalt des Erbhofgesetzes, sondern muß als Ausdruck eines allgemeinen Grundsatzes auch bei anderen Gesetzen Anwendung finden. Die Zweckauslegung ist heute gesetzliche Auslegungsregel.

4. Ein weiteres Element unserer Lehre ist die Zerlegung der Gesetzesauslegung im weiteren Sinne in zwei Teilakte, in die Feststellung des geschichtlichen Inhalts durch die *historische Interessenforschung* und in die etwaige Anpassung dieses Inhalts an die zur Zeit der Anwendung bestehende Ordnung, die *emotionale Fortbildung*.[22] Beide Aufgaben sind im nationalsozialistischen Staate von besonderer Bedeutung. Auf die zweite habe ich schon hingewiesen. Dagegen ist auf die historische Interessenforschung noch etwas einzugehen.

Die historische Forschung gestaltet sich bei den neuen Gesetzen aus zwei Gründen ergiebiger. Einmal deshalb, weil die Einheit der Ziele, die Geschlossenheit des legislativen Denkens, |18| in höherem Grade vorhanden ist als in den Zeiten der Parteikämpfe. Zweitens deshalb, weil in den Erklärungen des Führers, der Partei, und auch in gesetzlichen Erklärungen uns Hilfsmittel gegeben sind, welche die Motive der Gesetzesentstehung klarer erkennen lassen als früher.

Der nationalsozialistische Staat hat die Berechtigung der Frage nach den geschichtlich maßgebenden Absichten des Gesetzgebers, der historischen Interessenforschung, nicht durch eine ausdrückliche Anordnung beantwortet, wohl aber durch schlüssiges Verhalten mit voller Bestimmtheit bejaht. Kein anderer Staat hat sich in dem gleichen Umfange bemüht, die maßgebenden Gründe für den Inhalt seiner Gesetze der Allgemeinheit so klarzulegen und verständlich zu machen, wie unser Staat. Ein einzigartig eindrucksvolles Beispiel dieser geschichtlichen Begründung bietet der Aufruf »An das Deutsche Volk«, der das Gesetz über den Aufbau der

Wehrmacht vom 16. März 1935 einleitet. Aber auch andere Gesetze enthalten Einleitungen mit sachlicher und geschichtlicher Begründung (Präambeln, Vorsprüche). Dieses Verhalten ist nur verständlich, wenn die Benutzung dieser Hilfsmittel bei der Auslegung des Gesetzes vorausgesetzt wird. Eine Beschränkung der Auslegung auf den objektiven Sinn der Gesetzesworte unter Nichtbeachtung der Entstehungsgeschichte, wie sie früher vertreten wurde und schon früher unrichtig war, ist mit dem Verhalten des nationalsozialistischen Staates erst recht nicht vereinbar.

5. Ein alter[23] Leitsatz unserer Lehre ist die Ergänzung von Gesetzeslücken durch richterliche Normschöpfung nach Maßgabe der gesetzlichen Werturteile, also im Dienste der Gemeinschaftsideale. Dieser Leitsatz bildet die entschiedenste Abkehr von dem Positivismus und ermöglicht vor allem eine lebensrichtige Handhabung der Analogie. Nach seiner Anerkennung in Art. 1 des Schweizer CBG. ist er auch bei uns allmählich durchgedrungen und in dem oben (S. 6) erwähnten Urteile der Vereinigten Strafsenate vom 2. Mai 1934 anerkannt worden. Nur |19| ein wichtiges Gebiet war ihm entzogen: das Analogieverbot des § 2 StGB. stand ihm entgegen. Der nationalsozialistische Staat hat auch diese letzte Burg des Positivismus gebrochen und das Analogieverbot durch das Gesetz zur Änderung des Strafgesetzbuchs vom 28. Juli 1935 beseitigt. Der Schluß auf das Zivilrecht ist zwingend, zumal die Lückenergänzung schon im preußischen Erbhofgesetz vom 15. Mai 1933 ausdrückliche Anerkennung gefunden hatte.[24]

Die alte Formel erhält heute einen bestimmteren Inhalt. Der Gesetzgeber der Gegenwart sucht ganz bestimmte Ziele zu verwirklichen. Deshalb ist auch derjenige Gesetzgeber, in dessen Wollen sich der Richter hineinzuversetzen hat, nicht ein beliebiger Gesetzgeber, sondern ein nationalsozialistischer. Es ist die Zielwelt des Nationalsozialismus, der unser Richter zu dienen hat. Für die Erkenntnis dieser Ziele sind Führerworte und Parteierklärungen maßgebend. Der Richter ist bei der Feststellung der Gemeinschaftsziele nicht auf das Gesetz beschränkt, sondern dazu berufen, sich sein Bild von den Gemeinschaftszielen auf breiterer Grundlage aufzubauen. Man muß daher sagen, er hat die Lücken nach Maßgabe der nationalsozialistischen Gedankenwelt auszufüllen.

6. Als fünften Leitsatz habe ich die Konfliktschau bezeichnet.[25] Diese Lehre ist besonders oft mißverstanden und abgelehnt wor-

den und doch handelt es sich auch hier um eine sehr elementare Einsicht, im Grunde um eine Erläuterung des Begriffs »Zweckdeutung«. Die Alltagserfahrung zeigt, daß jeder, der gewisse Interessen wahrt, dies in der Regel nur tun kann, wenn er andere Interessen zurückstellt. Man spricht auch im Alltag von Interessenkonflikten. Diese Notwendigkeit ergibt sich auch für den Gesetzgeber. Die Befriedigung des treibenden und obsiegenden Interesses erscheint der nachträglichen Beobachtung als der Zweck der Handlung, des Gebots, des Gesetzes. Aber auch die zurückgestellten Interessen pflegen wirksam zu werden, in der Begrenzung des Gebots, in Ausnahmen und Beschränkungen.

|20| Die Worte »Zweckdeutung«, »teleologische Auslegung« können nun in dem Sinne verstanden werden, daß der Ausleger in dem Zweck nur das siegende Interesse zu beachten hat und die unterlegenen Interessen nicht. Man kann dieses Verfahren, für das manche Forscher eintreten, als die »reine« oder, noch richtiger, als die »verengte« Zweckdeutung bezeichnen. Dieser Möglichkeit gegenüber vertrete ich die Notwendigkeit, nicht nur nach dem siegenden Interesse zu fragen, sondern nach der Gesamtheit der an dem Konflikt beteiligten Interessen. Das ist meine Forderung der Konfliktschau. Man könnte auch sagen, der »vollen Motivdeutung« oder der »Interessendeutung«. Nicht die Ausnahmelosigkeit des Konfliktvorkommens oder die Schwere des Konfliktfalls ist das Wesentliche, sondern das Gebot der Nachfrage. Der Richter soll nach den Interessen fragen, aber natürlich nur diejenigen berücksichtigen, die er findet.[25a]

Auch diese Forderung ergibt sich mit derselben Gewißheit aus der Erfahrung des Alltags, wie die anderen Elemente unserer Lehre. Es gilt als feststehend, daß ein Vertreter den Interessen des Gebotsstellers um so erfolgreicher dienen kann, je mehr er sich in die gesamte Gedanken- und Interessenwelt seines Herrn hineinversetzt, also über die Erkenntnis der treibenden Interessen hinausgeht. Zu dem »Zweck« der Alltagsdeutung gehören auch die Gegeninteressen. Die Anweisung, mit einem bestimmten Geldkapital Kunstwerke zu erwerben, zeigt als treibendes Interesse, als Zweck, die Befriedigung der Kunstliebe. Aber der Vertreter wird gar nicht daran denken, nur dieses Interesse zu beachten, von dem Geldaufwande vollständig abzusehen und jedes erlangbare Kunstwerk ohne Rücksicht auf den Preis zu erwerben, sondern er wird sich bemühen, im Sinne seines Auftraggebers Kunstwert und Aufwand gegeneinander abzuwägen. Die reine Zweckdeutung im obigen Sinne ist dem Leben völlig fremd. Die Zweckdeutung des Alltags ist immer Gesamtdeutung, Interessendeutung, Konfliktschau, wie ich sie von dem Richter fordere.

|21| Die beengte Zweckdeutung ist für die Gesetzesauslegung ebensowenig brauchbar, wie im Alltag. Das kann ich aus vielfacher Erfahrung bezeugen und ist auch von anderen beobachtet worden.[26]

Auch der oben erwähnte § 56 des Reichserbhofgesetzes gebraucht das Wort »Zweck« im Alltagssinne und schreibt daher nicht die engere Zweckdeutung vor, sondern die Gesamtdeutung und deshalb meine Konfliktschau.

7. Die vorstehenden Ausführungen zeigen, daß der nationalsozialistische Staat dieselben Leitsätze aufgestellt hat, die wir vertreten. In dieser Übereinstimmung sehe ich nicht etwa einen Beweis für den Einfluß unserer Methodenlehre. Die Übereinstimmung erklärt sich schon durch das Methodendilemma (oben S. 11). Der Nationalsozialismus hat die technische Begriffsjurisprudenz von vornherein abgelehnt. Dieser Stichentscheid ergab ohne weiteres unsere Leitsätze.

|26| II. Gegenmeinungen

[...]

Der neue Denktyp von C. Schmitt

1. Die Verwendbarkeit unserer Methode für die Rechtserneuerung wird durch die neuen[27] methodischen Arbeiten *C. Schmitts* nicht in Zweifel gestellt, sondern im Gegenteil bestätigt.

C. Schmitt fordert eine tiefgehende Reform des juristischen Denkens. Er verlangt für den nationalsozialistischen Staat einen ganz neuen Denktyp, den er als »konkretes Ordnungs- und Gestaltungsdenken« bezeichnet. Sein Reformprogramm wird in |27| einer besonderen Schrift[28] und außerdem in zwei kürzeren Aufsätzen[29] vertreten.

Die Methodenlehre *Schmitts* ist für den Gegenstand dieser Untersuchung von besonderer Bedeutung. Denn *Schmitt* verspricht jene neue, dritte Methode, die allein für den Nationalsozialismus geeignet sein soll und die deshalb unsere Lehre verdrängen würde. Diese Bedeutung wird noch gesteigert durch das Ansehen, das *C. Schmitt* als Forscher genießt, und durch den großen Anklang, den seine Lehre bereits gefunden hat.

2. *Schmitt* geht in seiner Schrift von der Annahme aus, daß jeder Jurist, der seiner Arbeit einen Begriff vom Recht zugrunde legt, dieses Recht »entweder als eine *Regel* oder als eine *Entscheidung* oder als eine *konkrete Ordnung und Gestaltung*« auffaßt. Gewiß arbeitet das juristische Denken »sowohl mit Regeln wie mit Entscheidungen, wie mit Ordnungen und Gestaltungen«[30]. Aber die letztlich rechtswissenschaftlich gefaßte Vorstellung, aus der alle anderen juristisch abgeleitet werden, ist immer nur eins: entweder eine Norm (im Sinne von Regel und Gesetz), oder eine Dezision, oder eine konkrete Ordnung. Deshalb unterscheiden sich im juristischen Denken »die drei Arten des *Regel- und Gesetzes-, des Entscheidungs- und des konkreten Ordnungs- und Gestaltungsdenkens*«.[31] Das Entscheidungsdenken wird auch als »Dezisionismus«, das Regeldenken als »Normativismus« bezeichnet.

Auf diesen Leitsatz folgen eine nähere Erläuterung der drei Denktypen und eine Übersicht über ihr Auftreten in der Dogmengeschichte. Am Schluß werden dann die drei Denktypen mit drei Staatstypen in kausalen Zusammenhang gebracht, das Entscheidungsdenken mit dem absoluten Staate, das normative Denken mit dem Dualismus zwischen Staat und Gesellschaft der Folgezeit, und das konkrete Ordnungsdenken mit dem nationalsozialistischen Staate der Gegenwart.[32]

Die vorstehenden Angaben sind aus einer anderen Veröffentlichung[33] dahin zu ergänzen, daß die Bindung des Richters an |28| das Gesetz mit vollem Nachdruck festgehalten wird. Deshalb ist nicht jeder Gebotsgehorsam ein Normativismus im Sinne *Schmitts* und sein Ordnungsdenken ist bei dem Richter mit Gesetzesgehorsam vereinbar.

Die Lehre von den drei Denktypen wird für das ganze Rechtsgebiet aufgestellt und für alle Denkveranlassungen, für Gebotsbildung und Gebotsanwendung. Unsere Nachprüfung soll sich auf die Verifizierung an der richterlichen Fallentscheidung beschränken, die auch bei *Schmitt* im Mittelpunkt steht.[34]

3. Die Lehre *Schmitts* machte auf mich zuerst den Eindruck einer vollständigen und etwas befremdenden Neuentdeckung. Sie schien meine eigenen alten und bewährten Beobachtungen umzustoßen. An die Stelle der vier Denktypen (oben S. 10) soll eine Dreizahl treten. Von meinen Typen ließ sich nur der strenge Positivismus ohne weiteres in dem Normativismus *Schmitts* wiederfinden.

Denn bei dem erwähnten Denktyp bleibt der Richter bei dem Inhalte des Gebotes als letzter Grundlage stehen, ohne nach dem Grunde (Begriff oder Zweck) zu fragen. Die beiden anderen Denktypen, der Dezisionismus und das »konkrete Ordnungs- und Gestaltungsdenken«, wirkten als »neu«. Dafür schienen von meinen Typen die »Begriffsjurisprudenz« und die beiden Formen des Zweckdenkens zu fehlen.

4. Dieser erste Eindruck änderte sich durch die Nachprüfung. Allerdings die ganze Dreigliederung ließ sich nicht feststellen. Ein besonderes Entscheidungsdenken, das nicht als Gebot wirkt, und doch als letzte Grundlage der richterlichen Fallentscheidung, konnte ich nicht auffinden.[35] Aber die beiden anderen Denktypen *Schmitts* erwiesen sich als alte Bekannte. Sie entsprechen den beiden Hauptgruppen unserer Beobachtungen (oben S. 11). Der Normativismus umschließt den Positivismus im strengen Sinn und die Begriffsjurisprudenz. Das konkrete Ordnungsdenken entspricht unserem Zweckdenken, der teleologischen Methode. Auch C. *Schmitt* hat also das alte Methodendilemma gesehen und dieselbe Stichwahl getroffen |29| wie unsere Methode und der nationalsozialistische Staat (oben S. 21).

5. Die Verifizierung des Normativismus bietet keine Bedenken. Demjenigen Regeldenken, das in der Schrift begrifflich bestimmt wird, entspricht allerdings nur der strenge Positivismus und nicht das Denken der technischen Begriffsjurisprudenz. Denn für den Begriffsjuristen sind letzte Grundlage nicht die Normen, sondern die kausalen Allgemeinbegriffe. Aber in dem Aufsatze gibt *Schmitt* seinem Kennworte einen umfassenderen Inhalt.[36] Auch alle Folgerungen aus allgemeinen Begriffen werden in den Normativismus einbezogen. Deshalb entspricht dieser zweite Denktyp *Schmitts* dem Positivismus i. w. S. (oben S. 11, N. 5), also demjenigen Denken, gegen das wir in erster Linie ankämpfen.

6. Die Verifizierung des konkreten Ordnungsdenkens bedarf näherer Begründung. *Schmitt* bekundet die Überzeugung, einen neuen Denktyp zu vertreten. Auch im Schrifttume ist die Neuheit m. W. nicht beanstandet worden. Auch wird diesem Typ, wenigstens zum Teil, ein anderer Inhalt beigelegt, als der unseres Zweckdenkens ist. Er wird auf die engeren Gemeinschaften bezogen. *Engisch* deutet z. B. die Schrift *Schmitts* dahin, daß *Schmitt* in ihr »die Hierarchie konkreter Ordnungen« »wieder entdeckt« habe.[37] Deshalb bedarf es zunächst der Feststellung, auf welche Ordnung

das Ordnungsdenken *Schmitts* zu beziehen ist.

7. In der Tat zeigt die Schrift *Schmitts* auf den ersten Blick eine gewisse Unklarheit, die auf zwei Umständen beruht, auf einem täuschenden Gleichklange der beiden Wortverbindungen »konkrete Rechtsordnung« und »konkrete Ordnung« und auf einer einseitigen Wahl der Beispiele. Bei der Wortverbindung »konkrete Rechtsordnung« denken wir an den Gegensatz zu der hypothetischen Rechtsordnung, zu dem Inbegriffe der abstrakten Normen und Begriffe, zu dem Inhalte der Gesetze vor ihrer Anwendung. Dann ist die konkrete Rechtsordnung die Gesamt|30|heit der rechtlich geordneten Lebensverhältnisse, das »Leben unter der Herrschaft des Rechts«.[38] Bei der Wortverbindung »konkrete Ordnung« können wir entweder auch an diese Rechtsordnung denken oder aber an den Gegensatz zu der allgemeinen die ganze Volksgemeinschaft umschließenden Ordnung. In dieser zweiten Bedeutung ist konkrete Ordnung gleich der Ordnung eines engeren Lebenskreises, eines Personenverbandes, einer engeren Gemeinschaft, also etwa gleichbedeutend mit Sonderordnung.[39]

Schmitt ist bei seiner theoretischen Begründung (S. 12, 13) von der konkreten Rechtsordnung, dem Leben der ganzen Volksgemeinschaft, ausgegangen. Er hat aber seine Belege für das konkrete Ordnungsdenken nur aus dem Kreise der engeren Gemeinschaften entnommen. Er nennt auf S. 20 als konkrete Ordnungen »das Zusammenleben der Ehegatten in einer Ehe, der Familienmitglieder in einer Familie, der Sippengenossen in einem Sippenverband, der Standesgenossen in einem Stand, der Beamten eines Staates, der Geistlichen einer Kirche, der Kameraden eines Arbeitslagers, der Soldaten eines Heeres«. Dadurch entsteht der Schein, als ob der neue Denktyp sich auf engere Gemeinschaften beziehen müsse. Dieser Schein verschwindet bei näherer Nachprüfung. Der Denktyp *Schmitts* ist, wenn man genau formuliert, ein Rechtsordnungsdenken und nicht ein Sonderordnungsdenken. Er umfaßt die allgemeine Volksgemeinschaft und nicht nur die engeren Gemeinschaften. Er ist allgemeine Lebensbeachtung und nicht nur Beachtung gewisser Teile. Diese Auslegung ergibt sich durch zwingende Erwägungen, von denen ich zwei anführen will:

8. Die Dreigliederung *Schmitts* ist eine ausschließliche und das Ordnungsdenken der allein zulässige Denktyp. Normativismus und Dezisionismus sind überall ausgeschlossen. Nun gibt es zahllose Rechtsprobleme, die sich nicht auf engere Gemeinschaften be-

ziehen, sondern auf die allgemeine Volksgemeinschaft und ihre Mitglieder. Wir finden sie namentlich im Zivil-, |31| Straf- und Prozeßrecht. Wenn man das Ordnungsdenken auf die engeren Gemeinschaften beschränken wollte, so würde für die genannten Probleme überhaupt kein Denktyp übrigbleiben. Sie würden in einem Vakuum stehen und dem Juristen entzogen sein. Es ist klar, daß *Schmitt* keine so sinnlose Methodenlehre vertreten wollte.

9. Der neue Denktyp wird nicht nur in der Schrift gefordert, sondern ebenso in dem Aufsatz, aber diesmal ohne Beschränkung auf die engeren Gemeinschaften. Einen Beleg ergibt die Stellungnahme *Schmitts* zu dem (oben S. 7) erwähnten Urteil der Vereinigten Strafsenate vom 2. Mai 1934, das die Zulässigkeit alternativer Feststellung im Strafprozeß im Wege richterlicher Lückenergänzung bejaht hatte. *Schmitt* feiert das Urteil mit Nachdruck als eine berechtigte Ablehnung des abstrakten Normativismus und als Zeugnis für richtiges Denken. Aber das vom RG. gelöste Problem betrifft nur die Ordnung der allgemeinen Volksgemeinschaft. Es fehlt jede Beziehung auf das Leben einer engeren Gemeinschaft. Deshalb ist es das allgemeine Ordnungsdenken, für das *Schmitt* eintritt.[40]

10. Dieses allgemeine Ordnungsdenken ist nun in der Sache gar nichts anderes als das gesetzestreue Zweckdenken, die Lebensbeachtung, die von der ganzen teleologischen Richtung und ganz besonders von unserer Methode gefordert wird. Die Identität ist eine vollständige. Der Unterschied liegt nur in der Bezeichnung. *C. Schmitt* sieht das logische Bild und entlehnt ihm seine Merkmale. Wir haben unsere Merkmale der Lebenswirkung entnommen und reden von Zweck und Interesse, weil sich unsere Methode durch ihre Lebenswirkung rechtfertigt. Die Änderung der logischen Kategorien ist nur eine Begleiterscheinung und nur graduell vorhanden.[41] Im übrigen haben wir diese logischen Änderungen nicht übersehen, sondern gelegentlich in Worten hervorgehoben, die an die Begriffsbestimmung *C. Schmitts* anklingen. So kennzeichne ich z. B. unser Denken mit folgenden Worten: »Von der Anschauung des *konkreten,* |32| wirklichen Lebens geht die Gebotsbildung aus, um schließlich durch die Fallentscheidung das *konkrete* Leben umzugestalten«.[42] Wenn man diesen Worten das Kennwort *Schmitts* »konkretes Ordnungs- und Gestaltungsdenken« gegenüberstellt, dann tritt auch in den Worten eine gewisse Übereinstimmung hervor.[43]

11. Zu demselben Ergebnis wie die Begriffsanalyse führen die Angaben *Schmitts* über die Geschichte der juristischen Methode in Deutschland und über den gegenwärtigen Stand des Methodenstreits. *Schmitt* verlegt in diejenige Zeit, die wir als die Zeit der Begriffsjurisprudenz kennen, die Herrschaft seines Normativismus, und er begrüßt als gegenwärtige Kämpfer für seinen Denktyp zwar nicht die ganze teleologische Richtung, geschweige denn unsere Methode, dafür aber die Verteidiger der Generalklauseln und ihrer Ausdehnung (S. 58, 59), die doch ganz dasselbe Zweckdenken fordern wie wir.[44]

12. Aus der Übereinstimmung der Denktypen ergibt sich, daß das Programm der Methodenreform, das *Schmitt* aufstellt, mit unserem Programm übereinstimmt. Auch *Schmitt* fordert daher in der Sache die Methode der Interessenjurisprudenz für die Rechtserneuerung des Nationalsozialismus. Das ist ein für den Gegenstand dieser Untersuchung wichtiges Ergebnis. Angesichts dieser Übereinstimmung brauche ich auf Meinungsverschiedenheiten, die zwischen *Schmitt* und mir sonst bestehen, nicht einzugehen. Mit einer Ausnahme: *Schmitt* ist der Ansicht, daß seine drei Denktypen mit drei verschiedenen Staatstypen zusammenhängen (vgl. oben S. 28, N. 4). Dieser Zusammenhang besteht nach meiner Überzeugung nicht. Namentlich paßt unsere Methode für sehr verschiedene Staatstypen. Sie ist nicht erst durch die Herrschaft des nationalsozialistischen Staates richtig geworden, sondern sie ist schon früher richtig und der einzige Weg zu volksnaher Rechtsprechung gewesen.[45]

13. *Schmitt* hat die Identität seines Ordnungsdenkens mit dem Zweckdenken nicht erkannt und seinen Denktyp für etwas |33| Neues gehalten. Vielleicht deshalb, weil er mit dem bisherigen Methodenstreite nicht genügend vertraut war. In seiner Schrift (S. 58 ff.) wird von den teleologischen Bestrebungen nur die Verwertung der Generalklauseln angeführt, die »seit mehr als einem Jahre« »das eigentliche Thema der juristischen Erörterung« bilde. Daß der Methodenstreit viel älter ist, erfährt der Leser nicht. Unsere Methode wird überhaupt nicht erwähnt. In den beiden Aufsätzen wird sie mit Anerkennung als Gegnerin des Normativismus genannt, aber zugleich in einer Weise gekennzeichnet, welche Mangel an Vertrautheit beweist. *Schmitt*[46] schreibt uns das Bestreben zu: »die alte normativistische Methode zu korrigieren, sie elastischer zu machen, um sie dadurch womöglich zu retten und sie

noch eine Zeitlang am Leben zu erhalten«, während er selbst für »einen neuen Typus des deutschen Juristen« kämpfe. Diese Unterscheidung ist vollkommen unberechtigt. *Schmitt* hat gewiß Recht, wenn er einen neuen Denktyp, eine völlige Umwandlung des rechtswissenschaftlichen Denkens, fordert und erwartet. Aber wir tun das gleiche, und zwar auf Grund langer Erfahrung. Oft genug habe ich beobachtet, daß ein früherer Begriffsjurist, der sich in unsere Methode wirklich eingearbeitet hatte, die Umwandlung ebenso stark empfand, wie dies *Schmitt* empfunden hat. Die Größe der Tragweite habe ich immer betont. In meinem Schuldrecht[47] vergleiche ich die Einwirkung der Methodenänderung auf die praktische Rechtswissenschaft mit derjenigen Wirkung, welche die Lehre des Kopernikus auf das astronomische Weltbild geübt hat. Das tertium comparationis sehe ich in der Umstellung auf einen neuen Mittelpunkt. Nach der alten Methode standen im Mittelpunkt der Forschung die abstrakten Allgemeinbegriffe. Nach unserer Methode steht im Mittelpunkt das Leben. Dieser Vergleich paßt auch auf die Umstellung *Schmitts*, auf den Ersatz des abstrakten Normativismus durch das konkrete Ordnungsdenken. Er paßt deshalb, weil wir in Wirklichkeit beide ganz dasselbe wollen, ganz dieselbe Umstellung. Die Meinung |34| *Schmitts*, daß wir die alte Methode nur verbessern wollen, um sie möglichst lange zu erhalten, ist nicht richtig. Auch wir erstreben einen neuen Denktyp, und zwar den gleichen wie *Schmitt*.

[...]

Anmerkungen.

1 [S. 6] RGEStr. 68 S. 257ff. JW. 1934 S. 2049 mit Anmerkung von *Schaffstein.*

2 [S. 6] Eine einigermaßen vollständige Stellungnahme zu den sehr zahlreichen allgemeinen Wünschen nach einer neuen Rechtsprechung verbietet sich schon durch Raumrücksichten. Die Berücksichtigung soll außer auf die in Anm. 3, 5 und 8 genannten Schriften auf die nachfolgenden eingehenderen Darstellungen beschränkt werden: 1. C. *Schmitt*, Über die drei Arten des juristischen Denkens, 1934; 2. *Heinz Hildebrand*, Rechtsfindung im nationalsozialistischen Staate, 1935; 3. *Carl Hermann Schmitt*, Treu und Glauben im Verwaltungsrecht, zugleich ein Beitrag zur juristischen Methodenlehre, 1935; 4. *Hans Fran-*

zen, Gesetz und Richter, eine Abgrenzung nach den Grundsätzen des nationalsozialistischen Staates, 1935.

3 [S. 6] *Heinrich Stoll,* Juristische Methode, praktische Grundforderungen der Interessenjurisprudenz und ihre Bedeutung in unserer Zeit, 1934, insbes. S. 29; ebenso *Gustav Schmelzeisen,* Die Überwindung der Starrheit im neuzeitlichen Rechtsdenken, 1933 und sonst. Bei *Hildebrand* scheint eine ziemlich vollkommene Übereinstimmung vorzuliegen, bei *C. Hermann Schmitt* eine weitgehende, nämlich hinsichtlich der Normen seiner Ordnungssphäre. Auch *Volkmar* meint mit der dynamischen Rechtsauffassung, für die er eintritt, unsere Methode. Vgl. »Das dynamische Element bei der Neubildung des deutschen Rechts«, Ztschr. der Akademie 2, S. 472, S. 473 das. und »Hat die Unterscheidung von statischer und dynamischer Rechtsauffassung im nationalsozialistischen Staat noch eine Bedeutung?« a. a. O. S. 691, 692 (Schlußsatz). Vgl. über die Identität auch meine »Begriffsbildung« S. 221 b und Ziv. Arch. 124, S. 68 (1925).

4 [S. 6] Vgl. über diese sehr verbreitete Erscheinung unten S. 11 Nr. 5 und S. 21 Nr. 7.

5 [S. 7] *Julius Binder,* Bemerkungen zum Methodenstreite in der Privatrechtswissenschaft, Ztschr. f. d. ges. Handelsrecht Bd. 100 S. 4-38 (1934). *Karl Larenz,* Rechts- und Staatsphilosophie der Gegenwart, 2. Aufl. 1935, S. 20ff. *Wolfgang Siebert,* Vom Wesen des Rechtsmißbrauchs, über die konkrete Gestaltung der Rechte, in »Grundfragen« 1935, S. 200ff. *Derselbe,* »Subjektives Recht, konkrete Berechtigung, Pflichtenordnung«, Ztschr. S. 23ff., 25 Nr. 4. *Ernst Forsthoff,* Zur Rechtfindungslehre im 19. Jahrhundert, Ztschr. f. d. ges. Staatswissenschaften 96, S. 491ff. (1935), *Franzen* in der Anm. 2 genannten Schrift, vgl. im Texte § 4.

6 [S. 7] Vgl. § 5.

7 [S. 7] Vgl. § 6.

8 [S. 7] *Karl Larenz,* Deutsche Rechtserneuerung und Rechtsphilosophie, in »Recht und Staat« Nr. 109 (1934) und namentlich in seiner Rechtsphilosophie S. 168ff. oben Anm. 5.

9 [S. 9] Interessenjurisprudenz S. 19, 20, zuletzt Ziv. Arch. I S. 140ff.

10 [S. 10] Vgl. schon die Zusammenstellung, Rechtsgewinnung, S. 7ff.

11 [S. 11] Diese Begründung ist in meiner Arbeit über Gesetzesauslegung ganz folgerichtig durchgeführt. Vgl. S. 10, 16, 19, 49ff., 113, 138ff., 170, 202, 227, 240 Anm., 262, 280. In gleicher Weise verwerten wir für das Verständnis der Begriff- und Systembildung der praktischen Rechtswissenschaft die Erfahrungen des Alltags im Hinblick auf Darstellung und Ordnung. Vgl. Begriffsbildung S. 27 unten, S. 28 Anm. 1, S. 80 Anm. 2, S. 82 Anm. 2, S. 85 Anm. 2, S. 133 Anm. 1, S. 176 Anm. 3, S. 190 Nr. 3 und passim.

12 [S. 11] Gesetzesauslegung S. 7, 49, 50ff.

13 [S. 12] Vgl. über die Eigenwertung zuletzt Ziv. Arch. I S. 165ff. und Nachweisungen.
14 [S. 14] Vgl. Ziv. Arch. I S. 162 Anm. 75.
15 [S. 14] *Rümelin* in »Gesetz, Rechtsprechung und Volksbeteiligung auf dem Gebiete des Privatrechts«, Ziv. Arch. 122 S. 302ff.
16 [S. 14] Gesetzesauslegung S. 176, 79.
17 [S. 14] Vgl. § 3 Nr. 2 und Nr. 4.
18 [S. 16] Vgl. die nähere Ausführung in Gesetzesauslegung S. 224ff.
19 [S. 16] Eine besonders ausführliche Begründung gibt *Franzen* (oben Anm. 2 Nr. 4) S. 13ff. und S. 29ff.; ebenso *Hildebrandt*, S. 38ff.; *C. Hermann Schmitt*, S. 103 u. A.
20 [S. 17] Vgl. Gesetzesauslegung S. 50ff.
21 [S. 17] Der § 56 hat folgenden Wortlaut: »Entstehen bei Anwendung dieses Gesetzes Zweifel, so hat der Richter so zu entscheiden, wie es dem in den Eingangsworten dargelegten Zwecke des Gesetzes entspricht.«
22 [S. 17] Vgl. Gesetzesauslegung S. 59ff.
23 [S. 18] 1889, vgl. Ziv. Arch. I S. 142 Anm. 28.
24 [S. 19] § 63 Abs. 3. Das Gesetz selbst ist durch das Reichserbhofgesetz außer Kraft getreten. Aber die Ergänzungsvorschrift behält als Ausdruck einer nationalsozialistischen Auffassung dauernde Bedeutung.
25 [S. 19] Begriffsbildung S. 49ff.; Interessenjurisprudenz S. 12ff.; Ziv. Arch. I S. 180ff.
25a [S. 20] Selbstverständlich ist es ferner, daß der Richter nicht nur das Vorhandensein der Interessen, sondern auch die Art ihrer Beteiligung zu sehen hat. Er wird das treibende Interesse, den Endzweck herausheben.
26 [S. 21] Vgl. z. B. *Friedrich Schaffstein*, Zur Problematik der teleologischen Begriffsbildung im Strafrecht, 1934, S. 9ff.
27 [S. 26] Eine ältere Arbeit mit anderem Inhalte ist *Carl Schmitt*, »Gesetz und Urteil, eine Untersuchung zum Problem der Rechtspraxis«, 1912; vgl. dazu meine Gesetzesauslegung S. 251ff.
28 [S. 27] Über die drei Arten des rechtswissenschaftlichen Denkens, 1934.
29 [S. 27] »Nationalsozialistisches Rechtsdenken«, in: Deutsches Recht 1934, S. 225ff. (Aufsatz I); »Aufgabe und Notwendigkeit des deutschen Rechtsstandes« a.a.O. 1936, S. 181ff. (Aufsatz II); vgl. auch »Fünf Leitsätze für die Rechtspraxis«, a.a.O. 1933, S. 201ff. und »Der Weg des deutschen Juristen«, Deutsche Juristenzeitung 1934, S. 691ff.
30 [S. 27] Schrift S. 7, 8.
31 [S. 27] Die Hervorhebung findet sich schon im Texte.
32 [S. 27] Zusammenfassend Schrift S. 66.
33 [S. 27] Fünf Leitsätze, Deutsches Recht 1933, S. 201, Leitsatz Nr. 1. Der »Aufsatz« I würde, allein gelesen, zugunsten der freien Rechtsfindung sprechen.

34 [S. 28] DJZ. S. 662. Die Fallentscheidung wird bezeichnet als »Kernpunkt aller theoretischen und praktischen Belange des gesamten deutschen Juristenstandes«.

35 [S. 28] Auf dem Dezisionismus der Fallentscheidungen beziehen sich bei *Schmitt* nur die Ausführungen S. 29, die zweifellos irrig sind. Die ohne Namensnennung angeführte Rechtswissenschaft, welche aus der Erkenntnis der Interessenkonflikte den strengen Positivismus im Sinne einer Bindung an den Wortlaut ableitet, gibt es m. W. überhaupt nicht. Unsere Lehre hat andere Ergebnisse. Ferner hat sich der Begriff des Dezisionismus bei *Schmitt* verschoben. Das englische Case-law wird mit Recht ausgeschaltet (a.a.O. S. 33 f.).

36 [S. 29] Aufsatz I S. 225/26. Es ist eine »Gespensterwelt von Allgemeinbegriffen«, gegen die *Schmitt* kämpft. Der Schwung der Polemik erinnert an *E. Fuchs.*

37 [S. 29] »Die Einheit der Rechtsordnung«, 1935, S. 5. Ebenso *Hans Franzen,* Gesetz und Richter, eine Abgrenzung nach den Grundsätzen des nationalsozialistischen Staates, 1935. Anm. 1 S. 63. *Lange,* JW. 1934, S. 1896, findet bei *C. Schmitt* eine Parteinahme für freie Rechtsfindung.

38 [S. 30] Begriffsbildung S. 58 ff. und Grundlagen S. 147-49.

39 [S. 30] Zu den beiden im Texte besprochenen Bedeutungen von »konkreter Ordnung« ist noch eine dritte hinzuzufügen: Man kann auch an den Gegensatz der durch das Leben geforderten Ordnung zu der durch den Staat gebotenen denken. Dann wäre »konkrete Ordnung« gleichbedeutend mit »innerer Ordnung«, mit den Folgen aus der »Natur der Sache« der älteren Lehre, »aus der Interessenlage«, um unsere Terminologie zu gebrauchen. Daß diese Bedeutung bei *Schmitt* mitgewirkt hat, ist ziemlich sicher (a.a.O. S. 20). Diese Annahme würde im übrigen unsere Auffassung seines neuen Denktyps nur bestätigen. Vgl. Anm. 49 und 50a.

40 [S. 31] Die beiden Erwägungen des Textes würden eine weitere Stütze erhalten, wenn man die konkrete Ordnung *Schmitts* als »innere Ordnung« auffassen wollte (oben Anm. 48a). Es ist zweifellos richtig, daß bei den engeren Gemeinschaften innere Ordnungen erkennbar, Forderungen aus den jeweiligen Interessenlagen vorhanden sind und daß die abstrakte Regelung durch das Gesetz unzulänglich sein muß. Aber ebenso sicher ist es, daß die gleiche Beobachtung für alle anderen Lebensteile zutrifft. Die Unzulänglichkeit des abstrakten Gesetzes ist nicht auf die engeren Gemeinschaften beschränkt, sondern findet sich überall (vgl. oben S. 9, 10). *Schmitt* hat sie bei den engeren Gemeinschaften gesehen. Aber auf manchen Gebieten, z. B. dem des internationalen Privatrechts ist sie noch deutlicher. Ein Denktyp, der wegen dieser Unzulänglichkeit die Berücksichtigung der inneren Ordnung verlangt, kann nicht auf die engeren Gemeinschaften beschränkt wer-

den, sondern beansprucht allgemeine Anwendbarkeit.

41 [S. 31] Vgl. über die logische Seite und die logische Deutung des Methodenstreits Ziv. Arch. I S. 143 und 146ff.

42 [S. 32] Interessenjurisprudenz S. 27 Abs. 2. Vgl. auch Begriffsbildung S. 131 II, 1.

43 [S. 32] Die Identität wird besonders deutlich, wenn wir das Ordnungsdenken *Schmitts* auf die innere Ordnung (Anm. 48a) beziehen, also auf die Lebensforderungen und deshalb die Notwendigkeit des neuen Denkens auf die Unzulänglichkeit der abstrakten Gesetzesnorm zurückführen. Denn diese Einsichten sind ja gerade diejenigen, aus denen wir unsere Methode des Zweckdenkens folgern (vgl. oben S. 9 Nr. 3).

44 [S. 32] Vgl. über die Generalklauseln Ziv. Arch. II S. 317.

45 [S. 32] Auch für die übrigen Denktypen ist der Zusammenhang mit der Staatsform zu verneinen. Das Denken des Gesetzgebers läßt sich immer als Entscheidungsdenken auffassen, nicht nur bei den Gesetzen des absoluten Staates, sondern bei jeder Staatsform und auch bei den Gesetzen des nationalsozialistischen Staates. Und zugleich wird dieses Denken in der Regel ein Ordnungsdenken oder Zweckdenken sein. Das Merkmal des Zweckdenkens gilt für den nationalsozialistischen Staat, aber ebenso auch für die Gesetze anderer Staatsformen. Das Allgemeine Landrecht ist das Gesetz eines absoluten Staates. Aber dieser Gesetzgeber zeigt ein besonders ausgeprägtes Zweckdenken. Das Denken des Richters war teils normativistisch, teils Zweckdenken. Aber den Normativismus *Schmitts* (Positivismus i. w. S.) finden wir ebenso im absoluten Staate wie im konstitutionellen und im parlamentarischen.

46 [S. 33] Aufsatz I S. 228.

47 [S. 33] Grundriß des Schuldrechts, Anhang § 4 »Die Wichtigkeit der Methodenfrage«, S. 482.

Ernst Forsthoff
Die Umbildung des Verfassungsgesetzes

I.

|35| Die rechtsstaatliche Verfassung der Bundesrepublik befindet sich in einem Prozeß der Umbildung. Überblickt man den relativ kurzen Zeitraum der Geltung des Grundgesetzes, so wird man die außerordentlichen Veränderungen gewahr, die das Verfassungsrecht erfahren hat. Bemerkenswert ist daran, daß diese Veränderungen nur zu einem bescheidenen, relativ unwichtigen Teil durch Verfassungsänderungen herbeigeführt wurden. Die entscheidenden, die Substanz ergreifenden Veränderungen haben den Wortlaut des Grundgesetzes unberührt gelassen. Sie haben den Charakter von Verfassungswandlungen.

Unter ihnen wird man zu unterscheiden haben. Die Tatsache, daß das institutionelle Gefüge des Grundgesetzes als rechtsstaatlicher Verfassung dem 19. Jahrhundert entstammt und auf eine Wirklichkeit bezogen ist, die heute nicht mehr existiert, läßt es nicht zu, an der strengen Formtypik der rechtsstaatlichen Verfassung ausnahmslos festzuhalten. So ist das Gesetz in der rechtsstaatlichen Verfassung, wie sich für das Grundgesetz aus Art. 20, aber auch aus anderen Bestimmungen entnehmen läßt, als abstrakte, generelle Norm zu verstehen. Trotzdem wird man unter bestimmten Voraussetzungen dem Einzelfallgesetz oder auch dem Maßnahmengesetz die Gültigkeit nicht versagen können. Das Grundgesetz legt deshalb das Merkmal der Allgemeinheit zwingend nur für solche Gesetze fest, welche Grundrechte einschränken (Art. 19). Gesetze im Sinne des Rechtsstaats des 19. Jahrhunderts regeln die Modalitäten, unter denen die Verwaltung in Freiheit und Eigentum eingreifen darf. Art. 14 Abs. 3 GG sieht die Enteignung sowohl auf Grund eines Gesetzes wie durch Gesetz vor. Auch darin liegt eine Abweichung von der rechtsstaatlichen Formtypik. Das sind Zugeständnisse an die veränderte soziale Wirklichkeit, deren Logik evident ist. Von ihnen soll hier nicht gehandelt werden. Denn bei derartigen Adaptierungen wird die innere Logik der rechtsstaatlichen Verfassung zwar aus Gründen der Notwendigkeit beiseite gesetzt, aber nicht grundsätzlich geleugnet oder in Frage gestellt.

Gegenstand der folgenden Betrachtungen sind nur diejenigen Verfassungswandlungen – oder Interpretationen, die solche anzubahnen scheinen –, die bewußt oder unbewußt, aber erweislich, das Gefüge des Rechtsstaats |36| (jedenfalls das, was man bisher darunter verstanden hat) antasten und verändern.

Dabei ist vom Verfassungsgesetz auszugehen. Es gilt sich dessen zu erinnern, was es bedeutet, daß jedenfalls in den Bereichen, in denen die Verwirklichung des Rechtsstaates im Zeichen der Ideen von 1789 erfolgte, die Fixierung der freiheitlichen Staatsordnung in der Form eines Gesetzes ein wesentliches Element der Rechtsstaatlichkeit ausmachte. Denn erst die Unterstellung der Staatsordnung selbst unter den rechtsstaatlichen Gesetzesbegriff konnte die Gewähr der gesetzmäßigen Freiheit bieten, auf die es dem Rechtsstaat ankam.

Diese Funktion der in die Form des Gesetzes überführten Verfassung konnte und kann natürlich nur wirksam werden, wenn die *Gesetzesform der Verfassung* ernst genommen wird. Evidenz und Stabilität, welche die Verfassung mit der Gesetzesform gewinnt,[1] sind von spezifischer Art. Als Gesetz wird die Verfassung den für die Gesetze geltenden Regeln der Auslegung unterstellt. Damit wird die Verfassung in ihrem Sinne erweisbar und in ihrem Vollzug kontrollierbar. Ihre Stabilität ergibt sich, abgesehen von der Erschwerung der Abänderbarkeit, aus den Grenzen, welche der Gesetzesinterpretation durch ihren Gegenstand gezogen wird.

Die *Hermeneutik* war mit der Einführung der Gesetzesform für die Verfassung in der ersten Hälfte des 19. Jahrhunderts eine durchgebildete Rechtskunst von alter, keineswegs an den rechtsstaatlichen Gesetzesbegriff gebundener Tradition. Savigny hat ihre wesentlichen Regeln im ersten Bande seines Systems des heutigen römischen Rechts (S. 206ff.) klassisch dargestellt. Die Überführung der Verfassung in die Form des Gesetzes hatte damit die wichtige Folge, daß zunächst der Rechtswissenschaft in Ansehung der Verfassung eine umfassende Zuständigkeit zufiel, was den Grundtendenzen der in das Zeitalter der Verwissenschaftlichung (Troeltsch) gehörenden frühen rechtsstaatlichen Entwicklung entsprach, und sie wurde später, unter der Weimarer Reichsverfassung, die Vorbedingung für die Einführung der Verfassungsgerichtsbarkeit modernen Stils.

Es besteht Anlaß, den Zusammenhang zwischen Gesetzesbegriff und Hermeneutik zu betonen und mit Nachdruck darauf hinzuweisen, daß das Gesetz eine Beliebigkeit der Auslegungsprozeduren nicht duldet, sondern durch eine solche Beliebigkeit negiert oder aufgelöst wird.

Nun ist gewiß nicht zu verkennen, daß das Verfassungsgesetz juristische Elemente enthält, die es von allen sonstigen Gesetzen unterscheiden.[2] Daß |37| der unkritische, positivistische Normativismus, der streng darauf beharrte, das Verfassungsgesetz wie jedes andere beliebige Gesetz zu interpretieren, dem Verfassungsgesetz nicht nur verfassungpolitisch, sondern auch juristisch Wesentliches schuldig blieb, ist gewiß.

Es ist das Verdienst der Staatsrechtslehre der zwanziger Jahre, sich aus der Einschichtigkeit der positivistischen Verfassungsauslegung gelöst zu haben.

Soweit in diesem Zusammenhang die Besonderheit des Verfassungsgesetzes von seinem Gegenstande, der politischen Gesamtordnung des Staates, ausgehend als eine rechtlich relevante Qualität wieder ins Bewußtsein gehoben wurde, ist die damit erfolgte Korrektur der Verfassungsinterpretation wohl als endgültig anzusehen.[3] Diese Wiederherstellung einer dem Gegenstand entsprechenden Verfassungsinterpretation hat an der Tatsache nicht gerüttelt, daß es sich um die Interpretation eines Gesetzes handelt und hat die damit gegebenen Grenzen nicht überschritten.[4]

Die Abwendung vom Rechtspositivismus ist jedoch dabei nicht stehen geblieben. Die heute verbreitete *summarische Diskreditierung des Positivismus,* die unkritische Bejahung jedweder Kritik am Positivismus, hat das Unterscheidungsvermögen dafür stark getrübt, daß in dem großen Aufräumen mit dem Positivismus in den zwanziger Jahren wesentlich mehr geschehen ist als die Eliminierung einer falschen Methode. Das prominente Beispiel dafür bietet die Verfassungsauslegung, wie sie von *Smend* in seinem vielbeachteten Werk »Verfassung und Verfassungsrecht« im dritten Teil (S. 128ff.) entwickelt und postuliert wird. Wenn Smend hier fordert, daß die Institute des Verfassungsrechts in ihrer rechtlichen Eigenqualität erkannt werden müssen, und er beispielsweise die Analogie zwischen Reichsaufsicht und Kommunalaufsicht, zwischen Staatsgerichtsbarkeit und Zivilgerichtsbarkeit verwirft, so wird man dem vorbehaltlos zustimmen. Das ist sinnvolle Auslegung des Verfassungsgesetzes und verbleibt in den Grenzen der Gesetzesauslegung. Diese Grenzen werden jedoch mit der Forderung nach »Einordnung der einzelnen staatsrechtlichen Normen in das Sinnsystem des staatlichen Integrationszusammenhangs« niedergelegt. Schon deshalb, weil dieses |38| Sinnsystem mit den Mitteln exakter Gesetzesinterpretation nicht zu ermitteln ist, so daß der zentrale Orientierungsgesichtspunkt für die Auslegung der Verfassungsnormen außerhalb der Normen und der mit den Mitteln der Exegese zugänglichen Gehalte liegt. Noch deutlicher wird das im Hinblick auf die aus dieser Forderung gezogene Folgerung, daß es darauf ankomme, den unterschiedlichen Wert der einzelnen Verfassungsnormen für das Sinnsystem des staatlichen Integrationsvorgangs festzustellen. Aus dieser Unterschiedlichkeit des Werts ergibt sich für Smend eine Rangverschiedenheit der Normen und Institute (S. 136). »Diese Rangfrage ist eine Rechtsfrage«. An dieser Stelle wird die Auflösung des Gefüges der normativen Rechtsordnung deutlich. Jede normative Rechtsordnung ist gestuft. Diese Stufung macht es erforderlich, daß eine Rangordnung unter den Normen stattfindet; aber es ist Sache der Rechtsordnung selbst, diese Rangabstufung vorzunehmen (Vorrang des Verfassungsgesetzes, Bundesrecht bricht Landesrecht usw.). Die Rangabstufung der Rechtsordnung hat, sofern die Rechtsordnung als ein gegebenes Gefüge gelten soll, den Charakter der Ausschließlichkeit. Interpretative Rangstufungen sprengen die Rechtsordnung als Gefüge mit unbedingtem Geltungsanspruch auf.[5] So wird mit der Forderung nach Rangunterscheidungen im Rechtssinne das Verfassungsgesetz von innen zerstört. Das geht über die Überwindung des Positivismus weit hinaus, wie der letzte, sehr charakteristische Satz dieses Abschnitts zu erkennen gibt: »Diese Sinnerfüllung (scil. im Hinblick auf das Integrationssystem) ist das regulative Prinzip nicht nur für den Verfassungsgesetzgeber, sondern sogar für die fließende Geltungsfortbildung des gesetzten Verfassungsrechts« (S. 137). Dieser Satz könnte, wie sich zeigen wird, dieser Darstellung der Geltungswandlung des Grundgesetzes als Motto vorangestellt werden.

Ist die Interpretation des Grundgesetzes ohne diese Ausführungen Smends schwerlich zu erklären, so gilt das im besonderen Maße für die moderne Auslegung der Grundrechte und die einschlägigen Darlegungen in »Verfassung und Verfassungsrecht« (S. 158ff.) Um sie richtig zu verstehen, muß man sich der Fragestellung erinnern, durch welche sie ausgelöst wurden. Es handelte sich um die unter der Weimarer Reichsverfassung viel erörterte Frage, ob den bloßen Programmsätzen im zweiten Teil der Verfassung eine rechtliche Bedeutung zuerkannt werden könne und bejahendenfalls welche. Smend bemerkt dazu zunächst zutreffend, daß man die Grundrechte nicht als »Novellen zu technischen Spezialgesetzen« verstehen dürfe. Diese Tatsache erfordert nun nach Smend »eine neue Auslegung ihres hoheitlichen Inhalts und eine neue Charakterisierung ihres formalen Geltungs|39|sinns«. Davon ausgehend beschreibt Smend den Sinn des Grundrechtskatalogs dahin: »Er will eine sachliche Reihe von einer gewissen Geschlossenheit, das heißt ein Wert- oder Güter-, ein Kultursystem normieren, und er normiert es als nationales, als das System gerade der Deutschen, das allgemeinere Werte national positiviert, eben dadurch aber den Angehörigen dieser Staatsnation etwas gibt, einen materialen Status, durch den sie sachlich ein Volk, untereinander und im Gegensatz gegen andere, sein sollen« (S. 163).

Wenn damit nicht mehr gegeben werden sollte als eine Erklärung für die Aufnahme wesentlich soziale Verheißungen bietender Programmsätze in die Weimarer Reichsverfassung, also eine bloß verfassungspolitische Erwägung, so wäre dazu an dieser Stelle nichts zu vermerken. Nun kann zwar eine solche, damals völlig neue Deutung des Sinngehalts der Grundrechte unvollziehbaren Verfassungsnormen nicht zur Vollziehbarkeit verhelfen. Offenbar ist sie auch, wie an späterer Stelle erkennbar wird,[6] nicht so gemeint. Das Vorhandensein der unvollziehbaren Grundrechtsnormen gibt Smend jedoch Anlaß, die Grundrechte in eine neue Beleuchtung zu rücken, indem er sie als Ausdruck eines Kultur-, Wert- und Gütersystems bezeichnet und für die Auslegung der Grundrechte feststellt, daß sie in dieser Qualität des Ausdrucks eines Kultur-, Wert- und Gütersystems, der nach Smend auf Art. 1 und Art. 3 WRV verweist, »die wichtigste Interpretationsgrundlage gegenüber den Grundrechten« habe.

Es steht hier nicht zur Beurteilung, ob diese Kennzeichnung der Grundrechte in irgendeinem, etwa soziologischen oder sozialphilosophischen Sinne richtig ist. Vielmehr geht es allein um die Frage, ob hier von Mitteln der Sinnerfassung von Normen ein Gebrauch gemacht worden ist, den man noch als juristische Interpretation gelten lassen kann. Das kann nur dann anerkannt werden, wenn sich diese Mittel der Sinnerfassung normfremder Hypostasierungen enthalten. Als normgemäß können nur solche Hypostasierungen gelten, welche im Wortlaut der zu interpretierenden Normen eine Rechtfertigung finden. Die Überwindung des Positivismus ist nicht die Preisgabe der Positivität des Rechts überhaupt.

Nun ist es von vornherein evident, daß die Herantragung einer Vorstellung wie *»Wertsystem«*[7] an die Grundrechte spezifische Assoziationsreihen |40| und logische Abläufe auslösen muß. Das Wertsystem bezeichnet eine geistige Dimension, aber keine solche, die im Bereich juristischer Norminterpretation ihre Stelle haben könnte.

Die Vorstellung, daß eine gesetzliche Regelung ein System bildet, ist natürlich der Rechtsauslegung nicht fremd. Sie gestattet es, aus dem systematischen Zusammenhang Folgerungen für die Normauslegung zu ziehen. So kann man die besonderen Schuldverhältnisse oder die dinglichen Rechte als Systeme auffassen. Die Grundrechte stellen in diesem Sinne kein System dar.[8] Die Grundrechte, eine Hervorbringung der Verfassungsgeschichte, setzen dem Staat Grenzen zum Schutze bestimmter Individualfunktionen, die unter konkreten, historischen Voraussetzungen, welche weithin fortgelten, als in besonderem Maße schutzwürdig erschienen sind. Gerade die klassischen, immer wieder bis auf den heutigen Tag tradierten Grundrechte haben deshalb eine so starke Lebensdauer bewiesen, weil sie maßgerecht die Schutzansprüche der Gesellschaft erfüllt haben und noch erfüllen. Dafür, daß die Grundrechtsnormierung irgendwelchen auf sachbezogene Systematik angelegten Vorstellungen jemals gefolgt wäre, fehlt jeder historische und sonstige Anhalt. Natürlich kann man in den Auswirkungen der Grundrechte gewisse systematische Disponiertheiten entdecken, etwa indem man im 19. Jahrhundert das soziologische Gefüge der bürgerlichen Schicht in den Grundrechten abgesichert findet oder indem man mit Max Weber feststellt, daß die klassischen Grundrechte die Marktwirtschaft intendieren und daß ohne sie der Übergang zur Freien Marktwirtschaft des 19. Jahrhunderts undenkbar gewesen wäre. In diesem Sinne ist alles Bestehende systematisierbar. Nur haben solche Systeme, deren die geistige Umweltbemächtigung offenbar bedarf, mit der inneren Systematik von Normen nichts zu tun. Das gilt vor allem für die Grundrechte, die sich zur Sicherung der individuellen Freiheit einer spezifisch juristischen Technik bedienen und deren Effektivität davon abhängt, daß diese Technizität ernstgenommen wird. Zwischen etwa dem Gleichheitssatz, der Meinungsfreiheit, der Freizügigkeit und der Eigentumsgarantie gibt es schlechterdings keinen normimmanenten, systematischen Zusammenhang. Jedes dieser

Grundrechte steht mit eigener Logik für sich. Diese Feststellung bedeutet keinen Rückfall in den Positivismus, sondern nichts anderes als ein Ernstnehmen der Verfassung als Gesetz. Denn es mag daran erinnert werden, daß nach den Regeln der Auslegung, die lange vor dem Positivismus entwickelt wurden und das Kernstück der abendländischen Rechtskultur darstellen, der Rückgriff auf den |41| systematischen Zusammenhang erst zulässig ist, wenn die Auslegung über Wortlaut und Sinn der Textstelle nicht zum Ziele führt.

Ist somit die Substituierung der Vorstellung eines Systems für die Auslegung der Grundrechte außergesetzlich und außerjuristisch, so ist es die des Wertes erst recht. Die Jurisprudenz vernichtet sich selbst, wenn sie nicht unbedingt daran festhält, daß die Gesetzesauslegung die Ermittlung der richtigen Subsumtion im Sinne des syllogistischen Schlusses ist. Während der Richter diesen Schluß in Ansehung eines gegebenen, konkreten Sachverhalts vollzieht, hat die wissenschaftliche Auslegung die zulässigen Möglichkeiten und Grenzen dieses syllogistischen Schlusses zu ermitteln. Daß man das Ergebnis dieser Ermittlung, den über den Wortlaut des Gesetzes hinaus konkretisierten und differenzierten Gehalt einer Norm als einen Wert bezeichnet, mag – wenn man der Wertphilosophie anhängt – nicht falsch sein, hat aber mit der juristischen Sinnerfassung einer Norm nichts mehr zu tun. Der Wert fällt bei der juristischen Operation für den Nichtjuristen lediglich mit ab.

Verlegt man aber den Wert in die Norm selbst und macht damit die Normanwendung zur Wertverwirklichung, so verwandelt man den Vorgang der Erfassung des Normgehalts aus der Interpretation in Verstehen und in die Prozeduren der Wertverwirklichung durch Wertanalyse und Wertabwägung. Die Sinnerfassung ist dann keine Rechtskunst mehr, sondern wird philosophisch. Das freilich in einem anspruchslosen Sinne. Denn wer schon die μετάβασις ἕις ἄλλο γένος vollzieht, sollte sich auch darüber Rechenschaft ablegen, daß wir nicht mehr im Jahre 1928 leben und daß seither auf dem Felde der Philosophie einiges geschehen ist. Wertphilosophierende Juristen werden im Jahre 1958 schwerlich dem Vorwurf des Anachronismus entgehen können, selbst wenn sie sich auf Scheler berufen sollten. Hier zeigt sich die prinzipielle Gefahr einer *Abdankung der juristischen Methode* zugunsten irgendwelcher geisteswissenschaftlicher Arten der Deutung. Sie hätte, wenn die Rechtswissenschaft den Bewegungen der Philosophie gefolgt wäre, nach der wertphilosophischen zu einer phänomenologischen, existenzialistischen und anthropologischen Grundrechtskonzeption führen müssen. Solche Abfolgen der Grundorientierung stehen der Philosophie wohl an. Das Rechtswesen ist hier insofern in einer anderen Lage, als es auf Kontinuität hin angelegt ist.[9]

Diese Ausführungen sollten darlegen und dürften ergeben haben, daß die in Smends Buch enthaltenen Ausführungen über die Auslegung der Verfassung den Rahmen der Gesetzesauslegung überschreiten. Das bedeutet |42| zugleich: daß sie im Maße dieser Überschreitung die Verfassung als Gesetz auflösen. Der Rückgriff auf dieses Buch, dessen wissenschaftliche Bedeutung außer allem Zweifel steht, ist durch die praktische Bedeutung geboten, die dem Buch für die moderne Verfassungswirklichkeit zukommt. Das soll im Folgenden an der Spruchpraxis der Gerichte erwiesen werden.

II.

Vergleicht man die Auslegung[10] des Grundgesetzes mit der Interpretation der Weimarer Reichsverfassung, so springt der Wandel der Methode geradezu in die Augen. Er wird schon, und das ist natürlich keine Äußerlichkeit, im Medium der Sprache sichtbar. Beispiele dafür bieten sich in Fülle an. Aus ihnen sollen im Folgenden einige charakteristische Sätze herausgegriffen werden.

Für die neuen Auslegungsmethoden darf die *wechselvolle Interpretation des Art. 2 GG* als besonders typisch gelten. Bis das Bundesverwaltungsgericht dem ein Ende machte,[11] hatten mehrere Verwaltungsgerichte Art. 2 Abs. 1 dahin ausgelegt, daß er als eine Art Generalgrundrecht die zusammenfassende Gewährleistung der individuellen Freiheit enthalte, die in den nachfolgenden speziellen Grundrechten lediglich ihre besondere Ausprägung erfahre.[12] Den Anlaß zu dieser Auslegung gaben offenbar die Auslegungsschwierigkeiten, die Art. 12 Abs. 1 bietet, und das Bedürfnis, diese Bestimmung so einzuschränken, daß traditionelle Ordnungen des deutschen Berufslebens, an deren Beseitigung der Verfassungsgeber offensichtlich nicht gedacht hatte, vor dem Grundgesetz Bestand behalten. Es kam also nicht auf die in Art. 2 Abs. 1 GG gewährleistete Freiheit, sondern auf die ihr dort gezogenen Schranken an, die man auf diese Weise verallgemeinerte. Bemerkenswert ist die Selbstverständlichkeit, mit der diese neue, für die Auslegung des Grundrechtsteils einschneidende Deutung in dem ersten, veröffentlichten einschlägigen Urteil als die allein mögliche behauptet wird: »Alle in Abschnitt I des GG ›Die Grundrechte‹ namentlich bezeichneten |43| Einzelrechte haben ihre Rechtsgrundlage (?) in dem Art. 2 GG und müssen sich deshalb in dem ihnen durch Art. 2 Abs. 1 GG gezogenen Rahmen halten. Darüber besteht bei der klaren Fassung des Art. 2 GG keine Meinungsverschiedenheit«.[13] Dieser Satz negiert eine ganze Literatur, welche den Graduierungen der Grundrechte (ohne Gesetzesvorbehalt, mit beschränktem Gesetzesvorbehalt, mit unbeschränktem Gesetzesvorbehalt) gewidmet ist.[14] Indem jedem Einzelgrundrecht auf diese Weise die drei Vorbehalte des Art. 2 Abs. 1 (verfassungsmäßige Ordnung, Rechte anderer, Sittengesetz) sozusagen mechanisch eingefügt werden, werden die überlegten Abstufungen, die bei einem Vergleich der einzelnen Grundrechte erkennbar werden, wenn nicht umgestoßen, so doch entscheidend modifiziert. Sofern man überhaupt zugeben will, daß das Ergebnis dieser Auslegung (Geltung des Art. 2 Abs. 1 GG für alle Grundrechte) im Wege eines logischen Schlusses gewonnen wurde, ist dieser Schluß jedenfalls ein solcher aus der angenommenen Sinnqualität des Art. 2 Abs. 1 GG, der sich der Regeln der Gesetzesauslegung nicht nur nicht bedient, sondern zu ihnen in einem handgreiflichen Widerspruch steht. Das in diesem Zusammenhang in erster Linie interessierende Phänomen ist dies, daß in keinem der einschlägigen Urteile der klassischen Auslegungsregel gedacht wird, die sich geradezu zwingend anbot, wenn man annahm, daß Art. 2 Abs. 1 GG ein Generalgrundrecht enthalte, des Satzes nämlich: lex specialis derogat legi generali. Hätte man sich dieses Satzes erinnert, so wäre alsbald klar gewesen, daß für die Gewinnung zusätzlicher Grundrechtsschranken die Erklärung des Art. 2 Abs. 1 GG zum Generalgrundrecht keine Hilfe bedeuten konnte.

Diese Auslegung des Art. 2 GG hat symptomatische Bedeutung, die nicht durch den Umstand beeinträchtigt wird, daß sie auf Grund der Rechtsprechung des Bundesverwaltungsgerichts der Vergangenheit angehört. Denn hier wurde zum ersten Male mit der Forderung Smends Ernst gemacht, *Rangverschiedenheiten unter den Grundrechten* festzustellen, und wenn Smend die Rangverschiedenheiten am System des staatlichen Integrationszusammenhanges orientiert wissen wollte, so stimmt auch das mit der Auslegung des Art. 2 Abs. 1 GG überein, die ihn zur sinngebenden Mitte des Grundrechtsteils erhob. Übrigens sind die Bemühungen um eine solche sinngebende Mitte keineswegs auf Art. 2 GG beschränkt, sie richten sich ebenso auch auf Art. 1 GG, ohne daß im einzelnen klar würde, welche Folgerungen aus der Ermittlung eines solchen Gravitationspunktes gezogen werden sollen. Ein ganzes Vokabular hat sich bereits herausgebildet, welches |44| diesen Gravitationspunkt als Hauptgrundrecht, Muttergrundrecht, allgemeinstes und oberstes Freiheitsrecht, Hauptfreiheitsrecht usw. bezeichnet.

Schon die Tatsache, daß die moderne Grundrechtsauslegung einer solchen Sinnmitte zu bedürfen glaubt, ist in hohem Maße bemerkenswert. Sie steht offenbar im Zusammenhang mit der *geistesgeschichtlichen Methode*, der sich ein großer Teil der modernen Staatsrechtswissenschaft verpflichtet weiß. Es besteht kein Anlaß, diese Methode hier im einzelnen zu beschreiben. Ihre Besonderheit, die sie von den herkömmlichen Regeln der juristischen Auslegungskunst unterscheidet, wird man darin zu erblicken haben, daß sie unter Beiseitelassung der formalen Elemente, wie sie sich in einem durchnormierten rechtsstaatlichen Gesetz anfinden, ihre Intention auf die Sinnerfassung durch Einordnung in weitere geistige Zusammenhänge richtet.[15] So wird dann etwa auch das Menschenbild,[16] das einer Norm oder einem Normenkomplex zugrunde liegt, für die Auslegung bedeutsam. Diese Art der Auslegung im Wege geisteswissenschaftlicher Sinnerhellung ist nun nicht etwa als eine Auslegungshilfe gemeint, die angewandt werden soll, wenn die herkömmlichen Auslegungsmittel versagen, sondern sie wird als die allein richtige und primäre Auslegungsmethode vertreten und empfohlen.

So darf man wohl die Tatsache verstehen, daß die geisteswissenschaftliche Methode der Sinnerfassung nirgendwo in das überkommene System der juristischen Hermeneutik eingefügt oder ihm angefügt ist. Diese Methode soll also, wie man daraus folgern muß, dieses System ersetzen.

Es entspricht einer inneren Zwangsläufigkeit, daß die geisteswissenschaftliche Methode, indem sie die überkommene juristische Hermeneutik abstreift, gezwungen ist, ihre Ordnung in den für sie wesentlichen Relationen des materialen Sinns der Normen zu suchen. Denn sie bedarf eines Äquivalents für die Disziplinierung, die der überkommenen Kunst der Gesetzesauslegung aus ihrer spezifischen Bindung an das Gesetz zuteil wurde. Daß unter diesen Umständen die geisteswissenschaftliche Methode die Smendschen Formulierungen vom »Sinnsystem des staatlichen Integrationsvorgangs« vom »Kultursystem«, »Wertsystem«, »Gütersystem« der Grundrechte übernahm und das in solcher Entschiedenheit, daß solche Systemvorstellungen |45| als Allgemeingut der Verfassungsauslegung bezeichnet werden können,[17] ist überaus folgerichtig.

Unter diesen verschiedenen möglichen Systemen hat sich das Wertsystem eindeutig durchgesetzt. Auch die von Smend inaugurierte Vorstellung von den Grundrechten als Werten ist inzwischen ziemlich allgemein anerkannt. Das hat Folgen gezeitigt, die gewiß für Smend im Jahre 1928 jenseits aller Voraussehbarkeit lagen, die aber darum von höchstem methodischen Interesse sind, weil sie erkennen lassen, welche Tragweite solche Qualifizierungen haben können. Indem Smend die Grundrechte, die man bisher als Individualrechte verstanden hatte, zu Werten erklärte, fügte er nicht der bisherigen Grundrechtsauffassung einen neuen Aspekt hinzu, sondern er versetzte die Grundrechte, wie bereits bemerkt wurde, in eine andere logische Dimension. Denn wenn man schon die Grundrechte zu Werten erklärte, dann lag die Frage nahe, warum diese Werte (Gleichheit, Meinungsfreiheit usw.) nur im Verhältnis des einzelnen zum Staate bestehen sollten; dann mußte die Ausdehnung des Wertes auf alle Rechtsbeziehungen, also auch der Rechtsgenossen untereinander, als konsequente Wertverwirklichung erscheinen. Der Wert hat seine eigene Logik.

An dem Übergang zur *Drittwirkung der Grundrechte* ist die Staatsrechtslehre, von Smend abgesehen, nicht beteiligt und noch ist unübersehbar, ob ihr diese Tatsache einmal zum Ruhm oder als Vorwurf angerechnet werden wird. Die Gründe, welche für die Drittwirkung vorgetragen werden, sind freilich von der Art, daß sie dem, der in der Tradition der Staatsrechtswissenschaft und der Verfassungsauslegung steht, geradezu unzugänglich sind. Das ist ohne Ironie und nicht herabsetzend gemeint. Natürlich gibt es keine Möglichkeit der Ableitung der Drittwirkung aus dem Grundgesetz mit den Mitteln der herkömmlichen Interpretation und für den, der auf dem Boden der herkömmlichen Interpretation verblieben ist, sind alle Ableitungsversuche nichts anderes als eine einzige petitio principii. Dazu sei im übrigen nur folgendes bemerkt. Es ist bezeichnend, daß nicht ernsthaft versucht wird, die

Drittwirkung auf einem Wege zu begründen, der noch eine gewisse Nähe zu den traditionellen Auslegungsregeln haben würde, nämlich durch den Nachweis, daß angebbare Veränderungen der gesellschaftlichen Struktur neue Schutzbedürftigkeiten des einzelnen gegenüber der organisierten gesellschaftlichen Macht hervorgerufen haben, daß es dem Sinn einer Verfassung angesichts der veränderten gesellschaftlichen Wirklichkeit entspreche, auch diesen Schutzbedürftigkeiten Genüge zu tun und daß deshalb die Grundrechte in einem neuen Sinn zu interpretieren |46| seien. Das aber würde der Drittwirkung eine Beschränkung geben, die offenbar keineswegs beabsichtigt ist.[18] Die Argumentation verbleibt durchaus in den Bereichen, die mit dem Wertbegriff bezeichnet sind. Die dem Wertbegriff verhaftete Art des Folgerns kommt dabei (in ihrer Art folgerichtig) zu Schlüssen, welche die herkömmlichen Auslegungsregeln auf den Kopf stellen. Wenn das Grundgesetz in Art. 1 Abs. 3 über die bindende Wirkung der Grundrechte eine ausdrückliche Bestimmung dahin enthält, daß sich diese bindende Wirkung auf Gesetzgebung, vollziehende Gewalt und Rechtsprechung bezieht, so wird man das nach herkömmlichen Auslegungsregeln dahin verstehen, daß damit Abschließendes gesagt sein und die Bindung eben nicht weitergehen soll. *Nipperdey*[19] bemerkt dazu: »Insbesondere dadurch, daß diese Grundrechte im Unterschied zur Weimarer Verfassung ausdrücklich als verbindliche Normen auch für die Gesetzgebung anerkannt werden, haben sie vorbehaltlich näherer Untersuchung (!) der einzelnen Grundrechte die Bedeutung allgemeiner Rechtsprinzipien erhalten, deren Geltung nicht ohne weiteres (!) auf den staatlichen Bereich beschränkt werden kann«. Der Akzent dieses Satzes muß auf dem Wort »ausdrücklich« liegen, denn natürlich war die Gesetzgebung unter der Weimarer Verfassung ebenso an die Grundrechte gebunden wie heute. Was die ausdrückliche Festlegung der Bindung an die Grundrechte bedeutet, steht außer Zweifel: die Bekundung, daß das Grundgesetz keine bloßen Programmsätze nach Art der Weimarer Verfassung enthält, so daß der Streit um die Verbindlichkeit von Normierungen, der unter der Weimarer Verfassung geradezu unvermeidlich war, unter dem Grundgesetz nicht wieder aufleben soll. Mit anderen Worten: über die Geltung der Grundrechte sagt diese auf Programmsätze gerichtete Ausschließungsklausel in Wahrheit nicht mehr, als ohnehin rechtens sein würde. Denn daß vollziehbare Verfassungsnormen Gesetzgebung, Verwaltung und

Rechtsprechung binden, war zu allen rechtsstaatlichen Zeiten eine Selbstverständlichkeit.

Die am Wert orientierte Art des Folgerns bleibt von Erwägungen dieser Art unberührt und endet bei der Annahme eines rangmäßig gestuften Wertsystems.[20] Dabei ist charakteristisch, daß die Drittwirkung nun keineswegs generell für alle Grundrechte vertreten wird. Es wird keine ungeschriebene Norm dieses Inhalts prätendiert, sondern die Vollziehung des Bekenntnisses zur Drittwirkung wird in Kasuistik aufgelöst. Der zitierte Satz von Nipperdey (»vorbehaltlich näherer Untersuchung«, »nicht ohne weiteres«) |47| läßt das deutlich erkennen. Man wird die Vorsicht der Formulierung, die sich gegen unübersehbare Konsequenzen absichert, aus der Situation des Autors begreiflich finden. Wenn aber das Gericht, daß diese Auslegung übernimmt, sich diese salvatorischen Klauseln und die Verweisung auf die Notwendigkeit der Beurteilung von Fall zu Fall zu eigen macht,[21] dann ist das etwas anderes. Hier tritt ein struktureller Wesenszug der modernen Rechtsentwicklung in Erscheinung, der sich durch eine große Zahl von Beispielen aus der Interpretation des Grundgesetzes belegen läßt. Die Preisgabe der klassischen Regeln der Auslegungskunst, die eine Auflösung des Gesetzesbegriffs im Inhaltlichen bedeutet, nimmt der Norm die Evidenz. Die neuen Methoden wertmaterialer Sinnerfassung sind außerstande, der Norm sozusagen auf anderer Ebene einen evidenten, für den Normvollzug bereitstehenden, generellen Gehalt zuzuerkennen. So weiß nach dem Urteil des Bundesarbeitsgerichts vom 3. Dezember 1954 in der Tat niemand, welchen praktikablen Gehalt die Grundrechte in dem von der Zuständigkeit des Bundesarbeitsgerichts erfaßten Rechtsbereich haben. Jede Evidenz der Verfassung ist damit dahin, und die Bildung und Praktizierung einer eigenen Meinung durch den Rechtsgenossen geschieht auf eigenes Risiko. Was wirklich rechtens ist, bestimmt dann freilich im gegebenen Falle das Bundesarbeitsgericht, und zwar, wenn man vom Bundesverfassungsgericht absieht, nur dieses. Hier wird ein sehr wichtiger Zusammenhang zwischen der *Auflösung des Verfassungsgesetzes* und dem Justizstaat sichtbar, der im dritten Abschnitt noch erörtert werden soll.

Die Einführung der Drittwirkung der Grundrechte auf interpretativem Wege ist als *Verfassungswandlung* in diesem Ausmaß *ohne Beispiel*, da sie die Umdeutung des Gleichheitssatzes in eine Bindung der Gesetzgebung in der Mitte der zwanziger Jahre in ihrer

Tragweite (die sich noch keineswegs voll ermessen läßt) bei weitem übertrifft. Sie verwandelt einen ganzen Komplex von wichtigen Verfassungsnormen aus reinen Freiheitsverbürgungen in Pflichten enthaltende Rechtssätze, wobei das Ausmaß der Pflichten offen bleibt. Das bedeutet verfassungspolitisch die *Umdeutung der Grundrechte in wesentlich sozial determinierte Pflichtbindungen unter weitgehender Eliminierung ihres liberalen Gehalts.* Unter diesen weiteren geschichtlichen Perspektiven muß der Vorgang gesehen werden.

Damit ist bereits angedeutet, daß diese Wandlung des Grundgesetzes nicht allein aus der Annahme der am Wertbegriff orientierten Methoden der |48| Sinnerfassung verstanden werden kann. Sie läßt sich ohne die Schubwirkung des sozialen Trends nicht erklären, die in der Tatsache erkennbar wird, daß das Arbeitsrecht zur Durchbruchstelle der Drittwirkung wurde und überdies in der Heranziehung der Sozialstaatsklausel (Art. 20, 28 GG) zu ihrer Begründung ausdrücklich bezeugt wird.

Es soll an dieser Stelle die Auseinandersetzung um die *Sozialstaatlichkeit* nicht fortgesetzt werden. Vielmehr interessiert nur die Art, wie in diesem Falle das Verfassungsgesetz auf einen bestimmten Sinngehalt festgelegt wird. Der positivrechtliche Befund ist denkbar mager: die Worte sozialer Bundesstaat (Art. 20) und sozialer Rechtsstaat (Art. 28). Die Entstehungsgeschichte ist schlechterdings negativ. Wo nichts gemeint ist, läßt sich auch nichts interpretieren. Und es ist auch von denen, welche den sozialen Rechtsstaat als Verfassungsbegriff mit eigenem Gehalt verstehen, keine logische Bemühung angesetzt worden, welche noch in irgendeinem Sinne als Interpretation verstanden werden könnte.[22] So führt das *Bundesarbeitsgericht* im Urteil vom 14. Juli 1954[23] aus: »So tritt neben den Gleichberechtigungsgrundsatz (scil. Art. 3 Abs. 2 GG) als positive Verfassungsnorm das unabänderliche Prinzip der Sozialstaatlichkeit (Art. 20, 79 Abs. 3, 28 GG). Die Bundesrepublik Deutschland ist ein sozialer Bundesstaat und Rechtsstaat. Das ist ein normatives Bekenntnis zum Sozialstaat, das bei der Auslegung des Grundgesetzes und damit auch des Gleichberechtigungsgrundsatzes in Art. 3 Abs. 2 und 3 GG sowie anderer Gesetze von entscheidender Bedeutung ist. Der Gleichberechtigungsgrundsatz und der Grundsatz der Sozialstaatlichkeit sind bei der Prüfung der Verfassungswidrigkeit oder Verfassungsgemäßheit des Hausarbeitstagsgesetzes zusammen anzuwenden.

Sie stehen koordiniert nebeneinander, vielleicht hat der Sozialgedanke sogar den Vorrang.«

In Sätzen dieser Art, die als typisch für die Begründung der Sozialstaatsklausel gelten dürfen, wird man keinen Gedanken entdecken, den man als interpretativ anerkennen könnte. Hier geschieht etwas anderes: es werden Bestrebungen an der Verfassung legitimiert – ein von der Interpretation durchaus zu unterscheidender Vorgang. Solche Legitimierung bedeutet, daß diese Bestrebungen in den Vorrang der Verfassungsmäßigkeit erhoben werden, in diesem Falle sogar in den besonderen Vorrang des unabänderbaren verfassungsmäßigen Kernbestandes (Art. 79 Abs. 3 GG). Auf diese Weise nehmen diese Bestrebungen an dem der Verfassung innewohnenden Vollziehungsanspruch teil.

|49| Der Vorgang ist in jeder Hinsicht neuartig. Er ist für eine Normativverfassung alten Stils, die nach den traditionellen Regeln der juristischen Hermeneutik ausgelegt wird, unvorstellbar. Die Möglichkeit einer solchen Legitimierung an der Verfassung, für die ein Adjektiv dubiosen Sinngehalts genügt, war erst gegeben, nachdem die geisteswissenschaftliche Auslegung die Verfassung zum Wertsystem deklariert hatte. Damit konnte ein in seiner Bedeutung so wenig griffiges Wort wie das Adjektiv sozial zwar nicht als Ausdruck einer konkreten Wertnormierung, wohl aber als Signal einer möglichen Wertpositivierung erkannt und in Anspruch genommen werden. Das geht natürlich in der Auflösung des Verfassungsgesetzes über die sonstige Wertinterpretation noch weit hinaus.

Als letztes Beispiel einer geisteswissenschaftlich-werthierarchischen Auslegung des Grundgesetzes sei die Interpretation des Art. 5 GG durch *Ridder*[24] genannt, nicht nur weil sie in sich charakteristisch ist für den Deutungsspielraum dieser Auslegung (und damit für die Entfernung vom überkommenen Gesetzesbegriff), sondern auch, weil die weithin positive Resonanz, die sie gefunden hat, ein nicht unwichtiges Symptom unserer Verfassungsrechtslage darstellen dürfte.

Aus den Ausführungen Ridders interessiert hier allerdings nur ein – freilich wesentlicher – Ausschnitt, nämlich die Herstellung einer Verbindung zwischen Art. 5 (Meinungsfreiheit) und Art. 21 (Ordnung des Parteiwesens) für die Bestimmung der besonderen verfassungsrechtlich geregelten Position, die er der politischen Presse als einem Faktor der Bildung der öffentlichen Meinung zuerkennt. Ridder will die Normen des Art. 21 GG über das Parteiwesen sinngemäß auch auf die politische Presse angewandt wissen. Dieser erstaunliche Gedanke wird wie folgt begründet.[25] »Wenn bei der Anerkennung der modernen mittelbar-plebiszitären Demokratie durch Art. 21 GG von Verfassungs wegen auch nur die politischen Parteien als Faktoren der politischen Willensbildung des Volkes ausdrücklich erwähnt und verfassungsrechtlich legalisiert werden, so muß doch dieses Ausgreifen des Verfassungsrechts in den vordem extrakonstitutionellen Raum politischer Willensbildung gleichzeitig auch die Fälle der übrigen hierhin gehörenden, früher extrakonstitutionellen Faktoren in einer ganz bestimmten Weise einbeziehen.« Daraus folgert Ridder, daß Art. 21 GG »bedenkenlos in den entsprechenden Versionen auf die politische Presse (und ggf. andere Einrichtungen des politischen Prozesses) angewendet werden kann.« Wäre es die Absicht dieser Argumentation, das Grundgesetz nach den überkommenen Regeln auszulegen, so wäre sie hier ohne Interesse, da sie nach diesen |50| Regeln ohne weiteres zu widerlegen ist. Denn es ist offenbar, daß das Resultat durch eine logische Vertauschung in der Interpretation des Art. 21 GG gewonnen worden ist und nur gewonnen werden kann. Feststeht, daß mit der Aufnahme einer Grundsatzregelung des Parteiwesens in das Grundgesetz beabsichtigt war, die Wiederkehr autoritärer Parteien im Interesse sowohl der politischen Gesamtentwicklung wie der Erhaltung der Arbeitsfähigkeit des Parlaments zu verhindern.[26] Es mag auch die Erwägung mitgesprochen haben, die von Radbruch[27] der Weimarer Verfassung angelastete Unterlassung der Legalisierung der Parteien im Grundgesetz nicht zu wiederholen. Jedenfalls handelt Art. 21 GG von den Parteien und von nichts anderem. Ridder macht daraus eine »Anerkennung der modernen mittelbar-plebiszitären Demokratie«. Darin liegt die logische Vertauschung, die dem Gedankengang nach den Regeln überkommener Auslegung die Beweiskraft nimmt. Aber darauf kommt es hier, wie gesagt, nicht an. Denn das Schwergewicht der Ausführungen Ridders liegt, wie sich aus dem Ganzen der Abhandlung ergibt, nicht in dem Versuch einer Verfassungsauslegung alten Stils, sondern in geistesgeschichtlich-soziologischen Erwägungen und Situationsdeutungen, deren Ergebnisse und Postulate mit keiner weiteren Begründung als der, daß sie den freiheitlichen und demokratischen Intentionen des Grundgesetzes entsprechen, diesem als geltendes Recht unterschoben werden. So ist die Auslegung der Art. 5 und 21 GG durch Ridder ein sprechendes Beispiel für die außerordentliche Weite der Verfassungsdeutung, welche die geisteswissenschaftliche Methode in Anspruch nimmt.

III.

Es wäre nicht schwer, die an einigen Beispielen demonstrierte neue Art der Interpretation oder Handhabung des Grundgesetzes einer prinzipiellen Kritik zu unterziehen – jedenfalls für denjenigen, der auch für das Verfassungsgesetz an den Regeln der juristischen Auslegung alten Stils festhält. Das wäre jedoch nicht nur unergiebig, sondern auch dem Stande der Dinge durchaus ungemäß. Denn es würde der realen Verfassungsrechtslage nicht entsprechen, wenn man in dem Wandel der Verfassungsauslegung nicht mehr erkennen würde als ein subjektives Heraustreten aus den Traditionen der Gesetzesauslegung. *Das Phänomen einer neuartigen Deutung des Verfassungsgesetzes* im Sinne einer »fließenden Geltungsfortbildung des gesetzten Verfassungsrechts«, ist viel zu umfassend und zu homogen, als daß es auf der Ebene subjektiver Meinungen noch begriffen werden könnte. Es ist längst eine objektive Realität geworden. Nur um sie handelt es sich hier. |51| Der Versuch, sie zu interpretieren, ist deshalb nicht an die Meinungen derer gebunden, die sie vertreten, sondern muß sich auf die Logik richten, die dem Vorgang innewohnt. Daraus ergibt sich weiter, daß diese Bemühung nicht als eine Kritik von Ansichten und Urteilen gemeint ist. Es geht nicht um das Richtig oder Falsch, sondern um den objektiven Sinn, soweit er sich heute bereits erkennen läßt.

Die Beispiele zeigen übereinstimmend, daß mit dem Übergang zu einer an materialen Gehalten ausgerichteten, sinndeutenden Auslegung das Verfassungsgesetz in relativ kurzer Zeit in relativ hohem Maße an Rationalität, also an Evidenz verloren hat. Diese Tatsache ist erstaunlich, wenn man sie nicht isoliert, sondern im Zusammenhang mit der allgemeinen Situation betrachtet. Das gilt zunächst schon für den Gesamtbereich des Verfassungsrechts und darüber hinaus des öffentlichen Rechts. Es kann, wie schon die Beispiele zeigen, nicht davon die Rede sein, daß die charakterisierten neuen Methoden der Auslegung für das gesamte Verfassungsrecht gelten würden. Etwa die Vorschriften, welche das Verhältnis des Bundes zu den Ländern in Gesetzgebung und Verwaltung regeln, werden keineswegs geisteswissenschaftlich-werthierarchisch, sondern mit nicht nachlassender Akkuratesse klassisch interpretiert. Der Grund dafür ist leicht einzusehen: einmal fehlt hier die soziale Komponente und dann stehen sich Spieler und Gegenspieler gegenüber, zwischen denen eine wesentliche Modifikation der »Spielregeln«, wie sie im Verfassungsgesetz und den überkommenen Regeln seiner Auslegung gegeben sind, zu erheblichen juristischen und politischen Komplikationen führen müßte. Auch im Verwaltungsrecht behaupten sich noch die alten Auslegungsregeln, obgleich auch hier die Einbrüche der sozialstaatlichen Interpretation zu beginnen scheinen.[28] So bietet das geltende Recht ein Bild von erstaunlicher Zwiespältigkeit der Methode. Während etwa eine immer mehr anschwellende Literatur mit außerordentlichem Scharfsinn und subtilen Distinktionen um die Grenze zwischen Ermessen und Rechtsanwendung bemüht ist und dabei einen aufs äußerste verfeinerten Stil der Gesetzesauslegung pflegt, ist an anderer und gewiß wichtigerer Stelle des öffentlichen Rechts diese Art der Rechtslogik und der Rechtswissenschaft systematisch abgebaut worden. Es ist kein Anlaß vorhanden, an dieser Stelle das ehedem viel behandelte Problem: Monismus oder Synkretismus in der juristischen Methode wieder aufzugreifen. Denn es handelt sich heute nicht mehr darum, ob ein Synkretismus mehrerer in sich unterschiedlicher, aber doch noch sinnvoll neben- und miteinander denkbarer Methoden statthaft ist. Die geisteswissenschaftlich-werthierarchische Methode und die sonstigen herkömmlichen Methoden schließen sich aus. Die erste löst das Gesetz im |52| herkömmlichen Sinne auf, die letzteren erkennen seine Verbindlichkeit auch und gerade in seinen rationalen und formalen Qualitäten an. Die gegenwärtige Situation des öffentlichen Rechts wird durch die Tatsache gekennzeichnet, daß die beiden grundverschiedenen Arten der Gesetzesanwendung nebeneinander bestehen, ohne daß zwischen beiden eine logische Verknüpfung (die wohl auch nicht möglich wäre) bestünde.[29] Die Rechtsprechung auf dem Gebiet des öffentlichen Rechts ist damit auseinandergebrochen, während die Staatsrechtslehre, die gegenüber den neuen Methoden der Rechtsanwendung zurückhaltend ist, ihre innere Einheit in höherem Maße bewahrt hat.

Die *Entformalisierung der Verfassung* wirkt, äußerlich betrachtet, um so erstaunlicher, als die geistige Gesamtentwicklung, wie zahlreiche Beispiele zeigen, zur Formalisierung und zur Abstraktion tendiert. Die Mikrophysik, die logistische Richtung in der modernen Philosophie, die mathematische Schule in der Nationalökonomie sind ebenso wie die abstrakte Malerei Erscheinungsformen der Tendenz, welche in der Richtung der Entgegenständlichung, der Abstraktion weist. Damit steht, wie es scheint, die neue Verfassungsauslegung schon im Ansatz gegen die allgemeine Strömung der Zeit, ein Eindruck, der noch durch den Umstand verstärkt wird, daß diese Auslegung die philosophischen Hilfen, ohne die sie nicht auskommt, einer philosophischen Richtung entnimmt, die nun einmal unbestreitbar von vorgestern ist.[30] Nähere Betrachtung aber erweist die neue Verfassungsauslegung als durchaus zeitgemäß.

Max Weber hat in seiner Rechtssoziologie[31] nicht nur die Formalisierung des modernen Rechts dargestellt, wie sie insbesondere durch den rechtsstaatlichen Gesetzesbegriff gesichert ist, sondern auch auf die Tendenzen aufmerksam gemacht, »welche eine Auflösung des Rechtsformalismus begünstigen«. Kaum ein anderer Teil des Werkes weckt in solchem Maße die Bewunderung des Lesers für die Präzision der Analyse und die vorausschauende Deutung einer erst in den Anfängen befindlichen Entwicklung, |53| wie der Abschnitt über die formalen Qualitäten des modernen Rechts. Den Abbau des Rechtsformalismus durch Ausweitung der richterlichen Beweiswürdigung und den Übergang zu unformalen Gesinnungstatbeständen – später von Hedemann als »Flucht in die Generalklausel« bezeichnet – führt Weber darauf zurück, daß der Güterverkehr im Maße seiner Ausdehnung und Komplizierung Loyalitäten und gesinnungsbedingte Verhaltensweisen fordere. Er weist weiter hin auf die »Disparatheit logischer Eigengesetzlichkeiten jedes formalen Rechtsdenkens überhaupt gegenüber den auf ökonomischen Effekt abzweckenden und auf ökonomisch qualifizierte Erwartungen abgestellten Vereinbarungen und rechtlich relevanten Handlungen der Interessenten«, ein Umstand, der wie hinzuzufügen ist, durch die mangelnde Stabilität der Verhältnisse und die Erschütterung der fundamentalen Vorstellungen und Begriffe des Rechts in seiner Wirksamkeit außerordentlich verstärkt wurde. Für die auf diesen Seiten angestellten Erwägungen ungleich wichtiger ist jedoch die Tatsache, daß Max Weber die soziale Komponente in der Auflösung des Rechtsformalismus klar erkannt hat: »Nun aber entstehen mit dem Erwachen moderner Klassenprobleme materiale Anforderungen an das Recht von seiten eines Teils der Rechtsinteressenten (namentlich der Arbeiterschaft) einerseits, der Rechtsideologen andererseits, welche sich gerade gegen diese Alleingeltung solcher nur geschäftssittlicher Maßstäbe richten und ein soziales Recht auf der Grundlage pathetischer sittlicher Postulate (›Gerechtigkeit‹, ›Menschenwürde‹) verlangen. Dies aber stellt den Formalismus des Rechts grundsätzlich in Frage.«[32] Im folgenden erwähnt er die Einflüsse, welche von den »sozialen Forderungen der Demokratie« und der »monarchischen Wohlfahrtsbürokratie« auf das Recht und die Rechtspraxis ausgehen.

Entkleidet man diese Sätze des zeitbedingten Beiwerks, so treffen sie genau die moderne Entwicklung des Rechts, von der hier die Rede ist. Diese Entwicklung ist nicht auf die Rechtsprechung beschränkt. In der Verwirklichung »pathetischer sittlicher Postulate« in Art. 1 Abs. 1 ist der Grundgesetzgeber der Rechtsprechung vorangegangen. Trotzdem aber ist die Rechtsprechung der eigentliche Promotor der neuen Auslegungsmethoden. Der Einsicht, daß das Gesetz in dem Maße seine rechtsstaatliche Form verliert, in dem es ethische, sittliche oder religiöse Gehalte aufnimmt, unter welche nicht mehr im Wege des syllogistischen Schlusses subsumiert werden kann, hätte die Rechtsprechung durch eine sinnvolle Veralltäglichung solcher Normen Rechnung tragen können, welche diesen Normen ein gewisses Maß von Rationalität und Berechenbarkeit gegeben hätte.[33]

|54| Die *Auswirkungen der neuen Verfassungsauslegung* sind bekannt und ohne weiteres einsichtig. Die Sozialstaatsklausel macht den sozialen Prozeß de jure irreversibel (was er de facto schon war). Die sozialen Errungenschaften werden unter den Schutz der Verfassung gestellt.[34] Die Drittwirkung, welche einen noch nicht festgelegten Teil der Grundrechte für den Rechtsverkehr der Rechtsgenossen untereinander verbindlich macht, dient dem spezifisch sozialen Begehren nach Stabilisierung der Umweltverhältnisse auf der Basis noch nicht näher definierter sozialer Vorstellungen. Das Ergebnis ist, wie Dürig[35] richtig gesehen hat, eine wesentliche Reduzierung des in der Privatrechtsordnung bis dahin bewahrten liberalen Anteils an der gesamten Rechtsordnung, oder, wie Dürig es formuliert, ein Schritt zur »Verstaatlichung (Sozialisierung) des Privatrechts«.

Die inhaltliche Veränderung, die damit dem Grundgesetz gegeben wurde, ist außerordentlich, sie übertrifft bei weitem die inzwischen vorgenommenen förmlichen Verfassungsänderungen und kennzeichnet die weit gespannten Möglichkeiten der Rechtsprechung in einem Justizstaat. Mit dieser Veränderung verbindet sich eine hochgradige Verunsicherung des Verfassungsrechts. Auf die »eigentümliche Mischung und Verschränkungen des demokratischen, liberalen und sozialen Prinzips als Eigenart unserer Verfassung«[36], auf das Spannungsverhältnis zwischen Sozialstaatlichkeit und Rechtsstaatlichkeit[37] ist vielfach hingewiesen worden. Aber es wird kaum der wichtigen Tatsache gedacht, daß es die neue Auslegung ist, welche diese Mischung, Verschränkung und Spannung in das Verfassungsgesetz selbst hineingetragen hat, ohne aber in der Lage zu sein, einleuchtend und klar die in der Verfassung gegebenen, diesen verschiedenen Bestrebungen sinnvoll Rechnung tragenden Entscheidungen zu bezeichnen. Das ist auch nicht möglich. Denn nach der neuen Auslegung sind diese Entscheidungen nicht in der Verfassung vorgegeben, sondern sie werden von den Organen der Rechtsanwendung, und zwar in erster Linie von den Gerichten, erst getroffen. Die Ableitungen aus |55| der Verfassung, soweit sie versucht werden, widerlegen sich als petitiones principii in sich selbst.

Die geisteswissenschaftlich-werthierarchische Methode verunsichert das Verfassungsrecht, indem sie das Verfassungsgesetz (in den oben bezeichneten Grenzen) *in Kasuistik auflöst.* Das kann für jede Art der Verfassungsauslegung hier und dort unvermeidlich sein, nämlich in den Fällen, in denen es sich darum handelt, mit einer Inkongruenz zwischen der Norm und der Wirklichkeit zurechtzukommen. Als Beispiel mag der Hinweis auf die Enteignung von Gruppeneigentum dienen. In seinem grundlegenden Beschluß vom 10. Juni 1952[38] hat sich der Bundesgerichtshof zunächst dahin ausgesprochen, daß der Einzelakt die Enteignung von der Eigentumsbeschränkung abgrenze und für den Eingriff in Gruppeneigentum hinzugefügt, daß hier dieses Kriterium nicht gelte, daß es vielmehr von den Umständen des Falles abhänge, ob eine Enteignung oder eine bloße Eigentumsbeschränkung anzunehmen sei. Zutreffend bemerkt das Gericht: »Diese Schwierigkeit liegt in der Natur der Sache«.

Die hier behandelten Fälle der Verfassungsanwendung sind von anderer Art. Die Auflösung des normativen Rechts beruht bei ihnen nicht auf Schwierigkeiten, die sich aus der Natur der Sache ergeben, sondern auf inneren Zwangsläufigkeiten der Auslegungsmethode, Zwangsläufigkeiten also, für die sich der Interpret mit der Wahl der Auslegungsmethode entschieden hat. Ob eine Verletzung des als Willkürverbot verstandenen Gleichheitssatzes vorliegt, welche Grundrechte unter welchen Voraussetzungen Drittwirkung haben, wie weit die Sozialstaatlichkeit reicht, ob die Sozialstaatlichkeit den Grundrechten vorgeht (eine Frage, zu der das Bundesarbeitsgericht mit einem »Vielleicht« vage Stellung nimmt), welche Wertrangordnung zwischen dem Grundrecht aus Art. 5 Abs. 1 Satz 1 GG und den seine Ausübung beschränkenden Rechten und Rechtsgütern besteht – das sind Fragen, die heute zwar der wissenschaftliche Verfassungsinterpret für sich beantworten kann, ohne daß jedoch eine interpretativ deduzierbare Sicherheit oder auch nur rational begründbare Vermutung dahin bestände, daß diese Antwort der verbindlichen Entscheidung des zuständigen Gerichts entsprechen wird. Das Verfassungsrecht ist »offen« geworden. Was als Verfassungsrecht zu gelten hat, ergibt sich jeweils im konkreten Falle. Soweit die einschlägigen neuen Grundsätze der Verfassungsinterpretation gelten, ist das Verfassungsgesetz seiner Rationalität und damit seiner Evidenz entkleidet.

Diese *Auflösung* des normativen Rechts *in Kasuistik* ist aber nicht auf diejenigen Normenkomplexe beschränkt, in denen die Spannungen zwischen den liberalen, sozialen und demokratischen Verfassungskomponenten auftreten |56| oder von der Auslegung beschworen werden. Sie läßt sich auch dort feststellen, wo es sich um rein rechtliche, von keiner ideologisch-politischen Fracht beladene Entscheidungen handelt, wie bei der *Unterscheidung des vor- und nachkonstitutionellen* Rechts. Nachdem sich das *Bundesverfassungsgericht* im Beschluß vom 24. Februar 1953[39] grundsätzlich dahin schlüssig gemacht hatte, daß es die Normenkontrolle nur für nachkonstitutionelle Gesetze in Anspruch nehme, schien eine klare Grenze der Kompetenz des Gerichts gegeben. Aber die weitere Rechtsprechung ergibt ein anderes Bild. Der Beschluß vom 25. Mai 1956[40] qualifizierte die erst durch Bundesgesetz vom 12. September 1950 als § 372a in die Zivilprozeßordnung aufgenommenen Normen über die Zulässigkeit von Blutentnahmen zur Feststellung der Blutgruppe als vorkonstitutionelles Recht, weil es sich lediglich um die Wiederholung einer bisher schon bestehenden Grundrechtsbeschränkung handle; dagegen wurde der seit dem Inkrafttreten des Grundgesetzes unverändert gebliebene § 26 des Einkommensteuergesetzes im Beschluß des gleichen Senats vom 17. Januar 1957[41] für nachkonstitutionell, also im Wege der Normenkontrolle durch das Gericht überprüfbar, erklärt. Das wurde damit begründet, daß der Bundesgesetzgeber, indem er das Einkommensteuergesetz mehrfach geändert hat, auch den unverändert gebliebenen § 26 EStG »in seinen Willen aufgenommen« habe. Damit wird ein ganz neuer Gesichtspunkt in die rechtliche Beurteilung eingeführt, von dem unklar bleibt, welche Reichweite ihm zukommt. Denn die Tatsache, daß das Gericht in dieser Entscheidung zwar auf den Beschluß vom 24. Februar 1953 zurückgreift, aber den Beschluß vom 25. Mai 1956 unerwähnt läßt, wird man nicht anders als dahin deuten können, daß sich das Gericht jedenfalls von diesem Beschluß nicht distanziert, sich also vorbehält, bei gegebener Gelegenheit auf ihn zurückzugreifen. Mit anderen Worten: die Entscheidung, ob eine Norm vor- oder nachkonstitutionelles Recht ist, hält das Gericht offen; sie hört damit auf, eine Entscheidung nach (ungeschriebenen oder geschriebenen) Normen zu sein und bleibt ausschließlich eine solche der Rechtsprechung des Bundesverfassungsgerichts.

Dieser Fall der Auflösung einer der normativen Entscheidung ohne weiteres zugänglichen Rechtsfrage in Kasuistik steht ersichtlich außerhalb der bisher erörterten Zusammenhänge. Die Unterscheidung des vor- und nachkonstitutionellen Rechts ist in hohem Grade von ideellen und ideologischen Faktoren unabhängig, also eine rechtstechnische Unterscheidung. Die Tatsache, daß auch hier das Gericht Offenheit anstrebt, kann schlechterdings nicht anders als dahin verstanden werden, daß sich das Gericht unbeschadet der grund|57|sätzlich ausgesprochenen Ausscheidung des vorkonstitutionellen Rechts die Möglichkeit offen halten will, mit jeweils dem Einzelfall angepaßten Begründungen die Normenkontrolle in jedem Falle in der Hand zu behalten.

Das läßt sich nicht mit den bisher erörterten Gesichtspunkten und Erwägungen erklären. Hier tritt ein neuer Faktor ins Spiel, die von Max Weber sogenannten »Standesideologien der Rechtspraktiker«.[42] Sie üben auf die Rechtsprechung einen erheblichen Einfluß aus, indem sie ihren Stil bestimmen. Jede Rechtsprechung bildet unvermeidlich einen eigenen Stil aus, und dieser Stil ist nicht nur eine paralegalitäre Äußerlichkeit des Verfahrens und der Formulierung, sondern wirkt auf die Rechtsprechnung selbst ein, wobei es dahingestellt bleiben kann, ob die Vorstellungen von der richterlichen Funktion den Stil bestimmen oder umgekehrt der Stil die Funktionen modifiziert oder eine dialektische Wechselbeziehung obwaltet. Jedenfalls sind die Stileigentümlichkeiten ein unübersehbares Element jeder Rechtsprechung und es wäre nicht schwer, die bei den oberen Bundesgerichten und dem Bundesverfassungsgericht jeweils vorwaltenden Besonderheiten des Stils anzugeben. Es sind viele Faktoren, welche an der Ausprägung des jeweiligen Stils der Rechtsprechung beteiligt sind. Unter ihnen ist die Standesideologie der Richterschaft gewiß einer der wichtigsten. Das Grundgesetz hat durch die Heraushebung der Rechtsprechung aus den Staatsfunktionen die Standesideologie des deutschen Richters nachhaltig verändert. Insbesondere aber hat sich eine eigene Standesideologie der Bundesverfassungsrichter entwickelt. Das ist angesichts der überragenden Bedeutung und der besonderen Aufgaben dieses Gerichts verständlich.

Die wesentlichen Elemente dieser Standesideologie sind in dem jüngst veröffentlichten Material über den Status des Bundesverfassungsgerichts[42] deutlich erkennbar. Sie stimmen mit der gekennzeichneten neuen Auslegung des Grundgesetzes überein und ergänzen sie. Die Aufgabe des Bundesverfassungsgerichts wird in Absetzung von der Rechtsprechung der übrigen Gerichte und auch des Staatsgerichtshofs unter der Weimarer Verfassung neu und zwar dahin formuliert, »daß hier zum ersten Male in der deutschen Geschichte der Prozeß der staatlichen Integration selbst sich auch mit Hilfe der Rechtsprechung eines Gerichts vollzieht, oder – anders ausgedrückt – dadurch, daß ein Verfassungsgericht durch seine Rechtsprechung zugleich an der Ausübung der ›obersten Staatsgewalt‹ teilnimmt« (S. 11).[44] Demgemäß |58| nimmt das Gericht für sich die Stellung eines repräsentativen Verfassungsorgans in Anspruch (S. 127, 124ff.). Für die Setzung der Akzente ist es charakteristisch, daß Leibholz in der Einleitung die Vorstellung zurückweist, die Funktion des Bundesverfassungsgerichts ließe sich aus der »Perfektion des Rechtsstaats« verstehen. Damit stimmt es überein, daß die Formel vom Hüter der Verfassung, deren sich manche Urteile des Gerichts bedienen, zwar gelegentlich auftritt (z. B. S. 125), aber jedenfalls nicht als zentraler Begriff verwendet wird.

Zusammenfassend wird man feststellen dürfen, daß das Bundesverfassungsgericht in den Vorstellungen eines dem Verfassungsgesetz unterstellten und seine Innehaltung mit den Mitteln herkömmlicher Rechtsauslegungskunst sichernden Gerichts nicht mehr begriffen werden kann. Das Bundesverfassungsgericht, an der staatlichen Integration auf höchster Ebene als repräsentatives oberstes Bundesorgan teilnehmend, unabtrennbar von den politischen Modalitäten einer solchen Integration, greift über die Institutionsgrenzen eines Gerichts weit hinaus und muß in seiner Singularität begriffen werden. Nur so ist es zu verstehen – bei einem normalen Gericht hätte das als Mangel an Stilgefühl zu gelten –, daß das Bundesverfassungsgericht sich mit seinen Kritikern polemisch auseinandersetzt.[45] In diesem Falle ist es weniger Gericht denn ein an der Integration aktiv teilnehmendes oberstes Verfassungsorgan, das seine Position verteidigt.[46]

Das Auftreten eines derartigen neuen Verfassungsorgans im Mittelpunkt des rechtsstaatlichen Verfassungsgefüges ist ein sicheres Zeichen für tiefgreifende strukturelle Veränderungen. In der Tat hat die *Rechtsstaatlichkeit* damit ein andersartiges Gepräge gewonnen. Der neue Sinn der Rechtsstaatlichkeit tritt in einigen charakteristischen Sätzen eines neueren Beschlusses des Bundesverfassungsgerichts[47] besonders klar hervor. Sie lauten: »Für diese Vollstreckungsentscheidung nach § 35 hat das Gesetz über das Bundesverfassungsgericht ein besonderes Verfahren bewußt nicht vorgeschrieben, um dem Gericht volle Freiheit zu lassen, das Gebotene in der jeweils sachgerechtesten, |59| raschesten, zweckmäßigsten, einfachsten und wirksamsten Weise zu erreichen. Die Vollstreckung in der Hand des zum Hüter der Verfassung bestellten höchsten Gerichts bietet Gewähr, daß der von der Sachentscheidung dieses Gerichts geforderte Zustand korrekt herbeigeführt wird; die Vollstreckung in der Hand des Bundesverfassungsgerichts sichert, daß die umfassende Ermächtigung des § 35 a.a.O. nicht mißbraucht wird, auch wenn die Entscheidung von Amts wegen, also völlig unabhängig von den Interessen, den Wünschen, den Anträgen oder den Anregungen der Beteiligten ergeht.« Für denjenigen, der den Rechtsstaat noch im herkömmlichen Sinne versteht, gibt es keinen Zweifel, daß »die volle Freiheit, das Gebotene in der jeweils sachgerechtesten usw. Weise zu erreichen«, das genaue Gegenteil der Rechtsstaatlichkeit bedeutet. Rechtsstaatlichkeit dieser Art bedeutet die Notwendigkeit geordneter, den Schutzbedürfnissen der Betroffenen Rechnung tragender Verfahren und sie wird, ernst genommen, davon keine Ausnahme zulassen, auch nicht für ein Gericht, welchen Rang es auch haben möge. Aus den Sätzen des Bundesverfassungsgerichts spricht eine grundlegend andere Vorstellung vom Rechtsstaat. Nach ihr erübrigen sich geregelte Verfahren durch die rechtsstaatliche Vertrauenswürdigkeit der handelnden Instanz.[48] Hier wird mit dem Übergang vom Rechtsstaat zum Justizstaat Ernst gemacht. Bemerkenswert ist schließlich, zu sehen, mit welcher Selbstverständlichkeit das Bundesverfassungsgericht eine justizfremde Aufgabe – die Weimarer Verfassung hatte die Vollstreckung dem Reichspräsidenten übertragen (Art. 19 Abs. 2) – als ihm gemäß anerkannt. Ein auf Rechtsprechung angelegtes und festgelegtes Gericht würde dieser Selbstverständlichkeit ermangeln.

Im Rückblick auf die angestellten Erwägungen ist festzustellen: Das Verfassungsgesetz befindet sich in einem Zustand partieller Auflösung. Diese Auflösung ist das Ergebnis des Übergangs zu neuen, nämlich zu geisteswissenschaftlich-werthierarchischen Auslegungsmethoden. Sie haben zu einschneidenden Veränderungen derjenigen Teile des Verfassungsrechts geführt, in denen die demokratisch-sozialen Tendenzen der Zeit wirksam sind. Dagegen sind diejenigen Teile des Verfassungsrechts, die mehr den Charakter eines Regulativs haben (die Vorschriften über Bundestag, Bundesrat, Bundesregierung, Bundespräsident, das Verhältnis von Bund und Ländern) als verfassungsgesetzliche Normierungen alten Stils erhalten geblieben. Dieser wesentlichen Veränderung entspricht die Entwicklung des Bundesverfas|60|sungsgerichts zu einer Institution sui generis, die mit der Formel vom Hüter der Verfassung, was nur heißen kann: des Verfassungsgesetzes, nicht mehr verstanden werden kann.

Dieser Entformalisierung des Verfassungsrechts ist die *Entfaltung des Justizstaates*, wie sie sich insbesondere in der Institution der Verfassungsgerichtsbarkeit zeigt, kongruent. Denn die Auflösung des normativen, formalen Verfassungsrechts in Kasuistik entspricht auch den Funktionsweisen des Bundesverfassungsgerichts. An sich wohnt allem durch die Rechtsprechung geschaffenen oder fortgebildeten Recht die Tendenz zur Kasuistik inne, die sich aus der Beschränkung auf die jeweils zu treffende Entscheidung ergibt. Für die in der Rechtsprechung des Bundesverfassungsgerichts hervortretende Kasuistik, die auch Entscheidungen mit normativen Auswirkungen, wie die Ausscheidung des vorkonstitutionellen Rechts im Rahmen der konkreten Normenkontrolle, kasuistisch mit wechselnden Begründungen überspielt, ist wohl das starke Bewußtsein einer umfassenden Verantwortung für die Verfassungsmäßigkeit des Rechtslebens nicht unwichtig. Dieses Bewußtsein drängt dahin, durch Vermeidung jurisdiktioneller Selbstbindung offen zu bleiben und keine Kontrollen endgültig aus der Hand zu geben. Das Heraustreten aus der formalen Gesetzesgebundenheit im Rahmen der klassischen Auslegungsregeln bestimmt, wenn auch gewiß nicht allein, den Stil der Entscheidungen. Denn in dem Maße, in dem die Formalqualität des Verfassungsgesetzes aufgelöst wird, kann es nicht mehr genügen, eine Entscheidung damit zu begründen, das heißt als rechtsrichtig zu erweisen, daß ihre Übereinstimmung mit den Verfassungsnormen dargetan wird. Deshalb nehmen allgemeine geisteswissenschaftliche und politische Erwägungen wie auch ausführliche Darstellungen zeitgeschichtlicher Art in den Urteilen des Gerichts einen bisher unbekannten Umfang ein.

Das Verfassungsrecht hat unter Sprengung seiner rechtsstrukturellen Einheitlichkeit einen in seinen Abläufen und Ergebnissen registrierbaren Prozeß der Umbildung durchlaufen, dessen Folgerichtigkeit und logische Homogenität zu erweisen eine der Aufgaben dieser Zeilen ist. Es ist, um das zu wiederholen, keineswegs die Absicht, diese Entwicklung einer Kritik zu unterziehen, sondern sie geht allein dahin, einen Beitrag zur Analyse des gegenwärtigen Verfassungsrechts zu geben.

Mit der Abschwächung des Verfassungsgesetzes durch das Hervortreten der geisteswissenschaftlich-hierarchischen Methode, mit der Praktizierung der »fließenden Geltungsfortbildung des gesetzten Verfassungsrechts« im Sinne Smends hat das Verfassungsgesetzesrecht, soweit es davon ergriffen wurde, Formalität, Rationalität und Evidenz in erheblichem Umfange eingebüßt. Das bedeutet einen Verlust an stabilisierender Funktion, welche das Verfassungsgesetz an sich seiner Bestimmung nach zu leisten hat. Dieser Ver|61|lust findet aber seinen Ausgleich in neuen Stabilitäten, die jenseits der Verfassung das Gefüge eines Verteilungsstaates von größter Subtilität zusammenhalten.[49] So deutet manches darauf hin, daß der Rechtsstaat in seiner Fortbildung zum Sozialstaat der stabilisierenden Funktion einer geschriebenen Verfassung nicht mehr in dem Maße bedarf, wie das für den Rechtsstaat alter Prägung der Fall war. Anders ausgedrückt: Anzeichen sprechen dafür, daß mit dem Übergang zum Sozialstaat mehr geschehen ist, als dem allgemeinen Bewußtsein gegenwärtig ist. Der Abbau der formalrationalen Qualitäten des Verfassungsgesetzesrechts ist zugleich auch die Depossedierung der Rechtswissenschaft und des Juristen im Raum der Verfassung. In dem Maße, in dem dieser Abbau fortgesetzt werden sollte, würde auch die Verfassungsgerichtsbarkeit zu einer Bezeichnung mit verfließenden Konturen und schließlich zu einem bloßen Namen.

Es liegt nahe, Feststellungen und Erwägungen dieser Art in die Frage ausmünden zu lassen, ob die Verfassung im bisherigen Sinne noch eine Zukunft hat. »Une survivance: la notion de Constitution« hat Georges Burdeau seinen Beitrag zur Festschrift für Achille Mestre[50] betitelt, der wegen seiner vielfachen Parallelen zum deutschen Verfassungsrecht und als allgemeine Kennzeichnung der Rolle der Verfassung in der modernen Welt besondere Beachtung verdient. Aber diese Frage ist mit den Mitteln der Wissenschaft nicht zu beantworten. Die Antwort wird die Zukunft geben.

Es ist der Sinn dieser Zeilen, eine wesentliche Entwicklung unseres öffentlichen Rechts am Beispiel der Verfassungsauslegung darzulegen. Daß diese Darstellung nicht unkritisch bleiben konnte, hat seinen Grund sowohl in den Überzeugungen des Verfassers wie im Gegenstande selbst. Der Rechtsstaat ist seinem Wesen nach nicht eine organisierte Gesinnungs- oder Erlebniseinheit, sondern ein institutionelles Gefüge oder, um es kraß zu formulieren, ein System rechtstechnischer Kunstgriffe zur Gewährleistung gesetzlicher Freiheit. Daß es gelungen ist, diesen Rechtsstaat auch zur Erfüllung weitgreifender sozialer Aufgaben tauglich zu machen, gibt ihm ein zusätzliches Anrecht auf Bestand. Im Rechtsstaat sind die einzelnen Elemente des institutionellen Gefüges in ihrer spezifischen rechtlichen Stilisierung aufeinander bezogen. So setzt die Verfassungsjustiz nicht nur die Gewaltenteilung, sondern auch einen spezifischen Gesetzesbegriff und einen spezifischen Begriff des mit Vorrang ausgestatteten Verfassungsgesetzes voraus. Greift man in dieses Gefüge ein, indem man den spezifischen Begriff des Verfassungsgesetzes auflöst, so muß sich das auf alle Institutionen des Rechtsstaates auswirken und auch die Verfassungsjustiz wird dadurch verändert. Weil der |62| Rechtsstaat seinem Wesen nach institutionelles Gefüge ist, treffen ihn institutionelle Veränderungen in seiner Substanz. Die Annahme, daß der Rechtsstaat beliebiger Wandlungen fähig und in seiner spezifischen Ausprägung für die Rechtsanwendung verfügbar sei, ist eine gefährliche Illusion. Vor dieser Illusion eindringlich zu warnen, ist der Zweck dieser Abhandlung.

1 *Carl Schmitt, Verfassungslehre,* 1928, S. 13.
2 Insoweit darf summarisch auf die Verfassunglehre *Carl Schmitts* verwiesen werden.
3 Neben der Verfassungslehre Carl Schmitts ist hier *Triepel, Staatsrecht und Politik,* 1926, *Thoma, Handbuch des Deutschen Staatsrechts,* Bd. 1, 1930, S. 4ff. zu nennen.
4 *Thoma,* Handbuch, hat sogar den Positivismus nicht aufgeben wollen. Er formuliert: »Es handelt sich nicht darum, den Positivismus zu ›überwinden‹, sondern darum, ihn als unentbehrliches Element einzubetten in die wissenschaftliche Erfassung der staatsrechtlichen Institute. Die Aufgabe ist, ein jedes Institut sowohl positivistisch zu fixieren, als auch zu begreifen, als einen im Strom der Geschichte stehenden Versuch der Lösung eines politischen Problems.« Diese im einzelnen nicht sehr klare Äußerung kann man wohl nur dahin verstehen, daß Thoma an der Gesetzesbindung im herkömmlichen Sinne nicht rütteln lassen will.
5 Das gilt natürlich nicht für die Regeln der Auslegung, die sich aus der immanenten Logik der Normen ergeben wie: lex specialis derogat legi generali, lex posterior derogat legi priori usw.
6 Smend, Verfassung, S. 164, wo es heißt: »Ganz abgesehen von aller positiven Rechtsgeltung (sic!) proklamieren die Grundrechte ein bestimmtes Kultur-, ein Wertsystem, das der Sinn des von dieser Verfassung konstituierten Staatslebens sein soll«. Der Vorbehalt der positiven Rechtsgeltung muß wohl als Anerkennung der Geltung des Verfassungsgesetzes mit seinen herkömmlichen Bindungen verstanden werden.
7 Die folgenden Erwägungen sollen sich auf das Wertsystem beschränken, nicht nur weil dieser Begriff am stärksten fortwirkt, sondern weil das, was dazu auszuführen ist, auch für das Kultursystem und das Gütersystem gilt.
8 Von einem *Wertsystem* kann wohl auch deshalb schwerlich die Rede sein, weil Wertfixierungen, welche nur dem Individuum, nicht aber auch dem Staat gelten, auch in einer liberalen Verfassung nicht den Grad von Vollständigkeit und Geschlossenheit erreichen, der die Bezeichnung als System rechtfertigen könnte.
9 Daß damit das Rechtswesen nicht außer Zusammenhang mit den geistigen Bewegungen der Zeit gestellt werden soll, bedarf wohl nicht der besonderen Darlegung.
10 Aus Gründen der Einfachheit wird dieses Wort für alle Fälle prätendierter juristischer Sinnerfassung von Normen beibehalten, ohne zu prüfen, ob es sich der Sache nach noch um juristische Auslegung handelt.
11 Urt. v. 15. Dezember 1953, E.Bd. 1 S. 48ff. (S. 51), ebenso Gutachten

des BGH v. 28. April 1952, DVBl. 1953 S. 471.

12 So z. B. OVG Münster v. 29. Sept. 1950, VRspr. Bd. 3 S. 737, und v. 11. April 1951, VRspr. Bd. 4 S. 754; OVG Lüneburg v. 9. Februar 1951, VRspr. Bd. 4 S. 233; OVG Hamburg v. 16. April 1955, VRspr. Bd. 6 S. 654. Ebenso *Kleinrahm*, DV 1949 S. 537; *Krüger*, DV 1950 S. 625. Näheres dazu bei *Uber, Freiheit des Berufs*, 1952.

13 VRspr. Bd. 3 S. 742.

14 Dazu etwa *Thoma, Die juristische Bedeutung der grundrechtlichen Sätze*, in *Nipperdey, Die Grundrechte und Grundpflichten der Reichsverfassung*, Bd. 1, 1929 S. 1ff.

15 Als Beispiel einer solchen geisteswissenschaftlichen Auslegung der Grundrechte sei die Schrift von *Hamel, Die Bedeutung der Grundrechte im sozialen Rechtsstaat*, 1957 (insbesondere S. 14ff.) genannt. *Klein* in *Mangoldt-Klein, Kommentar zum Bonner Grundgesetz* Bd. 1 S. 57, wendet sich gegen die Möglichkeit einer *einheitlichen* geistesgeschichtlichen Begründung der Grundrechte, hält aber die geistesgeschichtliche (ideengeschichtliche) Begründung zur Auslegung der Grundrechte für wesentlich.

16 BVerfG v. 20. Juli 1954, E Bd. 4 S. 7ff. (S. 15).

17 Selbst ein der traditionellen Auslegung verbundener Autor wie *Theodor Maunz* spricht in seinem *Deutschen Staatsrecht*, 7. Aufl. 1958, S. 94, vom »Wertsystem der menschlichen Güter«, das aus der Würde des Menschen (Art. 1 GG) zu entwickeln sei.

18 wie das Urteil des BVerfG v. 15. Januar 1958, JZ 1958 S. 119, deutlich zeigt, in dem die modernen gesellschaftlichen Machtfaktoren überhaupt nicht im Spiele sind.

19 In *Neumann–Nipperdey–Scheuner, Die Grundrechte*, Bd. 2, S. 18.

20 Soweit auch die Sozialstaatsklausel zur Begründung der Drittwirkung herangezogen wird, ist darauf alsbald einzugehen.

21 BAG im Urteil v. 3. Dezember 1954, NJW 1955 S. 606, in dem es heißt: »Zwar nicht alle (!), aber doch eine Reihe bedeutsamer Grundrechte der Verfassung sollen nicht nur Freiheitsrechte gegenüber der Staatsgewalt garantieren, sie sind vielmehr Ordnungsgrundsätze für das soziale Leben, die in einem aus dem Grundrecht näher zu entwickelnden Umfang (!) unmittelbare Bedeutung auch für den Rechtsverkehr der Bürger untereinander haben.«

22 Die weitausholenden Ausführungen von *Menger, Der Begriff des sozialen Rechtsstaats im Bonner Grundgesetz*, 1953, bemühen sich um eine Präzisierung des sozialen Rechtsstaats aus der Geschichte des Rechtsstaats auf deutschem Boden; sie geben eine verfassungsgeschichtlich angelegte Analyse, aber keine Interpretation.

23 E Bd. 1 S. 51.

24 In *Neumann–Nipperdey–Scheuner, Die Grundrechte*, Bd. 2 S. 243ff.

25 Ebd., S. 255.

26 *Jahrb. d. öff. R.* N. F., Bd. 1 S. 202ff.

27 *Handbuch des Deutschen Staatsrechts*, Bd. 1, 1930, S. 288.

28 Das gilt vor allem für die Lehre vom Widerruf, und zwar im Hinblick auf die Widerruflichkeit gesetzwidriger begünstigender Verwaltungsakte.

29 Diese Tatsache wird im Hinblick auf die behauptete Einheit der Dritten Gewalt nicht übersehen werden dürfen.

30 Wobei dahingestellt bleiben mag, ob sich die am Wert orientierte geisteswissenschaftliche Auslegung wirklich auf die Philosophie berufen kann. Die Gefahr solcher der Philosophie entlehnter methodischer Aushilfen besteht natürlich in einem Abgleiten in den Dilettantismus, da Juristen insgemein keine gelernten Philosophen sind. Im übrigen komplizieren sich die philosophischen Aushilfen bei der Interpretation des Grundrechtsteils des Grundgesetzes noch insofern, als der Wesensgehalt eines Grundrechts (Art. 19 Abs. 2) gewiß nicht wertphilosophisch – und wenn überhaupt philosophisch, dann nur phänomenologisch – interpretiert werden kann, so daß man also auch philosophisch zweispurig verfahren müßte. Was bleibt unter diesen Umständen von der Eigenständigkeit der Rechtswissenschaft noch übrig?

31 *Wirtschaft und Gesellschaft*, 4. Aufl., 1956, Bd. II S. 503ff.

32 Rechtssoziologie S. 507.

33 Entgegengesetzter Auffassung ist *Hans Peters, Die freie Entfaltung der Persönlichkeit als Verfassungsziel.* Festgabe für Laun, 1953, S. 669ff., der sich gerade gegen die Abnutzung des Persönlichkeitsrechts des Art. 2 Abs. 1 für banale Zwecke wendet und dieses Recht für diejenigen Fälle vorbehalten wissen will, die seinen wahren Inhalt bilden: »jedem – dem Ausdruck echten Menschentums entsprechend – die Auswirkung seiner ihm vom Schöpfer verliehenen Persönlichkeit zu ermöglichen«. Das greift sehr hoch, und je höher das Gesetz und seine Auslegung greifen, desto mehr wird die Rechtsverwirklichung verunsichert. Die Frage ist eben, ob nicht auch die vom Schöpfer verliehene Persönlichkeit in einer Rechtsordnung besser aufgehoben ist, deren Formalisierung und Rationalität die gesetzmäßige Freiheit nach Art und Umfang berechenbar und effektiv machen. Nur darum geht es hier.

34 Ob auch unter den Schutz des Art. 79 Abs. 3 GG bleibe hier dahingestellt.

35 *Dürig, Grundrechte und Zivilrechtsprechung*, Festschrift für Nawiasky, 1956, S. 157ff. (184).

36 *Friesenhahn, Recht – Staat – Wirtschaft* Bd. 3 S. 63.

37 *Fechner, Freiheit und Zwang im sozialen Rechtsstaat*, 1953, S. 15ff. u. passim.

38 BGHZ 6 S. 270.

39 E Bd. 2 S. 124.

40 E Bd. 5 S. 13.

41 E Bd. 6 S. 55.

42 Rechtssoziologie S. 507.

43 *Jahrb. d. öff. R.* N. F. Bd. 6 S. 109ff.

44 Man darf wohl unterstellen, daß dieser der Einleitung aus der Feder von Leibholz entnommene Satz die Auffassung des Gerichts wiedergibt.

45 Beschl. v. 19. Februar 1957, E Bd. 6 S. 132.

46 Die Einführung eines besonderen strafrechtlichen Schutzes des Bundesverfassungsgerichts, die neuerdings als erwünscht, wenn nicht gar notwendig bezeichnet worden ist, würde die Entwicklung abrunden. Eine Parallele zum contempt of court wird man freilich, wenn dieser Schutz nicht allen Gerichten gewährt wird, schwerlich anerkennen können. Der strafrechtliche Schutz des Bundesverfassungsgerichts wird offenbar aus der besonderen Stellung und Funktion dieser Institution begründet und dürfte demnach mit denjenigen Strukturelementen zusammenhängen, welche das Bundesverfassungsgericht von den Gerichten im herkömmlichen Sinne unterscheiden.

47 Es handelt sich um den die Kommunistische Partei des Saarlandes betreffenden Beschluß vom 21. März 1957, E Bd. 6 S. 300ff. (304).

48 *Geiger, Kommentar zum Bundesverfassungsgerichtsgesetz*, 1952, S. 130, formuliert sich – offenbar noch in traditionellen rechtsstaatlichen Vorstellungen befangen – wesentlich zurückhaltender: »§ 35 macht das BVG auch zum Herrn der Vollstreckung seiner Entscheidungen, indem es ihm eine ungewöhnliche Ermächtigung gibt, die rechtsstaatlich eben noch erträglich nur deshalb ist, weil sie einem höchsten Verfassungsorgan und obersten Gerichtshof eingeräumt wird.«

49 Dazu *Gehlen, Soziologische Voraussetzungen im gegenwärtigen Staat* (Beilage zur Staatszeitung für Rheinland-Pfalz, Januar 1956).

50 *L'évolution du droit public*, Paris, Sirey 1956.

Alexander Hollerbach

Auflösung der rechtsstaatlichen Verfassung?[1]

Zu Ernst Forsthoffs Abhandlung »Die Umbildung des Verfassungsgesetzes« in der Festschrift für Carl Schmitt[2]

A.

Forsthoffs aufrüttelnder Aufsatz muß nicht nur deshalb die gespannte Aufmerksamkeit der Staatsrechtswissenschaft beanspruchen, weil darin das schwierige Problem der Verfassungswandlung[3] angesprochen wird, sondern auch, wenn nicht in erster Linie, weil es sein grundsätzlich ernst zu nehmendes Anliegen ist, zur Stärkung der »normativen Kraft der Verfassung« *(Hesse)* beizutragen. Es fragt sich, ob dieses Ziel erreicht, ja ob überhaupt der richtige Weg dahin beschritten wird. Indem diese Frage gestellt und dabei irgendwie schon ein Bild vom Richtigen als Maßstab vorausgesetzt wird, behauptet der kritische Betrachter nicht, abschließend-gesichert zu wissen, welches der richtige Weg sei. Er will, |242| ohne Vollständigkeit zu erstreben, lediglich gewisse grundsätzliche Fragerichtungen markieren.

Eine ins Detail ausgeführte Gegenthese zu entwickeln, ist nicht die Absicht dieser hauptsächlich auf Methoden- und Begriffsanalyse gerichteten Untersuchung. Forsthoffs sehr konziser Aufsatz, der mitten in die Grundlagenproblematik der gegenwärtigen deutschen Staatsrechtswissenschaft hineinführt, wirft eine Fülle von Fragen auf, zu denen nicht mit wenigen Sätzen Stellung genommen werden kann. Auch müssen wichtige Einzelprobleme der Verfassungsjudikatur und -praxis, die von ihm diskutiert werden, außer Betracht bleiben. Ebenso mußte bei den literarischen Nachweisen auf Vollständigkeit verzichtet werden.

B.

Forsthoffs Ausführungen lassen sich folgendermaßen zusammenfassen:

Das Grundgesetz trägt als rechtsstaatliche Verfassung von bestimmter Formtypik vornehmlich technischen Charakter. Dazu gehört zuvörderst die auf rationale Evidenz und Stabilität hin angelegte »Gesetzesform der Verfassung« (36). *Sie* will ernstgenommen werden. Das geschieht am besten durch eine spezifisch juristische Auslegung des Verfassungsgesetzes, die sich auf einen gesicherten Bestand überkommener hermeneutischer Regeln stützen kann und muß. Gesetzesauslegung stellt sich dann dar als »die Ermittlung der richtigen Subsumtion im Sinne des syllogistischen Schlusses« (41). Demgegenüber wird die Verfassungstheorie und Staatsrechtslehre *Rudolf Smends* mit ihrer auf »Verstehen« ausgerichteten »geisteswissenschaftlich-werthierarchischen« Methode der Verfassungs-, insbesondere der Grundrechtsinterpretation, und mit ihrer These von der »fließenden Geltungsfortbildung des gesetzten Verfassungsrechts«[4] dem normativen Anspruch und der Wirklichkeit des Rechtsstaates nicht gerecht. Solche Interpretation überschreitet den Rahmen der Gesetzesauslegung, löst die Verfassung als Gesetz auf (42), indem sie deren formale Elemente übersieht (44), und führt so zu einer hochgradigen »Verunsicherung des Verfassungsrechts« (54). Da die Rechtsprechung weithin dieser geisteswissenschaftlichen, am »Wert« orientierten Auslegungsmethode huldigt, kam es, unterstützt durch die »Schubwirkung des sozialen Trends« (48), zu einem Abbau der Formqualitäten des rechtsstaatlichen Verfassungsgesetzes und so zu einer bedeutsamen Verfassungswandlung. Die Rechtsprechung zur sogenannten Drittwirkung der Grundrechte etwa offenbart eine Verfassungswandlung größten Ausmaßes (47). Entformalisierung des Verfassungsrechts und Entfaltung des Justizstaates gehen Hand in Hand (60). In diesem Wandlungsprozeß kommt dem Bundesverfassungsgericht schon durch seine das überkommene rechtsstaatliche Gefüge sprengende Existenz wie auch durch seine weithin kasuistische Rechtsprechung, die sich in besonderem Maße der geisteswissenschaftlich-werthierarchischen Methode bedient und nicht frei von politischen und zeitgeschichtlichen Erwägungen ist (60), eine |243| führende Rolle zu, zumal es für sich die Stellung eines echten Verfassungsorgans beansprucht.

Mit diesen (hier notwendigerweise grob skizzierten) Ausführungen will Forsthoff zur Analyse des gegenwärtigen Verfassungsrechts beitragen (60). Er betont (51, 60), daß er die dargestellte Entwicklung – die neuartige Deutung des Verfassungsgesetzes sei längst eine objektive Realität geworden (50) – nicht kritisieren wolle: es gehe nicht um das Richtig oder Falsch, sondern um ihren

»objektiven Sinn« (51); er spricht anderseits in dezidierter Form die doch wohl allein kritisch-wertend[5] zu verstehende Warnung vor der »Illusion« einer schrankenlosen Wandlungsfähigkeit und Verfügbarkeit des Rechtsstaats aus (62).

C.

1. Analyse der Begriffe Verfassung, Rechtsstaat, Sozialstaat, Verwaltung und Justizstaat

In der Reihe der Begriffsklärungen, die im Rahmen einer kritischen Analyse zu vollziehen sind, ist zunächst nach dem *Verfassungsbegriff* zu fragen.

Forsthoff folgt augenscheinlich der *Carl Schmitt*schen Unterscheidung von »Verfassung im positiven Sinne« und »Verfassungsgesetz«.[6] Hinter dem Verfassungsgesetz, der »Gesetzesform der Verfassung«, der »Verfassung als Gesetz«, wovon er ausgeht,[7] steht also die Verfassung als (notwendig formale[8]) Entscheidung. Der moderne, auf eine »Legitimität« gegründete, »legalitär-normativ« gestaltete Verfassungsstaat[9] ist seinem Wesen nach »Herrschaftsorganisation«.[10] Das Verfassungsgesetz |244| hat nun zwar die »politische Gesamtordnung des Staates«[11] zum Gegenstand, es ist aber nicht Integrationsrecht.[12] Nach Forsthoff ist für das Grundgesetz kennzeichnend, »daß es strenges Gesetzesrecht enthält und auf die sachliche Integration durch programmatisch verheißende Normierungen verzichtet«.[13] Demgemäß ist es die Aufgabe der Verfassung, lediglich die Sicherheit der staatlichen Form und Existenz sowie die Rechtssicherheit der Bürger zu gewährleisten.[14] Wie das Rechtswesen allgemein auf Kontinuität angelegt ist,[15] ist der Verfassung in besonderem Maße das Moment der Dauer, der Abgeschlossenheit und Endgültigkeit eigentümlich; sie ist etwas Beharrendes, Zuständliches.[16] Diesem ihrem Wesen und ihrer Funktion gegenüber der Wirklichkeit kann sie nur gerecht werden, wenn ihre formalen Qualitäten als Gesetz im Sinne der abstrakten, generellen Norm und damit ihre »technische Strenge« beachtet werden.[17] Es gilt die »Herrschaft des Gesetzes« mit seiner »Rationalität« und »Evidenz«, mit seiner »Verläßlichkeit und Berechenbarkeit«.[18] Damit wird das Gesetz zum Eckpfeiler der rechtsstaatlichen Verfassung.

Die Erörterung des Verfassungsbegriffs muß so notwendig zu einer Betrachtung des für Forsthoffs Abhandlung zentralen Begriffs des *Rechtsstaats* führen. Unter all den verschiedenen Wendungen, mit denen er in je anderem Ansatz und Zusammenhang das Wesen des Rechtsstaats umschreibt,[19] erscheint die folgende als die charakteristischste: »Der Rechtsstaat ist seinem Wesen nach nicht eine organisierte Gesinnungs- |245| oder Erlebniseinheit, sondern ein institutionelles Gefüge, oder um es kraß zu formulieren, ein System rechtstechnischer Kunstgriffe zur Gewährleistung gesetzlicher Freiheit«.[20] Rechtsstaatlichkeit erfordert deshalb insbesondere die Regelung geordneter Rechtsschutzverfahren.[21] Die wesentlichen Strukturelemente des Rechtsstaats, wie Gewaltenteilung, allgemeines Gesetz, das mit Vorrang ausgestattete Verfassungsgesetz, das Prinzip der Gesetzmäßigkeit der Verwaltung, die Gewährleistung der Grundrechte sowie die Unabhängigkeit der Gerichte, sind im einzelnen und damit die rechtsstaatliche Verfassung im ganzen durch eine hochgradige »Formalisierung« gekennzeichnet.[22]

Forsthoff ist sich dessen sehr wohl bewußt, daß der so charakterisierte Rechtsstaat im Grunde der Konzeption des bürgerlichen Rechtsstaats des 19. Jahrhunderts entspricht. Obwohl dieser auf der Trennung von Staat und Gesellschaft beruhte, heute indes die Schranke zwischen Staat und Gesellschaft gefallen ist,[23] und diese beiden Sozialkräfte, wie Forsthoff einmal treffend gesagt hat,[24] in einem Zustand der »Osmose« leben, entfaltet nach seiner Auffassung der Begriff des Rechtsstaats in diesem Sinne noch heute seine Lebenskraft. Er meint nämlich, infolge der Formalisierung und Technisierung der rechtsstaatlichen Strukturelemente trügen diese die Bedingungen ihrer Wirkweise in sich selbst.[25] Sie erleiden bei ihrer Wirkung im sozialen Raum zwar unter Umständen gewisse, die strenge Formtypik durchbrechende Modifikationen,[26] erweisen sich aber im ganzen gesehen als stetig und unverändert. Hieraus folgert Forsthoff grundsätzlich: Man kann das Verfassungsrecht des Rechtsstaats von dem Wechsel der »Ambiance«, dem »soziologischen Grund«, in hohem Maße isolieren;[27] es bietet durchaus genügende Möglichkeiten der »Anpassung«. Auch für die Bewältigung der Probleme des Sozialstaats hält er den Rechtsstaat für tauglich, woraus er ein besonderes Anrecht auf dessen Bestand abzuleiten geneigt ist.[28]

|246| Was Forsthoffs Verständnis des Begriffes *Sozialstaat* anlangt, so hat nach seiner Ansicht das Grundgesetz keinen spezifi-

schen sozialen Gehalt.[29] Der Sozialstaat als Staat der Daseinsvorsorge, der Leistung und der Verteilung[30] ist ganz einfach »gegeben«.[31] Zwar wird der Rechtsstaat durch das sozialstaatliche Bekenntnis in gewisser Weise »inhaltlich determiniert«, dies hat aber keine institutionelle Bedeutung. »Es berührt die strukturelle Verfassungsform der Bundesrepublik nicht. Diese ist nach wie vor mit dem Begriff Rechtsstaat erschöpfend bezeichnet. Rechtsstaat und Sozialstaat sind also auf der Verfassungsebene nicht verschmolzen«.[32] Der Sozialstaat mit seinen materiellen Gehalten ergänzt auf der Ebene der Verwaltung die rein technische rechtsstaatliche Verfassung.[33]

Damit ist die weitere Frage nach dem Verhältnis von Verfassung und *Verwaltung*, von Verfassungsrecht und Verwaltungsrecht gestellt. Verwaltung bedeutet »wertverwirklichende Gestaltung«; für das Verwaltungsrecht ist der »unmittelbare Rückgriff auf den Wert« typisch.[34] Demgegenüber ist das Verfassungsrecht gekennzeichnet durch einen stilisierten Legalitätsschematismus technischer Normen, angelegt auf regulierendes, Willenssphären abgrenzendes, nicht gestaltendes Funktionieren mit strenger Effektivität. Die Verwaltung »als Träger der an jedem Tage notwendigen Daseinsvorsorge«,[35] eines Bereichs, der an der rechtsstaatlichen Verfassung »vorbeilebt«,[36] legitimiert sich heute weitgehend aus sich selbst. Die Verfassung bedarf einer Legitimität von außen, aus einer von der Normativität nicht mehr erreichten Entscheidung, aus einem bestimmten politischen System[37] oder aus welchen Momenten immer. Kurz: Verfassungsrecht ist technisch-formales, Verwaltungsrecht untechnisch-materiales Recht. So ist es nur konsequent zu sagen, die Verfassungsprobleme unserer Zeit seien in Wahrheit Verwaltungsprobleme.[38]

Dem Begriff Rechtsstaat wird der Begriff *Justizstaat* schroff gegenübergestellt. Damit ist zunächst der Staat gemeint, der (wie das Grund|247|gesetz durch Art. 19, Abs. 4) in umfassender Weise Rechtsschutz gewährt, also der »Rechtsschutzstaat«,[39] der Rechtswege-Staat. Strukturell gesehen ist aber nach Forsthoff für den Begriff des Justizstaates entscheidend »die Überlegenheit der Rechtsprechung über Gesetz und Gesetzgebung«; denn »darüber, wann er an das Gesetz gebunden ist, wann er unter Berufung auf das Recht von der Gesetzgebundenheit frei ist, entscheidet heute der Richter selbst«.[40] Als das besondere Stigma des Justizstaats erscheint dann das Bestehen und die Wirkweise einer mit weitreichenden Kompetenzen ausgestatteten und sich als echtes Verfassungsorgan verstehenden Verfassungsgerichtsbarkeit.[41] Für das Bundesverfassungsgericht ist es charakteristisch, daß es durch seine »Funktionsweisen«, nämlich: Kasuistik und Bestreben, »durch Vermeidung jurisdiktioneller Selbstbindung offen zu bleiben und keine Kontrollen endgültig aus der Hand zu geben«,[42] in dem Prozeß der Entformalisierung des Verfassungsrechts eine ganz überragende Rolle spielt.

II. Formales oder materiales Verfassungsdenken?

Hält man an diesem Punkt zu einer kritischen Besinnung inne, so müssen insbesondere die folgenden Fragerichtungen angedeutet werden:

1. Der *Begriff des Rechtsstaats*, wie er sich im 19. und zu Beginn des 20. Jahrhunderts entwickelt hat, wird von Forsthoff gewiß nicht einfach unkritisch, ohne Berücksichtigung der tiefgreifenden Veränderungen in der sozialen Wirklichkeit übernommen. Doch werden diese Veränderungen deswegen für unmaßgeblich erklärt, weil von vornherein eine Entscheidung für den Rechtsstaat im formal-technischen Sinne, also für den *»Gesetzesstaat«* mit seiner Präponderanz des Selbstwerts der »Ordnung«[42a] und der »Rechtssicherheit« getroffen wurde.[43] Hierin liegt |248| doch wohl in gewisser Weise eine petitio principii: was aus dem geschichtlichen Verlauf erklärt werden soll, ist im Grunde schon vorausgesetzt, und zwar in einer Weise, die etwas vom Verfahren der Begriffsjurisprudenz an sich hat. Der historisch fixierte Begriff ist, von Randkorrekturen und Adaptationen abgesehen, intransigent gegenüber der sozialen Wirklichkeit mit ihren Veränderungen. Soziale Wirklichkeit erscheint dann für die Norm lediglich als Anwendungsfeld, als Grenze, sie ist *factum brutum.* Da jedoch mit ihr die Macht der Tatsachen verbunden ist, ist sie mächtig genug, an bestimmten Druckstellen und Reibungsflächen dem Normenkomplex Zugeständnisse abzuringen. Norm und Faktum stehen für eine solche Auffassung nicht im Verhältnis einer echten korrelativen Zuordnung,[44] einer polar-dialektischen Spannung und Verschränkung. Sie haben zwar sozusagen aufeinander Rücksicht zu nehmen, aber das erscheint nicht als ihr Wesen kraft einer ihnen strukturell innewohnenden intentional-entelechialen Konvergenz, sondern es ist lediglich empirische Notwendigkeit. Indem Forsthoff so mit dem

logisch gefügten Begriffsblock Rechtsstaat operiert, kann er seiner eigenen Forderung, den Rechtsstaat »von der heutigen Wirklichkeit aus«[45] neu zu denken, letztlich nicht gerecht werden.[45a]

2. Es kann nur lebhaft zustimmend unterstrichen werden, wenn Forsthoff selbst einmal sagt, die Sozialordnung sei nicht nur zweckhaft, sondern als »ein auf Gerechtigkeit angelegtes Gebilde« zu verstehen, und es sei – ohne Geringschätzung von gegebenen »rechtstechnischen Vorkehrungen« – Rechtsverwirklichung »im Sinne einer Verwirklichung der tragenden, nicht notwendig an den formulierten Gesetzesausdruck gebundenen Gerechtigkeitsprinzipien« aufzufassen.[46] Wenn demgegenüber ausdrücklich an einem formalisierten (und das heißt doch: inhaltsentleerten[47]), technischen und lediglich auf formale Rationalität abzielenden Verfassungs- und Rechtsstaatsbegriff festgehalten wird, so fragt |249| es sich dann aber, welche Rolle der *Verfassung* bei der Erfüllung dieser Aufgabe zukommen kann. Offenbar keine zentrale! Gegenüber der *Verwaltung* als »wertverwirklichender Gestaltung« hat sie dann allenfalls die Komplementärfunktion der Verstetigung, des Schutzwalls gegen jegliche Dynamisierung. Gewiß, diese Funktion darf und soll keineswegs gering geachtet werden. Sieht man jedoch nicht mehr als dies, so verliert die Verfassung ihren Charakter als bildendes, alle Lebensäußerungen des Staates durchwaltendes, zusammen-ordnendes »Grund-gesetz«. Verfassung und Verwaltung,[48] Rechtsstaat und Sozialstaat[49] fallen dann auseinander, eine Sinnmitte der Rechts- und Sozialordnung des Staates ist nicht mehr vorhanden bzw. wird entweder in einen außernormativen oder in einen Bereich abgeleiteter Normen verlagert. Wenn die Verfassung so – in letzter Konzequenz – zu einer Summe rechtstechnischer Regeln zum Zweck der Abgrenzung von Willenssphären denaturiert ist und sie nur noch als Mittel einer technisch ermöglichten »Herrschaftsmechanik«[49a] erscheint, verliert sie gegenüber der hochdifferenzierten, teleologisch-material erfüllten Verwaltungsrechtsordnung schließlich jeglichen substantiellen Eigenwert und unterliegt dadurch der Gefahr der Instrumentalisierung »von unten« aus der Sphäre der mächtigen, eigengesetzlichen Verwaltung.[50]

3. In einem technisch-formalistischen Verfassungsverständnis hat das *Phänomen des Politischen* keine echte Heimstatt, vielmehr wird dadurch die eigengesetzlich vorhandene Tendenz des Politischen zur völligen Emanzipation von der Normativität und zur

Instrumentalisierung normativer Ordnungen für bestimmte Zwecke nur noch verstärkt. Verfassung wird dann zum bald gut, bald schlecht funktionierenden, technischen Hilfsmittel im Dienste des Machterwerbs. Die Aussage, das Ver|250|fassungsgesetz habe die »politische Gesamtordnung des Staates«[51] zum Gegenstand, muß dann aber als fragwürdig erscheinen. Das hier entscheidende Anliegen sei noch einmal so formuliert: Verfassung hat (zumindest auch) den Auftrag zu einer sinnvollen, daseinsgestaltenden Verwirklichung einer gerechten Sozialordnung zum Inhalt und kann sich deshalb nicht in bloßer Schrankenziehung erschöpfen, die dem Staat und den politischen Kräften infolge mangelnder Zusammenordnung in einem Maße Spielraum läßt, daß es ihnen ein leichtes wäre, im Falle des Nichtfunktionierens das formalistisch erstarrte Gefüge zu sprengen und außer Kraft zu setzen.

4. Technik und Formalität vermögen zwar Legalität zu verbürgen, was gewiß nicht unterschätzt werden soll; sie können aber nicht Grundlage für umfassende *Legitimität*[52] sein, wenn auch Stetigkeit, Kontinuität und Effektivität legitimitätsbildende Faktoren darstellen. Von einem technisch-formalistischen Verfassungsverständnis aus kann es ferner keinen positiven Ansatz zu einer *Verfassungsethik*[53] geben. Zwar ist Forsthoff selbst einmal dem Verhältnis von modernem Staat und »Tugend« nachgegangen und hat deutlich gemacht, daß der Staat der Tugend bedarf; diese heißt: »allgemeine Verläßlichkeit im ethischen Sinne«.[54] Diese Tugend ist aber nicht nur als gesinnungsethische in hohem Grade eine rein formale – es ist die Tugend, mit der man einen Apparat, der gut funktionieren soll, bedient, oder mit der man sich in einen hochfunktionalisierten Betrieb einfügt –, sie hat insbesondere keinen spezifischen, verantwortungsethischen Bezug zur normativen Ordnung der Verfassung.

5. Im Rahmen dieser kritischen Besinnung muß noch auf eine charakteristische Äußerung Forsthoffs hingewiesen werden, die ein wichtiges Motiv für die von ihm bejahte »Option für den Rechtsstaat«[55] erschließt. Er meinte einmal,[56] nach den verschiedenartigsten Staatsum|251|brüchen der letzten Jahrzehnte sei kein *»Staatsbewußtsein«* mehr vorhanden; dadurch erscheine die staatliche Wirklichkeit gefährdet. »In dieser Wirklichkeit sind uns die entscheidenden Hilfen die Formalhilfen, die technischen Hilfen, die sozusagen das technische Gerüst des Handelns sind ...« Diese Äußerung, in der offenkundig ein gerüttelt Maß skeptischer Resi-

gnation mitschwingt, darf nicht leicht genommen werden; denn in der Tat spielt es eine sehr entscheidende Rolle, ob in einer Sozialordnung ein (natürlich nicht psychologistisch mißzuverstehendes) integres Staats-, allgemeiner: ein Rechtsbewußtsein als tragende, legitimierende Kraft lebendig ist. Gegen Forsthoffs Feststellung muß aber sogleich gefragt werden, ob nicht gerade das Fehlen eines Staatsbewußtseins mit eine Folge formalistisch-technischen Rechtsstaats- und Verfassungsverständnisses ist. Kann nicht gerade ein *materiales* Rechtsstaats- und Verfassungsverständnis dazu beitragen, Staats- und Rechtsbewußtsein anregend mitzubilden? Es ist nicht das Anliegen dieser Betrachtung, dieses positive Gegenbild im einzelnen zu entwerfen; einige Momente dürften im Ansatz der Kritik zum Ausdruck kommen. Nur eines sei angedeutet: Materiale Verfassungslehre steht keineswegs in einem kontradiktorisch-ausschließenden Gegensatz zu formalem Verständnis. Es ist einer der Wesenszüge materialer Betrachtungsweise, die Erscheinungen und Probleme nicht zu isolieren, sie vielmehr in ihrer Verschränkung und in ihrem jeweiligen Gesamtzusammenhang zu sehen. Recht verstanden schließt das die Berücksichtigung der technischen Formalhilfen an ihrem Ort und in ihrer eigentümlichen Wirkweise gerade ein. Sie sind aber nicht das Ganze und machen insbesondere nicht das Wesen der auf die politische Gesamtordnung des Staates ausgerichteten Verfassung aus. Oder sollte es wirklich die Quadratur des Zirkels bedeuten, eine materiale Verfassungstheorie zu entwickeln, in welcher Formalität und Technizität ihr relatives Recht behalten?

6. In seiner kritischen Strukturanalyse glaubt Forsthoff, vor allem im Hinblick auf die Verfassungsgerichtsbarkeit, von einer »Ablösung des Rechtsstaats durch den Justizstaat«[57] sprechen zu können. Dabei denkt er indes zu stark von *Carl Schmitts* »Hüter der Verfassung« her,[58] als |252| daß er der Institution der Verfassungsgerichtsbarkeit im Rahmen der grundgesetzlichen Ordnung gerecht werden könnte. Kasuistik etwa ist keineswegs ein dekadentes Necessarium, sondern sie erscheint, zumal für das »Transitorium« des Grundgesetzes *(Th. Heuss)*, – zumindest auch – als Positivum mit verfasssungstabilisierender Wirkung. Wenn übrigens Forsthoff dem Bundesverfassungsgericht die »Vermeidung jurisdiktioneller Selbstbindung«[59] und die »Auflösung« selbst technischer Normen in Kasuistik vorwirft, so muß jedenfalls insoweit seine Beweisführung[60] als mißglückt angesehen werden:

Er konstruiert zwischen den Entscheidungen BVerfGE 5, 13 und 6, 55 einen Widerspruch, der gar nicht existiert. Hier gilt es, sehr klar die technische Verschiedenheit der Normen und des Verfahrens zu beachten. Die erstere Entscheidung ist in einem Verfahren der Verfassungsbeschwerde ergangen und hat die Frage nach dem Geltungsumfang des in Art. 19 Abs. 1 S. 2 GG normierten Zitiergebots zum Gegenstand. Dieses bezieht sich nach der Auffassung des Bundesverfassungsgerichts nicht auf *vor*konstitutionelle Gesetze, aber auch nicht auf solche *nach*konstitutionellen Gesetze, »die lediglich bereits geltende Grundrechtsbeschränkungen unverändert oder mit geringen Abweichungen wiederholen« (16). Dabei qualifiziert das Gericht jedoch § 372a ZPO i. d. F. d. Gesetzes zur Wiederherstellung der Rechtseinheit vom 12. 9. 1950 keineswegs, wie Forsthoff zu Unrecht behauptet, als vorkonstitutionelles Recht, ordnet diese Vorschrift vielmehr der zweiten Kategorie zu. BVerfGE 6, 55 kommt dann im Hinblick auf § 26 EStG 1951 zu dem Ergebnis, daß die unverändert gebliebene Norm eines nach Verkündung des Grundgesetzes im übrigen geänderten Gesetzes dann nicht als vorkonstitutionelles Recht zu behandeln ist, wenn der an das Grundgesetz gebundene Gesetzgeber auch jene Bestimmung in seinen Willen aufgenommen hat (65); diese Entscheidung wurde in einem Normenkontrollverfahren nach Art. 100 Abs. 1 GG getroffen. Allein solche Fälle aber hat die das Verwerfungsmonopol umgrenzende Leitentscheidung BVerfGE 2, 124 im Auge. Es ist deshalb völlig zutreffend, wenn *Zeidler* in seiner ausführlichen Anmerkung zu dem Beschluß des BVerfG vom 6. 10. 1959,[61] in welcher er die Rechtsprechung des BVerfG zu Art. 100 GG überblickt, die angeblich inkonsequente Entscheidung 5, 13 mit keinem Wort erwähnt und von einer »kontinuierlich« verlaufenen Entwicklung spricht.

Um im übrigen, abgesehen von diesen wenigen Bemerkungen, gegenüber Forsthoffs Verständnis von Justizstaat Ansatzpunkte und Elemente der Kritik bzw. der vom Grundgesetz geforderten positiven Sehweise erkennbar werden zu lassen, muß es hier genügen, auf die Arbeiten von *Leibholz*,[62] *Marcic*[63] und *Bachof*[64] hinzuweisen.[64a]

III. Grundrechte und »Wertsystem«

|253| Es ist nunmehr auf ein bisher unbesprochen gebliebenes Element des Rechtsstaatsbegriffs, nämlich die *Grundrechte*, zurück-

zugreifen. Besteht das Wesen des Rechtsstaats in einem technisch-formalen Normengefüge, das der Abgrenzung von Willenssphären dient, so ist es konsequent, daß auch die klassischen Grundrechte, ja gerade sie, lediglich als technische Mittel der »Ausgrenzung« von bestimmten Freiheitsräumen und ausschließlich mit Blickrichtung auf den Staat gesehen werden.[65] Es ist deshalb sehr verständlich, daß für Forsthoff die sog. Drittwirkung der Grundrechte einer der größten Steine des Anstoßes ist.[66] Betont wendet er sich gegen *Smends* Auffassung, wonach der Grundrechtskatalog eine »sachliche Reihe von einer gewissen Geschlossenheit, d. h. ein Wert- oder Güter-, ein Kultursystem« normieren will.[67] Vielmehr stünden die Grundrechte trotz gewisser »systematischer Disponiertheiten« mit eigener »Logik« für sich, ein normimmanenter, systematischer Zusammenhang sei nicht erkennbar.[68] Um ihrer Effektivität willen müsse die Technizität der Grundrechte gewahrt bleiben. Nach solcher Auffassung sind dann aber die Grundrechte nicht mehr als punktualistische »Spezialisierungen des ohnehin selbstverständlichen Grundsatzes der Gesetzmäßigkeit der Verwaltung«.[69]

Wenn Forsthoff bemerkt, auch historisch gesehen fehle jeder Anhalt für eine Systembezogenheit der Grundrechtsnormierungen, so bedarf diese These, was hier nur kurz angedeutet werden kann, zumindest einer Überprüfung. Die natur- bzw. vernunftrechtlichen Gedanken vor allem *Pufendorfs* und |254| *Lockes*, die auf die Konzeption der Menschen- und Bürgerrechte in erheblichen Umfang eingewirkt haben, waren in starkem Maße von einem rational-systematischen Schema her geprägt.[70] Zutreffende historische Analyse wird auch erkennen, daß selbst für das 19. Jahrhundert der Gedanke der bloßen Entgegensetzung zum Staat den Gehalt der Grundrechte nicht erschöpft.[71]

Woran sich Forsthoff besonders stößt, ist die Vorstellung des *»Wertsystems«*, das Smend an die Grundrechte herantrage, womit er normfremde Hypostasierungen vornehme.[72] So sehr für Forsthoff *Verwaltung* als »wertverwirklichende Gestaltung« gekennzeichnet werden kann,[73] so sehr bedeutet ihm das Operieren mit Wertvorstellungen auf der Ebene des *Verfassungs*rechts offenbar heillose Auslieferung an unsichere Ideologien und subjektivistische Philosophie. Das Wertproblem kann hier selbstverständlich nicht entfaltet werden. Jedenfalls aber existieren für Smend[74] – gemäß der philosophischen Grundlegung bei *Th. Litt*[75] – »Werte«

nicht als abstrakte Wesenheiten, als in sich ruhende statische Blöcke außerhalb des realen Lebensvollzugs, die wie etwas Vorzeigbares, Fremdes äußerlich an Rechtsnormen herangetragen werden könnten.[76] Vielmehr führen die Werte ein reales Leben nur in der konkreten Verwirklichung, d. h. aber, auf das Recht bezogen, nur in der Positivierung.[77] Es ist bezeichnend, daß im Sinne Smends für Wert |255| oft einfach »Sachgehalt«, »Prinzip«, »Rechtsgut«, »politisches Gut«[78] steht und stehen kann. Zu dem »Wertsystem« gehören auch »Minderheitswerte und Kompromisse«.[79] Demgemäß meint »Wertsystem« nicht einen abstrakten, kryptonaturrechtlichen, nach bestimmten Gesetzen und Notwendigkeiten funktionierenden Schematismus von intransigenter Geschlossenheit.[80] Die Rede vom »Wertsystem«, wie allgemein vom »Sinnsystem« oder von der »Sinnmitte« hat auch hier zunächst einmal die Bedeutung: Überwindung der punktualistischen Vereinzelung, Intendieren und Sehen des Zusammenhangs und der Bezogenheiten, die zwischen den vielen Einzelnormen einer Verfassung und Rechtsordnung obwalten. Jedes einzelne verweist schon aus sich immer auf das Allgemeine, ist überhaupt einzelnes nur als einzelnes eines Allgemeineren. Insofern ist die »systematische Disponiertheit« durchaus eine normimmanente, die freilich in einem bloß formal-logischen Verfahren als solche nicht erkannt werden kann. Für ein formal-logisches Aufeinander-Beziehen muß in der Tat vieles als normtranszendent und als »Hypostasierung« erscheinen, was in Wirklichkeit normimmanent ist. In ähnlicher Weise folgen auch die angeblichen »interpretativen Rangstufungen«[81] nicht etwa einem freischwebenden Schema, sondern suchen das immanente Sinngefüge der Normen zu erweisen. Wovon hier andeutend die Rede ist, hat mit »dynamischem« Verfassungsverständnis nichts zu tun. Ist nicht solche Sehweise: vom Einzelnen zum Ganzen und wieder zurück, also eine Art in sich zurückschwingende Induktion, gerade auch vom Gedanken des institutionellen Gefüges her gefordert?

IV. Institutionelles Rechtsdenken und geisteswissenschaftliche Interpretation

|256| Mit diesen Überlegungen ist der Forsthoff zutiefst bewegende, in der Tat grundlegende Fragenbereich der *Interpretation* und damit letztlich des *Wissenschaftsbegriffs* erreicht.

Hier ist zuerst auf die methodologische Grundlegung einzugehen, die Forsthoff in seiner knappen Skizze des sog. *institutionellen Rechtsdenkens* im Rahmen seines Lehrbuchs des Verwaltungsrechts entfaltet;[82] diese Art von Rechtsdenken erheischt nach seiner Intention unzweifelhaft Geltung für den gesamten Bereich des Rechts. Die institutionelle Rechtsauffassung geht von der Grundüberzeugung aus, daß das Recht eine Kulturerscheinung und als solche Teil der »objektiven Kulturwerte« ist, innerhalb deren die Erscheinungen des Rechts nach Rang und »Sinnzusammenhang« ihren festen Ort haben. Gegenüber dem Positivismus hält sie von dieser Grundüberzeugung aus an den »unverlierbaren Einsichten geisteswissenschaftlicher Forschung in den letzten Jahrzehnten« fest.[83] So ist es ihr besonderes Anliegen, »zu einer Art der Rechtsanwendung zu gelangen, die das positive Recht in seiner Strenge bestehen läßt, es jedoch im Zusammenhang mit den tragenden allgemeinen Rechtsgedanken versteht und handhabt«. Dieses Ziel wird erreicht, wenn man die Rechtsordnung als ein »sinnvolles Gefüge von Institutionen, d. h. von gestalthaften Rechtsgebilden« begreift. »Staat, *Verfassung*, Selbstverwaltung, Eigentum…, Gesetz, …Ehe und Familie stellen sich als solche Gebilde dar, die je ein *Sinnganzes* sind, zu dem sich die Vorschriften des positiven Rechts und die sie tragenden allgemeinen Rechtsgedanken zusammenfügen. Einen Rechtssatz auslegen heißt also, ihn wörtlich interpretieren *und* aus dem immanenten *Sinnzusammenhang* der Institution *und* der Stellung der Institution im Ganzen der Rechtsordnung *verstehen*«.[84] Mit Recht betont Forsthoff, daß diese Auffassung nicht nur zu einem richtigeren Verständnis der Normativität des Rechts in ihrem Verhältnis zu den tragenden Grundgedanken beitragen kann, sondern daß hiermit auch der Wirklichkeitsbezug des Rechts erst adäquat zur Gel|257|tung komme. »So vermeidet das institutionelle Denken eine Gefahr, welcher der Normativismus immer wieder erliegen muß, der, indem er die Rechtssätze als Sollenssätze versteht und seine Aufgabe ausschließlich in ihrer Auslegung aus sich selbst heraus versteht, notwendig den Zusammenhang mit der Seinssphäre verlieren muß«.[85]

Es kann hier nicht darum gehen, Grundlagen und Tragfähigkeit der institutionellen Rechtsauffassung oder etwa ihr Verhältnis zum »konkreten Ordnungsdenken«[86] näher zu untersuchen.[87] Es verdient lediglich festgehalten zu werden, daß Forsthoff damit eine auf Sinnverstehen hin angelegte geisteswissenschaftliche Interpretationsmethode anerkennt, die jeden isolierenden normativistischen Formalismus zu vermeiden trachtet, indem sie Sinnganzheiten in einem Sinnzusammenhang sieht. Sie ist bestrebt, bei allem Bemühen, die »heilsame Strenge« des positiven Rechts zu wahren, eine Entfremdung der Norm von der sozialen Wirklichkeit zu verhindern.

Kehrt man von hier aus zu den entsprechenden methodologischen Erörterungen in Forsthoffs Beitrag zur Carl-Schmitt-Festschrift zurück, so springt die Diskrepanz mit dem soeben Dargelegten in die Augen. Trotz gewisser verbindender Momente erscheint sie nicht hinreichend erklärbar. Soll nicht der naheliegende Eindruck entstehen, als ob hier ein grundsätzlicher Meinungsumschwung vorliege, so darf insbesondere zu diesem Problemkreis eine baldige, der Verwirrung vieler abhelfende Klarstellung Forsthoffs erwartet werden.[87a]

|258| Gesetzesauslegung bedeutet für ihn, so wie er es in der zu analysierenden Abhandlung darlegt, »Ermittlung der richtigen Subsumtion im Sinne des syllogistischen Schlusses«.[88] Hierfür stehen dem Richter und jedem, der das Recht anzuwenden hat, eine Summe »klassischer« Regeln, ein überkommenes, zum Kernstück der abendländischen Kultur[88a] gehörendes System der juristischen *Hermeneutik*, eine spezifisch juristische Methode zur Verfügung. Als solche, sich aus der »immanenten Logik« der Normen ergebende Regeln erscheinen etwa die Sätze »lex specialis derogat legi generali«, »lex posterior derogat legi priori«,[89] oder der Grundsatz, daß der Rückgriff auf den »systematischen Zusammenhang« erst zulässig ist, wenn die Auslegung über »Wortlaut und Sinn« der Textstelle nicht zum Ziele führt.[90] Für Forsthoff gibt es weiter offenbar feststehende Regeln der Analogie, wozu etwa der Grundsatz gehört, daß »aus Gründen der Logik« (?) jede Ausnahme der Erstreckung durch Analogie entzogen ist.[91] Im übrigen aber bleibt das herkömmliche System klassischer hermeneutischer Regeln eine weithin ungeklärte Größe.[92] Von dem »verwirrenden Prinzipienantagonismus«[93] in der |259| Interpretationslehre[94] scheint Forsthoff keinerlei Notiz zu nehmen. Larenz hat sich scheinbar getäuscht, wenn er seine Untersuchung über »Wegweiser zu richterlicher Rechtsschöpfung« mit der Feststellung beginnt, es bedürfe heute keiner Ausführung mehr, daß jede richterliche Tätigkeit, auch wenn sie nur in der schlichten Anwendung der Gesetzesnorm auf den Sachverhalt besteht, ein »schöpferisches Mo

ment« enthalte.[95] Selbst ein so sehr der Logik verpflichteter, jeglicher Spekulation abholder Autor wie Engisch betont, daß die juristische Logik eine materiale Logik ist, »die Besinnung wecken soll auf das, was zu tun ist. Sie ist eine philosophische Logik und keine Technik«.[96] Dabei wird er nicht müde, die »Mehrdimensionalität«[97] oder den »Perspektivenreichtum« jeder Auslegungsmethode sowie die »Sinnbezüglichkeit jedes Rechtssatzes auf die Gesamtrechtsordnung«[98] hervorzuheben.

Der Grundcharakter der von Forsthoff prätendierten spezifisch juristischen Hermeneutik wird dadurch bezeichnet, daß sie von jeder Art »geisteswissenschaftlicher«, und das heißt für ihn: »philosophischer« (ideenwissenschaftlicher) Deutung polemisch abgesetzt wird.[99] Zwar hat für ihn die »Rechtskunst« der Auslegung »Sinnerfassung« zum Gegenstand, diese geschieht jedoch nicht durch »Verstehen«. Sie läßt nicht wie |260| die geisteswissenschaftliche Methode die formalen Elemente beiseite, die durch das »Gesetz« im Sinne des Rechtsstaats gegeben sind, anderseits verzichtet sie auf die verstehende Erkenntnis einer »Sinnmitte« und intendiert gerade nicht eine Sinnerfassung »durch Einordnung in weitere geistige Zusammenhänge«.[100]

Selbstverständlich ist es geboten, auf die polemische Richtung solcher Thesen zu achten und das Anliegen Forsthoffs, mittels einer »exakten«[101] juristischen Methode die Normativität der Verfassung zu stärken, in Rechnung zu stellen. Es muß aber gefragt werden: Wenn die juristische Methode – und Forsthoff spricht im allgemeinen von ihr, nicht nur bezüglich des Verfassungsrechts – nicht eine geisteswissenschaftliche ist, was ist sie dann? Wenn sie nicht »verstehen« will, was tut sie dann? Hat Jurisprudenz dann überhaupt noch Wissenschaftscharakter, und, wenn ja, welcher Kategorie von Wissenschaft ist sie zuzuordnen?

Der moderne Begriff der Geisteswissenschaften wird u. a. durch den Gegensatz zu den Naturwissenschaften bezeichnet.[102] Spricht man der Rechtswissenschaft den Charakter einer Geisteswissenschaft ab, so liegt es dann nahe, sie als Naturwissenschaft zu qualifizieren; als Wissenschaft also, die nicht durch die Methode des »Verstehens«, sondern durch die des »Erklärens« gekennzeichnet ist, die es nicht in erster Linie mit Qualitäten, sondern mit Quantitäten, nicht mit »Grund und Folge«, sondern mit der Verknüpfung von »Ursache und Wirkung« zu tun hat, die nicht Freiheit, sondern (nur) Notwendigkeit kennt, die nicht auf »Gewißheit«, sondern auf »Evidenz« angelegt ist. Es kann schwerlich angenommen werden, daß Forsthoff mit seiner Abwehr des Verstehenselementes die juristische Methode und damit die Jurisprudenz überhaupt im Bereich der Naturwissenschaften habe ansiedeln wollen. Immerhin weisen die Betonung der bloßen Subsumtion, des syllogistischen Schließens, auch die Vorstellung, daß die hermeneutischen Regeln »exakt« seien, und nicht zuletzt der Gesetzesbegriff unbezweifelbar in die Nähe formal-quantifizierender naturwissenschaftlicher Denkweise.

Eine andere Möglichkeit der »Auslegung« der Forsthoffschen Darlegungen ist die der Leugnung des Wissenschaftscharakters der Interpretation überhaupt. Vielleicht ist sie nur Anwendung formal-technischer »Kunstregeln«, zu deren Kenntnis es lediglich empirischer »Kunde«, |261| »mechanischen Scharfsinns«[103] bedarf, auf einen ebenso formal-technisch verstandenen Normenmechanismus; vielleicht ergeben sich aus deren Zusammenspiel »automatisch« »notwendige« Konsequenzen, die es lediglich zu registrieren gilt. So sehr wiederum auch solche Elemente mitschwingen, macht doch das Festhalten Forsthoffs an einem wissenschaftlichen[104] »System« der Hermeneutik, in dem rational-evidente Regeln von logischer Stringenz zusammengefügt sind, diese Deutung unmöglich.

Danach bliebe nur noch die Möglichkeit, juristische Methode und Jurisprudenz als ein spezifisches aliud zwischen Natur- und Geisteswissenschaften aufzufassen. Sollte Forsthoff dies meinen, so wäre dem freilich grundsätzlich zu widersprechen. Rechtswissenschaft – und Verfassungsrechtslehre zumal! – ist eine geisteswissenschaftliche Disziplin, weil sie es mit dem Menschen und einer bestimmten Objektivation menschlichen Geistes, mit »Menschenwerk« in der besonderen Form des »Sprachwerks«[105] zu tun hat.[106] Als solche, als »angewandte Geisteswissenschaft«,[107] ist sie notwendig, ja geradezu »existentiell«[107a] auf verstehende Interpretation angelegt und angewiesen, und zwar sowohl in ihrer historischen wie in ihrer dogmatischen Form, als »Forschungsdenken« wie als »Meinungsdenken«.[108] Juristische Methode und Interpretationslehre stehen in engem sachlichen Zusammenhang mit den Lehren der allgemeinen geisteswissenschaftlichen Hermeneutik.[109] Auch hier kann man sich wiederum auf Engisch als unverdächtigen Zeugen berufen: »Nur der Jurist, der nach dem wahren Sinn und dem rechten Verstehen der |262| Rechtsvorschriften strebt, macht glaubhaft, daß die Rechtswissenschaft eine Geisteswissenschaft ist, so gewiß Sinn und Verstehen nach moderner Auffassung das maßgebliche Kriterium der Geisteswissenschaften sind«.[110] Für solchermaßen aufgefaßte Interpretation ist es wesentlich, daß dabei – im Sinne des »hermeneutischen Zirkels«[111] und unter Bewußtmachung der hermeneutischen Situation des Menschen – der Blick »vom Ganzen zum Teil und vom Teil zum Ganzen« geht. »Das Ganze existiert nur in den Teilen und wird allein in diesen begriffen; diese selber sind aber nur aus jenem verständlich«.[112]

Auf einige Momente aus dem hier angeschnittenen Problemkreis ist noch hinzuweisen:

(1) Norm*setzung* setzt ein Verstehen des zu normierenden Sachverhalts voraus, wenn anders sie nicht bloße Deskription bleiben will. Die Norm hat also ein verstehend Erkanntes zum Gegenstand. Es ist dann aber nicht einsichtig, wie ein in der juristischen Auslegung sich vollziehendes Erkennen dieses Erkannten und dessen Weiterdenken auf eine konkrete Entscheidung hin ohne Verstehen möglich, inwiefern hier eine μετάβασις εἰς ἄλλο γένος[113] notwendig sein soll. Dies gilt auch dann, wenn man Normierung in erster Linie in einer Dezision sich erschöpfen läßt; auch diese setzt ein bestimmtes Verstehen des zu regelnden Sachverhalts voraus.

(2) Eine juristische Methode, die eine nicht-verstehende zu sein vorgibt, versteht allein schon damit sich und ihren Gegenstand in bestimmter Weise mittels eines unbewußten oder bewußt verschleierten »Vorgriffs«. Erst recht kann sie, wie das selbstverständlich auch Forsthoff tut, soziologische oder historische Erkenntnisse – und sei es nur bezüglich der |263| Entstehungsgeschichte[114] eines Gesetzes –, aus denen ganz bestimmte, zum Teil normative Folgerungen abgeleitet werden, nur im Wege verstehender Sinnerfassung gewinnen. Nur scheinbar verzichtet sie hierbei auf eine Sinnmitte und auf die Einordnung in weitere geistige Zusammenhänge. Solches ist, jedenfalls unterschwellig, immer schon mit im Spiel.

(3) Mit der betonten Einbeziehung der Jurisprudenz in den Bereich der Geisteswissenschaften ist allerdings nicht gesagt, daß sie nicht bezüglich ihrer Methode spezifische Unterschiede von anderen Geisteswissenschaften aufwiese und daß nicht auch innerhalb der rechtswissenschaftlichen Einzeldisziplinen weitere Differenzierungen bestehen könnten. Das ergibt sich schon aus der grund-

legenden Einsicht in die Gegenstandsbezogenheit und -abhängigkeit jeder Methode, und insofern ist die Rechtswissenschaft eine typische »Normwissenschaft«,[115] gehört die juristische Auslegung zu den Auslegungstypen »in funzione normativa«.[116] Der Gesetzesinterpretation sind durch ihren Gegenstand in der Tat Schranken gesetzt, und es ist richtig, wenn Forsthoff darauf insistiert, daß es eine »Beliebigkeit der Auslegungsprozeduren«[117] nicht gibt. Mit Recht hat er auch schon früher betont, daß es auf das grundsätzliche Verhältnis von Gesetzgebung und Rechtsanwendung, insonderheit auf die verfassungsmäßige Stellung des Richters ankomme.[118] Aber es ist ein Irrtum zu glauben, wahre geisteswissenschaftliche Auslegung übersehe dies[119] und ermögliche eine beliebige Methodenvielfalt.[120] Wenn geisteswissen |264|schaftliche Interpretation sich bewußt ist, in jenen oben beschriebenen hermeneutischen Zirkelgang »vom Einzelnen zum Ganzen und wieder zurück« eingespannt zu sein, so läßt dies nicht zu, die besonderen Formqualitäten des Rechts und des Gesetzes, ihren spezifischen Stellenwert innerhalb des Ganzen zu vernachlässigen. Sie nimmt die Positivität des Rechts ernst – denn in der Tat bedeutet die Überwindung des Positivismus nicht die Preisgabe der Positivität überhaupt[121] –, ist aber nicht des Glaubens, die Wirklichkeit von Recht und Gesetz könne sich darin erschöpfen oder das Recht bedürfe keiner »Rechtfertigung« mehr. Sie stimmt gerade nicht ein in die »heute verbreitete summarische Diskreditierung des Positivismus«,[122] und ebenso ist ihr eine oberflächliche »Diskreditierung der Legalität«[123] fremd, wogegen sich Forsthoff mit Grund wendet.

(4) Wie schon angedeutet, hat für ihn geisteswissenschaftliches Vorgehen die »Abdankung der juristischen Methode«[124] und eine heillose Auslieferung an die Philosophie, hinter deren jeweiligen Systemen sie überdies nachhinke,[124a] an Philosopheme und Ideologien, an Subjektivismus und divergierende »Werte« zur Folge. Die sich hier auftuenden Schwierigkeiten sollen wahrlich nicht bagatellisiert werden, und es wäre falsch, Forsthoffs Warnungen ohne kritische Besinnung einfach in den Wind zu schlagen. Es soll auch nicht gesagt sein, daß das philosophische Fundament der Integrationslehre Smends, gegen die er vornehmlich |265| polemisiert, jeglicher Kritik entrückt sei.[125] Es kann ferner nicht verkannt werden, daß heutige Jurisprudenz oft zu schnell geneigt ist, zu Philosophemen und Werten ihre Zuflucht zu nehmen, womit sie

vielfach gerade die ihr aufgetragene »Sachlichkeit« verfehlt.[125a] Aber es ist vor einer juristischen Vogel-Strauß-Politik zu warnen. Der Jurist muß sich der Gefahr des Subjektivismus oder welcher notwendig mit unserem Menschsein verbundenen Gefahr immer stellen; denn das Ausweichen in die reine Positivität und Technizität des Rechts ist immer, wie Larenz zu Recht betont, eine »Selbsttäuschung«. »In Wahrheit ist die Metaphysik, der man den offenen Zutritt versagt, in den unausgesprochenen Voraussetzungen immer schon enthalten.«[126] Ähnlich muß man mit Coing die Meinung für einen »Grundirrtum« halten, »man könne aus der Jurisprudenz alle Auslegungsgesichtspunkte außer dem logischen ausschalten, man könne die juristische Interpretation ausschließlich auf deduktive Logik zurückführen und Wertgesichtspunkte völlig vermeiden«.[127]

[...]

Anmerkungen

1 Dem Aufsatz liegt ein Referat zugrunde, das am 17. 2. 1960 in dem von Professor Dr. *Konrad Hesse* (Freiburg i. Br.) veranstalteten staatsrechtlichen Seminar über »Verfassungsänderung und Verfassungswandlung« gehalten wurde. Herrn Professor *Hesse* und einigen Seminarmitgliedern gilt herzlicher Dank für weiterführende Anregungen, die hier aufgenommen wurden.

2 *Ernst Forsthoff*, Die Umbildung des Verfassungsgesetzes, in: Festschrift für Carl Schmitt zum 70. Geburtstag, hrsg. v. H. Barion, E. Forsthoff, W. Weber, Berlin 1959, S. 35-62; zit.: Umbildung. (Vgl.: *Schüle*, Eine Festschrift, JZ 1959, S. 729ff.) – Von den sonstigen Veröffentlichungen Forsthoffs, die für die vorliegende Untersuchung herangezogen wurden, steht dieser Arbeit thematisch am nächsten der Aufsatz »Die Bindung an Gesetz und Recht (Art. 20 Abs. 3 GG). Strukturanalytische Bemerkungen zum Übergang vom Rechtsstaat zum Justizstaat«, DÖV 1959, S. 41ff. (zit.: DÖV), aber ohne Berücksichtigung des Problems der Hermeneutik. Diesen Fragenkomplex, der Forsthoff früher lebhaft beschäftigte (vgl. vor allem »Recht und Sprache. Prolegomena zu einer richterlichen Hermeneutik«, Halle 1940), hat er erst mit dem zu besprechenden Aufsatz wieder aufgenommen.

3 Umbildung S. 38: »Darstellung der Geltungswandlung des Grundgesetzes«.

4 *Rudolf Smend*, Verfassung und Verfassungsrecht (1928), in: Staatsrechtliche Abhandlungen, Berlin 1955, S. 242; vgl. Umbildung S. 38.

5 Auf S. 61 bemerkt Forsthoff, daß seine Darstellung nicht habe unkritisch bleiben können, was seinen Grund in den Überzeugungen des Verfassers und im Gegenstand selbst habe. In der Tat ist überall deutlich erkennbar, daß und wie Licht und Schatten verteilt sind.

6 *Carl Schmitt*, Verfassungslehre, 3. Aufl., Berlin 1957, S. 20ff.; auf diesen verweist Forsthoff im Zusammenhang mit der Analyse des Verfassungsgesetzes »summarisch«, Umbildung S. 36 Anm. 2. Vgl. auch Lehrbuch des Verwaltungsrechts, I. Bd. Allgemeiner Teil, 7. Aufl., München und Berlin 1958 (zit.: VerwR), S. 32 Anm. 2. Siehe ferner *Horst Ehmke*, Grenzen der Verfassungsänderung, Berlin 1953, S. 36ff.

7 Umbildung S. 36.

8 Vgl. die Kritik *Ehmkes*, Grenzen, S. 37 u. 43.

9 *Forsthoff*, Die politischen Streikaktionen des Deutschen Gewerkschaftsbundes..., Rechtsgutachten, Köln 1952, S. 27, ferner ebda. S. 20.

10 *Forsthoff*, Verfassungsprobleme des Sozialstaats, Münster 1954 (zit.: Verfassungsprobleme), S. 5: »...wie freiheitlich er auch verfaßt sei... Der Staat beruht... auf dem Gehorsam. Man kann den Staat freiheitlich als Rechtsstaat in Schranken verweisen: innerhalb dieser Schranken bleibt er Herrschaft«.

11 Umbildung S. 37.

12 Unter ausdrücklicher Berufung auf Smend sagt Forsthoff allerdings einmal im Hinblick auf Art. 4 Abs. 3 GG, die Bedeutung dieser Norm liege »nicht nur« in dem, was sie an spezifisch juristischer Wirkung hergebe, sondern »nicht minder« in ihrem »integrierenden Sachverhalt«. Diesen sieht er in dem »Bekenntnis zur selbstverantwortlichen Gewissensentscheidung des einzelnen als solchem« (Wehrbeitrag und Grundgesetz. Rechtsgutachten..., in: Der Kampf um den Wehrbeitrag, 2. Halbbd., München 1953, S. 317; zit.: Wehrbeitrag).

13 Begriff und Wesen des sozialen Rechtsstaates. VVDStRL 12, 1954, S. 12 (zit.: Sozialer Rechtsstaat).

14 VerwR S. 62; vgl. auch ebda. S. 12, wo zum Begriff des materiellen Verfassungsrechts alle Normen gerechnet werden, »welche die wesentliche, die Staatsform bestimmende Organisation und Funktion der obersten Staatsgewalt und deren Verhältnis zu den Staatsgenossen, insbesondere die politischen Aktivrechte, zum Gegenstand haben«.

15 Umbildung S. 41.

16 VerwR S. 12.

17 Vgl. Sozialer Rechtsstaat S. 17f.

18 Sozialer Rechtsstaat S. 16.

19 Vgl. etwa DÖV S. 43, wo, unter Berufung auf *Carl Schmitt*, Verfas-

sungslehre S. 127, gesagt wird: »Rechtsstaat ist ›Herrschaft des Gesetzes‹«. Siehe auch: Über Maßnahme-Gesetze, in: Forschungen und Berichte aus dem Öffentlichen Recht, Gedächtnisschrift für Walter Jellinek, München 1955, S. 222, 228 (zit.: Maßnahme-Gesetze).

20 Umbildung S. 61.

21 Umbildung S. 59.

22 Umbildung S. 61 und Sozialer Rechtsstaat S. 16.

23 VerwR S. 3. Zum Verhältnis Staat und Gesellschaft vgl. auch *Hesse*, Die verfassungsrechtliche Stellung der politischen Parteien im modernen Staat, VVDStRL 17, 1959, S. 116 (zit.: Parteien).

24 Rechtsfragen der leistenden Verwaltung, Stuttgart 1959, S. 18 (zit.: Rechtsfragen).

25 Sozialer Rechtsstaat S. 16.

26 Vgl. Umbildung S. 35 und bes. Maßnahme-Gesetze S. 228.

27 Sozialer Rechtsstaat S. 17; vgl. auch ebda. S. 30: Es erwies sich, »daß die Institutionen des Rechtsstaats sich... von der ursprünglichen gesellschaftlichen Wirklichkeit, der sie zugeordnet waren, ablösen ließen. Die Selbständigkeit der rechtsstaatlichen Institutionen gegenüber dem Wechsel der Ambiance war nur erreichbar durch die Technisierung dieser Institutionen«.

28 Umbildung S. 61; vgl. aber Die Daseinsvorsorge und die Kommunen, Köln-Marienburg 1958, S. 7 (zit.: Daseinsvorsorge): die Freiheit verbürgende rechtsstaatliche Verfassung komme dem modernen Staat bei seiner Aufgabe der Daseinsstabilisierung nicht zu Hilfe.

29 Sozialer Rechtsstaat S. 24.

30 Verfassungsprobleme S. 8; vgl. ebda. S. 10 u. ö. sowie Daseinsvorsorge S. 9 zum Verhältnis von Sozialfunktion und Herrschaftsfunktion.

31 Vgl. Sozialer Rechtsstaat S. 8 und, sehr charakteristisch, S. 29: die Sozialstaatsklausel bedeutet lediglich die Bekräftigung einer Anforderung an staatliches Verhalten, »die auch ohne diese Bekräftigung bestehen würde«.

32 Sozialer Rechtsstaat S. 29.

33 Vgl. Sozialer Rechtsstaat S. 31.

34 VerwR S. 78.

35 VerwR S. 13.

36 Daseinsvorsorge S. 9.

37 Vgl. VerwR S. 13.

38 Rechtsfragen S. 48f.

39 DÖV S. 43.

40 DÖV S. 44.

41 Umbildung S. 55ff., 60.

42 Umbildung S. 60.

42a In seiner Würdigung Carl Schmitts (vgl. unten Anm. 135) meint Forsthoff, ohne Ordnung und ohne Parteinahme für sie sei »die Unterscheidung von Recht und Unrecht überhaupt nicht möglich«. Zur Kritik dieser These, die in einen dezisionistischen Positivismus hineinführt, hat *Erich Kaufmann* das Nötige gesagt (Carl Schmitt und seine Schule. Offener Brief an Ernst Forsthoff, in: Deutsche Rundschau 1958, S. 1013).

43 Sozialer Rechtsstaat S. 17: in diesem Sinne allein könne der Rechtsstaat ernst genommen werden; vgl. auch ebda. S. 14: »Option für den Rechtsstaat«. Demgegenüber wird in auffälliger Diskrepanz hierzu VerwR S. 4 gesagt, für die »Verwaltungsrechtswissenschaft« (nur für diese?) bestehe Anlaß, »sich von jener technischen Auffassung des Rechtsstaats loszusagen, welche die Gewährleistung des Rechts in den spezifischen Struktureigentümlichkeiten dieses Staates: Gewaltenteilung, Grundrechte und Prinzip der gesetzmäßigen Verwaltung hinreichend gesichert fand«.

44 Vgl. hierzu *Hesse*, Die Normative Kraft der Verfassung, Tübingen 1959, S. 7; ferner *Leibholz*, Verfassungsrecht und Verfassungswirklichkeit, in: Strukturprobleme der modernen Demokratie, Karlsruhe 1958, S. 280.

45 VerwR S. 55; vgl. auch ebda. S. 71.

45a Vgl. demgegenüber etwa *Hesse*, Der Gleichheitsgrundsatz im Staatsrecht, AöR 77 (1951/52), S. 214: Der bisherige Rechtsstaatsbegriff hat »die Ausschließlichkeit seines Geltungsanspruchs verloren und bedarf eines neuen, lebendigen Inhalts, der nur unter *materialen* Gesichtspunkten gefunden werden kann«. Als wesentliches Element wird hierbei der Gleichheitssatz »als Prinzip gerechter sozialer und politischer Gleichordnung« eine Rolle spielen. Zum Begriff des materiellen Rechtsstaates als freiheitlich-sozialem Staat vgl. *Bäumlin*, Die rechtsstaatliche Demokratie, Zürich 1954, bes. S. 60ff.

46 VerwR S. 4.

47 Besonders deutlich DÖV S. 43f.

48 Aspekte zum positiven Verhältnis zwischen Verfassung und Verwaltung bei *Dürig*, Verfassung und Verwaltung im Wohlfahrtsstaat, JZ 1953, S. 193ff.; *Werner*, Verwaltungsrecht als konkretisiertes Verfassungsrecht, DVBl. 1959, S. 527ff.; *Reuß*, die Wirkungseinheit von Verwaltungs- und Verfassungsrecht, DÖV 1959, S. 321ff. Vgl. ferner *Partsch*, Verfassungsprinzipien und Verwaltungsinstitutionen, Tübingen 1958, sowie *Imboden*, Das Gesetz als Garantie rechtsstaatlicher Verwaltung, Basel u. Stuttgart 1954, bes. treffend S. 45.

49 Dazu vgl. vor allem: *Bachof*, Begriff und Wesen des sozialen Rechtsstaates. Der soziale Rechtsstaat in verwaltungsrechtlicher Sicht, VVDStRL 12, 1954, S. 37ff.; *Gerber*, Die Sozialstaatsklausel des Grundgesetzes. Ein Rechtsgutachten, AöR 81, 1956, S. 1ff.; *Jahrreiß*, Freiheit und Sozialstaat. Vom Bürgersinn, in: Mensch und Staat, Köln/Berlin 1957, S. 69ff.

49a Dieser Ausdruck bei *Forsthoff* selbst: Daseinsvorsorge S. 29.

50 Forsthoff bezieht auch in seiner Sicht des Verhältnisses von Verfassungs- und Verwaltungsrecht genau die Gegenposition zu Smend. Für diesen ist Staatsrecht »Integrationsrecht«, Verwaltungsrecht »technisches Recht« (Verfassung S. 236). Freilich ist auch diese Antithese nicht unproblematisch.

51 Umbildung S. 37.

52 Vgl. die Abwehr demokratischer »Legitimitätsvorstellungen«: Maßnahme-Gesetze S. 222.

53 Vgl. aber *Smend*, Art. Integrationslehre, in: Handwörterbuch der Sozialwissenschaften, Bd. V (1956) S. 301.

54 Der Staat und die Tugend, in: Tymbos für Wilhelm Ahlmann. Ein Gedenkbuch, hrsg. von seinen Freunden, Berlin 1951, S. 89. Vgl. Umbildung S. 53: nach Max Weber fordere der Güterverkehr im Maße seiner Ausdehnung und Komplizierung »Loyalitäten und gesinnungsbedingte Verhaltensweisen«. Im Rechtsformalismus sind allerdings »pathetische sittliche Postulate« *(Max Weber)* ein Fremdkörper!

55 Sozialer Rechtsstaat S. 14.

56 Diskussionsbemerkung in der Aussprache über »Das Gesetz als Norm und Maßnahme«, VVDStRL 15, 1957, S. 85f. Vgl. auch Rechtsfragen S. 15ff., wo von einem »rasanten Verschleiß aller staatsideologischen Substanzen mit dem Ergebnis einer nahezu vollständigen tabula rasa am Ende der nationalsozialistischen Zeit« die Rede ist. Vgl. auch *Bachof*, Grundgesetz und Richtermacht, Tübingen 1959, S. 40f.

57 DÖV S. 44.

58 Vgl. VerwR S. 468f. Maßnahme-Gesetz S. 231 gibt er unter Berufung auf Carl Schmitt (a.a.O. S. 36ff.) ausdrücklich seinem Zweifel daran Ausdruck, ob die Prüfung von Gesetzesnormen auf ihre inhaltliche Übereinstimmung mit der Verfassung »nicht den Rahmen der durch Subsumtion bestimmten richterlichen Tätigkeit überschreitet«.

59 Umbildung S. 60.

60 Umbildung S. 56.

61 DÖV 1960, S. 23ff. Vgl. BVerfGE 10, 124.

62 Verfassungsgerichtsbarkeit im demokratischen Rechtsstaat. in: Strukturprobleme der modernen Demokratie, Karlsruhe 1958, S. 168ff.

63 Vom Gesetzesstaat zum Richterstaat, Wien 1957, bes. S. 336ff.

64 Grundgesetz und Richtermacht, Tübingen 1959, übrigens schon mit kritischer Bezugnahme auf *Forsthoff*, DÖV S. 10, 40.

64a Neueste Stimmen in der Diskussion: *Werner*, Das Problem des Richterstaates, Berlin 1960; *Ermacora*, Verfassungsrecht durch Richterspruch, Karlsruhe 1960.

65 Sozialer Rechtsstaat S. 18: »... alle klassischen Grundrechte sind Ausgrenzungen, die Aufrichtung von Bereichen, vor denen die Staatsgewalt Halt macht«. Wenn es dann weiter heißt, die Ausgrenzung be-

zeichne »nur« die technisch-normative Seite der Sache, sie besage nichts darüber, aus welchem Grunde und mit welcher Intensität die Ausgrenzung erfolge, so zeigt sich gerade hier wiederum die verhängnisvolle Reduktion des Normativen auf das Technisch-Formalisierte.

66 Dieses vielschichtige Problem wird hier ausdrücklich ausgeklammert. Doch darf bemerkt werden: auch wenn man grundsätzlich Smends Grundrechtskonzeption für richtig hält, folgt daraus nicht automatisch die (undifferenzierte) Anerkennung einer Drittwirkung. Leider hat sich Forsthoff, abgesehen von einem bestimmten methodischen Aspekt (Umbildung S. 45f. m. Anm. 18) nicht mit dem Lüth-Urteil des Bundesverfassungsgerichts auseinandergesetzt (BVerfGE 7, 198), wo immerhin das Bundesarbeitsgericht wegen zu weitgehender Folgerungen aus BVerfGE 6, 55 und 6, 84 gerügt wird (204). Neuester Diskussionsbeitrag hierzu bei *Th. Ramm*, Die Freiheit der Willensbildung. Zur Lehre von der Drittwirkung der Grundrechte und der Rechtsstruktur der Vereinigung, Stuttgart 1960.

67 Verfassung S. 264; *Forsthoff*, Umbildung S. 38ff.

68 Umbildung S. 40.

69 *Smend*, Verfassung S. 262.

70 Vgl. *Welzel*, Naturrecht und materiale Gerechtigkeit, 2. Aufl., Göttingen 1955, S. 156ff. und: Ein Kapitel aus der Geschichte der amerikanischen Erklärung der Menschenrechte. John Wise und Samuel Pufendorf, in: Rechtsprobleme in Staat und Kirche, Festg. f. R. Smend, Göttingen 1952, S. 387ff.

71 Vgl. *Smend*, Bürger und Bourgeois im deutschen Staatsrecht (1933), in: Staatsrechtliche Abhandlungen S. 314ff., 318. Erst jüngst hat *Wilhelm Hennis* (Zum Problem der deutschen Staatsanschauung, Vierteljahreshefte für Zeitgeschichte 7, 1959, S. 8) unter Berufung auf *Ernst Fraenkel* (Jb. öff. R. N. F. 2, 1953, S. 45) wieder daran erinnert, daß alle Grundrechte im angelsächsischen Rechtsbereich nicht als »subjektive öffentliche Rechte« gegüber einer potentiell allmächtigen Staatsgewalt begriffen werden. Aufschlußreiche Beobachtungen hierzu neuestens bei *Ramm*, Freiheit S. 42ff. In der Tat dürfen die Grundrechte nicht nur als individuelle negative Abwehrrechte gegen den Staat aufgefaßt, sondern sie müssen »zugleich auch als Prinzipien der Begründung und Gewährleistung sachlich gerechtfertigter Gesamtordnung« verstanden werden (so, im Sinne Smends, *Hesse*, Parteien S. 32; vgl. auch ebda. S. 28).

72 Vgl. Umbildung S. 39.

73 VerwR S. 78.

74 Ich beschränke mich auf eine Verteidigung Smends, was natürlich das Problem nicht erschöpft. Damit soll das oft zu vorschnelle Umgehen mit »Werten« in der neueren Literatur und Rechtssprechung keineswegs entschuldigt werden, wie überhaupt Forsthoffs Appell zu me-

thodisch sauberem, diszipliniertem Denken in Jurisprudenz und Judikatur sehr ernst genommen wird.

75 Vgl. etwa Ethik der Neuzeit, 1926, S. 182ff.; Das Allgemeine im Aufbau der geisteswissenschaftlichen Erkenntnis, Leipzig 1941, S. 65ff.

76 Vgl. Verfassung S. 160.

77 Vgl. Verfassung S. 264: der Grundrechtskatalog »normiert«, »positiviert«. Siehe ferner: Das Recht der freien Meinungsäußerung (1928) in: Staatsrechtliche Abhandlungen S. 92: grundlegende Elemente eines bestimmten Kultursystems sind als »oberstes Gesetz... normativ anerkannt«, und S. 96: die Grundrechte nehmen »zu bestimmten sachlichen Kulturgütern in einer bestimmten geschichtlich bedingten Wertkonstellation von Verfassungs wegen Stellung«. Vgl. auch die starke »Betonung der Positivität der Grundrechte, unbeschadet ihrer legitimierenden und regulierenden Eigenart«, Verfassung S. 267 Anm. 17.

78 Meinungsäußerung S. 91.

79 ebda. S. 92.

80 Ein »System« muß nicht eine perfektionistische »Vollständigkeit und Geschlossenheit« (Umbildung S. 40 Anm. 8) erreicht haben, um als System gelten zu können. In der Jurisprudenz gibt es allenthalben »offene« Systeme, vgl. etwa *Esser*, Grundsatz und Norm in der richterlichen Fortbildung des Privatrechts, Tübingen 1956, S. 44, 238 u. ö.; *Würtenberger*, Die geistige Situation der deutschen Strafrechtswissenschaft, 2. Aufl., Karlsruhe 1959, S. 12. Zu diesem Problemkreis in bezug auf das Verfassungsrecht vgl. *Smend*, Art. Staat, in: Evangelisches Kirchenlexikon, Bd. III, 1959, Sp. 1109 und *Hesse*, Parteien S. 20 m. Anm. 25, wo in der Offenheit des Verfassungssystems geradezu die Legitimität der politischen Ordnung des Grundgesetzes gesehen wird. *Forsthoff*, Umbildung S. 55, konstatiert zwar, daß das Verfassungsrecht »offen« geworden sei, versieht das jedoch im Hinblick auf die unsichere »Kasuistik« mit einem negativen Wertakzent.

81 Umbildung S. 38.

82 VerwR S. 151f. Zur geistesgeschichtlichen Herleitung des institutionellen Rechtsdenkens vgl. *Forsthoff*, Zur Problematik der Rechtserneuerung, in: Zeitwende 1947/48, S. 679ff. Wie sich mit jenen Ausführungen, die auf Luthers Rechtsauffassung und das reformatorische Menschenbild zurückgreifen, die neuesten Thesen Forsthoffs vereinbaren lassen, erscheint ziemlich rätselhaft.

83 VerwR S. 152 Anm. 2 zitiert *Forsthoff* beifällig eine Äußerung von *Erich Kaufmann*, VVDStRL 4, 1928, S. 81, wonach sich Rechtssätze und Institute nur »geistesgeschichtlich« erfassen lassen.

84 VerwR S. 151f. Hervorhebungen vom Verf.

85 VerwR S. 152.

86 Vgl. hierzu *v. Krockow*, Die Entscheidung, Stuttgart 1958, S. 94ff. Siehe auch *E. W. Böckenförde*, Gesetz und gesetzgebende Gewalt,

Berlin 1958, S. 137, m. Anm. 29.

87 Die große Gefahr der institutionellen Methode liegt, falls das ihr an sich innewohnende Element der Dialektik vernachlässigt wird, in ihrer Tendenz zu statischer Vergegenständlichung und starrer begrifflicher Blockbildung mit der Folge, daß die Institutionen gleichsam als fensterlose Monaden erscheinen. Demgegenüber bedürfte sie notwendiger Korrektur durch die Berücksichtigung alles Dynamisch-Prozeßhaften im Rechtsleben. Keineswegs alle Rechtserscheinungen stellen (nur) »gestalthafte Gebilde« dar. Insbesondere Staat und Verfassung sind eben »Institution *und* Ereignis« *(Leuba)*, womit die einzuschlagende Denkrichtung schlagwortartig angedeutet sei. Vgl. hierzu auch *Hesse*, Parteien S. 19, sowie *Marsch*, Art. Institution, RGG[3] III, 1959, Sp. 783ff.

87a Die jüngste, unser Thema betreffende Abhandlung *Forsthoffs*, Der Jurist in der industriellen Gesellschaft, NJW 1960, S. 1273-1277, bringt keine Klärung, unterstreicht vielmehr das in der Carl-Schmitt-Festschrift Dargelegte. Die »neuen« Formen der richterlichen Rechtsfindung, die einen weiten Entscheidungsraum usurpierende Selbstbefreiung des Richters »von den Kunstregeln und logischen Prozeduren der gesetzanwendenden Rechtsfindung« (1277) seien vor allem bedingt durch die mit den Jahren nach 1945 eingetretene »Veränderung« des Rechtsbewußtseins; dieses sei bei gleichzeitiger »geistiger Minimalisierung« des Staates am Individuum mit seinen Rechtsschutz-Erwartungen in einem Maße orientiert, »für das sich ein historisches Vorbild schwerlich finden lassen dürfte« (1274, 1275).

88 Umbildung S. 41. In diesem Zusammenhang darf an Forsthoffs Äußerung (Sozialer Rechtsstaat S. 128) erinnert werden, wonach er immer bescheidenere Vorstellungen von dem Beruf des Juristen in dieser Zeit habe. Ganz anders noch etwa Recht und Sprache, a.a.O. passim, bes. deutlich S. 29: »Indem wir anerkennen, daß der Richter zu einer schöpferischen, das heißt das Recht fortführenden Rechtsprechung befähigt und befugt ist – was heute eines Beweises nicht mehr bedürftig sein sollte –, schließen wir die Deutung der Rechtsfindung als bloße Gesetzesvollziehung aus«. Anderseits wiederum Umbildung S. 61: »Der Abbau der formal-rationalen Qualitäten des Verfassungsgesetzesrechts ist zugleich auch die Depossedierung der Rechtswissenschaft und des Juristen im Raum der Verfassung«. Vgl. hierzu auch NJW 1960, S. 1277: »Reduzierung des Juristen auf den Rechtsfachmann«.

88a Dies wurde von Forsthoff neuestens (NJW 1960, S. 1277) noch einmal betont; ausdrücklich wird dann von diesem Gedanken her über die (angebliche) »Preisgabe« des hermeneutischen Systems das Verdikt der »Primitivierung« verhängt.

89 Vgl. etwa Umbildung S. 38 Anm. 5 u. S. 43.

90 Umbildung S. 40f.

91 VerwR S. 154.

92 Trotz der Berufung auf *Savigny:* Umbildung S. 36! Dessen Auslegungstheorie mit ihren verschiedenen Elementen gehört zwar »zum einigermaßen festen Bestand der juristischen Hermeneutik« (*Engisch*, Einführung in das juristische Denken, 2. Aufl., Stuttgart 1959, S. 77); aber sie bedürfen einer viel stärkeren Differenzierung und werfen im Grunde mehr Fragen auf, als sie lösen, wie gerade etwa in der Darstellung *Engischs* alltenhalben deutlich wird. Jedenfalls aber sind sie nur mittels geisteswissenschaftlicher Methode hinreichend zu verstehen.

93 So *Bender*, Zur Methode der Rechtsfindung bei der Auslegung und Fortbildung gesetzten Rechts, JZ 1957, S. 593.

94 Aus der Fülle des Schrifttums wird hier verwiesen auf *Betti*, Teoria generale della interpretazione, 2 vol., Milano 1955; ders., Zur Grundlegung einer allgemeinen Auslegungslehre, in: Festschrift für Ernst Rabel, Band II, 1954, S. 79ff.; *Coing*, Die juristischen Auslegungsmethoden und die Lehren der allgemeinen Hermeneutik, Köln u. Opladen 1959; *Kronstein*, Rechtsauslegung im wertgebundenen Recht, Karlsruhe 1957; vgl. ferner die Beiträge von *Esser*, Zur Methodenlehre des Zivilrechts, und von *Jescheck*, Methoden der Strafrechtswissenschaft, in: Studium Generale 1959, S. 97ff., 107ff.

95 *Larenz*, Wegweiser zu richterlicher Rechtsschöpfung. Eine rechtsmethodologische Untersuchung, in: Festschrift für Arthur Nikisch, Tübingen 1958, S. 275, »weil sowohl die Auswahl der ›zutreffenden‹ Norm wie die Würdigung des Sachverhalts nach den in der Norm angegebenen Kriterien eine nicht lediglich mechanische Denktätigkeit erfordert. Die Anwendung des Gesetzes ist niemals nur ein Rechnen mit im voraus genau bestimmten Größen«. Vgl. auch *Wieacker*, Gesetz und Richterkunst, Karlsruhe 1958, passim, bes. S. 17, ferner *Bachof*, a.a.O. S. 8 und *Köttgen*, Kommentare zum Grundgesetz, AöR 85 (1960), S. 76f.

96 *Engisch*, a.a.O. S. 5; ders., Aufgaben einer Logik und Methodik des juristischen Denkens, in: Studium Generale 1959, S. 76ff. Dort wird besonders deutlich herausgestellt, daß der Schwerpunkt auf der »mit vielen Zweifeln belasteten Gewinnung der Prämissen« liegt (S. 86). Die logischen Formeln »klappen« erst dann, wenn die Prämissen richtig sind, also wenn etwa festgestellt, welche Norm die allgemeine und welche die besondere ist usw. Siehe hierzu auch *Klug*, Juristische Logik, 2. Aufl., Berlin–Göttingen–Heidelberg 1958, S. 145ff., der ausdrücklich gegen die Verwechslung von »Auslegung« und »juristischer Logik« Front macht.

97 Einführung S. 79.

98 Einführung S. 81.

99 Umbildung S. 41.

100 Umbildung S. 44.

101 Umbildung S. 38 oben.

102 Vgl. *Gadamer*, Art. Geisteswissenschaften, RGG^3 II (1958), Sp. 1304; *Rombach*, Art. Geisteswissenschaften, Staatslexikon^6 III (1959), Sp. 664. Siehe auch *Engisch*, Einführung S. 7 u. 71.

103 So *Schelling*, Werke III, S. 335, bezüglich der Auslegung des Privatrechts.

104 Vgl. Umbildung S. 36 u. 41 (»wissenschaftliche Auslegung«).

105 Vgl. *Rothacker*, Die dogmatische Denkform in den Geisteswissenschaften und das Problem des Historismus, Wiesbaden 1954, passim.

106 Vgl. *Rombach*, Geisteswissenschaften, »Geist« meint das immer schon notwendig mitgegebene und -aufgegebene »Selbstverhältnis und Selbstverständnis ... des Menschen in seiner Totalität« (Sp. 662f.). Alles Handeln, alle Objektivation geht notwendig »durch das Medium einer Selbst- und Seinsauslegung« hindurch. »Die geisteswissenschaftliche Methode liegt ... in der Zurückführung der Fakten auf das Ganze eines Lebens- und Seinssinnes, also in der ›Interpretation‹« (Sp. 665). Zum Problem der Hermeneutik (nicht nur in theologischer Hinsicht) sehr gut orientierend *Ebeling*, Art. Hermeneutik, RGG^3 III (1959), Sp. 242ff., wo auch betont wird, daß das Vorverständnis im Vorgang des Verstehens selbst jeweils der kritischen Klärung ausgesetzt bleibt (Sp. 257).

107 *Coing*, a.a.O. S. 23.

107a Vgl. *Stern*, Interpretation – eine existentielle Aufgabe der Jurisprudenz, NJW 1958, S. 695-698.

108 Vgl. hierzu *Viehweg*, Zur Geisteswissenschaftlichkeit der Rechtsdisziplin, in: Studium Generale 1958, S. 334ff., bes. S. 338, 340.

109 Dies zu zeigen ist, in Übereinstimmung mit *Betti*, das besondere Anliegen *Coings* in der Anm. 94 angeführten Schrift.

110 Einführung S. 71. Treffend auch S. 98: »Das rechte Verstehen des Gesetzes setzt voraus, daß wir uns selbst recht verstehen.« Umbildung S. 53 redet *Forsthoff* zur Wahrung von Rationalität und Berechenbarkeit einer »sinnvollen« Veralltäglichung« von Normen mit ethischen oder religiösen Gehalten durch die richterliche Interpretation das Wort; demgegenüber *Engisch*, S. 84: es ist notwendig, »daß der Jurist beim Interpretieren das Gesichtsfeld des bloßen Praktikers durchbricht und um ein rein geisteswissenschaftliches Verstehen ringt«.

111 *Heidegger*, Sein und Zeit, 8. Aufl., Tübingen 1957, S. 152f.; *Gadamer*, Vom Zirkel des Verstehens, in: Martin Heidegger zum 70. Geburtstag. Festschrift, Pfullingen 1959, S. 24ff.

112 *Rombach*, Geisteswissenschaften, Sp. 665. Vgl. auch (im Anschluß an *Betti*) *Coing* S. 14 u. 18f. zum hermeneutischen Canon der »Einheit« im Sinne von D. 1, 3, 24: »Incivile est nisi tota perspecta lege una aliqua particula eius proposita iudicare vel respondere« (Celsus).

113 Vgl. Umbildung S. 41; für *Forsthoff* ist umgekehrt jede verstehende

Sinnerfassung μετάβασις εἰς ἄλλο γένος, und zwar der Philosophie. Dabei bleibt aber der Bereich, aus dem ein Überschreiten angenommen wird, weithin im unklaren.

114 Umbildung S. 48 meint *Forsthoff:* »Wo nichts gemeint ist, läßt sich auch nichts interpretieren.« Vgl. demgegenüber aber den berechtigten Hinweis *Coings* (S. 16, 21) auf den hermeneutischen Gesichtspunkt der »überschießenden Bedeutung eines Geisteswerks«.

115 Vgl. etwa *Hesse,* Normative Kraft, S. 5.

116 *Betti,* Teoria II, p. 790 sq. und in Festschrift Rabel II, S. 145: »Auslegung von Richtlinien des sozialen Verhaltens, die als Maxime einer Entscheidung oder eines Handelns, überhaupt als Maßstab der Wertung eines Verhaltens im Rahmen und nach Maßgabe einer geltenden Rechtsordnung zu beachten sind.« Entsprechend auch *Coing,* S. 23, 50.

117 Umbildung S. 36.

118 Recht und Sprache S. 45; vgl. auch *Engisch,* S. 94f.

119 Es ist deshalb unrichtig, daß die geisteswissenschaftliche Methode die überkommene juristische Hermeneutik »abstreife« oder daß sich die sogenannte geisteswissenschaftlich-werthierarchische Methode und die sonstigen herkömmlichen Methoden ausschlössen, Umbildung S. 51. Vgl. Anm. 109.

120 Jedenfalls kann man nicht Smend eine solche Beliebigkeit vorwerfen oder meinen, er sehe nicht die Grenzen der Verfassungsauslegung, die sich aus der Verfassung selbst ergeben. In seinem Gutachten zur Frage des Wehrbeitrags etwa (in: Der Kampf um den Wehrbeitrag, 2. Halbbd., München 1953, S. 569) erinnert er – bei aller Anerkennung der Elastizität einer Verfassung (vgl. Verfassung S. 190) – ausdrücklich daran. »Der Verfassungsgesetzgeber soll nach dem Grundgesetz klar reden, die Auslegung des Grundgesetzes muß daher sorgfältig und restriktiv sein, damit die Bürger der Bundesrepublik sich auf das Wort des Grundgesetzes verlassen können – ein... dringendes Gebot der Verfassungsmoral«. S. 572ff. erhebt er im einzelnen Bedenken dagegen, daß »aus dem Grundgesetz entweder zuviel herausgelesen oder daß es in unzulässiger Weise ergänzt wird«!

121 Umbildung S. 39. Allerdings wäre dann alsbald zu fragen, was man unter Positivität versteht, ein durchaus klärungsbedürftiger Begriff.

122 Umbildung S. 37.

123 DÖV S. 43.

124 Umbildung S. 41.

124a Vgl. Umbildung S. 41 u. 52.

125 Vgl. hierzu in erster Linie *Smend* selbst, Art. Integrationslehre, Hdwb SozWiss., Bd. V, S. 299ff.; Momente der Korrektur sind auch in seinem Art. Staat, Ev. Kirchenlexikon, Bd. III (1959), Sp. 1105ff. erkennbar. Vgl. ferner *Hesse,* Normative Kraft, S. 12 u. ö., *Hennis,* Pro-

blem S. 22, *Häußling*, Art. Integration, Staatslexikon[6], Bd. IV (1959), Sp. 341ff., und *Ehmke*, Grenzen, wo S. 60 eine umfassende Würdigung des Werkes von Theodor Litt postuliert wird. Welches aber auch immer das Ergebnis einer solchen Untersuchung sein mag, es geht nicht an, die Philosophie Theodor Litts kurzerhand als »drittrangiges Philosophem« zu disqualifizieren; dies aber tut *Forsthoff* offenbar, wenn er anläßlich einer Besprechung von *Carl Schmitts* Verfassungsrechtlichen Aufsätzen (1958) sagt, das neue Werk sehe sich einem Verfassungswesen konfrontiert, das im Begriff stehe, »seinen juristischen Rang in der Hingabe an Gemeinplätze und drittrangige Philosopheme zu verlieren« (Das historisch-politische Buch, 1958, S. 246).

125[a] So fragt neuerdings etwa, allerdings ganz im Banne Forsthoffs, *Scheerbarth*, Ist im Verwaltungsrecht die Hermeneutik auf Abwegen? DVBl. 1960, S. 185ff. Kritisch hierzu *Hauseisen*, Zur Rechtsfindung auf dem Gebiet des Verwaltungsrechts, DVBl. 1960, S. 350ff.

126 *Larenz*, Wegweiser, S. 290. Deshalb ist Forsthoffs – relativ berechtigter – Ruf nach der »Eigenständigkeit der Rechtswissenschaft« gegenüber der Philosophie (Umbildung S. 52 Anm. 30) im Grunde trügerisch. Will die Jurisprudenz nicht auf theoretische Fundierung und auf ihren Wissenschaftscharakter verzichten, und soll nicht doch die ernsthafte Gefahr bestehen, daß das Rechtswesen »außer Zusammenhang mit den geistigen Bewegungen der Zeit« (Umbildung S. 41 Anm. 9) gestellt wird, so muß die Rechtswissenschaft (zumindest) für philosophisches Fragen, und das heißt vordergründig schlicht: ganzheitliches Fragen, Fragen nach dem Grund, auf dem man sich bewegt, offen sein.

127 *Coing*, S. 22. Vgl. auch *Bachof*, S. 40f.

Horst Ehmke
Prinzipien der Verfassungsinterpretation*

Die Frage nach den Prinzipien der Verfassungsinterpretation wirft zwei allgemeinere Fragen auf: Einmal die Frage nach dem Stand der allgemeinen juristischen, d. h. vor allem der zivilrechtlichen Interpretationslehre (I, 1), einschließlich der Frage ihrer Verbindung mit der geisteswissenschaftlichen Hermeneutik (I, 2); zweitens die Frage nach den Besonderheiten der Verfassungsinterpretation (II, 1), einschließlich der Frage nach Eigenart und Bedeutung der Verfassungsrechtsprechung (II, 2). Erst nach Klärung dieser Fragen kann der Verfassungsinterpretation in der Praxis des Bundesverfassungsgerichts nachgegangen werden (III, 1 u. 2).

I, 1

Die allgemeine juristische Interpretationslehre muß aus zwei Gründen im Blick behalten werden: Erstens ist die Frage nach der besonderen Struktur des Verfassungsrechts unlösbar mit der Gegen- bzw. richtiger Vor-Frage nach der Einheit der Jurisprudenz verbunden. Zweitens hat sich die moderne verfassungsrechtliche Problematik gerade aus der im staatsrechtlichen Positivismus erfolgten Übernahme einer bestimmten zivilrechtlichen Interpretationsmethode ergeben.[1]

Während in der Weimarer Zeit die Interpretationsdiskussion gerade vom Verfassungsrecht her besonders starke Anregungen erhielt,[2] wenn selbstverständlich auch umgekehrt |54| ein Einfluß der allgemeinen auf die speziell verfassungsrechtliche Diskussion bestand,[3] ist die Führung in der Interpretationsdiskussion heute an die Zivilrechtler übergegangen.[4] Dabei scheint heute nun gerade in der zivilrechtlichen Diskussion die positivistische Methode endgültig überwunden zu werden, womit der Berufung des staatsrechtlichen Positivismus auf eine bestimmte zivilrechtliche Konstruktionsmethode als auf »die« juristische Methode vollends der Boden entzogen wird.

* Die in eckigen Klammern gesetzten Teile des Berichts wurden auf der Staatsrechtslehrertagung aus Zeitgründen nicht vorgetragen.

Der kennzeichnende Zug der heutigen Methodendiskussion scheint mir der zu sein, daß sie vom archimedischen Punkt der Rechtsprechung aus – hinter das Gesetz zurück- und über es hinausfragend – die Struktur der Jurisprudenz (Rechtsprechung und Lehre) als *praktischer* Disziplin offenzulegen sucht. Dabei weist auch die heutige zivilrechtliche Diskussion im einzelnen eine große Vielfalt der Argumentation auf. Selbst nahe beieinanderliegende Auffassungen werden von unterschiedlichen Ausgangspunkten her entwickelt. So orientiert sich etwa Essers grundlegendes Buch rechtsvergleichend am Common Law, von dem her besonders deutlich wird, in welchem Ausmaß absolutistische Gesetzesauffassung und Kodifikation bei uns den Blick für wesentliche Fragen der |55| Jurisprudenz verstellt haben.[5] Viehweg greift dagegen auf die alte, im wesentlichen erst durch den Einbruch der modernen Naturwissenschaften verschüttete europäische Tradition der Topik zurück,[6] die Vico einst leidenschaftlich verteidigt[7] und Ernst Robert Curtius für uns wiederentdeckt hat.[8]

Ich darf diese moderne Diskussion hier als bekannt voraussetzen und mich auf den Versuch beschränken, ihre Ergebnisse zu umreißen. Die wichtigste Einsicht scheint mir die zu sein, daß die Rechtsordnung nicht als ein System abschließend formulierter Rechtssätze verstanden werden kann, die nur auf den jeweiligen Fall »anzuwenden«, aus denen die Fall-Lösungen »abzuleiten« wären. Da der Jurisprudenz nicht das System, sondern die Probleme vorgegeben sind, kann nicht von einem vorweg konstruierten System her eine Problem-Auslese erfolgen (die die vom System nicht erfaßten Probleme als »metajuristisch« abtut), es muß vielmehr vom jeweils vorgebenen Problem her eine System-Auslese erfolgen (die so lange sucht, bis sie eine angemessene, »passende« Lösung gefunden hat).[9] Die Problemlösung muß unter Abwägung aller für den konkreten Fall relevanten Gesichtspunkte gefunden werden, wobei die rechtlichen Gesichtspunkte, wie insbesondere Esser gezeigt hat,[10] eine große Vielfalt der Formen wie der Geltungskraft aufweisen: Rechtsprinzipien, Rechtsgrundsätze, (positive) Rechtsnormen, Vorentscheidungen (frühere Problemlösungen), usw. In einfachen Fällen mag man die Problemlösung einfach am Wortlaut des Gesetzes – so eines vorhanden ist – »ablesen« können. Dann ist das Interpretationsproblem schnell gelöst. In schwierigeren Fällen muß die die Entscheidung tragende Norm dagegen überhaupt erst gebildet, »gefunden« |56| werden in dem

Sinne, in dem wir davon sprechen, daß jemand sich »zurechtfindet«.[11]

Aus diesem Ansatz heutiger Interpretationslehre – der übrigens in zunehmendem Maße durch neuere dogmatische Arbeiten unterstützt wird[12] – ergibt sich nicht, daß sich die Jurisprudenz in Kasuistik auflösen oder erschöpfen könnte. Vielmehr ist hier das Problem des »Vor-Urteils« im Blick zu behalten.[13] Wir erfassen ein juristisches Problem ja nicht »an sich«, sondern immer nur mit einem gewissen Vorverständnis. Die Begründung eines Vorverständnisses, das Zusammentragen der für ein Problem maßgeblichen Gesichtspunkte, die vorläufige Einordnung des Problems und seiner Lösung in einen sinnvollen Zusammenhang mit anderen Problemkreisen, sind Aufgaben der Theorie oder der – recht verstandenen – Systematik, also Aufgaben der Lehre. Ihre Erfüllung muß der Erörterung und Lösung des konkreten Falls immer schon vorangehen. Umgekehrt muß die gefundene Problemlösung dann – über Mittelstufen wie Fallgruppen und Problemtypen, über Kristallisationspunkte in Form von Begriffen und Grundsätzen, über systematische Bearbeitung und Ausgestaltung einzelner Rechtsinstitute – wieder in die Theorie eingearbeitet werden. Zwischen der Konzentrierung auf den konkreten Fall und dem Versuch der Zusammenordnung der Problemerörterungen und -lösungen zu einem sinnvollen Ganzen besteht also ein ständiges Geben und Nehmen. Dabei bleibt die intendierte Einheit der Rechtsordnung stets offen. Einmal weil sich dauernd neue Probleme stellen, zum anderen weil sich gefundene Problemlösungen als korrekturbedürftig herausstellen können. Logisch |57| zwingende Schlüsse, das zeigt gerade die moderne Logistik, gibt es in der Jurisprudenz nur in sehr begrenztem Maße. Aber auch das theoretische Vorverständnis mag sich als korrekturbedürftig erweisen. Esser spricht von einem »schubweisen Stoffwechsel zwischen den Neuerfahrungen der Fall-Praxis und den Formkräften der Schule«.[14]

Da das Problemdenken den zu beurteilenden Sachverhalt immer in die Problemstruktur einbezieht, erfaßt es – anders als die Vorstellung einer bloßen »Anwendung« des Rechts auf einen gewissermaßen »zufälligen« Sachverhalt – die gerade von der Problemstruktur des konkreten Falls erzwungene Fortbildung des Rechts. Für die Gesetzesauslegung, die nur einen Teilbereich des Interpretationsproblems ausmacht, überwindet das Problemdenken die bloß voluntaristische Gesetzesauffassung mit der Erkenntnis, daß auch dem Gesetzgeber das Problem vorgegeben ist, auch das Gesetz eine Problemlösung intendiert, indem es Maßstäbe für die Lösung vorgegebener Probleme in unterschiedlicher Dichte fest- und aufstellt. Viehweg spricht von einem »unablässigen Suchen nach dem jeweils Gerechten, aus dem das positive Recht erst entspringt und das sich an Hand des positiven Rechts fortsetzt«.[15]

Es bleibt die Frage, wie sich von diesem Boden aus die herkömmlichen Interpretationsmethoden ausnehmen. Daß mit ihnen nicht allzuviel zu erreichen ist, zeigt sich z. B. in der Rechtsprechung des Bundesverfassungsgerichts. Dieses hat sich zu einer sogenannten »objektiven« Methode der Gesetzesauslegung bekannt, nach der der Entstehungsgeschichte eines Gesetzes für dessen Auslegung allerhöchstens sekundäre Bedeutung zukommen soll.[16] Die Bedeutung dieses Bekenntnisses für die Auslegungspraxis des Gerichts scheint mir aber gering zu sein. Wenn sich das Gericht z. B. mit der Auslegung eines Gesetzes im Hinblick auf dessen Verfassungsmäßigkeit zu beschäftigen hat, erfährt die Entstehungsgeschichte des Gesetzes eine bemerkenswerte Aufwertung. Das gilt besonders im Falle einer gegenüber dem Wortlaut restriktiven Auslegung.[17] Hier stellt das Gericht dann etwa die auf dem Boden einer objektiven Gesetzesauslegung wenig sinnvolle Frage, ob sich »ein dem Wortlaut entsprechender eindeutiger Wille des Gesetzgebers«, oder gar »ein eindeutiger Wille des Gesetzgebers zu|58|gunsten der wörtlichen Anwendung« feststellen lasse.[18] Im Bereich der sog. »verfassungskonformen« Auslegung erklärt es sogar, daß es von der »Absicht des Gesetzgebers« das mit der Verfassung vereinbare Maximum aufrechterhalte.[19] In der Rechtsprechung der Landesverfassungsgerichte haben Bachof und Jesch die gleiche Inkonsequenz festgestellt.[20] Sie beruht vermutlich darauf, daß die Verfassungsgerichte, wenn sie hier mit dem *Gewaltenteilungs*problem konfrontiert werden, dem »Willen des Gesetzgebers« im Sinne der historisch-genetischen Methode doch eine wesentliche Bedeutung zumessen.[21] Daß das Bekenntnis des Bundesverfassungsgerichts zu einer sogenannten objektiven Gesetzesauslegung nicht rein »objektiv« ist, zeigt sich auch schon darin, daß es nicht die Formel vom »Willen des Gesetzes« aufgegriffen hat, sondern vom objektivierten »Willen des Gesetzgebers« spricht.[22] Für die Erforschung dieses »objektivierten Willens des Gesetzgebers« werden sowohl Wortlaut und *Sinnzusammenhang*[23] als auch Wortlaut und *Entstehungsgeschichte*[24] einer Vorschrift als zunächst maßgebend bezeichnet, und sogar innerhalb eines Urteils werden »Sinn« und »Entstehungsgeschichte« ausgetauscht.[25]

[Aber auch mit einer »objektiven« Handhabung der Gesetzesauslegung durch das Bundesverfassungsgericht würde für die grundsätzliche Interpretationsproblematik nicht viel gewonnen. Denn auch die »objektive« Auslegungsmethode ist durch die Konzentration auf den Wortlaut gekennzeichnet (so daß sie unter anderem gegenüber dem Phänomen ungeschriebenen Rechts hilflos ist). Wie Reinhardt richtig bemerkt hat, wurde mit der Lösung von den Gesetzmaterialien ja zunächst nur die Begriffsjurisprudenz historischer durch eine solche objektiver Prägung ersetzt.[26] Nun versteht das Bundesverfassungsgericht allerdings seine »objektive« Methode offensichtlich in einem weiteren Sinne. So hat es kürzlich erklärt, gram|59|matische, historisch-genetische, systematische und teleologische Methode ergänzten einander mit dem Ziel objektiver Gesetzesauslegung.[27] Eine solche – begrüßenswerte – Erweiterung schafft zwar für sachbezogene Entscheidungen Raum, läßt aber offen, was unter »systematisch« oder »teleologisch« im einzelnen zu verstehen ist, und wie sich die verschiedenen sogenannten Auslegungsmethoden zueinander verhalten. So zeichnet sich die Auslegungspraxis des Bundesverfassungsgerichts denn auch insoweit – ebenso wie die anderer Gerichte[28] – durch eine Vielfalt des Vorgehens aus.[29]

Diese Auslegungsproblematik – nicht selten mit dem Stichwort von einem angeblichen »Methoden-Chaos« bezeichnet – spricht nun aber im wesentlichen nicht gegen die eben am praktischen Problem ausgerichtete Rechtsprechung, sondern gegen die Methodenauffassung unserer herkömmlichen Auslegungslehre. Vorzuwerfen ist den Gerichten höchstens, daß sie sich nicht selten für eine auf anderem Wege gefundene sachbezogene Problemlösung nachträglich auf eine der genannten Auslegungsmethoden berufen.]

Alle diese »Methoden«, die an einem Text ausgerichtet sind und sich daher als »Auslegungs«-Methoden bezeichnen, haben nur darin ein relatives Recht, daß sie bestimmte – allgemeine, nicht dem jeweiligen konkreten Problembereich eigene – Gesichtspunkte für juristische Problemlösungen herausstellen. Auch der vielfach geforderte Methodenpluralismus – den das Bundesverfassungsgericht sich unter der Bezeichnung »objektive« Auslegung zu eigen gemacht hat – hat nur darin sein relatives Recht, daß er bestimmte allgemeine Interpretationsgesichtspunkte in einer gewissen Auswahl zusammenträgt. Als unfruchtbar müssen dagegen Versuche zurückgewiesen werden, zwischen diesen verschiedenen Gesichtspunkten eine stufenweise Rangordnung aufzustellen.[30] Bei einer alten, vielleicht seit Jahrzehnten durch Rechtsprechung und Lehre ausgestalteten Vorschrift kommt in der Regel weder dem Wortlaut noch der |60| Entstehungsgeschichte Gewicht zu. Bei jungen Gesetzen mag etwa der Entstehungsgeschichte für die Auslegung grundsätzlicher Vorschriften weniger Gewicht zukommen als für die Auslegung von Zweckvorschriften und singulären Normen.[31] Auch über den Wortlaut eines jungen Gesetzes oder einer jungen Verfassung mag man hinweggehen – und gehen die Gerichte hinweg –, wenn er keinen Ansatzpunkt für eine sinnvolle Problemlösung bietet. So herrscht z. B. Einigkeit darüber – auch das Bundesverfassungsgericht hat sich im Kehl-Urteil dieser Ansicht angeschlossen[32] –, daß entgegen dem eindeutigen Wortlaut des Artikels 32 Abs. 3 GG die Länder auch mit anderen Partnern als auswärtigen Staaten völkerrechtliche Verträge abschließen können.

Das relative *Un*recht unserer herkömmlichen Auslegungslehre liegt darin, daß sie für juristische Problemlösungen relevante partielle Gesichtspunkte zu selbständigen »Methoden« verabsolutiert. Dieses Problem der Methoden-*Auffassung* – das m. E. eng mit der Wissenschaftsgeschichte des 19. Jahrhunderts zusammenhängt – ist aber ein noch viel allgemeineres: denn ob man die juristische Interpretation nun an die Philologie und die Logik, oder aber an die Geschichte, Soziologie, Ökonomie etc. anzulehnen sucht, immer hofft man, von partiellen Gesichtspunkten ausgehend, *außerhalb* des eigentlichen juristischen Problembereichs eine sogenannte »allgemeine« (und natürlich auch »exakte«) Interpretationsmethode entwickeln zu können. Mit dieser nähert man sich wie mit einer Wünschelrute den juristischen Problemen, um den Quell der Erkenntnis zum Sprudeln zu bringen. Wenn dieser Quell dann sprudelt, liegt es aber in den wenigsten Fällen an der Wünschelrute unserer ebenso zahlreichen wie partiellen »Methoden«. Denn eine von der Sache losgelöste »allgemeine Methode«, die in »Anwendung« auf die verschiedensten Probleme sachliche Ergebnisse hervorzubringen vermöchte, kann es nicht geben.

I, 2

[Von hier aus ist noch ein Blick auf die geisteswissenschaftliche Methode zu werfen. Es fragt sich zunächst, ob nicht auch der Glaube an eine allgemeine geisteswissenschaftliche Hermeneutik, wie der Aberglaube an eine allgemeine naturwissenschaftliche Methode, Ausdruck einer zutiefst problematischen – letzten Endes eben doch durchgängig an den Naturwissen|61|schaften ausgerichteten – Wissenschaftsauffassung des 19. Jahrhunderts ist. Unsere juristischen Arbeiten über die Verbindung von juristischer Interpretation und allgemeiner geisteswissenschaftlicher Hermeneutik[33] pflegen sich regelmäßig auf Schleiermacher, gewissermaßen als Ahnherrn der allgemeinen Hermeneutik zu berufen, vor allem auch wegen seines Einflusses auf Dilthey. Die neuere philosophische Diskussion hebt aber gerade kritisch hervor,[34] daß diese Hermeneutik in problematischer Weise die Frage nach dem »Was«, d. h. nach dem Zugang zum sachlichen Problem und seiner Lösung, durch die Frage nach dem »Wie« ersetzt habe, wobei sie das Gewicht stark vom Gegenstand auf das Subjekt der Erkenntnis verschoben hat. Im übrigen ist interessant, daß die juristische Diskussion der allgemeinen geisteswissenschaftlichen Diskussion meist nur bis zu einem bestimmten Punkt gefolgt ist, vor allen Dingen – abgesehen von den phänomenologischen Ansätzen[35] – die Auseinandersetzung mit Dilthey nur sehr teilweise mitgemacht hat.[36]

Die Bedeutung der geisteswissenschaftlichen Methode, oder vielleicht richtiger: Methoden, für die Jurisprudenz liegt m. E. im wesentlichen darin, daß sie eine Erkenntnistheorie der Geisteswissenschaften zu entwickeln sucht. Indem sie das »produzierende« Moment menschlicher Sprache und damit menschlichen Verständnisses aufzeigt,[37] entzieht sie allen rein logisch-deduktiven Vorstellungen den Boden und kann daher erkennnistheoretische Grundlage einer problem- und damit sachbezogenen juristischen Interpretationslehre, aber nicht selbst Interpretationslehre sein.]

II, 1

Gegen den so gewonnenen Hintergrund der allgemeinen juristischen Interpretationsproblematik läßt sich nun abheben, |62| was die spezielle Problematik der *Verfassungs*interpretation ausmacht.

Umgekehrt wird auf diese Weise deutlich, worin die Einheit der Jurisprudenz liegt: Sie liegt in ihrer topischen Grundstruktur.

Auch verfassungsrechtliches Denken ist Problemdenken. Es ist es sogar in besonderer Deutlichkeit. Nicht zufällig ist der Angriff gegen den Positivismus in der Weimarer Zeit gerade im Verfassungsrecht geführt worden.[38] Leichter als das Zivilrecht, das sich erst Schritt für Schritt von der Kodifikation und dem Kodifikationsgedanken[39] sowie von den allzu allgemeinen Allgemeinheiten seines Allgemeinen Teils[40] lösen muß, läßt das nichtkodifizierte Verfassungsrecht seine strukturelle Offenheit erkennen. Sie ist vor allem von Heinrich Triepel, Rudolf Smend, Erich Kaufmann und Hermann Heller eindrücklich aufgezeigt worden.[41] Angesichts der Knappheit und relativen Konstanz des Textes der Verfassung einerseits, der inhaltlichen Weite und Unbestimmtheit ihrer Grundzüge andererseits, liegt im Verfassungsrecht die Notwendigkeit kontinuierlicher Rechtsfortbildung klar zutage. Nicht zufällig hat man daher auch immer wieder gerade von den Problemen der Verfassungswandlung[42] und der Verfassungsänderung[43] her versucht, das Wesen des Verfassungsrechts in den Griff zu bekommen. Diese strukturelle Offenheit eröffnet zugleich einen unbefangenen Blick auf die Vielgestaltigkeit des Verfassungsrechtsmaterials: auf seine – zwar keine Normen, aber doch Interpretationsgesichtspunkte darstellenden – Werte, Rechtsgüter und Prinzipien, wie sie uns in unterschiedlicher Weise in den Arbeiten etwa von Rudolf Smend, Erich Kaufmann, Günther Holstein und Gerhard Leibholz, von Dietrich Schindler, Werner Kägi |63| und Hans Huber vor Augen geführt worden sind;[44] auf seine Grundentscheidungen, wie sie sie – wieder mit verschiedenen Akzenten – etwa Carl Schmitt und Hans-Julius Wolff beschrieben haben,[45] auf seine Leitgrundsätze, deren Bedeutung insbesondere Ulrich Scheuner dargelegt hat.[46] Sie alle reichen in den weiten, keineswegs auf das Gewohnheitsrecht beschränkten Bereich des ungeschriebenen Verfassungsrechts hinein, dessen Vielfalt kürzlich Hans Huber vor uns ausgebreitet hat.[47] Sie alle sind zugleich mit der von Dietrich Schindler herausgearbeiteten Ambiance einer Verfassung aufs engste verbunden.[48] Herbert Krüger spricht in einem seiner Beiträge zu unserer heutigen Tagung darüber hinaus von einem zur Verfassung gehörenden »Hof« von Konventionen, Gewohnheiten, Denkweisen usf.[49]

Angesichts der grundlegenden Bedeutung der Verfassung und ihrer Institutionen für das Leben des politischen Gemein|64|wesens mußte eine nicht zur Sache vorstoßende Auslegungslehre gerade im Verfassungsbereich als ungenügend empfunden werden. Die eigentliche verfassungsrechtliche Hermeneutik kann nur eine sachbezogene, die Problemhorizonte erschließende, die »Vor-Urteile« begründende und die Fall-Praxis »verarbeitende« Verfassungstheorie sein, was sich auch dahin formulieren läßt, daß eine verfassungsrechtliche Hermeneutik, die die praktische Arbeit wirklich leiten will, zur materialen Verfassungstheorie werden muß.

Ein Zwischenergebnis meiner Darlegungen zur allgemeinen und zur speziell verfassungsrechtlichen Problematik glaube ich schon jetzt ziehen zu können: Versuchen, sich angesichts der vielfältigen Problematik eines materialen Verfassungsverständnisses wieder in das Wetterhäuschen des Positivismus zurückzuziehen, kann keine weiterführende Bedeutung zukommen. Da mir Forsthoffs neue methodologische Bemühungen auf dem Gebiet des Verfassungsrechts,[50] wenn nicht in der Intention so doch im Ergebnis, einen solchen Versuch darzustellen scheinen, halte ich sie – bei Anerkennung berechtigter Kritik – für wenig fruchtbar. Einen positiven hermeneutischen Gewinn vermag ich in ihnen nicht zu entdecken. Auch die ihnen zugrundeliegende Analyse vermag mich nicht zu überzeugen. Dagegen wird man Forsthoff hinsichtlich der Symptome, die methodologische Kritik herausfordern, recht weitgehend zustimmen können.[51]

Können von einem materialen Verfassungsverständnis her gesehen die heutigen zivilrechtlichen Bemühungen geradezu als eine »Annäherung« an das Verfassungsrecht erscheinen, so stellt umgekehrt der Ausbau der Verfassungsrechtsprechung, der die fallrechtliche Problemerörterung und autoritative Fallentscheidung – ohne die das Zivilrecht gar nicht zu denken wäre – nun auch im Verfassungsrecht in den Vordergrund rückt, eine »Annäherung« des Verfassungsrechts an das Zivilrecht dar.

Diese Einheit der jurisprudentiellen Grundstruktur hebt aber die sachliche Eigenart des Verfassungsrechts nicht auf, |65| wie sich ja auch das Strafrecht sachlich durchaus vom Zivilrecht unterscheidet. Eine einheitliche topische Grundstruktur schließt nicht aus, daß die Topoi jeweils verschiedene sind. Die sachliche Eigenart des Verfassungsrechts, die notwendigerweise auch die Eigenart der

Verfassungsrechtsprechung bestimmt, wird mit Recht darin gesehen, daß es »politisches« Recht ist, ähnlich wie man das Wirtschaftsrecht »wirtschaftliches« Recht nennen könnte.

[Gerade in der sogenannten staatsrechtlichen »Methoden«-Diskussion der Weimarer Jahre ist deutlich geworden, daß eine sachbezogene Verfassungstheorie immer zugleich auch Bestandteil des Ringens um das politische Selbstverständnis eines Gemeinwesens ist, und daß sie daher mit der politischen Theorie der Ordnung, Aufgaben und Funktionen unseres Gemeinwesens und seiner Institutionen verbunden sein muß. Insbesondere darf sich die Verfassungstheorie nicht negativ an einer Auffassung ausrichten, die das Politische als eine teils voluntaristische, teil dämonische Naturangelegenheit mißversteht, und damit im Grunde genauso pervertiert ist wie die Rechtsauffassung des Positivismus.[52] Gerade eine solche Verbindung der Verfassungstheorie mit der politischen Theorie kann verhindern, daß das Verfassungsrecht zwischen »rein juristischer« Konstruktion einerseits und Zugeständnissen an die jeweilige tagespolitische »Zweckmäßigkeit« andererseits hin- und herpendelt. Verfassungsrecht ist »politisches« Recht also nicht in dem Sinne, daß es »notfalls« der Politik zu weichen habe. Aber die Dynamik des politischen Lebens, die richtungweisend einzudämmen Aufgabe des Verfassungsrechts ist, wirkt doch auch wieder auf es zurück. Dabei darf nicht vergessen werden, daß die Tradition des Verfassungsrechts und damit sein Problemlösungs-Schatz weit geringer ist als der des Zivilrechts, und daß darüber hinaus das Verfassungsrecht einer freiheitlichen Demokratie gerade bei uns bisher ja überhaupt nur Ansätze einer Tradition hat ausbilden können.]

Neben der Weite und »Dynamik« seines Gegenstandes und der relativ geringen Dichte seiner Bezugspunkte zeichnet sich das Verfassungsrecht vor allem durch seine enge Bezogenheit auf die und damit seine Abhängigkeit von der jeweils geschichtlichen Einheit des Gemeinwesens aus. (Da diese Einheit seit dem 19. Jahrhundert eine nationalstaatliche ist, wird heute die Auflockerung nationalstaatlicher Einheit zugunsten übernationaler Integration auch zum verfassungsrechtlichen Problem.) Zwei Momente – vor allem von Smend und Heller immer wieder hervorgehoben und von Herbert Krüger jetzt noch ein|66|mal nachdrücklich betont[53] – bestimmen insoweit die Eigenart des Verfassungsrechts: Der konstituierende, Einheits-stiftende Charakter der Verfassung und – gerade gegenüber dem Zivilrecht: ius privatum sub tutela iuris publici latet – ihr Auf-Sich-Selbst-Angewiesen-Sein.

Trotz der Einheit der jurisprudentiellen Grundstruktur läßt daher die Eigenart des Verfassungsrechts als erstes Prinzip der Verfassungsauslegung noch immer Chief Justice Marshalls berühmtes dictum aus dem Jahre 1819 erscheinen: »We must never forget, that it is a *constitution* we are expounding«.[54] Dies gilt auch für die Verfassungs*rechtsprechung*, auf die sich Marshalls Äußerung ja gerade bezog.

Die Verfassungs*theorie* ändert mit dem Ausbau der Verfassungsrechtsprechung nicht ihr Wesen. In Einbeziehung der judiziellen Momente richterlicher Fallentscheidung kommt ihr aber hier – bei aller Selbständigkeit gegenüber der Verfassungsrechtsprechung – eine stärker dienende und gerade darin nun erst recht hermeneutische Funktion zu. Eine der ersten von ihr in diesem Zusammenhang zu beantwortenden Fragen ist die Frage nach Stellung und Aufgabe des Verfassungsgerichts selbst.

II, 2

Die Frage, ob eine Verfassungsrechtsprechung verfassungs*politisch* wünschenswert ist, möchte ich hier nicht im einzelnen behandeln, aber jedenfalls doch für uns grundsätzlich bejahen.[55] Allerdings weist meines Erachtens – hier stimme ich mit den Darlegungen von Imboden in der Huber-Festschrift |67| überein[56] – eine besondere Verfassungsgerichtsbarkeit, zumal eine solche mit derartig umfassenden Zuständigkeiten, wie sie das Grundgesetz geschaffen hat, gegenüber einer reinen incidenter-Kontrolle, wie sie die Vereinigten Staaten kennen, manche Nachteile auf. Auch auf diese Frage brauche ich aber im Zusammenhang unseres Themas nicht näher einzugehen. Bei der mit dem Grundgesetz gegebenen Rechtslage scheint es mir vielmehr im wesentlichen auf das rechte Verständnis der Stellung und Aufgabe des Verfassungsgerichts und auf die Art und Weise der Ausübung seiner Funktionen anzukommen.

Dem Verfassungsgericht, das zugleich eines der obersten Verfassungsorgane ist,[57] fällt für die notwendige Fortbildung des Verfassungsrechts eine sehr wesentliche, aber keineswegs eine ausschließliche und m. E. noch nicht einmal die führende Rolle zu, ohne daß ich so weit gehen will, mit Erich Kaufmann von einem nur »bescheidenen Raum« der Verfassungsgerichtsbarkeit zu sprechen.[58] Es ist unrichtig, wenn etwa Geiger von der »Suprematie des Bundesverfassungsgerichts« spricht und die Bundesrepublik als eine neben der Präsidentschafts- und der parlamentarischen Demokratie stehende »freiheitlich-rechtsstaatliche Demokratie der Dritten Gewalt« bezeichnet.[59] Dagegen hat sich u. a. schon Friesenhahn gewandt.[60] Der Standpunkt Friesenhahns scheint mir nun aber andererseits – trotz seiner theoretischen Anerkennung der Eigenart des Verfassungsrechts – mit der Betonung einer »strengen Normgebundenheit« des Gerichts,[61] doch noch in der Nähe von Interpretationsvorstellungen zu liegen, deren Überwindung selbst im Zivilrecht ich eingangs vor Augen zu führen gesucht habe.

Im übrigen könnte eine statisch-deduktive Auffassung der Verfassungsrechtsprechung auch nur zu dem Schluß führen, daß ein Verfassungsgericht die erforderliche kontinuierliche Fortbildung des Verfassungsrechts nicht zu leisten vermag. Zu diesem Ergebnis ist Herbert Krüger gekommen.[62] Er meint, die Verfassungsgerichtsbarkeit löse die Rigidität der Verfas|68|sung nicht auf, sondern verstärke sie noch. Meines Erachtens kommt das ganz auf die Verfassungsrechtsprechung an. In der noch viel »rigideren« Verfassung der Vereinigten Staaten stellt gerade der Supreme Court, jedenfalls im Ganzen gesehen, ein Moment der Flexibilität und der weiteres Wachstum ermöglichenden Offenheit dar.[63] Ich möchte daher die von Krüger gestellte Frage, ob die Verfassungsgerichtsbarkeit als Gegenpol zur sogenannten »Rigidität« des Grundgesetzes, wie sie insbesondere in Art. 79 GG zum Ausdruck kommt, zu verstehen ist, gerade bejahen. Zwischen der Wachstumsfähigkeit einer Verfassung und der Festigkeit ihrer Grundlagen besteht kein Widerspruch, sondern ein notwendiger Zusammenhang: Nur in der Fortbildung kann die freiheitlich-demokratische Grundordnung bewahrt werden. So hat sich auch das Bundesverfassungsgericht selbst zu seiner Rechtsfortbildungs-Aufgabe bekannt.[64]

Damit stellt sich die Frage, wie die Aufgabe der Fortbildung des Verfassungsrechts auf die verschiedenen Verfassungsorgane verteilt ist. In der Fortentwicklung des Verfassungsrechts sind formalisierte Verfassungsänderung und Verfassungsinterpretation leicht, dagegen Verfassungsinterpretation und Verfassungswandlung kaum zu trennen. Die Möglichkeit der Verfassungsänderung im technischen Sinne liegt allein beim (verfassungsändernden) Gesetzgeber. Der Gesetzgeber hat m. E. aber auch im Bereich der Verfassungswandlung die Vorhand. Die vom Bundesverfassungsgericht gelegentlich geäußerte Ansicht, daß es selbst in erster Linie zur Fortbildung des Verfassungsrechts berufen sei,[65] halte ich nicht für richtig. Der Ausbau des Verfassungsstaates und damit des Verfassungsrechts ist Aufgabe der politischen Instanzen, vor allem des Gesetzgebers. Er liegt in seiner Initiative. Die Verfassung lebt nicht aus sich allein. Erst die Gesetzgebung kann die soziale Wirklichkeit gestalten. *Jedes* Gesetz stellt im Grunde eine Interpretation der Verfassung dar, sei es, daß es sich für mit der |69| Verfassung im Einklang hält, sei es, daß es sich als von der Verfassung gefordert versteht. Bei Gesetzen, die etwa den Inhalt des Eigentums oder der Berufsfreiheit bestimmen oder die zahlreichen Vorbehalte der Grundrechte ausgestalten, ist das deutlich. Aber auch Gesetze, die Rechtsschutz oder Sozialleistungen gewähren, oder Gesetze und Verträge im Bund/Länder-Verhältnis können als »Interpretationen« der Verfassung von Bedeutung werden. Im amerikanischen Verfassungsrecht spielen solche »legislative precedents« eine wichtige Rolle.

Soweit Gesetze oder sonstige Akte vor das Verfassungsgericht kommen – wie jedes andere Gericht hat es keine eigene Initiative –, steht dem Gericht die Entscheidung über die Streitfrage zu, mehr aber auch nicht (weshalb u. a. Versuche, auch den tragenden Gründen seiner Entscheidungen Bindungskraft zuzuschreiben,[66] als unhaltbar erscheinen müssen). Das Gericht übt dabei eine bloß kontrollierende Funktion aus. Es hat nur zu fragen, ob das Gesetz *noch* mit der Verfassung vereinbar ist, nicht, ob es von der Verfassung her gesehen die bestmögliche oder aber auch nur eine gute Lösung darstellt. So sehr das Verfassungsgericht im übrigen, wie jedes andere Gericht, Streitfragen wenn auch nicht immer richtig, so doch immer bindend entscheidet: die Diskussion und das Ringen um das rechte Verfassungsverständnis, das, wie gesagt, zugleich ein Ringen um das rechte Selbstverständnis eines Gemeinwesens ist, geht weiter.[67] So hat auch das Bundesverfassungsgericht sowohl die Möglichkeit des Bedeutungswandels von Verfassungsvorschriften,[68] als auch die Möglichkeit der Änderung seiner eigenen Rechtsauffassung anerkannt.[69] Wie oft der amerikanische Supreme Court seine eigenen Entscheidungen »overruled« hat, ist bekannt.

Ich wende mich nunmehr dem Versuch zu, an Beispielen zu zeigen, was das Verständnis der materialen Verfassungstheorie |70| als eigentlicher verfassungsrechtlicher Hermeneutik *praktisch* bedeutet.

Ob man sich nun dessen bewußt ist oder nicht, in allen Interpretationsfragen von einigem Schwierigkeitsgrad wird das Problem durch das bewußte oder unbewußte Vorverständnis, mit dem man an es herantritt, vorentschieden. Im sogenannten Wehrprozeß[70] ging es z. B. zunächst und im Grunde allein um die Frage, was eine Verfassung und ein Verfassungsstaat eigentlich sind. Ob man den Staat gewissermaßen als eine nur nachträglich hinter juristische Gitter gebrachte Naturangelegenheit aufzufassen hat,[71] so daß jedem Staat seiner »Natur« oder seinem »Begriff« nach die Befugnis zur Aufstellung bewaffneter Streitkräfte zukommt, oder ob ein Verfassungsstaat als ein durch seine Verfassung in seinem Wesen bestimmtes politisches Gemeinwesen verstanden werden muß.[72] Im Konkordats- und im Fernseh-Prozeß[73] ging es – um weitere Beispiele zu nennen – ganz wesentlich um das Vorverständnis des Bundesstaates. Die Bedeutung dieses Vorverständnisses ist kürzlich dadurch unterstrichen worden, daß das Bundesverfassungsgericht im Hessen-Urteil der sich anbahnenden Aufwertung der Theorie eines *drei*gliedrigen Bundesstaates – mit Recht – energisch entgegengetreten ist.[74] Ebenso geht es in allen Fragen der Grundrechtsinterpretation zunächst um das Vorverständnis der Bedeutung und Funktion der Grundrechte. Mit der vor allem von Nipperdey vertretenen Lehre von der absoluten oder sogenannten »Drittwirkung« der Grundrechte[75] würde sich zum Beispiel in der Grundrechtsinterpretation eine Revolution durchsetzen, und zwar weder eine kleine, noch m. E. eine gute.[76] In seinem Beitrag zu unserer heutigen Tagung hat Leisner die, wie er schreibt, »Allgegenwart« des Verfassungs|71|rechts – für meine Begriffe eher eine theologische als eine juristische Kategorie – nun schon von den Grundrechten auf das Parlamentsrecht erstreckt. Dieses könne zwar, so schreibt er, der »Natur der Sache« nach nicht Grundsätze für das Familienrecht abgeben, aber etwa doch »für die Regelung (wenigstens des öffentlich-rechtlichen) ›Gesellschaftsrechts‹ von Bedeutung werden«.[77] Nun weiß ich nicht ganz, was Leisner mit »öffentlich-rechtlichem Gesellschaftsrecht« meint. Wenn man sich aber etwa vor Augen führt, in welchem Ausmaß die gegenwärtige Diskussion um die Aktienrechtsreform unter solchen sachfremden Argumenten leidet – ich darf hier auf das Buch von Rudolf Wiethölter verweisen[78] – dann scheint mir das erneut zu bestätigen, daß die »Drittwirkungs«-Theorie unrichtig ist.

Damit komme ich zur Gretchen-Frage meiner Auffassung, daß die materielle Verfassungstheorie die eigentliche verfassungsrechtliche Hermeneutik sei, es ist im Grunde die Gretchen-Frage aller Hermeneutik: Wenn es logisch zwingende Schlüsse in der Jurisprudenz im allgemeinen und im Verfassungsrecht im besonderen nur in sehr begrenztem Maße gibt, und wenn die am naturwissenschaftlichen Wissenschaftsideal ausgerichteten, sich »exakt« gebenden »Methoden« im Grunde nur hinter scheinlogischen Argumenten ihre Vor-Urteile verbergen, wonach bestimmt sich dann, welches verfassungstheoretische Vorverständnis maßgebend ist? Die Antwort muß – in der Tradition der Topik[79] – lauten: Nach der von der naturwissenschaftlichen Beweisbarkeit grundverschiedenen Überzeugungskraft einer verfassungstheoretischen Argumentation. Die nächste Frage ist dann: Wer bestimmt, ob eine in der Sache wurzelnde verfassungstheoretische Überzeugungskraft vorliegt? Nun, sicher nicht das Bundesverfassungsgericht, sondern vielmehr der Konsens aller »Vernünftig- und Gerecht-Denkenden«.[80] Zu den ersteren gehören vor allem die Rechtslehrer und die Richter (von hieraus erschließt sich die hermeneutische |72| Bedeutung der »einhelligen« oder jedenfalls »herrschenden« Lehre und der »ständigen« Rechtsprechung), zu den zweiten gehört – in mehr kontrollierender Funktion – das ganze Gemeinwesen (von hieraus erschließt sich die hermeneutische Bedeutung des Fehlens bzw. des Vorhandenseins einer anerkannten politischen Tradition für die Verfassungsinterpretation).[81] Man mag fragen: Wenn sich die »Vernünftig- und Gerecht-Denkenden« nun aber – Irren ist menschlich – von etwas Unrichtigem überzeugen lassen? Darauf kann man nur antworten: dann läuft die Sache eben schief. Eine Verfassung, auch eine solche mit Verfassungsgerichtsbarkeit, ist nun einmal keine politische Lebensversicherung. Ich darf in diesem Zusammenhang ein Wort Hermann Hellers aus dem Jahre 1929 zitieren. Er sagt dort:

»Ein im Zentralsten erschüttertes Lebensgefühl sucht heute nach berechenbaren Sicherheiten, die keine geisteswissenschaftliche Erkenntnis zu bieten vermag. Unsere Überzeugungsgewißheit ist im letzten unsicher geworden, und die Wissenschaft möchte sie durch die Objektivität logisch-mathematischer Denkgewißheit ersetzen, um uns damit die Entscheidung und eine für manchen kaum noch erträgliche Verantwortung zu ersparen«.[82]

Glücklicherweise ist heute unsere Überzeugungsgewißheit wieder größer geworden, und so kann sich unsere Diskussion insoweit vielleicht auf einem sichereren Boden bewegen als die Weimarer Diskussion. Jedenfalls können wir uns, glaube ich, ziemlich unbefangen einzelnen *Prinzipien* der Verfassungsinterpretation zuwenden.

III, 2

Prinzipien der Verfassungsinterpretation im technischen Sinne sind Hilfsmittel im hermeneutischen Geschäft der Verfassungstheorie. Man kann sie mit Esser »Rechtsfindungsregeln« nennen.[83] Im Gegensatz zu den gegenüber der Sache verselbständigten »Auslegungsmethoden« stellen sie am Problem entwickelte sachliche Regeln für Problemlösungen dar. Sie sind Ausdruck des verfassungstheoretischen Vorverständnisses bestimmter verfassungsrechtlicher Probleme. Der materielle Charakter von Prinzipien der Verfassungsinterpretation |73| wird schon darin deutlich, daß in unserer heutigen Diskussion Grundrechte und Verfassungsgrundsätze oft zugleich als Interpretationsprinzipien bezeichnet werden.[84] Damit ist gemeint, daß diese Grundrechte und Grundsätze auch in Fällen, die sie nicht direkt betreffen, für die Problemlösung relevante Gesichtspunkte darstellen können. Der tragende Grund dieser Auffassung ist das Prinzip der Interpretation der Verfassung als einer Einheit.[85] Als Prinzipien der Interpretation der Grundrechte selbst können etwa das Prinzip der Interpretation der Grundrechte aus einem vorausgesetzten Grundrechts-»System«, der Satz »in dubio pro libertate« oder das Prinzip der sog. »Grundrechtseffektivität« genannt werden. Aus dem bundesstaatlichen Bereich wäre etwa der – m. E. heute etwas überstrapazierte – Grundsatz der »Bundestreue« zu nennen. Diese Prinzipien mögen sachlich richtig oder unrichtig sein, damit werde ich mich noch beschäftigen, strukturell richtig sind sie darum, weil sie *sachliche* Entscheidungsregeln zu entwickeln suchen.

Neben solchen materiell-rechtlichen Interpretationsprinzipien gibt es vor allem in einem Verfassungsrecht mit Verfassungsrechtsprechung aber noch eine andere Art von Interpretationsprinzipien. Ich möchte sie die funktionell-rechtlichen nennen. In ihnen wirkt sich die sachliche Eigenart des Verfassungsrechts auf die Stellung des Verfassungsgerichts selbst aus. Sie betreffen u. a. die Verteilung der Aufgaben der Verfassungsinterpretation und der Verfassungsfortbildung auf die verschiedenen Verfassungsorgane. Während sie etwa im amerikanischen Verfassungsrecht eine große Rolle spielen, wird ihnen bei uns weniger Aufmerksamkeit geschenkt. Ich nenne hier als Beispiele den Grundsatz der verfassungskonformen Gesetzesauslegung und die »political question«-Doktrin. Wie die letztgenannte Doktrin und in der amerikanischen Diskussion vor allem auch die sogenannte »preferred freedoms«-Doktrin[86] zeigt, stehen die materiell-rechtlichen und die funktionell-rechtlichen Interpretationsprinzipien in unlösbarem Zusammenhang, ja im Grunde hat jedes Interpretationsprinzip eine materiell- und eine funktionell-rechtliche Bedeutung.

Anmerkungen

1 Siehe dazu *P. v. Oertzen*, Die soziale Funktion des staatsrechtlichen Positivismus (Diss. phil. Göttingen 1952), insbes. S. 181-264, 227-312; *W. Wilhelm*, Zur juristischen Methodenlehre im 19. Jahrhundert, Die Herkunft der Methode Paul Labands aus der Privatrechtswissenschaft (1958); *H. Zwirner*, Die politische Treupflicht des Beamten (Diss. jur. Göttingen 1956), S. 86ff.

2 Siehe dazu *E. Schwinge*, Der Methodenstreit in der heutigen Rechtswissenschaft (1930); *G. Holstein*, von Aufgaben und Zielen heutiger Staatsrechtswissenschaft, AöR N. F. Bd. 11 (1926), S. 1; *H. Heller*, Bemerkungen zur staats- und rechtstheoretischen Problematik der Gegenwart, AöR N. F. Bd. 16 (1929), S. 321.

3 Siehe etwa *H. C. Ule*, Über die Auslegung der Grundrechte, AöR N. F. Bd. 21 (1932), S. 37.

4 Siehe *J. Esser*, Grundsatz und Norm in der richterlichen Fortbildung des Privatrechts (1956); *ders.*, Zur Methodenlehre des Zivilrechts, Studium Generale (1959), S. 97; *T. Viehweg*, Topik und Jurisprudenz (1953); *R. Reinhardt*, Methoden der Rechtsfindung (in: Reinhardt-König, Richter und Rechtsfindung, 1957, S. 7ff.); *F. Wieacker*, Gesetz und Richterkunst (Schriftenreihe der Juristischen Studiengesellschaft Karlsruhe, Heft 34, 1958); *G. Boehmer*, Grundlagen der bürgerlichen Rechtsordnung, Bd. II 1 und 2 (1951/52); *E. Betti*, Zur Grundlegung

einer allgemeinen Auslegungslehre, Festschrift für Ernst Rabel, Bd. II (1954), S. 79; *H. Coing*, Die juristischen Auslegungsmethoden und die Lehren der allgemeinen Hermeneutik (Schriftenreihe der Arbeitsgemeinschaft für Forschung des Landes Nordrhein-Westfalen, Heft 84, 1958); *K. Larenz*, Methodenlehre der Rechtswissenschaft (1960); *W. Siebert*, Die Methode der Gesetzesauslegung (1958); *H. Bartholomeyczik*, Die Kunst der Gesetzesauslegung (1951); *K. Engisch*, Logische Studien zur Gesetzesanwendung (2. Aufl. 1960); *ders.*, Die Idee der Konkretisierung in Recht und Rechtswissenschaft unserer Zeit (1953); *ders.*, Sinn und Tragweite juristischer Systematik, Studium Generale (1957), S. 173; W. A. *Scheuerle*, Rechtsanwendung (1952); *A. Meier-Hayoz*, Der Richter als Gesetzgeber (1951); *G. Less*, Vom Wesen und Wert des Richterrechts (1954); *H. Westermann*, Wesen und Grenzen der richterlichen Streitentscheidung im Zivilrecht (Schriften der Gesellschaft zur Förderung der Westfälischen Wilhelms-Universität zu Münster, Heft 32, 1955).

5 Grundsatz und Norm. – Für frühere Ansätze in dieser Richtung siehe *F. v. Hippel*, Zur Gesetzmäßigkeit juristischer Systembildung (1930); *ders.*, Richtlinie und Kasuistik im Aufbau von Rechtsordnungen (1942).

6 Topik und Jurisprudenz.

7 De nostri temporis studiorum ratione (1708), deutsch als: Vom Wesen und Weg der geistigen Bildung (1947).

8 Europäische Literatur und lateinisches Mittelalter (2. Aufl. 1954). – Zur Geschichte und Problematik der Topik – die zugleich Geschichte und Problematik der praktischen Philosophie ist – siehe außer *Viehweg* vor allem *W. Hennis*, Zum Begriff der politischen Wissenschaft (noch ungedr. Frankfurter Habilitationsschrift, 1960), insbes. das Kapitel über »Topik und Politik«, sowie *R. Bäumlin*, Staat, Recht und Geschichte (1961), S. 26ff.

9 Siehe *Viehweg*, Topik, S. 16ff. im Anschluß an *N. Hartmann*, diesseits von Idealismus und Realismus, Kant-Studien, Bd. XXIX (1924), S. 160.

10 Grundsatz, insbes. S. 26ff.

11 Daß von diesem Boden aus die positivistische Rechtsquellenlehre keinen Bestand haben kann, liegt auf der Hand. Ich möchte *Esser*, Grundsatz, S. 132ff., darin folgen, nur die »Positivierungs«-Instanzen als Rechtsquellen zu bezeichnen, zu denen auch die Rechtsprechung gehört. Daneben ist eine Lehre von den Rechts*erkenntnis*quellen zu entwickeln – *Esser*, ebd.; *Wieacker*, Gesetz, S. 15f. –, die die Autorität des jeweiligen Rechtsmaterials zu bestimmen hätte. Diese Aufgabe ist etwa auf dem Gebiet des Internationalen Privatrechts von *G. Kegel* in seiner Lehre von den »Rechtsanzeichen« in Angriff genommen worden (Internationales Privatrecht, 1960, S. 164), allerdings in zu enger Beschränkung auf »Rechtsfindungsregeln« (zu diesen siehe *Esser*, Grundsatz, S. 87ff., 107ff.).

12 Siehe etwa – zum Problem der strafrechtlichen Unterlassungsdelikte – *A. Kaufmann*, Dogmatik der Unterlassungsdelikte (1959) und – zum Problem des zivilrechtlichen Fahrlässigkeitsunrechts – *R. Wiethölter*, Der Rechtfertigungsgrund des verkehrsrichtigen Verhaltens (1960).

13 Zum Grundsätzlichen siehe *H.-G. Gadamer*, Wahrheit und Methode (1960), S. 250ff.

14 Grundsatz S. 6. – Zur Bedeutung des Vorverständnisses im Strafrecht siehe jetzt *G. Stratenwerth*, Entwicklungstendenzen der modernen deutschen Strafrechtsdogmatik, Juristenjahrbuch 1961/62, S. 195ff.

15 Topik S. 63.

16 Siehe etwa BVerfGE 1, 299 (312); 10, 234 (244).

17 Siehe etwa BVerfGE 2, 380 (396ff.); 9, 89 (102ff.).

18 BVerfGE 9, 89 (102, 104).

19 BVerfGE 8, 28 (39f.); 9, 194 (200); vgl. andererseits 10, 59 (80), wo das Gericht erklärt, die Entstehungsgeschichte des betroffenen Gesetzes biete für seine verfassungskonforme Auslegung keinen Anhalt. Dazu näheres unten S. 74f.

20 *O. Bachof* und *D. Jesch*, Die Rechtsprechung der Landesverfassungsgerichte in der Bundesrepublik Deutschland, JbdöR. N.F., Bd. 6 (1957), S. 47, 59 (mit Anm. 53), 66.

21 Ob zu Recht oder zu Unrecht, sei hier dahingestellt.

22 BVerfGE 1, 299 (312); 10, 234 (244).

23 Siehe etwa BVerfGE 1, 299 (312); 10, 234 (244).

24 Siehe etwa BVerfGE 8, 28 (33); 9, 194 (200).

25 BVerfGE 8, 28 (1. Leitsatz: 33); vgl. 2, 380 (398).

26 Oben, Anm. 4. zitiert, S. 12.

27 BVerfGE 11, 126 (129ff.).

28 Für die Landesverfassungsgerichte siehe *Bachof* und *Jesch*, Rechtsprechung S. 59ff.

29 Siehe dazu *K. Stern*, Gesetzesauslegung und Auslegungsgrundsätze des Bundesverfassungsgerichts (Diss. jur. München 1957), S. 311ff.

30 Siehe *Stern*, Gesetzesauslegung, S. 171ff., 224ff.; *B. Bender*, Zur Methode der Rechtsfindung bei der Auslegung und Fortbildung gerechten Rechts, JZ 1957, S. 593ff.; und die dort zitierte Literatur.

31 Siehe *P. Liver*, Der Wille des Gesetzes (1954).

32 BVerfGE 2, 347 (374f.)

33 Siehe etwa *Betti* und *Coing*, oben Anm. 4 zitiert.

34 Siehe *Gadamer*, Wahrheit und Methode, S. 157ff., 172ff., 205ff.; *H. Kimmerle* (Hrsg.), Schleiermachers Hermeneutik (Abhdlgn. d. Heidelb. Akad. d. Wiss., Phil. Hist. Klasse, 1959, 2. Abhandlung), Einleitung.

35 Siehe etwa *A. Reinach*, Die apriorischen Grundlagen des bürgerlichen Rechts (1913); *G. Husserl*, Der Rechtsgegenstand (1933).

36 Zu dieser sei etwa auf *G. Misch*, Lebensphilosophie und Phänomenolo-

gie (1930), insb. S. 281ff., S. 291ff., *O. F. Bollnow*, Das Verstehen (1949), S. 29ff., 71ff. und nochmals *Gadamer*, Wahrheit S. 157ff., 205ff. verwiesen.

37 Siehe dazu *Gadamer*, Wahrheit, S. 361ff., vgl. *E. Forsthoff*, Recht und Sprache (1940).

38 Siehe oben Anm. 2.

39 Siehe dazu z. B. *E. v. Caemmerer*, Wandlungen des Deliktsrechts, Festschrift Deutscher Juristentag, Bd. I (1960), S. 49.

40 Siehe dazu z. B. *W. Flume*, Rechtsgeschäft und Privatautonomie, Festschrift Deutscher Juristentag, Bd. I (1960), S. 135.

41 *H. Triepel*, Staatsrecht und Politik (1927); *R. Smend*, Verfassung und Verfassungsrecht (1928), jetzt in: Staatsrechtliche Abhandlungen (1955), S. 119ff.; *E. Kaufmann*, Die Grenzen der Verfassungsgerichtsbarkeit, VVDStRL, Heft 9 (1952), S. 1, jetzt in: Gesammelte Schriften, Bd. I (1960), S. 500; *H. Heller*, Staatslehre (1934). – Siehe jetzt vor allem *R. Bäumlin*, oben Anm. 8 zitiert.

42 Siehe etwa Hsü *Dau-Lin*, Die Verfassungswandlung (1932) und die dort zitierte Literatur. Aus neuerer Zeit siehe *A. F. v. d. Heydte*, Stiller Verfassungswandel und Verfassungsinterpretation, ARSP Bd. 39 (1950/51), S. 461.

43 Siehe etwa *H. Haug*, Die Schranken der Verfassungsrevision (1947); *H. Ehmke*, Grenzen der Verfassungsänderung (1953); und die dort zitierte Literatur.

44 Siehe insb. *R. Smend*, oben Anm. 42 zitiert; *ders.*, Das Recht der freien Meinungsäußerung, VVDStRL, Heft 4 (1928), S. 44, jetzt in: Staatsrechtliche Abhandlungen, S. 89; *ders.*, Bürger und Bourgeois im deutschen Staatsrecht (1933), jetzt in: Staatsrechtliche Abhandlungen, S. 309; *E. Kaufmann*, Kritik der neukantischen Rechtsphilosophie (1921), jetzt in: Gesammelte Schriften, Bd. III (1960), S. 176; *ders.*, Die Gleichheit vor dem Gesetz im Sinne des Art. 109 der Reichsverfassung, VVDStRL, Heft 3 (1927), S. 2, jetzt in: Gesammelte Schriften, Bd. III, S. 246; *ders.*, Juristische Relationsbegriffe und Dingbegriffe, Diskussionsbeitrag VVDStRL, Heft 4 (1928), S. 77, jetzt in: Gesammelte Schriften, Bd. III, S. 266; *G. Holstein*, oben Anm. 2 zitiert; *ders.*, Elternrecht, Reichsverfassung und Schulverwaltungssystem, AöR N. F. Bd. 12 (1927), S. 187; *G. Leibholz*, Die Gleichheit vor dem Gesetz (2. Aufl. 1959); *D. Schindler*, Verfassungsrecht und soziale Struktur (3. Aufl. 1950); *ders.*, Über den Rechtsstaat, in: Recht, Staat, Völkergemeinschaft (1948), S. 163ff.; *W. Kägi*, Die Verfassung als rechtliche Grundordnung des Staates (1945); *ders.*, Rechtsstaat und Demokratie, Festgabe für Giacometti (1953), S. 107ff.; *H. Huber*, Die Garantie der individuellen Verfassungsrechte, Verhandlungen des Schweizerischen Juristenvereins 1936, 1. Heft; *ders.*, Die verfassungsrechtliche Bedeutung der Grundrechte und die Schweizerische Rechtsprechung, in:

Recht, Staat, Wirtschaft, Bd. 4 (1953), S. 120.

45 *C. Schmitt*, Verfassungslehre (Neudr. 1954); *H. J. Wolff*, Rechtsgrundsätze und verfassungsgestaltende Grundentscheidungen als Rechtsquellen, Jellinek-Gedächtnisschrift (1955), S. 33.

46 Die Auslegung verfassungsrechtlicher Leitgrundsätze (Rechtsgutachten, 1952); *ders.*, Probleme und Verantwortungen der Verfassungsgerichtsbarkeit in der Bundesrepublik, DVBl. 1952, S. 293.

47 Probleme des ungeschriebenen Verfassungsrechts, in: Rechtsquellenprobleme im Schweizer Recht (Berner Festgabe für den Schweizer Juristenverein, 1955), S. 95.

48 Verfassungsrecht und soziale Struktur, insbes. S. 92ff.

49 Verfassungsauslegung aus dem Willen des Verfassungsgebers, DVBl. 1961, S. 685, 688 Anm. 18.

50 Die Umbildung des Verfassungsgesetzes, Schmitt-Festschrift (1959), S. 35; *ders.*, Zur Problematik der Verfassungsauslegung, res publica Heft 7 (1961).

51 Siehe dazu im einzelnen *A. Hollerbach*, Auflösung der rechtsstaatlichen Verfassung? AöR Bd. 85 (1960), S. 241; *H. Ehmke*, Wirtschaft und Verfassung (1961), S. 45ff.; *P. Lerche*, Stil, Methode, Ansicht, DVBl. 1961, S. 690.

52 Dazu vor allem *Hennis*, Politische Wissenschaft.

53 *Smend*, Verfassung und Verfassungsrecht; *Heller*, Staatslehre; *H. Krüger*, Verfassungswandlung und Verfassungsgerichtsbarkeit, in: Staatsverfassung und Kirchenordnung, Festgabe für Rudolf Smend (1962), S. 151; *ders.*, Verfassungsauslegung aus dem Willen des Verfassungsgebers, DVBl. 1961, S. 685; *ders.*, Verfassungsänderung und Verfassungsauslegung, DÖV 1961, S. 721.

54 McCulloch v. Maryland, 4 Wheat. 316, 407.

55 Zur Verfassungsgerichtsbarkeit siehe *H. Triepel* und *H. Kelsen*, Wesen und Entwicklung der Staatsgerichtsbarkeit, VVDStRL Heft 5 (1929); *E. Kaufmann* und *M. Drath*, Die Grenzen der Verfassungsgerichtsbarkeit, VVDStRL Heft 9 (1952); *E. Friesenhahn*, Wesen und Grenzen der Verfassungsgerichtsbarkeit, Z. Schw. Re. N. F. Bd. 73 (1954), S. 129ff.; *G. Leibholz*, Verfassungsgerichtsbarkeit im modernen Rechtsstaat, in: Strukturprobleme der modernen Demokratie (1958), S. 168ff.; *U. Scheuner*, Probleme und Verantwortung der Verfassungsgerichtsbarkeit in der Bundesrepublik, DVBl. 1952, S. 293; *J. Wintrich*, Aufgaben, Wesen, Grenzen der Verfassungsgerichtsbarkeit, in: Festschrift für H. Nawiasky (1956), S. 191.

56 *M. Imboden*, Normenkontrolle und Verfassungsinterpretation, in: Verfassungsrecht und Verfassungswirklichkeit (Festschrift für Hans Huber, 1961), S. 133, 146ff.

57 Siehe: Der Status des Bundesverfassungsgerichts, Material – Gutachten, Denkschriften und Stellungnahmen, mit einer Einleitung von *G. Leib-*

holz, JbdöR N. F. Bd. 6 (1957), S. 109ff.
58 Grenzen S. 12.
59 *W. Geiger*, Einige Probleme der Bundesverfassungsgerichtsbarkeit, DÖV 1952, S. 481.
60 Wesen S. 159.
61 Wesen S. 160.
62 Verfassungswandlung und Verfassungsgerichtsbarkeit, oben Anm. 53 zitiert; siehe auch seine weiteren ebd. zitierten Arbeiten.
63 Um den Umfang des Berichts nicht noch weiter zu vergrößern und um Wiederholungen zu vermeiden, verweise ich hier und im folgenden hinsichtlich der amerikanischen Probleme, die der Bericht mit im Blick behalten soll, weitgehend auf meine oben Anm. 51 zitierte Arbeit über die Verfassungsrechtsprechung des Supreme Court und die in jener Arbeit zitierte Literatur. Eine kritische Betrachtung des Supreme Court jetzt bei *E. Wolf*, Verfassungsgerichtsbarkeit und Verfassungstreue in den Vereinigten Staaten (1961).
64 BVerfGE 1, 351 (359).
65 BVerfGE 6, 222 (240), möglicherweise muß diese Äußerung aber als auf das Verhältnis des Bundesverfassungsgerichts zu den anderen Gerichten beschränkt verstanden werden.
66 Siehe BVerfGE 1, 14 (37).
67 Die Einführung des – allerdings weise zu handhabenden – Rechts zur Abgabe von abweichenden Voten in der Verfassungsgerichtsbarkeit würde diese Diskussion m. E. fördern, u. a. schon darum, weil sie die Urteile des Gerichts von ihrem teilweise (es sei etwa an das Konkordats-Urteil erinnert) offensichtlichen Kompromißcharakter befreien und damit zur Klarheit der Argumentation beitragen würde. Im positiven Sinne jetzt auch *K. Zeidler*, Gedanken zum Fernseh-Urteil des Bundesverfassungsgerichts, AöR Bd. 86 (1961/62), S. 361, 368f.
68 BVerfGE 2, 380 (401); 3, 407 (422); siehe auch 7, 342 (351); zur Bildung von Verfassungsgewohnheitsrecht siehe 1, 144 (151, 157); 11, 77 (87).
69 BVerfGE 2, 79 (92).
70 Siehe: Der Kampf um den Wehrbeitrag (3 Bde. 1952/58).
71 Vgl. *Smend*, in: Der Kampf um den Wehrbeitrag, Bd. 2 (1953), S. 563.
72 Siehe *Smend*, in: Der Kampf um den Wehrbeitrag, Bd. 1 (1952), S. 146ff.; Bd. 2 (1953), S. 559ff.
73 Siehe BVerfGE 6, 309 sowie: Der Konkordatsprozeß, 4 Bde. (1956/58); ferner das »Fernseh«-Urteil, BVerfGE 12, 205.
74 BVerfGE 13, 54. Siehe dazu auch *Zeidler*, Gedanken, S. 375 mit Anm. 36.
75 Siehe zusammenfassend *Enneccerus-Nipperdey*, Allgemeiner Teil des Bürgerlichen Rechts (15. Aufl. 1959), Bd. I, S. 91ff.
76 Siehe im einzelnen *Ehmke*, Wirtschaft und Verfassung, S. 78ff. und 605ff.

77 Betrachtungen zur Verfassungsauslegung, DÖV 1961, S. 641, 651; siehe auch *ders.*, Grundrechte und Privatrecht (1960).

78 Interessen und Organisation der Aktiengesellschaft (1960). Siehe insbesondere Teil 2 (Deutschland), Teil 3 (USA) und – zur geringen Bedeutung des Gleichheitssatzes im Aktienrecht – S. 103ff.

79 Siehe dazu die oben Anm. 8 zitierte Literatur.

80 In meinem mündlichen Referat und in den diesem zugrundeliegenden Leitsätzen (III, 2) habe ich in diesem Zusammenhang vom »verfassungs*rechtlichen* Konsens« gesprochen. Das war – worauf mich dankenswerterweise *G. Leibholz* aufmerksam gemacht hat – mißverständlich. Für das Verhältnis von Verfassungstheorie und Verfassungsrecht darf ich auf mein Schlußwort zur Diskussion verweisen, unten, S. 130.

81 In der amerikanischen Diskussion spricht *W. Hurst* – in *E. Cahn* (Hrsg.), Supreme Court and Supreme Law, S. 58 – vom »best consensus of many minds and many years«.

82 Bemerkungen zur staats- und rechtstheoretischen Problematik der Gegenwart, AöR N. F. Bd. 16 (1929), S. 321, 322.

83 Grundsatz und Norm, S. 87ff., 107ff.

84 Siehe etwa *v. Mangoldt-Klein*, Das Bonner Grundgesetz (2. Aufl. 1957), S. 69, 89. *Maunz-Dürig*, Grundgesetz, Ziff. 71, 72 zu Art. 2 Abs. 1; und schon *G. Holstein*, VVDStRL, Heft 2 (1925), S. 252; *C. Schmitt*, Inhalt und Bedeutung des zweiten Hauptteils der Reichsverfassung, HDStR, Bd. II (1932), S. 597, 605.

85 Das wird etwa in BVerfGE 1, 14 (32f); 2, 380 (403); 3, 225 (231) deutlich.

86 Siehe im einzelnen *Ehmke*, Wirtschaft und Verfassung, S. 437ff.

Friedrich Müller
Arbeitsmethoden des Verfassungsrechts

Die Fragestellung

Juristische Methodiken liefern der Rechtswissenschaft und ihren Teildiziplinen weder einen abschließbaren Katalog fraglos zuverlässiger Arbeitstechniken noch ein System durchgängig anwendbarer und als kanonisch zu behandelnder Arbeitshypothesen. Die Rechtswissenschaft interessiert weniger ihre herkömmliche Abgrenzung gegenüber der Naturwissenschaft als vielmehr die sachliche Eigenart rechtlicher Normen und ihrer spezifischen Normativität. Mit der Überzeugungskraft des Gesetzespositivismus verblaßt auf der einen Seite der Akzent pseudo-naturwissenschaftlicher Objektivität juristischer »Methoden«. Auf der anderen Seite kann juristische Methodik sich weder für technische Einzelheiten noch für theoretische Grundlagen auf die Ergebnisse der neueren philosophischen und allgemein-geisteswissenschaftlichen Hermeneutik verlassen. Geltungs- und Verbindlichkeitsanforderungen sind in der Jurisprudenz als einer angewandten Normativ-Wissenschaft entscheidend höher anzusetzen als in den nichtnormativen geisteswissenschaftlichen Disziplinen. Rechtspraktische »Methoden« und dogmatische »Theorien« sind stets nur Hilfsmittel der juristischen Arbeit. Sie sind jedoch Hilfsmittel, deren Eigenart, Grenzen, Begründungsfähigkeit und sachlicher Zusammenhang keinesfalls der Beliebigkeit individueller Arbeitsweisen überlassen sind. Juristische Methodik hat im Spielraum der ihr möglichen eingeschränkten Objektivität den Versuch einer gleichwohl verbindlichen Selbstverständigung der juristisch Arbeitenden über die Begründbarkeit, Vertretbarkeit und Zulässigkeit ihrer Arbeitsformen zu unternehmen.

Als Bezeichnung für eine systematisch reflektierende Gesamtkonzeption (verfassungs-)juristischer Arbeitsweisen ist »Methodik« im hier gebrauchten Sinn der Oberbegriff für »Hermeneutik«, »Interpretation«, »Auslegungsmethoden« und »Methodenlehre«.

»Hermeneutik« meint hier nicht die traditionelle rhetorische Kunstlehre in ihrer Anwendung auf die Rechtswissenschaft, sondern die grund|124|sätzlichen Bedingungen normgebundener juristischer Rechtskonkretisierung. »Methodenlehre« bedeutet im herkömmlichen Sinn die Gesamtheit interpretatorischer Kunstregeln im Umgang mit Rechtsnormen, wie z. B. grammatische oder systematische Auslegung, Analogieverfahren und ähnliches. »Hermeneutik« ist dagegen die Lehre von der Struktur rechtlicher Normativität und von den wissenschafts- und rechtstheoretischen *Voraussetzungen* juristischer Methodologie *Müller*, I, S. 7, 13 und passim). »Interpretation« bzw. »Auslegung« schließlich betreffen die Möglichkeiten juristisch-philologischer Textbehandlung, also der Auslegung von Normtexten. Eine Rechtsnorm ist jedoch mehr als ihr Normtext. Praktische Normkonkretisierung ist mehr als Textauslegung. »Methodik« im hier vorgestellten Sinn umfaßt somit im Grundsatz sämtliche Arbeitsweisen der Normkonkretisierung und Rechtsverwirklichung, auch soweit sie – wie die Analyse der Normbereiche, wie die Rolle staats-, rechts- und verfassungstheoretischer Argumente, wie dogmatische Inhalte, lösungstechnische und rechts- wie verfassungspolitische Elemente – über Auslegungs- bzw. Interpretationsmethoden im traditionell verengten Sinn hinausgehen.

Damit entfällt auch die übliche Einschränkung juristischer Methodenfragen auf Arbeitsmethoden der Rechtsprechung und der Wissenschaft. Eine Methodik des Verfassungsrechts betrifft Verfassungskonkretisierung durch Regierung, Exekutive und Gesetzgebung in nicht geringerem Maß als jene durch Rechtsprechung und Rechtswissenschaft. Nur die verfassungsrechtliche Didaktik bleibt als ein Feld eigener Art außerhalb des Untersuchungsbereichs. Wo Verfassungsnormen im Spiel sind, arbeiten Gesetzgebung, Exekutive und Regierung »verfassungsmethodisch« prinzipiell ebenso wie Judikative und rechtswissenschaftliches Forschen. Neben dessen Argumentationsweise betrifft eine Methodik des Verfassungsrechts somit alles verfassungsorientierte Handeln staatlicher Funktionsträger. Ihr aller Arbeitsstil ist in der fundamentalen und weitgehend »verwissenschaftlichten« Materie des Verfassungsrechts im Grundsatz strukturell einheitlich erfaßbar.

Diese Breite der Problematik veranlaßt im Rahmen der Konzeption dieses Handbuchs zu einer auf die Grundlinien beschränkten Darstellung. Das Verfassungsrecht ist eine verhältnismäßig junge Disziplin. Eine eigenständige Methodik oder auch nur Methodenlehre des Verfassungsrechts ist nicht vorhanden. Was gegenwärtig geleistet werden kann, ist das Folgende: in einem ersten Teil einen

Überblick über methodische Reflexion und Praxis in Rechtsprechung und wissenschaftlicher Literatur zu geben und in einem zweiten Teil den systematischen Entwurf einer Methodik des Verfassungsrechts nach Grundlagen und einzelnen Konkretisierungselementen vorzulegen.

|143| Entwurf einer Methodik des Verfassungsrechts

1. Grundlagen juristischer Methodik

a) Methodik und Funktionenlehre

Arbeitsmethodik ist *Methodik von Funktionsträgern.* Gleichrangig neben Rechtsprechung und Rechtswissenschaft arbeiten Gesetzgebung, Verwaltung und Regierung verfassungskonkretisierend. Solches Bearbeiten ist durchgängig normorientiert: auch die *Normbeachtung*, deretwegen es nicht zu einem Verfassungskonflikt oder Rechtsstreit kommt, ist *Normkonkretisierung.* In jedem Fall motivieren die in Frage kommenden (verfassungs-)rechtlichen Vorschriften auf spezifische Weise das Verhalten von Funktionsträgern und sonstigen Adressaten. Auch die am politischen und am Verfassungsleben teilnehmenden Betroffenen haben tatsächliche Funktionen der Verfassungskonkretisierung von kaum zu überschätzendem Ausmaß, wenn diese auch weniger in Erscheinung treten und methodologisch übersehen zu werden pflegen: durch Normbefolgung, durch Sich-fügen, durch Kompromiß und Arrangement im Rahmen des verfassungsrechtlich noch Zulässigen bzw. Vertretbaren und so fort. Wenn die Verfassung normative Kraft entfalten soll *(Hesse I),* kann der »Wille zur Verfassung«, der ein Wille zur Beachtung bzw. zur Konkretisierung und Aktualisierung der Verfassung ist, nicht beschränkt bleiben auf die Rechtswissenschaft als Funktionsträger im weiteren Sinn und auf die Funktionsträger im engeren Sinn, die von Verfassung und Rechtsordnung durch Kompetenzvorschriften eingesetzt, beauftragt, legitimiert und mit Entscheidungs- und Sanktionsbefugnissen versehen worden sind.

Dieser Zusammenhang ist im Blick zu behalten, wenn auch eine verfassungsrechtliche und verfassungstheoretische Funktionslehre hier nicht eigens zu entwickeln ist (vgl. *Hesse II,* S. 192 ff.). Bedingungen, Möglichkeiten und Begrenztheit juristischer Methodik sind durchgehend von der Gestaltung der betreffenden Amts-, Aufgaben- und Arbeitsfunktionen bestimmt. Arbeitsmethoden bestimmen sich durch Art und Aufgabe der Arbeit. Aufgabe verfassungsrechtlicher Praxis ist Verfassungskonkretisierung durch gestaltende Rechtsnormensetzung und Rechtsnormenaktualisierung in Legislative, Exekutive und Regierung; ist Verfassungskonkreti|144|sierung von primär kontrollierender, aber in den Grenzen der normativen Spielräume zugleich rechtsfortbildender Art in der Judikatur. Erzielen, Bekanntgeben und Begründen der Entscheidung sind durch positivrechtliche Anordnung in wechselndem Ausmaß und auf wechselnde Art zur Pflicht gemacht. Die Bekanntgabe der *Entscheidung* (der Rechtsnorm, der Regierungs- oder Verwaltungsentscheidung, des gerichtlichen Spruchs) ist ein Element rechtsstaatlicher Ordnung. Die Darstellung und Bekanntgabe der *Begründung* soll zum einen die Betroffenen überzeugen, zum andern die Entscheidung für mögliche Überprüfung durch Instanzgerichte, für sonstige Chancen des Rechtsschutzes und für die Frage ihrer Verfassungskonformität kontrollierbar machen. Eine weitere Wirkung besteht im Einbringen der bekanntgegebenen und begründeten Entscheidung in die rechtspraktische, rechtswissenschaftliche und rechts- und verfassungspolitische Diskussion. Diese Diskussion mit der durch sie bewirkten Traditionsbildung, Kritik und Kontrolle gehört neben der Lehre, deren spezifisch didaktische Frage hier nicht interessieren, und der Lösung aktueller Fallprobleme in beratender Funktion zu den Hauptaufgaben der *Rechtswissenschaft.* Nach dem Maß dieser unterschiedlichen Aufgabenstruktur ist die *Rechtspraxis* zwar nicht zu expliziter hermeneutischer und methodologischer Reflexion verpflichtet; wohl aber zum Anstreben einer Methodik, welche die Relevanz entscheidungserheblicher normativer Maßstäbe, die Relevanz von diesen Maßstäben betroffener Fallelemente und die Vertretbarkeit der Entscheidung rational darzustellen und nachzuprüfen erlaubt; einer Entscheidung, die aus der methodisch zu differenzierenden Vermittlung beider Komponenten durch Konkretisierung der »einschlägigen« Rechtsnorm als »Entscheidungsnorm« zu ermitteln ist. Die Methodik muß die Vorgänge der Entscheidungsfindung und der darstellenden Begründung in hinreichend kleine Denkschritte zerlegen können, um den Weg für *kontrollierende Rückkopplung durch Normadressaten, Normbe-*

troffene, staatliche Funktionsträger (Instanzgerichte, Verfassungsgerichtsbarkeit usw.) *und Rechtswissenschaft* freizumachen.

b) Normativität, Norm und Normtext

Sprechen und schreiben Juristen von »der« Verfassung, so meinen sie den Text der Verfassung, sprechen sie von »dem« Gesetz, so meinen sie seinen Wortlaut. Von einem neuen Ansatz der juristischen Hermeneutik her (*Müller I*, z. B. S. 147ff.) ist dagegen der Grundsachverhalt einer Nichtidentität von Normtext und Norm herausgearbeitet worden. Unter zwei Hauptaspekten ist der Wortlaut einer positiven Rechtsvorschrift nur die »Spitze des Eisbergs«. Zum einen dient der Wortlaut in der Regel der For|145|mulierung des Normprogramms, während der *Normbereich* als ein die Vorschrift mitkonstitutierendes Element normalerweise nur angedeutet wird. Zum andern geht die der Norm nach herkömmlichem Verständnis zugehörige *Normativität* aus diesem Text selbst nicht hervor. Die Normativität folgt vielmehr aus außersprachlichen Gegebenheiten staatlich-gesellschaftlicher Art: aus einem tatsächlichen Funktionieren, aus einem tatsächlichen Anerkanntsein, aus einer tatsächlichen Aktualität dieser Verfassungsordnung für empirische Motivationen in ihrem Bereich; also aus Gegebenheiten, die, selbst wenn man es wollte, im Sinn der Garantie ihres Zutreffens im Normtext gar nicht fixierbar wären. Auch der *»Inhalt«* einer Rechtsvorschrift, d. h. die von ihr ausgehenden (weil veröffentlichten, übermittelten, weitergegebenen, akzeptierten und befolgten) *Ordnungs-, Regelungs- und Maßstabsimpulse*, ist in ihrem Wortlaut nicht substantiell »anwesend«. Auch er kann vom Wortlaut nur sprachlich formuliert, auf die der Sprache eigentümliche Art »repräsentiert« werden. Nicht der Wortlaut einer (Verfassungs-)Norm ist es, der einen konkreten Rechtsfall regelt, sondern die gesetzgebende Körperschaft, das Regierungsorgan, der Verwaltungsbeamte, der gerichtliche Spruchkörper, der am Leitfaden der sprachlichen Formulierung dieser (Verfassungs-)Norm und mit weiteren methodischen Hilfsmitteln der Konkretisierung die den Fall regelnde Entscheidung findet, bekanntgibt, begründet und der gegebenenfalls für ihre faktische Durchsetzung sorgt.

Die Nichtidentität von Norm und Normtext, das Nichtgebundensein von Normativität an einen autoritativ fixierten und publizierten Wortlaut erhellt auch aus der Erscheinung des *Gewohnheitsrechts*. Dessen Rechtsqualität wird nicht angezweifelt, obwohl es keinen autoritativ definierten Text aufweist. Diese Eigenschaft des Rechts, in schriftlicher Form zustande gekommen, ausgefertigt und nach einem bestimmten von anderen Normen angeordneten Verfahren publiziert zu sein, ist mit seiner Normqualität nicht identisch. Sie steht vielmehr in Zusammenhang mit rechtsstaatlichen und demokratischen Geboten des bürgerlichen Verfassungstaats der Moderne. Auch wo positives Recht dieser Art vorherrscht, gibt es praeter constitutionem (Verfassungs-)Gewohnheitsrecht von voller Normqualität (vgl. allgemein *Huber*, *Hesse II*, S. 15 f.). Darüber hinaus ist selbst innerhalb des geschriebenen Rechts die sich in praktischen Entscheidungen äußernde Normativität sprachlich nicht allein am Text der zu konkretisierenden Rechtsnorm orientiert. Die Entscheidung wird mit Hilfe von Gesetzesmaterialien, von Lehrbüchern, Kommentaren und monographischen Untersuchungen, von Präjudizien und rechtsvergleichendem Material erarbeitet, also mit zahlreichen mit dem Normwortlaut nicht identischen und über diesen hinausgehenden Texten.

|146| Juristische Methodik hat in der Masse der Arbeitsmaterialien aus Rechtspraxis und Rechtswissenschaft genügend Stoff, ihre eigenen Grundbedingungen herauszuarbeiten. Das gilt auch gegenüber dem bisherigen Stand von Bemühungen, Rechtswissenschaft und *Kommunikationstheorie* miteinander zu verbinden. Analog der hier unternommenen Skizze der theoretischen Voraussetzungen gesetzespositivistischer Methodik ist von der Kommunikationstheorie aus gezeigt worden, daß die herkömmliche juristische Methodik mit ihrer Konzentration auf die Lehre von der Textauslegung, mit ihrem Zielbegriff der Eindeutigkeit, mit ihrer Vorstellung von einem in der Rechtsnorm fertig vorgegebenen »Inhalt« und einer vom graphischen Satz abgehobenen und abhebbaren »Bedeutung« Elemente eines ontologischen Denkstils aufweist (*Horn I*, z. B. S. 24ff., 105, 157ff., 160ff.; *Horn II*, z. B. S. 577ff., 580f., 585, 587). Demgegenüber wird für das Verständnis der Rechtsnormen das Modell des imperativen Kommunikationssystems vorgeschlagen.

So aufschlußreich dieser Ansatz ist, so wenig kann er im einzelnen zur Fortentwicklung juristischer Methodik leisten. Denn für entwickelte Kommunikationssysteme tritt wegen der in ihnen notwendig gestiegenen Komplexität an Stelle des Grundlagenmodells der imperativen Kommunikationssituation doch die dingliche Deskription in den Vordergrund. Dem entspricht es, daß die Grundlagen einer über den Gesetzespositivismus hinausweisenden juristischen Hermeneutik nur aus der Beobachtung juristischer Arbeit in Praxis und Wissenschaft gewonnen wurden. Zu den Entsprechungen rechtshermeneutischer und kommunikationstheoretischer Analysen gehören neben den genannten noch die folgenden: Die Kommunikationstechnik steuert *künftiges Zusammenwirken von Mitgliedern der sozialen Gruppe*. Dieses Zusammenwirken bildet jeweils eine relativ konstante Struktur von Aktions-, Organisations- und Sachzusammenhängen. Diese werden von dem sprachlichen Ausdruck der Rechtsnorm nicht substantiell umschlossen, sind in ihm nicht der Sache nach »enthalten«. Juristische Begriffe im Normtext geben nur in bestimmten Fällen (bei rechtserzeugtem Normbereich, wie beispielsweise bei Fristen, Terminen und reinen Verfahrensvorschriften) dingliche Beschreibungen des Gemeinten; in aller Regel evozieren sie nur als Signal- oder Anknüpfungsbegriffe das, woran als Entsprechung in der sozialen Realität gedacht ist. Der Normtext »enthält« nicht die Normativität und ihre konkrete Sachstruktur. Er dirigiert und begrenzt die legitimen und legalen Möglichkeiten sachbestimmter Rechtskonkretisierung innerhalb seines Rahmens. Juristischen Begriffen in Normtexten eignet nicht »Bedeutung«, Sätzen nicht »Sinn« nach der Konzeption eines abgeschlossen Vorgegebenen. Vielmehr richtet sich der Blick auf die *aktive konkretisierende Leistung* des »Empfängers« und damit auf die *funk*|147|*tionale Rollenverteilung*, die kraft positivrechtlicher Anordnung der Verfassungs- und Rechtsordnung für die Aufgabe der Verfassungs- und Rechtskonkretisierung angeordnet ist.

c) Norm, Normtext und Normstruktur

Wie die Analyse der Rechtspraxis zeigt, ist Normativität ein *strukturierter Vorgang*. Die Analyse des Verhältnisses der Normativität zu Norm und Normtext setzt sich fort in der Analyse der Normstruktur.

»Normstruktur und Normativität« diente *(Müller I)* als Stichwort für die Untersuchung des Verhältnisses von Recht und Wirklichkeit in der juristischen Hermeneutik, also für einen Teilbereich der Fragestellung einer (verfassungs-)rechtlichen Methodik. Nach dem hier Gesagten steht »Normstruktur und Normativität« zugleich auch für den über den Gesetzespositivismus hinaus zu versuchenden Entwurf einer verfassungsrechtlichen Methodik, die neben dogmatischen und methodologischen Elementen im engeren Sinn unter anderm auch Hermeneutik im Sinn der hier verwendeten Definition umfaßt.

Der Wortlaut drückt das »Normprogramm« aus, den herkömmlich so verstandenen »Rechtsbefehl«. Gleichrangig gehört zur Norm hinzu der Normbereich, d. h. der Ausschnitt sozialer Wirklichkeit in seiner Grundstruktur, den sich das Normprogramm als seinen Regelungsbereich »ausgesucht« oder z. T. erst geschaffen hat (wie weitgehend bei Formvorschriften u. ä.). Der Normbereich kann rechtserzeugt sein (Vorschriften über Fristen, Termine, Formvorschriften, Institutions- und Verfahrensregeln usw.) oder nicht rechtserzeugt (vgl. Art. 1 Abs. 1, Art. 3 Abs. 2 und 3, Art. 4 Abs. 1, Art. 5 Abs. 3 Satz 1 GG und vergleichbare Vorschriften). In den meisten Fällen gilt beides: Der Normbereich weist sowohl rechtserzeugte als auch nicht rechtserzeugte Bestandteile auf. So sind im Normbereich von Art. 21 Abs. 1 Satz 1 GG die tatsächliche Konstituierung politischer Richtungen und Bestrebungen und ihre jeweilige inhaltliche Programmatik nicht rechtserzeugt, wohl aber die rechtlichen Formen der Gruppierung wie nichtrechtsfähiger Verein, rechtsfähiger Verein usf. Normbereiche wie die des 8. Abschnitts des Grundgesetzes (Art. 83 ff. GG) oder wie beispielsweise solche, die sich auf die Rechtsprechung beziehen (z. B. Art. 92 ff. GG), erweisen sich, so wie sie von den entsprechenden Normwortlauten evoziert werden, als so gut wie vollständig rechtserzeugt und damit als genauer und zuverlässiger im Normtext formulierbar denn die Normbereiche von Grundrechten oder verfassungsrechtlichen Grundsatznormen (wie Art. 20, 21, 79 Abs. 3 GG u. ä.). Im Verfassungsrecht zeigt es sich be|148|sonders deutlich, daß eine Rechtsnorm kein gegenüber ihrem Regelungsbereich isolierbares »hypothetisches Urteil« ist, keine der Wirklichkeit autoritativ übergestülpte Form, sondern eine ordnende und anordnende Folgerung aus der Sachstruktur des geregelten Sozialbereichs selbst. Dementsprechend erweisen sich »normative« und »empirische« Elemente des fallentscheidenden Rechtsfindungs- und Begründungszusammenhangs im Vorgang praktischer Rechtsanwendung als vielfach aufeinander angewiesen und damit als von gleichrangiger normativer Wirkung. Innerhalb des tatsächlichen Vorgangs praktischer Rechtskonkretisierung sind »Recht« und »Wirklichkeit« keine selbständig je für sich bestehenden Größen. Die Anordnung und das durch sie Geordnete sind prinzipiell gleichrangig wirksame Momente der Normkonkretisierung von nur relativer Unterscheidbarkeit.

Der Normbereich ist nicht mit den sachlichen Einzelheiten des Sachverhalts identisch. Er ist ein Sachbestandteil der Rechtsvorschrift selbst (*Müller I*, z. B. S. 107f., 117f., 125f., 131ff., 137ff., 142ff., 184ff., 201ff.). Aus der Gesamtheit der von einer Vorschrift betroffenen Gegebenheiten, dem »Sachbereich«, hebt das Normprogramm den Normbereich als Bestandteil des Normativtatbestandes heraus. Der Normbereich ist ein die Normativität mitbegründender Faktor. Er ist nicht eine Summe von Tatsachen, sondern ein als realmöglich formulierter Zusammenhang von Strukturelementen, die in der auswählenden und wertenden Perspektive des Normprogramms aus der sozialen Realität herausgehoben werden und im Regelfall zumindest teilweise rechtlich geformt sind. Wegen der rechtlichen Formung des Normbereichs und wegen seiner Auswahl durch die Perspektive des Normprogramms geht der Normbereich über bloße Faktizität eines Ausschnittes außerrechtlicher Wirklichkeit hinaus. Er ist nicht im Sinn einer »normativen Kraft des Faktischen« deutbar (*Müller I* S. 127, 172f., 184ff., 201ff.). Damit erweist sich die Rechtsnorm als sachgeprägtes Ordnungsmodell; als verbindlicher Entwurf einer Teilordnung der Rechtsgemeinschaft, die der Rechtssatz sprachlich abbildet und in der das Ordnende und das zu Ordnende notwendig zusammengehören und einander in der Praxis der Rechtsverwirklichung unabdingbar gegenseitig ergänzen und abstützen. Eine Rechtsregel leistet das verbindliche Entwerfen sachlich geprägter, in der Sachgegebenheit aber nicht aufgehender Ordnung. Der Normbereich kommt für Rechtsnorm wie Entscheidungsnorm allein in der vom Normprogramm bestimmten Fragestellung in den Blick. Gesetzgebung, Verwaltung und Gerichte, die den Normbereich praktisch als normativ behandeln, verfallen keiner apokryphen Normativität des Faktischen. Das Bundesverfassungsgericht hat sich zu Recht gegen den Vorwurf gewandt, solches Vorgehen entspringe einem »Soziologismus« oder es habe sich »unjuristischer« Methodik verschrieben (*BVerfGE* 6, 132, 142ff., 147f.).

|149| Der Einwand, ein Teil dieses hermeneutischen Ansatzes sei

bereits mit den überkommenen Auslegungsmethoden *Savignys* zu bewältigen, übersieht, daß die canones damit etwas leisten, was sie nach ihrer Konzeption nicht leisten dürften. Sie haben in der Rechtspraxis materielle Bestandteile des Normbereichs forwährend sprachlich zu verdecken, die in Wahrheit kraft ihrer eigenen sachlichen Konsistenz die Entscheidung des Rechtsfalls (mit-)bestimmen und mit Hilfe der canones gerade nicht ermittelt werden können. Nicht zuletzt an solchen Diskrepanzen hat es sich immer wieder gezeigt, daß ein Festhalten an *Savignys* Regeln allein auch im Verfassungsrecht fiktiv bleiben muß.

Es ist nicht zuletzt die verschiedene sachliche Eigenständigkeit der Normbereiche, in der die Verschiedenheiten der einzelnen Teildisziplinen der Rechtswissenschaft gründen. Bei Formvorschriften, bei Verfahrens- und Organisationsnormen, bei Verweisungsvorschriften, Legaldefinitionen und bei Regelungen mit numerisch oder individuell determinierter rechtsdogmatisch-begrifflicher Aussage verschwinden die Normbereiche hinter den Normprogrammen. Sie liefern der Praxis meist keine zusätzlichen Gesichtspunkte für die Konkretisierung. Je stärker sachgebunden dagegen eine Norm ist, je mehr nicht-rechtserzeugte Bestandteile ihr Normbereich enthält, desto stärker bedarf ihre Umsetzung der Ergebnisse von Normbereichsanalysen. Bei verfassungsrechtlichen Vorschriften sind die Normbereiche oft ergiebig und für die Konkretisierung von entscheidendem Gewicht. Daher ist verfassungsrechtliche Spruchpraxis von beispielhaftem Erkenntniswert.

Typologische Faktoren der Normstruktur und damit der unterschiedlichen Bedingungen von Normkonkretisierung sind zum Beispiel:

- die Eigenart des Sachbereichs (neuartig oder traditionell gesichert, von größerer oder geringerer politischer und sozialer Relevanz, rechtserzeugt, »naturwüchsig« oder beides in einem bestimmten Mischungsverhältnis usw.),
- die Zuverlässigkeit des Normtexts bei Formulierung des Normprogramms,
- die Genauigkeit des im Wortlaut der Vorschrift formulierten Normprogramms bei der Heraushebung des Normbereichs aus dem Sachbereich, d. h. aus den allgemeineren sachlichen Zusammenhängen der Rechtsvorschrift,
- Grad und Stand der (wissenschaftlichen) Bearbeitung eines Regelungsgebiets innerhalb und außerhalb von Jurisprudenz und

Rechtspraxis und nicht zuletzt
|150| – die normative Stellung der zu konkretisierenden Rechtsvorschrift in ihrer Kodifikation oder in der (Verfassungs-)Rechtsordnung (so z. B. die Eigenart der Normen des Allgemeinen Teils des Bürgerlichen Gesetzbuchs oder die der in eine ausgearbeitete Kodifikation bewußt eingesetzten ausgleichenden Generalklauseln wie der §§ 138, 242 und 826 BGB; im Grundgesetz: Staatsformbestimmungen, Staatszielbestimmungen, Rechtsstaatsgebote von wechselnder Konkretion, Gesetzgebungsaufträge, Verfassungsdirektiven, Sach- und Maßstabsnormen, Kompetenzvorschriften, Organisations- und Verfahrensregeln, Grundrechte).

d) Normkonkretisierung statt Normtextauslegung

Solange als »Methoden« der Rechtspraxis und Rechtswissenschaft nur Regeln der Interpretation (Auslegung) angegeben werden, ist die Struktur praktischer Rechtsverwirklichung mißverstanden. Die Interpretation des Normwortlauts ist eines der wichtigsten Elemente im Vorgang der Konkretisierung, aber nur ein Element. Eine Methodik, die über den Gesetzespositivismus hinausführen soll, hat Regeln für die Aufgabe der Normkonkretisierung im umfassenden Sinn der tatsächlichen Praxis anzugeben. Sie kann weder am Evidenz-Dogma noch am Willens-Dogma festhalten. Sie kann Vorgang wie Aufgabe der normgebundenen Rechtsverwirklichung nicht nur als Nachvollzug von etwas bereits Vollzogenem auffassen. Sie muß die Probleme des rechtswissenschaftlichen »Vorverständnisses« und der Fallbezogenheit von Konkretisierung erarbeiten. Sie muß im ganzen von einer den Gesetzespositivismus hinter sich lassenden Normtheorie ausgehen.

Konkretisierung kann, wie gezeigt wurde, aus einer Reihe von Gründen nicht ein rein kognitives Verfahren sein. Normativität erweist sich nur im Regeln konkreter Rechtsfragen. Sie wird nur im Vorgang solchen Regelns gefordert und damit wirksam. Rechtsnormen sind nicht fallabhängig, wohl aber fallbezogen, wobei es keine erstrangige Rolle spielt, ob es sich um einen tatsächlich anstehenden Fall oder um einen erdachten handelt. Eine Norm ist nicht (nur) deshalb interpretationsbedürftig, weil und insofern sie nicht »eindeutig«, nicht »evident«, weil und insofern sie »unklar ist« – sondern vor allem deshalb, weil sie auf einen (wirklichen oder erdachten) Fall angewandt werden muß. Eine Norm im Sinn herkömmlicher Methodik (das heißt: der Wortlaut einer Norm) mag auf dem Papier »klar« oder gar »eindeutig« aussehen. Schon der nächste praktische Fall, auf den sie angewandt werden soll, kann sie höchst »unklar« erscheinen lassen. Das erweist |151| sich immer erst beim tatsächlichen Versuch der Konkretisierung. Bei ihr wird nicht etwas Fertiges auf einen gleichfalls als abgeschlossen verstehbaren Sachverhalt »angewandt«. Der Gesetzespositivismus gab und gibt das vor. »Die« Rechtsnorm ist aber weder fertig noch »substantiell« abgeschlossen. Sie ist ein sachlich umschreibbarer, mit den Mitteln rationaler Methodik differenzierbarer Kern normativer Anordnung. Dieser »Kern« wird im Einzelfall zur Entscheidungsnorm konkretisiert und damit meist auch verdeutlicht, differenziert, sachlich angereichert und in den Grenzen des rechtsstaatlich Zulässigen (die vor allem durch die Grenzfunktion des Normtextes bestimmt sind) fortentwickelt. Durch wechselseitige Präzisierung und Konkretisierung der (weder abgeschlossenen noch isolierbaren) Norm am Sachverhalt und des (gleichfalls weder isolierbaren noch in diesem Sinn »abgeschlossenen«) Sachverhalts an der Norm wird in einem durchgehend normorientierten Verfahren herausgefunden, was gemäß der rechtlichen Vorschrift im Einzelfall Rechtens sein soll. Ein Rechtssatz funktioniert nicht mechanisch. Die »sens clair-Doktrin« fremder Rechte, die scheinbar eindeutige Rechtsbegriffe als nicht auslegungsfähig behauptet, kommt zu dieser Behauptung selbst nur durch deutende Vorwegnahme des möglichen Normsinns (*Müller* I, S. 45 f.; vgl. auch *Esser* IV). »Subsumtion« ist nur scheinbar ein formallogisches, in Wahrheit ein durch das jeweilige rechtsdogmatische Vorverständnis inhaltlich bestimmtes Verfahren.

Nach dem Gesagten ist es nicht mehr möglich, Konkretisierung oder auch nur, enger gefaßt, Textinterpretation als Rekonstruktion eines vom Normgeber Gewollten im Sinn der Ermittlung seines »Willens« bzw. des »Willens« der Rechtsnorm sinnvoll zu verstehen. Schon wegen der Zukünftigkeit der zu regelnden Fälle und damit der einer bestimmten Norm zuzurechnenden einzelnen Entscheidungen können weder »der« Wille noch »die« Entscheidung einer Vorschrift an sich ermittelt werden. Dagegen ist für dezisionistische (und gesetzespositivistische) Positionen die Möglichkeit, den »Willen« zu isolieren und ihn im Konfliktsfall über den methodisch erarbeiteten normativen Gehalt zu stellen, im Grund schon nicht mehr ein Problem des Rechts, sondern eine

Frage der faktischen Geschichtsmächtigkeit; nicht mehr ein Problem der Rechtswissenschaft, sondern eine Frage der Geschichtsmetaphysik und der *praktischen Ideologie.*

Das Willensdogma entstammt der Pandektenwissenschaft und wurde aus ihr von der frühpositivistischen Staatsrechtslehre, besonders von *Gerber* und *Laband,* übernommen. Es setzte sich in der Vorstellung von der Rechtsnorm als Befehl fort und beraubte mit der Trennung von Recht und Wirklichkeit die Norm als vorgeblichen hypothetischen Imperativ der sachlichen Beziehung zu ihrem Regelungs- und Geltungsbereich.

|152| Weder die Rechtsnorm noch der von ihr zu regelnde Rechtsfall sind voneinander ablösbar. Beide liefern auf verschiedene, aber komplementäre Art die für die Rechtsentscheidung erforderlichen Elemente. Jede Rechtsfrage tritt in Form eines wirklichen oder erdachten Falls auf. Jede Norm ist nur im Hinblick auf einen von ihr (mit) zu lösenden Fall sinnvoll. Dieser Grundtatbestand juristischer Konkretisierung umschreibt das für Rechtswissenschaft und Rechtspraxis eigentümliche, das spezifisch juristische *Erkenntnisinteresse* als ein *Entscheidungsinteresse.* Die Notwendigkeit einer Rechtsentscheidung (auch der eines erdachten Falls) *umschließt* die Verstehens-Problematik, die kognitiven Momente und Verfahren. Die Rechtsentscheidung erschöpft sich jedoch nicht in ihren kognitiven Teilen. Sie zielt über die im allgemein geisteswissenschaftlichen Sinn »hermeneutischen« Fragen des »Verstehens« hinaus. Es ist klar, daß das Verhältnis der kognitiven und nicht-kognitiven Elemente im Konkretisierungsvorgang je nach der ausgeübten juristischen Funktion wechselt und daß beispielsweise das kognitive »Erkenntnis«interesse bei wissenschaftlicher Konkretisierung angesichts eines erdachten Sachverhalts deutlich in den Vordergrund tritt.

Die Aussagekraft einer Norm für einen Fall wird von eben diesem Fall gleichsam provoziert. In einem Verfahren, das durch wechselseitige Überprüfung der als relevant betrachteten Rechtsvorschrift(en) an den für diese relevanten Bestandteilen des Sachverhalts und umgekehrt der arbeitshypothetisch als relevant behandelten Sachverhaltsbestandteile an der ihnen vorläufig zugeordneten Norm (bzw. an mehreren Rechtsvorschriften) schrittweise an Genauigkeit gewinnt, werden die so »auf Gegenseitigkeit« ausgewählten Normativelemente und Sachverhaltselemente aneinander (und immer mit der Möglichkeit des Mißlingens, d. h.

die Notwendigkeit, andere Normvarianten oder Normen arbeitshypothetisch einzuführen) gleichfalls »auf Gegenseitigkeit« weiter konkretisiert. Die Lösung, das heißt: *die Konkretisierung der Rechtsnorm zur Entscheidungsnorm und des rechtlich noch nicht entschiedenen Sachverhalts zum entschiedenen Rechtsfall* hat die sachliche Konvergenz beider zu erweisen, bekanntzugeben und zu begründen (vgl. auch *Esser* IV).

Schon das bisher Gesagte macht deutlich, welche Rolle das *»Vorverständnis«* der zu konkretisierenden Norm und das des Falls in juristischer Arbeit spielt. »Vorverständnis« kann im Zusammenhang juristischer Methodik nur ein juristisches, nicht ein philosophisches oder allgemein geisteswissenschaftliches bedeuten. Das gilt auch gegenüber den nichtjuristischen Elementen des, im umfassenden Sinn, »ideologischen« Vorverständnisses, gegenüber der allgemeinen Vorurteilshaftigkeit allen Verstehens. (Verfassungs-) Rechtliche Dogmatik, Theorie und Methodik müssen Mittel zur Verfügung stellen, die spezifisch juristischen Momente dieser |153| Vorurteilshaftigkeit selbständig als norm- und sachbezogenes Vorverständnis der Rechtswelt zu begründen, sie verdeutlichend abzugrenzen, zu differenzieren und sie damit in den Vorgang der Konkretisierung als strukturierten, konstrollierbaren und diskutierbaren Faktor einzubringen. Das juristische Vorverständnis und seine rationale Rechtfertigung, die in verfassungsrechtlicher Praxis weitgehend mit dem Einarbeiten von Inhalten der Staats- und Verfassungstheorie zusammenfällt, ist damit der Ort einer aus der Praxis erwachsenden, einer nicht um ihrer selbst, sondern um der Rationalität und Richtigkeit der zu findenden Entscheidung willen anzustellenden *Ideologiekritik.* Der herkömmlich als wirklichkeitsbezogene normative Geisteswissenschaft aufgefaßten Jurisprudenz stellt sich die Frage nach ihrer *Objektivität* und *Allgemeingültigkeit* auf besondere Art. Von der »Objektivität« der Naturwissenschaften trennt sie ihr »geschichtlicher« Stoff, von der Arbeitsweise der »verstehenden« Geisteswissenschaften ihre Bindung an »geltende« Rechtsnormen. Die Forderung nach juristischer Objektivität kann nicht im Sinn eines »absoluten« Idealbegriffs erhoben werden; wohl aber als Forderung nach überprüfbarer, diskutierbarer *Rationalität* der Rechtsanwendung und nach ihrer Sachgerechtigkeit im Sinn der *Sachgeprägtheit* rechtlicher Vorschriften und der Einbeziehung der Sachelemente von Normativität in die Konkretisierung. Juristische Objektivität kann nicht vorgeben, der Vorschrift und dem Fall ohne »Voraussetzungen« gegenüberzutreten. Solche Voraussetzungen sind schon mit der Sprache gegeben, die Rechtsvorschriften wie Interpreten umgreift. Sie wirken ferner als Kenntnis sachlicher Zusammenhänge, erfahrungsmäßiger Daten und vor allem als rechtstheoretische, staatstheoretische, verfassungstheoretische, dogmatische und rechts- und verfassungspolitische Positionen, Bestrebungen und Sachgehalte und damit als der einzelnen Konkretisierung vorausliegende motivierende Kräfte. Die Jurisprudenz hat nicht zuletzt in diesem Sinn ihre Voraussetzungen zu prüfen, zu differenzieren und ohne methodische Beschönigung darzulegen.

Das Gesagte folgt aus der Natur der Jurisprudenz als einer praktischen Wissenschaft. Rechtswissenschaft kann im demokratischen Rechtsstaat auf optimale Diskutierbarkeit ihrer Ergebnisse und Begründungsweisen nicht verzichten. Auch als einer *Normativwissenschaft* ist ihr die Intention zur (nur rational zu leistenden) Allgemeingültigkeit aufgetragen. Die Notwendigkeit möglichst weitgehender Rationalität der Rechtsfindung folgt aus der Unmöglichkeit ihrer vollständigen Rationalität; eine solche anzunehmen, hieße, den *Entscheidungs- und Wertungscharakter von Recht* zu verkennen. Dieses Eingeständnis umschreibt das Feld des Möglichen. Ohne die Ernüchterung rationalistischen Überschwangs könnte sich Ideologie unumgrenzt und unkontrolliert entfalten.

|154| Juristische Konkretisierung ist nicht »Nachvollzug« legislatorischer Wertungen; ist nicht »Nachvollzug objektiv vorgegebener geistiger Gebilde« (*Canaris* S. 145 ff., 148). Die Rechtsnorm soll einen unbestimmten, in die Zukunft hinein weder abgeschlossenen noch abschließbaren Inbegriff praktischer Rechtsfälle regeln. Weder können noch sollen diese Rechtsfälle vom Gesetzgeber qualitativ und qantitativ vor-»vollzogen« werden. Ihre Regelung anhand der Rechtsnorm (und unter anderm mit Hilfe ihres Wortlauts) besteht in wesentlichen Teilen in etwas anderem als in »Nachvollzug«. Von Nachvollzug gesetzgeberischer Entscheidungen kann in einem bedingten Sinn nur dort gesprochen werden, wo es sich um »bestimmte« Normgehalte handelt (definite und rechtserzeugte Normbereiche wie rein formelle Verfahrens-, Termin-, Fristvorschriften, Normen über die Besetzung eines gerichtlichen Spruchkörpers, numerisch bestimmte Vorschriften usf.). Die Praxis weiß jedoch zur Genüge, daß auch in derartigen Grenz-

fällen Schwierigkeiten und »Unklarheiten« unvermeidbar sind. Die von der Verfassungs- und Rechtsordnung an Gesetzgebung, Exekutive und Rechtsprechung verteilten Kompetenzen im engeren Sinn sind nicht solche zur »Auslegung«, zur »Interpretation«, zum »Nachvollzug« von Normtexten; sondern solche der Rechtskonkretisierung und der verbindlichen Fallentscheidung, in deren Rahmen Interpretation als Textauslegung zwar ein wichtiges Element, aber nur eines unter andern darstellt.

e) Verfassungsrecht und strukturierende Methodik

Es kann im vorliegenden Zusammenhang nicht von »der« Verfassung, auch nicht vom westlichen Typus der modernen bürgerlichen Verfassung, sondern nur von der Verfassung eines bestimmten Gemeinwesens, etwa vom Bonner Grundgesetz ausgegangen werden. Da Methodenfragen Sachfragen sind, können die Probleme einer hier und heute zu leistenden verfassungsrechtlichen Methodik von der Eigenart dieses Grundgesetzes, von seinen Sachgehalten und vom Schicksal dieser verfassungsrechtlichen Ordnung in der bisherigen Geschichte der Bundesrepublik Deutschland nicht getrennt werden. So ist es beispielsweise für verfassungsrechtliche Methodik von Bedeutung, ob sie in einer Rechtsordnung mit oder ohne ausgebaute Verfassungsgerichtsbarkeit entwickelt werden soll. Geschichtlich-politischer *Sinn einer Verfassung* ist es, bestimmende Grundordnung eines bestimmten Gemeinwesens einschließlich seiner divergenten Kräfte zu sein. Verfassungsrecht betrifft die Begründung des staatlichen Gemeinwesens und seiner Rechtsordnung im ganzen. Seine Vorschriften sind durch ranghöhere Rechtsnormen nicht abgesichert. Seine Regelungsbereiche sind |155| weitmaschig, fundamental, »politisch«, geschichtlicher Veränderung in erhöhtem Maß ausgesetzt. Sie sind in besonders geringem Grad rechtserzeugt, besonders wenig durch detaillierte rechtliche Traditionen vorgeprägt. Die Verbindung solcher strukturellen »Offenheit« mit dem normativen Zweck der Begründung des Gemeinwesens und der gesamten Rechtsordnung macht die gesteigerten und spezifischen Schwierigkeiten verfassungsrechtlicher Normsetzung und Normkonkretisierung verständlich. Ebenso deutlich ist die Notwendigkeit, eine von der rechtsgeschichtlichen, der rechtstheoretischen, der zivil- und strafrechtlichen Methodik abgehobene eigene Methode des Verfassungsrechts zu entwickeln, die sich an diesen Schwierigkeiten orientiert. Liberal-rechtsstaatliches und demokratisches Verfassungsrecht hat in Deutschland eine noch kurze Geschichte. Noch kürzer ist die Tradition deutscher Verfassungsgerichtsbarkeit. Der Mangel an vorgeformten und insoweit eine Basis für neue Entwicklungen bildenden Rechtsfiguren und Entscheidungsmustern wird verfassungsrechtliche Methodik in allen Bereichen der Konkretisierung und nicht zuletzt in Verfassungsgerichtsbarkeit und Wissenschaft noch lange prägen. Verfassungsrecht, Verfassungsgesetzgebung und Konkretisierung haben dieser Lage zum Trotz die Aufgabe, die politische Einheit des staatlichen Verbands zu aktualisieren, Grundlagen und Maßstäbe für Normsetzung und Normverwirklichung in der unterverfassungsrechtlichen Rechtsordnung zu liefern und neben dieser Garantie von *Legalität* auch die Erzeugung, Anerkennung und Erhaltung von *Legitimität* im Sinn des inhaltlich akzeptierten »Richtigen« des Sozialverbands zu gewährleisten.

Legalität und Legitimität der Teilrechtsgebiete sind durch die Verfassung aufrechtzuerhalten, Legalität und Legitimität der Verfassungsordnung nur durch diese selbst.

Die hier vorgelegte *»strukturierende Methodik«* wird am Verfassungsrecht und für das Verfassungsrecht entwickelt. Die Bezeichnung faßt das über die Struktur von Norm und Normtext, von Normativität und Konkretisierungsvorgang, über den Zusammenhang strukturierter Normkonkretisierung mit den Aufgaben der einzelnen rechtspraktischen Funktionen, über die Nichtidentität von Norm und Normtext und über die von Konkretisierung und Interpretation Gesagte zusammen, ferner die Aussagen über die Rolle von Vorverständnis, »System«, »Axiomatik« und »Topik«. *Strukturierende Methodik* untersucht die Fragen interpretierender und konkretisierender Umsetzung von Normen in fallbestimmten Entscheidungslagen. Sie erfaßt die Gleichrangigkeit von Normprogramm-Elementen und Normbereichs-Elementen. Sie versucht, Mittel kontrollierbarer Entscheidungs-, Begründungs- und Darstellungsarbeit der juristischen Funktionen zu entwickeln. Damit geht sie in Richtung der Forderung, »nach Art« *Savignys* Inter|156|pretationsstufen zu finden, die heutigem Verfassungsrecht gemäß sind (soweit *Forsthoff* III, S. 525). Angesichts der Notwendigkeit relativ unbestimmter normativer Strukturen liefert sie im Hinblick auf künftige Regelungsbedürfnisse den »systeminternen Einrichtungen der Unbestimmtheitsreduktion« (*Luhmann* II, S. 52) die für das Verfassungsrecht weder von *Savigny* noch vom Gesetzespositivismus angebotenen Instrumente. Das setzt die Einsicht voraus, daß auch ontologische und phänomenologische, normlogische, dezisionistische und soziologistische Ansätze, daß weder die Mittelwege eines harmonisierenden Methodensynkretismus, dialektischer, polarer oder korrelativer Vermittlung noch die einer topischen Methodik oder einer abwägenden »Wert«verwirklichung der Methodik verfassungsrechtlicher Praxis und Wissenschaft zulängliche Grundlagen und Mittel haben zur Verfügung stellen können (*Müller* I, S. 24ff., 47 ff., 77ff. und passim).

Entsprechend ihrem strukturierenden Vorgehen spricht diese Methodik nicht von »Stufen« oder »Stadien« der Interpretation, sondern von *»Elementen«* des Konkretisierungsvorgangs. Mit der Bezeichnung »Elemente« wird bei *Savigny* klargestellt, daß die methodischen Aspekte nicht voneinander trennbare »Arten der Auslegung«, sondern Momente eines einheitlichen Auslegungsvorgangs darstellen und daß ihr Verhältnis erst im Hinblick auf die sachliche Struktur des einzelnen Rechtsfalls bestimmt werden kann (v. *Savigny* I, S. 212, 213, 215 und 320). Über *Savigny* hinaus müssen die Unterscheidung von Norm und Normtext und das Umsetzen der von ihm formulierten »Elemente« auf das Verfassungsrecht gehen, die kritische Verarbeitung der durch Praxis und Wissenschaft seither geleisteten methodologischen Reflexion, das Einbeziehen der dem Normbereich entstammenden Gesichtspunkte und der rechtsstaatlichen Normen, die sich auf die Arbeitsweise juristischer Praxis beziehen. Das bedeutet einen Einschnitt für die Methodendiskussion in der Jurisprudenz. Unter den methodischen Elementen kann wegen ihrer Nicht-Normativität niemals eine verbindliche Rangordnung aufgestellt werden. Die dahin gehenden Versuche bei *Savigny* und bei späteren Autoren (*Kriele* S. 67ff., 85ff., 97ff.) sind nicht aus Gründen mangelnder Forschungsintensität, sondern aus sachlicher Notwendigkeit gescheitert.

»Strukturierende Methodik« ist juristische Methodik. Sie überträgt nicht philosophische Hermeneutik auf die Jurisprudenz, selbst wenn in jener unter dem Gesichtspunkt der »Applikation« und des den Interpreten einbeziehenden »Vorverständnisses« die Rechtswissenschaft als exemplarisch verstanden werden kann

(*Gadamer* S. 280, 290ff., 307ff., 315, 323). Aus den genannten Gründen kann sich juristische Methodik nur auf die Untersuchung praktischer Arbeitstechniken in den Funktionen der Rechts- und Verfassungskonkretisierung stützen.

2. Elemente der Normkonkretisierung

|157| Nach ihrer Herkunft sind zwei Gruppen von Konkretisierungselementen zu unterscheiden. Die erste Gruppe umfaßt die Mittel der Normbehandlung im herkömmlichen Sinn, also die der *Normtextbehandlung*. Sie beziehen sich nicht nur auf Normtexte, sondern auch auf die sprachliche Formulierung von Nicht-Normen.

Eine zweite Gruppe betrifft nicht in erster Linie die Auslegung von normativen oder nicht-normativen Texten. Sie umfaßt die Konkretisierungsschritte, durch die sachhaltige Gesichtspunkte aus der *Untersuchung des Normbereichs* der umzusetzenden Vorschrift und aus der Untersuchung der im Konkretisierungsvorgang durch wechselseitige Präzisierung als relevant herausgehobenen *Elemente des Sachverhalts* verwertet werden.

a) Methodologische Elemente im engeren Sinn

Unter ihnen werden die Aspekte grammatischer, historischer, genetischer, systematischer und teleologischer Auslegung verstanden, ferner die hier besprochenen Prinzipien der Verfassungsinterpretation und Fragen der formalen Logik und der Axiomatisierung im Verfassungsrecht. Die Elemente des Normbereichs und des Fallbereichs (Sachverhalts) gehören deshalb nicht hierher, weil sie sich nicht in erster Linie auf die Interpretation von Texten beziehen. Die dogmatischen, lösungstechnischen, verfassungspolitischen und die Theorie-Elemente schließlich spielen bei der verfassungsrechtlichen Konkretisierung gleichfalls eine für die Methodik des Verfassungsrechts erhebliche Rolle. Sie sind aber, obwohl sie in der Praxis vielfach als normativ behandelt werden, nicht primär auf die fallgerechte Konkretisierung der Rechtsnorm gerichtet. Sie haben der Sache nach (wenn auch nicht in den Verschleierungstechniken der Praxis) dienende Funktionen der Klarstellung, der normorientierten Ausgestaltung und normativ abgestützten näheren Begründung von solchen Regelungsgehalten, die bereits mit andern Mitteln als Gehalte des geltenden Rechts ausgewiesen wurden.

aa) Herkömmliche Interpretationsregeln. 1. *Grammatische Auslegung.* In einer Verfassungsordnung mit *kodifiziertem Verfassungsrecht,* das – ebenso wie die unterverfassungsrechtlichen Normen – in bestimmten gesetzgeberischen Verfahren inhaltlich festgelegt, |158| beschlossen, ausgefertigt und verkündet wird, ergeben sich aus der Sache selbst Interpretations- und Konkretisierungselemente anhand des Wortlauts der Vorschrift, anhand des Wortlauts anderer mit ihr in Zusammenhang zu bringender Normen und schließlich anhand der (nicht-normativen) Texte der (Verfassungs-)Gesetzesmaterialien. Grammatische, systematische und genetische Auslegung sind nicht aus einem ihnen »substantiell« innewohnenden Grund die am nächsten liegenden Konkretisierungselemente. Sie sind es nur *funktionell* in einer Rechtsordnung dieses Typs.

In dieselbe Richtung wirken unter dem Bonner Grundgesetz normative *Verfassungsgebote* im Hinblick auf *rechtsstaatliche Normen- und Methodenklarheit* als Klarheit von Normtexten und Normtextbehandlung. Dieser Komplex rechtsstaatlicher Anordnungen ist beispielsweise in Art. 19 Abs. 1 Satz 2, in Art. 79 Abs. 1 Satz 1 und in Art. 80 Abs. 1 Satz 2 GG (jeweils in verschiedenen funktionalen Zusammenhängen) besonders ausgeformt.

Verfassungskonkretisierung beginnt üblicherweise mit der Suche nach dem *Wortsinn.* Schon dieses erste Element kann nur vermittelte Indizien für den Normgehalt liefern, nicht etwa einen unvermittelten Rückgriff auf ihn selbst gewährleisten. Das wird auch bei der *Konkretisierung von Verfassungsgewohnheitsrecht* deutlich. Da (Verfassungs-)Gewohnheitsrecht nicht über eine autoritativ festgelegte Sprachfassung verfügt, ist die (in einer kodifizierten Rechtsordnung funktionell der Legislative zuzurechnende) Aufgabe solcher Festlegung in jeden Konkretisierungsvorgang hineinzunehmen. Aus dem Mangel eines authentischen Textes ergeben sich noch einige leicht einsichtige Besonderheiten: es fehlen Gesetzgebungsmaterialien und damit die Möglichkeiten genetischer Auslegung; und es tritt der Gesichtspunkt funktioneller Richtigkeit des Ergebnisses zurück, da es sich dann nicht um das Verhältnis von Regierung, Exekutive oder Rechtsprechung zu einer Stelle handelt, die geschriebenes Verfassungsrecht in einem normativ vorgesehenen Verfahren setzt. Dogmatisch kann Verfassungsgewohnheitsrecht als ausführende und ausfüllende Ergänzung der kodifizierten Verfassung nur in Einklang mit deren Grundlagen und Einzelnormen, nur praeter constitutionem bestehen.

Die *grammatische Interpretation* geschriebenen Verfassungsrechts bestimmt sich nach den verschiedenen *Normtypen.* Die grammatische Auslegung von Art. 22 oder 27 GG bietet so gut wie keine, die der Normen des organisatorischen Teils meist geringere Schwierigkeiten als das grammatische Konkretisierungselement bei Grundrechten, bei verfassungsrechtlichen Fundamentalnormen wie Art. 20 oder selbst als bei den Kompetenzvorschriften der Art. 73ff. GG. Die grammatische Auslegung wird übrigens für Art. 27 GG im wesentlichen, für Art. 22 GG abschließend ausreichen. Das liegt nicht daran, wie herkömmlich unterstellt wird, daß die Art. 22 |159| und 27 GG »besonders klar formuliert« wären. Sie sind, sprachlich und »grammatisch« gesehen, nicht klarer oder eindeutiger gefaßt als etwa die Normtexte von Grundrechts- oder Kompetenzvorschriften. Die Unterschiede hinsichtlich ihrer Konkretisierbarkeit (allein) mit den Mitteln grammatischer Interpretation liegen in der *strukturellen Verschiedenheit der Rechtssätze.* Daß der Normtext des Art. 4 Abs. 1 GG (»Die Freiheit des Glaubens, des Gewissens und die Freiheit des religiösen und weltanschaulichen Bekenntnisses sind unverletzlich«) dem Juristen »unklarer«, »weiter« oder »unbestimmter« erscheinen will als der des Art. 52 Abs. 1 GG (»Der Bundesrat wählt seinen Präsidenten auf ein Jahr«), beweist nicht eine sprachliche (»grammatische«) Differenz der Normtexte, sondern die Wirksamkeit des (juristischen) *Vorverständnisses.* Einem Nichtjuristen erscheinen vor dem Hintergrund seines nichtjuristischen Vorverständnisses beide Sätze inhaltlich vielleicht gleich »klar« oder »unklar«. Der Jurist vergleicht schon im Rahmen seines sachlich informierten und orientierten Vorverständnisses der Rechtsprobleme und der Normen die ihm in Umrissen oder in Einzelheiten bekannten Normbereiche der fraglichen Vorschriften mit deren Texten. Er stellt bereits bei dieser vorgeschalteten und vielfach unausdrücklichen Denkoperation erhebliche Unterschiede der Normstrukturen fest.

Auch die verfassungsrechtlichen Spezialnormen bilden für grammatische Konkretisierung strukturell kein einheitliches Bild. So sind Grundrechtsvorschriften, etwa die Freiheit der Wohnung und die der Wissenschaft, die Freizügigkeit oder die Freiheit von Glauben, Gewissen und Bekenntnis sprachlich verschieden stark abstrahiert. Das ist wiederum nicht auf größere oder geringere Grade von »Bestimmtheit« der sprachlichen Formulierungen zurückzuführen, sondern auf die sachlichen Verschiedenheiten der garantierten Materien, auf ihre Objektivierbarkeit, auf den Grad ihrer Rechtserzeugtheit und rechtlichen Gestaltbarkeit, kurz: auf die Verschiedenheit der Normbereiche.

Bei all dem erweist sich grammatische Auslegung als von der Struktur der Norm abhängig. Das liegt nicht daran, daß die Norm im Normtext substantiell vorhanden wäre. Die rechtlichen Sachgehalte sind in den sprachlichen Elementen der Rechtssätze nicht »enthalten«. Juristische Begriffe verdinglichen nicht Aussagen. Der dogmatische Rechtsbegriff hat nur Zeichenwert (*Esser* II S. 57). Ferner zwingt der (nur scheinbar eindeutige) grammatische Aspekt oft dazu, zwischen mehreren Gebrauchsweisen der verwendeten Begriffe, zwischen alltäglicher und juristischer und zum Teil auch zwischen verschiedenen juristischen Bedeutungen zu entscheiden. Das ist nur deshalb möglich, weil *auch die grammatische »Methode« nicht den Normtext, sondern die Norm betrifft.* Schon hier muß der mögliche Norm|160|sinn vorwegnehmend gedeutet und damit der Umkreis philologischer Wortauslegung verlassen werden.

Strukturell analog, aber funktionell andersartig arbeitet grammatische Interpretation dort, wo verfassungsrechtliche Normtexte den Umfang rechtlich zulässiger Konkretisierung begrenzen. Der mögliche Wortsinn umschreibt nicht zuletzt im Verfassungsrecht aus rechtsstaatlichen Gründen den Spielraum einer normorientierten Konkretisierung, welche die *verfassungsrechtliche Zuordnung der Funktionen* respektiert. *Der Wortlaut steckt die äußersten Grenzen möglicher, d. h. funktionell vertretbarer und verfassungsrechtlich zulässiger Sinnvarianten ab.* Etwas anderes gilt nur dort, wo der Wortlaut nachweislich fehlerhaft ist (vgl. allgemein zur Behandlung des Gesetzeswortlauts: *Keller*). Entscheidungen, die den Wortlaut der Verfassung offensichtlich überspielen (z. B. *BVerfGE* 1, 351, 366ff.; 2, 347, 374f.; 8, 210, 221; 9, 89, 104ff.; 13, 261, 268), sind unzulässig. Der Normtext eines Verfassungsgesetzes markiert den im Konfliktsfall vorrangigen Bezugspunkt von Verbindlichkeit. Das ist um so wichtiger, als die Norm in ihrer konkreten Normativität jeweils erst im erdachten oder aktuellen

Rechtsfall erarbeitet werden muß. Damit wird der Umgang mit grammatischer Verfassungsauslegung delikat. Sie taugt kaum je als eine »Methode«, die evidente Ergebnisse erbringen könnte. Weil sie auf Entfaltung und Bewertung sprachlichen Sinns angewiesen bleibt, kann sie nur begrenzt objektiv sein. Soweit sich ergibt, daß der Text den Spielraum für die normativen Aussagen sprachlich zuverlässig ausdrückt, darf das Ergebnis den in diesem Spielraum verbleibenden Lösungsmöglichkeiten nicht zuwiderlaufen. Daß der Spielraum seinerseits auch mit Hilfe sprachlicher Elemente zu bestimmen ist, macht rationale Entscheidung zwischen den oft nicht konformen Gesichtspunkten nicht illusorisch, wenn auch gerade unter den Bedingungen verfassungsrechtlicher Arbeit schwierig.

Grammatische Auslegung steht entgegen dem ersten Anschein auch im zeitlich frühesten Stadium der Konkretisierung nicht für sich allein. Bei der Suche nach vertretbaren sprachlichen Sinnvarianten, die der Normtext in bezug auf den Fall anzeigt, wird bereits auf andere Elemente übergegriffen.

2. *Historische, genetische, systematische und teleologische Elemente.* Historische, genetische, systematische und teleologische Elemente der Konkretisierung können so wenig voneinander und vom Verfahren grammatischer Auslegung isoliert werden wie dieses von ihnen. Die genetische, die historische und die systematische Auslegung sind eng mit der grammatischen verwandt: auch sie sind Mittel der Textinterpretation (und zwar anderer – teils normativer, teils nicht-normativer – Texte neben dem Wortlaut der umzusetzenden Vorschrift). Es läßt sich sogar sagen, die beiden auf nichtnormative Texte bezogenen Verfahrensarten, die genetische und die historische, seien |161| der Sache nach Hilfsgesichtspunkte innerhalb des grammatischen Aspekts: Wie kam es zu der vorliegenden Formulierung; welche Sinnvorstellungen und Regelungsabsichten führten – zum einen historisch und ohne Verbindung zum geltenden Recht, zum andern gleichfalls historisch, aber mit genetischer Verbindung zu ihm – zur vorliegenden Formulierung des Rechtssatzes? Die genetischen und historischen Gesichtspunkte können helfen, mögliche Sinnvarianten in dem vom Wortlaut abgesteckten Spielraum inhaltlich zu präzisieren. Ergeben sich an den Fragestellungen des Falls (statt an der insoweit abstrakten Fragestellung nach historischen und genetischen Verständnismöglichkeiten) abweichende Teilergebnisse, so ist das weitere Vorgehen

von der Frage nach dem Rangverhältnis der Konkretisierungselemente bestimmt. Diese Frage ist in der verengten Perspektive eines Streits zwischen »subjektiver« und »objektiver« Theorie nicht zu lösen.

Die Verflochtenheit der Interpretationselemente erweist sich in der Praxis teils als sachnotwendig, teils als Folge mangelnden Methodenbewußtseins. Der *historische Aspekt* ist vielfach unklar mit genetischen und wegen der Vorstellung von »Eindeutigkeit« auch mit teleologischen Unterstellungen vermischt. Der *systematische Topos* braucht für die Wahl zwischen einer Systematik der Normtexte, der Normprogramm- und der Normbereichselemente zusätzliche Hilfsgesichtspunkte, die nur durch grammatische, historische, genetische und wiederum durch systematische Auslegung sowie durch Analyse der Normbereiche gewonnen werden können. Die *teleologische »Methode«* schließlich konnte als hermeneutisch oder methodisch eigenständig bisher nicht belegt werden. Sie wirkt in der Praxis als Sammelbecken subjektiver oder jedenfalls subjektiv vermittelter Wertungen von normbezogener und nicht-normbezogener, im ganzen von vorwiegend rechts- und verfassungspolitischer oder allgemeinpolitischer Art. Gleich häufig dient sie als Etikett für solche Sachgesichtspunkte aus dem Normbereich, die sich sonst unter Floskeln wie »Zweckmäßigkeit«, »Praktikabilität«, unter funktionell ungeklärten Vorstellungen von »Natur der Sache«, »Wesen des Rechtsinstituts«, »Berücksichtigung sozialer und politischer Gegebenheiten« oder unter ähnlichen Behelfen verbergen.

Systematische Konkretisierung umfaßt in aller Regel neben dem argumentatorisch dargestellten Kontext der Wortlaute zugleich den der sachlichen Strukturen der Regelungsbereiche. Dieser Zusammenhang ist durch Analyse der Normbereiche der systematisch miteinander verbundenen Vorschriften zu erhellen. Das kompliziert das systematische Verfahren. Es zwingt aber auch dazu, in seinem Rahmen stärker als bei vorgeblich bloßer Textentfaltung von postulierenden zu faktisch belegbaren Schlüssen überzugehen. Für *systematische Grundrechtsauslegung* im besonderen stellt sich die Aufgabe, das grundrechtliche Normprogramm nicht aus Normbereichen und |162| Normprogrammen unterverfassungsrechtlicher Vorschriften unmittelbar aufzufüllen. Diese sind vielmehr an Normprogramm und Normbereich der Grundrechte zu messen und im Konfliktfall zu korrigieren. Die Grundrechte sind besonders stark in ihren Normbereichen abgestützt. Sie bedürfen wegen ihrer unmittelbaren Anwendbarkeit (Art. 1 Abs. 3 GG) sachlicher Maßstäbe, die aus ihrem eigenen Normgehalt einsichtig gemacht werden können, ohne von Gnaden der einfachen Gesetze zu leben.

Die *teleologische Interpretation* ist kein selbständiges Element der Konkretisierung, da Gesichtspunkte von »Sinn und Zweck« der zu deutenden Vorschrift nur insoweit heranzuziehen sind, als sie mit Hilfe der andern Elementen belegt werden können. Das Unterstellen einer »ratio«, die unter keinem anderen Konkretisierungsaspekt nachgewiesen werden kann, disqualifiziert sich als *normgelöste* subjektive »Wertung« oder »Abwägung«. Die Frage nach »Sinn und Zweck« der zu konkretisierenden Norm bildet jedoch eine unterscheidbare und damit selbständige Fragestellung bei der Arbeit mit grammatischen, historischen, genetischen und systematischen sowie mit den über die canones hinaus entwickelten Elementen der Konkretisierung. In deren Rahmen und durch sie kontrolliert kann das Argument aus dem »telos« der (in der Regel noch nicht befriedigend umgesetzten) Vorschrift brauchbare zusätzliche Hilfsgesichtspunkte bieten.

In der Regel laufen sowohl systematische als auch teleologische Interpretation auf die *Verbindung* mehrerer, wenn nicht aller Konkretisierungselemente unter der Bezeichnung »systematisch« bzw. »teleologisch« hinaus. Wegen ihrer Gebundenheit an nichtnormative Texte (an frühere vergleichbare Regelungen bzw. an die gesetzgeberischen Materialien) sind somit nur der historische und der genetische Aspekt von den übrigen deutlich unterscheidbar; auch sie sind der Sache nach mit ihnen durchgängig verflochten. Ferner ist nicht zu vergessen, daß auch die Texte nicht mehr geltender vergleichbarer Vorschriften wie auch die der legislatorischen Materialien interpretiert werden müssen; und zwar trotz ihres nicht-normativen Charakters grundsätzlich mit denselben Mitteln wie Normtexte. Noch genauer genommen, sind *die historische und die genetische Auslegung Unterfälle der systematischen.* Nur entstammen die von ihnen beigetragenen Gesichtspunkte nicht andern Vorschriften des geltenden Rechts (wie sonst bei systematischer Interpretation), sondern – ermittelt mit Hilfe von Rechtsgeschichte und historischer Rechtsvergleichung – früheren einheimischen oder ausländischen Normen, nicht-normativen Texten in Gestalt von Entscheidungen, Definitionen und Lehrsätzen über jene früheren Vorschriften und nicht-normativen Texten in Gestalt von Gesetzesmaterialien.

Herkömmliche Regeln schließlich, wie die, *Ausnahmevorschriften* seien »eng auszulegen«, wie *Analogie* oder *argumentum e contrario* gehören sachlich |163| in den Umkreis der auf die dargelegte Art miteinander verflochtenen grammatischen, historischen, genetischen und systematischen Interpretationsweisen. Dabei darf nicht übersehen werden, daß die *Voraussetzungen* solcher Regeln, z. B. das Zwischenergebnis, es liege eine »Ausnahmevorschrift« vor, ihrerseits stets das Ergebnis von Interpretation und Konkretisierung sind und ohne die differenzierende Beachtung der Normstruktur nicht auskommen (vgl. für das Zivilrecht bei *Larenz* S. 329).

Die herkömmlichen Auslegungsregeln können somit als für sich selbständige »Methoden« nicht vereinzelt werden. Im Vorgang der Konkretisierung erweisen sie sich nicht nur als einander ergänzend und abstützend, sondern als jeweils schon vom Ansatz her sachlich ineinander verwoben. Sie bilden nicht eigenständig umschreibbare und begründbare Verfahren, sondern erscheinen als *verschiedene Facetten einer am Fall zu konkretisierenden Norm*. Aus der praktischen Aufgabe ergeben sie sich als Fragestellungen an eine Vorschrift, die vergleichbare historische Vorbilder und Gesetzgebungsmaterialien aufweist (historische und genetische Interpretation). Im übrigen richten sie sich an jede Rechtsnorm: da jede einen Normtext hat – die gewohnheitsrechtliche einen wechselnden, die geschriebene einen authentisch fixierten – (grammatische Interpretation); da keine Norm positiven Rechts für sich allein steht, sondern in Zusammenhang zumindest mit der Gesamtrechtsordnung (systematische Interpretation); da schließlich jede Norm auf ihren »Sinn und Zweck« hin befragt werden kann. Insofern hat *Savigny* in der Tat Elemente formuliert, die mit der Aufgabe der Rechtskonkretisierung notwendig gegeben sind. Ferner kann jede für einen Fall umzusetzende Norm auf die Elemente ihres Normbereichs hin untersucht werden, kann lösungstechnisch behandelt, dogmatisch und rechts- bzw. verfassungstheoretisch beurteilt sowie rechts- bzw. verfassungspolitisch bewertet werden. Alle juristischen Funktionen von der Gesetzgebung bis zur wissenschaftlichen Exegese erweisen durch ihre Praxis, daß für Normkonkretisierung diese Elemente insgesamt nicht zu entbehren sind.

bb) Prinzipien der Verfassungsinterpretation. Die von Lehre und Rechtsprechung entwickelten Prinzipien der Verfassungsinterpretation sind gegenüber den hier für das Verfassungsrecht analysierten herkömmlichen Auslegungselementen nur zum geringeren Teil selbständig. Zum größeren Teil bilden sie Unterfälle der sprachlichen, der historischen, genetischen, systematischen und »teleologischen« Seiten der Konkretisierung. Die selbständigen Gesichtspunkte sind die Auffassung der Grundrechte als eines in sich geschlossenen, vom Kontext der übrigen |164| Verfassungsnormen abgehobenen »Grundrechtssystems« und die Konzeption des Verfassungsrechts als einer »Werteordnung« oder eines »Wertsystems«; ferner das Gebot verfassungskonformer Gesetzesauslegung und der Maßstab funktioneller Richtigkeit der Verfassungskonkretisierung. Die Aspekte des *Grundrechtssystems* und der Verfassung als *Wertsystems* oder Werteordnung sind hier als Prinzipien verfassungsrechtlicher Methodik abgelehnt worden. Das *Gebot verfassungskonformer Auslegung* wurde – mit Bedenken gegenüber bestimmten Tendenzen der Rechtsprechung und mit der Einschränkung, es prinzipiell nur als ein Auslegungselement neben andern zu behandeln – als vertretbar bezeichnet.

Der *Maßstab funktioneller Richtigkeit* besagt, die konkretisierende Stelle dürfe weder durch die Art und Weise der Konkretisierung noch durch deren Ergebnis die verfassungsmäßig normierte Verteilung der Funktionen verändern (*Ehmke* III, S. 73ff. einschließlich der Untersuchung der »political question«-Doktrin und der »preferred freedoms«-Doktrin aus dem amerikanischen Verfassungsrecht). Die für den Maßstab funktioneller Richtigkeit entscheidenden Gesichtspunkte liegen in der rationalen Differenzierung und in der damit ermöglichten Kontrollierbarkeit der Konkretisierungselemente. Sie betreffen somit die Aufgabe der verfassungsrechtlichen Methodik im ganzen und sind im Grundsatz schon bei den Bemerkungen zur Topik und zum Richterrecht im Verfassungsrecht behandelt worden.

cc) Unterfälle herkömmlicher Interpretationsregeln. 1. *Praktikabilität.* Sachgesichtspunkte aus Normbereich und Fallbereich werden vielfach der Natur der Sache oder der teleologischen Auslegung zugerechnet. In vergleichbarer Funktion tauchen Maßstäbe aus Normbereich und Fallbereich als das Konkretisierungsverfahren am Schluß überprüfende Kontrollgesichtspunkte auf, wenn beispielsweise das Bundesverfassungsgericht seine im übrigen abgeschlossene Konkretisierung an den »praktischen Ergebnissen« (*BVerfGE* 12, 151, 171), an der Möglichkeit eines »sinnwidrigen Ergebnisses« (*BVerfGE* 13, 261, 270) oder an der »Lebenswirklichkeit« und den an ihr gemessenen »einleuchtenden Ergebnissen« (*BVerfGE* 7, 377, 401) überdenkt. Gegen das Einführen dieses Kontrollelements ist nichts einzuwenden, soweit es klarstellende oder bestätigende Wirkung hat. Dasselbe gilt, solange es im Fall des Widerspruchs nicht das normativ abgesicherte Ergebnis umstürzt, sondern nur zur Veränderung der Auswahl zwischen verschiedenen am konkreten Fall normativ begründeten Lösungsalternativen führt. Gegen die Rechtsnorm und die |165| im Einzelfall aus ihr konkretisierte Entscheidungsnorm wie auch gegen die Grenzfunktion des Wortlauts darf nicht entschieden werden, auch wenn die normative Anordnung unzweckmäßig erscheint (*Ossenbühl* S. 660).

2. *Interpretation aus dem geistesgeschichtlichen Zusammenhang.* Praxis und Wissenschaft sind bei der Auslegung vor allem von Grundrechten, aber auch von andern Verfassungsvorschriften häufig gezwungen, auf ideengeschichtliche, entwicklungsgeschichtliche und im engeren Sinn rechts- und verfassungsgeschichtliche Abläufe zurückzugreifen, um aus ihnen durch den Nachweis sachlicher und normativer Kontinuität bzw. Diskontinuität Gesichtspunkte für die Konkretisierung zu gewinnen (z. B. *BVerfGE* 1, 167, 178; 10, 285, 296; 12, 205, 208 ff.; 19, 303, 314 ff.). Ist ein geschichtlich wie normativ nicht unterbrochener Traditionszusammenhang nachzuweisen, so kann dieses Verfahren wertvolle Rückschlüsse auf die Begriffsgehalte des Normtextes vor allem im Rahmen der sprachlichen und systematischen Auslegung liefern. Es ist jedoch durchgängig mit historischer Interpretation im herkömmlichen Sinn erfaßbar und ermangelt der methodischen Selbständigkeit, die es als eigenes Prinzip der Verfassungsauslegung (so aber wohl *Ossenbühl* S. 658 f.) ausweisen könnte.

3. *Maßstab integrierender Wirkung.* Der Maßstab integrierender Wirkung soll – normorientiert in den Bahnen der geltenden Verfassung (insoweit gegen *Smend* S. 190) – gebieten, bei der Konkretisierung von Verfassungsrecht jeweils den einheitsstiftenden und einheitserhaltenden Gesichtspunkten den Vorzug zu geben (*Hesse* II, S. 28). Doch ist auch hierin nicht ein selbständiges Prinzip verfassungsrechtlicher Methodik, sondern ein Unterfall systemati-

scher Interpretation zu sehen. Im übrigen hat auch dieser Maßstab, ebenso wie jener der normativen Kraft der Verfassung, seinen Ort unter den im engeren Sinn verfassungspolitischen Elementen.

4. *Prinzip der Einheit der Verfassung.* Es gebietet, Verfassungsnormen so zu interpretieren, daß Widersprüche zu andern Verfassungsnormen und besonders zu verfassungsrechtlichen Grundentscheidungen vermieden werden (vgl. z. B. *Lerche* I, S. 125 ff.; *Ehmke* III, S. 77 ff.; *Hesse* II, S. 28; *Müller* I, S. 115, 124 f., 136 f., 205 f.; *Ossenbühl* S. 654 ff.). »Einheit der Verfassung« als Leitbild verfassungsrechtlicher Methodik soll dem Interpreten qua Ausgangspunkt wie vor allem qua Zielvorstellung das Ganze der Verfassung als ein zwar nicht spannungsloses und in sich ruhendes, wohl aber als ein sich sinnvoll zusammenschließendes *Normengefüge* vor Augen stellen. Der Interpret soll versuchen, im Rahmen des methodisch Vertretbaren und Begründbaren etwaige Widersprüche, die als Teilergebnisse im Vorgang der Konkretisierung auftauchen, im Ergebnis harmonisierend aufeinander abzustimmen. Soweit »Einheit der Verfassung« diese Aufgabe formuliert, hat sie eher verfassungspolitischen als ausgearbeitet |166| methodischen Charakter. Das Verfahren, das zu solcher Harmonisierung führen soll, vermag sie nicht anzugeben. Es besteht dem Ansatz nach in den Möglichkeiten systematischer Interpretation, darüber hinaus im Einbezug der (systematischen) Aspekte der Normbereichsanalyse und im ganzen in einem Zusatzverfahren harmonisierenden Auslegens zur Überwindung aufgetretener Antinomien mit den normalen Mitteln verfassungsrechtlicher Methodik. Das erhellt im Ergebnis auch aus der allerdings wenig differenzierten Rechtsprechung des Bundesverfassungsgerichts zum Grundsatz der Einheit der Verfassung (z. B. *BVerfGE* 1, 14, 32 f.; 2, 380, 403; 3, 225, 231; 6, 309, 361; 19, 206, 220).

5. *Vorverfassungsrechtliches Gesamtbild.* In einigen Entscheidungen (*BVerfGE* 2, 380, 403; 9, 89, 96; vgl. auch *BVerwGE* 1, 159, 161) haben verfassungsgerichtliche und verwaltungsgerichtliche Rechtsprechung versucht, aus der Vorstellung eines »vorverfassungsrechtlichen« bzw. »vorverfassungsmäßigen« Gesamtbildes Folgerungen für die Konkretisierung verfassungsrechtlicher Vorschriften bzw. für das Messen von Gesetzesnormen an ihnen zu ziehen. Es handelt sich um zwei Gruppen von Fällen. Einmal wird ein »Gesamtbild« in Form des vorkonstitutionellen Zustands eines unterverfassungsrechtlichen Teilrechtsgebiets gesucht, das an

der Verfassung gemessen werden soll. Gegen dieses Verfahren ist so lange nichts einzuwenden, als seine Rolle eine heuristische bleibt. Die verbindlichen Maßstäbe sind die des aktuell geltenden Verfassungsrechts. Die Legalität von Gesetzesrecht hat sich an der hier und heute verbindlichen Verfassung auszuweisen. Der Rückgriff auf ein vorverfassungsmäßiges Gesamtbild eines Bereichs der einfachen Rechtsordnung ist damit nichts andres als ein Unterfall historischer (und unter Umständen auch genetischer) Auslegung.

Dagegen handelt es sich im zweiten Fall um Fragen der Konkretisierung der geltenden Verfassung selbst. Insoweit erweist sich der Rückgriff auf ein »vorverfassungsmäßiges Gesamtbild« wieder als Unterfall herkömmlicher Interpretationsregeln. Der Topos geht jedoch gleichzeitig in Richtung auf eine Verfassungstheorie, die »innerlich zusammenhaltende allgemeine Grundsätze und Leitideen« des geltenden Verfassungsrechts bieten soll.

6. *Zusammenhang von Grundrechts- und Kompetenznormen.* Dem Prinzip der Einheit der Verfassung nahe steht die Richtlinie, entgegen der Annahme eines isolierbaren »Grundrechtssystems« vom sachlichen Zusammenhang, von einer wechselbezüglichen Konkretisierbarkeit von Grundrechten und Kompetenzvorschriften auszugehen. Wo dieser Grundsatz allgemein formuliert wird (z. B. *P. Schneider* S. 31; *Ehmke* III, bes. S. 89ff.; *Ossenbühl* S. 657), ist er weiter als der des Prinzips der Einheit der Verfassung. Der Zusammenhang von Grundrechtsteil und organisatorischem Teil der Ver|167|fassung wird zu Recht nicht auf die Fälle der zu verfassungsrechtlichen Widersprüchen führenden Normkonkretisierung beschränkt.

7. *Praktische Konkordanz.* Auch das Prinzip praktischer Konkordanz (hierzu *Lerche* I, S. 125ff.; *Hesse* II, S. 28f.; *Müller* I, S. 58, 160, 213f., 216; III, S. 89) hängt eng mit dem Grundsatz der Einheit der Verfassung zusammen. Es stellt nicht nur im Fall normativer Widersprüchlichkeit, sondern auch bei Konkurrenzen und Kollisionen etwa mehrerer Grundrechtsnormen im Sinn einer partiellen Überschneidung ihrer Geltungsbereiche die Aufgabe, beiden bzw. allen beteiligten (grundrechtlichen) »Rechtsgütern« so »verhältnismäßig« die Grenzen zu ziehen, daß sie auch im Ergebnis die Entscheidung des Falls mittragen. Damit ist gegen die Techniken von »Wertabwägung« oder »Güterabwägung« Stellung genommen (hierzu *Müller* I, S. 207ff.; III, S. 17ff.; IV, S. 20ff.). Die vom Prinzip praktischer Konkordanz geforderte Optimierung al-

ler beteiligten Normen und Schutzgüter kann aber das Konkretisierungsziel nicht positiv, sondern nur negativ benennen. Die Konkretisierung soll nicht im Sinn von »Abwägung« pauschal der einen Norm den »Vorrang« zuerkennen, die andre pauschal »zurücktreten« lassen. Sie soll nicht die eine ganz auf Kosten der andren aktualisieren, obwohl nach dem Ergebnis der Konkretisierung auch die andre Norm den Fall als Entscheidungsnorm mitregiert. Praktische Konkordanz als eigenständig umschreibbarer Unterfall der »Einheit der Verfassung« bietet wie diese nur eine formale Zielbestimmung und im übrigen einen im wesentlichen verfassungspolitisch zu verstehenden Appell.

8. *Die normative Kraft der Verfassung.* Als Maßstab der Verfassungsinterpretation wird ferner die »normative Kraft der Verfassung« genannt. (*Hesse* II, S. 29f.). Bei der Lösung verfassungsrechtlicher Probleme soll den Gesichtspunkten der Vorzug gegeben werden, »die unter den jeweiligen Voraussetzungen der normativen Verfassung zur optimalen Wirkungskraft verhelfen«. Auch der Maßstab der normativen Kraft der Verfassung stellt kein eigenes Verfahren zur Verfügung. Er läuft auf einen Appell, auf eine notwendig nur formal umschreibbare Zielvorstellung hinaus. So gesehen, gehört auch er weniger unter die methodischen Interpretationsgesichtspunkte im engeren Sinn als unter die verfassungspolitischen Elemente der Konkretisierung.

Für die Grundrechte hat das Bundesverfassungsgericht einen auf den ersten Blick analogen Grundsatz, die sogenannte *Grundrechtseffektivität*, als Interpretationsprinzip zu entwickeln versucht (*BVerfGE* 6, 55, 72; hierzu *Ehmke* III, S. 87ff.). Das Gericht folgert aus ihm, Grundrechte seien weit auszulegen. Damit kommt die Judikatur in unmittelbare Nähe des Satzes *»in dubio pro libertate«* (*P. Schneider* S. 31ff.; ablehnend *Keller* S. 278; *Ehmke* III, S. 86; *Ossenbühl* S. 657f.). Dieser geht von einer Freiheits|168|vermutung zugunsten des Bürgers aus. Eine solche könnte aber nur normativ aus dem geltenden Verfassungsrecht begründet werden. Es ist jedoch fraglich, ob ein im Konfliktsfall prinzipiell individualistisches Verständnis der Grundrechte auf dem Boden des Bonner Grundgesetzes behauptet werden kann (vgl. zum »Menschenbild des Grundgesetzes« z. B. *BVerfGE* 4, 7, 15; 12, 45, 51). Fragwürdig ist die Ausgangsvermutung für die Freiheit auch unter dem (allerdings gleichfalls nicht-normativen) Aspekt der Einheit der Verfassung. Eindeutig abwegig ist das verfassungsgerichtliche Prinzip der Grundrechtseffektivität. Die Rechtsprechung hat dort eine literarische Aussage, die sich auf die Alternative »Programmsatz« oder »aktueller Rechtssatz« und ausdrücklich nicht auf die Frage der Inhaltsbestimmung von Grundrechten bezog, offenkundig mißverstanden (*Ehmke* III, S. 87ff.).

dd) Axiomatisierbarkeit des Verfassungsrechts? Zu den Elementen methodologischer Art gehört das Grundsatzproblem, wie weit Datenverarbeitungsanlagen über bloße Entscheidungshilfe hinaus als ein eigengesetzlicher Faktor juristischer Methodik im Rechtsgewinnungsvorgang eingesetzt werden könnten.

Die Diskussion ist für das Verfassungsrecht noch nicht eröffnet (vgl. *Klug* S. 157ff., 162f.; *Simitis* I, II; *Raisch; Suhr*). Unter *»Automation«* ist die Möglichkeit der Ersetzung menschlichen Entscheidens durch maschinelle Rationalisierung im Rahmen mechanischer und vor allem elektronischer, d. h. selbststeuernder Systeme von Datenspeicherung und Datenverarbeitung zu verstehen. Voraussetzung für Rechtsfindung durch solche Systeme (Computer) ist die *Axiomatisierung* der betreffenden Vorschriften. Die Normen des Verfassungsrechts eignen sich wenig zu solcher Axiomatisierung. Bisherige Anwendungsfälle von Computern in der Normumsetzung sind Steuer- und Sozialversicherungsrecht (Anfertigung von Steuer- und Rentenbescheiden), Lohn- und Gehaltsfestsetzungen und vergleichbare Gebiete, die durch quantifizierbare Tatbestände und weitgehend numerisch determinierbare Rechtssätze gekennzeichnet sind. Automatische Verfahren der Rechtsgewinnung sind nach den bisherigen Erfahrungen und nach dem gegenwärtigen Stand der theoretischen Diskussion mit andern Worten dort sinnvoll, wo sich Rechtsgewinnung nicht als Konkretisierung, sondern im Sinn des Gesetzespositivismus als Subsumtion, als »Anwendung« darstellt (z. B. *Klug* S. 163ff., S. 173ff. m. Nachw.). Aussichten und Wünschbarkeit automatisierter Rechtsgewinnungsverfahren im Verfassungsrecht sind insoweit nicht allzu hoch zu veranschlagen.

|169| b) Konkretisierungselemente aus Normbereich und Fallbereich

Was unter Konkretisierungselementen aus Normbereich und Fallbereich zu verstehen ist, wurde zur Struktur von Rechtsnormen und des Konkretisierungsvorgangs schon dargestellt (*Müller* I, S. 114ff.; II; IV, S. 67ff.). Die Unterscheidung von Sachbereich, Normbereich und Normprogramm, deren weitere Differenzierung auf die Eigenart des vorliegenden Rechtsfalls hin und das Arbeiten mit diesen Strukturbegriffen können weder richtige Entscheidungen gewährleisten, noch die herkömmlichen und die neueren methodischen Hilfsmittel ersetzen. Diese Strukturaspekte bieten zusätzliche Elemente methodischer Differenzierung, detaillierten Begründungs- und Darlegungsstils. Für verfassungsrechtliche Methodik haben sie ihre Notwendigkeit als Mittel der Rechtsprechung und der Rechtsprechungsanalyse erwiesen. Für das *Verwaltungsrecht* können solche Gesichtspunkte für notwendig sachorientierte formale Normativbegriffe wie »Verhältnismäßigkeit«, »Erforderlichkeit«, »Geeignetheit« usf., für Probleme des Gemeingebrauchs, des »Normen-« oder »Sachwandels«, zur sachlichen Fundierung von Ermessensbegriffen und unbestimmten Rechtsbegriffen und in ähnlichen Zusammenhängen fruchtbar gemacht werden. Die zu leistende Verbindung mit im weiten Sinn sozialwissenschaftlicher Arbeit, das Verwenden soziologischer, politologischer, wirtschaftswissenschaftlicher und sonst vom Normbereich der zu konkretisierenden Vorschrift geforderter Daten im Vorgang der Rechtsgewinnung stellt sich primär den Juristen als Aufgabe. Die hochschulpolitische Forderung nach Training in den Grundlagenfächern in Fernsicht auf eine Reform der Juristenausbildung, die diesen Namen verdient, wie auch der Wunsch nach interdisziplinärer Zusammenarbeit sind von der Struktur von Rechtsnorm und Konkretisierung her unabweisbar. Dabei wird der Einsatz mechanischer Dokumentierung oder kybernetischer Datenspeicherung und Datenverarbeitung empirischer Befunde aus Rechtsgeschichte, Rechtssoziologie, Kriminologie, politischer Soziologie, Politikwissenschaft und aus der sogenannten Rechtstatsachenforschung für die *Strukturanalyse des Normbereichs de lege ferenda* (Rechts- und Gesetzgebungspolitik) und *de lege lata* (für die Aufgabe der Rechtskonkretisierung) im Verfassungsrecht zwar faktisch erhebliche, im methodischen Sinn jedoch nur unterstützende Bedeutung haben können (s. a. *Wieakker* III, S. 392f.).

Die Ergebnisse fortwährender Konkretisierung bilden zugleich die Grundlage für normbezogene Theorie. Verfassungstheorie, die Theorie einer bestimmten normativ geltenden Verfassung sein will, erarbeitet die Sachstrukturen verfassungsrechtlicher Normbereiche. Sie sollte es aller|170|dings reflektiert tun. So hat sich besonders die Analyse grundrechtlicher Normbereiche als brauchbar nicht nur für grundrechtliche Bereichsdogmatik und einen »Allgemeinen Teil« einer Dogmatik der Grundrechte, sondern auch für deren Verfassungstheorie erwiesen (*Müller* I, S. 81f.; 144ff.; 178ff., 201ff., 216ff.; III, IV). Darin zeigt sich eine hermeneutisch begründete und methodisch kontrollierte *Verbindung von Elementen der Verfassungskonkretisierung mit Inhalten von Verfassungstheorie.* Diese Verbindung kann durch das Einbeziehen von Theorie-Elementen in verfassungsrechtliche Methodik wiederum der praktischen Arbeit an der Verfassung zugute kommen.

c) Dogmatische Elemente

Jedem Juristen ist es geläufig, neben dem Wortlaut der anzuwendenden Vorschrift (und – meist unreflektiert – dem Sachgehalt ihres Normbereichs), neben den Texten anderer Normen, die systematisierend mit ihr verglichen und verarbeitet werden, außer Texten von Materialien und rechtsgeschichtlich feststellbaren Normvorbildern bei der Lösung jeden Falles von einiger Schwierigkeit auch die Aussagen einschlägiger Rechtsprechung, der Lehrbuch-, Kommentar- und monographischen Literatur als praktisch unentbehrliche »Quelle« heranzuziehen. Diese Rechtserkenntnisquellen sind sprachlich formuliert. Daher sind auch sie ihrerseits der Interpretation, allen Möglichkeiten sprachlicher Auslegung bedürftig und zugänglich. Sie teilen damit das Schicksal von Normprogramm, Normbereich und Normwortlaut, von Gesetzesmaterialien, historischen Normvorbildern und das des zu lösenden Falls: nicht vorgegeben zu sein, nicht fertig und anwendbar zur Verfügung zu stehen.

Der Arbeit mit historischen und genetischen Gesichtspunkten entsprechen beim Heranziehen von Rechtsprechung der Vergleich mit früheren Judikaten und das Suchen nach Gründen für abweichende Aussagen. Die Notwendigkeit grammatischer Deutung liegt auf der Hand. Dem Arbeiten mit systematischen Gesichtspunkten analog ist zum einen das Heranziehen anderer und andere Positionen vertretender Gerichts- und Lehrmeinungen. Zum andern gilt das noch mehr für das Befragen von Literatur und Praxis zu solchen Vorschriften, die erst auf dem Weg systematischer Interpretation in die Rechtsfindung einbezogen werden sollen. Bei all dem ist nochmals festzuhalten, daß sich solches Interpretieren auf nicht-normative Texte bezieht, genauer: auf die Texte von Nicht-Normen. Dogmatische Sätze aus Praxis und Wissenschaft drücken meist die Meinung ihrer Verfasser zu bestimmten Normen aus. Theoretische, lösungstechnische und rechtspolitische Aussagen sind weniger stark an der Konkretisierung geltenden Rechts |171| orientiert. Die dogmatischen Elemente stehen, nach den methodologischen Elementen im engeren Sinn und nach denen des Normbereichs, den normativen Gehalten »am nächsten«. *Juristische Dogmatik* ist ein Untersystem von Kommunikationstechniken in der Rechtswelt. Überlieferung, Mitteilung, Schulenbildung, Kritik und Kontrolle, Versuche verbindender »Konstruktion«, ausgreifender »Systematisierung«, ferner auch die lösungstechnische Aufbereitung, theoretische Reflexion und rechtspolitische Fortentwicklung sind Arten »dogmatischer« Erörterung von Rechtsfragen. Zu einem »Dogma« im Sinn des Wortes fehlt die Verbindlichkeit. Dogmatische, theoretische und rechtspolitische Inhalte beeinflussen ebenso wie technische Verfahrensweisen die Lösung von Rechtsfällen erheblich und vielfach entscheidend. Das erzeugt aber noch nicht Verbindlichkeit im entwickelten Sinn der Normativität »geltender« Rechtssätze. Das vom Fall geforderte und mit den dargelegten Mitteln juristischer Methodik durch Konkretisierung der Entscheidungsnorm aus der Rechtsnorm erarbeitete Ergebnis ist nicht irgendwie subjektiv, »vernunftrechtlich«, politisch oder rechtspolitisch zu rechtfertigen, sondern durch den nachvollziehbaren und damit kritisierbaren Nachweis der Normorientiertheit. Der Nachweis einer Konvergenz mit bestimmten dogmatischen Positionen begründet dagegen Verbindlichkeit ebensowenig wie das Eingehen auf theoretische und verfassungspolitische Elemente und auf lösungstechnische Muster pragmatischen Vorgehens.

Über ihre Legitimität als Bearbeitungsweise juristischer Ausdrucks-, Mitteilungs- und Darstellungsfragen (*Esser* IV) hinaus formen sich, was nicht zu vergessen ist, dogmatische Aussagen bei aller Relativität weitgehend aus den Gehalten von Entscheidungsnormen. Soweit also durch »dogmatische« Aussagen von Praxis und Wissenschaft immer schon fallbezogen konkretisierte Entscheidungsnormen festgehalten und tradiert werden, hat Dogmatik ihren Ort auch unter den im strikten Sinn normorientierten Elementen.

d) Lösungstechnische Elemente

Hierzu zählen die Grundzüge der Verfahren, mit denen die schrittweise zu präzisierenden bzw. zu korrigierenden Normhypothesen gebildet und geprüft (*Kriele* S. 157ff., 243ff., 269ff.), mit denen im Weg »topischer« inventio problemorientierte Lösungsgesichtspunkte gesucht (*Hesse* II, S. 27) und die je nach Funktion am nützlichsten erscheinende Art von Aufbau und Argumentation im Entscheidungstext gefunden werden sollen. Auf den zuletzt genannten Zweck konzentrieren sich die zu juristischer Metho|172|dik im hier behandelten Sinn nicht gehörigen Anleitungen zur Technik von Fallösung, die Einführungen in die Bearbeitung zivilrechtlicher, strafrechtlicher, öffentlich-rechtlicher Klausuren, Hausarbeiten, Gutachten und Urteile (v. *Münch, Vogel* u. a.). Diese Leitfäden behandeln – zum Teil in Ergänzung von, zum Teil in Berührung mit Anleitungen für die Rechtspraxis im engeren Sinn, mit Fallsammlungen und Examensliteratur – Probleme der Darstellungsgliederung (beispielsweise der sogenannten Anspruchsmethode), der an den Sachverhalt zu richtenden Fragen, der dogmatischen Verzahnung von Anspruchsgrundlagen miteinander, des durch das geltende Recht bestimmten Zusammenhangs prozessualer und materiell-rechtlicher Fragen, der Zulässigkeit von Sachverhaltsunterstellungen und ähnliches unter den für jene Zusammenhänge zentralen Fragestellungen wie »Wonach ist gefragt?« und »Worauf kommt es an?«.

Insgesamt bieten diese Leitfäden Vorschläge zur Strategie und Taktik erfolgreicher, weil konventionell akzeptierter und erfahrungsgemäß erwünschter Fallösungstechnik und Darstellungsweise. Die von ihnen gebotenen Gesichtspunkte müssen wie theoretische, dogmatisch-konstruktive und rechts- bzw. verfassungspolitische Aspekte als *Hilfsfaktoren* fungieren. Sie dürfen nicht zu normunabhängigen oder normwidrigen Unterstellungen und Ergebnissen führen. Besonders deutlich ist die Beschränkung lösungstechnischer Elemente auf unterstützende Funktionen beim Anwenden datenspeichernder und datenverarbeitender Systeme (*Klug* S. 157ff., 162ff., 172ff.; *Zeidler* S. 13, 27ff.; *Bull; v. Berg; Simitis* I, S. 12, 14, 15, 24ff.; II, S. 8ff., 13ff., 17ff.; *Wieacker* III, S. 392ff., 397ff., 402ff.; *Raisch* S. 436ff., 438ff.).

e) Theorie-Elemente

Herkunft und Art von Theorie-Elementen in der Verfassungskonkretisierung sind schon erörtert und am Beispiel der Rechtsprechung des Bundesverfassungsgerichts zum Grundgesetz als einer »Werteordnung« oder einem »Wertsystem« und zu den Grundrechten als einem aus dem übrigen Verfassungsrecht herausgehobenen »Grundrechtssystem« belegt worden. Wer Positionen der Staatslehre oder der Verfassungstheorie für die Auslegung übernimmt, trägt nicht nur das Risiko ihrer theoretischen Vertretbarkeit, sondern auch das ihrer positivrechtlichen Abstützbarkeit in den umzusetzenden Normen. Dieses Risiko ist um so größer, als das Verhältnis von Staatsrechtslehre und Verfassungslehre zu einer Allgemeinen Staatslehre noch immer der Klärung bedarf. Es ist schon vom Ansatz her unzulässig, Normierungen des geltenden Verfassungsrechts unter Berufung auf die |173| Einheitlichkeit oder Systematik einer insoweit normunabhängigen Verfassungstheorie oder einer »Allgemeinen« Staatslehre überspielen zu wollen. In diesem normativ begrenzten Rahmen wirken Theorie-Elemente mehr noch als durch die Übernahme einzelner inhaltlicher Aussagen (vgl. etwa die These von der »staatsfreien« Willensbildung in der »liberal-repräsentativen Demokratie« in *BVerfGE* 20, 56ff., 96ff.) durch die prägende Kraft bestimmter methodischer Grundpositionen der Rechts-, Staats- und Verfassungstheorie selbst.

Inhaltlich bestimmend und nicht immer bewußt in die Konkretisierung eingebracht, tragen sie vor allem zum *verfassungstheoretischen Vorverständnis* bei. Hiermit betreffen sie nicht nur Einzelheiten wie etwa die Frage nach der Funktion von Grundrechten als Vorverständnis für die Konkretisierung der Grundrechte. Vielmehr enthält schon der allgemeinste Entwurf des Staatsbildes ausgesprochen oder unausgesprochen Tendenzen zur Formung des im Einzelfall wirksam werdenden hermeneutischen und methodischen Spielraums. Die Staatsbilder und Verfassungsverständnisse wirken als Aufbereitung und Begründung bestimmter Typen von Vorverständnissen. Entwürfe von Typen staats- und verfassungstheoretischen Vorverständnisses wie *»Positivismus«* und *»Dezisionismus«*, *»Normlogismus«* und *»Integrationslehre«* sind methodisch vor allem danach zu beurteilen, wieviel oder wie wenig Raum sie für undifferenziert ideologische Argumente lassen; wie weit sie eine von ihnen selbst unabhängige und statt dessen normorientierte Begründung des Konkretisierungsvorgangs fordern, zulassen oder behindern. Positivismus, Normlogismus, Dezisionismus und *Soziologismus* verfehlen aus Gründen, die den Umkreis gesetzespositivistischer Theorie nicht verlassen, die eigentümliche und zum Teil überhaupt jede rechtliche Normativität, damit auch die Eigenart der Rechtswissenschaft als einer Normwissenschaft. Die »geisteswissenschaftlichen« Bemühungen, zwischen Norm und Wirklichkeit zu vermitteln, finden die Grenze ihrer juristischen Brauchbarkeit an der Allgemeinheit ihrer rechtsphilosophischen oder sozialwissenschaftlichen Fragestellung. Gerade deshalb lassen sie sich die als unzulänglich erkannten Abstraktionen der von ihnen bekämpften Lehren aufnötigen. *Soziologismus* läßt das eigenwertige Normprogramm, positivistischer *Normlogismus* den eigenwertigen Normbereich zu kurz kommen. Der *Dezisionismus* läßt beide in der übermächtigen Existentialität der souveränen Entscheidung verschwinden. Die *geisteswissenschaftlichen Vermittlungsversuche* bleiben, der Sache nach noch immer auf dem Boden des Positivismus, bei einer nur linearen »Wechselwirkung«, »Dialektik« oder »Polarität« der nach wie vor getrennten Größen »Sein« und »Sollen« stehen. Damit wirken die herrschenden Grundpositionen der Theorie nicht nur in inhaltlichen Einzelheiten der Konkretisierung, sondern für das |174| Verständnis des Konkretisierungsvorgangs im ganzen verkürzend. Demgegenüber ist die Rechtsnorm als ein verbindlicher Entwurf zu verstehen, zu differenzieren und zu typisieren, der das Ordnende und das zu Ordnende gleichermaßen umfaßt; ist von der Methodik der Sprachinterpretation zu einer Methodik des tatsächlichen Vorgangs der Normbehandlung überzugehen.

f) Verfassungspolitische Elemente

Verfassungspolitische Elemente der Konkretisierung wurden hier schon genannt. Bei der Frage nach den Konsequenzen bestimmter Lösungsvarianten, nach den praktischen Auswirkungen etwa auch auf die Normbereiche andrer, am Fall nicht unmittelbar beteiligter Vorschriften und Bereiche der Verfassung, beim Gesichtspunkt der Zweckmäßigkeit und bei den Teilen des juristischen Vorverständnisses, die den Interpreten regelmäßig davon ausgehen lassen, der (Verfassungs-)Gesetzgeber habe mit seinen Vorschriften prinzipiell zweckmäßige oder zumindest vertretbare Entscheidungen gesetzt – in all diesen Richtungen macht sich die Eigenart rechts- und verfassungspolitischen Argumentierens geltend. *Verfassungspolitischer Denkstil* meint das Abwägen von Konsequenzen, das wertende Bedenken von Inhalten. Dagegen vermag solches raisonnement Einzelheiten methodischer Verfahrensweisen nicht anzugeben. Verfassungspolitische Elemente liefern wertvolle inhaltliche Gesichtspunkte zum Verständnis und zur praktischen Umsetzung von Verfassungsnormen. Die von ihnen beigebrachten Aspekte dürfen aber nur zu Vergleichs-, Abgrenzungs- und Klärungszwecken eingeführt, nicht dagegen als quasi-normativ untergeschoben werden. Jeder Akt der Normierung hat im Umfang der verbindlich normierten Anordnung und mit dem Vorbehalt einer Verfassungsänderung weiteres verfassungspolitisches Räsonieren insoweit abgeschnitten. Verfassungsrechtliche Arbeit ist von verfassungspolitischen Gesichtspunkten durchtränkt. Dadurch dürfen aber weder die Verbindlichkeit von Verfassungsrecht dort, wo normativ vor-entschieden wurde, noch die rechtsstaatlich geforderte Rationalität und Objektivität, soweit sie der Rechtswissenschaft überhaupt möglich ist, in Frage gestellt werden.

[...]

Literaturhinweise

Abel, G., Die Bedeutung der Lehre von den Einrichtungsgarantien für die Auslegung des Bonner Grundgesetzes. Berlin 1964

Albert, H., Wertfreiheit als methodisches Prinzip. Zur Frage der Notwendigkeit einer normativen Sozialwissenschaft, in: Logik der Sozialwissenschaften, hrsg. von E. Topitsch. Köln, Berlin 1965, S. 181ff.

Arndt, A., Zur Güterabwägung bei Grundrechten, in: Neue Juristische Wochenschrift 1966, S. 869ff.

Bachof, O., Auslegung gegen den Wortlaut und Verordnungsgebung contra legem?, in: Juristenzeitung 1963, S. 697ff.

Badura, P., Die Methoden der neueren Allgemeinen Staatslehre. Erlangen 1959

Bäumlin, R., (I) Staat, Recht und Geschichte. Eine Studie zum Wesen des geschichtlichen Rechts, entwickelt an den Grundproblemen von Verfassung und Verwaltung. Zürich 1961

Bäumlin, R., (II) Der schweizerische Rechtsstaatsgedanke, in: Zeitschrift des Bernischen Juristenvereins, Band 101 (1965), S. 81 ff.
Ballweg, O., Zu einer Lehre von der Natur der Sache. Basel 1960
Bender, B., Inhalt und Grenzen des Gebots der verfassungskonformen Gesetzesauslegung, in: Monatsschrift für deutsches Recht 1959, S. 441 ff.
Bendix, L., Zur Psychologie der Urteilstätigkeit des Berufsrichters und andere Schriften. Neuwied 1968
Berg, M. v., Automationsgerechte Rechts- und Verwaltungsvorschriften. Köln, Berlin 1968
Bogs, H., Die verfassungskonforme Auslegung von Gesetzen. Stuttgart 1966
Bull, H. P., Verwaltung durch Maschinen. Rechtsprobleme der Technisierung der Verwaltung. Köln, Berlin 1964 (2. Auflage)
Bundesverfassungsgericht, Entscheidungen des –, hrsg. von den Mitgliedern des Bundesverfassungsgerichts, Tübingen 1952 ff. (zit.: BVerfGE – Bandzahl)
Burmeister, J., Die Verfassungsorientierung der Gesetzesauslegung (Verfassungskonforme Auslegung oder vertikale Normendurchdringung). Berlin, Frankfurt am Main 1966
Canaris, C.-W., Systemdenken und Systembegriff in der Jurisprudenz, entwickelt am Beispiel des deutschen Privatrechts. Berlin 1969
Coing, H., Die juristischen Auslegungsmethoden und die Lehren der allgemeinen Hermeneutik. Köln und Opladen 1959
Diederichsen, U., Topisches und systematisches Denken in der Jurisprudenz, in: Neue Juristische Wochenschrift 1966, S. 697 ff.
Drath, M., Zur Soziallehre und Rechtslehre vom Staat, ihren Gebieten und Methoden, in: Rechtsprobleme in Staat und Kirche. Festschrift für R. Smend. Göttingen 1952, S. 41 ff.
Dubischar, R., Grundbegriffe des Rechts. Eine Einführung in die Rechtstheorie. Stuttgart 1968
Ebeling, G., Hermeneutik, in: Die Religion in Geschichte und Gegenwart, hrsg. von K. Galling, Tübingen 1959 (3. Auflage), III Sp. 242 ff.
Ehmke, H., (I) Grenzen der Verfassungsänderung. Berlin 1953
Ehmke, H., (II) Wirtschaft und Verfassung. Kalrsruhe 1961
Ehmke, H., (III) Prinzipien der Verfassungsinterpretation, in: Veröffentlichungen der Vereinigung der Deutschen Staatsrechtslehrer 20 (1963). Berlin, S. 53 ff., 130 ff.
Ehrlich, E., Grundlegung der Soziologie des Rechts. München, Leipzig 1913 (Neudruck 1929)
Engisch, K., (I) Sinn und Tragweite juristischer Systematik, in: Studium Generale 1957, S. 173 ff.
Engisch, K., (II) Einführung in das juristische Denken. Stuttgart 1964 (3. Auflage)
Esser, J., (I) Zur Methodenlehre des Zivilrechts, in: Studium Generale

1959, S. 97ff.
Esser, J., (II) Grundsatz und Norm in der richterlichen Fortbildung des Privatrechts. Tübingen 1964 (2. Auflage)
Esser, J., (III) Wertung, Konstruktion und Argument im Zivilurteil. Karlsruhe 1965
Esser, J., (IV) Methodik des Privatrechts, in: Enzyklopädie der Geisteswissenschaftlichen Arbeitsmethoden, 12. Lieferung. München, Wien (erscheint 1972)
Fiedler, H., Rechenautomaten in Recht und Verwaltung, in: Juristenzeitung 1966, S. 689ff.
Flume, W., Richterrecht im Steuerrecht, in: Steuerberater-Jahrbuch. Köln 1964/65, S. 55ff.
Forsthoff, E., (I) Die Umbildung des Verfassungsgesetzes, in: Festschrift für C. Schmitt 1959, S. 35ff.
Forsthoff, E., (II) Zur Problematik der Verfassungsauslegung. Stuttgart 1961
Forsthoff, E., (III) Besprechung von: M. Kriele, Theorie der Rechtsgewinnung, in: Der Staat 8 (1969), S. 523ff.
Gadamer, H.-G., Wahrheit und Methode. Grundzüge einer philosophischen Hermeneutik. Tübingen 1965 (2. Auflage)
Geiger, Th., Vorstudien zu einer Soziologie des Rechts. Neuwied 1964 (2. Ausgabe)
Gerber, C. F. v., (I) Über öffentliche Rechte. Tübingen 1852
Gerber, C. F. v., (II) Grundzüge des deutschen Staatsrechts. Leipzig 1880 (3. Auflage)
Habermas, J. Analytische Wissenschaftstheorie und Dialektik. Ein Nachtrag zur Kontroverse zwischen Popper und Adorno, in: Logik der Sozialwissenschaften, hrsg. von E. Topitsch. Köln 1965, S. 291ff.
Häberle, P., (I) Die Wesensgehaltgarantie des Art. 19 Abs. 2 Grundgesetz. Zugleich ein Beitrag zum institutionellen Verständnis der Grundrechte und zur Lehre vom Gesetzesvorbehalt. Karlsruhe 1962
Häberle, P., (II) Allgemeine Staatslehre, Verfassungslehre oder Staatsrechtslehre, in: Zeitschrift für Politik (1965), S. 381ff.
Hamel, W., Die Bedeutung der Grundrechte im sozialen Rechtsstaat. Eine Kritik an Gesetzgebung und Rechtsprechung. Berlin 1957
Hatz, H., Rechtssprache und juristischer Begriff. Stuttgart 1963
Heller, H., (I) Bemerkungen zur staats- und rechtstheoretischen Problematik der Gegenwart, in: Archiv des öffentlichen Rechts 55 (1929), S. 321ff.
Heller, H., (II) Staatslehre, hrsg. von G. Niemeyer. Leiden 1934
Hesse, K., (I) Die normative Kraft der Verfassung. Tübingen 1959
Hesse, K., (II) Grundzüge des Verfassungsrechts der Bundesrepublik Deutschland. Karlsruhe 1970 (4. Auflage)
Hollerbach, A., Auflösung der rechtsstaatlichen Verfassung?, in: Archiv

des öffentlichen Rechts 85 (1960), S. 241ff.
Horn, D., (I) Rechtssprache und Kommunikation. Grundlegung einer semantischen Kommunikationstheorie. Berlin 1966
Horn, D., (II) Rechtswissenschaft und Kommunikationstheorie, in: Archiv für Rechts- und Sozialphilosophie 1967, S. 573ff.
Huber, H., Probleme des ungeschriebenen Verfassungsrechts, in: Zeitschrift des Bernischen Juristenvereins, Band 91 bis (1955), S. 95ff.
Husserl, G., Recht und Zeit. Frankfurt am Main 1955
Jellinek, G., Allgemeine Staatslehre. Darmstadt 1960 (3. Auflage, 7. Neudruck)
Kaufmann, A., (I) Gesetz und Recht, in: Existenz und Ordnung. Festschrift für E. Wolf, hrsg. von Th. Würtenberger, W. Maihofer, A. Hollerbach, Frankfurt am Main 1962, S. 357ff.
Kaufmann, A., (II) Analogie und ›Natur der Sache‹. Zugleich ein Beitrag zur Lehre vom Typus. Karlsruhe 1965
Keller, A., Die Kritik, Korrektur und Interpretation des Gesetzeswortlautes. Winterthur 1960
Kelsen, H., (I) Reine Rechtslehre, mit einem Anhang: Das Problem der Gerechtigkeit. Wien 1960 (2. Auflage)
Kelsen, H., (II) Was ist juristischer Positivismus?, in: Juristenzeitung 1965, S. 465ff.
Klug, U., Juristische Logik. Berlin, Heidelberg, New York 1966 (3. Auflage)
Kriele, M., Theorie der Rechtsgewinnung, entwickelt am Problem der Verfassungsinterpretation. Berlin 1967
Krüger, H., (I) Verfassungsauslegung aus dem Willen des Verfassungsgebers, in: Deutsches Verwaltungsblatt 1961, S. 685ff.
Krüger, H., (II) Allgemeine Staatslehre. Stuttgart, Berlin, Köln, Mainz 1966 (2. Auflage)
Laband, P., Das Staatsrecht des Deutschen Reiches. Tübingen 1911-1914 (5. Auflage)
Lang, E., Staat und Kybernetik. Prolegomena zu einer Lehre vom Staat als Regelkreis. Salzburg, München 1966
Larenz, K., Methodenlehre der Rechtswissenschaft. Berlin, Heidelberg, New York 1969 (2. Auflage)
Lautmann, R., Rolle und Entscheidung des Richters, in: Jahrbuch für Rechtssoziologie und Rechtstheorie 1 (1970), S. 381ff.
Leibholz, G., Strukturprobleme der modernen Demokratie. Karlsruhe 1958
Leisner, W., Betrachtungen zur Verfassungsauslegung, in: Die öffentliche Verwaltung 1961, S. 641ff.
Lerche, P., (I) Übermaß und Verfassungsrecht. Zur Bindung des Gesetzgebers an die Grundsätze der Verhältnismäßigkeit und der Erforderlichkeit. Köln, Berlin, München, Bonn 1961

Lerche, P., (II) Stil, Methode, Ansicht. Polemische Bemerkungen zum Methodenproblem, in: Deutsches Verwaltungsblatt 1961, S. 690ff.
Luhmann, N., (I) Grundrechte als Institution. Ein Beitrag zur politischen Soziologie. Berlin 1965
Luhmann, N., (II) Recht und Automation in der öffentlichen Verwaltung. Eine verwaltungswissenschaftliche Untersuchung. Berlin 1966
Luhmann, N., (III) Funktionale Methode und juristische Entscheidung, in: Archiv des öffentlichen Rechts 94 (1969), S. 1ff.
Luhmann, N., (IV) Positivität des Rechts als Voraussetzung einer modernen Gesellschaft, in: Jahrbuch für Rechtssoziologie und Rechtstheorie 1 (1970), S. 175ff.
Maihofer, W., Die Natur der Sache, in: Archiv für Rechts- und Sozialphilosophie 1958, S. 145ff.
Müller, F., (I) Normstruktur und Normativität. Zum Verhältnis von Recht und Wirklichkeit in der juristischen Hermeneutik, entwickelt an Fragen der Verfassungsinterpretation. Berlin 1966
Müller, F., (II) Normbereiche von Einzelgrundrechten in der Rechtsprechung des Bundesverfassungsgerichts. Berlin 1968
Müller, F., (III) Die Positivität der Grundrechte. Fragen einer praktischen Grundrechtsdogmatik. Berlin 1969
Müller, F., (IV) Freiheit der Kunst als Problem der Grundrechtsdogmatik, Berlin 1969
Müller, F., (V) Fragen einer Theorie der Praxis, in: Archiv des öffentlichen Rechts 95 (1970), S. 154ff.
Müller, F., (IV) Juristische Methodik. Berlin 1971
Münch, I. v., Übungen zum Staatsrecht, Verwaltungsrecht und Völkerrecht. Bad Homburg 1969 (3. Auflage)
Naucke, W., Trappe, P. (Hrsg.), Rechtssoziologie und Rechtspraxis. Neuwied 1970
Ossenbühl, F., Probleme und Wege der Verfassungsauslegung, in: Die öffentliche Verwaltung 1965, S. 649ff.
Otto, H., Methode und System in der Rechtswissenschaft, in: Archiv für Rechts- und Sozialphilosophie 1969, S. 493ff.
Pestalozza, Chr. Graf v., Kritische Bemerkungen zu Methoden und Prinzipien der Grundrechtsauslegung in der BRD, in: Der Staat 2 (1963), S. 425ff.
Podlech, A., Wertungen und Werte im Recht, in: Archiv des öffentlichen Rechts 95 (1970), S. 185ff.
Popper, K. R., (I) Was ist Dialektik? in: Logik der Sozialwissenschaften, hrsg. von E. Topitsch. Köln, Berlin 1965, S. 262ff.
Popper, K. R., (II) Die Logik der Forschung. Tübingen 1966 (2. Auflage)
Radbruch, G., Rechtsphilosophie, hrsg. von E. Wolf. Stuttgart 1956 (5. Auflage)
Raisch, P., Überlegungen zur Verwendung von Datenverarbeitungsanla-

gen in der Gesetzgebung und im Rechtsfindungsprozeß, in: Juristenzeitung 1970, S. 433ff.
Raiser, L., Die Rechtswissenschaft im Gründungsplan für Konstanz, in: Juristenzeitung 1966, S. 86ff.
Rinck, H. J., Gleichheitssatz, Willkürverbot und der Natur der Sache, in: Juristenzeitung 1963, S. 521ff.
Rittner, F., Verstehen und Auslegen als Probleme der Rechtswissenschaft, in: Freiburger Dies Universitatis 14 (1967), S. 43ff.
Savigny, F. K. v., (I) System des heutigen Römischen Rechts. Bd. I Berlin 1840
Savigny, F. K. v., (II) Juristische Methodenlehre, hrsg. von G. Wesenberg. Stuttgart 1951
Schack, F., und Michel, H., Die verfassungskonforme Gesetzesauslegung, in: Juristische Schulung 1961, S. 269ff.
Scheuner, U., Das Wesen des Staates und der Begriff des Politischen in der neueren Staatslehre, in: Staatsverfassung und Kirchenordnung. Festgabe für R. Smend, hrsg. von K. Hesse, S. Reicke, U. Scheuner. Tübingen 1962, S. 225ff.
Schindler, D., Verfassungsrecht und soziale Struktur. Zürich 1950 (3. Auflage)
Schmitt, C., (I) Politische Theologie. Vier Kapitel zur Lehre von der Souveränität. Berlin 1934 (2. Ausgabe)
Schmitt, C., (II) Über die drei Arten des rechtswissenschaftlichen Denkens. Hamburg 1934
Schmitt, C., (III) Verfassungslehre. Berlin 1965 (4. Auflage)
Schneider, H. P., Richterrecht, Gesetzesrecht und Verfassungsrecht. Frankfurt am Main 1969
Schneider, P., Prinzipien der Verfassungsinterpretation, in: Veröffentlichungen der Vereinigung der Deutschen Staatsrechtslehrer 20 (1963), S. 1ff., 133ff.
Simitis, S., (I) Rechtliche Anwendungsmöglichkeiten kybernetischer Systeme. Tübingen 1966
Simitis, S., (II) Automation in der Rechtsordnung – Möglichkeiten und Grenzen. Karlsruhe 1967
Smend, R., Staatsrechtliche Abhandlungen und andere Aufsätze. Berlin 1968 (2. Auflage)
Spanner, H., Die verfassungskonforme Auslegung in der Rechtsprechung des Bundesverfassungsgerichts, in: Archiv des öffentlichen Rechts 91 (1966), S. 503ff.
Stern, K., Interpretation – eine existentielle Aufgabe der Jurisprudenz, in: Neue Juristische Wochenschrift 1958, S. 695ff.
Strache, K.-H., Das Denken in standards, zugleich ein Beitrag zur Typologie. Berlin 1968
Stratenwerth, G., Das rechtstheoretische Problem der ›Natur der Sache‹.

Tübingen 1957
Suhr, D., Ansätze zur kybernetischen Betrachtung von Recht und Staat, in: Der Staat 6 (1967), S. 197ff.
Topitsch, E., (I) Sachgehalte und Normsetzungen, in: Archiv für Rechts- und Sozialphilosophie 1958, S. 189ff.
Topitsch, E., (II) Die Menschenrechte. Ein Beitrag zur Ideologiekritik, in: Juristenzeitung 1963, S. 1ff.
Viehweg, Th., Topik und Jurisprudenz. München 1965 (3. Auflage)
Vogel, K., Der Verwaltungsrechtsfall. Berlin, Frankfurt am Main 1969 (6. Auflage)
Vogel, Th., Zur Praxis und Theorie der richterlichen Bindung an das Gesetz im gewaltenteilenden Staat. Berlin 1969
Wagner, H., Die Vorstellung der Eigenständigkeit in der Rechtswissenschaft. Ein Beitrag zur juristischen Systematik und Terminologie. Berlin 1967
Weber, M., Der Sinn der ›Wertfreiheit‹, in: Gesammelte Aufsätze zur Wissenschaftslehre, hrsg. von J. Winckelmann. Tübingen 1951 (2. Auflage)
Weldon, T. D., Kritik der politischen Sprache. Vom Sinn politischer Begriffe. Neuwied 1962
Werner, F., Zum Verhältnis von gesetzlichen Generalklauseln und Richterrecht. Karlsruhe 1966
Wieacker, F., (I) Zur rechtstheoretischen Präzisierung des § 242 BGB. Tübingen 1956
Wieacker, F., (II) Gesetz und Richterkunst. Karlsruhe 1958
Wieacker, F., (III) Recht und Automation, in: Festschrift für E. Bötticher, hrsg. von K. A. Bettermann, A. Zeuner. Berlin 1969, S. 383ff.
Wilhelm, W., Zur juristischen Methodenlehre im 19. Jahrhundert. Die Herkunft der Methode Paul Labands aus der Privatrechtswissenschaft. Frankfurt am Main 1958
Wittgenstein, L., Logisch-philosophische Abhandlung, in: Schriften 1. Frankfurt am Main 1960
Zeidler, K., Über die Technisierung der Verwaltung. Karlsruhe 1959

Biographische Stichworte

Vorbemerkung:

Die biographischen Stichworte sollen vor allem Hinweise auf die Arbeitsgebiete der jeweiligen Verfasser geben und damit einem möglicherweise durch die in diesem Bande vorgenommene Beschränkung auf methodische Erörterungen entstehenden Eindruck entgegenwirken, die hier aufgenommenen Autoren seien in erster Linie Methodentheoretiker gewesen. Folgende Literatur wurde herangezogen:

1. Handbuch des Deutschen Bundestages
2. K. Hesse, Rudolf Smend zum 80. Geburtstag, AöR 87 (1962), S. 110ff.
3. A. Hollerbach, Zu Leben und Werk Heinrich Triepels, in: AöR 91 (1966), S. 417ff., 537ff.
4. Kürschners Deutscher Gelehrten-Kalender, 10. Ausgabe, 1966
5. R. A. Metall, Hans Kelsen. Leben und Werk, 1969
6. Neue Deutsche Biographie, 8. Bd. 1969
7. Rundschreiben der Vereinigung der deutschen Staatsrechtslehrer, Nrn. 1/1969; 1/1975; 3/1975
8. M. J. Sattler (Hrsg.), Staat und Recht, 1972
9. U. Scheuner, Triepel, in: Staatslexiken, 6. Aufl., 1962, 7. Bd., S. 1044f.
10. H. Schneider, Ernst Forsthoff †, in: DöV 1974, S. 596f.
11. H. Sinzheimer, Jüdische Klassiker der deutschen Rechtswissenschaft, 1953

Herrn Prof. Dr. E. Denninger und Herrn Prof. Dr. M. Stolleis habe ich für freundliche Hinweise zu danken.

Georg Jellinek wurde 1851 in Leipzig geboren. Lebte seit 1857 in Wien. Studienjahre in Wien, Heidelberg und Leipzig. 1879 Privatdozent in Wien, 1883 a. o. Professor, aber wegen jüdischer Herkunft keine Chance auf eine ordentliche Professur in Österreich. 1890 als o. Professor in Basel. Ab 1891 o. Professor in Heidelberg. Dort Kollege und Freund von Max Weber. Gestorben 1911.

Wichtige Publikationen: Die Lehre von den Staatenverbindungen, 1882; System der subjektiven öffentlichen Rechte, 1892; Die

Erklärung der Menschen- und Bürgerrechte, 1895; Allgemeine Staatslehre, 1900.

Jellinek hat mit dem »System der subjektiven öffentlichen Rechte« einen sehr wichtigen Beitrag zur juristischen Emanzipation der Untertanen zu mit Rechten gegenüber staatlichen Instanzen ausgestatteten Bürgern geleistet. – Wissenschaftlich wirksame Kritik an einer ausschließlich juristisch-dogmatischen Staatsbetrachtung. Forderung und Ausarbeitung einer Soziallehre des Staates, die, von der juristischen Staatsrechtslehre säuberlich getrennt, dennoch als notwendige Ergänzung der Staatsrechtslehre gedacht war. Jellinek gilt deshalb als Überwinder des Labandschen »Positivismus«. Die sogenannte antipositivistische Schule der Weimarer Zeit beanspruchte dann ihrerseits den »Positivismus« Jellineks zu überwinden.

Hans Kelsen wurde 1881 in Prag geboren. Studienjahre in Wien. Dort 1911 Privatdozent, 1914 a. o. Professor, 1919 o. Professor. 1921 bis 1930 Richter am Verfassungsgerichtshof in Wien. 1930 bis 1933 o. Professor in Köln. 1933 Emigration über die Stationen Prag und Genf in die USA (1940). Gestorben 1973 in Berkeley/Cal. (USA).

Wichtige Publikationen: Hauptprobleme der Staatsrechtslehre, 1911; Das Problem der Souveränität und die Theorie des Völkerrechts, 1920; Vom Wesen und Wert der Demokratie, 1920; Sozialismus und Staat, 1920; Der soziologische und der juristische Staatsbegriff, 1922; Allgemeine Staatslehre, 1925; Die philosophischen Grundlagen der Naturrechtslehre und des Rechtspositivismus, 1928; Reine Rechtslehre, 1934.

Als roter Faden durch zahlreiche Arbeiten Kelsens zieht sich das Bemühen, in der Wissenschaft zwischen empirischen Behauptungen und Wertungen zu unterscheiden. Versuch, die Möglichkeit einer nicht-wertenden Rechtstheorie (als Strukturtheorie positiver Rechtsordnungen) und einer nicht-wertenden Rechtswissenschaft darzutun. – Überzeugende Kritik naturrechtlicher Vorstellungen. – Interessante Auseinandersetzung mit staatstheoretischen Ansichten von Marxisten. Kelsen hat in Österreich und in Übersee starke Resonanz gefunden (Wiener rechtstheoretische Schule). In der BRD wurde sein Werk auch nicht im entferntesten adäquat rezipiert.

Hermann Heller wurde 1891 in Teschen geboren. Studienjahre in Wien, Graz und Kiel. 1920 Habilitation in Kiel. Verhaftung und Verurteilung während des Kapp-Putsches. 1921 bis 1925 in Leipzig Tätigkeit in der Volkshochschulbewegung. 1926 bis 1931 Referent am Kaiser-Wilhelm-Institut für ausländisches öffentliches Recht und Völkerrecht. 1932 o. Professor in Frankfurt/M. 1933 Emigration nach Madrid. Dort 1933 gestorben.

Wichtige Publikationen: Die Souveränität, 1927; Europa und der Fascismus, 1928; Rechtsstaat oder Diktatur, 1930; Allgemeine Staatslehre, 1934. (Nunmehr alles in: Gesammelte Schriften, 3 Bde., 1971)

H. Hellers Arbeiten zählen zu den beachtetsten Arbeiten der sogenannten antipositivistischen Schule der deutschen Staatsrechtswissenschaft der zwanziger Jahre (u. a. R. Smend, H. Triepel, C. Schmitt). Diese Schule war sich allerdings nur einig in ihrer Gegnerschaft zu den Laband, G. Jellinek und Kelsen. Innerhalb dieser Schule bestanden erhebliche Differenzen, insbesondere hinsichtlich der politischen Wertvorstellungen. – Aus H. Hellers Werk ragen seine soziologischen Analysen politischer Phänomene heraus. Er beanspruchte dabei, eine allein gegenstandsangemessene *geisteswissenschaftliche* Soziologie zu betreiben. Mit dieser Position befand er sich zugleich in der wissenschaftstheoretischen Kontroverse um den Charakter der Sozialwissenschaften. Seine auch in dieser Kontroverse sogenannte antipositivistische Position sichert ihm neuerdings wieder Interesse in der Linken, soweit diese irrigerweise von einem notwendigen Zusammenhang zwischen politischen und wissenschaftstheoretischen Positionen ausgeht.

Rudolf v. Laun wurde 1882 in Prag geboren. Studienjahre in Wien und Paris. 1908 Privatdozent in Wien. Daselbst a. o. Professor 1911. 1919 o. Professor in Hamburg. 1949 bis 1955 Präsident des Staatsgerichtshofs der Hansestadt Bremen. Gestorben 1975.

Wichtige Publikationen: Das freie Ermessen und seine Grenzen, 1910; Recht und Sittlichkeit, 1924; Der Wandel der Ideen Staat und Volk als Äußerung des Weltgewissens, 1933; Die Haager Landkriegsordnung, 1946.

Besondere Verdienste hat Laun auf dem Gebiet des Völkerrechts. Durch die Einberufung der Hamburger Völkerrechtstagungen in den Jahren 1947 und 1948 hat er zur Wiederbelebung der deutschen Völkerrechtswissenschaft beigetragen.

Heinrich Triepel wurde 1868 in Leipzig geboren. Studienjahre in Freiburg und Leipzig. 1893 Habilitation in Leipzig und dort Privatdozent. 1900 o. Professor in Tübingen, 1908 in Kiel. 1913 o. Professor in Berlin bis zur Entpflichtung 1935. Triepel gründete die Vereinigung der Deutschen Staatsrechtslehrer, die auf seine Einladung hin 1922 erstmals zusammentrat. Er starb 1946.

Wichtige Publikationen: Völkerrecht und Landesrecht, 1899; Die Reichsaufsicht, 1917; Staatsrecht und Politik, 1927; Die Staatsverfassung und die politischen Parteien, 1927; Die Hegemonie, 1938.

Triepel hat die Diskussion um »Dualismus« oder »Monismus« im Verhältnis von »Völkerrecht und Landesrecht« durch die von ihm entwickelte dualistische Position wesentlich bereichert. Wichtiges hat er zur Theorie des Bundesstaates beigetragen. Mit »Staatsrecht und Politik« hat er sich vorsichtig in das antipositivistische Lager der Weimarer Staatsrechtslehrer eingereiht. In den politischen Auseinandersetzungen hat er u. a. mit seiner oben angeführten Parteienrede einem autoritären Staatsverständnis Vorschub geleistet.

Ernst v. Hippel wurde 1895 in Perscheid (üb. Bingen) geboren. Studienjahre in Göttingen und Freiburg. 1924 Privatdozent in Heidelberg. Weitere Stationen: o. Professor in Rostock (1929), Königsberg (1929) und Köln (1940).

Wichtige Publikationen: Untersuchungen zum Problem des fehlerhaften Staatsaktes, 1924; Einführung in die Rechtstheorie, 1932; Mensch und Gemeinschaft, 1935; Vom Wesen der Demokratie, 1947; Gewaltenteilung im modernen Staat, 1948; Allgemeine Staatslehre, 1963.

v. Hippels Beiträge fanden interessierte Beachtung, ohne daß sie einem wissenschaftlichen Diskussionszusammenhang das Gepräge geben konnten.

Rudolf Smend wurde 1882 in Basel geboren. Studienjahre in Basel, Berlin und Göttingen. 1908 Privatdozent in Kiel. 1909 a. o. Professor in Greifswald. Weitere Stationen: o. Professor in Tübingen (1911), in Bonn (1915), in Berlin (1922), in Göttingen (1935). Gestorben 1975.

Wichtige Publikationen: Das Reichskammergericht, 1911; Die politische Gewalt im Verfassungsstaat und das Problem der Staatsform, 1923; Verfassung und Verfassungsrecht, 1928; Bürger und Bourgeois im deutschen Staatsrecht, 1933; Staat und Kirche nach dem Bonner Grundgesetz, 1951; Integrationslehre, in: Handwörterbuch der Sozialwissenschaften, 1954.

Am stärksten mit dem Namen Rudolf Smends verbunden ist seine Integrationslehre, die er zuerst in »Verfassung und Verfassungsrecht« entwickelt hat. Mit dieser sehr stark beachteten Arbeit reihte er sich in das sogenannte antipositivistische Lager der Weimarer Staatsrechtslehrer ein (zus. mit H. Heller, C. Schmitt, H. Triepel). – Nach 1945 mit die Diskussion prägenden Beiträgen zum evangelischen Kirchenrecht und zum Verhältnis von Staat und Kirche hervorgetreten.

Carl Schmitt wurde 1888 in Plettenberg (Westfalen) geboren. 1916 Privatdozent in Straßburg. 1921 o. Professor in Greifswald. 1922 o. Professor in Bonn. 1926 Professor an der Handelshochschule Berlin. 1933 zunächst o. Professor in Köln, dann in Berlin. Dort Ernennung zum Preußischen Staatsrat, zum Mitglied der Akademie für Deutsches Recht, zum Reichsamtswalter der Fachgruppe Hochschullehrer im Bund nationalsozialistischer deutscher Juristen. 1945 Amtsenthebung. Seither Privatgelehrter in Plettenberg.

Wichtige Publikationen: Gesetz und Urteil, 1912; Politische Romantik, 1919; Die Diktatur, 1921; Politische Theologie, 1922; Die geistesgeschichtliche Lage des heutigen Parlamentarismus, 1923; Verfassungslehre, 1928; Der Hüter der Verfassung, 1931; Legalität und Legitimität, 1932; Staat, Bewegung, Volk, 1933; Über die drei Arten des rechtswissenschaftlichen Denkens, 1934.

C. Schmitts Arbeiten zählen zu den beachtetsten Arbeiten der sogenannten antipositivistischen Schule der deutschen Staatsrechtswissenschaft der zwanziger Jahre (u. a. R. Smend, H. Triepel, H. Heller). In dieser sich nur in der Gegnerschaft zu den Laband, G. Jellinek und Kelsen einigen Schule spielte C. Schmitt den antidemokratischen Part. Während seine soziologische Analyse des Verfalls des Parlamentarismus noch als scharfsinnige, politisch neutrale Untersuchung angesehen werden kann, beginnt Schmitt spätestens mit dem »Hüter der Verfassung« die »wissenschaftliche« Rechtfertigung antidemokratischer Strömungen. Während des »Dritten Reiches« hat er sich in etlichen Aufsätzen der in keiner Weise mehr wissenschaftlichen Verbreitung nationalsozialistischer Rechtsauffassungen gewidmet.

Philipp Heck wurde 1858 in St. Petersburg geboren. Studienjahre in Leipzig, Heidelberg und Berlin. 1889 Habilitation in Berlin. Ordinariate in Greifswald (1891), Halle (1892) und schließlich Tübingen (1901). Heck wurde in Tübingen 1928 emeritiert. Er starb 1943.

Wichtige Publikationen: Das Problem der Rechtsgewinnung, 1912; Gesetzesauslegung und Interessenjurisprudenz, 1914; Grundriß des Schuldrechts, 1929; Grundriß des Sachenrechts, 1930; Begriffsbildung und Interessenjurisprudenz, 1932.

Heck ist Begründer der sogenannten Interessenjurisprudenz, der er zusammen mit M. Rümelin, H. Stoll und R. Müller-Erzbach zur allgemeinen Anerkennung verhalf. Seine im Sinne dieser Methode geschriebenen Grundrisse des Schuld- und des Sachenrechts fanden größte Resonanz. – Mit frühen Arbeiten ist er auch als Rechtshistoriker hervorgetreten.

Ernst Forsthoff wurde 1902 in Duisburg-Laar geboren. Studienjahre in Freiburg, Marburg und Bonn. 1930 Privatdozent in Freiburg/Br. Weitere Stationen: o. Professor 1933 in Frankfurt/M., 1935 in Hamburg, 1936 in Königsberg, 1941 in Wien, 1943 in Heidelberg. Sein Lehramt in Wien konnte Forsthoff nicht ausüben, da ihn seine kirchentreue Haltung in Widerspruch zu dem nationalsozialistischen Reichsstatthalter gebracht hatte. 1945 wurde Forsthoff vorübergehend von den Amerikanern aus dem Dienst entlassen. Von 1960 bis 1963 war Forsthoff Präsident des Supreme Constitutional Court der Republik Zypern in Nikosia. Gestorben 1974.

Wichtige Publikationen: Die öffentliche Körperschaft im Bundesstaat, 1931; Der totale Staat, 1933; Die Verwaltung als Leistungsträger, 1938; Recht und Sprache, 1940; Lehrbuch des Verwaltungsrechts, 1950; Verfassungsprobleme des Sozialstaats, 1954; Zur Problematik der Verfassungsauslegung, 1961; Rechtsstaat im Wandel, 1964; Der Staat der Industriegesellschaft, 1971.

Forsthoff gehört unstreitig zu denen, die sich nicht auf das Juristische im engeren Sinne beschränkt haben. Er gilt als derjenige, der die Verwaltungsrechtswissenschaft an die tatsächliche Veränderung der staatlichen Aufgaben in der Industriegesellschaft herangeführt hat, indem er gegenüber einer nahezu ausschließlichen Orientierung an der Eingriffsverwaltung dem Problem der leistenden Verwaltung juristische Beachtung verschaffte. – Mit seinem

Lehrbuch des Verwaltungsrechts errang Forsthoff den ersten Rang unter den bundesdeutschen Verwaltungsrechtlern. – Seine umstrittene Diagnose des Verfalls der Staatlichkeit in der Industriegesellschaft zeigt m. E., daß Forsthoff auch in späteren Jahren noch immer eine Affinität zum autoritären Staat hatte. Seine Beteiligung an der nationalsozialistischen »Rechtserneuerung« wird in den Würdigungen allgemein übergangen.

Alexander Hollerbach wurde 1931 in Ottenau (jetzt: Gaggenau/Kr. Rastatt) geboren. Studienjahre in Freiburg, Heidelberg und Bonn. 1964 Habilitation in Freiburg, 1966 o. Professor in Mannheim, seit 1969 in Freiburg.

Wichtige Publikationen: Verträge zwischen Staat und Kirche in der Bundesrepublik Deutschland, 1965; Das Staatskirchenrecht in der Rechtsprechung des Bundesverfassungsgerichts, in: AöR 92 (1967), S. 99ff.; Ideologie und Verfassung, in: W. Maihofer (Hrsg.), Ideologie und Recht, 1969.

Horst Ehmke wurde 1927 in Danzig geboren. Studienjahre in Göttingen und Princeton (USA). 1960 Habilitation in Köln. 1961 o. Professor in Freiburg/Br. 1967 Staatssekretär im Bundesministerium der Justiz. 1968 Justizminister. 1969 Chef des Bundeskanzleramtes und Minister für besondere Aufgaben. Seit 1969 Abgeordneter des deutschen Bundestages. 1972-1974 Bundesminister für Forschung und Technologie.

Wichtige Publikationen: Grenzen der Verfassungsänderung, 1953; Wirtschaft und Verfassung, 1961; »Staat« und »Gesellschaft« als verfassungstheoretisches Problem, in: Staatsverfassung und Kirchenordnung. Festgabe für Rudolf Smend, 1962; Prinzipien der Verfassungsauslegung, in: VVDStRL 20 (1963), S. 53ff.

Friedrich Müller wurde 1938 in Eggenfelden (Bayern) geboren. Studienjahre in Erlangen und Freiburg. 1968 Habilitation in Freiburg. 1969 o. Professor in Heidelberg.

Wichtige Publikationen: Normstruktur und Normativität, 1966; Normbereiche von Einzelgrundrechten in der Rechtsprechung des Bundesverfassungsgerichts, 1968; Freiheit der Kunst als Problem der Grundrechtsdogmatik, 1969; Entfremdung, 1970; Juristische Methodik, 1971.

Quellenangaben

1. Georg Jellinek, Allgemeine Staatslehre, 3. Aufl., 1914, S. 3-21 und 50-52
2. Hans Kelsen, Der soziologische und der juristische Staatsbegriff, 2. Aufl., 1928, S. 105-140
3. Hermann Heller, Die Krisis der Staatslehre, in: ders. Gesammelte Schriften, 1971, Bd. II, S. 3-30 (original in: Archiv für Sozialwissenschaft und Sozialpolitik 55 (1926), S. 298 ff.)
4. Rudolf v. Laun, Der Staatsrechtslehrer und die Politik, in: Archiv für öffentliches Recht, 43, NF IV (1922), S. 145-199, hier: S. 145-182
5. Heinrich Triepel, Staatsrecht und Politik, 1927, S. 5-23, 32-40
6. E. v. Hippel, Über Objektivität im öffentlichen Recht, in: Archiv für öffentliches Recht, NF XII (1927), S. 393-419, hier: S. 393 bis 415
7. Rudolf Smend, Verfassung und Verfassungsrecht, 1928; wiederabgedruckt in: ders., Staatsrechtliche Abhandlungen, 1955, S. 119-276; hier: S. 119-142, 187-198, 233-242
8. Carl Schmitt, Über die drei Arten des rechtswissenschaftlichen Denkens, 1934, S. 5, 7-40, 52-59
9. Philipp Heck, Rechtserneuerung und juristische Methodenlehre, 1936, S. 3, 5-21, 26-34, 42-46
10. Ernst Forsthoff, Die Umbildung des Verfassungsgesetzes, in: Festschrift für Carl Schmitt, 1959, S. 35-62
11. Alexander Hollerbach, Auflösung der rechtsstaatlichen Verfassung? in: Archiv für öffentliches Recht 85 (1960), S. 241-270, hier: S. 241-265
12. Horst Ehmke, Prinzipien der Verfassungsinterpretation, in: VVDStRL 20 (1963), S. 53-102, hier: S. 53-73
13. Friedrich Müller, Arbeitsmethoden des Verfassungsrechts, in: Manfred Thiel (Hrsg.), Enzyklopädie der geisteswissenschaftlichen Arbeitsmethoden, 11. Lieferung: Methoden der Rechtswissenschaft, Teil I, 1972, S. 123-190, hier: S. 123, 124, 143-174, 186 bis 190

Der besseren Übersicht halber wurden in einigen Texten Überschriften weggelassen oder modifiziert. Teilweise mußte die Fußnotenzählung gegenüber den Originalen verändert werden (durchlaufend statt je Seite). Um den manchmal sicher wünschenswerten Zugang zu den (ungekürzten) Originalen zu erleichtern; sind in den Texten die Originalseitenzahlen angegeben. Eine Ziffer zwischen senkrechten Strichen markiert den Beginn der jeweiligen Originalseite.

stw 35 Ernst Bloch
Geist der Utopie
Unveränderter Nachdruck der bearbeiteten Neuauflage der 2. Fassung von 1923
351 Seiten
Geist der Utopie ist ein Manifest gegen die Leere, Ungläubigkeit und Hohlheit dieser Zeit; es ist die beschwörende Proklamation eines neuen, reichen, frommen Lebens. Von einer Verzweiflung über die Barbarei des Krieges getrieben, eifert Bloch für eine umfassende Revolution, deren politischer Aspekt zwar conditio sine qua non ist, die aber weit darüber hinaus in ein neues Zeitalter führen soll.

stw 107 Pierre Bourdieu
Zur Soziologie der symbolischen Formen
Aus dem Französischen von Wolfgang Fietkau
201 Seiten
Anders als der »harte Kern« des französischen Strukturalismus dieser Schule demonstriert Bourdieu, daß diese Methode zu Ergebnissen von entschieden politischer Relevanz führen kann.
Die in diesem Band zusammengestellten Aufsätze diskutieren die erkenntnistheoretischen Implikationen und Voraussetzungen der strukturalen Methode auf dem Gebiet der Soziologie, indem sie im konkreten Fall die Relevanz dieser Methode für soziologische Probleme aufzeigen.

stw 64 Nikolai Bucharin/Abram Deborin
Kontroversen über dialektischen und mechanistischen Materialismus
Einleitung von Oskar Negt
403 Seiten
Der Band enthält wichtige Dokumente zur Geschichte der ideologischen Auseinandersetzung innerhalb der sowjetischen kommunistischen Partei, die sich nach Lenins Tod in der spektakulären Kontroverse über mechanistischen und dialektischen Materialismus zuspitzte. In dieser Kontroverse ging es, wie der Herausgeber bemerkt, nur »vordergründig um die Polarisierung der philosophischen Positionen nach Dialektikern und naturwissenschaftlich orientierten Mechanizisten«. In seinem Einleitungsessay geht Negt dem Problem *Marxismus als Legitimationswissenschaft* nach und untersucht neben dem philosophischen Gehalt der

abgedruckten Schriften auch deren politisch-ideologische Funktion.

stw 42 Noam Chomsky
Aspekte der Syntax-Theorie
Aus dem Amerikanischen übersetzt und herausgegeben von einem Kollektiv unter der Leitung von Ewald Lang, Arbeitsstelle Strukturelle Grammatik, Deutsche Akademie der Wissenschaften, Berlin
314 Seiten
In dem Buch wird der Versuch unternommen, jenen Teil einer linguistischen Theorie zu entwerfen, der sich auf die syntaktische, die den Bau des Satzes betreffende Komponente bezieht. Unter der von Chomsky beschriebenen »generativen Grammatik« ist ein System von Regeln zu verstehen, mit denen eine beliebige Zahl von Sätzen erzeugt werden kann. Jeder Sprecher hat sich eine solche generative Grammatik offenbar vollständig angeeignet.

stw 19 Noam Chomsky
Sprache und Geist
Aus dem Amerikanischen von Siegfried Kanngießer, Gerd Lingrün, Ulrike Schwarz und Anna Kamp
189 Seiten
»Die Theorien Noam Chomskys haben in der Linguistik während der letzten Jahre zu einem ›Paradigmenwechsel‹ (Th. Kuhn) geführt. Forschungsstrategisch sinnvolle Fragestellungen, die Bewertung neuer Methoden und Standards und die Einschätzung linguistisch relevanter Problemlösungen folgen dem theoretischen Rahmen, den Chomsky der Linguistik gegeben hat.« *Anton Leist, Das Argument*

stw 99 Aaron V. Cicourel
Methode und Messung in der Soziologie
Aus dem Amerikanischen von Frigga Haug
319 Seiten
Die quantitative Erfassung dessen, was Max Weber als »soziales Handeln« beschrieben hat, ist nach wie vor für die Soziologie problematisch. Die Schwierigkeit in verschiedenen Bereichen soziologischer Forschungstechnik, die Cicourel untersucht, beruht unter anderem darauf, daß der Sozialwissenschaftler bei der Anwendung seiner Methoden – Inhaltsanalyse, Befragung, teilnehmende Beobachtung usw. – »aus der Rolle des kommunizierenden Mitspielers nicht ganz heraustreten kann« *(Habermas)*. Es ist

Cicourels Verdienst, die Probleme von Methode und Messung nicht auf die Ebene der Forschungstechnik abgeschoben, sondern erkenntnistheoretisch ins Bewußtsein gehoben zu haben.

stw 10 *Einführung in den Strukturalismus*
Mit Beiträgen von Ducrot, Todorov, Sperber, Safouan und Wahl
Aus dem Französischen von Eva Moldenhauer
480 Seiten
Die Essays zum Strukturalismus gehen nicht von einer Apriori-Definition einer so zu nennenden strukturalen Methode aus, was nach Ansicht der Autoren nicht möglich ist. Vielmehr überprüfen die Verfasser – alle Strukturalisten der zweiten Generation – an ihrem jeweiligen Forschungsgebiet, was ihr Strukturalismus überhaupt sei.

stw 16 Erik H. Erikson
Identität und Lebenszyklus
Drei Aufsätze. Aus dem Amerikanischen von Käte Hügel
224 Seiten
»Erikson verfügt über die Fähigkeit, Tatsachen verschiedener Fachgebiete sowohl isoliert aufzuzeigen als auch zu seiner Idee von der Identitätssuche des Menschen, der biologischen, kulturellen und psychodynamischen Lebenszyklen unterworfen ist, zu synthetisieren. Die Arbeiten sind ein Stimulans für jeden, dessen Denken ... bereit ist, den Umweltraum wie den Inweltraum des Menschen gemäß der Anforderung eines präsumptiv ›Humanen‹ zu verändern.« *Helmut Junker, Das Argument*

stw 96 Michel Foucault
Die Ordnung der Dinge
Eine Archäologie der Humanwissenschaften
Aus dem Französischen von Ulrich Köppen
480 Seiten
Foucault hat »Eine Archäologie der Humanwissenschaften« vorgelegt, die die »Kontinuitäts-Illusion« (*W. Lepenies*) herkömmlicher Wissenschaftsgeschichten zerstören will. Der Autor ist daran interessiert, epochenspezifische »Systeme der Gleichzeitigkeit«, Analogien und Beziehungsgeflechte zwischen den Disziplinen hervorzuarbeiten, um so zugleich auch epochale Brüche und Unvereinbarkeiten aufdecken zu können.

stw 39 Michel Foucault
Wahnsinn und Gesellschaft
Eine Geschichte des Wahns im Zeitalter der Vernunft
Aus dem Französischen von Ulrich Köppen
562 Seiten
Michel Foucault erzählt die Geschichte des Wahnsinns vom 16. bis zum 18. Jahrhundert. Er erzählt zugleich die Geschichte seines Gegenspielers, der Vernunft, denn er sieht die beiden als Paar, das sich nicht trennen läßt. Der Wahn ist für ihn weniger eine Krankheit als eine andere Art von Erkenntnis, eine Gegenvernunft, die ihre eigene Sprache hat oder besser: ihr eigenes Schweigen.

stw 52 Karl Griewank
Der neuzeitliche Revolutionsbegriff
Entstehung und Entwicklung
Aus dem Nachlaß herausgegeben von
Ingeborg Horn-Staiger
Mit einem Nachwort von Hermann Heimpel
271 Seiten
Karl Griewank war der erste Historiker, der den spezifischen Revolutionsbegriff der Neuzeit herausgearbeitet hat. Es geht ihm dabei nicht um eine Begriffsbestimmung, sondern um die Geschichte des Revolutionsverständnisses seit dem Beginn der sogenannten Neuzeit im Bewußtsein der Beteiligten und historischen Beobachter.

stw 1 Jürgen Habermas
Erkenntnis und Interesse
Mit einem neuen Nachwort
420 Seiten
Einzig als Gesellschaftstheorie ist radikale Erkenntniskritik möglich, heißt die Grundthese von Habermas. Damit greift er nicht nur in die an Methodenfragen orientierte Positivismus-Diskussion ein, sondern auch in die auf Praxis gerichtete politische Diskussion.

stw 49 *Materialien zu Jürgen Habermas' »Erkenntnis und Interesse«*
434 Seiten
Die unverhofft intensive und breite Diskussion, die *Erkenntnis und Interesse* entfacht hat, läßt es sinnvoll erscheinen, Kommentar und Kritik in einem Band zu vereinen. Die zum Teil sehr schwer zugänglichen Aufsätze von europäischen und amerikanischen Autoren repräsentie-

ren das weite Spektrum der Auseinandersetzung mit Jürgen Habermas.

stw 8 G. W. F. Hegel
Phänomenologie des Geistes
622 Seiten
Die Phänomenologie ist »ein Werk, das im philosophischen Schrifttum nicht seinesgleichen hat, vielsträhnig und zentral, dithyrambisch und streng geordnet zugleich. Nirgends kann genauer gesehen werden, was großer Gedanke im Aufgang ist, und nirgends ist sein Lauf bereits vollständiger«.
Ernst Bloch

stw 9 *Materialien zu Hegels ›Phänomenologie des Geistes‹*
Herausgegeben von Hans Friedrich Fulda
und Dieter Henrich
445 Seiten
Die hier zusammengestellten Aufsätze zu Hegels Phänomenologie wollen dem Leser die Irrwege, Umwege und Holzwege ersparen, auf die andere in ihrem Bemühen, sich dieses »dunkelste und tiefsinnigste« Werk Hegels (Ernst Bloch) zugänglich zu machen, geraten sind.

stw 88/89 *Materialien zu Hegels Rechtsphilosophie*
Herausgegeben von Manfred Riedel
448 Seiten (Band 1)
480 Seiten (Band 2)
Die vorliegende Auswahl von *Materialien zu Hegels Rechtsphilosophie* ist für Studienzwecke konzipiert und will, der äußeren Gliederung in zwei Bände entsprechend, einem doppelten Bedürfnis gegenwärtiger Hegel-Forschung genügen. In ihrem *ersten* Band enthält sie Rezensionen, Kritiken und Abhandlungen, die teils zu Hegels Lebzeiten, teils in den ereignisschweren Jahrzehnten des Aufstiegs und Niedergangs seiner Philosophie (1830–1860) publiziert wurden. Es handelt sich überwiegend um Texte, die den *historischen Kontext* der Rechtsphilosophie erhellen. Der zweite Band enthält Texte, die den *systematischen Kontext* der Rechtsphilosophie erschließen. Um Übersicht und Studium zu erleichtern, folgt ihre Auswahl und Anordnung in etwa dem systematischen Grundriß der Rechtsphilosophie. Die Schwerpunkte gegenwärtiger Forschung sollten dokumentiert, ihre Lücken (z. B. das Fehlen brauchbarer Beiträge zu logisch-methodologischen Problemen) mitnotiert werden.

stw 36 Reinhart Koselleck
Kritik und Krise
Ein Beitrag zur Pathogenese der bürgerlichen Welt
248 Seiten
Die Frage nach dem Zusammenhang von Kritik und Krise ist geschichtlich und aktuell zugleich. Die Untersuchung umspannt den Zeitraum von den religiösen Bürgerkriegen bis zur Französischen Revolution. Die hypokritischen Züge der Aufklärung werden begriffsgeschichtlich und ideologiekritisch herausgearbeitet. Dabei stoßen wir auf die politischen Grenzen der Aufklärung, die ihr Ziel verfehlt, sobald sie zur reinen Utopie gerinnt.

stw 70 Friedrich Albert Lange
Geschichte des Materialismus und Kritik seiner Bedeutung in der Gegenwart
Herausgegeben und eingeleitet von Alfred Schmidt
2 Bände. 1018 Seiten
Langes *Geschichte des Materialismus* ist entstanden im Gegenzug zu einem sich ausbreitenden, krude mechanistischen, vulgären Materialismus (»Der Mensch ist, was er ißt«); sie ist daher in ihrer Darstellung gleichzeitig Kritik des Materialismus: Der Materialismus sei zwar die einzig legitime Methode der Naturwissenschaften, aber aufgrund des Kantschen kritischen Unternehmens für Metaphysik und Erkenntnistheorie abzulehnen. Auch wenn Lange nicht rein geisteswissenschaftlich vorgeht – er stellt z. B. eine Beziehung zwischen Sklaverei und Religion in der Antike her –, so trennt ihn von Marx und Engels doch, daß deren primäres Interesse am Materialismus auf den Menschen, die Gesellschaft und die Geschichte zielt.

stw 7 J. Laplanche – J.-B. Pontalis
Das Vokabular der Psychoanalyse
Aus dem Französischen von Emma Moersch
2 Bände. 652 Seiten
Dieses Vokabular ist nicht nur ein Wörterbuch. Hier wird eine Theorie, die unser aller Denken verändert hat, von ihrer Sprache her erforscht. Damit ist dem Fachmann wie dem Laien ein Arbeitsinstrument zur Verfügung gestellt, das bisher fehlte.

stw 14 Claude Lévi-Strauss
Das wilde Denken
334 Seiten
Aus dem Französischen von Hans Neumann
Thema dieses inzwischen berühmt gewordenen Werkes ist das Denken in seinem »wilden Zustand«, das in jedem Menschen, ob zeitgenössisch oder vorgeschichtlich, wirksam ist als ein Element der nichtkultivierten und nicht domestizierten Geistestätigkeit.

stw 31 Alfred Lorenzer
Sprachzerstörung und Rekonstruktion
Vorarbeiten zu einer Metatheorie der Psychoanalyse
248 Seiten
Lorenzers Versuch einer wissenschaftstheoretischen Bestimmung des psychoanalytischen Vorgehens nimmt seinen Ausgang von dem alten Gegensatz von »Erklären« und »Verstehen«. Aus der Untersuchung der psychoanalytischen Operationsschritte wird eine Metatheorie entwickelt, die die Züge einer Sprachanalyse annimmt: Neurose erweist sich als »Sprachzerstörung« und die psychoanalytische Therapie als Rekonstruktion von Sprache.

stw 12 Niklas Luhmann
Zweckbegriff und Systemrationalität
Über die Funktion von Zwecken in sozialen Systemen
390 Seiten
Mit seinem Entwurf einer Systemtheorie erneuert Luhmann den von der gegenwärtigen Soziologie vernachlässigten Versuch, Gesellschaft im ganzen zu begreifen. Er untersucht die Funktion der Zweckorientierung in sozialen Systemen und bestimmt sie als Reduktion von Komplexität, als Vereinfachung, die das System handlungsfähig macht.

stw 33 Georg Lukács
Der junge Hegel
896 Seiten
Lukács' Studie untersucht Hegels Auffassung von der Dialektik der menschlichen Gesellschaft in ihrer Entwicklung von den Jugendschriften bis zur Phänomenologie des Geistes. Mit scharfsinniger Polemik gegen die bürgerliche Hegelforschung deckt er ideologiekritisch die idealistischen Züge dieser Dialektik auf. Dabei geht es Lukács um den inneren Zusammenhang von Philosophie und Ökonomie.

stw 41 C. B. Macpherson
Die politische Theorie des Besitzindividualismus
Von Hobbes bis Locke
Aus dem Englischen von Arno Wittekind
348 Seiten
Macphersons Untersuchung gilt dem Problem einer gesicherten theoretischen Grundlage für den liberal-demokratischen Staat. Als gemeinsame Voraussetzung der englischen politischen Theorie von Hobbes bis Locke erkennt er einen auf Besitz gegründeten und am Besitz orientierten Individualismus.

stw 75 *Marxismus und Ethik*
Texte zum neukantianischen Sozialismus
Herausgegeben von H. J. Sandkühler und Rafael de la Vega
377 Seiten
Marxismus und Ethik präsentiert die Debatte zwischen sozialistischen Neukantianern bürgerlich-ideologischer Prägung und Marxisten in der II. Internationale, um Grundzüge eines theoretischen und politischen Revisionismus zu kennzeichnen, von dem her der heutige ›demokratische Sozialismus‹ datiert. These der Einleitung (1970) ist: Der ›demokratische Sozialismus‹ entsteht als bürgerlicher Konservatismus im Gegenzug gegen das Proletariat und dessen politische Organisation und Kampf. Die Einleitung 1974 revidiert Fehlanalysen der ersten und begründet ideologisch und politisch die Notwendigkeit einer aktuellen Auseinandersetzung mit traditionellen und zeitgenössischen ›ethischen‹ Revisionismen.

stw 28 George Herbert Mead
Geist, Identität und Gesellschaft
Mit einer Einleitung von Charles W. Morris
Aus dem Amerikanischen von Ulf Pacher
456 Seiten
Mind, Self and Society ist *der* Klassiker der Sozialpsychologie. Das postum aus Vorlesungsnachschriften veröffentlichte Werk verschmilzt »einen von einem moralischen Ethos idealistischer Vernunft beseelten Pragmatismus mit Evolutionismus und einem sozial interpretierten Behaviorismus«. *Helmut Kuhn*

stw 62 Jürgen Mittelstraß
Die Möglichkeit von Wissenschaft
268 Seiten
Der vorliegende Band enthält eine Reihe von wissenschaftstheoretischen Arbeiten zur Problematik von Theorie und Begründung. Wissenschaftstheorie wird dabei als eine begründungsorientierte, normative Bemühung gegenüber den Fachwissenschaften begriffen, kritisch abgesetzt von einer mehr bestätigungsorientierten Auffassung von Wissenschaftstheorie als Metatheorie einer gegebenen Wissenschaftspraxis. Der Autor ist aus der Erlanger Schule hervorgegangen und setzt deren methodische Intentionen im Rahmen der konstruktiven Wissenschaftstheorie fort.

stw 53 Wolfgang Mommsen
Max Weber. Gesellschaft, Politik und Geschichte
282 Seiten
Die vorliegenden Abhandlungen bemühen sich um die Klärung zentraler Probleme des politischen Denkens Max Webers, insbesondere die Rolle politischer Führerschaft in einer bürokratischen Gesellschaft, darüber hinaus aber um die Ausleuchtung des universalgeschichtlichen Kontextes, von dem her diese ihre eigentliche Bedeutung gewinne. Dabei wird Webers von einem aristokratischen Individualismus getragene liberale Weltanschauung herausgearbeitet und die Alternative seiner Position zu jener von Karl Marx systematisch dargestellt. Darüber hinaus wird das historiographische Werk Webers und sein Beitrag zur Methodologie einer historischen Sozialwissenschaft behandelt.

stw 54 Barrington Moore
Soziale Ursprünge von Diktatur und Demokratie
Die Rolle der Grundbesitzer und Bauern
bei der Entstehung der modernen Welt
Aus dem Amerikanischen von Gert H. Müller
635 Seiten
Moores Buch knüpft an die Tradition soziologischer Analysen von geschichtlichen Zusammenhängen an, in der die Soziologie von Marx bis Max Weber stand. Er versucht, die politische Rolle zu erklären, die landbesitzende Oberschicht und Bauernschaft bei der Umwandlung der Agrargesellschaften zu modernen Industriegesellschaften gespielt haben.

Alphabetisches Verzeichnis der suhrkamp taschenbücher wissenschaft